织里镇志编纂委员会 编

【织里镇志】 下

徐世尧 沈林江 执行主编

陈勇杰 主编

中国农业出版社

北京

织里镇中学

轧村中学

漾西学校中学部

织里实验小学

晟舍小学

太湖小学

大家园职业技能培训学校第一期学员结业典礼

成人教育

晟舍幼儿园

织东幼儿园轧村园区

织东幼儿园漾西园区

漾西学校课外活动

思政课

班队活动

幼儿园室外活动

校　车

国画《双虎图》 吴寿谷 作

油画《溇港雪》 许羽 作

北塘河太平桥（百廿亩桥）

蒋娄安乐桥

孟相港茹家埭俊秀桥

潘塘桥村两家桥

轧村第一桥

杨溇永济塘桥

1964年香圩墩村建造的联丰桥

晟溇"贤族乃大"灰塑门楼

伍浦村顾家达清代民宅

东金溇路亭

汤溇村清代民宅砖雕门楼

杨溇村柏家坝清代民宅

分水墩遗址

旧馆遗址出土的陶片

明代朱高师墓构件

新浦太湖古石塘遗址

庞代巡去思碑

布金寺柱础石

五湖书院碑

干道禁谕碑

奉宪永禁捣（总）碑

民间匠作

织麻布

刺绣

箍 桶

木船保养

编竹器

麻布衫麻布裙

风俗传统

舞 龙

金娄马灯

民间狮子舞

剪纸表演

包粽子

糍松（花）糕

做团子

花青糕

农历三月三烧野火饭

三道茶

办喜事的花糕

织里农村土灶头

结拜小兄弟

民间信仰

《晟舍利济禅寺志》出版首发仪式

布金寺

宝镜观

轧村基督教堂

七夕总管堂庙会上的大戏

青苗会

利济广场演出

小　品

划菱桶比赛

广场舞

2017年4月，织里镇首届群众文化节开幕式

群众文化活动

太极拳

秦金锐练武

2003年4月，织里镇举办首届体育运动会

文化下乡

元旦演出

20世纪60年代露天电影

20世纪70年代露天电影

文化艺术节

20世纪90年代的自行车慢速比赛

2019年5月8日，举行《织里镇志》编纂工作启动仪式

编纂人员合影

泾县考察

徐州考察

读稿交流会

凌濛初研究交流会

镇志编辑办公室例会

阶段性工作汇报会

目　录

概述 ·· 1

大事记　商周时期—2021 年 ··· 19

第一卷　基本镇情

第一章　境域　建置沿革 ·· 129

　　第一节　境域 ··· 129

　　第二节　历史沿革与行政区划 ··· 133

　　第三节　织里名片 ·· 145

第二章　集镇　村坊 ·· 148

　　第一节　自然集镇 ·· 148

　　第二节　特色自然村 ·· 158

第三章　行政村　社区 ··· 171

　　第一节　行政村 ··· 171

　　第二节　社区居委会 ·· 202

第四章　美丽织里建设 ··· 203

　　第一节　环境整治 ·· 203

　　第二节　治气 ··· 207

　　第三节　"美丽乡村"建设 ·· 208

第五章　织里城区 ·· 219

　　第一节　织里老街 ·· 219

　　第二节　城镇规划与建设 ·· 220

　　第三节　城区道路 ·· 230

　　第四节　市河桥梁 ·· 242

　　第五节　园林、雕塑、停车场 ··· 246

第六节　标志性建筑 ……………………………………………………… 253

第七节　小集镇建设 ……………………………………………………… 260

第八节　市政管理 ………………………………………………………… 264

第六章　小城市培育 ………………………………………………………… 271

第一节　小城镇综合改革试点 …………………………………………… 271

第二节　省小城市培育试点 ……………………………………………… 273

第三节　2015年全国首批小城镇综合改革试点镇（新型城镇化试点）… 274

第七章　邮政　通信 ………………………………………………………… 278

第一节　邮政 ……………………………………………………………… 278

第二节　邮政业务 ………………………………………………………… 284

第三节　电信 ……………………………………………………………… 286

第四节　互联网（电商） ………………………………………………… 289

第八章　公共服务 …………………………………………………………… 290

第一节　污染治理 ………………………………………………………… 290

第二节　电、水、气、热 ………………………………………………… 310

第三节　公共交通 ………………………………………………………… 321

第二卷　环境与交通

第一章　自然生态 …………………………………………………………… 327

第一节　土地 ……………………………………………………………… 327

第二节　水系 ……………………………………………………………… 346

第三节　气候 ……………………………………………………………… 368

第四节　物产 ……………………………………………………………… 387

第二章　溇港、水利 ………………………………………………………… 401

第一节　治水与治田 ……………………………………………………… 401

第二节　开挖与管理 ……………………………………………………… 404

第三节　世界灌溉工程遗产 ……………………………………………… 414

第四节　五水共治 ………………………………………………………… 436

第三章　交通运输 …………………………………………………………… 471

第一节　对外交通 ………………………………………………………… 471

　　　第二节　航运 ………………………………………… 473

　　　第三节　公路（道路）运输 …………………………… 481

　　　第四节　桥梁 …………………………………………… 497

　　　第五节　交通管理 ……………………………………… 518

第三卷　童装之都

第一章　织里童装行业 …………………………………… 523

　　第一节　童装业形成 …………………………………… 524

　　第二节　童装业培育与提升 …………………………… 535

第二章　童装品牌与企业 ………………………………… 556

　　第一节　童装品牌 ……………………………………… 557

　　第二节　童装获奖和童装设计大赛 …………………… 566

　　第三节　织里童装企业选介 …………………………… 570

第三章　织里童装市场 …………………………………… 580

　　第一节　织里商城 ……………………………………… 580

　　第二节　织里中国童装城 ……………………………… 585

　　第三节　织里童装市场经营管理 ……………………… 587

第四卷　经　济

第一章　农经体制 ………………………………………… 595

　　第一节　土地改革 ……………………………………… 595

　　第二节　农业合作化 …………………………………… 598

　　第三节　人民公社化时期 ……………………………… 601

　　第四节　农业联产承包责任制 ………………………… 606

　　第五节　农业生产技术服务机构 ……………………… 609

第二章　农田 ……………………………………………… 613

　　第一节　耕地 …………………………………………… 614

　　第二节　农田耕作制 …………………………………… 618

　　第三节　农田水利 ……………………………………… 619

　　第四节　农业技术和农机具 …………………………… 622

第五节　农业龙头企业选介 ………………………………………… 633

第三章　种植 ……………………………………………………………… 643

　　第一节　水稻 …………………………………………………………… 644

　　第二节　春粮　旱粮 …………………………………………………… 652

　　第三节　油料作物 ……………………………………………………… 658

　　第四节　蔬瓜 …………………………………………………………… 661

　　第五节　其他经济作物与观赏苗木 …………………………………… 668

第四章　养殖 ……………………………………………………………… 672

　　第一节　蚕桑 …………………………………………………………… 673

　　第二节　水产 …………………………………………………………… 692

　　第三节　畜牧 …………………………………………………………… 706

第五章　工商体制 ………………………………………………………… 713

　　第一节　私营工商业、手工业 ………………………………………… 713

　　第二节　乡镇工商企业、村办企业 …………………………………… 716

　　第三节　乡镇、村办工商企业改制 …………………………………… 731

第六章　商业与服务业 …………………………………………………… 733

　　第一节　供销社 ………………………………………………………… 733

　　第二节　织里区食品站 ………………………………………………… 748

　　第三节　粮油、饲料购销 ……………………………………………… 751

　　第四节　商品流通业 …………………………………………………… 761

　　第五节　土特产品产销 ………………………………………………… 771

　　第六节　改革开放后的服务业 ………………………………………… 775

　　第七节　房产业及其他 ………………………………………………… 779

第七章　工业 ……………………………………………………………… 785

　　第一节　金属加工 ……………………………………………………… 785

　　第二节　机械　电子 …………………………………………………… 790

　　第三节　纺织印染 ……………………………………………………… 797

　　第四节　针织羊绒 ……………………………………………………… 802

　　第五节　木材加工 ……………………………………………………… 805

　　第六节　其他行业 ……………………………………………………… 807

第八章　市场监督管理 …………………………………………………… 811
　　第一节　机构设置 …………………………………………………… 811
　　第二节　企业监督管理和个体私营经济引导发展 ……………… 814
　　第三节　商标、广告和合同管理 ………………………………… 821
　　第四节　经济检查及市场监管行政执法 ………………………… 827
　　第五节　食品安全、特种设备安全及产品质量监管 …………… 830
　　第六节　消费者权益保护 …………………………………………… 835

第九章　财政　税务 ……………………………………………………… 837
　　第一节　财政体制 …………………………………………………… 838
　　第二节　财务管理 …………………………………………………… 840
　　第三节　税务机构 …………………………………………………… 852
　　第四节　税收 ………………………………………………………… 854
　　第五节　国、地税征收 ……………………………………………… 857

第十章　金融保险 ………………………………………………………… 862
　　第一节　金融机构 …………………………………………………… 863
　　第二节　存贷款 ……………………………………………………… 874
　　第三节　保险 ………………………………………………………… 880

第五卷　政　治

第一章　中国共产党 ……………………………………………………… 891
　　第一节　织里地下党 ………………………………………………… 892
　　第二节　区、镇、乡、公社党组织机构 ………………………… 905
　　第三节　镇、乡、公社、大公社党员代表大会 ………………… 949
　　第四节　镇机关党政内设机构及职位设置 ……………………… 972

第二章　民主党派和人民政协 …………………………………………… 979
　　第一节　民主党派 …………………………………………………… 979
　　第二节　人民政协 …………………………………………………… 980

第三章　政权 ……………………………………………………………… 983
　　第一节　乡镇政权组织 ……………………………………………… 984
　　第二节　镇（乡、公社）人民代表大会 ………………………… 988

第三节 乡镇人民政府及领导班子名录 …………………… 1024

第四节 村居自治组织 …………………………………… 1035

第四章 社会团体 ……………………………………………… 1101

第一节 工会 ……………………………………………… 1101

第二节 中国共产主义青年团 …………………………… 1104

第三节 妇女联合会 ……………………………………… 1120

第四节 中国少年先锋队 ………………………………… 1131

第五节 其他社会组织及代表大会 ……………………… 1142

第六节 其他团体 ………………………………………… 1146

第五章 军事 …………………………………………………… 1148

第一节 历代驻军 ………………………………………… 1148

第二节 战事兵祸 ………………………………………… 1151

第三节 地方武装 ………………………………………… 1158

第四节 兵役征兵 ………………………………………… 1162

第六卷 社 会

第一章 人口 …………………………………………………… 1166

第一节 人口数量 ………………………………………… 1166

第二节 人口构成 ………………………………………… 1174

第三节 人口自然增长 …………………………………… 1187

第四节 计划生育 ………………………………………… 1189

第五节 户籍管理 ………………………………………… 1198

第六节 新居民管理 ……………………………………… 1211

第二章 基层管理机构与自治组织 …………………………… 1219

第一节 街道办事处 ……………………………………… 1219

第二节 社区居委会 ……………………………………… 1228

第三节 社会组织 ………………………………………… 1242

第四节 商会 ……………………………………………… 1246

第三章 治安、司法、调解、环卫 …………………………… 1250

第一节 公安机构 ………………………………………… 1250

第二节　治安管理 ……………………………………… 1253

第三节　治安保卫 ……………………………………… 1257

第四节　消防 …………………………………………… 1261

第五节　审判　司法　调解 ……………………………… 1270

第六节　环境卫生管理 ………………………………… 1281

第四章　社会治理改革 …………………………………… 1289

第一节　小城市培育试点 ………………………………… 1289

第二节　重大改革举措 …………………………………… 1289

第三节　社会治理改革重点阶段 ………………………… 1298

第四节　社会治理机制创新 ……………………………… 1300

第五章　劳动保障　居民生活　民生事务 ……………… 1309

第一节　劳动就业 ………………………………………… 1309

第二节　社会保障 ………………………………………… 1316

第三节　农村居民生活 …………………………………… 1324

第四节　民生事务 ………………………………………… 1335

第七卷　教科文卫

第一章　教育体育 ………………………………………… 1345

第一节　早期学校、学塾 ………………………………… 1346

第二节　幼儿园 …………………………………………… 1347

第三节　小学 ……………………………………………… 1359

第四节　中学 ……………………………………………… 1371

第五节　成人学校与培训机构 …………………………… 1380

第六节　教育管理 ………………………………………… 1383

第七节　体育 ……………………………………………… 1386

第二章　科学技术 ………………………………………… 1393

第一节　历代科技创造发明成就 ………………………… 1393

第二节　当代科技企业发明创造成就 …………………… 1395

第三节　科学技术杰出人物 ……………………………… 1402

第四节　科学技术组织 …………………………………… 1412

第三章 医疗卫生 …………………………………………………………… 1414

　第一节 吴兴区人民医院 ………………………………………………… 1416

　第二节 乡镇卫生院 ……………………………………………………… 1424

　第三节 医疗体制 ………………………………………………………… 1428

　第四节 防疫保健 ………………………………………………………… 1431

　第五节 医疗队伍 ………………………………………………………… 1437

第四章 文化机构、设施 …………………………………………………… 1449

　第一节 文化机构 ………………………………………………………… 1451

　第二节 文化设施 ………………………………………………………… 1456

第五章 文学艺术 …………………………………………………………… 1466

　第一节 文艺组织、单位 ………………………………………………… 1467

　第二节 文学 ……………………………………………………………… 1470

　第三节 书画 ……………………………………………………………… 1474

　第四节 群众文化 ………………………………………………………… 1477

第六章 新闻传播 …………………………………………………………… 1486

　第一节 新闻业兴起与发展 ……………………………………………… 1486

　第二节 自办刊物及新媒体建设 ………………………………………… 1493

　第三节 重要人事活动宣传报道 ………………………………………… 1496

第八卷　人文历史

第一章 雕版套色印书 ……………………………………………………… 1501

　第一节 雕版印书中心 …………………………………………………… 1501

　第二节 雕版印书市场 …………………………………………………… 1505

　第三节 雕版印书特征 …………………………………………………… 1512

　第四节 雕版印书书目 …………………………………………………… 1514

第二章 艺文 ………………………………………………………………… 1528

　第一节 历代文存 ………………………………………………………… 1528

　第二节 历代诗存 ………………………………………………………… 1581

　第三节 民间故事、传说 ………………………………………………… 1605

第三章　人物 ……………………………………………… 1619

　　第一节　历代人物 ……………………………………… 1619

　　第二节　寓贤　释道 …………………………………… 1654

　　第三节　外籍治水名人 ………………………………… 1662

　　第四节　织里乡贤名录 ………………………………… 1665

第四章　凌濛初简志 ……………………………………… 1673

　　第一节　家世 …………………………………………… 1673

　　第二节　生平 …………………………………………… 1679

　　第三节　著作 …………………………………………… 1684

　　第四节　成就 …………………………………………… 1691

　　第五节　研究　评价　考辨 ……………………………… 1698

第五章　文物古迹 ………………………………………… 1711

　　第一节　古遗址 ………………………………………… 1712

　　第二节　民居厅堂 ……………………………………… 1717

　　第三节　历史建筑 ……………………………………… 1721

　　第四节　古桥梁 ………………………………………… 1728

　　第五节　历代碑刻 ……………………………………… 1749

第六章　民俗和非遗 ……………………………………… 1753

　　第一节　四时节气与生产习俗 ………………………… 1753

　　第二节　年节风俗 ……………………………………… 1766

　　第三节　礼仪与生活习俗 ……………………………… 1767

　　第四节　社会习俗 ……………………………………… 1778

　　第五节　非物质文化遗产 ……………………………… 1782

第七章　宗教与寺观、教堂 ……………………………… 1787

　　第一节　佛教 …………………………………………… 1788

　　第二节　道教（附祠祀） ……………………………… 1792

　　第三节　基督教 ………………………………………… 1796

第八章　方言 ……………………………………………… 1800

　　第一节　织里方言语音系统 …………………………… 1800

　　第二节　织里方言词汇系统 …………………………… 1808

第三节　织里方言语法系统 ·································· 1826

第九卷　丛　录

第一章　文献录 ··· 1845

　　第一节　碑刻　石刻 ································· 1845

　　第二节　文献 ····································· 1862

　　第三节　重要文件 ································· 1873

第二章　专记　杂记 ······································· 1886

　　第一节　专记 ····································· 1886

　　第二节　掌故　杂记 ······························· 1950

第三章　著述书画存目 ····································· 1963

　　第一节　著述存目 ································· 1963

　　第二节　书画篆刻存目 ····························· 1983

修志始末（附编撰分工及参与修志人员名单）··············· 1985

附　录：历史存照 ····································· 1993

第七卷

DIQIJUAN JIAOKE WENWEI

教科文卫

第一章　教育体育

织里镇域最早有记载的教育机构是清同治九年（1870）创建的陈溇五湖书院。清末，废科举，原有书院撤废，改为"学堂"。民国元年（1912），创办织里小学，其间私塾和新式小学并行。民国26年（1937），吴兴县第二学区在织里镇设吴兴县立织里中心小学，负责辅导境域35所小学，抗日战争期间学校停办，私塾有较大发展。1956年，吴兴县第四中学在织里创办。20世纪60年代，织里教育事业实行一系列"双轨制"，先后创办3所农业中学；1970年代，先后创办5所中学。1966年"文革"开始，乡级辅导制度受到一定程度破坏，1978年，逐渐恢复正常。20世纪60年代前后，创办114所左右的村点小学。1985年，普及小学教育。1987年，织里实行九年制义务教育。1989年11月，织里镇被评为高标准普及九年制义务教育达标乡镇。20世纪70年代中后期，织里农村幼托事业迅速普及，创办村点幼儿园60多所。80年代，镇域成立农民成人技术学校5所。90年代，开办民办学校。2005年，织里中学撤并到吴兴高级中学。2018年，织里有中小学校11所（其中公办9所），在校学生1.045万人；幼儿园15所（其中公办3所），在园学生0.655万人；成人文化技术学校1所。全镇学生总数1.7万余人，在职教师846人；另有15家民办培训机构。学生入学率、巩固率、毕业率、普及率、小升初中率100%，形成中心镇公办中小学为主、民办学校为辅的教育格局，教育步入均衡、稳步发展阶段。

织里体育活动在民间盛行，早期有民间的船拳、武术流行。民国17年（1928）11月，吴兴县国术研究社成立，第二年在织里等地设分社，均有数百人学习武术。织里体育名人秦金锐，1986年获得全国武术挖掘整理雄狮奖奖章。1997年，织里镇获浙江省第五批体育先进乡镇。1998年，织里二中、太湖乡小学、织里镇中心小学，均获湖州市体育先进单位称号。同年，漾西镇获得浙江省体育先进单位称号。进入21世纪，织里镇为加快推动高质量发展，更好地推进"我运动、我健康、我快乐"生活理念，组织开展各种健身操、健身舞、健身拳等活动。每年举办足球赛、运动会等多项赛事。

第一节 早期学校、学塾

陈溇五湖书院 清代五湖书院坐落于织里镇太湖边的陈溇，由邑绅徐有珂、陈根培、吴宝征、张尧淦等集资，经湖州知府宗源瀚批准创建。北宋康定至庆历年间（1040—1048）胡瑗先生应邀教授湖州州学，首设经义、治事二斋，创办富有特色的湖学后，各地纷纷到湖州取经，成为太学及各州立学的楷模。湖州教育随之进入了新的时期，郡治、县治及东南部的一些大镇相继建立学校。然而，离郡治不到三十里临近太湖三十六溇地区，一直没有建立过学校。同治九年（1870），徐有珂写信给任苏州知府的吴云，提及与陈根培、张尧淦等商议，欲在三十六溇地区建立书院的事。看完信后吴云当即表态："这是我一直以来的愿望。"并第一个捐银若干。接着居住于太湖边的好义之士纷纷解囊捐资，五湖书院得以兴建。五湖书院系陈溇吴江峰太守故宅。前为大门，由大门进去即为仪门，仪门内为大厅。堂道进去为讲堂，讲堂门额"崇礼敦本"。讲堂后面有楼，为休息之所。新建与修整房屋已花银千两，而教师酬金、学生津贴还没有着落。新任湖州知府宗源瀚捐出自己工资，并提议丝捐善后款项下每包丝拨一块钱给郡县各书院，五湖书院得其中的六分之一，连拨三年。这笔经费由书院主办者存于典铺，利息作为教师酬金和学生津贴。由于宗源瀚不久离任，这个设想由继任知府杨荣绪付诸实施。五湖书院修成后，聘徐有珂任主讲，每月初一、十五给学生授课。学生分时艺、经学两斋。书院还制定优秀学生奖励措施、学生津贴高低分发标准及旬查月试检查办法。

学塾 清同治五年至十年（1866—1871）间，乌程县在织里设有义塾，经费出于典商、丝商。光绪三年（1877），织里设一学塾，塾师1人，生徒10人。据镇志编纂村级资料调查表统计，民国时期织里乡在联漾村、凌家汇村、郑港村、秧宅村、织里村、东湾兜村、清水兜村、晓河村、王母兜村、大邾村、李家坝村、大港村共12个村设私塾21所，塾师23人，学生274人。晟舍乡在旧馆村、云村村、东兜村、晟舍村、河西村、朱湾村、秦家港村、大河村8个村设私塾13所，塾师14人，学生161人。轧村乡在上林村、石头港村、港西村、轧村村、骥村、增圩村、孟乡港村、香圩墩村、曹家簖村、潘塘桥村10个村设私塾12

所，塾师 12 人，学生 136 名。漾西乡在乔溇、汤溇、曙光、陆家湾、常乐村 6 个村设私塾 8 所，塾师 14 人，学生 179 名。太湖乡在伍浦村、义皋村、庙兜村、杨溇村、许溇村、元通桥村、幻溇村、大溇村、东桥村、沈溇村 12 个村设私塾 12 所，塾师 14 人，学生 217 人。总计有学塾 1 所，生徒 10 人；私塾 66 所，塾师 77 人，学生 967 人。清末至民国年间，学塾、私塾、义塾同时存在。民国时期直到新中国成立初期，私塾长期与新式小学并存，学习内容多为讲经、作文、诗赋，间有术算、武学。20 世纪 50 年代末，完全取消私塾。

织北小学 民国 31 年（1942），创办织北乡第一完全小学。是在西陈家兜自然村开明财主周冠英家私塾基础上扩办，周冠英又腾出 3 间前厅、1 间账房、1 间中厅，作为小学教室。聘请老师，开设 4 个年级复式班，课程有语文、算术、唱歌、图画等，老师交叉上课。1945 年停办。

第二节 幼儿园

一、织里镇中心幼儿园

位于织里镇西栅，1959 年 2 月创办，班级 1 个，幼儿 40 人，代课教师 1 名。校舍租用，经费主要靠收取学费，由区中心学校管辖。同年 9 月改为全托。1960 年，校舍迁到原人民公社办公室，有 7 间。1961 年有 2 个班，幼儿 80 余人。1971 年有 3 个班，幼儿 125 人，教师 3 人。1978 年，幼儿园校舍拆建，搬迁到原区中心学校内西侧，租用民房 2 间。1978 年后，作为全区示范性幼儿园，每学年都为全区开设公开课、观摩课，承担对全区农村幼儿园教师语言、常识、音乐等培训。1983 年，被评为湖州郊区托幼先进集体。1986 年被评为湖州市级托幼先进集体。1981 年 9 月，校舍迁到区中心食堂后的 7 间平房。幼儿教育实行三级指导，中心幼儿园、中心分园、村点幼儿园。2005 年 8 月，幼儿园整体搬迁到织里北路 13 号，将原织里中学的三幢宿舍楼改成幼儿园，结束小学附设管理，正式独立。幼儿园下辖漾西、轧村、太湖、晟舍四个分园以及多个村教学点。织里镇成立幼儿教育发展中心，主管全镇公、民办幼儿园规范办园。2006 年，幼儿园被评为湖州市示范性幼儿园。2008 年 5 月，设立织里镇中心幼儿园（学前教育管理中心），并设置人员编制 4 名。2009 年织里镇中心幼儿园通过浙江省二级幼儿园评估。

2015年，镇政府投入1000多万元新建的织里镇中心幼儿园落成，新园区位于晟舍彩云二路，占地7091平方米，建筑面积5885平方米，教育设施完备，功能室配备齐全，可容纳20个班级。同年3月，晟舍园区设置在晟舍小学老校舍的8个班和织里北路的2个班全部搬入新园区，并把学前教育管理中心搬迁到晟舍新园区。2017年1月，被评为浙江省一级幼儿园，成为吴兴区首家省一级的乡镇中心幼儿园。2018年7月，织里镇中心幼儿园分成晟舍幼儿园、织北幼儿园、织东幼儿园三个公办幼儿园，其中晟舍幼儿园成为学前管理中心。

表7-1-1　织里镇中心幼儿园历任负责人（园长）名录

姓名	职务	任职时间
汪丽英等	负责人	1959—1980.7
倪勤珠	园长	1980.8—1992.7
徐永文	园长	1992.8—2001.7
陶玲丽	园长	2001.8—2005.9
潘忠妹	园长	2005.10—

二、晟舍幼儿园

位于织里镇晟舍街道彩云二路。1978年9月创办，有4个班100余人，其中1个小班、1个中班、2个大班。1994年9月，幼儿园搬入晟舍完小的校舍内，规模不断发展。2015年3月，镇政府投资新建的晟舍园区落成，幼儿园整体搬迁。2017年1月幼儿园成功争创浙江省一级幼儿园。2018年7月，晟舍幼儿园从织里镇中心幼儿园独立出来。现在实行两级幼儿园管理，晟舍幼儿园为织里镇学前教育管理中心，对织里镇所在幼儿园进行业务指导。晟舍幼儿园有20个班级，600名幼儿，教职工80余人，其中专任教师47名，100%持有教师资格证，100%大专以上学历。

1978年9月至2015年2月，园长为施勤华；2015年3月以后，园长为潘忠妹。

三、太湖园区

位于太湖潘溇村，1978年2月创办。1个大班，1个小班，共2个班，幼儿70人，教师3人。校舍共两层，经费主要靠收取学费，由太湖乡妇联管理。1994年，太湖园区与太湖其他村点幼儿园班级联合，由太湖小学管理，潘溇村班级设为中心点，15 个教学点，教师 1 人，幼儿 450 人。2003 年，太湖村点部分班级由于幼儿人数逐渐减少，邻村合并；2007 年，太湖园区又进行村点班级合并。2013 年，租金溇村私人民舍，作为太湖园区中心点，由织里镇中心幼儿园管辖，配备教师 10 名，幼儿 180 人。2015 年 8 月，太湖园区归高新区政府管辖，更名高新区中心幼儿园太湖园区。2017 年 10 月，高新区投入 3000 多万元，在幻溇兴太桥西侧开始建造太湖园区新园区，2019 年 10 月，正式投入使用，同时将大溇村、东桥村、沈溇村合并于此。新园区占地面积 10 327 平方米，建筑面积 6463 平方米，绿化面积 3150 平方米，运动场面积 1660 平方米。共有 9 个班，幼儿 239 人，教职工 43 人，专任教师 23 人，大专以上学历达 100%。

表 7-1-2　太湖园区历任负责人（园长）名录

姓名	职务	任职时间
龚新霞	负责人	1978.2—1994.7
潘忠妹	负责人	1994.8—2001.7
高金荣	负责人	2001.8—2005.7
俞月伟	园长	2005.8—2015.7
王旭丽	园长	2015.8—

四、漾西幼儿园

地址陆家湾，1967 年，创建陆家湾村幼儿班。1989 年 8 月，在漾西中心小学内新建漾西乡中心幼儿园，有 1 个班，主要招收漾西集镇居民户籍幼儿。1989 年 12 月，漾西乡中心幼儿园和陆家湾村幼儿班合并，更名漾西中心幼儿园，有

漾西幼儿园

2 个班 60 多人，后发展到 3 个班 90 多名幼儿。2000 年 8 月，迁址漾西九江南路 28 号新园区，6 个班。2000 年前后，各村幼儿人数逐渐减少，陆续撤并胡溇村、宋溇村、新浦村等幼儿班。保留汤溇、乔溇、常乐三个村教学点。2000 年 12 月，被评为湖州市一级幼儿园，2009 年，被评为浙江省三级幼儿园。漾西幼儿园下设胡溇村、乔溇村等 14 个村点幼儿班统一纳入管理。2018 年 8 月机构改革，漾西和轧村两个园区合并而成织东幼儿园。

表 7-1-3　织里镇漾西幼儿园历任负责人（园长）名录

姓名	职务	任职时间
杨丽华	幼教辅导员	1967—1988.12
徐丽华	幼教辅导员	1989.2—1991.1
陆美玲	幼教辅导员	1991.2—2004.7
李开艳	园长	2004.8—2018.7

五、轧村幼儿园

1979 年 2 月，成立轧村镇幼儿班，地址轧村铁店桥，租用民房。1 个班，主要招收轧村集镇居民户籍幼儿。1981 年，创建轧村村幼儿班，地点轧村向阳小学内。1985 年 9 月，轧村镇幼儿班和轧村村幼儿班合并，更名为轧村中心幼儿园，地点在轧西小学，3 个班。下设上林村、姚泥水等 14 个村点。1995 年 8 月，迁至轧村振兴路 56 号新园区，5 个班。之后陆续撤并上林村、姚泥水等村幼儿班，保留骥村、齐家湾两个村教学点。2005 年，织里镇幼教中心成立，更名织里镇中心幼儿园轧村分园。2018 年 8 月，由漾西和轧村两个幼儿园区合为织东幼儿园。

表 7-1-4　织里镇轧村幼儿园历任负责人（园长）名录

姓名	职务	任职时间
蔡巧芬	负责人	1979.2—1985.1
王根英	负责人	1985.2—1987.12
张海燕	负责人	1988.1—1992.7
邱建凤	园长	1992.8—2000.9
黄惠康	负责人（小学主管）	2000.10—2004.7
周勤慧	园长	2004.8—2018.7

六、织北幼儿园

地址织里镇织里北路 13 号。2018 年 8 月成立，前身为织里镇中心幼儿园，占地面积 3245 平方米，建筑面积 2791 平方米，户外活动面积 1637 平方米，绿化面积 498 平方米。共有 15 个班级（小中大班各 5 个），幼儿 453 人，教职工 61 人，其中包括：专任教师 37 人、卫生保健专职 1 人、总务主任 1 人、保育员 15 人（有兼职）、食堂 6 人、门卫 1 人。4 名教师在编，占比 10%；中级职称 4 人，占比 10%；本科学历 25 人，占比 64%，大专学历 14，占比 36%。园长为周勤慧。

七、织东幼儿园

位于漾西园区在栋梁路 1 号。2018 年 8 月，由漾西和轧村两个幼儿园合并而成。包含漾西园区和轧村园区，及轧村园区下的骥村、齐家湾村点。占地面积 6209 平方米，建筑面积 5948 平方米，配置钢琴、教学一体机、电子屏幕，以及沙池、水池、种植园、保健室、组合型攀爬架等。有 12 个班，幼儿 356 人，教职工 51 人；轧村园区在轧村振兴路 56 号，占地面积 2105 平方米，建筑面积 720 平方米，有户外塑胶场地 1000 平方米，配置组合滑梯、沙池、教学用一体机、电子钢琴等。有 10 个班，幼儿 287 人，教职工 20 人（含骥村、齐家湾两个村点

织东幼儿园

数据）。总共 22 个班，幼儿 643 人，教职工 71 人。园长为李开艳。

八、苗苗幼儿园

1990 年 4 月创办，幼儿 40 多人，教师 2 人。经过 5 次搬家，2003 年 9 月，迁至织里村织溪路 28 号，2008 年度织里镇民办幼儿园年度目标责任考核中获得第一名。2006 年 3 月，被评为"吴兴区三八红旗集体""吴兴区青年文明号"。2009 年被评为浙江省三级幼儿园。2018 年，有 20 个班，幼儿 689 人，教职工 52 人。园长为蒋锡芬。

九、第一私立幼儿园

1996 年成立。2006 年，迁至织里吴兴大道 88 号。2017 年，迁至织里大港路 1392 号。新园建筑面积 1830 平方米，配备各设施齐全的幼儿专用教室十余间，专业教师 20 余人，幼儿 230 人。

第一私立幼儿园园长，1996 年 9 月至 2005 年 9 月为曹月萍；2005 年 10 月至 2013 年 6 月为沈晓燕；2013 年 6 月以后为朱民敏。

十、长安幼儿园

位于织里镇繁荣路 9 号，1998 年 8 月创建，占地面积 1437 平方米，建筑面积 1786 平方米。根据幼儿的年龄特点，阶梯化分班。有 16 个班，幼儿 500 余人，教职工 40 余人，均持证上岗，是浙江省三级民办幼儿园。

表 7-1-5　长安幼儿园历任负责人（园长）名录

姓名	职务	任职时间
邵建英	负责人	1998.9—2001.7
蒋佩凯	园长	2001.8—2007.1
孙桂荣	园长	2007.2—2010.7
张旭华	园长	2010.8—2015.8
王春香	园长	2015.9—

十一、今海岸幼儿园

位于织里镇永佳路，2004 年成立，是由个人出资创办的民办幼儿园，占地面积 1073 平方米，建筑面积 1730 平方米，活动场地 650 平方米，绿化面积 150 平方米。2010 年 6 月变更法人。2011 年，铺设户外塑胶运动场地，增设数套户外大型器械，体育运动器械等，各班配备一体机、电脑等现代化多媒体设备。争创浙江省三级幼儿园。2017 年被吴兴区教育局评为安全示范学校。2019 年有教职工 29 人，教师 23 人，设托班、小班、中班、大班四个年段，共 10 个班级，幼儿 300 人。

今海岸幼儿园园长，2004 年 9 月至 2010 年 5 月为邵建英；2010 年 6 月以后为徐凤娟。

十二、织里未来星幼儿园

地址织里镇晓康路 20 号，2004 年 8 月创办，占地面积 3680 平方米，园舍建筑面积 1210 平方米，户外活动面积 560 平方米。是浙江省三级幼儿园，多次被评为 5A 级平安校园。园长为王兴娥。

十三、明君东盛幼儿园

园址织里镇利济东路 39 号。是 2005 年 5 月湖州东盛集团投资的幼教机构，名称为湖州市吴兴区织里东盛全能宝宝中心，占地面积 70 亩，共计 44 620 平方米，建筑面积 23 000 平方米，运动场地面积 18 000 平方米，绿化面积 14 203 平

明君东盛幼儿园

方米，前期总投资 4500 万元。配置钢琴、电脑一体机、投影仪、空调、直饮水机等，教学区、生活区等功能齐备。2007 年 4 月 29 日，更名为湖州市吴兴区东盛幼儿园。2018 年 4 月 20 日，更名为湖州市吴兴区明君东盛幼儿园。有 30 个班级，幼儿一千多人，教职员工一百多人。先后被评为浙江省二级幼儿园、浙江省体育示范园、湖州市优秀民办幼儿园等荣誉称号。

表 7-1-6　明君东盛幼儿园历任园长名录

姓名	职务	任职时间
王晓燕	园长	2005.7—2006.7
潘忠妹	园长	2006.8—2007.1
侯金芳	园长	2007.2—2007.7
褚雪琴	园长	2007.8—2010.7
叶建红	园长	2010.8—2011.8
侯于红	园长	2011.9—2018.1
包淑娇	园长	2018.2—2018.7
潘琴	园长	2018.8—

十四、小花朵幼儿园

2008 年 9 月创建，2016 年 2 月搬入轧村亭子角。幼儿园占地面积 2149 平方米，建筑面积 2992 平方米，运动场地面积 750 平方米，绿化面积 650 平方米。园内有供幼儿学习及玩耍的大型玩具及各类体育设施。2019 年有 7 个班，其中大班 2 个、中班 2 个、小班 2 个、托班 1 个，幼儿 200 人，教职工 28 人，专任教师 14 人，教师资格证持证率 100%，其中本科学历 8 名，占 57.1%，大专学历 6 名，占 42.9%，已评职称 12 人，占 85.7%。园长为沈小琴。

十五、秦家港幼儿园

地址秦家港社区 85-1 号。2009 年成立，民办普惠性省三级幼儿园，平安校园 5A 级达标单位。占地面积 3350 平方米，建筑面积 1650 平方米，户外活动场地 1480 平方米，绿化面积 400 平方米。按照省三级配备。2019 年有 12 个班，专任教师合格率 100%。幼儿园以完整的儿童活动课程为基础课程，民间游戏和幼儿体质健康课程为辅助课程。

2009 年 8 月至 2012 年 8 月，园长为李鹰；2012 年 9 月至 2015 年 8 月园长为方美玲；2015 年 9 月后园长为张旭华。

十六、蒲公英幼儿园

地址织里镇珍贝路 600 号。2011 年 7 月创办，占地面积 2150 平方米，建筑面积 1395 平方米，户外活动面积 650 平方米，绿化面积 500 平方米。2012 年 12 月 7 日，被评为浙江省三级幼儿园。2019 年有 10 个班，幼儿 350 人，教职工 32 人，其中专任教师 20 人。

2011 年 7 月至至 2014 年 8 月，园长为陈学娟；2014 年 9 月至 2015 年 8 月，园长为秦威；2015 年 9 月以后，园长为秦霞。

十七、大家园幼儿园

地址织里镇大港路科技城 1088 号。2017 年 9 月创建，2018 年 3 月正式开课，占地面积 4000 平方米。2019 年 12 月，被评为浙江省三级幼儿园。教室、午睡室、盥洗室为一体，配有专用活动室 3 间。户外场地可容纳 350 位幼儿活动，用户外一角设计成大家园农庄。2019 年有 6 个班，144 名幼儿，托小班各一个，中班、大班各 2 个班。教职工 25 人，专任教师 11 人，专职保健教师 1 名。其中专任教师持证率 100%，大专及以上学历 100%，职称评审率 64% ；其中幼教专业的 9 人，其他人员均持证上岗。园长为费丽洁。

十八、爱乐堡幼儿园

位于织里镇爱家花园内，2018 年 9 月开办，园所面积 2000 平方米。幼儿园开设 7 个班，幼儿 180 余人，教师 20 余人。2019 年在争创省等级幼儿园的过程中，加大投入，提升幼儿园的硬件和软件设施，先后配置液晶电视、电钢琴、标准幼儿桌椅、室内外玩具器械等。园长为杜大山。

十九、安博幼儿园

坐落澄海漾南路，2019 年创建，占地面积 1450 平方米，配有专业乐高教室、多功能厅、国学教室、烘焙教室、阅读区、户外活动操场及多种活动器械。教室标准化配备，融活动室、午睡室、盥洗室为一体，配有电钢琴、多媒体一体机、恒温直饮机、消毒设施、益智玩具、空调等。3个班，60名幼儿，教职工15人，其中专任教师8名，100%持有教师资格证，100%大专以上学历。2019年12月被评为浙江省三级幼儿园。园长为陈亦来。

二十、爱家华府幼儿园

位于织里镇爱家路66号，2019年8月，爱家华府幼儿园建立，是一所民办幼儿园。全园占地面积约7亩，建筑面积3300余平方米。园内教学设施设有工匠室、美劳室、多功能室等，为幼儿提供充分的游戏场地和良好的学习、生活环境。有教职工28人，其中15名专任教师，全部持证上岗。设有大班、中班、小班、托班四个年段，共10个班级，300余名幼儿。园长为邵水娥。

二十一、村点幼儿园

20世纪70年代中后期，部分村开办幼儿园。20世纪80年代，陆续合并到乡镇中心幼儿园，至2007年全部撤并，村点幼儿园结束。

表 7-1-7　晟舍村点幼儿园统计

幼儿班名称	地址	开办年月	村点教师	班级	幼儿人数
晒家兜幼儿班	晒家兜村	1978.8	姚玲芬	1	28
庙歧山幼儿班	庙歧山村	1978.8	冯水花	1	30
旧馆村幼儿班	旧馆村	1978.8	沈新妹	1	30
东兜村幼儿班	东兜村	1978.8	朱明珠	1	30
云村村幼儿班	云村村	1978.8	姚利萍	1	30
河西村幼儿班	河西村	1978.8	杨继妹	1	30
白鹤兜幼儿班	白鹤兜村	1978.8	闵雪琴	1	28
朱湾村幼儿班	朱湾村	1978.8	敖英	1	30
秦家港村幼儿班	秦家港村	1978.8	费广娟	1	30
官田巷村幼儿班	官田巷村	1978.8	闵晓红	1	25
曹家兜村幼儿班	曹家兜村	1978.8	施利萍	1	26
陶家湾幼儿班	陶家湾村	1978.8	陈美红	2	70
西车兜幼儿班	西车兜	1978.8	蒋美文	1	25
荡田圩村幼儿班	荡田圩村	1978.8	丁瑞珠	1	25

表 7-1-8 轧村村点幼儿园统计

幼儿园名称	地址	开办年月	村点教师	班级	幼儿人数
轧村镇幼儿班	轧村镇	1979.8	周生珍	1	25
姚妮水幼儿班	姚妮水村	1980.8	王根珍	1	20
孟婆兜幼儿班	孟婆兜村	1980.8	陈常英	1	23
轧村村幼儿班	轧村村	1981.11	张海燕	1	22
朗二兜幼儿班	朗二兜村	1985.9	陈美琴	1	18
阮家兜幼儿班	阮家兜村	1985.9	汪伟玲	1	18
齐家湾幼儿班	齐家湾村	1981.2	徐丽珍	1	16
骥村幼儿班	骥村村	1985.9	冯国英	1	22
潘塘桥幼儿班	潘塘桥村	1985.9	陈水花	1	18
增圩村幼儿班	增圩村	1985.9	施金妹	1	18
上林村幼儿班	上林村	1988.9	杨水华	1	20
陈家圩幼儿班	陈家圩村	1985.9	蒋雪琴	1	18

表 7-1-9 漾西村点幼儿园统计

幼儿园名称	地址	开办年月	村点教师	班级	幼儿人数
陆家湾村幼儿班	陆家湾村	1967	沈惠琴	1	35
漾西中心幼儿园	漾西小学内	1989.9	徐丽华	1~3	25~90
汤溇村幼儿班	汤溇村	1976	张阿毛	1	45
乔溇村幼儿班	乔溇村	1968	朱新娜	1	35
宋溇村幼儿班	宋溇村	1984	臧小伟	1	20
胡溇村幼儿班	胡溇村	1984	李会秀	1	25
钱家兜幼儿班	钱家兜村	1973	韦林娥	1	25
新浦村幼儿班	新浦村	1984	费彦芬	1	25
钱溇村幼儿班	钱溇村	1984	潘国琴	1	35
中兜村幼儿班	中兜村	1983	潘静妹	1	25
费家汇幼儿班	费家汇	1984	朱荣妹	1	30
南河村幼儿班	南河村	1983	叶阿凤	1	25
董家甸幼儿班	董家甸村	1984	宋惠芳	1	20
东阁兜幼儿班	东阁兜村	1980	张宝娣	1	35
沈家湾幼儿班	沈家湾村	1982	钱爱珠	1	35
常乐幼儿班	常乐村	1984	沈凤娟	1	30

表 7-1-10 织里中心（织北）村点幼儿园统计

幼儿园名称	地址	开办年月	村点教师	班级	幼儿人数
凌家汇幼儿园	凌家汇村	1978.8	沈雅芳	1	55

（续）

幼儿园名称	地址	开办年月	村点教师	班级	幼儿人数
郑港幼儿园	郑港村	1978.8	邵丽芳	1	30
秧宅幼儿园	秧宅村	1978.8	沈金芳	1	35
谈港幼儿园	郑港村	1978.8	付丽萍	1	30
联漾幼儿园	郑八亩村	1978.8	沈金华	1	30
	栅里村			1	30
沈家坝幼儿园	沈家坝村	1978.8	沈英	1	30
小邻幼儿园	小邻村	1978.8	钱小芳	1	30
大邻幼儿园	大邻村	1978.8	张书红	1	30
大港幼儿园	大港村	1978.8	潘利萍	1	30
向阳幼儿园	沈家坝	1978.8	沈建叶	1	30
红光西幼儿园	重兴港	1978.8	罗纹君	1	30
红光东幼儿园	大漾里	1978.8	卞利珍	1	30
同心幼儿园	同心村部	1978.8	郑根英	1	30
大潘兜幼儿园	大潘兜	1978.8	沈富珍	1	30
清水兜幼儿园	清水兜村	1978.8	姚晴	1	40
王母兜幼儿园	王母兜村	1978.8	建华	1	35
晓河幼儿园	晓河村	1978.8	邱根英	1	50
林圩幼儿园	林圩村	1978.8	方琴华	1	30
李家坝幼儿园	李家坝村	1978.8	杨文华	1	30
珍珠桥幼儿园	大港村	1978.8	朱玲康	1	40
东湾兜幼儿园	东湾兜村	1978.8	李萍	1	35

表 7-1-11　太湖村点幼儿园统计

幼儿园名称	地址	开办年月	村点教师	班级	幼儿人数
沈溇村幼儿班	沈溇村	1978.8	沈学如	1	30
诸溇村幼儿班	诸溇村	1978.8	乌晓鸣	1	30
东桥村幼儿班	东桥村	1978.8	徐翠娥	2	60
大溇村幼儿班	大溇村	1978.8	李云	1	30
张降村幼儿班	张降村	1978.8	王小凤	1	30
金溇村幼儿班	金溇村	1978.8	陆林丽	1	35
元通乔村幼儿班	元通乔村	1978.8	朱建娣	1	25
许溇村幼儿班	许溇村	1978.8	张沂康	1	25
杨溇村幼儿班	杨溇村	1978.8	柏金凤	1	25
谢溇村幼儿班	谢溇村	1978.8	徐惠章	1	25

（续）

幼儿园名称	地址	开办年月	村点教师	班级	幼儿人数
义皋村幼儿班	义皋村	1978.8	潘利芬	2	70
漾湾村幼儿班	洋湾村	1978.8	王广丰	1	25
庙兜村幼儿班	庙兜村	1978.8	凌淑花	1	30
伍浦村幼儿班	伍浦村	1978.8	蔡永芳	1	30

第三节 小 学

一、织里实验小学教育集团

沿革 织里实验小学教育集团前身是织里小学，1912年由省议员郑连如创办，校址在织里镇西栅总管堂内文昌阁，设2个班，共有一至四年级学生40余人。1931年，改名吴兴县织里中心小学，辅导各乡小学，教师10余人，4个班，学生130人。1938年，改名战时教育团织里战时中心小学，归属共产党员李泉生领导的长超部队管理，校址迁街北育婴堂原址。后因教育经费无着落停办。1945年，改名国民小学，校址迁到邱家塘，租民房4间，2个班，学生50多人。1948年，学生200多人，教师10人，租用民房。

1950年春，改名织里完全小学，同年下半年，改名织里区第一辅导区中心学

织里实验小学

校，6 个班，200 名学生。1958 年，全校 10 个班，学生 300 余人。1964 年生源扩大，学校规模增大，拆建原 6 间平房，改为六楼六底楼房。"文革"开始，学校改名织里小学。1974 年，在教学楼西侧又建造四楼四底，增教室 2 间。1977年，恢复区中心学校。

1984 年，成立织里分区教育办公室。1986 年，撤销织里分区教育办公室，恢复织里辅导区中心学校，建立织里镇小，辅导区中心 9 个班，学生 404 人。织里镇小下辖织里镇 15 个行政村的 18 所学校（完小 5 所、村小 13 所），20 个幼儿班，共 39 个班级。1989 年，扩建区中心学校。1991 年，迁至织里镇中华路 47号，占地面积 12 亩，新建一幢教学大楼，建筑面积 1080 平方米。1992 年，织里辅导区中心成立"湖州市织里少年税校"。1994 年，撤销织里辅导区中心学校、织里镇小、晟舍乡中心，建立织里镇中心小学，晟舍乡中心为织里镇中心小学分校。1995 年，撤销织里镇中心分校。2000 年 5 月，改名湖州市织里实验小学，同时撤小郏等村完小，织里实验小学下辖晟舍、大港、郑港、旧馆、陶家湾等五所完小。2002 年 8 月，织里实验小学部分迁至中华路 201 号，形成东、西两个校区。2015 年 3 月，成立湖州市织里实验小学教育集团，实行"一校多区"管理，下辖东校区、西校区、晟舍、大港四个校区。2017 年 8 月，晟舍校区新建四层教学楼，建筑面积 1800 平方米。2018 年 8 月，织里镇教育布局调整，晟舍校区独立。

校区　织里实验小学教育集团 2019 年有三个校区：东校区，地址中华路 201号，30 个班，为 4～6 年级，1400 余人，在编教师 80 人。西校区，地址中华路47 号，24 个班，为 1～3 年级，1100 人，在编教师 55 人。大港校区，地址大港村，主要接纳外来民工子女，4 个班，1～4 年级，170 人，在编教师 8 人。

表 7-1-12　织里实验小学教育集团历任校长名录

姓名	职务	任职时间
郑连如、叶文华、凌泽民等	校长	1912—1950.8
周俊	校长	1950.8—1951.8
赵国良	校长	1951.8—1952.2
陆书熊	校长	1952.2—1952.7
姚惠麟	校长	1952.8—1953.8
周月华	校长	1953.8—1956.8
李金娥	校长	1956.8—1957.8

（续）

姓名	职务	任职时间
董剑家	校长	1957.8—1958.8
郑志勇	校长	1958.8—1976.9
丁士元	校长	1976.10—1979.1
周文蔚	副校长（主持工作）	1979.1—1980.7
李耀庭	校长	1980.8—1984.7
刘子昌	教办主任	1984.7—1986.7
刘子昌	校长	1986.8—1994.7
邱瑞芳	校长（织里镇小）	1978.8—1984.7
何星华	校长	1984.7—1986.7
谢益荣	副校长（主持工作）	1986.8—1994.7
潘暄华	校长	1994.8—1995.7
徐伯荣	校长	1995.8—2015.7
周汉文	校长	2015.8—

二、轧村小学

沿革　1924年，创办洽济小学，校址轧村沙家滩祖师殿，教师1人，1个班，二三十人。三年后，有2个班，老师2人。抗日战争与解放战争期间，学校几易校址。1937年到1946年，先后迁到轧村周边杨家埭、西庙兜庙里和轧村育

轧村小学

婴堂。1947年，又搬回原址沙家滩。学校有 2 个复式班，学生近百人，教师 2 名。1950 年春，改名轧村小学。1952 年，施教区扩大为轧村乡和漾西乡，6 个班，附设幼儿班 1 个，学生近 300 人，每年毕业生 40 余人。1957 年，9 个班，学生 300 人，教师 13 人。1958 年，改名轧村公社中心小学，包括一所中心学校、骥村完小和褚家荡完小两所完小，及孟乡港、增圩等 13 所村校，共计 16 所学校。1968 年，更名为轧村公社中心学校。分为罗姚小学、轧西小学、向阳小学三部分。学校挂牌向阳小学，实行中小学统一管理。1984 年 8 月，新址织里镇轧村振兴路 56 号，占地 6000 平方米，建筑面积 906 平方米，更名为轧村乡中心小学，原三处学校合并。轧村乡中心小学本部有 12 个班，学生 500 余人，教师 23 人，职工 3 人；下辖骥村完小、陈家阡完小等 14 所村校，共有班级 50 个，单式 25 个，复式 25 个，共有学生 1626 人，教师 75 人。1999 年，更名轧村镇中心小学。2001 年，完成学校布局调整，全乡撤销所辖完小与村校，合并为一所学校。有 36 个班，学生 1756 人，教师 68 人，职工 2 人。2004 年，更名织里镇轧村小学。

校区　2018 年，学校有 27 个班，教师 67 人，学生 1218 人，职工 9 人。学校占地面积 23 011 平方米，建筑面积 6100 余平方米。

表 7-1-13　轧村小学历任负责人（校长）名录

姓名	职务	任职时间
吴述慎	创办人	1924—1927
胡振麟	校长	1927—1937
赵女士	校长	1937—1946
吴述慎	校长	1947—1949
范希成	校长	1950—1955
郑启群	校长	1956—1959
邱振康	校长	1959—1968.7
吴小章、杨光喜	负责人	1968.8—1972.7
徐世炎	负责人	1972.8—1976.7
陈国强	负责人	1976.8—1979.7
徐世炎	负责人	1979.8—1980.7
刘子昌	校长	1980.8—1984.7
陈国强	校长	1984.8—1989.7
王新华	校长	1989.8—1994.7

（续）

姓名	职务	任职时间
陈世雄	校长	1994.8—1996.7
韩杏芬	校长	1996.8—2006.7
周汉文	校长	2006.8.—2013.1
费国良	全面负责	2013.2—2013.6
费国良	校长	2013.7—

三、漾西学校

沿革 前身是连奎小学，1934年由陆连奎创办，地址陆家湾集镇中心。学校聘专任教师5人，分低年级、中年级和高年级3个教学班，学生80余人，开设语文、算术、英语、音乐、体育、自然等学科，有图书馆、俱乐部、小农场等相关设施，是一所学科设施齐全、教学设备完善、师资力量较好完全小学。抗日战争爆发后，学校停办。1948年学校由私立转为公办，校名义和乡第四保国民小学，简称第四保校。有教师3人，设低、中、高三个班，学生100余人，解放时停办。1956年，设低、中、高三个年龄段，教师5人，学生100余人，教室租借民房。1963年，除乔溇、东阁兜继续保留完小建制以外，其他村小五、六年级均集中在社中心，学生600余人，教师20余人，成为一所初具规模中心小学。

漾西学校

1974年，下辖乔溇、东阁兜、曙光三所完小和汤溇等11所村办小学，开设48个班，学生1300人。1996年，先后撤并村小11所。2002年9月，镇中心学校开设18个班，学生1100人，教职工45人。经过扩建，学校占地17 000平方米，建筑面积3600平方米。此外，新建塑胶田径运动场，篮球场、足球场、羽毛球场、游泳池等一批设施，基本满足办学需求。2018年8月，原湖州市织里镇第二中学漾西校区与原湖州市织里镇漾西小学合并，调整为九年一贯制学校，更名湖州市织里镇漾西学校。

校区　2018年，学校占地面积约38 000平方米，绿化面积16 000平方米。设初中部、小学部两个校区。两个校区配有电脑室、图书室、音乐室、美术室、刺绣馆、心理辅导室、卫生室、科学实验室、机器人教室、多功能报告厅等专用教室。学校有27个班，学生1081人。在编教职工74人，其中本科学历教师69人，占93%；中小学高级教师6人，一级教师33人；获区教坛新秀及以上荣誉教师12人。学校先后被命名为浙江省青少年校园足球特色学校等荣誉。

表7-1-14　漾西学校历任负责人（校长）名录

姓名	职务	任职时间
陆家升	校长	1934.—1937.11
陆学甫	校长	1945.8—1948.7
沈炳骏	校长	1948.8—1956.7
卢民生	校长	1956.8—1958.7
邱慈禧	校长	1957.8—1958.7
王柳吟等	校长	1958.8—1963.8
赵沁芳	校长	1963.9—1971.7
徐如生	贫管会专职干部	1971.8—1972.7
黄鑫宝	全面负责人	1972.8—1974.7
刘子昌	校长	1974.8—1981.1
杨锦章	校长	1981.2—1996.7
陆惠明	校长	1996.8—2008.7
罗燕	校长	2008.8—2013.7
沈旭林	校长	2013.8—2018.7
闵淦民	校长	2018.8—

注：抗日战争期间停办。

四、晟舍小学

沿革　位于晟舍乡栅庄头，前身是抗战前创办的晟舍镇初等小学，校长由镇长兼任。抗战初期学校停办。1943年，凌东樵等发起开办晟舍培民义务小学，时3个班，在晟舍利济寺庙。抗战胜利后，改名晟舍小学，2个班，校址旧馆禧宥殿。1949年以后，校址在云村庙。1950年，有2个班，教师2人。晟舍村校2个班，校舍在利济寺，教师2人。1951年，校舍迁至晟舍总管庙。后云村、大河两乡合并，建晟舍完小。1956年，3个班，校址晟舍土地庙。1965年，社中心小学在晟舍总管庙。1966年秋停课，至1968年春复课。1970年，发展社办初中，中小学合址。1971年春，自筹经费，在晟舍栅庄头西面平整土地800平方米，将总管堂拆除改建南北16间平房为校舍，中间一块操场。1972年，新校落成，小学4个班，141人，附设初中2个班，72人，教师8人，名为晟舍公社先锋小学。1972年，全乡小学共41个班，1784人，初中5个班126人。1975年，学校新建六楼六底教学楼。1976年至1980年，全社小学保持40个班，学生1500人，初中9个班，学生430人，中小学教师70人。期间，原小学北面平房教室拆除，又建一幢九楼九底教学楼。1980年9月，中小学合并。1984年7月，中小学分设，新建社中心小学。下设13所小学，学生1000人。1985年4月，迁入栅庄头新教学楼。1988年，开始进行村小（完小）改建工程，至1990年底，投资51.4万元，改建村小8所，建筑面积2532.4平方米。1994年，因扩乡并镇，更名织里镇中心小学分校，第二年撤销分校体制，为织里镇中心小学下辖完小。2001年7月，校址迁至栅庄头文教路。原下辖10所村小陆续撤并入晟舍本校区。

校区　2008年，新建四层综合楼与16个班级教学楼。2016年，投资1150万元新建2320平方米12个班级教学楼，并东扩新建200米塑胶跑道。2018年7月，学校从织里实验小学中分立出来，为独立法人学校，命名湖州市织里镇晟舍小学。占地面积20亩，学生1577人，班级32个，教师77人。

表 7-1-15　晟舍小学历任校长名录

姓名	职务	任职时间
潘丽英	校长	1975.8—1978.7
陈世秀	校长	1978.8—1979.7
计葆坤	校长	1979.8—1994.7

（续）

姓名	职务	任职时间
徐伯荣	校长（兼）	1994.8—2015.7
周汉文	校长（兼）	2015.8—2018.7
沈旭林	校长	2018.7—

五、太湖小学

沿革　1950年至1952年，太湖乡辖区先后开办义皋完小、东桥完小、许溇完小等。1956年，太湖公社中心学校成立。社中心管理全社完小，村校负责业务。全乡近30个班，教师40余人，学生1200多人。1974年，太湖公社中心学校地址从原义皋兴善寺搬到金溇村。1983年，改名太湖乡中心学校，因行政区域调整，学校先后更名湖州市太湖乡中心小学，湖州市织里镇太湖小学，现为湖州市吴兴区太湖小学。

校区　2019年，太湖小学有幻溇和义皋两校区，占地面积18 243平方米，建筑面积6836平方米，学生874人，在编教师54人。

表7-1-16　太湖小学历任校长名录

姓名	职务	任职时间
钮家洙、庄杰等	校长	1950—1981.7
夏承翔	校长	1981.8—1986.7
沈阿根	校长	1986.8—1987.7
章仑山	校长	1987.8—1991.7
柏林章	校长	1991.8—2004.7
胡国强	校长	2004.8—2013.7
陆晓良	校长	2013.8.—2019.7
黄东明	校长	2019.8—

六、便民小学

沿革　1991年，成立便民小学，原址织里镇织东路60号，全日制小学附设初中班，民办性质。2009年，迁至高新区郑港村前郑港村完全小学校址。2018年，撤销附设初中班，成全日制小学。

校区　学校专职教师13人，分学前班、小学和初中三个学段。学生300余人，开设语文、数学、英语、科学、音乐、体育、等学科，有操场、图书馆等相关设施。2009 年，在原郑港村完小基础上，新建 5 间教室、学生食堂、教师办公室，租借村民土地新建塑胶操场和功能教室。2019 年有教师 24 人，1～6 年级 13 个班，学生 500 余人。学校占地面积 2350 平方米，绿化面积 300 平方米，运动场面积 1200 平方米。有科学实验室、音乐教室、计算机教室、图书室等专用教室；班班配有多媒体，建有校园广播系统、校园通讯系统和校园安防系统等现代化设施。

1991 年至 2008 年，校长为靳洪俊；2018 年以后校长为徐为明。

七、吴兴实验小学

沿革　2017 年 9 月，始建吴兴实验小学，地址织里镇施家巷西堍。占地 87 亩，用地面积 57 826 平方米，建筑面积 53 000 多平方米，可容纳 48 个班，2160 名学生。政府总投资 2.2 亿元，2018 年 8 月启用部分校舍。同年 8 月 31 日，第一届一年级 332 名新生正式入学。

校区　学校配备标准化实验室、计算机教室、多媒体电教室、多功能报告厅、游泳馆、美术室、音乐室、书画室、舞蹈房、室内体育馆。400 米跑道田径场，有足球场、篮球场、排球场、乒乓球室、健身房等体育设施设备。教师资源配备充足。2018 年招聘教师 20 人，其中市教坛新秀 2 人，区教坛新秀 1 人。

校长为闵华。

吴兴实验小学

八、村小撤并

织里镇各村级小学撤并情况见下面各表。

表 7-1-17 并入晟舍小学的村级小学

校名	校址	负责人	校舍面积（平方米）	学生人数	教师人数	始建年代
晟舍乡中心	晟舍镇	计葆坤	745	1701	18	1943
旧馆初中	禧寺殿	袁家骊	150	60	3	1970
旧馆小学	禧寺殿	洪关鑫	400	500	6	1945
晒甲兜小学	晒甲兜村	施惠英	212	80	5	1952
庙歧山小学	庙歧山村	陈红梅	49	90	8	1949
前锋小学	大队部	姚锐	280	110	6	1971
云村小学	村部	陶利英	229	120	2	1949
东兜小学	东兜村	陶金珠	215	214	9	1960
东方红小学	石路上村	赵荷娣	200	50	3	1968
先锋小学	栅桩头村	潘丽英	380	80	7	1968
河西小学	太平庙	毛文堂	115	50	2	1953
下水湾小学	下水湾	陶明华	233	80	2	1961
朱湾小学	朱湾村	付文坤	270	100	1	1952
秦家港小学	罗古桥庙	陶忠明	220	27	1	1968
官田巷小学	官田巷庙	章甫	130	120	2	1950
东风小学	荡田圩	陶玉诚	150	40	3	1961
陶家湾小学	陶家湾	官学明	435	810	7	1952
曹家兜小学	曹家兜	陶勤珠	60	20	1	1958
西车兜小学	西车兜	周志文	279	98	2	1950

表 7-1-18 并入织里小学的村级小学

校名	校址	负责人	校舍面积（平方米）	学生人数	教师人数	始建年代
织里区中心	织里镇	刘子昌	1800	412	41	1912
同心完小	同心村	沈明昌	394	160	16	1958
东湾兜村小	东湾兜	吴丽英	105	18	1	1949
联漾完小	曹家兜	华菊芳	524	131	8	1949
小邾完小	李家坝	朱云梅	420	166	9	1950
林圩村小	林圩村	沈筱玲	260	12	1	1950
大邾村小	大邾村	陶蕴华	229	58	2	1950
晓河完小	晓河村	王荣法	485	216	10	1950

（续）

校名	校址	负责人	校舍面积（平方米）	学生人数	教师人数	始建年代
大潘兜村小	大潘兜	邱集珍	185	66	3	1958
陈家兜村小	大潘兜	徐贵民	116	17	1	1958
秧宅村小	秧宅村	郑应妹	60	33	2	1958
珍珠桥村小	大邾村	潘廷芳	189	18	1	1959
沈家漾村小	沈家漾村	沈剑利	81	14	1	1967
田坂里村小	大漾兜村	李兰芳	28	19	1	1967
王母兜小学	王母兜村	沈思奕	126	26	1	1967
清水兜村小	清水兜村	钱丽华	198	15	1	1967
郑港完小	郑港村	凌文玑	600	120	7	1967
凌家汇村小	凌家汇	沈珍珠	60	47	2	1967
光辉村小	重新港	潘金凤	383	32	2	1967

表 7-1-19　并入轧村小学的村级小学

校名	校址	负责人	校舍面积（平方米）	学生人数	教师人数	始建年代
轧村乡中心	轧村镇	王新华	967	444	28	1986
骥村完小	骥村	沈阿坤	382	137	6	1950
范村小学	骥村村漾河墩	谢建明	125	60	2	1958
孟婆兜完小	曹家簖	陈月新	277	250	6	1949
陈家圩完小	褚家荡	宋炳勋	211	103	5	1939
孟乡港小学	孟乡港	沈志娥	259	51	2	1950
增圩小学	增圩村	吴小章	234	63	2	1950
梁家兜小学	梁家兜	吴桐芬	95	35	1	1950
范村小学	漾河墩	陆玉坤	125	60	2	1950
抗三圩小学	抗三圩村	朱芬芬	325	94	2	1958
上林村小学	上林村	俞鸿开	180	125	5	1949
姚二水小学	姚水村	潘秀英	125	94	3	1950
齐家湾小学	齐家湾	俞琴琴	48	29	1	1949
潘塘桥小学	潘塘桥	王少华	300	200	5	1950
项祝兜小学	项祝兜	徐玉英	100	50	2	1964
郎二兜小学	郎二兜村	王水珠	107	26	1	1955
梅林港小学	周家埭	张凤仙	90	28	1	1958
阮家兜小学	阮家兜	刘明珠	30	14	1	1949
金光兜小学	金光兜	寿老师	60	35	2	1950
南湾小学	南湾	叶美娣	267	49	2	1966

（续）

校名	校址	负责人	校舍面积（平方米）	学生人数	教师人数	始建年代
吴家兜小学	吴家兜	吴妙金	103	40	2	1949
轧西小学	亭子阁	高伶俐	260	1100	12	1968
罗姚小学	罗家弄	谈玲俐	50	25	1	1968
红武小学	万家兜村	刘明珠	60	1032	10	1968
南湾小学	南湾村	叶美娣	49	49	2	1968
白甫兜小学	白甫兜村	寿士宝	200	1045	7	1968
罗姚小学	罗姚村圣堂桥	谈玲俐	250	900	8	1975
轧村向阳小学	轧村方桥头1号	陆慧明	350	250	12	1972

表 7-1-20　并入漾西小学的村级小学

校名	校址	负责人	校舍面积（平方米）	学生人数	教师人数	始建年代
向阳小学	胡溇自然村	徐文娟	300	1800	4	1961
乔溇小学	红善兜自然村	邵汉权	400	3860	9	1950
五星小学	横港头	沈金凤	120	1200	5	1969
钱溇小学	钱溇村	徐珍梅	105	120	4	1950
汤溇小学	汤溇街吴家基厅	陆建华	60	20	1	1947
新浦小学	新浦村	宋玲娣	170	40	1	1950
费家汇中学	费家汇	潘笃祥	40	120	2	1969
费家汇小学	费家汇	沈建华	866	450	6	1947
南河小学	南河村	陆永珍	60	320	3	1948
中兜小学	中兜村	陆建美	180	300	3	1950
东风小学	陆家湾村部	杨锦章	300	900	10	1934
董家甸小学	董家甸南桥头	沈卫芳	60	750	7	1950
红卫小学	陆家湾东湾洋学堂	赵新芳	900	3000	9	1966
东阁兜小学	东阁兜	沈和林	1152	3580	12	1949
常乐小学	常乐村	沈六女	130	2170	6	1950
沈家湾小学	沈家湾	阮丽华	220	2260	7	1948
钱家兜小学	钱家兜村	吴连宝	228	31	1	1961

表 7-1-21　并入太湖小学的村级小学

校名	校址	负责人	校舍面积（平方米）	学生人数	教师人数	始建年代
太湖乡中心	幻溇	史生荣	490	2500	16	1984
义皋完小	义皋	姚晓延	392	192	8	1949
严家兜小学	庙桥头	胡泉方	161	158	7	1956
伍浦小学	伍浦	章崙山	428	171	7	1958

（续）

校名	校址	负责人	校舍面积（平方米）	学生人数	教师人数	始建年代
庙圩小学	庙兜村	章玲芳	372	120	5	1958
许溇小学	许溇村	朱学义	425	1500	8	1958
沈溇小学	杨家兜	蒋红梅	346	126	5	1964
东桥完小	东桥村	柳蔚天	380	155	7	1969
谢溇小学	谢溇	夏承翔	56	220	5	1958
金溇小学	金溇	姚思光	86	61	2	1958
白家坝小学	白家坝	徐美凤	119	80	1	1958
诸溇小学	诸溇	沈坤荣	11	130	1	1958
洋湾小学	洋湾	吴会章	274	100	1	1964
汤家甸小学	汤家甸	方志刚	45	30	1	1964
杨溇小学	杨溇村	吴安珠	274	160	4	1964
大溇小学	大溇村	卫建华	217	1000	10	1969

资料来源：《湖州市校史集》及电话调查、微信联系核实等。

第四节　中　学

一、县级中学

织里中学沿革　吴兴县第四初级中学，1956 年 8 月创办，地址织里镇老街。学校初创时，先借菱湖中学校舍上课一个月，10 月，迁回织里，教职工 10 人，2 个班，4 间教室，1 间办公室，3 间民房。1957 年，招 2 个班。1959 年，8 个班，430 余人。1960 年，10 个班，500 多人。

1966 年 9 月至 1968 年 7 月，学校受"文革"冲击，停课不招生，校名为"吴兴四中"。1968 年 9 月，恢复招生，招 3 个班；第二年，又招 2 个班。1970 年，学校更名为"吴兴县织里中学"，开设高中班 1 个，成为一所完全中学。

1976 年至 1977 年，学校只招高中学生，共 10 个高中班，550 多人。1978 年，恢复初中招生，从各乡招收 2 个初三班，初、高中共 10 个班，并建造 530 多平方米宿舍楼。

1981 年，更名为"湖州市织里中学"，初、高中共 11 个班。1985 年，高中改为三年制，有 10 个高中班，5 个初中班，700 多人。1986 年，新教学大楼落

1976年织里中学学生参加吴兴县文艺调演（节目由织里中学教师陆人英作词、作曲、编导）

成，著名古建筑园林艺术学家陈从周、教育家王秋野分别为学校题写校名，陈从周书"以衍清芬"赠师生。同年底，学校召集校友、教职工，举办庆祝建校三十周年活动；校友陈保胜个人捐资设立奖学金，设一等奖1名，二等奖2名，三等奖3名。根据德智体综合成绩评选，每一学年评选6名，颁发奖学金。学校确立"团结、刻苦、踏实、奋进"校风，提倡"诲人不倦、严谨治教"教风和"尊师、守纪、勤奋、好学"良好学风，深入开展教学改革，教育质量不断提高，1984届初中毕业生升学考试，语文、物理、外语及六科总平均获全市普通完中第一。

至1996年，共培养高中毕业生（含职高）3346名，为各级各类学校输送大中专学生777人（其中大专以上343人），2名学生被招为空军飞行员，有11名毕业生获博士学位。1993年9月，学生360人，1996年，学生1000余人。有一大批高中生考入清华大学、北京大学、浙江大学、复旦大学、武汉大学、同济大学、北京师范大学等全国重点大学。毕业学生有王森泰、陈保胜、张锦章、谈月明、陈鹰、徐胜元、沈竑、郁国梁、秦刚、胡乐鸣、叶新江、李玉泉、陈利江、沈春水等。1982年至1985年，连续四年被评为湖州市达标、群体先进集体。1994年至1995年，校党支部被评为城区先进基层党支部，学校被评为教科研先进集体。据不完全统计，1994年11月，刘文虎获得浙江省人民政府授予"特级教师"荣誉称号；有8位教师在全国、省市发表教学论文共14篇；教师中，有

学生上课

15 位获省市各项荣誉称号，1996 年，织里中学已有 12 名高级教师，同一年，校庆筹委会组织编写《织里中学建校四十周年（1956—1996）》校庆校史。2005 年8 月，因湖州教育资源布局调整，由织里中学、湖州十五中学等数校合并，组建吴兴高级中学。2015 年，织里中学奖学金转入吴兴高级中学，陈保胜增加资金，命名为"保胜奖学金"。

　　校区　1986 年，新教学大楼落成，设 16 间教室和 9 间办公室。新建教学楼、实验楼、教工宿舍、学生宿舍楼及生活福利用房共 16 幢，其中教学大楼 1780 平方米。配电脑室、语音室、物理、化学、生物实验室。20 世纪 90 年代中期，学校有 22 个班级，其中中专 2 个班、普高 7 个班、职高 9 个班、初中 4 个班，在校学生 1057 名。教职工 71 名，专任教师 60 名，其中中学高级、一级教师 26名，专职教师学历达标率为 90% 以上，均具有胜任两门以上学科的教学能力。学校占地面积 23.2 亩，建筑面积 9457 平方米。

表 7-1-22　织里中学历任负责人（校长）名录

姓名	职务	任职时间
刘时圣	临时负责	1956.8—1956.9
刘时圣	副校长（主持工作）	1956.9—1960.2
李长平	党支部副书记/校长	1960.2—1963.12
刘时圣	书记	1963.12—1970.3
曹祥官	"革委会"主任	1970.3—1974.9

（续）

姓名	职务	任职时间
丁士元	校长	1974.9—1982.5
石峰英	副校长（主持工作）	1982.5—1984.10
陈鸿达	校长	1984.11—1993.7
黄震亚	校长	1993.7—1997.7
吴维平	校长	1997.8—2001.8
郑根强	校长	2001.8—2005.8

注：学校停课期间（1966—1968.7），单位未变动。

二、镇级中学

1.晟舍中学

沿革　位于晟舍乡政府所在地。1968年，创办晟舍公社先锋小学附设初中班，1个班，学生30多人。1971年，2个班，学生70余人。1973年，全公社设置3个初中教学点：旧馆红旗中学2个班、陶家湾向阳中学1个班、晟舍先锋中学2个班，共5个班，学生126人。1975年，晟舍先锋中学创办高中班，学生56人。1976年，除原3个教学点之外，又在朱湾大队、云村大队各办起1个初中班，学生各20多人，一年后两个初中班停办。1976年以后，初中固定在3个教学点，教学班9个，高中班2个（1979年高中班停办）。1983年，班级有11个（旧馆、陶家湾各2个，晟舍7个）。1999年8月，晟舍中学更名织里二中。2001年8月，织里二中并入湖州市织里镇中学。

校区　1984年，中小学开始分设，旧馆、陶家湾两个中学点并入晟舍，校名晟舍中学，班级7个，学生305人，教师共23人。1990年，新建一幢教学大楼，占地面积5亩，教学设备得到更新和改造。

表7-1-23　晟舍中学历任校长名录

姓名	职务	任职时间
计葆坤	校长	1968.8—1984.7
柳泽录	校长	1984.8—1987.7
潘暄华	校长	1987.8—1991.7
潘树明	校长	1991.8—1999.7
姚阿明	校长	1999.8—2001.7

2.漾西学校

沿革　前身是红卫初中，1968 年创办，校址陆家湾北九十亩圩村宋荣如民宅，设有 4 个初中点。1973 年，有 8 个初中点。同年 5 月，筹建漾西中学，同年 12 月，新校舍落成，学校迁至张官桥新校舍。1978 年，筹建东占桥校舍，1981 年 10 月，学校迁入新址。1982 年，各初中点全部撤并至漾西中学。1985 年，创办漾西中学五金厂，学校开办作物栽培、油漆、针织等职业班。1992 年，学校有两排相对楼房，中间大操场，总占地面积 2800 平方米，有 27 间楼房，3 间平房，教室 9 间，办公室 5 间，实验室 1 间，食堂和校办厂各 1 个，师生寝室等。全校有教职工 33 人，学生 419 人，9 个班。2007 年 8 月，改名织里二中漾西校区。2018 年 8 月，漾西校区从织里二中分离出来，与原湖州市织里镇漾西小学合并，调整为九年一贯制学校，更名湖州市织里镇漾西学校。

校区　2018 年，学校占地面积 38 000 平方米，绿化面积 16 000 平方米。设初中部、小学部两个校区。两个校区配有电脑室、图书室、音乐室、美术室、刺绣馆、心理辅导室、卫生室、科学实验室、机器人教室、多功能报告厅等专用教室。学校有 27 个班，1081 名学生。在编教职工 74 名，其中本科学历教师 69 人，占 93%；中小学高级教师 6 人，一级教师 33 人；获区教坛新秀及以上荣誉教师 12 人。学校先后被命名为浙江省青少年校园足球特色学校、市科技创新教育特色示范学校、吴兴区 5A 级平安校园等荣誉称号。

表 7-1-24　漾西中学历任负责人（校长）名录

姓名	职务	任职时间
徐树生	负责人（陆家湾初中）	1968.8—1974.7
李中华	负责人（红卫初中）	1969.8—1974.7
刘子昌	负责人（乔溇初中）	1969.8—1974.7
吴骏麟	负责人（曙光初中）	1969.8—1973.7
张德明	负责人（东阁兜初中）	1970.8—1974.7
刘子昌	负责人	1974.8—1981.1
朱学义	中学负责人	1981.2—1982.7
陈金根	中学负责人	
吴骏麟	中学负责人	1982.8—1983.7
董晓凌	中学负责人	
姚勤美	校长	1983.8—1986.7
吴骏麟	校长	1986.8—1997.7

（续）

姓名	职务	任职时间
汪福祥	校长	1997.8—2000.7
沈解明	校长	2000.8—2007.7
钱志强	校长（骆洪法校区负责人）	2007.8—2010.7
陈新根	校长（骆洪法校区负责人）	2010.8—2012.7
	校长（陈小龙校区负责人）	2012.8—2018.7
闵淦民	校长	2018.8—

3.轧村中学

沿革　1968年创办"轧村五七中学"，和轧村社中心学校同一个校园：轧村集镇沙家滩，初中2个班；1971年，增抗山圩教学点1个班（1973年撤销）；1972年，有6个班；1973年，建礼堂、教师宿舍与4间平房，增潘塘桥教学点，1个班（1975年撤销）；1974年增骥村教学点，1个班（1979年撤销）；1976年，拆掉原4间平房教室改建二层13间，增两个教学点：陈家圩1个班（1978年撤销），增孟婆兜1个班（1980年撤销）。共250多名学生，教师10余名。1977年，创办高中班，每届一个班，办三届（1979年撤销）。1978年，拆除礼堂建一幢二层12间综合用房。1984年，小学、初中分设，初中部为轧村中学。1990年，新建11间三层勤学楼。1992年，学生505名，11个班，教职工41名；学校占地5.9亩，建筑面积1757平方米。1997年，学校规模扩大，易地新建，占地37亩，建筑面积5892平方米。2007年8月，原轧村中学与漾西中学并为织里镇第二中学，有两个校区：漾西校区，地址漾西集镇；轧村校区，地址轧村镇振兴路10号。2015年7月，投入近400万元对漾西校区全面改造。2017年1月，投资近2400万元，对轧村校区全面改扩建，学校基础设施和教学设备更新升级。

1978年轧村五七中学高中毕业班师生合影

1980年的轧村五七中学

2018 年 7 月，投资 158 万元改造运动场，同年 8 月，根据发展需要两个校区重新分开，轧村校区恢复轧村中学校名。

校区　建筑面积 9902 平方米。2019 年 7 月，投入 40 多万元将学校食堂由 B 级升级为 A 级食堂。学生 500 余人，12 个班，教师 42 人，临时职工 7 人。

表 7-1-25　轧村中学历任负责人（校长）名录

姓名	职务	任职时间
吴小章	负责人	1968—1972
史生荣	负责人	1972—1974
丁东初	负责人	1974—1976
徐世炎	教育专职干部	1972—1977
陈国强	负责人	1977—1979
李成仁	校长	1979—1981
刘子昌	校长	1981—1984.7
潘明泉	校长	1984.8—1997.7
戴国良	校长	1997.8—1999.7
钱志强	校长	1999.8—2010.7
陈新根	校长	2010.8—

4. 太湖中学

沿革　1971 年 3 月 1 日创办，地址潘溇村大墙门堂里，为太湖社中心小学戴帽初中，校名太湖公社初级中学。1973 年 9 月，建造校舍，增设幻溇镇中学点。师资大多为原在小学任教且具有普师或高中毕业学历骨干，及部分下放、回乡知识青年。1975 年 9 月，增办高中班，学生 300 余人。1984 年 9 月，新建教学楼，占地 400 多平方米，面积 748 平方米。同年 9 月，中小学分设，初中独立，名为太湖中学。1984 年，改名太湖乡中心学校，并分设小学、初中部。2001 年 8 月，成为湖州市织里镇中学分校，保留初一、初二年级。2005 年 8 月，太湖中学并入湖州市织里镇中学。

校区　织里镇太湖沿岸长达 12 公里，18 个自然村。太湖中学共培养初中生 3000 人，毕业生 1000 余人，为织里中学输送新生 500 余人，为中专、中技学校输送 100 余人，为各类职业高中输送 20 余人。1992 年，学校下设义皋、东桥 2 个点。班级 10 个，学生 407 名。教职工 41 名，后勤人员 2 名。教师中，公办 25 名，民办 7 名，代课 7 名。学校占地面积 1408 平方米，校舍面积 748 平方米。

表 7-1-26　太湖中学历任校长名录

姓名	职务	任职时间
夏承翔	校长	1971.8—1984.7
吴建良	校长	1984.8—2001.7
姚阿明	校长	2001.8—2004.7
陈新根	校长	2004.8—2005.7

5.织里南街中学

沿革　位于织里镇南街，前身是织里南街高中班，1975 年 8 月创办，初中附设在完小和区中心小学。1977 年，筹建织里公社中心学校。1978 年 3 月，初三班搬入新教学楼。1978 年 8 月，原区中心初中教师抽调到社中心任教，撤并（村）联办初中和区中心戴帽初中班。1984 年，织里乡中心学校分设小学、初中部。1997 年 8 月，搬迁后改名织里一中。学校已有 14 届初高中毕业生，有 350 名余名初中毕业生考取中专。2001 年 8 月，织里一中并入湖州市织里镇中学。

校区　学校占地面积 6 亩，教学楼面积 945 平方米，学生食堂、宿舍楼一幢，320 平方米，辅助用房 308 平方米。共 9 个班，在校学生 381 名，教职工 33 人，公办教职工 26 人，大专以上学历教师 15 人，占教职工总数 45%。

表 7-1-27　织里南街中学历任校长名录

姓名	职务	任职时间
邱瑞芳	校长	1975.8—1984.7
戴国良	校长	1984.8—1997.7
罗海滨	副校长（全面负责）	1997.8—1999.7
潘树明	校长	1999.8—2001.7

6.湖州市织里镇中学

沿革　2001 年 8 月，由原南街中学（织里一中）、晟舍中学（织里二中）、太湖中学三校并为湖州市织里镇中学。校址织里镇大港路 1155 号。学校以"明理诚信，博学笃学"为校训，以"勤学好疑、乐学多思"为校风，以"敬业爱生、博采广纳"为教风，以"尊师重道、索真求实"为学风。2018 年，学校已有 18 届初中毕业生，为高一级学校培养近 25 000 名合格新生。其中为湖州中学、湖州二中输送新生 700 人。2015 届毕业生金笑缘同学考取北京大学。

校区　学校占地面积 80 168 平方米，校舍面积 31 703 平方米。2018 年，有教学班 41 个，在校学生 1414 人，专任教师 137 人，中级职称以上教师占 63%。

学校先后获得"全国青少年校园足球特色学校""浙江省青少年校园足球特色学校""浙江省示范学校""省标准化建设Ⅰ类学校"等荣誉称号。

表 7-1-28　织里镇中学历任校长名录

姓名	职务	任职时间
吴建良	校长	2001.8—2005.7
姚阿明	校长	2005.8—2018.7
蒋云兵	校长	2018.8—

7.通益学校

2003 年，晓河希望小学成立，原址在织里晓河村，有 4 个班，学生 100 人。现址织里镇中华路 2 号。

2005 年，晓河希望小学，利民学校，育人学校合并，迁至原织里中学校区，改名湖州市吴兴区织里镇通益学校，投资 100 万改建校园环境，投入校车接送学生，设施设备以及教学所需物品全部完善，当年学生人数增加至 600 人，教师增加到 34 名。2019 年有 30 个班级，学生 1450 人，教师 76 人。

校长为杜连华。

通益学校

三、其他中学

太湖人民公社农业中学　1958 年秋建立。校址大河陶家湾自然村大地主陶士才民宅，有房 20 余间，分前厅、后厅及楼屋。时任吴兴县委领导魏传鲁和太湖公社书记李长平筹办相关事宜，办校宗旨为培养农村干部和农业技术人员。校长吴中汉（吴仪中），由吴兴县教育局委派。教师5人，其中音乐女老师1人。周三毛（陶家湾自然村人）担任农业业务校长，向学生传播农业技术。学生50余人，在太湖公社范围内招收，有的学生由各管理区负责推荐。农业中学内办有食堂，炊事员2人，学生自带米粮，蔬菜由学校自种。附近村庄学生回家，轧村、漾西学生住在学校。学校实行半农半读。有语文、数学、史地、音乐等初级中学课程，特色课为农业知识。太湖公社划拨位于三千亩圩的农田50余亩，由学校师生自行耕种和管理。师生佩戴"太湖人民公社农业中学"校徽。1964年春，根据上级通知，太湖人民公社农业中学停止办学，学生回归农村。农田由解放军农场接管。

轧村人民公社农业中学　1962年创办，校址上林村生产大队陈家阡自然村。学生39人，开办1个班，轧村公社选寿士法老师任教。课程语文、数学、珠算、体育等。学校实行半耕半读制度，公社拨给位于"蓬子兜"的农田10亩，由师生耕种收割，学校自行管理。1967年，受"文化大革命"影响，轧村公社农业中学停止办学，师生回归农村。

织里人民公社农业中学　1965年筹办，校址租在织里南街一民居。陈友仁（公社社长）兼任校长，朱惠林担任老师，学生30余人，均自愿报名和生产大队推荐，办校目的是培养一批农村财务会计人才。生源皆来本公社范围，年龄15至20来岁。学校实行半农半读制度，即周一、三、五上课，周二、四、六、日参加生产队劳动。常规课程初中语文、数学、史地等，设有《农业会计》为重点课程。1966年下半年，因开展"文化大革命"而停止办学，师生大多回归农村，一部分学生后来担任乡村各级会计。

第五节　成人学校与培训机构

一、织里成校

织里镇成人教育中心学校　创办于1987年11月，无独立校址，一间办公室设在原织里镇辅导区中心内。常年开展扫盲、技能培训活动，办班10余次。1992年8月，与晟舍成校合并成立湖州市织里镇成人文化技术学校。

1987年11月至1990年7月，负责人为屠引娣（副校长）；1990年8月至

1992 年 8 月，负责人为沈明昌（副校长）。

晟舍乡成人教育中心学校　创办于 1986 年 5 月，校址在晟舍新街 4 间两层楼。一间办公室，一间会议室，一间大教室。常年开展扫盲、技能培训活动，办班 10 余次。1992 年 8 月，与织里成校合并成立湖州市织里镇成人文化技术学校。

1986 年 5 月至 1991 年 7 月，负责人为杨文元（副校长）；1991 年 8 月至 1992 年 8 月，负责人为史中华（副校长）。

太湖乡成人教育中心学校　创办于 1987 年 11 月，无独立校址，办公室设在太湖乡中心小学内。常年开展扫盲、技能培训活动，办班 10 余次。2000 年 8 月，并入湖州市织里镇成人文化技术学校。

1987 年 11 月至 1992 年 7 月，负责人为朱福廷（副校长）；1992 年 8 月至 2000 年 8 月，负责人为高金荣（副校长）。

漾西乡成人教育中心学校　创办于 1987 年 12 月，无独立校址，办公室设在漾西乡中心小学内。常年开展扫盲、技能培训活动，办班 10 余次。2000 年 8 月，并入湖州市织里镇成人文化技术学校。

1987 年 12 月至 1992 年 7 月，负责人为姚法龙（副校长）；1992 年 8 月至 2000 年 8 月，负责人为徐丽华（副校长）。

轧村乡成人教育中心学校　创办于 1987 年，校址在轧村向阳完小。有独立办公室、会议室、培训教室。常年开展扫盲、技能培训活动，办班 10 余次。专职教师 3 名，兼职教师 15 名。2000 年 8 月，并入湖州市织里镇成人文化技术学校。

表 7-1-29　轧村乡成人教育中心学校历任负责人名录

姓名	职务	任职时间
唐锋	副校长	1987.11—1990.7
陈国强	副校长	1990.8—1993.7
邓卓勋	副校长	1993.8—1994.7
陈和生	副校长	1994.8—2000.7

湖州市织里镇成人文化技术学校　1992 年 8 月，与晟舍乡成人教育中心学校合并成立湖州市织里镇成人文化技术学校。2000 年 8 月，太湖、漾西、轧村三所成人教育中心学校并入织里镇成校。学校以构建终身教育体系、创建学习型社会为己任，以服务织里经济发展，提升居民综合素质为宗旨，围绕技能培

全民终身学习活动

训（农村实用人才培训、农民转移就业培训、企业职工培训等），学历教育（成人双证制、大专、本科教育等），社区教育（老年教育、居民素质提升教育、社团活动、家政服务等），特色教育（党员干部教育、电子商务、交通安全教育、红十字会急救培训等）等中心工作开展各级各类培训活动，每年开展各级各类活动500多场次、培训60多班次、讲座70余场次。2002年，创建为省级示范性成校，2005年被授予省级中小企业培训基地学校，2007年被授予市级校企合作职工培训基地，2009年被评为市级社区教育示范学校，2011年被评为市级区域中心成校，2015年被评为省级示范性基层党校，2016年被授予湖州市企业职工培训示范基地，2017年荣获浙江省成教培训品牌项目，2018年被评为省级现代化成人学校。

2000—2006年，教师4人，2间办公室，4间专训室，每年培训20班次。2006—2010年，教师7人，3间办公室，1间专训室，每年培训30班次。2010年后，迁入织里镇科技文化中心，4间办公室，5间专训室，专职教师9人，兼职教师30多人。

表7-1-30　湖州市织里镇成人文化技术学校历任校长名录

姓名	职务	任职时间
史中华	校长	1992.8—2004.7
柏林章	校长	2004.8—2015.7
胡国强	校长	2015.8—2019.7
施建荣	校长	2019.8—

二、织里镇民办培训机构名录

织里镇民办培训机构尚有许多，见下表。

表 7-1-31 织里镇民办培训机构名录

培训机构名称	地址	校长
吴兴区弘博业余培训学校	织里吴兴大道中 106 号	张敏华
湖州市吴兴区初辰教育培训学校	湖州市织里镇爱家路 47—57 号	洪飞
吴兴区织里镇起点培训学校	吴兴区织里镇兴旺路 1 号	潘高丽
吴兴区织里镇好多多少儿业余艺术学校	湖州市吴兴区织里镇晟舍永昌路 8 幢 2-6 号	张洁
湖州吴兴锦一教育培训有限公司	湖州织里镇大港路 1388 号金鼎国际 37 幢	沈金晶
湖州市吴兴区学有所成培训学校	湖州吴兴区织里镇织里南路 139 号	闵建荣
湖州市吴兴区葡萄树培训学校	湖州市吴兴区织里镇爱家路 117-119 号	邱怡璐
湖州吴兴飞翔教育培训有限公司	湖州市吴兴区织里镇康泰路 261 号二层	沈斌海
湖州吴兴优胜教育培训有限公司	织里镇中华路 248 号	陈云云
湖州吴兴博师教育培训有限公司	湖州市吴兴区织里镇爱家路 193、195、197 号	罗云云
湖州吴兴维多利培训学校有限公司	湖州市吴兴区织里镇汇德国际广场A座三楼东侧	王伟敏
湖州吴兴艺童培训学校有限公司	湖州市吴兴区织里镇太子湾商业街 1 号楼 303、306、307 室	方万军
湖州树苗语言培训学校有限公司	湖州市织里镇汇德国际广场A座 3 楼	马营
湖州吴兴麦青培训学校有限公司	湖州吴兴区织里镇茵特拉根小城一幢 307	吴世建
湖州吴兴新博师教育培训有限公司	湖州吴兴区织里镇佛仙路利济文化公园广场 2 号楼	罗云云

第六节 教育管理

一、管理机构、经费

教育机构 新中国成立后，织里乡镇（公社）一级设贫下中农管理学校委员会（简称"贫管会"），之后称教育管理委员会（简称"教管会"）分管教育。1984 年 9 月，织里设立建制镇后，镇政府设有分管教育领导；1999 年 10 月，原织里、轧村、漾西、太湖四镇合并，设镇社会事务管理办公室；2013 年为宣传教育文化办公室，下设教育科；2018 年 8 月，织里镇机构改革，各大办公室下不再设科室，教育属社会事务办公室管理。"四镇合并"以来分管教育管理的先后为叶银梅、周功剑、杨枫、陈云、周郑洁。教育管理工作主要负责教育事业发展规划、教育设施建设改善、教育安全管理、教育教学协调监管、教师队伍建设等。

教育经费　织里镇把教育放在优先发展地位，加大教育投入，改善办学条件，加强师资队伍建设，提高教育质量，推进教育优质均衡发展和教育现代化建设。

教育资源配置得到优化。着眼产、城、人融合和公共资源城乡统筹，对全镇教育布局进行调整，形成中心镇区公办中小学为主、民办学校为辅的教育新格局。

教育承载能力不断增强。加大教育投入，先后完成晟舍小学扩建、轧村中学扩建以及漾西学校、镇中学综合改造等一大批教育建设项目，总投资达8000多万。投入1.5亿多元建成吴兴实验小学，已面向社会公开招生。引进优质民办教育，总投资约4亿元集小、初、高为一体湖州北大培文学校已动工建设，织里实验小学教育集团东校区扩建工程、轧村小学异地新建工程等教育建设项目已列入工作日程。

促进教育资源同城共享。提高新居民子女入学同城共享待遇，2008年至2011年，对外来人员子女就读公办学校实行"老三条"，即：规模企业职工子女；在镇区持有法定房产人子女；注册资金50万元以上个体工商户子女。2012年，又调整为"新五条"，在原有基础上增加两条：引进中级职称以上技术人员子女；受镇级以上表彰外来务工人员子女。从2013年至2017年的五年实行《织里镇新居民子女积分入学办法》。在总结前几年利弊基础上，对"有房无户"外地生源完全实行同城共享公办教育资源的同时，制定并实施更具公平公正的摇号入学办法，推行"教育券"制度改革，以探寻多途径缓解公共优质教育资源不足矛盾。通过连续多年不断完善，全镇2019年约1.7万名在校学生中，有9170多名属外地户籍学生，其中在公办学校就读的有3488名。外地户籍新生就读公办学校占比明显上升，新居民子女在教育上同城共享得到落实。

建设一支过硬师资队伍。一方面通过两年一届评选表彰"美丽教师""十佳名师"等活动，激励全镇教师奋发向上；另一方面规范办学行为，深化课程改革，强化日常管理，在教师中加强师德师风教育，开展各类教学研训活动，引领教师专业化发展。下表为近年织里教育经费支出情况。

表 7-1-32　2009—2018 年织里镇教育经费支出

年度	教育总投入（万元）	生均公用经费（元）			
		小学	初中	幼教	成校
2009	6145	400	550	/	
2010	6683	400	550	/	
2011	7051	450	650	/	2 元/人（全镇人口）
2012	8241	500	700	250	
2013	8177	660	730	280	
2014	9162	610	810	305	
2015	9759	650	850	325	
2016	11 519	650	850	550	2 元/人（全镇人口）
2017	15 541	650	850	580	
2018	16 510	650	850	580	

注：残疾学生公用经费是普通学生的 10 倍。

二、九年义务教育

义务教育概况　2019 年，织里镇共有 15 所学校（含中小学、幼儿园），其中义务教育中小学共 9 所：公办义务教育学校 7 所（九年一贯制 1 所，中学 2 所，小学 4 所），民办义务教育学校 2 所（均为九年一贯制）。2019 学年在校学生 16 618 名，含新居民学生 9022 名。其中中学共 67 个班；小学共 173 个班。2019 学年在编教师 591 名，获中级以上职称 273 名；非在编教师 486 名，公办中小学非在编 19 人，在职教师共 1077 名（另有公办幼儿园 130 人、民办幼儿园 275 人，退休教师 207 名）。

九年一贯制学校　2018 年统计，共有 2 所，有 57 个班，学生 2719 人，校园总用地 5.47 公顷，建筑面积 13 802 平方米。

通益学校，2003 年创办时为九年一贯制学校，中小学共有 30 个班，学生 1642 人，校园用地 1.67 公顷，建筑面积 5800 平方米。小学部 25 个班，学生 1414 人，每班平均 56 人；中学部 5 个班，学生 228 人，每班平均 45 人。

漾西学校，2018 年 8 月改为九年一贯制学校，中小学共有 27 个班，学生 1077 人，校园用地 3.8 公顷，建筑面积 8002 平方米。小学部 18 个班，学生 784 人，每班平均 44 人；初中部 9 个班，学生 293 人，每班平均 33 人。

三、义务教育

1956—2005 年，织里中学初中毕业生共计 2956 名。2009 年至 2018 年，义务教育毕业生人数见下表。

表 7-1-33　2009—2018 年织里镇义务教育毕业生人数统计

年度	织里镇中学	织里镇第二中学		通益学校	便民小学附设初中班
		轧村校区	漾西校区		
2009	601	195	140	40	19
2010	697	206	137	38	24
2011	713	225	148	45	21
2012	638	189	125	36	17
2013	489	179	94	26	18
2014	458	161	95	21	27
2015	526	154	103	39	29
2016	624	192	122	34	27
2017	525	152	111	29	23
2018	427	134	86	33	18

第七节　体　育

一、体育设施

织里中学体育场　1985 年秋，在原有体育设施基础上，又修筑东西长 100 余米，面积约 3500 平方米的田径场、两个篮球场、排球场。1986 年，拨款 21 500元，征用 3.2 亩土地，开辟 115 米长、20 米宽的跑道；拨出 400 元，挖出沙坑；新浇水泥篮球架；投资 3000 元，新建水泥场、增添单杠、双杠；1999 年建成1000 多平方米标准的运动场，一条 6×100 米标准跑道。学校大礼堂内设有多张乒乓球桌，体操设备有垫子、双杠、跳箱。后扩建的外操场有篮球场，供跳高、跳远的沙坑，以及供投掷项目的场地。

其他体育设施　文化体育设施是开展基层群众文化活动的基础保障和重要平台。至 2019 年，镇域建有 2 个全民省级健身广场、15 个市级全民健身广场，村级活动中心等基本实现全覆盖。2018 年，织里镇文体中心建设项目总投资 13.8

1984 年织里篮球队

亿元，占地面积 100 亩，建设游泳馆、健身中心、标准跑道、篮球场、足球场、图书馆、会展中心、青少年培训中心等配套设施，项目分 3 年实施，2018 年计划投资 2.2 亿元，完成地下主体建设。同时，镇区文化休闲场所打造项目计划总投资 1.7 亿元，2018 年计划完成投资 5300 万元，主要包括浒井港公园、利济文化公园、盘殊漾公园等设施的完善，浒井港完成 6 公里景观工程；利济文化公园、盘殊漾公园打造高标准市民公园。通过不断投入和建设体育设施，提升群众身边体育场地建设水平，实现便民体育设施全覆盖。

二、学校体育

体育教学　清末民国时期，学塾的体育内容仅武学一门。1934 年，陆家湾的连奎学校设有体育课程。新中国成立后，学校重视体育学习。1950 年起，中小学每周设两节体育课，1951 年，中学开始推行中学生广播体操，开展晨间锻炼。1966 年，"文革"开始，学校体育工作停顿。1976 年，学校恢复体育课。1976 年秋季，织里中学高中招生时，专门面向织里区六个乡招收具有体育特长学生一个班，55 人，编入高一年级六个班中的第 6 班，称"少体班"。体育老师金汝忠任班主任，在两年高中学习期间，"少体班"在学习文化课同时，注重体育训练，在短跑、中长跑、跨栏、乒乓球、排球等项目进行突破，在吴兴县县级中学运动会等比赛中多次获奖；1980 年毕业于织里中学的施丽琴，以优异成绩考入杭州大学体育系，并在 1981 年全国大学生运动会上获得女子 400 米冠军。

1982年，公社中心小学贯彻执行体育卫生两个"暂行规定"，保证每天1小时体育活动。在增强全体学生体质方面，做到提高体育课的教学效果，基本保证每天1小时的体育活动，努力提高活动质量，"达标"训练开学有计划，期中小检查，期末大检查，坚持每年举行一次全校田径运动会。1983年，织里中小学推行第六套广播体操。2019年织里有体育教师118人，其中专职体育教师44人，兼职体育教师74人，承担织里中、小学体育课程和各项体育活动。多位体育教师获得区优秀足球教练、湖州优秀足球教练、吴兴区优秀体育教师、吴兴区第七届体育教坛新秀、浙江省体育道德风尚奖、湖州市优秀裁判员等称号。各校建立起运动场，标准跑道、足球场、篮球场，排球场、羽毛球场、乒乓球桌，条件好的学校建有游泳池及其他多个活动场地，是平时学生进行体育活动的主要场所。小学低年级学生每周4节体育课，小学高年级学生和中学生每周3节体育课；中学按《体育运动与健康》要求完成体育教学与达标要求，小学体育课程有田径、球类、体操等考核达标要求；每天的体育活动有眼保健操、早操、课间操、大课间体育锻炼等项目。除完成规定的体育项目外，织里中小学校体育教学各有特色，各学校根据自己的实际情况，在课外分别成立多种体育团队，有足球队、田径队、篮球队、舞狮队、乒乓球队、健美操队、定向运动队等。织里中小学校每学期举办钓鱼、过铁索桥、爬雪山、犁地、推独轮车等外出拓展训练、研学活动、社会实践。织里在校学生体育达标率为96%～99.5%。重视青少年足球事业，2017年和英国曼彻斯特足球队签订协议，并邀请中英足球中心和诺丁汉森林俱乐部的教练到织里镇进行交流指导。织里实验小学教育集团、轧村小学、轧村中学、织里镇中学共4所学校被评为浙江省青少年校园足球特色学校。2018年，织里实验小学教育集团、织里镇中学、轧村中学被评为全国青少年校园足球特色学校。

体育竞赛 织里中小学开展丰富多彩的体育活动，每学年举办1～2次全校性运动会，定期组织班级篮球赛、足球赛、拔河比赛等。比赛项目根据年级分组，中学比赛项目有径赛：100米、200米、400米、800米（女）、1000米（男）；田赛：立定跳远、实心球、足式保龄球、1分钟跳绳、屈臂悬垂（男）、仰卧起坐（女）；集体项目：广播操、4×100米接力（男女）、6×300（3男3女）、拔河（初一、初二、初三，男10人女10人）等。小学比赛项目：1～3年级有基本径赛60米、100米、200米、400米、800米；基本田赛跳高、跳远、铅球、垒球；3～6年级另有足球赛。竞赛办法采用国家体育总局审定的《最新田径竞赛规程》。各校通过校内体育运动会并根据成绩，选拔优秀学生参加织里镇、吴兴区、湖州市、浙江省等体育比赛。举办的竞赛项目有少年足球联赛、教师篮球联赛；吴兴区、湖州市级竞赛项目有：篮球赛、足球赛、田径比赛、定向运动比赛、中小学田径运动会等。市级项目除前次区级运动项目外，另有车模、海模、空模"三模"比赛。在各级比赛中，织里中小学多次获得好成绩：织里镇中学获得吴兴区田径比赛甲级，轧村中学获得吴兴区定向运动一等奖，织里实验小学集团获得吴兴区小学生男子足球赛二等奖等。

三、群众体育

传统体育 早在清朝末年，大港村东陈家兜就有武术活动流行。武术师傅王福生，精通诸般武艺。在他指导下，不少人跟他习武，武术活动代代相传，新中国成立初盛行武术活动，直到20世纪70年代才逐渐停止。织里的李家坝村、联漾村、瑞祥兜等地都有拳船活动，演练的武术套路各有擅长。

民国17年（1928）11月，吴兴县国术研究社成立，戴季陶、沈谱琴、钮吉荪等人为董事。第二年改名吴兴县国术馆，县长龚式农为馆长，馆址设于湖州东门孔庙内。开设太极拳、太极剑、太极刀、太极粘连枪、散手、太祖洪拳、少林十八罗汉拳、佛门拳、大五虎拳、功力拳、五行拳、行意拳、小八卦、十二路弹

2019年1月16日，第五届织里运动会

腿等课，常年举办民众教练班、师范班、研究班。国术馆还在织里等地设分社，有数百人学习武术，涌现出太湖乡庙兜村、轧村乡潘塘桥等武术之乡。抗日战争爆发后，国术馆停办。

新中国成立后，每年社戏、拳术表演等活动受到群众的喜爱和参与。1956年1月15日，共青团织里区工委在织里举行全区篮球比赛，有工人、农民、机关干部和学校教师共6个队参赛。1983年1月30日，织里召开各大队、单位团支部书记及体育骨干会议40余人，安排春节期间的文体活动，并组织体育活动培训，项目有单脚拔河、手榴弹投靶、无架篮球赛、四方拔河、叫号接球、打碉堡等，织里、同心、郑港、秧宅、沈家圩、东湾圩、晓河等大队以及食品站、供销社、社办企业，在2月17日（年初五）下午开展拔河比赛；红光、织里、社办、银行、二轻等大队及单位，开展踢毽比赛；银行、食品、供销社等单位开展篮球赛；食品、银行开展乒乓友谊赛；二轻、中学、机关、社办等单位开展象棋友谊赛；邀请外地体育队来织里开展篮球、乒乓球友谊赛；中老年乒乓球赛；红领巾象棋赛；增设气枪射击项目等。织里镇个体商户吕奎龙，多次出资举办家庭象棋赛，对体育社会化起了积极作用。他平时在家中设立棋室，以棋会友，切磋棋艺，带头成立乡村象棋协会，组织棋友入会，参加市区体育活动，1986年，在郊区首届体育运动会中中国象棋比赛中取得好成绩，被评为先进个人。织里庙兜村农民秦金锐爱好武术，学得多种拳法：小梅花拳、滚趟双刀、大连刀进枪、伏

2019年4月29日，"彩跑追梦"活动

虎拳、护手大连刀，带领庙兜武术队多次参加市郊比赛。1986 年 7 月，湖州市郊区第一届体育运动会，秦金锐取得中老年组个人全能第二名的好成绩，同年，又获得全国武术挖掘整理雄狮奖奖章。1987 年 9 月，秦金锐在湖州市郊区武术比赛中，夺得老人组第一名；1991 年浙江省民间武术表演赛取得教练员证，获得特邀表演奖。轧村的茹一淳，出生于 2000 年 12 月，现为中国棋院杭州分院注册棋手，多次获得全国象棋少年锦标赛男子冠亚季军等好成绩，国家体育总局授予其国家"一级运动员"称号；2018 年，茹一淳获得国家象棋大师称号（国家运动健将）；同一年，成为代表中国国家青少年队 U18 组唯一一位棋手，征战英国爱丁堡世界象棋青少年公开赛，获得冠军，世界象棋联合会授予"国际棋联大师"称号；2019 年，成为全国象棋甲级联赛职业棋手。

　　1987 年 9 月 18 日，织里举办篮球裁判员学习班。镇机关及有关基层工会选派教练员、裁判员和体育骨干 28 人参加，学习"篮球规则"、篮球战术以及进行裁判等方面的培训，促进群众性篮球运动的广泛开展。1987 年 10 月 31 日，老干部叶虎林带队参加湖州郊区老年人太极拳会操。2016 年 5 月 18 日，在义皋村义皋港举办首届划菱桶比赛，群众参与性很高。2018 年 7 月，织里镇第五届运动会"碧桂园杯"男子篮球赛开赛。织里镇及各村、社区每年举办不同类型、内容广泛、形式多样的体育活动，群众参与积极非常高。织里镇把体育工作列为建设文明单位的内容之一，积极开展篮球、田径、武术、棋类、游泳、划船、舞龙、

织里太极拳队

自行车等多种形式的传统体育活动，以丰富农民的文化生活，移风易俗，增进健康。

体育健身组织　以村（社区）、校、工厂、机关为活动基层单位，在基层成立各种体育健身活动团体和组织，并根据年龄、性别、基层单位的不同，分别成立业余活动团队。青少年有乒乓球队、围棋队、足球队等；成年有钓鱼队、拔河队、篮球队、象棋队、羽毛球队、乒乓球队等；老年有乒乓球队、腰鼓队、象棋队、钓鱼队、太极拳队；农民有乒乓球队、钓鱼队、篮球队等；女子有乒乓球队、羽毛球队等，活动丰富。

附表：织里镇体育社团赛事成绩汇总

获奖时间	队伍	赛事	成绩	主办单位
2006 年	青少年乒乓球队	吴兴区第一届运动会	第五名	吴兴区文体局
2006 年	青少年围棋队	吴兴区第一届运动会	第八名	吴兴区文体局
2006 年	拔河队	吴兴区第一届运动会	第三名	吴兴区文体局
2006 年	篮球队	吴兴区第一届运动会	第三名	吴兴区文体局
2009 年	女子组	湖州市首届农民健身运动会	第三名	湖州市农业局 湖州市体育局
2010 年	象棋队	吴兴区第二届运动会	第三名	吴兴区文体局
2010 年	老年乒乓球队	吴兴区第二届运动会	第六名	吴兴区文体局
2010 年	老年乒乓球队	吴兴区第二届运动会	第八名	吴兴区文体局
2010 年	老年腰鼓队	吴兴区第二届运动会	第三名	吴兴区文体局
2010 年	羽毛球队	吴兴区第二届运动会	第二名	吴兴区文体局
2010 年	女子乒乓球队	吴兴区第二届运动会	第三名	吴兴区文体局
2010 年	男子乒乓球队	吴兴区第二届运动会	第七名	吴兴区文体局

第二章 科学技术

织里镇域，先民自修筑成溇港与塘浦圩田之后，遂成鱼米之乡。科学技术随时间而发展，代有优秀人物史志留名。由晟舍雕版印书业而明代图书出版中心，由织里小湖造船业而誉称书船之乡。从乡村郎中到宫廷御医、当代名医，由文弱书生而攀登两院院士序列，由丝织业而成为童装名镇。

人民公社化年代，镇域先后成立农业科技站、蚕桑技术指导站以及镇科学技术协会，20 世纪末以来，农业、蚕桑、工业及民营企业科技创新累有成果。

第一节 历代科技创造发明成就

一、溇港圩田

溇港圩田始于春秋战国时期，完善于宋，织里先民在洪水泥泞中筑造成这一水利工程。挖塘养鱼，塘埂植桑，桑叶育蚕，鱼泄物及塘泥可作肥料，如此循环往复，衍生于溇港圩田的"桑基鱼塘"与"桑基圩田"，是古代生态农业典范，得到联合国教科文组织和粮农组织肯定和赞誉。

"尝于其乡（指吴兴），见一叟戒诸孙曰：猪买饼以喂，必须资本。鱼取草于河，不须资本，然鱼、肉价常等，肥壅土地亦等，奈何畜鱼不力乎？"又说："凿池之土，可以培基……池中淤泥，每岁起之，以培桑竹，则桑竹茂，而池益深矣。"这是明代张履祥《补农书》里的一段话，肯定先民"精细农业、集约农业和综合养殖"的智慧创举。

以鱼养桑，以桑饲蚕，养鱼是主要副业，先民养鱼为增加收益外，同时也获得肥料促进粮桑发展，蚕粪又是鱼类的好饵料，这样就形成生态循环系统。成就湖州成为丝绸之府、鱼米之乡，助推太湖溇港成功入选世界灌溉工程遗产名录。

详见本志第二卷第二章《溇港、水利》。

二、闵凌套版多色印刷技术

套版印刷是我国古代继雕版印刷和活字印刷后的又一重大发明，套色印本是中国古籍版本中的一种特殊类型。它是用两块或两块以上的版片，使用不同的颜色，套印在同一书页上，印出两色或两色以上的图书或图画。著名藏书家、版本目录学家叶德辉断言："颜色套印书始于明季。"又说："朱墨套印，明启祯间有闵齐伋、闵昭明、凌汝亨、凌濛初、凌瀛初，皆一家父子兄弟刻书最多者也。"明代人认为套色印本是吴兴闵齐伋（字遇五）创制的。明万历间闵于忱刻《文选后集》，其跋云："予闵遇五甫玄思可识，倡厥朱评，首颜《左传》。"凌启康刻朱墨蓝三色套印本《苏长公合作》，凡例亦云："朱评之镌，创之闵遇五。"著名文学家、书画家陈继儒在为闵振业所刻朱墨套印本《史记钞》所作序中写道："自冯道以来，毋昭裔为宰相，一变而为雕版；布衣毕昇，再变而为活字版；闵氏三变而为朱评。"据周越然《书谈套印书》记载，闵、凌两家为晟舍世家大族，世代簪缨，代有文名，是印刷史上公认最有名的套版印刷家，堪称套版印刷的巨擘，在明亡前的20多年中，两家刻印了大量套色书籍，使套版印刷技术很快得到了提高，从最初印朱墨两色，发展到了三色、四色乃至五色印刷。

明万历至天启年间，吴兴闵齐伋、凌濛初采用朱墨与五色套版技术所印之书，因为士人普遍认为闵齐伋是首创者，闵氏刻本尤为精美，因此被称为"闵本"或"闵版"。傅增湘先生《闵版书目序》中云："明季吴兴闵齐伋创朱墨及五色套版，凌濛初汇集诸名家诗文评批点而印行之。宋体方正，朱墨套印，或兼用黛、紫、黄各色，白纸精印，行疏幅广，光彩灿烂。书面签题，率用细绢，朱书标名，颇为悦目。其书则群经诸子、史钞文钞、总集文集，下逮词曲，旁及兵占杂艺，凡士流所习用者大率成具。其格式则栏上录批评，行间加圈点标识，务令词义显豁、段落分明，皆采撷宋元诸名家之说而草之一编。欲使学者得此，可以识途径、便诵习，所以为初学者计，用心周至，非徒为美观而已。数百年流布人间，称为'闵版'。"郑振铎就曾说过："自万历中叶，迄崇祯之末，五十年间，此种套印的刊书风气，绵延不绝。楮墨精良，彩色烂然，既为读本，亦足怡娱。而濛初所刻更往往附以插图，精绝一世，为中国雕版术史上黄金时代的最高作品之一。"闵、凌刻套印本究竟有多少？没有一个准确的数字，据陶湘《明吴兴闵版书目》统计，晟舍舍闵、凌二家套印本有117部145种。台湾李清志在《古书版本鉴定研究》中则认为有不下 300 种。在将近四百年的历史流传过程中，必会有部分受损失传，留存至今仍有不少，多达 84 种（未包括疑似闵、凌刻本），约占了存世的半数，足见两家在套色印本出版活动中的重要地位。

详见本志第八卷第一章《雕版套色印刷》。

三、造船业与织里书船

康熙《乌程县志》有"小湖、织里业造船"的记载。明代中晚期织里造船业发达，所造之船有座船、兵船、仙船、渔船、航船、书船、驳船等多种品类，尤其是造型精致、船速轻快的书船问世后，织里、谈港村民以贩书为业，闻名于长三角多座城市。清代后期造船业逐渐衰落。小湖（现晓河行政村）在清末至民国初是集镇，曾名麒麟乡。据村民口碑传承，麒麟乡镇市场繁荣，民国年间织里镇域有多个造船工场。人民公社化年代，镇域各公社皆有农具造船厂，制造和修理各种农用船只，20 世纪 70 年代还制造水泥农船货船。

有学者专门研究湖州书船并发表论文，织里书船是湖州众多古船中的一种。"书船"是明、清乃至民国湖州独有的一种船，一种专门卖书的船。据史志记载，书船始于明初，嘉靖至万历年间，因雕版印刷业发达，书船步入鼎盛阶段，明清时期特别盛行。民国初到抗日战争日本人汽艇入侵江河，方才消失，在湖州兴旺发达约 4 个世纪，实为罕见。织里书船载重仅三五吨，置船棚，棚下两侧置书架，陈设各种书籍，中间设书桌和木椅，供选书者翻阅时享用。书商们向刻书家趸购书籍，装货出运，由两名船夫轮流摇橹，一路沿埠相售。清道光时南浔人董蠡舟《浔溪棹歌》诗写道："冰鲜大艑碇三板，织里书船聚永安（三板、永安为桥名）"，南浔镇是辑里湖丝的集散地，物阜民丰，自然是织里书船必到之地。

第二节 当代科技企业发明创造成就

一、农业蚕桑领域

1.蚕种催青电气加温技术

织里催青室等单位共同研发，获 1979 年嘉兴地区专员公署地区科技推广二等奖。蚕种从催青到蚁蚕孵出的时间很短，生理变化迅速而又复杂，所受外界条件影响很大，特别是温度的影响更大，是历代以来蚕农面对的难题。蚕种催青电气加温技术试验成功后，方便饲养人员掌控蚁蚕孵出时间，使之正常成长。

2. 小湖羊皮钉皮器

1980年，织里供销社畜产部采购商店职工章明前发明制作了"小湖羊皮钉皮器"，并通过浙江省供销系统机械科技处鉴定。1981年获省供销系统科技成果一等奖，章明前受到省长万学远亲自接见。此后，章明前又多次获嘉兴地区科委、吴兴县科委的表彰和奖励。

3. 桑黄化型萎缩病综合防治配套技术的研究与应用

织里农技站等单位共同研发，获1987年浙江省人民政府科技进步四等奖、省农业技术改进三等奖、湖州市科技进步二等奖。桑黄化型萎缩病，多发生在夏季，6—8月为发病高峰，轻者桑枝顶端桑叶缩小变薄，叶色黄化；重者桑叶瘦小似猫耳朵，细枝成簇丛生，病树两三年后死亡。织里农技站等单位研发的综合防治配套技术，有效解决了桑树黄化型萎缩病的发生。

4. 蚕桑系列高产技术推广应用

织里农技站等单位共同研发，获1988年浙江省人民政府农业丰收二等奖。

5. 新型蚕室蚕具消毒剂消特灵的推广

织里蚕桑站等单位共同研发，获1992年湖州市人民政府科技进步三等奖。消特灵是一种新型蚕室、蚕具消毒剂，该蚕药高效低毒，有效成分稳定，腐蚀性低，能杀灭家蚕的多种病菌，消毒防病效果好，深受蚕农欢迎。

6. 推广应用方格蔟技术

织里蚕桑站等单位共同研发，获1993年浙江省人民政府农业丰收奖二等奖。方格蔟是方正而有标格的养蚕器具，是太湖地区使用的一种蚕蔟。其优点是控制蚕宝上蔟密度，减少双宫、黄斑、柴印等屑茧，提高蚕茧质量起重要作用。此技术被湖州市蚕农广泛应用。

7. 小蚕一日二回育配套技术的研究和推广应用

织里区农技站等单位共同研发，获1994年浙江省人民政府科技进步优秀奖、省农业厅技术改进二等奖、湖州市人民政府科技进步三等奖。小蚕一日两回育是利用塑料薄膜对桑叶的保湿保鲜作用，在增加每次喂叶量的同时，把每日喂桑叶次数减少到二回的饲养技术。此技术在湖州蚕农中推广。

8. 桑粉虱综合防治技术的推广应用

太湖农技站等单位共同研发，获1998年湖州市人民政府科技进步三等奖。

桑粉虱大多数蚕区均有发生，一年发生 8~10 代不等。在密植、阴湿、通风不良的桑园，晴雨相间时发生，为害严重时，桑树新梢停止生长，秋叶产量质量明显下降。防治技术为冬季清园治草，减少越冬蛹；合理安排桑叶采摘，改善桑园通风、透光和排湿；用扑虱灵等喷雾防治。

9.雄蚕杂交种的应用研究

织里镇农业服务站等单位共同研发，获 2001 年湖州市人民政府科技进步二等奖。专养雄蚕技术作为一项蚕桑的技术革命，2000 年底通过专家评审。

1997 年春，太湖乡蚕桑技术员朱欣方进行了饲养 2 张雄蚕杂交种试验，获得初步成功，秋季即扩大到 30 张。尔后，湖州市蚕业管理总站以织里镇为专养雄蚕试验示范基地，不断引进新品种进行比较试验，至 2000 年扩大到吴兴、长兴、南浔、安吉五县区范围。

10.优质丝雄蚕新品种的饲养与繁育配套技术的研究与应用

织里镇农业服务中心等单位共同研发，获 2004 年湖州市人民政府科技进步三等奖。通过基因转育育成的优质丝雄蚕新品种，于 2000 年进行雄蚕杂交饲养试验并获得成功。

11."杨桂珍"太湖蟹

湖州庙港人水产有限公司研发。公司成立于 2015 年 4 月，是湖州市吴兴区农业龙头企业，荣获吴兴区重点电子商务企业。培育好品种，选择好水源，精心繁殖和严格每道环节的人工管理，是"杨桂珍"太湖蟹的主要科学技术。2015—2019 年，"杨桂珍"太湖蟹连续五年代表太湖蟹参加上海海洋大学举办的"王宝和杯"全国河蟹大赛，获得"优质蟹奖"和"金蟹奖"，同时获得湖州市特色旅游商品大赛银奖、第二届湖州湖蟹大赛优质奖、湖州市金牌伴手礼品牌等。

12.伟祥灵芝灵芝孢子粉

伟祥生态农业发展有限公司研发。公司成立于 2006 年 6 月，选址位于太湖流域 5 公里范围内，土地平整，土质为潮土，土层深厚，土壤中氮、磷、钾的含量大多在丰富级至极丰富级，同时富含有效态 Cu、B、Fe 等微量元素，适宜灵芝栽培。

灵芝孢子粉是在生长成熟期，从灵芝菌褶中弹射出来极其微小的卵形生殖细胞即灵芝的种子。公司采用第二代先进破壁技术进行研发生产，破壁后的灵芝孢子粉更容易被人体吸收到它的有效成分。破壁孢子粉（破壁率大于 98%）的粗蛋白、总糖及锌、铜、铁、硒等微量元素含量变化不大。此外，包括牛磺酸在内的多种游离氨基酸含量也没有明显的变化。破壁后孢子粉的脂肪及水溶性多糖的含量分别比未破壁的提高38.95%和21.83%。其他研究也表明，破壁孢子粉中的还原糖和多肽较不破壁孢子粉易于提取，而且得到的有效物质含量明显提高。

公司已获得浙江省无公害农产品示范基地、湖州市农村科技示范户、浙江省AAA级品牌农业发展企业、浙江省现代农业科技示范基地等荣誉。

二、工业领域科技

1.水质处理器——电渗析器

湖州市织里兴达源水处理设备厂研发，前身为织里木器社，织里塑料电器厂，属吴兴县二轻系统集体企业。电渗析是在直流电场作用下，溶液中的带电离子选择性地通过离子交换膜的过程。1974年兴达源水处理设备厂开始研制生产水质处理器"电渗析器"，得到上海及湖州有关科技部门支持，浙江省科技局为此批拨5万元试制经费。1976年通过技术鉴定，1977年获浙江省科技成果奖，产品用于医疗、化工、纺织、煤炭等领域用水处理。厂名现改为"湖州市织里兴达源水处理设备厂"。

2.家用厨房脱排油烟机

浙江佳雪微特电机有限公司发明研制。公司前身是仁舍公社农机厂，创办于20世纪60年代末。1980年与原吴兴县社队企业局联办，企业更名吴兴县电器厂。因撤县建市，更名为湖州电器厂。该厂与中国人民解放军总后勤部建筑设计院合作生产家用厨房脱排油烟机。脱排指的是通过过滤网等技术使油烟分离，分离出来的油流入集油杯内，减少厨房污染。1985年通过技术鉴定，填补了国内空白。

3.一体化齿轮减速电子调速特种电动机

浙江佳雪微特电机有限公司发明研制。1987年7月，企业立项引进、消化、吸收国外先进技术，试制机电一体化齿轮减速电子调速特种电动机，1989年通过技术鉴定，填补了国内空白，被列为国家重点新产品。申请注册了湖州微型特种电机厂。

4.珍贝羊绒品牌

珍贝公司创办于1986年，主要生产、销售羊绒衫、丝绒衫、羊绒大衣等高端羊绒产品，是长江以南唯一拥有"从原绒到成衣"完整生产链的羊绒企业。湖州、北京两地均有产品开发创新研究设计团队。开发设计可机洗羊绒系列、无染色羊绒系列、粗纺轻薄羊绒系列、72 支三股精纺羊绒系列、丝羊绒系列、纯手工羊绒大衣系列等六大特色系列羊绒产品。产品获得国家级绿色设计产品等一系列荣誉称号，已拥有国家专利授权 28 项，主持制定浙江制造标准 2 项。

5.金洁铝箔包装材料

由湖州金洁集团研制。公司成立于 1987 年，是以包装、塑业为核心的跨行业高新技术企业。主营产品涉及烟用内衬纸、药箔、食品箔、塑料型材。

经过多年发展，公司已获得"高新技术企业""浙江省科技型企业""湖州市专利示范企业"等荣誉。至 2019 年拥有发明专利 7 项，分别为"高层层压雨水管材及其制作方法"（发明人沈宇龙）、"高层排水用层压管材及其制作方法"（发明人沈宇龙）、"一种食品包装用易撕盖铝箔"（发明人郑水法、周立新）、"一种食品包装用易撕盖铝箔及其制备工艺"（发明人郑水法、周立新）、"一种易撕盖铝箔"（发明人郑水法、周立新）、"一种易撕盖铝箔的制备方法"（发明人郑水法、周立新）、"中孔螺旋管"（发明人沈宇龙）。2019 年，食品包装用易撕盖铝箔、食品包装用铝箔（子母盖铝箔）全国市场占有率 60% 以上。

6.米皇羊绒服饰系列

浙江米皇服饰股份有限公司研制。公司 2001 年 5 月注册，2003 年羊绒产品投入市场。专注羊绒纱线及服装服饰研发和检测，拥有 20 项国家专利。

十多年来，公司获得下列科技创新荣誉。

2003 年，通过ISO9001 质量管理体系认证，米皇羊绒衫被评为"浙江省质量信得过产品"。2004 年被评为"北京十大热销服装品牌"。2006 年，米皇牌羊绒衫被国家质量监督检验检疫总局（现为国家市场监督管理总局）评为国家免检产品。2010 年，米皇羊绒被国家工商管理总局授予"中国驰名商标"称号。2015年，公司被浙江省科技厅评为高新技术企业。2018 年，通过ISO50001 能源管理体系认证。2018 年，"米皇羊绒功能性针织品省级高新技术企业研究开发中心"被浙江省科技厅评为浙江省级高新技术企业研发中心。

7.帕罗羊绒制品

帕罗羊绒制品有限公司研发。公司 2002 年创立，现已形成融高端羊绒制品、精品纺纱于一体的企业。2013 年，PALUOPO（帕罗）成为首个进入巴黎时装周官方日程的中国针织时装品牌，向全球时尚精英展现东西风格交融、古今技艺结合的针织系列。公司已经发展成为全品类、多面料高级女装品牌企业。拥有 8 个使用新型专利。获得 2019 年湖州市工业行业"隐形冠军"企业、全国质量诚信标杆企业称号。

8.精密数控滚齿智能制造成套装备

浙江振兴阿祥集团有限公司研发。公司位于浙江省湖州市吴兴区织里镇，是国家高新技术企业，承担并完成多项省、市重大科技攻关项目，拥有数十项发明专利和软件著作权，参编国家标准、行业标准各 1 项，主编浙江制造标准 1 项。

2018 年，公司自行研发、制造的精密数控滚齿智能制造成套装备 YGS3612CCNC II 荣膺"浙江省优秀工业新产品"和"浙江省装备制造业重点领域首台（套）"。YGS3612BCNC-II 型高速干、湿切卧式数控滚齿机采用展成法原理，通过数控系统电子齿轮箱（EGB）功能，实现分齿运动和差动补偿运动。能完成圆柱齿轮、斜齿轮、鼓形齿轮、涡轮及花键等齿轮的加工。

公司科技团队共承担并完成省级以上项目 6 项、市及区级项目 28 项；获授权发明专利 62 项、软件著作权 13 项；获省级工业新产品 12 项、省级首台套 2 项、市级首台套 1 项。

9.中国织里童装设计

中国（织里）童装设计中心 2013 年创建。融设计服务、品牌服务、流行资讯、教育培训、人才服务为一体，各种配套设备完善。详见本志第三卷《童装之都》。

10.东尼电子科技成果

东尼电子有限公司成立于 2008 年，2019 年成为苹果公司一级供应商。研发中心成立于 2016 年 2 月，团队 242 人，检测研发仪器 200 多台，研发仪器总资产 5100 万。产品包括超微细线材和其他金属基复合材料。至 2019 年已获得专利 50 余项、发明 6 项。超微细导体、覆膜线广泛应用于消费电子、新能源工业。是国家级高新技术企业。

11.万邦德科技产品

公司是一家现代化高新技术企业，主要从事医药、医疗器械、汽车轴承、铝合金新材料等行业研发、生产及实业投资。

公司科创团队通过自主研发，向浙江省科技厅申报新产品共计 14 项：①隔热注胶式电泳铝型材；②双断桥隔热型材；③新型节能铝合金型材；④高精度CTP版铝板基；⑤新型铝型材夹具；⑥一种双注胶槽口的隔热型材；⑦一种阳光房防水开启系统；⑧隐藏式合页幕墙窗；⑨电动汽车用蓄电池包铝材料下托盘异型材；⑩多功能隔热放到家装金刚网一体窗；⑪高像素印刷机用铝薄板；⑫家装窄边推拉门窗；⑬铝合金防火节能窗；⑭新型中式仿古平台门窗。获发明专利4项、实用新型专利43项。

公司已研发各类药品198个，有10个单品种年销售均超过亿元，拥有"石杉碱甲"全部知识产权，为国家重点创新项目；其生产的脊柱融合器、人工关节、骨科工具等"人体骨骼"可完全替代国外产品，现已收购艾利特公司（原强生全资子公司）、特迈克公司（非洲医疗器械行业领头企业），完成全球战略布局。万邦德也是业内的"轴承大王"，生产的精密低噪音轴承在静音性和精密度方面均领先国内行业企业。

旗下子公司先后荣获"中国民营企业制造业500强""浙江省制造业百强企业""浙江省成长性最快百强企业""国家火炬计划重点高新技术企业""心脑血管药物省级企业研究院"等荣誉称号。旗下栋梁铝业则将高端铝合金产品研发、制造作为企业重点发展方向。

12.贝盛绿能光伏产品

贝盛绿能公司成立于2008年9月，主要从事太阳能光伏组件研发生产及销售，是国内光伏技术研发和产品制造企业。太阳能光伏是利用光伏半导体的光生伏打效应将太阳能转化为直流电能的技术。2019年成立省级企业研究院，有研发人员54人，高工及以上高级技术专家6位，负责公司所有科技项目研发和成果转化工作。有层压机、测试仪、边框打胶机、自动焊接机、组件测试仪、汇流条焊接机、绝缘耐压测试仪、万能拉力试验机、可程式湿热试验箱等专用设备。与湖州师范学院等院校建立了长期产学研合作，利用院校和科研院所的专业人才和研发设备增强公司科技研发实力。

公司完成一项浙江省重点研发项目，多项湖州市重大科技专项。拥有国家发明专利2项、实用新型专利16项；30余项省级工业新产品通过鉴定，并发表了多篇学术论文及企业内部标准。

13.永昌电机产品

永昌控股集团有限公司是一家具有20余年专业生产电机历史的企业，主要生产新能源汽车、工业防爆、洗衣机、空调、冷风机、洗碗机、空气净化器等七大系列 300 余种电机电器。公司具有年产电机 1200 万台（套）能力，是业内市场覆盖面最广的大型电机生产基地和出口企业之一，产品远销五大洲的 51 个国家和地区，主要合作伙伴包括夏普、东芝、海信、韩电等著名企业。

科研团队成立于 2014 年 7 月，2019 年有人员 54 人，1 个检测中心，1 个电机可靠性实验中心。截至 2019 年底，公司已授权并保持的各类专利 49 项，其中发明专利 11 项、国际专利 1 项，浙江省科学技术成果 1 项。

公司科研团队建有浙江省博士后工作站，被认定为"浙江省企业技术中心""浙江省企业研究院"及"省级高新技术企业研发中心"。

第三节　科学技术杰出人物

一、古代科技杰出人物

凌稚隆（生卒年不详）　字以栋，号磊泉，晟舍人。凌稚隆一生中撰纂并刻印了大量书籍，有《万姓类苑》（传记）46 卷、《史记评林》130 卷、《汉书评林》100 卷、《史记纂》及《五车韵端》《文林绮绣》等，雕印精良，为后世藏书家珍视，浙江图书馆现藏有多种万历凌氏刻本。凌稚隆被后世誉为史学家、雕版印书家。参见本志第八卷第一、三章及第九卷《丛录》。

闵齐伋（1575—1657）　字及武，号寓五，晟舍人。早年入太学，善读书，不乐仕途，专心于著述和雕版印书。闵齐伋刻书甚多，其中有多部套色本，朱、墨二色套印本《花间集》《春秋左传》《国语裁注》《读风臆评》《檀弓》《曹子建集》《文选尤》《孟东野集》《礼记集说》《琵琶记》《刘子文心雕龙》等。朱、墨、蓝三色套印《楚辞》《春秋公羊传》《批点杜工部七言诗》《东坡志林》等 4 种。闵齐伋对自家刻印书籍质量十分严谨，向市场和广大读者承诺"士人有觖一字之讹者，即赠书全部"。闵齐伋是明代文学家、著名雕版印书家，朱墨套版印刷技术创始人。参见本志第八卷第一、三章及第九卷《丛录》。

凌濛初（1580—1644）　晟舍人。中国著名古典文学家、小说家。同时被公认为明代多色套印技术发明人之一。

乌程晟舍是明代著名印书之乡，凌闵为同里望族，"席丰履厚，其贤者伏居乡里，诵诗读书之余，专以刻书相竞"。当时晟舍、织里集镇上有很多书铺，凌家在织里设有刻书坊，雇请许多刻工，仅万历年间刊印的《国朝名世类苑》，就雇用刻工 15 人。凌氏套版印刷从凌濛初始，其套版印书有《琵琶记》4 卷，《诗选》7 卷、《李于麟话诗广选》7 卷、《陶靖节集》8 卷、《王摩诘诗集》7 卷、《孟东野集》10 卷、《苏老泉全集》12 卷、《东坡禅喜集》14 卷、《苏长公启表》等。凌濛初套印之书皆为精品，《世说新语》3 卷，正文墨色，刘辰翁所批用蓝色，王世懋所批用朱色，刘应登批黄色，连同正文共是 4 色套印。凌濛初所刻的小说、戏曲和佛经，都附有精致插图。《西厢记》中有插图 20 幅，均请当时著名画家绘图，高手雕刻，点笔工致。《释迦如来成道记》上题"太原王勃撰"，卷端绘释迦像，题"苏台弟子王文衡写"，上刻沈约铭，又附谢康乐《维摩诘十譬赞》4 页，读者评这本经书刻得美不胜收。

凌氏在雕版印刷方面做出诸多成绩，尤其在多色套印上发明创新，被记入中国印刷史。

参见本志第八卷第一、三章及第九卷《丛录》。

王中立（生卒年不详）　织里小河（今晓河村）人。明中叶名医，精于妇科、小儿科。明弘治《湖州府志》记载："王中立，乌程人。精于妇孺方脉，求治如市。"

20 世纪 90 年代，织里晓河村还有郎中湾、药王桥、葫芦井等自然村，村民大多为王姓。

王中立祖上几代行医，积累丰富临床经验，在郡里很有名声。传说王中立童年时曾被药王祖师点化，学医后技术猛进，每天上门求医者，如乡民上街一样多。王中立重医德轻钱财，对贫困病人精心医治，免收诊费还赠送中药。日积月累，终于成就一代名医。

王氏后人多为名医并有著述传世。后裔中，王銮医技更精，名闻遐迩，他结合传统医疗理论，总结自己医疗经验，著有《幼科类萃》刊行于世。王宠自织里小河迁乌镇，尤精于儿科，因诊断准确，配方疗效神奇，人称神医，每天有数十或数百病家从四面八方赶来求治。他研读各种医书，遍寻各种秘方，著有《或问》一书，书中收录文章百余篇，是一本很有影响的医学著作。王氏事迹在《湖州府志》《乌程县志》《菰城文献》《乌青文献》中皆有记载。

互见本卷第三章及第八卷第三章《人物》。

闵体乾（生卒年不详）　字元一，号壶春，乌程晟舍（今湖州吴兴区织里镇）

人。清代名医，宫廷御医。

清代乾隆年间，海宁陈清恪官至礼部尚书，其夫人双目失明五年，多方治疗无效。打听得乌程晟舍人闵体乾医术高明，擅治眼疾，慕名请闵体乾诊治。体乾诊断这种眼疾是"瞳仁反背"，择清明日用金针拨转，使陈夫人双眼如初，于是名声大振，传播京城。康熙五十九年（1720），陈清恪推荐闵体乾入朝，被皇上召入内廷担任御医，并改名为闵体健，为"同南书房翰林随班行走"，赐穿蟒服。闵体乾虽身为御医，但治病不分贫富，一视同仁，而且极讲信用。在京时，遇到一名眼瞎乞丐，求他医治。闵体乾告诉他须明年今日方可医治，还说"决不骗你，明年今天你再来，我还在这里等你"。第二年，瞎眼乞丐前来，闵体乾果真在原址等待，他用银针为他挑去眼内翳障，乞丐很快双目复明，千恩万谢。雍正十年（1732），闵体乾因年老上折乞归故里，获准回晟舍家乡。

清同治《晟舍镇志》记载闵氏曾"以眼科名世"，治愈无数患者，影响郡里。

徐香泉（生卒年不详）　织里镇人，清代同治、光绪时期湖州名医。故居在轧村曹家簖，青年时学习中医，努力钻研医术，精通中医内外科疾病诊治。有关资料记述"四方来求诊者门庭若市，家门前河道帆船鳞次栉比"。徐香泉著有《徐氏医案》，经潘溇中医徐瀚青手抄本留传后世。互见本卷第三章及第八卷第三章《人物》。

二、当代科技杰出人物

1.两院院士

著名农业昆虫学家邱式邦（1911—2010）　浙江吴兴人，出生于织里镇联漾村瑞祥兜自然村，毕业于英国剑桥大学，无党派人士，中国科学院院士，著名农业昆虫学家，植物保护学家，中国害虫综合防治、生物防治开拓者。

邱式邦院士从事害虫防治研究工作70余年，理论联系实际，发表学术论文105篇，以开拓性研究成果科学地服务生产。明确了飞蝗、土蝗、松毛虫、玉米螟，以及大豆害虫、甘蔗害虫等多种重大农林害虫的发生为害规律、预测预报方法、简便易行的综合防治技术。20世纪中叶，在国内首创应用六六六粉剂治蝗，研究建立蝗虫"三查"预测预报技术，提出根治蝗虫产卵、孵化滋生地生态调控技术。研制成功灭蝗饵剂、防治玉米螟颗粒剂等，在全国大面积推广，为保障新中国建设初期粮食安全，农业生产增效节能，做出技术贡献。20世纪70年代，他结合多年科学技术研究与农业生产理论实践体会，总结提出了"预防为主，综合防治"的科学技术思想，指出植物保护科学技术发展方向，1975年被农业部确立为我国植物保护科学技术指导方针。1978年负责筹建成立中国农业科学院生物防治研究室，致力于开展害虫天敌保护和国外优良天敌资源引入利用，积极倡导推动全国生物防治技术研究工作。1980年当选中国科学院学部委员（院士）。1985年创办《生物防治通报》（1995年更名为《中国生物防治》），担任期刊主编20余年。办刊风格一如其对待科学研究工作，认真严谨，实事求是。学刊突出理论联系实际，既关注追踪学科前沿动态，又注重探讨解决我国农业生产上实际问题，影响因子多年名列国内同类期刊前茅。邱式邦毕生献身中国植物保护科学事业，并积极培养提携后学。曾先后荣获农业部爱国丰产奖、全国劳动模范金质奖章、全国科学大会先进个人奖、国务院表彰嘉奖、法国农业部功勋骑士勋章、农业部"全国三农模范人物荣誉称号"等。

邱式邦代表作有《飞蝗及其预测预报》《颗粒剂防治玉米螟的研究》等。

2010年是邱式邦百岁之期，时任国务院副总理回良玉、中国科学院院长路甬祥写信祝贺。多位政要、两院院士题写贺词，高度赞扬邱式邦在植物保护、生物防治方面作出的重大贡献。中国农业科学院编纂了《邱式邦院士百岁寿辰纪念册》，由中国农业出版社出版。

中国炼油催化奠基人闵恩泽（1924—2016） 祖籍浙江吴兴（今吴兴区织里镇晟舍），1924年2月出生于四川成都。石油化工催化剂专家，中国科学院院士。

闵恩泽出生后由母亲抚育，1927年去成都与父亲闵建侯团聚。1932年随父母迁居湖北宜昌，就读宜昌第十一小学。

闵恩泽读初中时，抗战爆发。1938年，闵恩泽初中毕业，考入四川省立成都中学。1941年冬，以优异成绩高中毕业。

1942年1月，闵恩泽以第一名成绩考入金陵大学化工系。1942年8月，国立中央大学招生，被保送入中央大学。1948年，闵恩泽接到俄亥俄州立大学入学通知书。第一学期他选修了热力学、化工原理、矿物学、工业化学等八门课。学期结束，热力学、化工原理等课成绩，排名第一。1948年暑期，闵恩泽参观美国肯塔基州亚士兰炼油厂。看到如此先进和规模的炼油厂，连声感叹。

朝鲜战争爆发，美国国会禁止中国学理工留学生离开。1955年9月，闵恩泽夫妇几经周折回到祖国，被石油工业部有关部门选中，安排在北京石油设计局工艺研究组，被聘为副教授级工程师。

1956年至1966年10月，闵恩泽带领团队成功研发弓铂重整催化剂、磷酸-硅藻土叠合催化剂、小球硅铝裂化催化剂和微球硅铝裂化催化剂生产技术。建成兰州、长岭、抚顺、锦州等催化剂厂和车间，被誉为中国炼油催化应用科学奠基人。1966年"文化大革命"开始，闵恩泽借写交代材料机会，把催化剂研究过程中成败得失都记录下来，总结经验教训，成为日后研究的宝贵财富。1970年，闵恩泽被派往抚顺，先后参加燃化部"三氢会战"、原油浸没燃料会战、长岭加氢催化剂会战，荆门炼厂裂解焦油制苯攻关。1980年，当选为中国科学院学部委员（后改称院士）。1987年，担任世界石油大会分会主席，主持《未来的炼油厂》报告。1991年，被推选为科学程序委员会通讯委员，并担任"研究"主题专题论坛主席。1993年，当选为第三世界科学院院士。1994年，当选为中国工程院院士。1995年，主持化学部咨询项目"推进化工生产可持续发展途径—绿色化学与技术"。1997年，"九五"重大基础研究项目"环境友好石油化工催化化学与化学反应工程"启动，任项目主持人。2008年，获2007年度国家最高科学技术奖。2011年，一颗小行星被永久命名为"闵恩泽星"。2013年，个人捐资400万元，中国石化捐资800万元，由中国工程院和中国石化联合设立"闵恩泽能源化工奖基金"。20世纪80年代后，组织指导多项催化新材料，指导开发成功的ZRP分子筛被评为1995年中国十大科技成就之一。1983、1989年，闵恩泽获得美国俄亥俄州立大学"杰出校友奖"。1985年，获国家科技进步奖二等奖。1995年，获首届（1994年度）何梁何利科学技术进步奖。2006年，获中国化学会催化委员会首届中国催化成就奖。2007年，获中国十大科技英才奖。2008年1月，获2007年度国家最高科学技术奖。2013年12月26日，首届"闵恩泽能源化工奖"在北京举行颁奖仪式。时任中国工程院院长周济、中国石化高级副总裁戴厚良、闵恩泽院士出席并为获奖人员颁奖。闵恩泽在会上发言："你们的贡献和成就让我钦佩和高兴……，同时要想前人之未想，做前人之未做，攀登世界科技新高峰。"

闵恩泽在中国及其他国家共出版专著6部，发表论文233篇，其中SCI收录78篇。在中国及其他国家共申请发明专利205件。

中国首届"医药创新终身成就奖"获得者桑国卫 祖籍浙江吴兴织里镇汤

溇，1941年11月出生在上海。临床药理学家，中国工程院院士。农工民主党中央主席，十一届全国人大常委会副委员长。

1999年至2005年，担任国家药典委员会秘书长。1999年当选中国工程院院士。2008年，担任中国"十一五""十二五"国家科技重大专项"重大新药创制"技术总师。

桑国卫的科研奉献：研制成功的复方庚炔酮避孕针于1993年被选为中国基本药物，1994年被WHO推荐为两种最佳避孕药之一。他主持了科技部863计划重大专项"创新药物和中药现代化"研究，2007年任国家"重大药物创新"专项评审专家委员会主任委员，对在全国范围内推广实施"药品临床试验管理规范"（GCP）、"药品临床前安全评价原则"（GLP），为我国创新药物与国际接轨，保证人民用药安全有效、质量可控发挥了重要作用。

桑国卫主编或合编多部著作。有《"重要药物"保障核心用药制度与招采机制》《生态健康与海洋发展第七届中国生态健康论坛文集》《中华人民共和国药典临床用药须知化学药和生物制品卷2005年版》《中国药品检验标准操作规范（2005年版）》等十部。科研成果项目获得奖励有："千里光抗菌作用的试验实验和临床研究"（1978年全国医药卫生科学大会奖），"男用节育药棉酚"（1978年全国医药卫生科学大会奖），"复方18-甲基炔诺酮的远期安全性研究"（1987年国家科学技术进步奖）等6项。另外有"何梁何利基金与科学技术进步奖""吴阶平医学研究奖——保罗·杨森药学研究奖特殊贡献奖""国际药学联合会药学科学终身成就奖"等荣誉表彰。

国家权威部门给予桑国卫的科研成就与评价：研制成功的复方炔酮避孕针于1993年被选为中国基本药物，1994年被WHO推荐为两种最佳注射避孕药之一。提出男性抗生育剂棉酚可能抵制肾内II-β-OHSD导致低血钾的新假设。

2.当代名医

浙北名医徐振华　浙江省湖州市吴兴区织里镇人。浙江省名老中医，吴兴区人民医院（织里医院）创始人。

1926年出生于太湖潘溇村的中医世家。幼读《黄帝内经》《本草纲目》《伤寒杂病论》《金匮要略心典》《外科秘制试验良方》等中医经典，13岁师从湖城名医潘春林。因其乳名阿毛，刚出道在本宅慎德堂行医时，人们称其阿毛先生，后来略去"阿"字，直接称呼为"毛先生"。毛先生秉承祖训，贫富患者一视同仁，对特困户免收诊费，赠送中草药。

1952 年，徐振华等个体郎中发起成立织里联合诊所，白手起家，租赁百米平方民宅作诊疗场所，医疗器具办公桌等自带，二十余名乡村郎被组织起来，徐振华当选为织里联合诊所主任。1955 年，徐振华等自筹经费建造织里医院。

徐振华在行医中不断探索，积累了许多实践经验，融会贯通于岐黄医术，对疑难杂症有独到见解，一些城市大医院无法治好的病人，常常被徐振华治愈，年纪轻轻就被患者称为"毛仙人"。

徐振华诊治靠望问闻切，患者说"毛仙人手指搭脉最神奇"。1950 年太湖诸溇几位村民食病羊肉手臂上出现黑点，浑身疼痛不适，徐振华一看便知患上"羊疔"，嘱田间的水蛇头敲碎，用豆腐皮包裹吞食，几天后中毒村民皆痊愈。

1957 年始，历任吴兴县人民代表、湖州市郊区人大常委会副主任、湖州市科协理事等职。

1964 年，长兴某青年砍柴时竹枝戳入脚部，送县医院治疗无效，几天后长满脓水，疼痛不止。又送杭州医院，被告知只有截腿，才能保命。他们找到织里医院，徐振华用"银针探遗"之法查明病因，为之开刀手术，取出残留竹片，几天后病人即能下床行走。

1965 年，被评为浙江省基层名老中医，1989 年，入编《浙江当代中医名人志》，1990 年 5 月，被评为市名老中医。1989 年 4 月退休，仍行医不辍。

1991 年，江苏吴江七都乡农村妇女李明英口腔严重溃烂，确诊为口腔肿瘤。到苏州、上海大医院数次治疗，不仅化完家中积蓄，还借亲友许多钱款，治疗无效，病情依然，病人因此产生了轻生念头。后打听得毛先生能治疑难杂症，慕名到织里求治，徐振华用祖传秘药为她治疗，几周后烂肉脱落，几个月后恢复。李明英视为救命恩人。

徐振华人生经历坎坷，民国时期曾两次被土匪"绑票"。"文化大革命"中受到冲击，但依然乐观面对生活，服务病人。徐振华较长时间担任吴兴县、湖州市人民代表，多次为发展农村医疗、为农民健康建言提案，奔走号呼。1985 年至1990 年，向各级人大递交"培养中药专业人才，发挥中药作用""建立郊区中医院""建立乡村一级卫生组织"等多个议案。

徐振华擅长中医外科，除对常见病、多发病应手如是，对疑难杂证也是经验累累。对内科慢性肝病、胃病等有独到之处。有弟子 16 名，均为医院的骨干力量。95 岁高龄还坐堂行医，为乡民解除病痛。平生著述和整理医书有《潘氏外用药方》《徐氏医案》等。2005 年，吴兴区人民医院授予徐振华"终身名誉院长"称号。2019 年 6 月，人物传记《浙北名医毛先生——徐振华传》由浙江科学技术出版社出版。

皮肤病治疗专家朱振华（1920—2018） 浙江省湖州市吴兴区织里镇人，1920 年 6 月出生于轧村乡。湖州名老中医、中医皮肤科专家。

朱振华祖先世代农耕。他 9 岁入私塾读书，14 岁拜师轧村名医沈亦农门下学习中医。19 岁时又拜湖城名医潘春林为师，学习中医内外科。白天帮先生挂号、抄方、除脓、换药、做膏药等，晚上读中医名著，钻研中医理论。21 岁离开湖州先生家，回轧村老家开设诊所行医。1946 年经过资格考试，获得了国民政府考试院颁发的《医师考试及格证书》。1952 参加织里联合诊所轧村所，1953 年吴兴县卫生局推荐其参加嘉兴南湖医院培训。1966 年朱振华调入织里医院，分管防疫和农村赤脚医生工作。几年后，根据病人需要和组织安排，朱振华回到轧村卫生院工作。

朱振华除了皮肤科领域有独到研究和治疗技术外，其他疑难杂症也有治疗经验：一、走马牙疳。属牙疳的一种，指牙龈红肿，溃烂疼痛，流腐臭脓血等症。二、骨槽风。又名穿腮发、穿腮毒、牙槽风、牙叉、牙叉发等。指起于耳前腮项

2008 年 4 月，全国政协副主席王文元为朱振华颁奖

间，肿硬如小核隐于皮肉，渐大如胡桃，最后牙车腐坏的疾病，西医称"下颌骨骨髓炎"。

20世纪80年代，朱振华退休后居南浔久安公寓，在久安医院继续行医。在皮肤治疗方面有独到治疗经验，他研制的药物疗效显著，患者赠送的锦旗和匾额挂满医室。

2008年4月，朱振华被评为"第六届中国时代十大杰出人物"赴北京出席表彰大会，时任全国政协副主席王文元向他颁发荣誉证书。2018年2月13日，朱振华在南浔久安公寓逝世，享年九十九岁。

B超专家沈水春 解放军第四五五医院主任医师，技术五级（副军级待遇）。1950年12月10日（农历）出生于增圩村梁家兜自然村。在增圩小学、骥村完小毕业后，考入吴兴县第四初级中学（原织里中学）。1966年在村里担任"赤脚医生"。1970年12月应征入伍，1978年，毕业于上海中医药大学医疗系，并在上海医科大学、南京医大及铁道医学院学习。1986年消化内科研究生毕业。曾参加西藏八宿县人民医院医疗队支援边疆。从事内科，超声诊断及超声介入医疗工作五十余年。在B超领域有专长，获国家卫生部科技进步奖一项、军队科技进步奖五项。获得过原南京军区"白求恩杯"先进个人，上海市"廉洁行医，满意在医院"先进个人，荣立军队三等功二次。发表论文10余篇，获得国家卫生部科技成果进步三等奖一项，军队科技进步奖四项。被上海市专家组聘为客座教授，担任上海市长宁区专家质控组委员，医院专家组成员，获医院专家特殊津贴。

中医理疗专家韩国宏 湖州市名中医，吴兴区人民医院主任中医师。1966年2月，出生于河南省鲁山县张官营镇。1987年鲁山县高级中学毕业，后考入北京中医学院，1992年大学毕业，经人才交流来到湖州市织里医院（即现在的吴兴区人民医院）工作。2000年晋升主治医师，2009年晋升副主任医师，2017年晋升主任中医师。2013年评审为吴兴区名中医，2015年评审为湖州市名中医。担任中华中医药学会养生康复分会委员、湖州市医学会医疗鉴定专家库成员、浙江省中医药学会推拿分会委员会委员、浙江省针灸学会针推结合专业委员会委员、第五、六、七届湖州市中医药学会理事、吴兴区中医药学会理事。1998年至2013年担任织里医院中医科主任及针灸理疗科负责人。

湖州市第二批中医药重点专科建设推拿科项目负责人、"湖州市适宜技术推广"科研项目参与者。此项目获湖州市科技局科研一等奖。

撰写的《牵引，推拿综合治疗颈椎病 200 例》《中医正骨手法和牵引治疗腰椎间盘突出症 600 例》《针灸配合针刀及穴位注射治疗膝骨性关节炎》《硬膜外冲击联合牵引推拿治疗腰椎间盘突出症 72 例临床观察》《牵引加正骨手法治疗腰椎间盘突出症 240 例》《推拿加玻璃酸钠注射液治疗膝骨性关节炎 120 例》《三联疗法治疗腰椎管狭窄症 60 例》等论文，分别发表于《中医药临床杂志》《中医正骨》《浙江中医药大学学报》《北京中医》《浙江中医杂志》等期刊上。

3.其他科学家

钢铁专家严圣祥　详见第八卷第三章《人物》。

海洋生态学、中国城市化研究专家张元林　浙江省湖州市吴兴区织里镇人，1952 年出生于东桥乡严家兜。海洋生态学、中国城市化研究专家，美国肯恩大学终身教授。

少年时，就读本乡小学，吴兴县第四初级中学（织里中学）。1975—1978 年就读杭州大学，1978—1979 年长广煤矿二中任教师，1979—1982 年中国科学院就读研究生，获硕士学位。1982—1985 年，任中国科学院南海海洋研究所实习研究员。1988—1995 年，美国佐治亚大学攻读博士研究生，获博士学位。1995-1997 年，美国佐治亚大学讲师。1997—2002 年，美国凯恩大学助理教授。2002 年 9 月，美国凯恩大学终身教授。

历任美国肯恩大学中国学院协调人、北美浙江专家学者协会名誉会长、北美浙江商会顾问、绍兴市人民政府海外经济顾问。系浙江省海外留学英才奖得主。

国际著名数学家郁国梁　浙江省湖州市吴兴区织里镇人，1964 年 8 月出生于晟舍公社河西村（现属织里镇）。国际著名数学家，美国得克萨斯 A&M 大学数学系杰出教授，上海数学中心首席专家。

1983 年毕业于浙江师范大学，获学士学位，1986 年获四川大学硕士学位，1991 年获美国纽约州立大学 Stony Brook 分校博士学位。1991 年至 1992 年，在美国 Berkeley 数学科学研究所任研究员，1992 年至 1998 年，任美国科罗拉多大学助理教授，1998 年，晋升为该校副教授。2000 年以后在美国 Vanderbilt 大学工作，2000 年任该校副教授，2001 年晋升为教授。长期致力于指标理论、非交换几何方面的研究，尤其在 Novikov 猜测 Baum-Connes 猜测方面取得重要的成果，研究成果发表在 *Journal of Functional Analysis*、*Inventiones Mathematicae* 等数学类国际权威杂志。

天体物理科学博士沈悦　1980年出生在织里镇。自幼读书聪颖，1998年湖州中学高中毕业后，被保送清华大学物理系，2002年获理学学士学位。2005年清华大学物理系获理学硕士学位，同年赴美留学深造。2009年美国普林斯顿大学，获天体物理科学博士学位。2009到2012年，哈佛大学史密松天文中心，克莱学者博士后。2012到2015年，美国卡耐基天文台，哈勃学者博士后。2015年至今，美国伊利诺伊大学香槟分校天文系教职；2019年晋升终身教授。

主要研究成就：在河外星系学、超大质量黑洞和活动星系核，及其他天体物理研究领域有一系列代表性工作。

曾获清华大学物理系叶企孙奖，美国哈佛大学克莱学者奖，美国哈勃学者奖，美国斯隆研究学者奖等。已在国际著名期刊（包括自然，科学，天体物理学期刊等）上发表论文150多篇，被引用16 000余次。

第四节　科学技术组织

一、湖州市吴兴区织里镇科学技术协会

1985年织里镇（小镇）科学技术协会成立，沈志云当选为织里镇科学技术协会主席，成员由文教卫及工业、农技等单位人士组成。漾西、轧村等乡镇也先后成立科协。1999年乡镇合并后，科协主席先后由闵国荣、潘小平、王国华、汤雪东、张力等担任。

科协职能　开展学术交流、团结科技工作者及学术团体；弘扬科学精神、普及科学知识；反映科学技术工作者的建议、意见和诉求，维护科学技术工作者的合法权益；表彰奖励优秀科学技术工作者，举荐人才；开展科学服务，促进科学技术成果的转化；开展继续教育和培训工作等。

荣誉　2016年湖州市科普示范乡镇，2016年全国科普日特色活动优秀单位，2017年湖州市科协先进工作单位。

组织架构　科协领导小组由主席、秘书长组成，2019年群团改革之后增设了三名副主席，分别由医院院长、成校校长和企业科技代表组成。织里镇2019年有行政村34个，建有行政村科普领导小组34个，组长分别由书记或村主任担任，副组长由支部委员或村委委员担任。每个村均设有科普员。全镇共有社区17个，建有社区科普领导小组17个，组长分别由社区书记或社区主任担任，副

组长由社区副主任担任。每个社区均设有社区科普员。同时，由于织里镇经济活跃，经济体众多，结合地方实际，织里镇科协正积极试点企业科普站，2017年开始，建立试点企业科普站22个，由企业负责人或行政主管担任组长，均设有企业科普员。

科普阵地　建有科普馆1个（童装检测中心科普馆）；建有科普E站2个（童装博物馆、溇港文化馆）；科普教育示范基地6个（童装检测中心、织里童装博物馆、太湖溇港文化展示馆、农函大辅导站、王金法广播室、织里镇公共安全防范科普教育基地）；建有农村科普大讲堂34个；建有科普橱窗45个。

金桥工程　是科协开展产学研学术交流活动、促进科技成果转化的重要组成部分，由镇科协帮助高校、研究机构精准对接工业、农业企业、需求，促成产学研合作，现已成功对接二十余例金桥工程项目，协助多家企业引进高端人才并建立院士专家工作站，成立帮助百余农户、小微企业突破科技瓶颈。

科普宣传活动　充分利用并完善科普阵地，定期开放参观学习的同时，积极利用科普教育基地开展禁毒、安全、健康、礼仪、环保等会各类专题科普活动。每年结合国家"科普周""科普日"活动要求，在科普阵地开展各类科普宣传活动。织里镇科协举办的特色活动，有"古村巡礼，文化传承"、"振兴特色产业、点赞科普硕果——科普牵手童装"等，被评为全国科普日优秀活动。

开展科普宣传周活动

二、其他农业技术指导机构

详见本志第四卷《经济》之农业章节。

第三章　医疗卫生

织里历史上有许多中医世家，医药著作颇为丰富。陈氏妇科始祖于唐，至宋时，为康王妃治病而得赐宫扇，其子孙以"陈木扇"为志，延续不断，其中一脉传于织里；明代凌云，以针灸术名噪一时，《明史》记载"海内称针法者，曰归安凌氏"；王氏儿科起源于明永乐年间（1403—1422），迄今已有600余年，王氏世居谢溇，系明北平都指挥使谢贵之后裔。因谢贵"永乐靖难"而其子改姓王，并迁居小湖里，属吴兴常乐乡三十一都殆字一圩，圩分南北两部分，居于南圩（即今药隐里）的为南王族，居于北面湾里（今称郎中湾）的为北王族。北王族代表人物王士忠（号莐），为小湖里王氏儿科医家之始祖，北王族儿科绵延达十五世之久，在浙北一带颇负盛名；南王族代表是晓河村王中立，其后裔均享有盛誉，惜南王族无医史传记，所传数代难详。清代有御医闵体乾；民国时，有查氏喉科传人张禹九，现当代有浙北名医徐振华等。

民国时期，镇域有中药堂数家，主要经营中药饮片。漾西镇有天一堂、泰山堂、春生堂；太湖有人和堂；旧馆镇有余庆堂、三河堂；轧村有衍春堂、天成堂、延龄堂；织里有大益堂、同心德、寿康斋、成仁堂、天德堂、德生堂等。民国24年（1935）7月，吴兴福音医院在织里三官殿开办织里卫生所，织里始输入西医。抗日时期，吴兴县卫生院为治疗伤病患者，于民国30年7月至民国32年，在织里设立卫生分院。民国35年，织里开业中医诊所，在吴兴中医师公会登记会员有27家。

1952年3月，成立织里联合诊所。1956年，织里几家中药店联合成立织里国新药合作商店。1958年前后，国新药合作商店并入织里医院。

1968年，镇域涌现赤脚医生。农村有赤脚医生309人。同年，开始进行"除四害"、卫生防病宣传，开展寄生虫防治、传染病防治与疫情报告、预防接种等工作，农村基层保健网初步形成。1973年，镇域全面实行合作医疗制度，先后建立78个合作医疗站，形成公社有卫生院、大队有合作医疗站、生产队有卫生员

1953 年织里联合诊所医护人员合影

的乡村医疗卫生网，基本做到小伤小病不出队，常见病不出社。1982 年，对赤脚医生进行统一考试，92 人取得乡村医生证书。

1984 年，镇域撤社建乡，有太湖、漾西、轧村、晟舍、织里 5 个乡卫生院。2010 年前后，乡镇卫生院先后并入织里医院，成为织里医院分院；2012 年后，各分院改称社区（或行政村）卫生服务站；2013 年，织里医院更名为吴兴区人民医院。

2017 年，全镇有医疗卫生机构 68 所。吴兴区人民医院为县级二级乙等综合医院，织里镇卫生院 1 所，下设社区卫生服务站 22 所（包含高新区）；民营专科

20 世纪 80 年代老街上的织里医院

医院 1 所，民营门诊部 13 所，诊所 31 所；各类药店 66 家。

计划生育是卫生部门主要任务之一。新中国成立初期，提倡多子女光荣，对节育问题采取严格控制。1978 年，对医疗单位节育手术人员进行培训，对能施行节育手术医务人员进行考核，发放合格证。1979 年，织里各卫生院经过培训考核的医生均会节育手术。1980 年 9 月以后，大力提倡一对夫妇只生育一个孩子，节育技术指导转向以"一孩放环，二孩结扎"为主的综合性节育措施。

贯彻"预防为主"方针，公共卫生、食品卫生建立严格管理制度。2013 年，吴兴区人民医院与织里镇社区卫生服务中心机构分立。公共卫生经费拨款给织里镇社区卫生服务中心，用于推进农村公共卫生服务体系建设，推行规范化、标准化管理，实行中心到站分级管理，使织里镇 1 个中心、4 个分中心、22 个社区卫生服务站的资源得到整合，优势互补，创建"四星级"站。中心成立与之相应的 11 个大组，每组组建若干个服务团队，首先专门为辖区内每个家庭建立健康档案，其次为辖区居民提供健康宣教、上门随访、健康干预、慢性病随访管理等基本社区卫生服务，并开展每年一次农民免费健康体检。

第一节　吴兴区人民医院

一、医院沿革

沿革　湖州市吴兴区人民医院，地址织里镇大港路 1599 号。前身是织里联

织里医院（康泰路）

合诊所，1952年3月成立，原址织里镇老街81号。同年10月底，分成织里、轧村、陆家湾、义皋、东桥等五个诊所。1956年，迁至织里老街中市，同年10月，改称织里联合医院，下设轧村分院，旧馆、陆家湾分诊所和义皋医疗点。1958年6月，改称织里区人民医院。1959年1月，改称太湖人民公社医院，下辖轧村分院，太湖、漾西、晟舍分诊所。1961年8月体制调整，与各分院、诊所脱钩，改称织里联合医院。1962年10月，改称织里人民公社联合医院；1965年12月，改称织里人民公社卫生院；1968年8月，改称织里人民公社"六·二六"卫生院；1979年12月，恢复织里人民公社卫生院名称；1984年6月，改称织里乡卫生院，同年10月，与织里区卫生所合并，改称织里分区卫生院；1985年8月，更名湖州市织里医院；1998年1月，整体搬至织里镇康泰路11号。1995年10月，由浙江省卫生厅认定为医疗、预防、保健为一体的一级甲等医院。2004年12月，顺利完成产权制度改革，医院成立董事会，新组建股份制医院开始运作。2005年11月，创建等级医院，顺利通过浙江省等级医院评审标准（2005年版）二级乙等综合性医院评审。2006年1月21日，被浙江省卫生厅认定为二级乙等综合性医院。2012年1月，成为湖州第一人民医院协作医院。2013年1月，更名吴兴区人民医院，同时成为湖州市第一人民医院吴兴区分院。2014年7月，由湖州市第一人民医院全面托管。2018年3月，成为湖州市第一医院医疗保健集团吴兴院区，专家团队长期派驻。2019年7月21日，整体搬迁现址。

　　医院规模　　是二级乙等综合性医院，集医疗、康复、科教、科研为一体，服

吴兴区人民医院

务人口 40 万左右。

医院占地面积 113 亩，总建筑面积 89 423 平方米，包括医疗综合楼、行政公卫楼、感染楼、后勤餐饮楼、后勤保障楼、地下室，下沉式商业街。门诊开放内科、外科、骨科、妇科、产科、儿科、皮肤科、眼科、耳鼻喉科、中医科、口腔科、心身科等科室；建立疼痛联合门诊、甲状腺联合门诊、内镜中心；住院部设内科、外科、妇科、儿科、骨科等总计 7 个病区，急诊重症监护室病床 6 张。一期建设病床 600 张，开放床位 300 张，年门诊 40 余万人次。出院 1.3 万人次，手术 0.7 万人次。

搬迁新院区后，医疗环境、配套设施等有很大提升。拥有智能发药系统、智能采血系统、生化免疫流水线、血球流水线、尿液分析流水线、1.5T核磁共振、16 排及 40 排电子计算机断层扫描装置（CT）、直接数字化X射线摄影系统（DR）、移动式直接数字化X射线摄影系统（移动DR）、骨密度测量、高清胃肠镜、腹腔镜、宫腹镜、膀胱镜、钬激光、手术摄像系统、体外冲击碎石机、彩超、口腔颌面锥形束计算机体层摄影设备（CBCT）、口腔种植等先进医疗设备。在信息化建设方面，已实现统一医院信息平台，保证临床信息的有效交换与充分共享，新增手麻、急诊分诊、移动护理、财务成本核算等相关系统，并配备会议系统、能源计量系统、楼宇自控系统、医护对讲系统和婴儿防盗、电子巡查系统、信息引导发布系统等智能化设施，每个病床配备平板电脑，无线网络全覆盖。后勤方面配有全院轨道物流系统、全院热水纯水系统、智能扫码停车系统、

吴兴区人民医院新院启用仪式

全院广播系统、风冷热泵中央冷暖空调系统、楼宇智控系统、中央热水系统、中心吸氧系统、智控电梯控制系统、视频监控系统、防排烟系统、新风系统、门禁控制系统、一键报警系统、手术净化系统、建筑信息模型（BIM）运维系统等。

医护队伍 医院拥有各类卫生专业技术人员 400 余名，含中、高级职称人员 150 名，省市医学相关协会委员 5 名，市级医学会专业委员会委员 10 名，浙江省医坛新秀 1 名，南太湖本土高层次人才特殊支持计划防疫专项人才 1 名。医院学科建设向"院有重点、科有特色、人有专长"现代化办医新格局方向发展，特别重视人才队伍建设，选派各科骨干去国家级、省级或省外知名三甲医院进修学习，同时利用集团下派专家资源进行帮、传、带，不断提高业务水平。

表 7-3-1 吴兴区人民医院历任负责人（院长）名录

姓名	职务	任职时间
徐振华	院长	1952.3—1958.6
赵连元	院长	1958.6—1960.11
劳坤元	代院长	1960.11—1961.8
徐振华	院长	1961.8—1968.8
韩志英	革命领导小组组长	1968.8—1971.12
杨阿毛	副组长	1971.12—1973.5
陶恩茫	组长	1973.5—1979.12
徐振华	院长	1979.12—1986.5
邬俊豪	院长	1986.5—1989.7
徐振华	名誉院长	1986.5—1989.4
王善桐	院长	1989.7—1990.9
王济民	副院长（全面负责）	1990.9—1993.3
徐建中	院长	1993.3—2011.4
慎国芬	院长	2011.4—2014.7
冯文明	院长	2014.7—2019.9
武中庆	执行院长	2019.9—

二、医疗科室

外科 外科含泌尿外科、肛肠外科、普通外科、微创外科，技术力量雄厚，设备先进，综合实力居吴兴区二级医院领先水平。其中，泌尿外科为吴兴区医学重点学科。2019 年（以下所有科室，未标注时间的与此相同），有外科主任医师

2 人、副主任医师 6 人、主治医师 5 人。成立吴兴区泌尿结石病中心、腹壁疝中心、肝胆胰腺及胃十二指肠治疗中心、肛肠治疗中心，可开展肝胆胰、胃肠、肛肠、泌尿系统手术以及常见恶性肿瘤切除等手术，同时微创腔镜技术临床已广泛应用。外科坚持学习前沿理念，开拓学术视野，提高业务水平，为广大患者提供更安全有效的医疗保障和更优质医疗服务。开展多项新技术新项目：腹腔镜下无张力腹股沟疝修补术、腹腔镜下胃肠穿孔修补术、乳腺癌改良根治术、腹腔镜下输尿管切开取石术、输尿管软镜钬激光碎石术、等离子前列腺电切术、膀胱镜下膀胱肿瘤钬激光切除术、显微镜下精索静脉曲张高位结扎术、吻合器包皮微创切除术。腹腔镜下直肠癌根治术、微创 PPH 手术、无痛肠镜下结直肠息肉摘除术等。

内科　有医护 60 余人，其中中高级职称医护 30 余人，开设三个病区，2015 年，成立血透中心。科室学术氛围浓厚，注重业务学习，先后派多名人员赴省市等三甲医院进修学习。下设消化内科、呼吸内科、内分泌科、心血管内科、风湿肿瘤综合内科、肾内科及神经内科等多个专科。拥有进口有创和无创呼吸机、日本光电监护除颤仪、奥林巴斯 290 支气管镜、血透机、飞利浦伟康睡眠监测仪、康讯肺功能检测仪、电子胃肠镜、床边心电监护仪、单道及多道微量注射器、中心吸氧吸引装置等一批先进医疗设备和仪器。建立中央监护系统，对危重患者可进行心电、血压、血氧饱和度实时监测，以保障患者安全。科室专业技术力量雄厚，能熟练、规范处理内科危重急症：心肌梗死、恶性心律失常、心力衰竭、重度农药中毒、呼吸衰竭、脑血管意外、急慢性肾衰竭、糖尿病肾病等疾病。

妇产科　妇产科有医护 34 人，其中医生 19 人，主任医师 1 名，副主任医师 3 名，主治医生 6 名。护理部 15 人，主管护师 4 人，助产士 7 人。科室多次获得院部"先进科室"，吴兴区"巾帼标兵岗"，国家级"爱婴医院"等荣誉。现为吴兴区重点科室。科内拥有腹腔镜，超声刀，宫腔镜，利普刀，阴道镜，分娩镇痛仪等先进仪器设备。妇产科拥有床位 90 张，病房环境温馨，舒适，有价廉整洁多人病房，有配套齐全单人病房。科室对妇科炎症、肿瘤、内分泌疾病、围生期疾病的治疗积累丰富临床经验，科室不断开发和应用各种新技术、新项目，拓宽服务范围。开展阴式子宫切除术、子宫肌瘤剔除术、附件切除术、卵巢囊肿剥出术、子宫内膜异位病灶去除术、输卵管妊娠去除术、输卵管再通术、盆腔粘连松解术，子宫脱垂及阴道前后壁脱垂手术等妇科手术，取得满意疗效。利用阴道镜、液基薄层细胞检测（TCT）、人乳头瘤病毒（HPV）检测、利普刀等手段，对宫颈疾病特别是宫颈恶性肿瘤进行规范化的筛查、诊疗，避免了宫颈疾病的过度治疗，使宫颈癌能够早诊断、早治疗。科室建有规范的高危妊娠治疗管理系统，保护高危孕产妇的健康，大力开展优生优育、胎儿监护、无痛分娩等服务，使产妇和新生儿更加安全、舒适，怀孕和分娩不再是一种危险、痛苦体验。科室与湖州、杭州、上海多家权威医院妇产科保持密切业务联系，可以预约相关专家手术。

骨科　有医师21人，其中正高3人，副高4人，主治医师5人，执业医师7人。年门急诊29 035人次；病房共有床位65张，年住院患者1890人次。拥有先进C形臂X线机、手外科专用显微镜等专业医疗设备。科室成员先后发表省级以上核心杂志论文20余篇，SCI（Scientific Citation Index的缩写，美国科学信息研究所编辑出版引文索引类刊物）论文2篇，获湖州市科技局基金项目4项，浙江省中医药科技项目2项，出版骨科专著1部，获得专利2项。科室成为"中西医结合骨关节病"湖州市重点学科，吴兴区重点学科，多次获院部"优秀科室"称号。主要开展断指（肢）再植术、手足复杂创面软组织缺损皮瓣移植修复重建术、四肢创伤复杂骨折内固定（髓内钉）术、全髋（半髋）人工关节置换术、全膝关节置换术、椎体成形术（PKP）、腰椎间盘突出症髓核摘除术（椎间孔镜）等手术。

儿科　承担着织里及周边地区儿童医疗保健任务，对儿科常见疾病，都能得到很好诊断和治疗，对儿童消化系统，呼吸系统多发病诊疗更加规范合理。并能对广大患儿家属进行健康宣教，普及儿童保健知识，做到保健与医疗有机结合。不断发展特色医疗项目，有中西医结合儿科开展，哮喘的规范化治疗等。科室与上级医院儿科有着良好学术协作关系，市级儿科专家定期为科室开展业务学习与指导。

急诊科　承担织里镇及周边地区人民群众医疗急救、急诊及门诊输液三大功能。年急诊量约为3万人次。拥有医护工作者20余名，多位内科、外科医护人员到3级医院进修学习，具有较丰富急诊抢救经验。设有急诊室、专用抢救室、观察病房、输液大厅。配备先进抢救仪器、设备，有多参数监护仪、进口除颤仪、呼吸机、洗胃机、中心供氧系统等，常年开通绿色通道，建立健全各种突发公共卫生事件应急预案及重症患者救治方案，积极有效提高抢救成功率。科室注重业务培训和新技术开展，先后开展：有创、无创机械通气，除颤，自动洗胃等技术，对危重病人的抢救及监护，积累较丰富临床经验。科室实行人性化服务，多次被评为"织里医院先进科室"。2011年，被评为"浙江省五一巾帼标兵岗"。

特检科　设有彩超、超声介入、常规心电图、24小时动态心电图、24小时动态血压、经颅多普勒检查（TCD）等检查室，科室拥有一支基础扎实，业务精干的人才队伍，其中高级职称1人。超声科现拥有先进的全进口高端彩色多普勒超声诊断仪5台，包括飞利浦（PHILPS）EPIQ 7、飞利浦（PHILPS）EPIQ 5、通用电气（GE）LOGIQ 9等高端设备及1台全进口GE便携式彩色多普勒超声诊断仪。检查部位全面，开展腹部各脏器常规超声检查，浅表器官高频超声检查，妇产科超声检查，腔内探头超声检查、心脏、颈部及四肢血管彩色多普勒超声检查，尤其在上腹部超声、妇科、普通常规产科、乳腺等脏器疾病的诊断方面，积累丰富经验，为临床提供可靠诊断及治疗依据。科室与湖州市第一人民医院超声室进行长期合作，聘请专家定期来院指导，诊断疑难病例，并开展超声介入治疗、实时超声造影，不断拓展新技术、新项目。

放射科　是吴兴区放射质控中心和吴兴区医学影像诊断中心。科室配备1.5T磁共振、16排及40排电子计算机断层扫描装置（CT）、数字胃肠机、直接数字化X射线摄影系统（DR）等先进仪器，具有快速扫描、图像清晰、快速出片等强大功能；16排及40排电子计算机断层扫描装置（CT）适用于全身各系统疾病的检查。

五官科　是集眼、鼻、耳、咽喉综合科室，拥有裂隙灯、手术显微镜、支撑喉镜、A型超声仪等一批先进仪器设备。能完成临床常见疾病诊断和治疗，能独立开展常规门诊手术，常年邀请湖州市级医院眼科专家开展白内障、晶体植入术、抗青光眼术等多项眼科手术。

口腔科　科室环境优雅、整洁，设备先进，设置齐全，消毒严格。拥有牙科综合治疗仪等先进医疗设备。业务有口腔颌面外科、牙体内科、口腔修复科、口腔预防、口腔美容、牙周病科等项目，科室运用日益更新高技术材料来满足患者要求，不断巩固和发展新项目。

皮肤科　设有门诊室1间、治疗室1间，配有微波治疗仪等医疗仪器，诊疗各种常见及部分疑难皮肤病：过敏性皮肤病、损美性皮肤病、感染性皮肤病、疑难性皮肤病；还开展除痣除疣、微波理疗等技术。

中医科　有湖州市名中医 2 名，拥有两台日本进口全自动牵引床、特定电磁波治疗仪、离子导入机、针灸治疗仪、按摩治疗仪等医疗设备。其中针灸推拿科采用针灸、推拿、理疗、中西医结合等方法，在治疗风湿性关节炎、类风湿关节炎、骨性关节炎、颈椎病、腰椎间盘突出、面瘫、中风后遗症等一系列疑难杂症积累丰富经验，临床治愈率高。2008 年，被湖州市卫生局评审为湖州基层医院针灸推拿专科，2011 年，被浙江省卫生厅评审为浙江省农村中医适宜技术推广基地。其中中医内科对各种常见病，多发病，能进行有效诊治，并取得满意疗效。

麻醉手术科　建于 1994 年，经过 20 多年努力和发展，已成为本地区麻醉技术和设备一流科室。全科实行一体化管理，主要担负全院各科各类手术临床麻醉及疼痛诊疗，承担并协助各科危重病人抢救复苏、重症监测、术后镇痛、分娩镇痛以及门诊疼痛诊疗、无痛人流、无痛内镜诊疗等任务。麻醉手术科已成为集临床、教学与科研于一体综合性重点科室。麻醉手术科团队 27 人，其中高级职称 4 人，中级 8 人。拥有各级手术间 14 间，其中层流手术室 3 间，麻醉恢复室（PACU）1 间，麻醉术前准备间 1 间。科室配有一流的仪器设备，拥有进口多功能麻醉机如德国德尔格、美国欧美达等高端麻醉机，欧美达麻醉监护仪、德国费森尤斯血液回输机、德国赫尔曼高压型臭氧治疗仪、加拿大贝利斯（Baylis）射频治疗仪、柯尼卡美能达便携式超声仪、德国 Wolf 宫腔镜、德国德尔格无影手术灯、多功能全自动手术床、多功能数字化控制面板、微量注射泵、靶控输注泵、超声刀系统等先进医疗仪器设备。拥有麦迪斯顿-手麻信息系统，同步告示手术进程，便捷规范手术流程，精准高效工作管理。此外，科室还有纤维支气管镜、可视喉镜、神经刺激仪、脑电双频谱指数（BIS）、血气分析仪等先进设备，为开展困难气道插管和支气管插管、神经定位、麻醉深度监测、有创压力监测等患者病情适时监控和治疗提供必要条件，使得麻醉质量、病人安全进一步得到保障。临床医疗方面，科室每年实施手术室内麻醉 6000 余例、手术室外麻醉 2000 余例（无痛胃肠镜、无痛人流、无痛分娩等）。成功开展小儿腹腔镜手术、高龄患者关节置换手术、各类腔镜手术、复杂并发症手术等难度和风险性较大的新手术和高危手术的麻醉。

疼痛科　主要包括慢性疼痛及神经相关性非痛性疾病：三叉神经痛，带状疱疹后遗神经痛，头、颈、肩腰腿痛，四肢关节及软组织相关性疼痛，晚期癌痛，手汗症，下肢闭塞性脉管炎，面瘫，面肌痉挛，突发性耳鸣、耳聋，失眠等。特色治疗技术：神经调制、射频治疗、臭氧治疗、等离子治疗、冲击波疼痛治疗、小针刀疗法、星状神经节阻滞、硬膜外阻滞、骶管滴注、关节内注射、微创介入等技术。

第二节　乡镇卫生院

一、晟舍卫生院

晟舍卫生院沿革　1956年成立，在晟舍公社驻地晟舍集镇，设有旧馆分诊所（在旧馆火仙庙）、晟舍分诊所（在晟舍集镇原晟舍大队部）两个点。1965年，成立晟舍公社后，原诊所改名晟舍卫生院，仍设晟舍、旧馆二处，员工9人。1969年，晟舍原址扩建，先后建17间平房，总建筑面积500多平方米。1980年，拆建原6间平房，建7间砖混结构二层楼房280平方米。1984年，更名晟舍乡卫生院，1992年，又建5间砖混二层楼190平方米，防保科专用，卫生院总占地4亩有余，占地面积2640平方米。移址晟舍街19号。1993年，更名晟舍镇卫生院，1994年，晟舍、旧馆二处并入织里镇卫生院，改称织里镇卫生院晟舍分院。2005年5月，更名织里镇社区卫生服务中心晟舍社区服务站，员工9人，2016年，更名湖州市第一人民医院医疗保健集团织里院区晟舍社区卫生服务站，2018年，更名织里镇卫生院晟舍社区卫生服务站。

晟舍卫生院医疗　设住院部、中西药房、化验室、放射室、防保科、妇产科、制剂室，同时建立合作医疗制度，培训乡村医生。20世纪80年代，年门诊量约20 000人次，住院500人次，出诊1000人次。开展接生、人流、绝育结扎、放环计划生育四项手术，同时开展外科阑尾手术、下肢静脉曲张结扎手术等。

表7-3-2　晟舍卫生院历任负责人（院长）名录

姓名	职务	任职时间
施海灵	所长	1960—1962.10
莫加初	院长	1962.11—1979.10
唐家华	院长	1979.11—1985.8
李森彬	院长	1985.9—1994.10
吴法根	院长	1994.11—2010.10
陈月方	站长	2010.11—2018.9
陈冰	站长	2018.9—

二、轧村卫生院

沿革 轧村联合诊所，1952年3月成立，原址轧村港东育婴堂，初创时员工11人，现有员工13人，现址轧村集镇市场路。1965年12月，更名轧村公社卫生院，1984年，更名轧村乡卫生院，1993年，更名轧村镇卫生院，2000年1月，并入织里镇卫生院，更名织里镇卫生院轧村分院。2005年5月，更名织里镇社区卫生服务中心轧村社区卫生服务站，2016年，更名湖州市第一人民医院医疗保健集团织里院区轧村社区卫生服务站，2018年，更名织里镇卫生院轧村社区卫生服务站。

医疗 20世纪50年代初至60年代末，主要医疗内容为诊治农村常见病、多发病，开展预防任务除四害、讲卫生等工作。70年代中期开展下腹部手术。80年代初，院内购置部分医疗设备，单位自负盈亏，依靠增加收入促进单位发展，调动职工积极性。卫生院有内科、外科、妇产科、针灸科、检验科、放射科、特检科（B超心电图），中西药房，注射室，手术室，住院部。80年代，全年门诊人次28 000～30 000人，年出诊2200人次，年住院病人500～700人，全年手术150～200人次。主要开展下肢静脉结扎、疝气手术、阑尾手术，进行计划生育四项手术如放环、取环、人工流产、女子绝育结扎术，以及住院分娩，每年收孕产妇130～160人。卫生院陆续配备B超、心电图、脑电图机、200毫安X光机、半自动生化分析仪、血球计数仪、尿液分析仪、全自动洗胃机、麻醉机等医疗设备。

表7-3-3 轧村卫生院历任负责人（院长）名录

姓名	职务	任职时间
朱振华	负责人	1952.4—1960.
陈善章	所长	1960—1962
王济民	负责人	1962—1965.3
杨天佑	所长	1965.3—1966.8
陈绍雄	所长	1966.9—1968.12
吴金林	"抓革命促生产"革命领导小组组长	1969.1—1979.8
吴金林	院长	1979.9—2000.7
杨燕林	院长	2000.7—2001.7
顾建国	临时负责人	2001.7—2001.12
金国兴	站长	2001.12—2013.8

（续）

姓名	职务	任职时间
邹军明	代理站长	2013.8—2014.1
李艳	站长	2014.1—2015.6
陈月方	站长	2015.7—2017.3
张海梅	站长	2017.3—

三、太湖卫生院

沿革　1956 年，织里联合诊所在太湖设东桥、义皋分诊所。现址东桥、幻溇、义皋、杨溇，员工 28 人。1961 年，太湖诊所分义皋、东桥两处，义皋诊所地址谢溇钱家汇角；1963 年，在义皋（现茧站处）建造诊所约 200 平方米，诊所新设中西结合科室。1965 年，更名太湖公社卫生院。同一年，选拔青年参加在织里四中举办的业务培训，培养村保健员。1968 年，保健员改称赤脚医生，先后多村成立合作医疗，赤脚医生在改善农村缺医少药及防病治病工作中起到很大作用。1984 年，更名太湖乡卫生院，1997 年，移建幻溇港东。2000 年 1 月，并入织里镇卫生院，称织里镇卫生院太湖分院。2005 年 5 月，更名织里镇社区卫生服务中心太湖社区卫生服务站，2016 年，更名湖州市第一人民医院医疗保健集团织里院区太湖社区卫生服务站，2018 年，更名织里镇卫生院太湖社区卫生服务站。

医疗　1971 年，太湖公社移址幻溇，公社卫生院筹建开始，面积 400 多平方米。1989 年，在旧址重建 800 多平方米的门诊、住院楼，有比较完善的医疗、防保、妇保等服务功能。20 世纪 80 年代，年门诊量 30 000 人次左右，住院 1000余人次，开展下腹部手术，开展计划生育人流、放节育环、取节育环、输卵管结扎 4 项手术。

表 7-3-4　太湖卫生院历任负责人（院长）名录

姓名	职务	任职时间
调动频繁	负责人	1956—1963
慎仲兴	（东桥）所长	1963—1973
吴玉林	负责人	1973—1979
柏金华	书记（全面负责）	1979—1986
吴玉林	院长	1986—2010
叶国方	站长	2010—2016
钦妙花	站长	2017—

四、漾西卫生院

沿革　1952 年 3 月，漾西成立联合站，地址漾西镇，初创时员工 6 人，现员工 24 人，现址漾西集镇。1961 年，更名为漾西公社联合诊所。1965 年 12 月，更名为漾西公社卫生院。1984 年，更名为漾西乡卫生院。1993 年，更名为漾西镇卫生院。2000 年 1 月，并入织里镇卫生院，更名为织里卫生院漾西分院。2005 年 5 月，更名为织里镇社区卫生服务中心漾西社区卫生服务站。2016 年，更名为湖州市第一人民医院医疗保健集团织里院区漾西社区卫生服务站，2018 年，更名为织里镇卫生院漾西社区卫生服务站。

医疗　创办初期，卫生院秉承预防为主，防治结合的卫生方针，防治血丝虫病、血吸虫病、疟疾等传染病，同时开展农村常见病、多发病的防治工作，积极培养 30 多名赤脚医生，为改善农村缺医少药现象做了很多工作。20 世纪 70 年代，每年出巡诊约 1000 人次以上。之后增添医疗设备，开设病床，1974 年，开始收治住院病人。80 年代，年收治病人 1000 人次左右，最多年收治达到 1400 多人次。开展手术有下腹部手术，有阑尾切除术，疝气修补术，下肢静脉结扎剥离术等，门诊常规小手术，有浅表囊肿摘除术等；妇产科能开展计划生育 4 项。随着农村交通条件改善，出巡诊逐年减少，年门诊量最多时有 30 000 人次。现在管理科室有医疗、防保、后勤；临床科室有内科、外科、妇科、中医科。近几年来，医疗设备不断更新，医技科有 X 光室、B 超室，另有临床常规生化室相继投入使用。随着农村卫生服务深入，对老年慢性病群众管理的细化，上门服务人次又大量增加。

表 7-3-5　漾西卫生院历任负责人（院长）名录

姓名	职务	任职时间
吴鸿达	所长	1952.3—1975.3
钱阿根	主要负责人	1975.4—1978.1
陈芝荣	主要负责人	1978.2—1979.8
邹俊豪	院长	1979.9—1986.6
吴荣庆	院长	1986.7—2012.2
韦云泉	站长	2012.3—

第三节　医疗体制

一、织里区医卫机构

区卫生所　1961年4月，织里区卫生所成立，地址在织里医院墙外建2层楼，从业4人，分管织里6个公社的卫生行政、卫生防疫、妇幼保健、地方病防治等工作的组织领导和公社卫生院的管理与业务指导，并附带管理一个药店。历任主任分别是杨殿才、柏坤礼、陶恩茫。1985年初撤销。

二、乡村合作医疗

体制　1958年"大跃进"时期，农村实行"吃饭不要钱，看病不要钱"，织里大部分公社实行医疗保健制，导致公社卫生院资金短缺，1959年纠正。1969年，"文革"期间，普及合作医疗制度和赤脚医生。1971年，为降低医药成本，提倡一根针（针灸）、一把草（草药），"三土"（土医、土药、土法），"四自"（自采、自种、自制、自用）等方法，全镇85%大队合作医疗站使用针灸草药。20世纪80年代，随着城乡经济体制变革，各社区行政村因地制宜进行改革。农村合作医疗陆续解体，织里相继建立行政村卫生服务站。

乡村合作医疗　合作医疗是群众根据自愿原则，依靠集体力量，互助互济一种医疗保健制度。1969年至1970年两年内，织里境内93%以上人口参加合作医疗。20世纪70年代持续巩固发展，队队实行合作医疗制度。资金由群众个人和集体公益金共同负担，个人一般每年缴1.5元到3.5元不等。合作医疗资金，城镇、农村每年都有变化，不是固定不变。报销范围分全额报销和部分报销两种。举办形式有社办、社队联办、队办三种。为加强领导，公社成立合作医疗管理委员会，大队成立合作医疗管理小组，各社队都制定合作医疗管理章程。

湖州市大病保险办法　2013年1月1日起施行。湖州市发展和改革委员会湖州市财政局等联合发布《湖州市大病保险办法（试行）》。保障对象，为湖州市职工基本医疗保险、城镇居民基本医疗保险和新型农村合作医疗的参保（合）人员。保障范围水平，全市统一大病保险的保障范围和水平。一个自然年度内，参保（合）人员住院和特殊病种门诊发生的医疗费用，按当地基本医疗保险政策规定报销后，其个人累计负担的合作医疗费用超过大病保险补偿起付标准（起付标准为 3 万元）的部分，由大病保险按下列比例予以支付：3 万元至 6 万元部分，支付 50%；6 万元以上部分，支付 60%。合规医疗费用，指实际发生的、合理的医疗费用。大病保险支付，对单次住院和特殊病种门诊个人负担的合规医疗费用超过大病保险补偿起付标准的，在其结算基本医疗保险时给予支付；在年度内又多次住院和特殊病种门诊的，分别按规定给予支付；对单次住院和特殊病种门诊个人负担的合规医疗费用未超过大病保险补偿起付标准的，在年度内又多次住院和特殊病种门诊的，在其累计超过起付标准时给予支付。大病保险资金，筹资标准。湖州市区（吴兴区）参加职工基本医疗保险的每人每年 40 元，参加城镇居民基本医疗保险、新型农村合作医疗的每人每年 20 元；资金来源。分别由职工基本医疗保险、城镇居民基本医疗保险和新型农村合作医疗统筹基金列支。城镇居民基本医疗保险、新型农村合作医疗基金结余不足时，可在年度提高筹资标准时统筹解决。资金管理。设立大病保险基金专户，实行专款专用，建立合理的大病保险基金运行调控机制。

承办方式，向商业保险机构购买大病保险。采取向商业保险机构购买大病保险的方式，通过政府招标选定承办大病保险的商业保险机构。严格商业保险机构基本准入条件。规范大病保险招标投标与合同管理。不断提升大病保险管理服务的能力和水平。

城镇居民合作医疗保险制度 2006 年 8 月 3 日，湖州市政府发布《湖州市人民政府关于建立市区城镇居民合作医疗保险制度的若干意见》，2008 年 1 月 1 日实施《湖州市区城镇居民基本医疗保险暂行规定》，后多次调整，提高基本医疗待遇。主要政策：各区城镇居民中，除城镇职工基本医疗保险参保对象以外的人员，均可参加城镇居民基本医疗保险。资金筹集，按照家庭缴费为主、政府补助为辅的筹资机制，建立城镇居民基本医疗保险基金（以下简称"医保基金"）。成年人每人每年缴费 200 元，未成年人和全日制在校学生每人每年缴费 70 元（2007 年已参加城镇居民合作医疗保险缴费 100 元的，2008 年度续保缴费 40 元）。市、区政府按成年人每人每年 100 元、未成年人和全日制在校学生每人每年 70 元的标准给予补助，划入城镇居民基本医疗保险基金。低保家庭成员参保，其个人缴纳部分由政府全额补助。基本医疗保险待遇：医保基金用于参保居民的住院和特殊病种门诊医疗支出。根据医保基金的支付能力，确定医疗保障范围和待遇水平。医保基金设起付标准，起付标准以下个人自负，起付标准以上医保基金按比例支付。市内定点医疗机构住院起付标准为 1000 元，转外地就医起付标准为 1500 元；若当年多次住院治疗，第二次起，起付标准减半。起付标准以上部分医保基金分段按比例给予支付，支付比例为：起付标准至 1 万元（含 1 万元）部分，支付 40%；1 万元以上至 3 万元（含 3 万元）部分，支付 50%；3 万元以上部分，支付 60%。全年最高支付限额为 5 万元。参保人员在门诊进行恶性肿瘤放化疗、尿毒症透析治疗、组织器官移植后抗排异治疗、白血病、慢性再生障碍性贫血、重性精神病、重症瘫痪治疗等发生的医疗费用，作为门诊特殊病种，列入医保基金支付范围。门诊特殊病种，年度设一次起付标准，起付标准为 1000 元，支付标准与住院费用支付标准相同。参保缴费办法，以户为单位，符合参保条件的家庭成员应当全部参加；凡没有参加新型农村合作医疗的在校学生均可在学籍所在地参保。

表 7-3-6　2016 年织里镇城乡居民医疗保险筹资情况　　　　单位：人、元

单位	参保人数	普通群众		困难群众		2015 年中途参保人数	个人缴费	乡镇应配套资金	区级财政配套资金	市级财政补助	省及以上财政补助	筹资总额
		成年人	未成年人	成年人	未成年人							
织里镇	57 531	45 857	10 726	875	73	251	15 336 470	7 818 816	7 818 816	15 370 012	3 351 356	49 695 470

注：①2016 年，城乡居民医保个人缴费：成年人每人每年 290 元，未成年人每人每年 190 元。②2016 年，城乡居民医保各级财政补助合计 590 元/人，省及以上财政补助 58 元/人，市级财政补助 266 元/人，区级和乡镇配套资金各补助 133 元/人。③低保、低保边缘户、重度残疾个人缴费，乡镇和区级配套资金各承担一半，成年人 145 元/人，未成年人 95 元/人。④2015 年中途参保人员，财政补助按 2015 年财政补助标准结算。

三、织里镇社区卫生服务中心

织里镇社区卫生服务中心　2003 年 3 月，湖州市织里医院更名为湖州市吴兴区织里医院（织里镇社区卫生服务中心），地址织里镇康泰路 11 号，下设 22 个社区卫生服务站，主要提供预防、保健、医疗、康复、健康教育、计划生育指导等综合性服务。2012 年 12 月，湖州市吴兴区机构编制委员会批复，将与湖州市吴兴区织里镇社区卫生服务中心合署办公的湖州市吴兴区织里医院调整为独立设置的事业单位，并更名为湖州市吴兴区人民医院。2013 年 1 月，湖州市吴兴区卫生和人口计划生育局转发区机构编制委员会通知，要求稳妥落实湖州市吴兴区社区卫生服务中心与吴兴区人民医院分设的相关事宜。2013 年 7 月，湖州市吴兴区织里医院分设为吴兴区人民医院和吴兴区织里镇社区卫生服务中心。2017 年 5

社区卫生服务中心

月，湖州市吴兴区织里镇社区卫生服务中心更名为湖州市吴兴区织里镇卫生院，同时挂"湖州市吴兴区织里镇社区卫生服务中心"牌子。

表 7-3-7　织里镇卫生院历任负责人（院长）名录

姓名	职务	任职年月
徐建中	院长	2003.3—2011.4
慎国芬	院长	2011.4—2014.7
冯文明	院长	2014.7—2019.3
吴舒	院长	2019.3—

第四节　防疫保健

一、防疫

1.地方病防治

血吸虫病　血吸虫病（膨胀病）在民国时期就有，是长久以来严重危害人民健康、影响生产的地方病。经 1952 年至 1966 年反复调查，在太湖沿岸的漾西为血吸虫病流行区，非流行区太湖公社是湖州东西两块流行区间隔地带。1955 年，漾西乡发现 15 个行政村有钉螺分布，其中血吸虫病流行地区为乔溇村。漾西血吸虫病流行钉螺分布环境在沟、溪、田、塘、地，特别是在河道，历史累计面积分布有 440 平方米。1952—1989 年，血吸虫病流行检查病人情况，漾西乡流行区平均人口数有 938 人，累计病人 7 人，感染率为 0.75%，晚期病人为 0；非流行区病人总数 31 人，其中晚期 1 人。1964 年后，改进措施，平原水网河浜用筑坝、降水、双边开沟土埋，对有螺水沟开新、填旧、埋废等法灭螺；不到三年，血吸虫病流行区漾西已经消灭钉螺。1983 年查出病人已很少，达到消灭此病指标，逐步进入监测阶段。

丝虫病　流行历史悠久，新中国成立前，流行情况缺文字资料。新中国成立后，1953 年开始重点调查，丝虫病大规模防治工作始于 1958 年，之后以采取反复查治消灭传染源为主。1958—1962 年，进行多次普查普治，查治工作分区包干负责，组织除害灭病工作队，血检对象为 5 周岁以上人员，耳垂刺血涂厚血膜，脱色后湿片镜检，对查出病人进行治疗，丝虫病有所下降。1970—1976 年，开展反复普查普治。由乡卫生院牵头，结合各村赤脚医生，分片包干到户。做法是，血检要求 1 周岁以上全部居民，夜间八点钟以后，医生挨家挨户上门抽血。镇域人员全部普查一遍，不漏掉一个。1977—1983 年，开始重点防治。1984 年初，在省、市考核前又进行三项工作，一是查病补课；二是复查；三是对流火发作者给予病原治疗。经过三十多年的防治，织里镇于 1984 年达到基本消灭丝虫病标准。

疟疾　疟疾流行历史久、范围广，危害严重。疟疾发病有明显季节性，发病主要在 5—10 月，高峰为 7—9 月。农村发病明显高于城镇。对现症病人及时进行正规治疗，做好抗复发治疗和预防性服药，同时开展经常性爱国卫生运动，因地制宜采取防蚊灭蚊措施。1970 年以后，疟疾发病逐年下降。1980—1982 年，在轧村等地开展发热病人血检，阳性率为 8.33%。经过三十八年防治，疟疾年发病率大幅度下降，在急性传染病中，从第一位降为第十位。1988 年 11 月，省市组织基本消灭疟疾考核，发热病人中无阳性疟疾。镇域基本消灭疟疾。

钩虫病　1953 年开始防治，主要结合查验血吸虫病，开展此项工作。1977—1979 年，三年调查，结合病情进行治疗。钩虫病防治主要是对粪检钩虫感染者给予驱虫治疗，常用药物为羟萘苄芬宁（灭虫宁）、驱虫净和噻嘧啶，同时结合血防，做好粪便管理。

地方性甲状腺肿（地甲病）　1984 年 5 月开始调查，其中晟舍乡患病率为 3.19%，以庙歧山村患病率最高，为 3.58%，旧馆完小肿大率为 38.73%。1985 年 5 月，对 1984 年抽查地甲病患病率超过 3% 的晟舍进行复查。晟舍乡抽查在校中小学生和一个村，共查 2145 人，查出病人 24 例，患病率 1.11%，7～14 岁儿童生理性肿大 139 人，病人 6 例，肿大率 10.3%。

2.传染病防治

天花　新中国成立前曾有流行。从 20 世纪 50 年代起，历年免费接种牛痘，预防天花，有效地控制天花发病。1952 年，全民种痘。1953 年以后，天花绝迹。1962 年，国家卫生部发布种痘办法，每年除对新生儿实行初种或复种外，从 1965 年开始，每隔 5 年普种一次，对象 0～55 岁。1980 年 5 月 8 日，世界卫生组织宣布全世界已消灭天花。从 1982 年起，不再种牛痘。

流行性脑脊髓膜炎　简称"流脑"。新中国成立前在城乡广泛流行，来势凶狠，死亡甚多。民国 19 年（1930），吴兴县流脑流行。1963—1966 年，为流脑流行年。1967 年，由于"文革"大串连和气象等不利因素，市区和全国一样，出现新中国成立以来最严重的流脑暴发流行。1—3 月，三个月累计发病超过 100 例的有织里公社等。吴兴县防治流脑指挥部，深入重点疫区配合基层，就地设点治疗，全部病人得到收治。同时，加强防病知识宣传，开展爱国卫生运动，推广预防服药，坚持药物喷喉、滴鼻，积极控制流行。1968 年，流脑暴发后持续流行，1969—1989 年，流脑明显下降，年发病率一直稳定在十万分之 8.68 以下。

流行性乙型脑炎　流行性乙型脑炎发病流行有非常明显的季节性，历年来绝大多数病例集中在 7—8 月份，症状凶险，病死率高，且病后往往留下严重后遗症。1965—1967 年，市区连续三年出现局部暴发流行，其中 1966 年乙脑发病数、发病地区是新中国成立以来最多最广的一年。发病数在 100 例以上的有织里区；发病数在 20 例以上的有织里、太湖公社，1～5 岁儿童发病最多。为抢救乙脑病人，各医院调整病房，备足药品器械，组织抢救小组，全力投入。从 1976 年起连续五年中，市区在上海生物制品研究所指导合作下，开展应用 5～3 株乙脑弱毒活疫苗接种反应和效果观察以及免疫持久性研究工作。1976—1980 年，运用 5～3 株乙脑弱毒活疫苗，对 1～12 周岁儿童进行预防接种，从此以后，连年计划免疫，市区乙脑发病稳定在十万分之四以下。

非典型肺炎　2002 年 11 月，中国广东佛山发现首例非典型肺炎（SARS，又称非典）。2003 年 3 月 12 日，世界卫生组织（WHO）发出全球警告，建议隔离治疗疑似病例，并且成立一个医护人员网络来协助研究 SARS 疫情。2003 年 4 月 16 日，WHO 宣布，一种新型冠状病毒是 SARS（重症急性呼吸综合征）病原，并将其命名为SARS冠状病毒。2003年5月，北京和香港疫情最严重，截至2003年8月16日，中国内地累计报告非典型肺炎临床诊断病例5327例，治愈出院4959例，死亡349例。

为有效防范"非典"病例输入，及时掌握人员流动及有关防治工作情况，织里镇政府成立"非典"防治工作领导小组办公室，由卫生行政部门负责组建传染性非典型肺炎防治专家组，组织评估防治工作措施效果，完善各项防治方案。组织、协调卫生技术力量，及时发现、诊断和治疗管理病人；预防和控制疫情发生和蔓延；组织实施疫区和疫点隔离消毒等控制措施和人群预防。自2003年4月30日起，统计从外地返乡和外省市来织里镇人数，特别注明来往广东、北京、山西、内蒙古和香港地区人数，每天监测，每天上报。镇政府和所在辖区各单位签订预防"非典"责任书；发布织里镇"非典"防治工作简报29期。对返乡人员监测要求不同，从北京、广东、山西、内蒙古等非典检查，观察时间按省新规定疫情严重地区返乡人员继续按源要求集中观察，在进医学观察点前不再要求到医院进行健康体检，从原来12天改为14天，观察点增加医护力量，负责对入住观察对象测量体温和进行健康申报登记。从其他有疫情返乡人员，采取在家观察办法，返乡人员必须先到社区或村委进行健康申报登记，测量体温后在家观察14天，同时发给"留家观察通知书"，并做好居室开窗通风和其他家庭人员个人防护等。据2003年6月23日统计，全镇从"非典"疫区来（返）人员累计7123

2003年开展抗击非典宣传

人，其中从非重点疫区来（返）织里 6803 人，重点疫区来（返）织里 320 人。2003 年夏季，国内传染病人数日减，疫情得以完全控制，镇域未发生"非典"病例和"非典"疑似病例。

甲型 H1N1 流感　2009 年 4 月 30 日，世界卫生组织、联合国粮农组织和世界动物卫生组织宣布，一致同意使用 A 型流感指代当时疫情，并不再使用"猪流感"一词。中国卫生部门相继将原人感染猪流感改称为甲型 H1N1 流感，卫生部于 2009 年 4 月 30 日发布 2009 年第 8 号公告，明确将甲型 H1N1 流感（原称人感染猪流感）纳入传染病防治法规定管理乙类传染病，并采取甲类传染病预防、控制措施。织里镇政府立即专门成立织里防控甲型 H1N1 流感指挥部，做到一日一报制度。至疫情结束，镇域未发现甲型 H1N1 流感病例。

二、保健

妇女保健　妇女保健体现在改造旧产婆、着重普及新法接生、推行住院接生、孕产妇系统管理、妇女病防治五个方面。新中国成立初期，妇幼卫生工作刚起步，老法接生普遍，产褥热、新生儿破伤风患病率分别高达 18% 和 25% 左右。1952 年 12 月，织里先后组织多名医生参加吴兴县学习班，由吴兴县人民政府卫生科签发结业证书，每人配备产包 2 只，成为织里农村第一代新法接生员，新法接生在农村逐步推开。1953 年后，继续逐步分批对老接生员进行复训、轮训。在 20 世纪 50 年代，妇女保健工作主要内容是做好妇女"五期保健"，即经期调干不调湿；孕期调轻不调重；产期接受新法接生；哺乳期调近不调远；更年期做好宣教，稳定情绪。随后，织里卫生院多次派员参加上级组织孕产妇系统管理办法制订，统一孕期建卡、产前检查、产时处理、产后访视等一系列管理规定，建立孕期系统管理卡（1986 年后改围产期保健卡）。1960 年开始，在农村进行妇女病（子宫脱垂、宫颈炎、闭经）的普查和治疗工作。组织县、市级医院妇产科人员下乡，先后去太湖、晟舍等地蹲点，查出闭经患者多人，并为她们治疗。1972 年，开展以防癌为主妇女病普查普治。织里卫生院派员参加全县妇女病普查培训班，之后又参加两期为时半个月检验人员学习班，各乡及时把细胞涂片送到区检验中心检查。此后，每年按计划对三分之一乡镇进行防癌普查。20 世纪 80 年代，实施婚前健康检查、婚前教育，凭健康证办理结婚登记等制度。1985 年 7 月，贯彻实施《全国孕产妇系统管理办法》（试行稿），使此项工作逐步完善。重点抓高危孕妇筛选、追踪管理。2000 年以后，定期开展妇女病普查，通过妇女病普查中宫颈刮片、阴液检查、乳腺检查和妇科内诊，及早发现各种妇女常见病、多发病、早期宫颈癌、乳腺癌，及时开展治疗，通过普查探索病因，制定预防措施，降低妇女常见病发病率，提高妇女健康水平。一般 1～2 年开展一次。2014 年 8 月，吴兴区婚育服务中心成立，完成婚检 4543 人次。

儿童保健　主要是幼儿保健、开设儿童门诊、幼托机构保健。建国初期，儿童保健侧重于降低及消灭新生儿破伤风，之后儿童保健内容和范围不断增加和扩大。1960 年，在幼托机构中普遍提倡和建立消毒隔离、晨间检查、管理喂养、安全健康等卫生保健制度。1978—1979 年，对全境儿童进行一次健康检查。1979 年，为 12 岁以下儿童进行免费驱蛔虫治疗。1980 年，开展为独生子女体检检查，建立健康档案等保健工作。1985 年，全面开展儿童保健门诊及对 3 岁以下儿童实行健康系统管理。1988 年，织里卫生院配备儿童用磅秤、量床、红外线取暖、资料柜等。儿保门诊实行三定：定人、定时、定室。2000 年，开展织里新生儿访视、儿童保健系统管理，进行体检检查和生长发育监测及评价，开展健康指导。2017 年，织里开设预防接待门诊有织里镇社区卫生服务中心，村级接种单位有织里镇轧村社区卫生服务站、太湖社区卫生服务站、漾西社区卫生服务站。2019 年，出台《织里镇预防接种门诊管理制度》，对预防接种严格按照《规范化接种门诊评审标准》，细化预防接种管理，严格按照规定执行。

健康体检　新中国成立初期，主要采用口头、卫生宣传资料、标语、广播等形式进行健康宣传。20 世纪八九十年代，一些单位在节日期间（三八节、教师节），对一些特定对象或群体开展健康体检。21 世纪初期，织里镇社区卫生服务中心启动农民健康体检。参加体检社区居民只要携带城乡居民基本医疗保障卡（农保卡）即可参加体检，46 个行政村农民都可参加体检。2013 年，公共卫生经费拨款给织里镇社区卫生服务中心，首先专门为辖区内每个家庭建立健康档案，其次为辖区居民提供健康宣教、上门随访、健康干预、慢性病随访管理等基本社区卫生服务，开展每年一次农民免费健康体检。2014 年 5 月 12 日，镇域幼托儿童健康体检全面启动。对织里镇镇区、高新区及村点幼儿园共 18 所的儿童进行健康体检和评价，共体检 4478 人次，其中视力异常 2619 人、贫血 557 人、龋齿 2821 人、沙眼 62 人、其他 31 人。2016 年 3 月 21 日，启动镇域农民健康体检。以片为单位，各片区抽调医务人员组建三支体检队（其中漾西、轧村片组建一支；晟舍、织里片组建一支；太湖片组建一支）承担体检任务。2017 年 4 月 6 日，开始镇域农民健康体检，太湖片区率先组织体检，其他四个片区紧随其后展开年度体检工作。2017 年，吴兴区人民医院体检中心扩大业务，增加驾驶员体检、从业人员体检、团队体检、全年体检 17 410 人次。2019 年 7 月，吴兴区人民医院整体搬迁后，增加吴兴区婚育服务中心职能，完成体检 20 639 人次。2019 年起，已退休且参加市区职工基本医疗保险企业退休人员，可以向各承接医院预约免费健康体检。

第五节　医疗队伍

一、执业医护人员

医生护士　1989 年，织里医院职工总数 50 人，其中卫技人员 47 人。1995 年，86 人，其中卫技人员 81 人。2005 年，235 人，其中卫技人员 218 人，高、中级职称 48 人。2014 年，吴兴区人民医院职工 312 人，其中卫技人员 281 人，非卫技人员 31 人，具有本科及以上学历 129 人，占卫技人员总数 45.9%；具有高级职称人员 18 人，占卫技人员总数 6.4%；中级职称 71 人，占卫技人员总数的 25.3%。2018 年，织里镇卫生院总人数 163 人，在编 81，编外 64 人（乡村医生 7 人），退休返聘 18 人，高级职称 1 人。2019 年，吴兴区人民医院有各类专业技术人员 400 余名，其中中、高级职称人员 150 名。医护人员主要通过卫生事业单位择优招聘、公开招聘以及医院自主招聘等形式，招录各类卫生专业技术人员、非卫生专业技术人员。引进高级人才，做好人才储备，鼓励专业技术人员晋升晋级和职工在岗学习教育。

二、乡村医务

赤脚医生　前身是保健员。1962 年开始，每个村选拔 1～2 名青年，属于不脱产卫生员，经过短期培训，内容按浙江省印发《保健员学习课本》为教材，重点是常见传染病、寄生虫病预防和简易治疗、一般外伤、急救处理、妇幼卫生等，地方病、传染病防疫任务主要依靠这支队伍。1965 年，普遍以 3 个月时间培训和复训大队卫生员，以《农村医学》为主教材，每年安排在农闲期间学习，半年为一期。1968 年，经过培训与实践卫生员改称赤脚医生。1969—1970 年，在群防群治热潮中，赤脚医生队伍迅速壮大，培训人数逐步增加，最多时每个大队有3～5名，织里镇有78个合作医疗站，赤脚医生309人。1977年，赤脚医生接受上级医疗单位培训，提高赤脚医生技术水平。通过培训，大多数赤脚医生掌握防病治病基本知识和业务技术，赤脚医生参加门诊值班、巡回医疗和农业劳动，其报酬由所在大队分配，业务上受卫生院指导。由于赤脚医生队伍增加太快，思想、业务水平与实际工作能力参差不齐，除平时给予辅导外，于1980年4月，对他们进行政治思想、工作能力、医学理论等三个方面考核。经过三个月复习辅导后，镇域赤脚医生参加吴兴县赤脚医生统一考核，大多数掌握中西医两法防治常见病、多发病技能，输液和做一般外科手术；学会接生技能，运用显微镜检查寄生虫和三大常规。

乡村医生　1982年11月，按浙江省《乡村医生业务复习题解》内容要求，对赤脚医生和从事赤脚医生工作满五年以上者，进行统一考试，考试合格后发给乡村医生证书，赤脚医生改称乡村医生。对仍从事大队保健工作未取得医生证书的，到1985年一律改称卫生员。据不完全统计，织里镇赤脚医生通过考试合格拿到乡村医生证书有92人。

三、历代名医

1.古代

王中立　生卒年不详，织里小河（今晓河村）人，明代名医。擅长妇科、儿科，疗效奇验，名声传扬四方，找他来看病的人门庭若市。后来，他应召入朝，留在太医院。他的后辈继承他的衣钵，名医辈出。光绪《乌程县志》有他的传记。长子王銮，生卒年不详，字文融，号容湖。他在继承其父医业上尤其精到，明弘治至嘉靖年间成为浙江名医，名动四方。他根据世传经验编纂而成《幼科类萃》二十八卷，嘉靖年间（约1534）印刷出版。王銮治学，严谨有方，勤求古训，博采众长。其学术思想，溯源《内经》《难经》《伤寒》，下至金元四家等。该书内容丰富、论理精要，临床实用很有价值。王中立次子王宠，生卒年不详，字子霈，号秋泉。他博览医书，苦心孤诣研究医学奥妙精微之处，著有《幼科或问》百余篇，研究自古以来医术旨要。他擅长儿科，抱小孩来看病的人往往有几十人甚至百余人，一时人称他为"神医"。

凌云（1434—1510）　字汉章，号卧岩，以针灸术名噪洪武年间，为明代名医。《明史》记载"海内称针法者，曰归安凌氏"。凌氏针灸，世代相传，流传很广。

凌堃（1795—1861）　字仲讷，号厚堂。道光辛卯（1831）举人，清代名医。当时落籍为顺天大兴，任职金华县教谕，道光二十四年（1844），参加恩科考试。咸丰辛酉（1861）殉难。

闵体乾　详见本卷第二章《科学技术》之"科学技术杰出人物"。

闵光瑜　生卒年不详，字韫儒，号韵如。清代名医。他医术高明，擅长诊治痘疹，往往能起死回生。若有贫寒人家请他看病，他非但不要报酬，还要送些名贵药物救济病人，受到人们的敬重，人送其斋室名号"著手成春"。自此，远近数百里，来看病的人，门庭若市。他著有《伤寒明理论》。

闵鸾　生卒年不详，字建勋，号春圃。归安庠生。他著有《医学枕秘》四卷。族弟希濂给他写序文说：此书来自于《内径》，专门研究人发病的根由，各部分详细分析，深得医家秘诀。他虽通医理，却从不肯给人看病。他曾经说过："医关性命，非同儿戏。若不是医术造诣精深，怎么好为世人看病？"

闵绅　生卒年不详，字佩玉，号铨山。《验方类钞》。

凌玉堂　生卒年不详，字仙掌。《伤寒医案》。

闵日观　生卒年不详，字观我，号讷庵。《难经纂注》。

凌青兮　生卒年不详，字竹筠，号远山，归安庠生。《脉症源流辩》。

2. 近现代

徐香泉（1837—1910）　清同治、光绪时名医，世居轧村曹家箍，穷毕生之力钻研医术，精通内外疾病诊治。四方来求诊的人门庭若市，家门前河道帆船鳞次栉比。由此带动当地经济，各种店铺林立，生意兴隆，荒僻之村顿时成为热闹之市。徐香泉诊断病症，精明灵妙，别具巧思，吴翰臣、朱古愚即为其著名弟子。有手抄本《徐氏医案》传世。

凌哲人（1889—1958）　字拙甚，晟舍人，为凌氏针灸医业十五世传人。1946年，被选为吴兴中医师公会双林分会理事长，擅针灸，名重当时。

徐杏荪（1890—1963）　织里镇秧宅村人。少年时，拜塘南后浜兜李梦莲先生门下学习中医，擅长中医外科，懂国学，工楷书。民国年间在织里镇西市开设门诊，新中国建立前后在本宅设私塾兼任塾师。1954年，参加戴林联合诊所工作，1960年回乡，1963年冬病故。

张禹九（1892—1957）　字国襄，织里汤溇人。从业于吴兴西阳著名喉科查仲梅（后成为查仲梅女婿），他谦逊好学，不仅精喉科，亦擅治内、妇科，立法处方具有独到处，拯治危症颇多，名闻遐迩，誉遍浙、苏、皖一带，形成独特的学术流派，盛称"西阳喉科"。张氏主张中西医相互为用，推崇张锡纯学术创举，在医术上逐渐改进。1929 年，为吴兴中医界四人代表之一，三次赴京、沪参加抗议国民党废止中医提案。张氏曾任吴兴"中医师公会"理事长，并创建中医公会图书馆景行轩，广收中医典籍文献，主办《吴兴医药》《医学杂志》《国医周刊》等刊物，旨在发扬祖国医学遗产，吸取新兴科学方法。新中国成立后，进入湖州市中医院工作。张氏继承查仲梅之业，制订很多行之有效喉科吹药方、慢性喉症膏方以及内科、妇科方。撰有《中医生理学研究》《药物便读》《四诊摘要》《金匮浅释》《喉科经验集》《张禹九医案》等遗稿。

许静怡（1903—1977）　织里太湖义皋人。出生中医世家，其父许瀛州、祖父许明德都是当地名医。许静怡早年随父亲学医，擅长内科、外科，尤精女科。抗日战争时期，举家避难上海。为糊口，在上海开设诊所，诊所名高阳散人医室。有一位女士，长年患有妇科病，到处求医问药均无效果。她来到许静怡诊室看妇科，许静怡为其配中药，回家服药数周即病愈，她高兴万分。这位女士的丈夫是上海广播电台工程师，遂在上海广播电台免费为他广而告之，一时之间，许静怡声名鹊起，慕名而来者不计其数。抗战胜利后，许静怡回到家乡。新中国成立后，进入织里联合诊所工作。后离职回乡，为当地群众诊病。

沈亦龙（1906—1988）　轧村人。民国 35 年（1946）前后，在织里轧村开设诊所，以中医内外科为主，并悉心研究李东垣脾胃派医术。他形象清瘦，仙风道骨。徒弟有吴寿民等人。1967 年，调入织里医院工作至退休，主要从事中医内科，在当地知名度较高，被人称为小先生。

凌莲青（1910—1996）　织里秋家塘人。系湖州名医潘春林开门弟子，外科为主兼内科。出师后，曾在秋家塘开诊所，是织里联合诊所创始人之一。20 世纪60 年代后，调入轧村卫生所工作，至退休。在当地小有名声。

陈善章（1925—2007）　轧村人，陈氏女科第二十代传人，在轧村卫生院工作至退休。主要从事中医妇科，运用中医妇科理、法、方、药与西医治疗手段相结合的方法，治疗男女不孕不育等多发病及疑难杂症。陈氏女科始于唐乾宁年间之陈仕泉，延至宋。建炎陈沂时业尤精，尝治康王妃危疾有奇效，得赐御前罗扇，官至翰林院金紫良医。他的后人世代为医，已历一千二百余年，可称渊源有自，子孙刻宫赐木扇为记，上有"宋赐宫扇，陈氏女科，君惠不忘，刻木为记"，世称"陈木扇"。江浙两地有分支陈氏行医，陈善章是其中一支。其女陈维新，为主治医师，秉承其父祖传衣钵，从事妇产科临床工作三十余年，陈氏妇科后继有人。

朱振华（1920—2018） 织里轧村人。擅长中医皮肤科，内科外科兼治。民国 35 年（1946），在织里轧村开设诊所，主要从事中医内外科。"文革"期间曾创办土药厂。2008 年 4 月，被评为"第六届中国时代十大杰出人物"，传记作品《一代名医朱振华》介绍他的事迹。详见本卷第二章《科学技术》之"科学技术杰出人物"。

吴鸿达（1924—2006） 轧村褚家荡人，系湖州名医杨咏仙弟子。民国 35 年（1946），在漾西开诊所，1952 年 3 月，他的诊所并入漾西联合诊所，并担任漾西联合诊所第一任所长，1980 年 7 月退休。

徐振华 详见本卷第二章《科学技术》之"科学技术杰出人物"。

俞甘新（1908—1990） 漾西人，系湖州名医潘澜江大弟子。民国 35 年（1946）时 39 岁，在陆家湾开设诊所，1952 年，并入织里联合诊所，擅长外科。新中国成立后，在漾西卫生院工作至退休。他经常下村出诊，在老百姓中口碑很好。

沈水春 详见本卷第二章《科学技术》之"科学技术杰出人物"。

费阿培 1951 年生，织里镇漾西董家甸人。中国人民解放军第四五五医院副主任医师。1970 年入伍，1978 年毕业于苏州大学医学院，任中国人民解放军第四五五医院门诊部主任。主要从事消化内科、内分泌科疾病诊断治疗，发表论文 22 篇。1993 年，参加北京"中华医学会消化病学会第二届国际胃肠病学会"并发表论文；1995 年，参加中华医学会香港消化内镜学会"国际消化内镜及消化病学术研讨会"并发表论文；多次获得军区空军后勤部及联勤十三分部嘉奖表扬，并获先进个人和"白求恩杯十佳医师"荣誉，荣立三等功一次。

姚金星 1953 年 1 月生，织里镇人。中西医结合内科副主任医师，从事内科临床工作三十多年，曾任湖州市医学会消化专业委员会委员，湖州市吴兴区医学会内科专业学组组长，曾长期担任吴兴区织里医院（吴兴区人民医院）业务院长。擅长应用中西医结合方法治疗内科常见病、多发病，特别是对消化、呼吸、心脑血管疾病、糖尿病等老年疾病的诊治，对肿瘤病人的中医治疗，对妇科病和月经病调治有独到的见解。有多篇医学专业论文在全国及省级医学专业杂志发表，有一项市级科研成果通过验收评审。

徐建中 1955年11月生，织里镇漾西东阁兜人，中西医结合外科副主任医师。曾任织里医院院长、浙江省农村卫生协会理事及吴兴区第一、二届人大代表等职和织里镇第十五届人代会人民代表。1990年，全国自学考试大专毕业。1993年，被名中医徐振华收为关门弟子。2001年，在职研究生结业。2001—2003年，解放军第二军医大学临床研究生班学习，擅长运用中西医结合治疗外科疾病。曾获湖州市科研成果二等奖、个人全国医药卫生优秀成果二等奖，发表论文6篇。主持织里医院工作期间，医院获得全国爱婴医院、市文明医院等多种称号，并于2005年晋升为二级乙等医院。2005—2010年，医院高速发展。

翁少华 1961年9月生，浙江余姚人，副主任医师。1984年浙江大学医学院临床医学专业本科毕业，1998年供职于吴兴区人民医院。掌握内科常见病、多发病及疑难病例、各种内科急诊与抢救，擅长造血系统疾病、内分泌、老年性疾病诊治。

吴茅 1961年11月生，织里镇义皋人。执业医师，主任技师（三级岗）。1982年7月，浙江省医学高等专科学校毕业，后获得浙江医科大学本科文凭和医学学士学位。现任浙江省人民医院检验中心细胞学实验室主任，杭州医学院教授，临床检验基础教研室副主任，首席艾迪康医学检验中心细胞形态学专家，君安TG（甘油三酯）医学细胞平台总台长，兼任浙江省医师协会检验医师分会委员、国家职业教学教育指导委员会检验分会委员、长三角形态诊断联盟专家委员会委员、中国装备学会临床检验专业学组委员等。主要从事骨髓血液细胞、浆膜腔积液细胞及细针穿刺细胞学检验技术与实验诊断、实验研究，发表论文30余篇，主编著作《医用常规细胞学检验实用手册》《常规浆膜积液细胞图谱》等5部，主持并完成浙江省医药卫生课题5项，以第一主持人获浙江省医药卫生科技创新三等奖1项、二等奖3项，浙江省科技进步三等奖1项。

陈夏兰 1964年7月生，浙江湖州长兴人，副主任医师，供职于吴兴区人民医院。从事妇产科临床工作30余年，对妇产科常见病、多发病及疑难疾病诊治有丰富临床经验，能熟练掌握产科难产手术及妇科手术。发表数篇论文。

邬江明 1965年7月生，浙江海宁人，主任医师，供职于织里医院。从事骨科临床工作 30 余年，对各种四肢创伤骨折、脊柱骨折诊治积累丰富临床经验。为湖州市医学会第九届理事会骨质疏松病学专业委员会委员等。

黄国民　1966 年 1 月生，浙江湖州人，副主任医师，供职于吴兴区人民医院。从事普通外科近 30 年，能够开展普通外科的各类常见手术和诊疗业务，发表多篇论文。

韩国宏　详见本卷第二章《科学技术》之"科学技术杰出人物"。

孙旭东　1966 年 7 月生，织里镇太湖人。副主任医师。1990 年，浙江大学本科毕业，同年特招入伍。任空军杭州航空医学鉴定训练中心口腔科主任、南京军区口腔医学专业委员会委员，空军杭州航空医学鉴定训练中心评委等。2001 年，浙江大学研究生毕业；2003 年，荣立三等功；2009 年，在解放军总医院进修；2012 年，在北京协和医院种植培训中心国际种植学会完成高级研修；2015 年，转业后任博凡口腔医院副院长。从事飞行人员健康鉴定、疾病矫治工作，担任军队和地方口腔保健与治疗工作。擅长牙槽外科手术、前牙美容和口腔种植修复、治疗与研究。在军内外发表论文 20 余篇，参与编写《特勤疗养学》一书。

慎帼芬　1966 年 12 月生，浙江湖州人，副主任医师，供职于吴兴区人民医院。从事妇产科临床工作 30 余年，曾在省市级三甲医院妇产科进修学习。对妇产科常见病、多发病及疑难疾病诊治均有丰富临床经验。发表论文 10 余篇。

陈英英　1967 年 2 月生，浙江湖州人，主任医师，供职于吴兴区人民医院。擅长妇科各种疾病及高危产科疾病，对妇产科、腹腔镜下手术等具有丰富经验，发表多篇论文。

周林江　1967 年 8 月生，织里镇轧村人。2000 年，毕业于复旦大学上海医学院，获医学博士学位。2000 年 8 月，就职于复旦大学附属华山医院，现为放射科副教授、硕士研究生导师，华山医院宝山分院放射科主任。专业特长为神经影像学及影像新技术的临床应用。

赵文钱　1968 年 11 月生，江西九江人，副主任医师，供职于吴兴区人民医院。擅长普通外科常见病、多发病诊治，特别在胆囊、胃肠道等疾病方面有丰富经验，熟练掌握腹腔镜下胆囊切除、胃肠道肿瘤根治性手术等。

冯文明　1969 年 11 月生，浙江湖州人，主任医师、教授，湖州师范学院硕士生导师。长期在三甲医院从事普外科工作，能开展腹腔镜下肝癌、胃癌、结直肠肿瘤根治术等。曾任吴兴区人民医院院长、浙江省医学会肠外肠内营养学会常委等；是 2014 年湖州市"1112 人才工程"学术技术带头人，2014 年浙江省卫生创新人才培养对象，2009 年浙江省"新世纪 151 人才工程"第三层次培养人员。主持国家、省级课题 6 项，多次获得省、市级科技进步奖。

黄学明　1971 年 5 月生，浙江湖州人，副主任医师。擅长运用腹腔镜手术治疗胆结石、胃穿孔等。曾参与区科研项目超声导引下微创介入治疗复杂性腹腔感染研究项目。

沈福兴　1972 年 1 月生，浙江海宁人，主任医师，供职于吴兴区人民医院。浙江省数理医学会肛肠专业委员、浙江省中医肛肠学会委员等。擅长肛肠外科、普外科常见疾病诊治及腹腔镜、肠镜微创手术。

方红斌　1972 年 4 月生，浙江湖州人，主任医师。从事临床儿科工作 20 余年，擅长小儿呼吸、消化系统等疾病诊治，对小儿营养发育性疾病的诊治经验丰富。担任吴兴区医学会副会长，湖州市医学会理事，湖州市医学会儿科学专业委员会委员等，在省市级刊物上发表多篇论文。

陈赛英　1972 年 5 月生，浙江湖州人，副主任医师。从事超声工作 20 多年，擅长腹部、妇产科等疾病超声诊断及鉴别诊断。2014 年 2 月至 2015 年 7 月，对口支援新疆阿克苏地区柯坪县人民医院。现任湖州市超声医学工程学会常务理事等，参与省市科研项目 3 项。

赵红星　1972 年 12 月生，浙江湖州人，主任医师、副教授，湖州师范学院硕士生导师。擅长腹部影像诊断和股骨头坏死介入治疗和膀胱肿瘤等临床和基础研究。为浙江省数理医学会委员等。发表论文、SCI 论文共 30 多篇，主持省、市科研项目 4 项，先后获省医药卫生科技三等奖等 7 项奖励。

杨云峰　1973 年 1 月生，浙江湖州人，副主任医师。长期从事临床儿科工作，擅长儿科常见病、多发病方面诊治。

费建荣　1973 年 2 月生，浙江湖州人，副主任医师。擅长诊治内科常见病、疑难病，熟练掌握胸腔穿刺、骨髓穿刺等内科诊治技术，发表省级、市级论文数篇。

李苗坤　1973 年 3 月生，浙江湖州人，副主任医师。从事妇产科临床工作 30 余年，对妇产科疑难病、危重病人有一定诊断水平及处理能力，发表论文多篇。

陈建强　1973 年 12 月生，浙江湖州人，副主任医师。熟练掌握骨科常见病、多发病诊治，能熟练开展四肢骨折切复内固定术、关节内骨折等各类骨科手术，对颈椎病及腰腿痛等疾病有丰富临床经验。

邵丽凤　1973 年 12 月生，浙江湖州人，副主任中医师。多年从事中医学方面诊疗，擅长中医学诊治、中药方撰写、针灸运用等。2011 年，被评为市级"优秀社区责任医生"，2015 年，荣获浙江省首届"优秀好医师"称号。在省级以上刊物上发表论文多篇。

王丹　1974 年 1 月生，浙江湖州人，副主任医师，湖州市泌尿外科专业委员会委员。擅长普外、泌尿外科、神经外科常见疾病诊治，重点研究方向是普外科和泌尿外科。主持区科研项目超声导引下微创介入治疗复杂性腹腔感染研究项目，发表论文多篇。

施敏琴　1974 年 5 月生，湖州市长兴县人，副主任中医师，湖州市基层名中医，浙江省药膳专业委员会委员，供职于吴兴区人民医院。从事中医临床工作 20 余年，擅长运用中医药治疗咳嗽、胃痛、肿瘤放化疗后调理等。

杨国峰　1974 年 9 月生，浙江湖州人，主任中医师，吴兴区中医药学会理事。擅长骨折后遗症、慢性劳损性疾病的中医治疗，发表论文 10 余篇，主持和参与省、市级课题多项。

莫浩　1974 年 11 月生，浙江湖州人，副主任医师。多年从事公共卫生和免疫规划工作，在市级刊物发表论文，擅长疫情防控和疫苗储存、运输、调度规划。

陈闵昌　1975 年 12 月生，江西南昌人，副主任医师，供职于吴兴区人民医院。湖州市显微外科专业委员会委员，湖州市康复医学会足踝外科专业委员会委员。擅长四肢血管、创面皮瓣显微外科修复等。主持湖州市级课题一项，作为主要成员参与 2 项省市级课题，发表论文 6 篇，参与撰写 SCI 论文 1 篇。

杨赪虹　1977 年 7 月出生，浙江湖州人，副主任医师。熟练掌握内科常见病、多发病的诊断及治疗，擅长各种风湿免疫性疾病、肿瘤内科等疾病诊治，发表省级论文数篇。

费其林　1977 年 8 月生，浙江湖州人，副主任医师。多年从事乡镇全科门诊工作，擅长诊治全科疾病、外伤等，在市级刊物发表论文。

武中庆　1977 年 9 月生，山东泰安人，主任医师、副教授，供职于织里医院，一直从事骨关节疾病诊治。湖州市医学重点学科中西医结合医学（骨关节病）学科带头人，省中西医结合学会骨伤专委会青委等。先后荣获市首届"青年名中医"、省"医坛新秀"等称号。主持 4 项、参与 10 余项省市级课题，4 项成果获奖，发表论文 10 余篇，SCI 论文 1 篇。

何博平　1977 年 12 月生，浙江湖州人，副主任医师。多年从事内科临床工作，擅长诊治呼吸系统、心血管系统疾病。曾于湖州市中心医院进修。在省市级刊物上发表多篇论文。

谈建华　1978 年 1 月生，浙江湖州人，主任医师。吴兴区人民医院、吴兴区妇幼保健院大内科主任、呼吸科学科带头人。在普内科常见病、疑难病、危重症急救等方面有丰富临床经验。

叶国方　1978 年 11 月生，浙江湖州人，副主任医师。多年从事乡镇全科门诊工作，擅长诊治全科疾病、外伤等。曾于湖州市第一人民医院进修。在市级刊物上发表论文。

陆玲　1979 年 9 月生，江苏通州人，副主任医师，供职于吴兴区人民医院。熟练掌握妇产科常见病、多发病诊治，在妇产科危急重症抢救方面积累一定经验，发表 10 余篇论文。

权利珍　1980 年 1 月生，山西文水人，副主任医师，供职于吴兴区人民医院。主要从事肾内科及血液净化治疗方向，熟练进行肾前期疾病及血液透析、各种并发症诊治。在省级期刊上发表多篇论文。

吕宝江　1980 年 2 月生，吉林德惠人，主任医师，供职于吴兴区人民医院。熟练掌握心内科常见病及多发病诊治，尤其擅长顽固性高血压、心律失常诊治，对心脏术后康复指导有一定临床经验。发表论文 5 篇，参与省级科研课题 1 项。

薛青凤　1980 年 6 月生，湖北钟祥人，副主任医师，供职于吴兴区人民医院。从事妇产科临床工作，擅长诊治妇产科常见疑难病例，熟练掌握妇产科手术技巧。

李刚　1982 年 3 月生，黑龙江齐齐哈尔市人，副主任医师，湖州市中西医结合皮肤性病学会委员，供职于吴兴区人民医院。擅长色素性疾病诊治，面部毛细血管扩张症、痤疮等的综合治疗。

甘云辉　1983 年 1 月生，浙江湖州长兴人，副主任医师，供职于吴兴区人民医院。擅长泌尿外科常见病、多发病诊治，特别在前列腺病、泌尿系肿瘤、男性不育等疾病方面具有丰富诊治经验。掌握内镜下腔内手术、腹腔镜下手术及显微镜下手术，尤其在输尿管镜下钬激光碎石、显微镜下精索静脉结扎等手术治疗上技术熟练。

陈晓桦 1985年1月生，浙江湖州人，副主任医师。从事妇产科临床工作10余年，2018年在杭州市第一人民医院进修。擅长计划生育各项手术、妇产科微创手术、产科导乐分娩等，在生殖道炎症、宫颈疾病及生殖内分泌等妇科、产科方面具有丰富的临床经验和良好的手术技能。

表 7-3-8 2019年吴兴区人民医院高级职称在职人员名单

姓名	出生年月	籍贯	学历	参加工作时间	专业技术任职资格
方红斌	1972.4	浙江湖州	本科	1999.12	主任医师
邬江明	1965.7	浙江海宁	本科	1983.7	主任医师
蒋晓琴	1973.10	浙江湖州	本科	1993.8	副主任护师
陈小红	1975.3	浙江湖州	本科	1994.8	副主任护师
何博平	1977.12	浙江湖州	本科	1997.12	副主任医师
杨国峰	1974.9	浙江湖州	本科	1995.10	主任中医师
王芳	1969.7	浙江长兴	大专	1987.8	副主任护师
闵颖	1976.8	浙江湖州	本科	1996.6	副主任护师
黄国民	1966.10	浙江湖州	本科	1991.8	副主任医师
王丹	1974.1	浙江湖州	本科	1996.8	副主任医师
黄学明	1971.5	浙江湖州	本科	1994.8	副主任医师
赵文钱	1968.11	湖北黄梅	本科	1993.7	副主任医师
甘云辉	1983.1	浙江长兴	本科	2008.4	副主任医师
沈福兴	1972.1	浙江海宁	本科	1993.8	主任医师
陈闵昌	1975.12	江西南昌	本科	2003.12	副主任医师
陈建强	1973.12	浙江湖州	本科	1994.8	副主任医师
李苗坤	1973.3	浙江湖州	本科	1992.8	副主任医师
谈建华	1978.1	浙江湖州	本科	1996.8	主任医师
吕宝江	1980.2	吉林德惠	本科	2003.8	主任医师
费建荣	1973.2	浙江湖州	本科	1992.8	副主任医师
翁少华	1961.9	浙江余姚	本科	1984.9	副主任医师
杨祯虹	1977.7	浙江湖州	本科	1998.8	副主任医师
权利珍	1980.1	山西文水	本科	2006.7	副主任医师
王峰	1981.9	安徽宿州	本科	2005.8	副主任医师

（续）

姓名	出生年月	籍贯	学历	参加工作时间	专业技术任职资格
朱佳威	1982.10	浙江湖州	本科	2007.8	副主任医师
杨云峰	1973.10	浙江湖州	本科	1995.8	副主任医师
陈英英	1967.2	浙江湖州	本科	1985.7	主任医师
陆玲	1979.9	江苏通州	本科	2003.9	主任医师
薛青凤	1980.6	湖北钟祥	本科	2007.5	副主任医师
陈晓桦	1985.1	浙江湖州	本科	2009.12	副主任医师
施敏琴	1974.5	浙江湖州	本科	1995.10	副主任中医师
韩国宏	1966.2	河南鲁山	本科	1992.11	主任中医师
李刚	1982.3	辽宁沈阳	本科	2007.8	副主任医师
蔡建龙	1977.2	浙江湖州	本科	1997.8	副主任医师
江琦	1980.3	江西九江	本科	2003.10	副主任医师
王旭红	1978.11	浙江湖州	本科	1997.10	副主任护师
徐晓燕	1974.3	浙江湖州	本科	1993.8	副主任护师
周建琴	1977.12	浙江湖州	本科	1996.8	副主任护师
陆建方	1972.10	浙江湖州	本科	1990.8	副主任药师
邬红兵	1973.1	浙江湖州	本科	1992.8	副主任中药师
吴春英	1976.9	浙江湖州	本科	1994.8	副主任技师
蒋桂芳	1981.12	江西吉安	本科	2003.12	副主任技师
潘军平	1977.4	江西新余	本科	2005.10	副主任技师
张永华	1978.2	浙江湖州	本科	2000.5	副主任医师
皇旭辉	1973.2	浙江湖州	本科	1994.8	副主任医师
陈赛英	1972.5	浙江湖州	本科	1993.3	副主任医师

注：名单随机排列，不分先后。

第四章 文化机构、设施

织里镇域历史上文化管理机构、设施少见记载。民间文化活动场所以宗教寺庙等场所为主，年俗节日期间开展活动；士大夫文化活动场所多为私人场馆，以吟诗、作画、赏花为主，如明代有闵天福的聚芳亭，闵节建的竹深园，凌迪知的且适园，凌敷的栖霞楼，凌约言的凤笙阁、吹箫楼、薛荔园、书林楼，闵闻的水霞楼，凌述知的盟鸥馆、水云居、翠雨奥、玉芝堂、露华台、白雪窝、乐鱼矶。清代凌树屏的瓠息宅，陶树的南村草堂，闵大夏的安雅轩，闵珏的白耕楼等，"为士人觞咏之所"。其中一部分建筑被明季巨寇郑九所毁，一部分建筑在清末战乱中遭到焚毁，文化活动一度遭到重创。清以前的政府不设管理文化艺术事业的机构，民国只见到政府有关出版、演出的禁令，文艺班及艺人任其自生自灭。

新中国成立后，乡镇文化机构、文化设施逐渐完善。

1951年，吴兴县新华书店在织里设图书代销点；1956年，建立织里中学图

义皋书场

书室，藏书总量10 106册；1982年，成立织里镇图书室，之后建起轧村、漾西、晟舍、太湖四个乡级图书室。

1952年，嘉兴专区农委电影放映队到织里农村巡回放映《大地重光》《翠岗红旗》等影片。1971年开始，相继建立织里、漾西、轧村、太湖、晟舍、伍浦、晓河放映队，20世纪90年代，电影放映队先后撤销。1980年，先后建起轧村、织里、漾西、太湖影剧院；2012—2018年，成立银达电影大世界、天河影院、中影数字国际影城（织里店）、上影影城（织里店）私人电影院。

1958年，织里建立太湖公社文化馆，奠定织里群众文化活动基础。1966年，"文革"开始，文化站业务活动基本停止。20世纪70年代起，分别建起轧村、太湖、漾西、织里文化站及织里区文化站，当时文化站规模较小，基本一人一室，一般仅有小型图书室，职责是做好时政宣传、电影院管理、图书借阅、图片展览、通讯报道、黑板报、组织文艺体育活动等。1976年，"文革"结束后，各文化站相继恢复正常活动。1982年，成立织里公社文化中心。1984年，由国家下达指标，50%的文化站专职人员转为国家干部，文化队伍进一步稳定。1999年，各乡文化站撤并到织里镇文化站。2000年以后，文化场馆迎来大发展时期，各种公办、民营文化场馆相继建成开放。2009年度，织里镇文化中心站，荣获"浙江省乡镇综合文化站特级站"称号。2010年，织里镇中国童装博物馆

科技文化中心

对外开放；2016 年，正式开放溇港文化展示馆；2018 年，崇义馆、铜镜馆对外开放。

2003 年，建成织里镇科技文化中心，项目总投资 800 万元，总建筑面积约 8000 平方米，为当地群众提供公共文化、教育培训等服务。2018 年，织里镇文体中心开始建设，总投资 13.8 亿元。

2018 年，成立织里文化中心机构。乡镇文化中心是在文化站基础上扩展的，由乡镇党政领导任管委会主任，文化站干部任办公室主任，除按文化站本身职能工作以外，与文化中心统一计划、统一人员、统一开展活动，成为时政宣传、群众文艺、科技普及、业余教育、群众体育工作为一体的综合性组织，具备较完善的综合文化设施。

至 2019 年，织里镇村级公共文化设施 34 个，农村文化礼堂 17 个，村图书室 30 个，文化活动中心（室）30 个，文化信息资源共享工程村级基层服务点 34 个，其他公共文化设施建筑面积 21 860 平方米，村级文化演出 95 场。织里镇级综合文化站建筑面积 8000 平方米，乡镇级群众文化活动 91 场，送戏下乡 10 场，送书下乡 21 000 册次，举办讲座 6 场，年度接待 25 200 人次，文体活动总参与人数达 45 100 人次。

第一节　文化机构

一、织里区文化站

1980 年 12 月，织里区文化站成立。在无固定办公场地，无活动资金的情况下，由一名工作人员负责织里、晟舍、轧村、漾西、太湖、戴山六个乡镇的群众文化工作。区文化站的主要工作任务：每周有二至三天下乡联系各文化站开展工作，每月召开本区文化站长工作交流及传达学习上级群众文化工作精神等；协助各文化站策划群众文艺活动，逢年过节的娱乐游戏，文艺演出前的编排，建立村俱乐部的协调，组织篮球、乒乓球、游泳等体育项目参加省市比赛。1984 年下半年，创办纯文学油印刊物《桑园》。当时区文化站租房在一户村民家，为商讨刊名，召集主要文艺骨干讨论确定。1993 年 8 月，织里区文化站并入织里镇文化站。

1980 年 12 月至 1985 年 8 月，卢松林任站长。1985 年 9 月后，站长空缺。

1993 年 4 月后，徐金珍任站长。

二、织里镇文化站

沿革 1958 年冬，太湖公社文化馆成立，馆址在织里老街西市木桥北堍。1961 年，上级调整公社规模，太湖公社划分为五个小公社，太湖公社文化馆改为织里公社文化站。1968—1976 年因"文化大革命"运动基本停止工作。1977 年恢复织里公社文化站。1984 年，织里因撤乡建镇而改称织里镇文化站。1993 年，织里区文化站撤并入织里镇文化站。同年，晟舍乡文化站合并入织里镇文化站，1999 年，太湖、漾西、轧村三个乡镇文化站合并入织里镇文化站。

织里镇文化站受地方政府和上级文化主管部门领导管理，业务由上级文化馆指导。组织开展镇域群众文化活动，培训文艺骨干，协助管理影剧院和农村电影放映工作，做好宣传和通讯报道工作；组织开展体育、书画、音乐舞蹈、摄影、培训等多种文化活动；协助管理农村文化市场。

20 世纪 80 年代，镇文化站组织开展各类文化体育活动，有棋类、球类比赛、文艺演出等。1982 年，织里公社文化站被评为嘉兴地区群众文化工作先进集体。20 世纪 90 年代之后，织里文化站创作并推出反映织里经济发展历程的镇歌。1997 年初，首次创作镇歌《走南闯北织里人》，后又推出第二代镇歌《新织里人》；在织里经济发展时期，创作第三代镇歌《织里飞歌》；改革开放 40 年之际，创作第四代镇歌《腾飞的小城市》。

2003 年，创办织里合众文化服务中心、织里文益广告经营部等文化企业。2005 年起，举办"亲情织里"文化品牌系列文体活动。2008 年，组织人员开展织里镇"非物质文化遗产"普查工作，对民间音乐、民间曲艺、传统医药等共 18 个类别进行调查，历时两年。2010 年编写出版《织里民间文化》一书；2009 年 5 月，文化站选送 6 名外来务工歌手参加吴兴区第一届乡村歌手大奖赛，苏成获一等奖、屠建平获二等奖、张仁俊获三等奖；2009 年织里镇文化站荣获"浙江省乡镇综合文化站特级站"称号。创作小品《民工情》；将织里镇"非物质文化遗产"汇编成册。2010 年，举办织里镇首届运动会，同年，成功举办童装文化节；《金童王世界》50 多集电视剧开拍。2011 年，织里镇申报省体育强镇复评；申报省文化强镇；省"非遗"宣传展示基地申报工作。2012 年 1 月份，织里镇举办春节文化下乡（送春联）活动 12 场；根据吴兴区要求，补"非遗"线索 2800 条；

曲目《欢快地跳吧》参加湖州市首届排舞大赛，获十强团队第六名。2019年度湖州市"乡村振兴英才"选树活动中，胡钢获"十佳基层文体骨干"。2019年，织里镇有村级公共文化设施34个、农村文化礼堂17个、村图书室30个、文化活动中心（室）30个、文化信息资源共享工程村级基层服务点34个，其他公共文化设施建筑面积21 860平方米，织里镇级综合文化站建筑面积8000平方米。举办村级文化演出95场，乡镇级群众文化活动91场；送戏下乡10场，送书下乡21 000册次；举办讲座6场，年度接待25 200人次；文体活动总参与人数达45 100人次。

表7-4-1　织里镇历任文化站站长名录

姓名	职务	任职年月
沈亚	站长	1958—1962
王立人	站长	1963—1967
林坚	站长	1977—1978
朱明勇	站长	1978—1980.6
徐世尧	站长	1980.7—1985.10
徐金珍	站长（兼）	1987.3—1993.4
杨坤泉	站长	1993.5—1997.1
吴美丽	站长	1997.2—1999.7
蔡建学	站长	1999.8—2002.7
陈晓华	站长	2000.8—2002.3
蔡建学	站长	2002.5—2015
胡钢	站长	2015—

注：1968年至1976年，文化站停办；1985年11月至1987年2月，站长空缺。

三、晟舍乡文化站

1972年成立晟舍公社文化站，站址在晟舍公社内。早期文化站工作人员是一根扁担挑着设备，轮流走村放电影。1973年，文化站发动白鹤、河西村等自然村青年骨干组成6个文艺宣传队，排练《智取威虎山》《红灯记》《沙家浜》等现代京剧，在各村及邻近公社各地演出。1983年，文化站办起摄影服务部，走村串户为各家各户独生子女免费拍照，为计划生育做宣传工作；配合上级对所在地区的古桥、牌坊、寺庙等文物进行普查。1984年撤社建乡，改称晟舍乡文化站。1989年，创办文化服务部，"以文补文"，为文化活动提供经费。1990年，办起晟舍图书室，聘用 1 名管理员，专职进行图书对外开放和管理，当时共有图书 1000 余册。1990 年，晟舍镇被评为浙江省"东海明珠"单位。1993 年 10 月，并入织里镇文化站。

1972 年至 1973 年，陈勇庭任站长，1973 年至 1993 年文化站被合并，杨坤泉任站长。

四、漾西镇文化站

1979 年漾西公社文化站建立，地址在漾西镇。成立后公社以购买、群众捐赠图书的形式，建起了有 2000 册书籍的图书室，并立档分类，发放借书证。后随行政区划沿变改称漾西乡文化站。主要工作内容为大礼堂放电影；开设宣传橱窗，每月更换新内容新报刊；节日期间出墙报；组织文艺骨干成立宣传队、越剧团、京剧团，节日期间为群众演出；走访名人、古桥等，了解当地传统文化。1982 年，站长沈其昌参加了在杭州举办的华东六省一市农村图书工作座谈会，并受到表彰。1984 年撤社建乡，改称漾西乡文化站。1999 年冬，漾西乡并入织里镇，乡文化站撤销。

1979 年至 1982 年，陆新生任站长，1983 年至 1986 年，沈其昌任站长，1986 年至 1999 年文化站被合并，顾培华任站长。

五、太湖乡文化站

1977 年太湖人民公社文化站建立，站址幻溇集镇。主要工作是培训村级文艺骨干、协助管理影剧院和农村电影放映工作、做好宣传和通讯报道工作。1983 年太湖影剧院建成开业，为村民放映电影，文化站负责接待、协调各类文艺团体演出。1984 年撤社建乡，改名太湖乡文化站。1985 年，组织人员在全乡范围开展民间文学调查和原声采录，乡政府拨出专款 3700 元，编辑油印《民间文学集成·太湖乡卷》（1988）2 册，分送有关文化部门和各行政村。其中有多篇入选《浙江省民间文学集成·湖州市故事卷》。1986 年创办油印文学刊物《溇港》，由本土文学爱好者撰稿，体裁有散文、小说、诗歌、杂文、寓言等。文化站利用业余时间组稿、选稿、改稿，用铁笔钢板刻写蜡纸，油印装订成册。《溇港》共出刊三期，因故停办。1999 年撤乡并镇，太湖乡文化站撤销。

1977 年至 1984 年，吴团宝任站长，1987 年至 1999 年文化站撤销，罗建新任站长。

六、轧村乡文化站

1972 年轧村公社文化站成立，地址轧村镇文化路，成员 1 人。成立之初，联络各大队建立图书室，每个月各大队管理员到文化站来调换图书，以满足群众的文化需求。发动文艺骨干组成宣传队，22 个行政村有 18 个行政村成立了文艺宣传队，在各村开展小型演出。1982 年，轧村公社投入 80 万元，建立文化中心，设有图书馆、乒乓球室、舞蹈排练厅、跳舞厅及有 978 个座位的演出厅。图书馆藏书增至 10 000 余册，并聘用图书管理员 1 名，每天对外开放，以满足群众的需求。文化站自己组织文艺骨干作词作曲、自己排练文艺节目，组织排练大型文艺节目，组建体育团队，组织节目参加省、市、区的各项文艺调演和体育比赛。1984 年撤社建乡，改称轧村乡文化站。1984 年至 1998 年，轧村文化中心共三次获得浙江省奖项，每年都获得区、市奖项。1999 年，轧村文化站并入织里镇文化中心。1990 年，轧村镇被评为浙江省"东海明珠"达标单位。

1972 年至 1999 年，罗寅初任站长。

轧村文化中心

七、织里镇文化中心

1982年成立，是乡镇党委领导下的群众文化组织。地址织里老街，由文化站、共青团、妇联、学校等部门及文体骨干组成，开展群众文化活动。织里镇文化中心首届主任由时任织里公社党委副书记叶虎林兼任。1999年，五乡镇合并后，镇党委宣传委员叶银梅为主管领导，机构更加健全，站址搬迁至行政中心科技文化大楼，活动场所增加，组织了多项大型文艺活动和体育运动会。民间文艺团队活跃于乡村社区。

第二节　文化设施

一、镇属文化中心

织里镇科技文化中心　2003年建成，地址为织里镇吴兴大道5995号。项目总投资800万元，总建筑面积约8000平方米，为当地群众提供公共文化、教育培训等服务。其中三楼的文化站图书馆，具备图书阅览与召集小型会议的功能，藏书15 000册。

织里镇文体中心　2018年始建，地处湖州市织里镇政府大楼南侧，吴兴大道与大港路交叉口。项目占地面积68 670平方米，总投资13.8亿元，主要包括青少年活动中心、展览馆、图书馆、会展中心、健身房、游泳馆等场馆。结合城市交通、功能定位，形成"一心一轴四片区"规划布局，以满足当地群众的精神文化需求。

二、乡镇影剧院

轧村影剧院　1981年开业，地址在轧村公社驻地，属原吴兴县建立最早的农村影剧院，基建投资19万元，占地面积1420平方米，建筑面积1250平方米，座位928席。负责人王炳生、汤财林，在编员工6人。放映设备最初使用16mm提包机，后改为35mm 5501放映机。1996年停办。

织里影剧院　1980年，织里公社投资4万元改建大礼堂为织里影剧院，院址老街西市。院名由湖州书法家李英题写，建筑面积750平方米，座位998席。徐金泉为负责人，在编员工6人。放映设备为35mm 103-X放映机。2007年

20 世纪 80 年代织里影剧院旧址

停业。

漾西影剧院　1981 年开业，地址在漾西公社驻地，由大礼堂改建，设座 470 席，使用 16mm 放映设备，在编员工 4 人。1983 年停办。

太湖影剧院　1983 年 10 月开业，地址在太湖公社驻地，基建投资 30 万元，占地面积 1577 平方米，建筑面积 1356 平方米，座位 907 席。何三毛任负责人，工作人员有蒋水林、叶大毛、罗建新、蒋根方、蒋庆华、莫阿连等。使用放映设备为 35mm 104-X 放映机。2003 年，16 毫米电影院停业。

三、电影放映队

1952 年，嘉兴专区农委电影放映队到镇域农村巡回放映《大地重光》《翠岗红旗》等影片，此后，浙江省中苏友协电影放映队、吴兴县中苏友协电影放映队也到镇域开展巡回放映。1953 年，浙江省电影放映队嘉兴中队部，分配 5 个电影小队，本着"深入农村，面向农民"的宗旨，在湖州地区村镇开展流动放映活动。1955 年起又增派 5 个电影小队到吴兴县活动。其中，第 135 电影小队组建于 1956 年，首任队长何振中。电影放映队在镇域巡回放映，配备 16mm 放映机及手摇木船等设施，其间放映彩色戏曲片《梁山伯与祝英台》。放映队活跃于水乡主要雇用农船为主，1957 年开始，有专用的手摇木质电影船，至 1975 年又改装为机动电影船。

1956 年，配合农业合作化运动，在镇域农村放映《人往高处走》《走上幸福大道》《丰收》《不能走那一条路》《水乡的春天》《培育壮苗》等影片。1963 年，在镇域农村放映《李双双》《槐树庄》等影片。1965 年，在镇域农村上映《夺印》《汾水长流》《白毛女》《暴风骤雨》等影片。1970 年，在镇域农村放映《列宁在十月》《列宁在 1918》《打击侵略者》《红灯记》等影片。1971 年在镇域农村上映《南征北战》《地道战》《地雷战》《小兵张嘎》《鸡毛信》《英雄儿女》《智取威虎山》等影片。1988 年，在镇域农村配合计划生育宣传上映《媳妇们的心事》《避孕指导方法》《怎样生一个健康的小宝宝》等科教片。

湖属电影放映队　1957 年 5 月，吴兴县国办 16mm 电影放映队建立。1959 年增加织里、练市、埭溪、善琏 4 个放映队。其中，第六电影放映队在镇域开展巡回放映，初为手摇木船，后改 5 吨机动船，放映设备为 54-16 型放映机，至 1976 年停办。首任负责人赵振华、末任负责人叶才。1970 年，组建第十五放映队，在织里区开展巡回放映，1975 年停办，首任负责人邹惠良、末任负责人孙福兴。

1976 年 11 月，吴兴县国办 35mm 电影放映队建立，负责城郊区域电影放映活动。织里区站的流动放映设备为甘光-35 型放映机，1982 年停办，首任负责人孙福兴；末任负责人朱根荣。同年，转织里影剧院作固定放映，放映设备 103-X 型放映机，1993 年 6 月停止活动。

乡镇电影放映队　1970 年 8 月，浙江省"革命委员会"政工组批转《全省电影工作会议纪要》，提出迅速发展 8.75mm 电影放映队的建议。1970 年至1974 年，织里、漾西、太湖、晟舍、轧村公社先后成立电影放映队。1977 年织里村办朝阳电影放映队成立，1981 年停办；1978 年伍浦村办电影放映队成立，队长陈克威，1985 年停办。

织里电影放映队　1971 年，织里公社投资 17 万建成大礼堂，1972 年，成立8.75mm 公社电影放映队，队址在公社驻地，队长蒋荣根，工作人员 3 人，1977购置 16mm 放映机，以织里镇为中心，在各生产大队巡回放映。1984 年改为织里镇电影放映队，郑六林为负责人，2007 年停办。

轧村电影放映队　1974 年成立 8.75mm 公社电影放映队，队址在公社驻地，队长汤财林，在编人员 4 人，在各生产大队巡回放映。1982 年转入轧村影剧院。

漾西电影放映队　1970 年成立 8.75mm 公社电影放映队，队址在公社驻地，队长吴金根，在编员工朱水宝、张品林、龚阿毛、龚新成等，在各生产大队巡回放映。1984年改为漾西乡电影放映队，1996年停办。

仁（晟）舍电影放映队 1974年成立8.75mm公社电影放映队，队址在公社驻地，队长周金才，工作人员有陈子江、姚锦才等，在各生产大队巡回放映。1984年改为晟舍乡电影放映队；1988年开展农民个人出资包场电影活动。1993年10月，晟舍乡并入织里镇，乡电影放映队撤销。

太湖电影放映队 1972年成立8.75mm公社电影放映队，队址初在义皋，1974年迁至幻溇。队长何三毛，工作人员先后有蒋继民、吴团宝、董建平、陈百江、陈水荣、何永康。在各生产大队巡回放映。1984年改为太湖乡电影放映队；1983年转入太湖影剧院。

伍浦电影放映队 1977年成立16mm村级电影放映队，队址伍浦村，队长俞金汪，陈祥林。在各生产队轮流放映，1993年撤销。

晓河电影放映队 1977年成立16mm村级电影放映队，队址晓河村，队长王苏琴。在各生产队轮流放映，1981年撤销。

附：

私营电影院 2010年2月，国务院办公厅发布《关于促进电影产业繁荣发展的指导意见》，加快城镇私营法人独资的数字影院的投资与建设进程，为影院发展注入活力。

银达电影大世界 2012年5月成立，地址在织里镇顺昌路55号新世界广场1号楼（A166号1楼）。初名万银达电影大世界，私营法人独资，隶属于浙江时代院线。建筑面积达1200平方米，设4个观影厅，座位355席，拥有数字放映设备，具备3D等放映能力。2017年关闭。

天河影院 2012年11月成立，地址在织里镇大港路1388号。私营法人独资。设2个观影厅，座位680席，拥有数字放映设备，具备3D等放映能力。2017年关闭。

中影数字国际影城（织里店） 2014年9月成立，地址在织里镇吴兴大道5995号的科技文化中心，私营法人独资。营业面积达2000平方米，设6个影厅，座位838席，拥有数字放映设备，具备3D、巨幕等放映能力。2017年关闭。

上影影城（织里店）　2018年4月成立，地址在吴兴区汇德国际广场A座5楼，私营法人独资。设6个电影厅座位876席。拥有数字放映设备，具备3D、巨幕等放映能力。

四、文化场、馆

俱乐部、文化馆　农村俱乐部兴起于1950年代，是在扫盲学习班与农村业余剧团的基础上组建，主要活动设施有图书、球类、棋类、乐器等。1958年辖区内的合作社都建起了俱乐部。1960年至1962年因经济困难解散，至1964年重新兴办。

1958年辖区内各乡均设立民办公助的文化站，1960年至1962年因经济困难解散，至1963年重新兴办。1973年起辖区内各乡都设立文化站。1977年因下乡的知识青年回城，辖区内各乡文化站随之衰落。

1984年由国家下达指标，将半数文化站专职人员转为国家干部，进一步巩固了基层文化队伍。

新华书店　1951年开始，吴兴县新华书店在织里等地设图书代销点。1958年在织里等7大镇建立公社书店，1962年撤销并入商业部门。1963年经浙江省新华书店在湖州练市镇试点后，织里供销社图书部改包销为经销。

新华书店位于织里镇富民路289号，营业面积100平方米，主销各类图书及教科类书籍，兼营各类文具办公用品。

中国童装博物馆　位于织里镇吴兴大道2699号织里中国童装城4楼，占地面积3000平方米，展品1500余件，图版500余张。由中国青少年研究中心和浙江湖州市吴兴区织里镇人民政府合办。博物馆分织里厅、民俗厅、童趣厅、民族厅、历史厅、现代厅、国际厅、临展厅，共设8大展厅，为我国第一座儿童服饰专题博物馆。

利济文化公园　位于织里镇核心地块，北临利济中路，东接佛仙路，南依晟舍新街。园整体围绕利济寺与布金寺展开，由文化广场、地下人防、商业、休闲、文化建筑群等区块组成，建筑单体以仿古建筑形式为主，包括商业中心、滨水茶室、社会治理综合馆、水陆戏台、江南桥园等系列水上景观，形成融绿化、亲水、商业、休闲、佛教为一体的综合性文化公园。

利济文化公园

　　溇港文化展示馆　位于织里镇义皋村，在太湖公社茧站的基础上规划布展而成，2016 年正式开馆，面积 1000 平方米。2018 年名列国家水情教育基地。馆内集中展示太湖溇港及圩田系统的自然环境、发展历史、创新成果、重大贡献、溇港区域民风民俗等内容，记录了太湖流域 2000 多年的治水史，以及人文与自然的演变历程。该馆综合运用水利工程模型、文物、多媒体演示系统、展板、知识讲座及互动体验设施等，面向公众开展水情教育，并成为河海大学农业工程学院教学实习基地。

溇港文化展示馆

崇义馆　位于织里镇义皋村，由清代范家厅改造而成，坐北朝南共有 3 进，由砖雕仪门、天井、大厅和两进楼屋组成，取名崇义馆，2018 年正式开馆。是收集与展示以崇义文化为主的民俗展馆。收藏有清同治《创建五湖书院碑记》（吴云撰）、民国《安农桥碑记》（蔡志清撰）等历史文物。

书报馆　位于织里镇义皋村，由民国古民居改造而成，取名书报馆，2018 年正式开馆。以收藏太湖流域及浙北地区的老报纸为主，如《吴县日报》《浙北报》《吴兴报》《湖州日报》等。报纸部分均为湖州收藏家潘文泉提供，古籍善本多为模型，还有织里雕版印刷的现场演示活动。

娄港文化古书老报陈列馆

铜镜馆　位于织里镇义皋村，由太湖公社茧站楼厅改造而成，取名铜镜馆，2018 年正式开馆。以收藏宋代及明清湖州镜名品为主，兼及战国到明清的铜镜展示，以及铜镜拓片和铜镜古商铺模型等。藏品均由上海收藏家张华提供，较为完整地展现了中国铜镜的发展史，体现"正其衣冠，尊其瞻视"的哲理。

吴兴美术馆　吴兴美术馆，开办于 2010 年，地址在织里镇南京路，展馆面积 500 平方米，创办人为沈新康、刘丹青。馆藏展品以吴昌硕、王一亭、金城、沈尹默、潘韵、谭建丞等 10 位湖州近现代书画大家的作品为主，长年对外开放。

珍贝艺术馆　开办于 2020 年，地址在织里镇吴兴大道 7177 号，总建筑面

铜镜博物馆

积 11 916 平方米。馆藏名贵红木雕刻家具，均选用古典名著《红楼梦》场景作为主题，荟萃浙江东阳、乐清以及福建等地的雕刻技法，展现"红学文化"的博大精深。

五、图书室

1. 乡镇图书馆

织里镇图书室　1982 年成立，建筑面积 18 平方米，藏书 800 册，各类报纸 7 种、杂志 14 种。

轧村乡图书室　1973 年成立，建筑面积 18 平方米，藏书 1970 册，及各类报纸、杂志多种。

漾西乡图书室　1970 年成立，建筑面积 40 平方米，藏书 1300 册，各类报纸 13 种、杂志 23 种。

晟舍乡图书室　1987 年成立，建筑面积 18 平方米，藏书 2100 册，各类报纸 7 种、杂志 14 种。

太湖乡图书室　1982 年成立，建筑面积 18 平方米，藏书 960 册，各类报纸 6 种、杂志 13 种。

2.学校图书馆

织里中学图书室　1956 年建立，据 1980 年代统计，馆舍面积 104 平方米，藏书总数 10 106 册，凭校徽出借。1985 年开始又重新迁新址，扩大建筑面积，增加图书配置，基本设施齐全。

晟舍小学图书室　拥有"织里书船"图书馆与"倩宁书屋"图书室，配置图书 5 万余册。

轧村小学图书馆　面积 100 平主米，配置图书 30 800 册，基本设施齐全。

轧村中学图书馆　面积 215 平主米，配置图书 21 408 册，基本设施齐全。

织里镇中学图书馆　2001 年创建，面积 326 平主米，配置图书 79 701 册，基本设施齐全。

织里二中漾西校区图书室　创建于 1998 年，面积约 140 平方米，配置图书 7000 多册，基本设施齐全。

表 7-4-2　各村图书室一览

名称	图书数量（册）	备注
东兜村图书室	500	基本设施齐全
港西村图书室	800	基本设施齐全
旧馆村图书室	500	基本设施齐全
李家坝村图书室	500	基本设施齐全
晟舍村图书室	300	基本设施齐全
秧宅村图书室	500	基本设施齐全
朱湾村图书室	500	基本设施齐全
常乐村图书室	1000	基本设施齐全
大港村图书室	500	基本设施齐全
大河村图书室	500	基本设施齐全
大郑村图书室	500	基本设施齐全
骥村图书室	500	基本设施齐全
凌家汇村图书室	500	基本设施齐全
陆家湾村图书室	500	基本设施齐全
秦家港村图书室	500	基本设施齐全
清水兜村图书室	600	基本设施齐全
石头港村图书室	300	基本设施齐全
王母兜村图书室	500	基本设施齐全
伍浦村图书室	1200	基本设施齐全

（续）

名称	图书数量（册）	备注
晓河村图书室	500	基本设施齐全
杨溇村图书室	2800	基本设施齐全
杨溇村集散中心图书室	1760	基本设施齐全
元通桥村图书室	200	基本设施齐全
云村图书室	1000	基本设施齐全
增圩村图书室	200	基本设施齐全
郑港村图书室	300	基本设施齐全
织里村图书室	1000	基本设施齐全
孟乡港村图书室	3000	基本设施齐全
潘塘桥村图书室	1500	基本设施齐全
大溇图书室	800	基本设施齐全
东桥村图书室	450	基本设施齐全
东湾兜村图书室	500	基本设施齐全
幻溇村图书室	450	基本设施齐全
联漾村图书室	1500	基本设施齐全
曹家簖村图书室	1000	基本设施齐全
上林村图书室	800	基本设施齐全
沈溇村图书室	350	基本设施齐全
曙光村图书室	1000	基本设施齐全
许溇村图书室	350	基本设施齐全
义皋村图书室	500	基本设施齐全

第五章　文学艺术

　　织里有深厚文化传统和创造力。数百年积淀，形成织里文学艺术独特性。宋元明清时期，江南经济发达、崇文尚学的社会风尚、优美的自然环境、发达的官私教育、科第盛况，晚清闵宝梁记载："我里向以读书为恒产，虽家无担石，亦兀兀穷年。"在这样背景下，织里文学艺术创作活动频繁，明清时期达到鼎盛，主要体现在：南宋末词人朱雪崖，其作品《摸鱼儿·对西风鬓摇烟碧》，成为织里文学开山之作；以凌、闵家族为代表，文学作品呈现家族传承性；社会的开放和包容，有不少女性艺术家身影；部分作家著作等身；藏书楼众多，促进文学艺术的发展。凌氏一族中，凌濛初著作多达50部，凌介禧20部，凌遇知、凌迪知著述10部；闵氏族人中，闵元衢14部，闵亥生12部，闵我备11部，仅《晟舍镇志》一书便记载闵氏105人有作品，闵氏家族有200余部著作。严氏一脉，仅严可均一人，著作就有80种。徐氏家族，徐有珂及其父子也是三代传承，都有著述。闵思诚、闵惇大、闵思毅、闵受昌等人直接参与《四库全书》编纂工作。家族文化的影响不仅在文学艺术方面，也成为传统文化的保存者和传承者。

　　美术方面，创作于元代的《聚芳亭图》，是织里第一幅美术作品。明代以来，在绘画、书法、篆刻等方面都有涉猎。

　　民间文化是祖先留给我们的文化遗产。织里历史文化底蕴十分丰厚，漫长的农业文明，造就灿烂的群众文化，形成了群众文化独立、自足的知识系统和价值系统。从衣食住行，到婚丧嫁娶以及生产生活的方方面面，都包含了人民的智慧与精神追求。群众文化既是传统，也是当今社会文明密不可分的组成部分。织里的花糕、龙头糕、刺绣、剪纸、织里小调、杨溇龙灯、雕版印刷技艺，是一份带着泥土芳香和本土特色的文化记忆。织里的群众文化，善于吸收和改造外来文化，形成自己独特气质，从金溇马灯活动中，还能看到外来文化的影子。

镇域的晟舍旧馆作为湖州的东大门，明代遭巨寇劫毁；晚清民国时期，战乱频仍，几成废墟，文学艺术也渐式微。

新中国成立后，织里先后成立文工团、文艺团队、俱乐部。"文革"时期，织里宣传队有 37 支；20 世纪 80 年代，织里成立京剧协会；进入 2000 年以后，织里镇文化站、社区、单位、学校、机关、团体，纷纷建起文学艺术类社团，并定期举办活动，为创作提供培训和展示平台。2014 年，湖州市文化馆在章明前家门前挂上文艺辅导基地牌子，织里的文学艺术逐步在恢复和发展中。

第一节　文艺组织、单位

一、业余文艺组织

宣传队（"文革"时期）　据镇志"村级资料统计表"汇总数据：织里公社（乡）12 个生产大队（村）有 16 支宣传队，队员 465 人，演出 337 场。晟舍公社（乡）8 个生产大队（村）有 21 支宣传队，队员 500 人，演出 338 场。轧村公社（乡）120 个生产大队（村）有 16 支宣传队，队员 476 人，演出 542 场。漾西公社（乡）5 个生产大队（村）有 9 支宣传队，队员 150 人，演出 155 场。太湖公社（乡）10 个生产大队（村）有 12 支宣传队，队员 483 人，演出 712 场。

二、文艺团队（业余剧团）

1.吴兴县城区塘北流动剧团

1942 年 6 月 6 日成立，团址在织里镇吴兴县政府城区区署内。团长由时任吴兴县城区区长蔡志清兼任。团员以区署职员及鹤和小学教员为主，另招塘北青年若干，共 22 人。该团成立时，曾呈报国民党县党部批准，并订有简章。于 1942 年"八·一三""九·一八"及"双十节"先后在织里公演，1943 年元旦，演出自编剧本《英雄血》及《囚徒歌声》等。

2.新中国成立初期的俱乐部、文工团

织里俱乐部　1950 年，织里街文艺活跃分子自发成立织里俱乐部，为民间文艺团队，人员 50 余人，薄根宝任负责人。织里俱乐部初始设在织里老街木桥港南秦宅，后迁至西市胡克明家。主要演员有顾树军、顾丽蓉、姚伯笙、杨倚石、韦阿水、芮题英等。演出京剧《打渔杀家》《借东风》《古城会》《苏三起解》等，

越剧《梁祝》《秦香莲》《碧玉簪》《白蛇传》等。金月萍演花旦，凌月琴演小生，芮题英演老旦；宋鹤云演武生。在戴山、太湖、轧村及湖州等地演出。俱乐部经费由企业、镇上商店捐助。

织东乡大潘兜文工团　《大港村史》记载：文工团于1951年成立，徐金泉、徐阿会任负责人，团址设在大潘兜村。演职员有沈新宝、姚阿柳、沈加林、徐小宝、王金毛、沈丽宝等20余人，沈寿荣担任导演，演出越剧《梁祝》《何文秀》《珍珠塔》《倪阿凤扇茶》等。文工团常应邀去邻近乡镇演出，道具、布景装载在两艘农用木船上。

织里沈家漾民间曲艺团体杏轩班　建立于20世纪50年代初期，是由北姚兜村民间艺人沈杏轩为首组成的小戏班子。演员有李进法、李海林、金云庆、俞月明、沈咪毛等人。小戏曲目有《李三娘推磨》《陆雅臣卖老婆》等通俗喜剧，演技惟妙惟肖。还有配合形势宣传的说唱、快板、三句半等群众喜闻乐见的短小节目。

同乐曲艺团　1983年4月同乐曲艺团成立，团址设在织里老街顾楚阶家，有公章和台账，顾楚阶负责财务和接洽艺人事务。1984年，曲艺团成员有顾楚阶及束惠芳（艺名史晓燕）、鞠锦秀及上海松江俞平伯等民间艺人10人，用演艺积累的资金购买二胡和三弦，演唱曲种是苏州评弹、吴语大书，在苏浙沪小镇、乡村演出。由织里区文化站直属领导，召集艺人学习、交流，为提高艺术水准，每月进行一次演艺考评。1988年停办。

织里京剧协会　20世纪五六十年代，在织里老街，活跃着一批京剧爱好者顾楚阶、姚承基、王大伟、王小芳、焦德贵、顾丽蓉、蒲阿和等。他们经常聚在一起演唱折子戏，有《借东风》《打渔杀家》等，"文革"中一度中断。20世纪80年代，传统京剧得到恢复。1995年，在织里名医徐振华（毛先生）、京剧老票友姚承基倡议下，组织京剧爱好者成立织里京剧协会，会长陆亚丁，活动场地是老织里影剧院后面的几间化妆房，基本每天晚上均有活动。京剧协会成立后第一个春节，在织里镇银湖宾馆举行新春京剧演唱会。京剧协会的主要成员有顾楚阶、束惠芳、徐振华和夫人顾丽蓉，姚承基、章明前、王阿林、浦雪江、叶阿华、陆亚丁、汪明海、邱阿欢、张静海、姚金星等。顾楚阶于琵琶、二胡、京胡等各类民族乐器及京剧、评弹等其他戏曲多有精通。织里京剧协会多次组织协会成员去南浔镇及江苏等地参加演唱会活动。2004年因故停办。

三、文工团队

活跃在织里乡镇的文工团队具体情况见下表。

表 7-5-1　织里镇乡镇（村）街道（社区）文艺团队一览

团队名称	所在村社	创办时间	人数	年度活动（场）	负责人
新织里人艺术团	织里镇	2006	60	300	胡钢
陆家湾排舞队	织里镇陆家湾村	2008.1	15	300	陈建琴
陆家湾戏曲队	织里镇陆家湾村	2008.1	5	300	陈建琴
伍浦村排舞队	织里镇伍浦村	2011	15	300	沈建芳
织里老年腰鼓队	织里镇织里社区	2011	15	300	杨会珠
轻松节拍舞蹈队	织里镇港西村	2011.10	16	300	杨春凤
港西村腰鼓队	织里镇港西村	2011.10	20	300	杨春凤
晟舍村排舞队	织里镇晟舍村	2012.7	10	200	杨婷婷
伍浦村戏曲队	织里镇伍浦村	2012	6	200	沈建芳
孟乡港戏曲队	织里镇孟乡港村	2013.2	6	30	潘其英
孟乡港排舞队	织里镇孟乡港村	2013.2	15	200	潘其英
乔溇村排舞队	织里镇乔溇村	2013.6	15	200	韦培琴
欢乐跳吧舞蹈队	织里镇清水兜社区	2013.10	15	300	叶慧娟
清水兜排舞队	织里镇清水兜村	2013.10	10	120	闵海燕
秦家港排舞1队	织里镇秦家港村	2014.1	10	200	闵新娥
秦家港排舞2队	织里镇秦家港村	2014.1	10	200	闵新娥
东兜村排舞队	织里镇东兜村	2014.2	15	160	周霞
汤溇村排舞队	织里镇汤溇村	2014.3	12	200	顾惠芳
吴兴区织里之星艺术团	织里镇	2014	62	90	沈士元
义皋村排舞队	织里镇义皋村	2014.6	15	120	朱美芳
织里老年排舞队	织里镇织里社区	2015	15	300	杨会珠
东湾兜排舞队	织里镇东湾兜村	2015	6	100	吴红霞
上林村民乐队	织里镇上林村	2015.6	12	260	邱丽
旧馆村排舞队	织里镇旧馆村	2015.6	10	100	周国英
织里镇丰韵舞蹈队	织里镇	2016	16	120	谢丽娟
云村排舞队	织里镇云村村	2016.5	15	150	范亚萍
王母兜村排舞队	织里镇王母兜村	2016.6	9	100	蔡丽芳
曙光村排舞队	织里镇曙光村	2018.12	12	150	潘干琴

四、文艺获奖作品

织里获得文艺奖项的情况见下表。

表 7-5-2　织里获奖文艺作品统计

获奖作品	作者	类型	奖项名称	获奖时间	备注
凤妆台	民乐改编	民乐	浙江省文艺会演一等奖	1957 年 1 月	参演僧人祥丰、阿掌、顺法、阿火、阿六。道士潘法林、王大毛、王古生等
万民欢乐	沈亚	民乐	浙江省文艺创作和演出双奖	1959 年	
将军令	地方民乐	民乐	浙江省文艺会演中获一等奖	1959 年冬	主演为《凤妆台》演奏人员，同时演出器乐《梅花三弄》
湖边姐妹	章明前 姚金星	越剧	吴兴县文艺汇演创作演出二等奖	70 年代初	
采桑舞	陆人英	舞蹈	吴兴县中小学文艺调演 二等奖	1976 年	周惠萍等学生表演
乘车与约会	织里公社文化站选送	说唱	吴兴县文艺会演中获创作一等奖，演出一等奖	1982 年	表演者织里塑电厂职工韦新如
今童王世界	织里镇湖州今童王制衣有限公司投资	电视动画片	浙江省第十一届"五个一工程"奖	2012 年	
绣	织里文化站选送	舞蹈	湖州市南太湖音舞节银奖	2012 年	
梦在童谣世界里	织里文化站选送	歌曲	湖州市南太湖音舞节银奖 浙江省少儿歌曲演唱大赛优秀奖	2016 年	

注：2000 年以后，各类作品获得吴兴区奖项较多，此处从略。

第二节　文　学

一、文学队伍

中国作家协会会员　茹菇　凌鼎年

浙江省作家协会　沈方　施新方

湖州市作家协会　徐世尧　沈方　施新方　施国琴　潘无依

湖州市民间艺术家协会　吴团宝

吴兴区作家协会　陈洪娟　袁亚玲

二、文学概况

小说概况　中国小说起源较早，随着社会生产力的发展，至明代时，手工业的快速发展与繁荣，小市民队层兴起，给小说创作提供丰富的素材。明清时期，是中国小说鼎盛时期。明代织里人凌濛初小说《二刻拍案惊奇》，为拟话本小说集，于崇祯五年（1632）成书刊行，与作者前著《初刻拍案惊奇》合称"二拍"。"两拍"描写晚明社会众生相：官吏、书生、女性、和尚、道士、商人、盗贼等，展现了晚明社会现实图景，通过迂回曲折的写作手法，产生了令读者拍案惊奇的效果。"两拍"自诞生后，其作品就在国内外广为流传，产生巨大影响，20世纪50年代以后，中国台湾、香港及内地出版了众多的"两拍"。"两拍"又被大量模仿和翻译，受到全世界学者的广泛关注和研究，先后有日本、德国、苏联、美国等汉学家推出研究论文与专著。"二拍"具有较高的文学价值和现实意义，它是中国历史上第一部文人独立创作的拟话本小说。凌濛初所创作的"二拍"对于拟话本小说的发展和弘扬起到划时代的意义。小说一定程度上反映了新兴市民阶层的思想观念，在中国文学史上有较重要的影响，已被列为中国古代"十大名著"（详见本志第八卷第四章《凌濛初简志》）。织里小说发展不均衡，就其艺术影响而言，凌濛初的"二拍"影响贯穿清代、民国；就其创作者来说，屈指可数。当代作家凌鼎年的作品被翻译成多种语言，反映织里小说与世界文学交流的时代特色；黄其恕的长篇小说《织梦人》则面向本土，在自我观照中，与时俱进，不断探索发展的力量。

凌鼎年，1951年6月生于江苏太仓，祖籍浙江湖州织里，凌濛初后裔。他在《人民文学》《北京文学》《香港文学》等海内外报刊发表过800多万字作品。主编过170多本集子。出版中短篇小说集、散文集、诗歌集等36种。作品译成英、法、德等9种文字。他的作品曾获世界华文微型小说大赛最高奖，先后七次获中国微型小说年度评选一等奖，入选中国作协等单位评定的（1982—2002）中国当代小小说风云人物榜等；作品被收入《世界华文微型小说获奖作品集》《微型小说鉴赏辞典》《中国微型小说名家名作百年经典》等选集中。

长篇小说《织梦人》作者黄其恕，浙江省作协会员。小说以织里镇为原型，力求还原一座童装之城自改革开放以来逐渐崛起的艰难历程，揭示民营经济在新时期面临的困境和挑战，描绘了一群80后90后的年轻创业者，在时代大潮中织梦圆梦的激情岁月，展示了一个乡村小镇成长为经济重镇的全景画卷。2018年8月，《织梦人》获湖州市第十一届精神文明建设"五个一"工程奖。

当代女作家潘无依1999年开始发表文学作品，曾在《上海文学》《收获》等杂志发表长篇小说，出版了长篇小说《群居的甲虫》（中国工人出版社）、《去年出走的猫》（作家出版社）等多部作品。

散文概况　织里散文在宋元时期处于萌芽状态，兴盛于明。有明一代，散文著述丰富；清代散文继续发展，并产生一批佛学著作；民国有零星文学作品记录；新中国成立后，散文走过一条曲折的道路，其中有沉寂也有繁荣。明代有3位散文名家，凌迪知纂辑《文林绮绣》并刻印，是早期刻书家自创文章精粹选辑丛书；其中《左国腴词》传至日本，赤松鸿补辑成《左国腴词新补》8卷，有日本宝历刻本（1761）等10部。凌遇知有《万姓统谱》150卷，《浙江通志》《府县志》140卷，采进《四库全书》等10部；凌濛初，除小说以外，有传世影响的散文作品《游杼山赋》等（收入本志第八卷第二章《艺文》），著作有《圣门传诗嫡冢》16卷、符箓1卷，见《明史艺文》《浙江通志》《湖州府志》《乌程县志》《黄氏书目》《湖录》，采入《四库全书》等50部。晚清文人凌介禧的《东南七郡水利略》，记述太湖沿岸水系和成因，图文并茂，对后世水利工作影响较大，藏于浙江图书馆，义皋溇港文化馆书报馆有其复制本；清代闵宝梁纂《晟舍镇志》，载于《中国地方志集成（乡镇志专辑）》第24册；清末徐有珂编《湖阴汗简》2卷，旧抄本现藏上海图书馆，为稀有地方史料。

诗歌概况　南宋末词人朱雪崖，其作品《摸鱼儿·对西风鬓摇烟碧》，成为织里文学开山之作；元代织里诗歌初兴，明清时期织里诗歌空前繁荣，达到鼎盛。主要体现在几个方面：以凌、闵家族为代表，出现家族性诗人聚集；不少优秀作品入选地方府志、县志以及《湖州诗录》《湖州诗摭》《两浙輶轩录》《吴中杂事诗》《四库全书》等；出现夏凤来、朱赛华、吴春华、戴佩蘅、闵肃英、闵掌珠、闵蕙卿一批女性诗人。中国古人留下浩如烟海的诗歌，其中咏史诗所占的比例不大。在咏史诗中，写战争令人过目难忘的，比例更小。明代严震直的词《柳梢青》，描写湖州山水风光，一时称绝。《三垂冈》是清代织里人严遂成所作的七言律诗。这首七律描绘的是中国历史上战乱最多的五代时期的一次典型战役。全诗短短56字，气势宏阔，写出李克用父子气盖万夫的英雄风貌。它囊括史事，融贯古今，起首、结尾非同凡响。对仗工整，用笔老辣。毛泽东曾亲自手书《三垂冈》原文。

清代有影响的晟舍诗人凌介禧，平生创作诗文无数，数十首乡土诗歌被录入闵宝梁编纂的《晟舍镇志》，另有《晟溪渔唱一百首》收藏于浙江图书馆。此孤本诗歌集，均为吟唱织里本土内容，十分珍贵。

织里人在诗歌领域代有人才。历代诗词代表人物有朱雪崖、闵天福、严震直、闵珪、闵午塘、凌约言、闵元衢、严启丰、严元照、凌介禧、严可均、徐有珂等，当代有茹菇、沈方、施新方等。

当代诗人茹菇，其生平简介和创作成就已载入中国文联出版社出版的大型工具书《中国作家大辞典》。他工作之余，长期坚持以诗歌为主的文学创作，先后发表诗歌1000余首，诗歌散见于《人民日报》《诗刊》《星星》《诗歌报》《青年诗人》《黄河诗报》《河北文学》《福建文学》《当代诗歌》《南国诗报》《江南》《东海》《滇池》《解放军报》《海南日报》《飞天》等全国百余家期刊杂志，并在全国各省市举办的诗歌大赛中三十余次获奖，其中《二狗子乔迁》一诗曾获《诗刊》举办的诗歌大奖赛一等奖。

反映织里文化的部分图书

三、文学作品获奖情况

表 7-5-3　织里文学作品获奖一览

获奖作品	作者	类型	奖项名称	获奖时间
《关于寓言的生命力》	茹菇	诗歌	河北省作协三等奖	1987 年
《二狗子乔迁》	茹菇	诗歌	《诗刊》社举办的诗歌大奖赛一等奖	1989 年
《心期》	沈利忠	诗歌	湖州市第三届诗歌大赛校园诗人	1989 年
《明证》	沈利忠	诗歌	全国青年爱专题征文大赛优秀作品奖	1989 年
《保姆》	茹菇	诗歌	石家庄《女子文学》首届中国女子诗歌大奖赛优秀奖	1991 年
《遥致谢军》	茹菇	诗歌	华东地市报副刊好作品评选三等奖	1992 年
《神农溪漂流记》	茹菇	诗歌	华东地市报副刊好作品评选三等奖	1994 年
《江南新景》	茹菇	诗歌	《诗刊》、山西省文联、作协全国新田园诗"阳城杯"大赛三等奖	1996 年
《豆渣工程》	茹菇	诗歌	《长江文艺》全国文学大赛优秀奖	1999 年
《多味的城市》	茹菇	诗歌	湖州市"建工杯"1949—1999 年优秀文学著作奖	1999 年 9 月
《市场上的风琴》	沈方	诗歌	湖州市"建工杯"1949—1999 年优秀文学著作奖	1999 年 9 月
《呐喊》	茹菇	诗歌	《诗刊》、湖北节能环保公司"绿色环保杯"全国精短诗大赛三等奖	2000 年
《人文织里》	叶银梅	文史集	湖州市第十一届社会科学优秀成果奖	2005 年
《马德里的春天》	潘无依	小说	湖州文学奖	2014 年
《春赋上林》	施国琴	散文	全国文学写作大赛一等奖	2020 年
《浙北名医毛先生——徐振华》	徐世尧	人物传记	第 33 届华东地区科技出版社优秀科技图书二等奖	2020 年 9 月

第三节　书　画

一、书画队伍

中国书法家协会会员　谈月明　茹郁青

中国美术家协会会员　吴寿谷　凌启宁

浙江省书法家协会会员　谈月明　叶阿华　叶克勤　方红斌

浙江省美术家协会会员　吴寿谷　吴迪庵　张佰荣　沈利忠

湖州市书法家协会会员　方红斌　许羽　叶阿华　张佰荣　叶连江　杨仁

杰 徐建中 严吉春 闵炳林 杨阿四 汤超纲 吴建明 吴斌兵 闵根新 陈雪山 汪哲 杨国新

湖州市美术家协会会员 吴迪庵 许羽 张佰荣 沈利忠 杨国新 陆耘 汪哲 吴妙德 沈根法 吴钰颖 姚建融

吴兴区书法家协会会员 方红斌 许羽 沈兵 徐根发

吴兴区美术家协会会员 张佰荣 强权华 钦苗 朱东明 张利 朱枫 汪哲

织里镇秦溪书画协会会员 杨战清 杨备清 杨金萍 闵前进 胡美福 陶金乔 施阿团 周锦林 吴新龙 吴斌兵 曹利江 胡法林 闵连荣 徐荣根 吴婷婷 杨方伟 吴坤泉 吴建明 方金根 陈琼仙 龚金生 陈雨 沈潞璆 杨佳豪 杨坤乾 闵小培 陈阿江 闵新娥 闵晓锋 杨晓军 王培林 杨学华 周金胡 陈小锋 叶琴 杨瑜宗

南太湖书画协会会员 许羽 杨仁杰 杨国新 张佰荣 王建华 方红斌 吴震 吴妙德 徐建中 罗建新 吴月松 王泽华 蒋煜 蔡建华 张静海 郑志荣 陈雪山 叶连江 朱振华 余斌斌 陆耘 汪哲 钦苗 周彩萍 姚明雅 蒋珏熙 冯月凤 费凡 王彧 高健铃

二、书画概况

书画概况 织里书画肇始于元代。元人郑禧创作的《聚芳亭图》（绢本），为织里最早的绘画作品。绘图上有元代陈遇、明代吴梦旸的序，有明代王世贞题跋，赵顺仁、陈明德、康原寿等人题诗，此图现藏台北故宫博物院。明代《甲申十同年图》（佚名），作于弘治十六年（1503），是一幅中国明朝弘治年间十位朝廷重臣的群像，绢本设色，纵高 48.5 厘米，横长 257 厘米，现藏北京故宫博物院。明代闵齐伋《六书通》问世后，成为篆刻者的工具书。清代吴云书画造诣深厚，书法师颜真卿，用笔深沉；对文物鉴别、考证和地方志修纂都有贡献。近现代书画家都有个人特色，吴寿谷的虎图，曾作为国家礼物赠送美国总统里根、日本首相田中角荣；凌启宁的油画多次参加全国展并获奖；此外吴迪庵的牡丹、许羽的行草、张佰荣的向日葵、叶克勤的篆刻等，都自成风格。当代织里 80 后女画家潘无依的油画作品，在美国纽约展出深受欢迎，当地媒体做了专题报道；她的"溇港"油画系列作品在家乡湖州展出后获得好评。当代书法家茹郁青，擅长行、草书，师从名家李英，其书法作品多次参加全国妇女书法作品展，以及宁夏

《诗画溇港》（油画）沈利忠 作

《朝晖》（国画）张佰荣 作

主办的全国著名女书画家作品联展（2003 年）；中国书协主办的中日女书法家代表作品交流展（2004 年）；中国杭州首届国际草书艺术大展、中国书协主办赵孟頫奖全国书法篆刻展（2012 年）以及中外妇女书法交流及巡展。

　　茹郁青作品入编《中日书法家名鉴》《当代书法篆刻家辞典》《跨世纪著名书画家经典》《浙江书法作品集》等。她的书法作品被浙江美术馆、杭州中国水利博物馆、日本书道美术馆和泰国高校收藏。

三、书画作品获奖情况

　　织里获得各类奖项的书画作品统计见下表。

表 7-5-4　织里书画作品获奖一览

获奖作品	作者	类型	奖项名称	获奖时间
油画《如歌的回忆》	许羽	美术	湖州市科普美术创作协会会员作品展三等奖	1984 年
油画《残雪》	凌启宁	美术	第七届全国美展铜牌奖	1987 年
行书杜甫诗《刘九法曹郑瑕邱石门宴集》	茹郁青	书法	君陶艺苑主办的全国书法大展三等奖	1988 年
篆刻作品	叶克勤	篆刻	浙江省文联、总工会"全省企业文化艺术展评"优秀奖	1995 年

（续）

获奖作品	作者	类型	奖项名称	获奖时间
书法作品	许羽	书法	湖州市城区宣教文卫部、城区文化馆"迎十五大"美术、书法、摄影展书法一等奖	1997 年
行书唐杜牧《睦州四韵》句	茹郁青	书法	日本东京成田山书道美术馆奖	1997 年
行草书·秋瑾诗《踏青记》	茹郁青	书法	浙江省书法大展铜奖	1998 年
油画《冬至》系列组画	凌启宁	美术	上海美术大展二等奖	2001 年
油画《冬至》之三	凌启宁	美术	中国小幅油画作品大展艺术奖	2001 年
行草书清代屈大均《摄山秋夕作》	茹郁青	书法	浙江省第三届青年书法篆刻作品展银奖	2005 年
油画《春雨》	凌启宁	美术	上海美术大展评委奖	2005 年
国画《春锦》	张佰荣	美术	湖州市"移动杯"书画大赛获优秀奖	2006 年
油画《静物》	朱东明	美术	湖州市美术教师作品展三等奖	2008 年
行书作品	蔡明军	书法	中国美术书法作品组委会举办"中华神韵杯中国美术书法作品大赛"获中青组金奖	2009 年
行书《兰亭序》	蔡明军	书法	首届中国西湖杯国际书画展特等奖	2009 年
水彩《江南水乡》	朱东明	美术	湖州市美术教师作品交流展二等奖	2009 年
版画《银杏》	杨国新	美术	湖州市第一届中小学美术教师绘画作品比赛二等奖	2009 年
国画《阳光赋》	张佰荣	美术	湖州市反腐倡廉书法美术摄影展一等奖	2010 年
海报《低碳生活》	钦苗	美术	第三届江西省平面艺术设计双年展银奖	2010 年
油画《古镇新颜》	杨国新	美术	湖州市第二届中小学美术教师绘画作品比赛一等奖	2011 年
《书谱》	叶连江	书法	《浙江老年报》主办的第四届中老年书画大赛一等奖	2014 年
书法作品	叶连江	书法	《书法学报》主办的第二届全国中老年书画大赛二等奖	2015 年
楷书《苕溪渔隐》	吴钰颖	书法	湖州市教育局举办湖州市中小学生暑期生态文明建设"五个一"活动中获高中组一等奖	2016 年
国画《山海大观》	沈霆尧	美术	中国美术学院黄君璧奖学金金奖（校级）	2017 年
书法作品《前后赤壁赋》	叶连江	书法	《浙江老年报》主办的第四届中老年书画大赛一等奖	2017 年
书法作品	杨仁杰	书法	湖州市老少共庆十九大"书画展二等奖	2018 年
国画《向阳花》	张佰荣	美术	首届国家人文巡礼，全国艺术人才作品展二等奖	2018 年

第四节　群众文化

一、标志性文化

娄港文化、义皋文化详见本志第二卷第二章《娄港、水利》的相关内容。

二、民间文化活动

杨溇龙灯 龙灯是我国民间舞蹈中流传最广泛舞种，位于织里镇北部的杨溇村也有舞龙灯习俗，当地称为"杨溇龙灯"。村上老人说，在他们祖父辈时村里就有龙灯，其历史在150年以上。

相传，明朝时，开国皇帝朱元璋和刘伯温一路南行，车马劳顿，行至太湖南岸的良五圩时，发现此地树木苍翠，清溪环绕，凉风习习，故驻车停息几日。朱元璋认为此地为风水宝地，命人建土地庙三间，以示永福流传。明朝隆庆四年（1570），又建造杨溇庙、观音殿等建筑。杨溇龙灯和杨溇庙有密切关系，有杨溇庙之后，才产生杨溇龙灯。

杨溇龙灯道具为村民自制。龙头系用竹、木为骨架，用布覆面，涂上色彩。龙身以竹子为框架，龙皮则用白布，用半片毛竹弯月形端面，沾上墨汁，在布上印上片片龙鳞。杨溇龙灯讲究"灯"效果，因此滚龙灯都是在夜间进行。龙身内用蜡烛点火作灯，每节龙身点两支蜡烛，蜡烛设置方式很有讲究。因舞龙时龙身难免翻转倾侧，蜡烛火是不能倾斜更不能颠倒的。老艺人采取巧妙办法，用"浑天铃"装置来解决。"浑天铃"由不同大小两只铁箍组成，大作外箍，小为内箍。将内箍套在外箍中，在纵轴线（直径）两个端点上用活络销子连接，使内箍可以在外箍中绕纵向轴线转动。再将外箍在横轴线上两端用活络销子连接在龙身内两个小桩上，使外箍可以在小桩间绕横向轴线转动。蜡烛是按纵轴线方向插在内箍烛签上。在龙身正常平放情况下，由于蜡烛重力作用，内箍呈直立状态，插在内箍底蜡烛也是直立向上，而外箍成水平状态。当龙身向各个方向倾斜时，甚至颠倒时，同样由于蜡烛重力作用，在两只箍不同方向转动调节中，内箍与蜡烛总是会保持直立向上状态，这就保证烛火能始终正常燃烧。杨溇龙灯龙身共9节，每节1人，外加1人持龙珠，共10人表演。表演时由锣鼓伴奏。表演主要套路与其他龙舞相近，即包括游走、翻滚、跳跃、盘身、穿插等。进农家表演时，整条龙近地面游一圈，龙身举高游一圈，旋转翻滚，成"之"字形往返数次，最后是"蛇蜕壳"，即最后两节龙身搭成门形，龙从门中穿过。龙灯在桥上表演时最为精彩，整条龙身时而横出桥面，甚至从桥上倒挂贴着水面游动，水上灯彩与水中倒影交相辉映，十分生动、亮丽。巡游中所到村子有庙，也要进去滚一次，以示敬神。进农家滚龙，主人家会热情接待龙灯队，上茶递烟，表演结束一般送一斤蜡烛表谢意，不用付礼金。当地有俗语戏称："杨溇龙灯，半死沦汆，先要蜡烛，晚调龙灯。"含意是杨溇龙灯有蜡烛灯火才会显得精神。

杨溇舞龙灯有特定时间：一是正月初一至初四；二是金都大元帅开印之时，即正月二十这一天；三是青苗会，即农历七月初七青苗会。传统说法，接龙灯就是接财神、保平安，杨溇龙灯进村有其特定民俗特色。过去太湖沿岸村民出门就是太湖，家家有小船，出入太湖都是坐船划船，太湖风大浪高时，易遭遇不测。舞龙灯是为了保平安去晦气，有警醒、提示作用，告诫村民安全要牢记心中。龙灯出殿进村，在村里舞龙灯，有村民放炮竹、开大门，表示要请龙灯进门。以前龙灯进村送元宝，元宝里装糖果，糖果拿来发给村民，意即送财气，后来时兴送毯子、送被套、送大米。湖州方言有句"百坦"，送毯子就是形容日子舒坦；送被套，即被财神"套牢"；送大米，即送珍珠意思。

金溇马灯　幻溇村金溇自然村，近代开始有马灯舞流传，称为"金溇马灯"。据当地老人讲述，金溇马灯约在清代光绪二十八年（1902）由邻近江苏吴江传入，已有100余年历史。金溇马灯表演队伍由12匹"马"组成，其由来是金溇村民居分布特点是分为12只"角"，也就是全村有12个居民集聚点，当地习俗凡村里有重大活动，每只"角"都要参与。在马灯表演活动中，采取每只"角"出一匹马，形成12匹马格局。马灯表演主要道具是竹马，系用竹篾扎成骨架，外面糊上布，做成马前、后身，还配有缰绳、铃铛。马头至尾部长约250厘米，头顶至肚腹高约140厘米。表演时将竹马前、后身系在表演者腰上。12匹"正马"表演者身穿戏服，脸带面具，扮成古装戏曲中帝王将相、才子佳人等人物，具体角色主要有皇帝、关羽、双枪陆文龙、许仙、白娘娘等，其中皇帝专用白马黄鞍，其余各马红、蓝、绿、青、紫、花等，每匹马色彩都各不相同。金溇马灯除马灯队，还有一支仪仗性队伍，其中包括锣鼓队、花灯队、旗队以及舞火流星等。花灯队有48人，各持一盏灯笼，其中4盏写有"金溇花灯"字样，称"头牌高灯"。旗队有36人，每人持一面红旗。在出演巡道过程中，最前面有一人舞火流星开道，后面依次是花灯队、马灯队、旗队及锣鼓队，总人数达到一百余人，声势颇为壮观。金溇马灯在表演时，由灯笼、红旗围成数十丈见方表演区，"头牌高灯"立于场地四角。"正马"扮演者一手执马鞭，一手操缰绳，在锣鼓伴奏中，驾驭马匹，做前进、后退、横移、摇摆等各种动态，同时十二匹马在跑动中变换各种队形。主要队形有"打圈""穿四角""穿锁条""穿蝴蝶"等，这些队形都寄寓着各种吉利含意。"打圈"为开场时众马绕场地跑圆场，寓意为"团团圆圆"。"穿四角"为马队先后在四个角上围绕"头牌高灯"穿行，寓意"四方平安"。"穿锁条"是在头马带领下，马队南起行至北端后原路折回，与后续而来马成S形穿行，形如锁条，寓意"五谷丰登"。"穿蝴蝶"是十二匹正马分两队齐头并进，行至北端后由内而外绕东北、西北两角横向交汇，再绕东南、西南两角，形似彩蝶舞动双翅，寓意"比翼双飞"。金溇马灯表演活动一般在每年春节期间举行，其内含意义是欢庆上一年丰收，祈盼来年风调雨顺、田蚕茂盛。俗规在表演队伍出行前，先要到村头"金都大元帅"庙绕一圈，表示对神灵恭敬及祈求保佑全村平安、兴旺。

三、民间艺术

织里刺绣　镇域民间刺绣历史悠久，有广泛流传。原本因历史上丝绸织业兴旺而被冠名以"织"，《晟舍镇志》记载："乡间妇女自育蚕毕后，比户终日打线至八九月间，咸织成绸，鬻于郡城……"丝织业兴盛为民间刺绣盛行提供得天独厚条件。刺绣是旧时本地妇女普遍熟习技艺，一般用于绣制自家所需日常纺织品，有衣服、鞋子、围裙、手帕、被面、帐幔、枕套、靠垫，以及民俗用品香包、虎头鞋、帽等都有各种刺绣图案。刺绣题材都是颇具民族民间特色吉祥图案，即所谓"图必有意，意必吉祥"。织里民间刺绣图案题材十分丰富，包括动物、植物、器物、人物都有，动物类有鸳鸯、蝙蝠、金鱼、蝴蝶、喜鹊、龙、凤、鳌鱼等；植物类有桃花、荷花、莲花、梅花、牡丹、菱角、石榴、松柏等；器物类有如意、金钱、聚宝盆等；人物形象则有福禄寿三星、官人、童子等，还有一些"万"字、"寿"字等文字性图案。这些图案表意手法一是借用事物特征，鸳鸯象征夫妻恩爱，牡丹象征荣华富贵，松鹤寓意长寿，石榴寓意多子等。二是利用事物名称与吉语谐音或同字，蝙蝠谐音"福"，鱼谐音"余"而表示富足有余，金鱼谐"金玉"，荷叶谐"和"，莲花谐"连"，菱角谐"灵"，喜鹊则借用"喜"等。三是各种图案组合起来凸显寓意，蝙蝠和寿字、万字结合在一起就是"福寿万代"；官员站在鳌鱼头上就是"独占鳌头"，如意和祥云结合就是"吉祥如意"，喜鹊飞上梅树就是"喜上眉梢"等。织里刺绣主要工序是，先将丝或棉质绣布平铺在案板上，按所需尺寸大小描上图案，俗称"描底"。再将画好图案绣布，绑在落地可缩放的木制绷架上，或绷在大小不同、圆形竹制绷子上。然后根据图案形式、纹样要求配上相应色彩丝线，手工穿针刺绣。织里刺绣针法多样，主要针法有：齐针，先从绣布的反面开始行针，针走直线，行行对齐，不能出现弯曲和倾斜；十字针，前一行直针，后一行针盖住前一行针并成"十字"交叉；乱针，针法纵横交错，无一定规则；正抢与反抢，正面行针正面接针为正抢，反之即为"反抢"。

织里剪纸　剪纸是镇域民间习俗中重要仪礼用品或装饰品，因此也催生出一批民间剪纸艺人。在世较优秀的剪纸老艺人有大港村重兴港自然村杨引娣、织里小区蒋志瑛等。蒋志瑛是从小跟着母亲学习剪纸，杨引娣则是通过对传统民俗中所用剪纸模仿自学而成。她们的剪纸题材主要有喜字、寿字、卐字、花鸟、树木、蝴蝶、仕女、如意、齐心结、聚宝盆、摇钱树等，都具有祈福求吉含意。这些题材应用于不同习俗的礼仪场合，婚礼用喜字、蝴蝶、如意、齐心结、石榴等等，并且一般都用红色纸。用于丧葬礼则有寿字、卐字、仙鹤等，而须用绿色或白色纸。寿字、元宝、如意、寿桃等内容则常用于寿诞礼仪中。剪纸制作过程分为两种情况，一种是图案相对简单，或者基本上是对称图形。她们将纸按需要折好后，就直接按照心里意象用剪刀剪出图样。另一种图案比较复杂，由于是不对称图形，则先要在纸上描出图样，然后根据图样剪出。有时一种图案需要剪成多幅，采取办法的是用针线将一叠纸粗略地缝起来，然后开剪，一般最多一次能剪八幅。两位老人剪纸技艺都达到较高水准，作品题材、样式十分丰富，同一题材也能在具体图案采用、结构安排上产生多种富有创意的变化。剪刀运用很有功力，剪出图案线条清晰、画面精细，形象简洁生动，质朴而夸张，体现出民间艺术特有风格与价值。

织里山歌　流行于织里山歌总体上属于湖州山歌范畴，是广泛流传于湖州方言区的一种民间歌曲，也是唯一一种属于本土原生性质的民间歌曲。织里是湖州山歌最具代表性集中流传区之一，旧时传唱山歌十分普遍，是当地农民群众最主要日常娱乐方式之一。其演唱方式为无伴奏个人清唱，演唱无特定节令、时间、地点限制，在劳动中或工余时，在村落户内外，都可进行演唱。演唱山歌歌手以女性为主，男性歌手也不少，一般是村落中具有较好嗓音条件的爱好者，传承方式一般无特定师承，而是集体自然性传承。除了当地较为公认的山歌手之外，普通群众往往也都会演唱若干曲目。流传于织里的湖州山歌曲目十分丰富，从题材内容上可分为爱情歌、劳动生活歌、风情人物歌、教化戒劝歌等；从形式上分有长句头（长短句穿插）、短句头（七字句为主）山歌；从规模形制上分有中短篇山歌及长篇叙事山歌，其中著名长篇叙事歌《刘二姐》，歌词长达 3000 句左右，是江南地区罕见叙事长歌。织里民间歌手称之为"山歌好到《刘二姐》，私情好到《十里亭》"织里山歌曲调音乐主要特点是结构简单、节奏舒缓、旋律平和婉转。其调式为民族羽调式，曲式结构为四句式单乐段体，每一乐段由两个相似上下句构成。其中两个上句落音较为灵活，根据歌手不同习惯落在宫、商、角、徵、羽音上都有，而两个下句落音相对固定，一般都落在羽音上，使曲调在相对简单模式中又体现出较丰富变化。其节拍一般为较自由散板，风格悠然、绵长，有歌手演唱时体现出近似 3/4 节拍。旋律音高跨度一般在一个 8 度之内，有歌手根据自身习惯会扩展到 10 度。旋律行进以 1～3 度级进为主，个别地方会有 5 度跳进，总体上显得较为平和。民国以来在织里镇各个村落中，几乎都能听到山歌传唱。20 世纪 60 年代以来，随着农村生产、生活方式不断变化，娱乐方式不断丰富，山歌演唱日渐稀少，能演唱山歌老人也已为数不多。织里镇主要山歌传承人有姚金珍、沈玲娥、沈阿培及民间艺人钱团毛等，能演唱的山歌曲目有《十二杯酒》《望郎山歌》《刘氏大娘》《卖菱山歌》《三姑娘搭识六指头》等二十余种。

　　织里小调　小调是对江、浙、沪一带广泛流传部分民间歌曲统称。它与山歌在特征上区别是：小调在基本意义上演唱和传播者主要是民间说唱艺人，而山歌是由广大普通群众传唱，一般无职业演唱者；小调随着民间艺人行踪以及戏曲、曲艺流播而有较广大地域流传，并且不同方言区都有相同曲目流传，而山歌基本上都局限于在原生地较小方言区内流传；小调演唱基本形态是有器乐伴奏，因而其旋律相对固定，曲式、节拍较为规整，山歌则都为无伴奏清唱，其旋律、曲式在基本格调相似前提下，随演唱者习惯及唱词长短可以有较为灵活变化，节拍也多为较自由散板；小调流传地以城镇为主，影响及农村，山歌主要在农村流传，有浓重乡土气息。织里镇位于江南中心区域，小调流传也较为普遍、多样，传唱小调历来是当地群众主要娱乐方式之一。镇域流传江南小调曲目主要有《烟花女子告阴状》《聚财歌》《孟姜女》《十八摸》等。由于长期传唱，这些曲目曲调深入人心，往往成为一种十分普及常用曲调，人们常用来套上不同内容唱词进行演唱，使小调歌曲形成"一曲多目"特征。本地有些群众还常常把山歌唱词套上小调曲调进行演唱，产生山歌与小调"你中有我、我中有你"的独特现象。

四、民间艺人

顾楚阶（1929—2003）　艺名顾振庭，织里老街人。自幼受其父顾幼权影响，喜爱音乐。十岁时，即以棕丝为弓弦，蛤蟆皮代替蛇皮，自制二胡，自学各类乐器。二十一岁时，进入湖嘉公学，随工作队驻平湖剿匪，担任过湖州政府部门秘书，湖州第三镇镇长，吴兴县文化馆干部。之后开过厂，曾受聘去外省越剧团，演唱苏州评弹、说评书，精通二胡、京胡、小提琴等。1984年，任织里区文化站下属同乐曲艺团负责人，20世纪90年代创办织里京剧协会，为织里培养艺术人才。

施连珠　1932年生，织里镇幻溇人。自幼随母亲学习织里刺绣，主要有几种针法：齐针，先从绣布的反面启针，针要走直线，行行要对齐，不能出现转弯和倾斜状；十字针，上行针直，下行针要与上行针交"十字"，后针盖着前针；乱针，纵横交错，无规则针法；正抢与反抢针法，正面行针正面按针，反之一样；旋针，手捏针线绕圈，从圆圈的中心点行针。并传承织里刺绣技艺。作品参加第一届中国童装展览会，被中国童装博物馆收藏。

吴宝珠　1938年生。幼年随母学习手工刺绣。她用绣花帮子，描好底案，娴熟运用齐针、十字针、乱针、正抢、反抢等近似苏绣又有别于苏绣的针法演示传统的"织里刺绣"手工技艺。1967年，学习缝纫机绣。她将其所学传给其儿媳屠琴芳。2009年，被评为"湖州市非物质文化遗产·织里刺绣"代表性传人；1996年，刺绣枕套参加第一届织里镇童装博览会展览；2012年，作品《梅花》《映日荷花》参加湖州市博物馆"非遗日"展览。

朱兆荣　1943年生，吴兴高新区幻溇村小港埭自然村人。1959年金溇马灯停止活动。2004年，朱兆荣为恢复马灯这项民间艺术，先后跑到上海、苏州等地收集资料，并向村里老艺人请教学习，逐步掌握马灯演出技艺。在朱兆荣的带领下，组织起120余人的金溇马灯表演队伍，每年正月元宵之际，进村表演马灯。

何根叶　1947年生，吴兴区高新区幻溇村响石坟人，从艺20多年。2012年被认定为市级非物质文化传承人。何师傅收徒授徒朱利芳、朱凯、叶火根等十几人，已熟练掌握龙灯舞龙技术。每年制定传承计划并按计划开展活动，常年进社区演练。在活动中，与老百姓讲解龙灯的制作技艺和舞龙的技巧；2018年3月6日，走进太湖小学，给小学生开展民间风俗技艺舞龙宣讲。2018年至2019年期间，龙灯队逢年过节一直穿梭在高新区各行政村的文化舞台上；老人对购买龙灯所需要的材料和表演服饰所缺经费无偿赞助；乐意做传承挖掘与技术创新工作，发明新龙不同的舞龙步伐，对龙灯外观进行不同风格的创新。

蒋志瑛 又名蒋顺娣，1950年生，织里镇人。剪纸手艺传自母亲。一把剪刀，一支铅笔随身必带，在外看到好题材，即找出纸张剪下来保存。1994年参加"浙江省巧手嫂嫂作品展"；作品《龙凤呈祥》参加北京"联合国第四次世界妇女代表大会"女子手工作品展；2006年被评为吴兴区"文化示范户"；同一年，被评为"湖州市非物质文化遗产"剪纸传承人，有《蒋志瑛剪纸作品集》。

吴根才 1952年生，织里镇伍浦村谈家兜人。18岁开始从事传统糕点制作，有50余年。糕点有方糕、喜糕、寿桃、龙头糕等十多个品种。制作的龙头糕别具特色，从最初的磨粉、揉团、定型、上色、蒸煮等，从准备到完工，夫妻俩需要一两天时间。一套完整的龙头糕中包含2条龙、2条鲤鱼、1个聚宝盆、1个龙珠、10个翘角菱、10个荸荠、10个慈菇、10个发芽蚕豆、10个粽子、10个橘子、20个圆子，做出来的龙头糕形象逼真，深受当地群众喜爱和推崇，去吴根才家定做糕点的人家极多，一个季度大约用掉4000公斤米粉，主要用于喜庆活动。

王永明 1965年生，织里镇骥村人。受家庭熏陶，对花糕这一传统民俗产生浓厚兴趣，每逢家里制作花糕，就跟着学习。花糕是镇域清明时节节俗食品，以米粉为原料，将南瓜青、洋红揉进米粉，形成白、青、红三色，通过揉、卷、嵌等多种技法，塑出花型，具有浓郁地方文化特色。为传承花糕民俗文化，2014年，王永明在轧村小学成立花糕社团，主持编写《知礼花糕》教材；2017年10月，带领学生参加织里镇"传承好家风，情系十九大"重阳孝亲展示活动；2018年，走进"中国·菰城文化旅游节""第三届世界乡村旅游节""第四届菰城旅游文化节"活动，人民网、浙江频道等多家媒体报道了花糕文化。

张佰荣 1965年生，织里镇潘塘桥村沈家兜人。雕版印刷教师。自幼受祖母影响，喜欢画画。中学毕业后，即去学木匠并学习木雕专业技术，20 世纪 80 年代，在北京一边打工一边学画 10 年；2013 年，考入杭州抱华楼国画研究院"首届抱华楼花鸟画高研班"，是浙江省版画家协会会员，2019 年任湖州市老年大学美术教师，织里实验小学、轧村中学外聘美术教师，南浔实验小学"雕版印刷课程"教师。

第六章　新闻传播

　　1959年太湖人民公社广播站建立，标志着织里新闻传播业兴起，迄今已有60年。从先前单一广播发展至自办报纸、自办杂志、创办有线电视、互联网等多种形式。通过媒体和开展系列活动等及时宣传党和国家重大政策法令及当地政府政令，宣传本地典型人物与事迹，传承织里精神文化，激发新老织里人敬业、创业精神。以举办重大活动为契机，加大宣传力度，打好童装牌，打造中国童装之都，提高织里知名度。仅2003年全年在各类报刊上刊登120余篇报道，其中市外新闻报道58篇。新华社、人民日报、浙江日报、浙江卫视等国内新闻媒体，从不同角度、不同层面报道了织里镇发展情况和经济特色。2018年9月，数十家主流媒体举办"壮阔东方潮，奋进新时代—庆祝改革开放四十周年"专题宣传活动，合力聚焦浙江织里，全方位报道织里镇改革开放成果。

第一节　新闻业兴起与发展

一、织里广播事业发展沿革

　　1959年7月1日，太湖人民公社广播站建立，站址设在太湖公社大院内（原织里镇老街政府大院）。太湖公社（包括晟舍、太湖、漾西、轧村）所辖有76个生产大队，各生产大队均配有1只（规模大的配2~3只）高音喇叭。初时广播与电话通讯线路合一，分时段切换使用，1963年广播线路开始独立架设。此后，广播进入快速发展期，广播喇叭逐渐向自然村、生产小队及社员家庭普及。后随行政区域重新设置，太湖人民公社分成织里、太湖、晟舍、漾西、轧村等几个公社，1967年后，各公社广播站相继成立。1975年年底，各大队相继建立广播室，设备由大队干部管理，并实现广播全面入户，社员家庭广播安装率达到100%。由于乡镇合并，1996年，晟舍广播站首先并入织里广播站，织里广播站站址从织里老街政府大院迁至中华路政府大院三楼。1999年，太湖、漾西、轧村广播站并入织里广播站。2001 年，镇域全面开始安装调频广播。2005 年 4 月 17 日，织里广播站由中华路迁至织里镇政府科技文化大楼。2012 年 11 月，"车间好声音"设立并开始播音。2016 年 10 月，"车间好声音"网络电台上线。2019 年 10 月，织里广播系统全面升级，智能广播全面铺设。

织里区广播站　20 世纪 60 年代初，太湖人民公社广播站变更为织里区广播站，负责人沈伟昌，广播线务员朱二宝。配有播音员，先后有王丽君、林育英、沈琴芳、温新华四人担任。下设东桥、义皋、晟舍、陶家湾、轧村、骥村、织里、常乐、漾西共 9 个管理站。之后因各种原因，织里区广播站撤销。

1959 年 1 月至 1968 年 10 月，沈伟昌任站长；1969 年 1 月至 1988 年 11 月，施兰花任辅导员，负责织里区广播站的工作。

织里镇广播电视站　1969 年成立织里公社广播站，1984 年更名为织里乡广播站，织里镇广播站。为方便管理，吴兴县郊区分派 1 名广播辅导员，负责线路维护，并起到上情下达、下情上传的作用，1988 年 11 月，辅导员撤销。广播在政策宣传、科普知识、工作安排等领域发挥重要作用。随着电视传媒发展和普及，1993 年织里广播站开始创办有线电视，1994 年 1 月 1 日，织里镇广播站自办有线电视节目正式开播。初时共有节目 12 套，其中卫星接收天线（中星五号）接收节目 3 套，铁塔接收天线接收节目 8 套和 1 套织里镇广播电视站自办节目。自办节目于 1996 年上半年始至 2001 年下半年止计 6 年。节目主要内容：织里镇党委、政府重大会议信息、重大决策等宣传；当地文化、教育、卫生、民生等方面较有影响力的新闻事件。由织里广电站采编后播出，部分稿件报送上级新闻单位。由于撤乡并镇，1995 晟舍广播站并入织里镇广播站。1996 织里镇广播站更名为织里镇广播电视站（漾西、轧村、太湖广播站同时实施更名），由镇政府与市广电局实施双重管理。同年，镇广电站实施了 550 兆线路改造，实现了广播电视同缆传输，比市要求提前了 5 年。有线电视入户率达到 70% 左右。1999 年，太湖、漾西、轧村广播电视站并入织里广播电视站。2001 根据省、市关于推进城乡均等化和农村信息化建设的要求，进行了为期三年的有线电视通村入户"村村通"工程。随后又进行了有线广播"村村响"工程，使全镇拥有了广电网络主干光缆 693 公里，光节点 1235 个，地下管网 33.16 公里，有线电视用户 32 000 余户，安装调频广播 1048 只，每个行政村都建立广播室。2009 年，根据市政府的统一部署，全镇完成由模拟电视向数字电视的整体平移。2011 根据国家文化体制改革要求，镇广电站进行市场化运营，纳入"华数"管理。服务职能不变，服务领域进一步拓宽，同年在织里镇区范围内安装应急广播。2012 年织里镇广电站被浙江省广电局评为"浙江省先进乡镇广播电视管理台站"。2013 年在各童装类企业生产车间内安装"车间好声音"广播，"车间好声音"已宣讲 2600 余期，31.2万分钟，受众 40 万余人次。2016 年，全镇选址安装智能广播。6 月，镇广播电视开始智慧网络、平安织里雪亮工程、美丽乡村、信息化新农村、公安监控、新农村建设等领域的信息化应用。织里镇广播电视站历年负责人情况见下表。

表 7-6-1　织里镇广播电视站负责人名录

姓名	职务	任职年月
沈琴芳	播音员（全面负责）	1968.10—1975.1
汪忠（汪忠文）	站长	1975.1—1978.12
邱财根	站长	1978.12—1994.12
陈勇庭	站长	1995.1—2005.1
韦新根	站长	2005.1—2009.1
杨淑江	站长	2009.1—2015.1
陈国权	经理	2015.1—2018.1
裘小林	经理	2018.1—

晟舍广播电视站　1968 年，晟舍公社广播站建立，站址晟舍公社大院，员工 2 人，分别为值机员和外线员。有 275 瓦扩大机 4 台，总功率 1100 瓦，各大队广播线总长度为 28 公里，主杆线用毛竹 680 支组成；沿线搭挂 25 瓦高音喇叭 37 只，农村小部分农户装上小喇叭。1978 年，各村选派 1 人，共 16 人组成一支广播线路完善维护员。1979 年开始，筹建 6 米方水泥杆主干线，当年底 2公里主干线全部换成方水泥杆，确保广播主干线的畅通和质量，并由原有的 37只高音喇叭增加到 56 只，基本实现全域的覆盖。1980 年 10 月，全面完成网络重建工作。行政村以下，支干线路，依托村级供电杆提高到 60 公里以上，自然村到农户间分别用各型铁扎线，每 30 公分一卡的标准施工到户，并装小广播。17 个行政村，176 个生产队，2275 户，有舌簧小喇叭 2232 只，田间高音喇叭56 只，覆盖晟舍全域。全乡小喇叭入户率提升到 97% 以上。有小喇叭以后，各行政村先后添置 50～150 瓦的扩大机，建立各村级广播室，发布会议通知、宣传农业科普知识等。1994 年，晟舍乡开通有线电视，全境铺装电视线，实现村

村通电视。1993 年，晟舍乡划归织里镇，1995 年晟舍广播电视站也随之并入织里镇广播电视站。

1968 年 5 月至 1978 年 10 月，刘龙宝任站长；1978 年 11 月至 1995 年 11 月，陈勇庭任站长。

轧村广播电视站　1967 年 12 月，轧村公社广播站建立，站址公社大院，成员 2 人，1 人外线，1 人站内，所用设备是组装的 150 瓦扩大机。1971 年至 1972 年，架设毛竹竿广播专用线路，21 个大队，147 个生产队都接通广播，站内添置 275 瓦大功率电子管扩大机。1973 年，开展广播喇叭院户化建设，全公社每家每户都安装广播喇叭。广播种类是舌簧喇叭和压电喇叭两种。站内又添置 2×275 瓦扩大机、L601 录音机和 206 型四速电唱机，设备输出功率达到 825 瓦，21 个大队都配备大队赤脚线务员。随着行政区划改变，后来一度改为轧村乡广播站，轧村镇广播站。1975 年，对全公社的广播线路进行改造升级，广播喇叭入户率达到 99%以上，全乡安装田头高音喇叭 50 多只，21 个大队都建立了广播室。广播信号传输由低压传送改成高压传输，先由高压输送到大队，再低压输送到用户广播。站内又增添 2×375 瓦扩大机，设备总功率达到 1575 瓦，在转播好县广播节目的同时，公社举办了不定期的自办节目。1980 年，公社至大队的主干线从毛竹竿换成水泥方杆，树起水泥杆 450 多支，线路总长 29 公里。同时，为每只广播喇叭配上开关加木壳，既提高传输质量，又达到安全标准。1985 年，公社至大队的主干线换成 2.5 毫米镀锌铁丝，大队至自然村的广播支线换成水泥杆。广播站在办好节目的同时，邀请乡有关部门作技术专题讲座。1987 年，增加 1 名播音员。1989 年 9 月，乡广播站随着乡政府一起搬进新大院，安装新机房、播音室。又增添一台 2×275 瓦扩大机，设备总功率达到 2125 瓦。1992 年，完成音箱进村建设，原来的舌簧喇叭改成音箱广播。1995 年，轧村镇至村的主干线由方杆换成 6 米水泥圆杆。1996 年，广播站更名轧村镇广播电视站。1997 年，按照区广播站统一规划，开展有线电视建设。安装有线电视的前端设备，先在轧村镇实施安装有线电视，再向各村延伸，有 5 个村率先开通有线电视，随后普及至轧村全镇各村和自然村。1999 年 10 月，并入织里镇广播电视站。

1967 年 12 月至 1971 年 5 月，徐洪林任站长；1971 年 12 月至 1999 年 10 月，严水根任站长。

漾西乡广播电视站　1967 年 4 月，漾西公社广播站建立，站址在公社大院，站长和员工各 1 人。每个生产大队配有一只高音喇叭。广播与电话通讯线路合用，分时段切换使用。1968—1969 年，漾西铺设广播专线，15 个大队全部通专线，广播线和电话线全部分开。1969 年广播站增加一名播音员，添置一只 500 瓦扩音器，一天 3 次播音，广播内容有政治学习、先进事迹报道，广播大会、通知以及各村售卖小猪等农产品信息。1971—1972 年，漾西全境 15 个村，家家户户安装了广播。1996 年 1 月份开通有线电视，1996 年—1998 年，漾西全境电视线铺装完毕，实现村村通电视，工作内容转为收费和线路维护。1996 年，原漾西镇广播站改为漾西镇广播电视站，1999 年，漾西镇广电站并入织里镇广播电视站。

1967 年 4 月至 1996 年 9 月，李仕生任站长；1996 年 10 月至 1999 年 10 月，潘文华任站长。

太湖乡广播站　1967 年 6 月，太湖公社广播站建立。站址太湖义皋公社大院。1972 年，广播站随公社西迁至幻溇。1978 年，广播站备有 2×375 瓦电子管扩大机 2 台，总功率 1500 瓦，至 18 个大队电线总长度约 20 公里。广播站至大队电线由竹竿提升为水泥方杆、水泥圆杆，随后全线实现水泥杆专线化，18 个大队也都建立广播室，有了自己广播扩音设备，村村都配有广播线务员。各村除家家户户都有入户小喇叭外，还搭配一定数量田间高音喇叭，太湖全乡总共有 70～80 只高音喇叭。1976 年初，站内增加柴油机带动电动机自发电设备。之后，维护入户线，巩固入户率成常态化工作。1996 年，太湖乡广播站改为太湖乡广播电视站，1997 年前，全乡有几十户安装有线电视，至 1999 年 10 月 1 日，全乡有线电视网络全部开通。随后，专属广播电线逐步退出，广播、电视一网传输。1999 年，并入织里镇广播电视站。

1967 年 6 月至 1969 年 7 月，董云祥任站长；1969 年 8 月至 1996 年 10 月，朱士坤任站长；1996 年 11 月至 1999 年 10 月，何建荣任站长。

王金法广播　王金法广播是织里宣传一个重要窗口，具有浓厚地方色彩。1969 年 1 月 1 日在漾西公社开播，主播王金法，用织里家乡话进行直播。随王金法本人工作调动，王金法广播也随之更改播出地址。先轧村、继太湖，最后织里，至 2019 年已持续不间断 50 年，累计播出 165 万多分钟。每天分上午、中午、下午三个时段广播，每次 20 分钟。主要内容：1979 年前，主要是农业生产技术指导、农事安排提示、天气预报等。1979 年起，增加国家政策，当地政府重大决策宣传，上级中心工作布置、民生民计、童装生产安全、社会治安等。自2012年起，吴兴区开设王金法广播，每周六、周日、周一共三次广播。采用事先由王金法录音再广播方式播出。王金法本人也因此被授予众多荣誉称号，2008、2009、2012年度被评为省市优秀宣讲员，2010年度再获"全国基层理论宣讲先进个人"称号，2014、2020年度分别登上浙江好人榜和中国好人榜等。

二、人民公社通讯报道组

计划经济年代，随着报纸、广播等新闻媒体发展，农村人民公社、生产大队等基层生产、生活方面有关活动信息需及时向社会和上级媒体反馈，向辖区群众传播，为此，各人民公社相继成立了通讯报道组。公社报道组一般由3～5人组成，由主管公社宣传文化领导任负责人，公社文书或公社文化站兼管通讯报道组，并在有关单位选基层通讯员。定期开会和组织学习，讨论报道要点，要求基层通讯员每年撰写一定数量稿件。

表 7-6-2　各公社、大队报道组情况统计

单位	创办年月	负责人	生产大队通讯员人数
织里公社通讯报道组	1970 年	林坚	22
晟舍公社通讯报道组	1970 年	李老四（兼）	18
轧村公社通讯报道组	1972 年上半年	王建华	21
漾西公社通讯报道组	1965 年	吴顺杰	3
太湖公社通讯报道组	1970 年	叶再明	25

通讯报道是公社、大队一个常年性重要宣传阵地，是党和政府的喉舌。结合当地农业生产实际，各公社通讯报道组、公社广播站互相协作，根据农事生产活动即时创办"双抢"专题广播、编印"双抢"生产快报等，进行专题宣传报道。一是《"三抢一养"快报》（有公社也叫战报）。每年5月份，是农事最繁忙季节，大小麦、油菜籽等春粮已成熟等待收获，谓之"抢收"，两季水稻中早稻应及时播种及田间管理谓之"抢种"和"抢管"，春蚕养护谓之"抢养"。二是《"双抢"快报》。每年7月下旬和8月上旬，早稻已经成熟应抢时收割，晚稻应及时播种，故称"双抢"。三是《"秋收冬种"快报》。晚稻收起和来年春粮播种谓之"秋收冬种"。快报宣传主要内容：政府部门有关政策、指示；上级专管部门有关会议信息及会议精神传达；各生产大队和生产队农业生产进度通报以及在这三个重要

农事生产过程中所出现好人好事。所有快报均采用钢板蜡纸刻写，手工油印、装订，一般印刷50份左右，发至公社主要领导和各生产大队。《"三抢一养"快报》《"双抢"快报》每天都有出版，《"秋收冬种"快报》隔天不定期出版。优秀稿件也会投向上级报纸、广播等宣传媒体并被采用。

三、村级宣传员队伍建设

20世纪60年代末期与70年代初期，开始建立生产大队新闻报道组。生产大队报道组由1～2人组成，无专职人员，一般由大队会计或团支部书记负责，并兼任通讯员。主要收集整理自己大队典型先进人物和事件，上报上一级宣传报道组或直接投稿新闻媒体。1978年以后，大队新闻报道组随"文化大革命"政治运动结束而自行停止。20世纪80年代以后，生产大队改为行政村，村级宣传工作主要由村党支部分管党建事务人员负责，各村部设立宣传橱窗。内容有报刊阅读、村级政务财务公开、中心工作和任务及与村民相关事务通知等栏目。

四、通讯员培训班

1981年秋，织里公社首次举办通讯员培训班，各生产大队、学校、有关单位选派共计20余名学员参加培训，湖州报副总编辑施振华应邀来织里授课。培训内容有新闻消息、通讯写作、现场采访等。提高通讯员写作、采访、编排新闻稿件的业务水平。太湖、漾西等公社也组织基层通讯员培训。湖州报社每年开展优秀通讯员评选，召开大会进行表彰，个别还被聘为《湖州日报》或《湖州群众文化》通讯员。

五、所撰稿件被上级媒体录用情况与统计

在1978年前，有关织里情况极少见之广播、报纸等新闻媒体。1978年改革开放以后，织里棉布经销，床上用品、童装产业逐步发展起来，才受到外界关注和重视。2000年新世纪初，织里被国家有关部门授予"中国童装之都"称号后，逐渐引起新闻界关注，报道次数越来越多，级别越来越高。织里镇报道组所撰文稿被其他媒体采用且较有影响的报道有：《察看民情解疙瘩　为村民办实事》（湖州日报）、《为家乡发展出"金点子"》（湖州日报）、《织里以"双思"教

育促进现代化建设》（湖州日报）、《走出去 天地宽——对织里童装产业拓展国际市场的思考》（湖州日报）、《织里拉开城建大框架》（湖州日报）、《近百织里老板跨省承包租赁国企》（湖州日报）、《织里打造"中国童装之都"》（浙江日报2001年8月20日第一版）、《织里镇：国有棉纺业的"活水渠道"》（浙江日报2001年1月5日）、《织里童装企业纷纷扩容》（浙江日报）等。2011年、2012年和2018年、2019年四年被上级媒体采用的报道情况统计（含织里镇报道组投稿数）见下表。

表 7-6-3 2011—2019 年媒体报道汇总   单位：篇

年份	市级媒体	省级媒体	国家级媒体	网络媒体	境外媒体	其他媒体
2011	35	17	35	—	—	—
2012	62	35	25		2	
2018	206	72	147	39	8	72
2019	220	175	157	33	8	263

第二节 自办刊物及新媒体建设

一、自办刊物

《桑园》 油印期刊。1983年织里区文化站创办，初为每月一期，后由于稿件来源、经费不足等原因，改为双月刊。《桑园》为纯文学刊物，有小说、诗歌、散文及评论等栏目，1984年停办。

《溇港》 油印刊物。1985年7月太湖文化站创办，不定期出版，刊登本土文学爱好者作品，有民间文学、小说、诗歌、散文等。1987年因故停办。

《文艺报》 油印期刊。1989年5月漾西文化站创办，每季一期。为综合性刊物，侧重文艺。有反映先进人物、事件等通讯报道，也有诗歌、小说、曲艺等文艺作品，1992年因故停办。

《织里通讯》 1996年织里镇政府党群办公室主办，每月1期，共计20多期。1998年停办，为镇政府内参资料，向镇党委、镇政府作出重要决策提供政策解读、社会舆情、基层情况、民情问题等信息资源。

《教科研通讯》 湖州市织里实验小学教育集团校刊，1999年创办。初名"教科研"，2005年更名为"教科研通讯"，每年8期。以一线教师案例、随笔、论文为主，给一线教师提供一个专业成长优质平台。除了常规出刊外，还不定期推出相关增刊：①个人专刊：选取有着个人特色，或是在学生管理上有创新做法，同时又有着较强科研能力一线教师，为他们专门编辑一期刊物。②印象百期：趁建校100周年（2012年）之际，推出百篇成果集特刊。③在建刊100期之际，推出印象百期特刊，名为《新路历程》，汇集新教师一年来教育教学论文、案例反思、教育随笔等。④评价专刊《管理手记》：收集学校管理层在管理工作中好方法、金点子汇集。⑤结合教师师训活动，编辑专刊。此外，2020年6月，出刊《与学生的故事》，2020年12月，出刊《双册设计特刊》。

《大港报》　2001年3月28日由浙江大港集团创办（刊号：浙企准字第010号）。初名"大港季报"，同年8月18日改为"大港报"。四开四版，图文并茂。一版刊登要闻，报道大港集团活动和大港村新农村建设；二版刊登集团各企业经济类讯息和新风新事；三版为综合版；四版是文艺副刊，刊登企业职工、村民创作的文学艺术作品。2018年3月15日，《大港报》因故停办。

《织里市场报》　2005年由织里商城发展公司主办，每月1期，为市场经营户、童装业主提供诸如经营理念、市场信息、服装设计等方面服务。2006年因故停办。

《濛初报》　2016年1月织里实验小学创办的校报，四开四版，每学期2期。主要有学校重要教育教学活动宣传，本校教师风采录，优秀学生事迹介绍，选登教师育人、教学心得、论文及学生优秀作文等。

《晟睿报》　2019年1月晟舍小学创办的校报，每学期1期。简介学校一学期重要活动、学校师生获奖情况统计等。

二、传媒新媒体

"织里城事"微信公众号　为适应新媒体发展，继开通"中国童装之都-织里"官方微博后，2015年11月2日正式开通"织里城事"微信公众号。"织里城事"微信公众号是全镇唯一官方政务微信公众平台。实时向社会公众发布各类政务、新闻资讯、公益活动、公共服务等各类信息及全镇范围内政治、经济、民生等新闻报道。截至2020年12月底，有订阅客户77 342户，在文章发布量、总阅读数、头条阅读数等方面均处在吴兴区几家官方政务微信公众号前列。

"织里警事"微信公众号　2014年6月15日由湖州市公安局织里分局创建，

原名"织里老蔡驿站"，2020年3月5日，正式更名为"织里警事"。至2020年12月底，"织里警事"新媒体订阅客户261 030户，已刊发各类图文1800余期和视频信息5000余条。制作专题信息多被公安部中国警察网、省公安厅"民生66"、人民日报、平安时报等多家国家、省、市级媒体和政务官方微信录用和转发。"织里警事"微信公众号紧紧围绕公安机关主业，发挥新媒体平台作用，日常发布以警情警讯、正能量故事、先进典型宣传、防诈宣传等内容为主，同时实时公开各类视频、图片类警务信息，做好重大主题、突发事件和敏感问题新闻发布和舆情舆论引导工作。2018年6月底，推出全新专栏"以案说防，以案说法"，截至2019年底已制作刊发585期，并积极对接与发动织里辖区八大自媒体平台（大织里、织里城事情、织里的事等媒体平台）积极转发，总阅读量500万余次。

"织里消防"微信公众号　创建于2015年3月4日，负责人朱健，主管单位湖州市消防救援支队织里大队。主要用于传播和科普消防安全知识、各类消防产品展示等。文章点击浏览量日超1000。2020年9月30日因故注销。

"织里交巡警"微信公众号　2017年3月31日，由湖州市公安局织里分局交巡警大队创建，至2020年12月，"织里交巡警"新媒体订阅客户22 162户，已刊发各类图文信息500余期，制作专题信息多次被省公安厅省公安厅"民生66"、《浙江交警》《湖州公安》等多家省、市级媒体和政务官方微信录用和转发。"织里交巡警"微信公众号围绕交警工作，内设"权威发布""即时查询""便民服务"三大栏目。发挥新媒体平台作用，日常发布交通法规、工作动态、便民信息等内容。公开各类视频、图片类警务信息，做好重大主题、突发事件、敏感问题等新闻发布和舆情舆论引导工作。在"便民服务"窗口，车主们可直接查询交通违章情况，实时了解到施工路段、单行线等重要出行信息。路上行驶遭遇了前后车堵住，可以通过"智能移车服务"，发送拦路车车牌号，后台交警会联系车主移走车辆。

织里之声·车间好声音　2012年织里镇党委政府和湖州广播电视网络传输中心合作，创办"车间好声音"广播节目，2019年改版为"织里之声·车间好声音"，开启广播"5.0"时代。主要功能为宣传党和政府方针政策，发布重要信息，转播上级媒体新闻节目，传播市场动态，丰富文化娱乐生活等。开设节目有广播访谈类"邀你说织里"，广播脱口秀"今天·知礼秀"，新闻播报类"织里城事·播报多看点"，主题报道类"车间文化礼堂"，互动点歌类"好歌送给你"。联合织里镇总工会开办织里首档职工访谈"职工会客厅"和职工脱口秀"吴兴·匠心"；联合织里镇团委开办织里首档青年访谈"知礼·青年说"；联合织里镇公安分局开办广播警示类"民警说防"。每天分三个时段播出，分别为：上午10：00—12：00，下午2：00—4：00，晚上6：00—8：00，每个时段长2小时。不断改进节目内容和形式，以适应听众爱好和需求，同时已在"网易云音乐"开通网络电台"青年会客厅""我·朗读者"。"织里之声·车间好声音"设备设施完善，并配有专业工作人员和信息采访制作团队。

　　除了上述官方主办公众微信号外，由织里事业单位、私人企业创办公众微信号300多家。设置各类栏目，内容涉及面较广。主要有各单位自身发展情况、重要活动介绍，发布各种商业、商品信息，招聘启事等。

第三节　重要人事活动宣传报道

一、沈阿章烈士学习宣传报道

　　沈阿章是织里公社姚家甸大队民兵连三排排长。1968年10月参加"8383"国防工程建设，任国防工程基干民兵团十连五班班长，共青团员。1969年11月

在沈阿章烈士纪念馆前进行革命传统教育

4 日晚，在施工中突然发生塌方，为救战友身负重伤，经抢救无效，于次日晚光荣牺牲。1969 年，根据沈阿章生前申请和表现，中国共产党嘉兴地区委员会作出决定：追认他为中国共产党党员，同年浙江省革命委员会授予他"革命烈士"称号。1970 年 11 月，中国共产党织里公社委员会首先作出《关于深入开展向烈士沈阿章同志学习的决定》，1971 年 6 月，中国共产党嘉兴地委、嘉兴军分区政治部、中国共产党吴兴县委员会、吴兴县人民武装部委员会分别作出《向优秀共产主义战士、英雄民兵沈阿章学习的决定》。织里公社在织里大队礼堂创办烈士展览馆，把沈阿章生平事迹制作成展板，由吴兴县人民武装部组织全县基干民兵参观学习，后来又在织里公社境内各大队作巡回展览，并编排了文艺节目。多家单位邀请沈阿章母亲作烈士事迹介绍。浙北报、浙江日报先后刊出长篇通讯，介绍英雄民兵沈阿章事迹。

二、首届"2001·中国织里童装博览会"传媒报道

2001 年 9 月，由中国服装协会童装专业委员会和湖州市人民政府主办首届"2001·中国织里童装博览会"在织里镇举办。博览会吸引了众多媒体记者采访、报道。新华社、人民日报分别以《七万农民忙产销　亿件童装出织里》和《奋发有为看浙江》为题进行报道。解放军报、文汇报、新民晚报、中国纺织报、香港商报、浙江日报等均刊发报道织里童装经济从无到有、从有到大、从大到强发展历程。各种媒体累计报道 118 篇。由此，织里童装开始影响全国。

三、2018 年"庆祝改革开放四十周"中央等主流媒体宣传报道

2018 年 8 月，织里镇作为中宣部"壮阔东方潮奋进新时代——庆祝改革开放 40 年"集中宣传报道点全国唯一乡镇，得到 25 家中央、省级主流媒体集中报道。2018 年 9 月 10 日至 12 日人民日报以《小童装织就大企业》《织里织了一朵"智慧云"》《"小马"如何拉好"大车"》为题，连续三天系列报道织里镇创新发展纪实。新华每日电讯、解放军报、光明日报、经济日报、中国日报（海外版）、科技日报、工人日报、中国青年报、中国妇女报、浙江日报等媒体在同年同月均连续以 2 至 3 天作织里全方位发展系列报道。2018 年 9 月 9 日，中央电视台在节目中用了 3 分零 9 秒时间聚焦浙江织里，以《基层治理做好"绣花"功夫》为题，介绍如何做好小镇治理工作。"壮阔东方潮，奋进新时代—庆祝改革开放 40

周年"累计介绍织里报道有 40 篇之多。

四、2019 年"社会治理先行地，美好生活试验区"活动宣传报道

织里镇由 5 个乡镇（太湖、轧村、漾西、晟舍、织里）合并而成，区域面积 135 平方公里，实有常住人口超 45 万，其中外来人口常年保持 35 万左右，是常住人口的 3 倍多。城市框架约 31.3 平方公里。织里镇共有童装户 1.3 万余家，电商企业 7000 余家。作为"童装之都"，织里市场化程度高、民营经济发达、流动人口多。织里在创新社会治理方面探索出了许多"织里经验"。转变观念、创新治理，破解治理难点，用"智慧织里"赋能创新治理，用"多元共治"激活"一池春水"，把一个环境差、秩序乱的"大工厂"转变为和谐稳定、富裕文明、百姓安居产业新城，打造了基层治理织里样板，为全面建成小康社会后社会治理积累了经验。2019 年 11 月，"中国治理的世界意义"国际论坛在织里成功召开，200 多位中外智库专家到织里进行实地调研，10 多位权威学者撰文推介。国务院新闻办公室网站、人民网、新华网、人民日报、光明日报等市级以上各种新闻媒体深层次全方位实行报道。《织里之治——全面小康后社会治理密码》一书由中国农业出版社、农村读物出版社公开发行。织里社会治理成功经验被推向世界。据统计，2019 年 11 月关于"中国治理的世界意义"国际论坛在织里召开的各类媒体报道就有 200 多篇，其中，市级媒体 7 篇、省级媒体 42 篇、国家级媒体 31 篇、网络媒体 3 篇、境外媒体 6 篇及其他媒体 150 篇。

附表　各乡镇党报和其他报刊订阅情况　　　　　　　　　单位：份

报刊名称	织里	太湖	轧村	漾西
人民日报	171	50	35	30
浙江日报	580	200	40	30
红旗（求是）杂志	60	50	20	30
湖州日报	1950	300	47	100
光明日报		50		
今日浙江	75			

注：此表为 1993 年乡镇合并以后的数据。

第八卷

人文历史

第一章　雕版套色印书

中国出版业在明中后期达到繁荣顶峰。与此一致，在书船业推动下，湖州雕版印刷也进入极盛时期，成为全国著名刻书中心。当时湖州世家望族竞相参与刻书，其中最著名的是晟舍闵、凌二家，两族参与刻书活动的分别有 27 人和 25 人。万历四十四年（1616），闵齐伋首创套版刻书，刻成朱墨两色书籍《春秋左传》，次年又试验成功朱墨黛三色本《孟子》等。套版书的优势是能把正文和评点分开，不须注明，读者一览而知，因而风靡于世。据初步统计，现存闵凌墨刻本约 60 种、朱墨本约 74 种、三色本约 18 种、四色本 3 种、五色本 2 种，另有闵齐伋刊六色套印本《西厢记图》1 种。闵凌套印本在明末即有"精"的美誉度，它们不仅行疏幅宽，正文与评点眉目清楚，而且套印技术高精、底本精良、校雠精审、插图精致、序跋美观、纸墨俱善，故闵凌套版书籍一出，当时"无问贫富，垂涎购之"。为获取利润，闵凌刻书不仅重视精品打造，而且重视商机。闵凌刻书家大都是科举考试蹭蹬或罢官闲居者，是传统意义上的儒士阶层；所刻书经史子集兼具，而以名人所评集部著作为主；其受众群趋向高端上层，主要是文人。闵凌刻书还有一个从家刻到坊刻的过程，其万历前期所刊墨本，主要是为了传承文化、弘扬家族声誉，偏向家刻，而万历末至明亡前所刊套色书，主要是为了获利，坊刻特征十分明显。

第一节　雕版印书中心

一、雕版刻印

刻书中心　湖州雕版印刷悠久历史，基础雄厚，早在北宋末就有大部头的《思溪圆觉藏》的印造。南宋、元、明、清四代，湖州雕版印刷长盛不衰。特别是明中叶后，由于书船业推动，加上套版印刷兴起，湖州雕版印刷进入极盛时期，成为全国著名刻书中心。谢肇淛《五杂组》卷十三："宋时刻本以杭州为上，蜀本其次，福建最下。今杭州不足称矣，金陵、新安、吴兴三地剞劂之精者，不下宋版。"胡应麟《少室山房笔丛》卷四："余所见当今刻本，苏、常为最上，金陵次之，杭又次之。近湖刻、歙刻骤精，遂与苏、常争价。"这些与苏、常争价的精美程度不下宋版的湖刻主要是指湖州套版书，而湖州套版刻书以晟舍闵凌二氏为代表。明代晟舍一带，书铺林立，客商云集，闵凌套版书籍一出，"无问贫富，垂涎购之"，非常热销。

闵凌墨刻本　在套版刻书之前，闵凌的雕版印刷已经盛行天下。周越然《书谈》："两家当日，席丰履厚，其贤者伏居乡里，不问世事。诵诗读书之余，专以刻书相竞。"凌迪知与明代后七子中的王世贞、徐中行商讨刻书，刻书质量和知名度得以提升，凌氏所刻书籍遍布天下。朱国桢《缮部绎泉公行状》："先生（凌迪知）益发舒，与元美、子与两家，时议论校刻秦汉诸书，义例纲领，一经裁定，井井可观。于是凌氏书布天下，干麾所指，多及其庐。"凌迪知所刻书籍主要有《国朝名公翰藻》五十二卷、《古今万姓统谱》一百四十六卷、《皇明经世类苑》四十六卷、《文林绮绣》五种五十九卷等，其弟凌稚隆所刻书籍亦盛享名气，主要有《史记评林》一百三十卷、《史记纂》二十四卷、《汉书评林》一百卷、《春秋左传注评测义》七十卷、《吕氏春秋》二十六卷等，这些书籍都产生在晟舍套版刻书之前。套版刻书盛行后，闵凌墨刻本亦未断绝。著名套版刻书家闵齐伋即刊有墨本13种，闵元衢《闵刻十种》均为墨本，闵齐华甚至在《文选》套色浪潮中特意墨刻，"今仍墨本，以还大雅"。据初步统计，现存闵、凌墨刻本至少60种。

二、套色印刷

套印及意义　套版印刷，简称套印，就是用两块或两块以上的印版在同一张纸上印出不同的颜色。它需要将不同颜色的部分刻成不同的印版，并着上各自颜色，然后套合在一起，刷印在纸上。套版印刷是我国继活字印刷后对世界印刷史做出的第二次大贡献，欧洲在18世纪才知道这一方法，后来的铅印、石印、胶印等都是从此法演变而来。陈继儒《史记抄序》："自冯道、毋昭裔为宰相，一变而为雕版；布衣毕昇，再变而为活版；闵氏三变而为朱评，书日富，亦日精。"套印本的优势是能把正文和评点分开，不须注明，读者一览而知，适应宋代产生的至明中叶达到兴盛的评点思潮。因同一本书的评点者往往不止一家，所以又产生多色套印，一色代表一家批注或评点。如凌瀛初刊刻的《世说新语注》六卷，刘辰翁所批用蓝色，王世懋所批用朱色，刘应登所批用黄色，连上正文的墨色，共是四色套印。有时同一人对同一本书亦会有前后多次或不同类型的评点，并使用不同的颜色来区分，这样的评点本也非套印本不能表现其旨趣。如凌氏所刊《诗经》四卷先有朱墨本，后有朱墨蓝三色本，其中三色本中的蓝色评语即为钟惺第二次所评。苏洵所批《孟子》原本有朱黛两色不同类型的批点，而"传者失之"，闵齐伋刊朱墨黛三色套印本《孟子》"特存其旧"。杨慎所批《文心雕龙》"元用五色，刻本一以墨别，则阅之易溷"，凌云、闵绳初刊本为了"有益于观者"，"复存五色"。套印本的评语、批注多在书眉或行间，为便于在行格间套印文字，套印本一般没有行线，印成后行疏幅宽，正文、评点眉目清楚，加之纸白笺细，彩色斑斓，展卷阅读，引人入胜，甚至可作为艺术品收藏。

闵齐伋套印 关于套版刻书的起源，学术界说法颇多，但真正用套版刻出彩色（不是在同一块板上涂不同颜色来刷印出彩色），且是套刻彩色文字而非图画，闵齐伋当是较早者，甚至可能是首创者。徐珂《清稗类钞》"工艺类"之"套板印书"条曰："朱墨本，俗称套板，以印墨一套，印朱又一套也。广东人仿印最夥，亦最精，有五色者。武英殿本《古文渊鉴》亦五色。考其原起，则实明万历时乌程闵齐伋所创也。"至于湖州套版刻书，始于闵齐伋，则毫无疑问。同里凌启康曰："朱评之镌，创之闵遇五。"闵齐伋创立套版刻书后，闵氏与凌氏竞相刊刻套色书籍，晟舍掀起套印热潮。受此影响，湖州练市茅氏亦刊刻有不少套色书籍。随着闵齐伋、凌濛初等寓居南京刻书，套印技术与风气又传到南京，并于17世纪上半叶在湖州和南京达到极盛。

朱墨套印 学界一般认为，闵齐伋刊刻的第一部套印书籍是万历四十四年（1616）刊朱墨本《春秋左传》十五卷。各种书目和论著记载的此前刊刻的闵凌套印本，很可能是将套印本中旧序跋的创作时间误作套印本刊刻时间。《春秋左传》因是首次套印，闵齐伋在《凡例》中特意记载套印的优越性："旧刻凡有批评圈点者，俱就原版墨印，艺林厌之。今另刻一版，经传用墨，批评以朱，……置之帐中，当无不心赏，其初学课业，无取批评，则有墨本在。"同年秋天，他又刻成《檀弓》一册，自序中也流露出刚试验成功的口气："皇明万历丙辰秋九月，剞劂告成。雕镂既极人工，为之一笑。"现存朱墨套印本闵氏约34种、凌氏约40种，共计74种。

三色套印　闵齐伋也是三色套印的最早刻家。万历四十五年（1617），即第一个朱墨本刻印成功的次年，他就发展出三色套印，出版朱墨黛三色套印本《孟子》二卷和《杜子美七言律》一卷。其中《孟子》以朱、黛两色区分出苏洵前后两次对是书的批点，因此他在跋文中很自豪地说："勿以点缀淋漓为观美而诧异也！"现存闵刊三色套印本约11种：闵齐伋《孟子》《杜律》《楚辞》《国语》《战国策》《春秋公羊传》《春秋穀梁传》《草韵辨体》8种、闵振业《古诗归》《唐诗归》2种、闵洪德《苏文》1种。存凌刊三色套印本约6种：凌云《苏文嗜》《唐诗绝句类选》2种、凌启康《苏长公合作》、凌汝亨《苏文忠公策论选》、凌弘宪《楞严经》、凌杜若《诗经》。另有三色本《西厢会真传》不能确定是闵刊还是凌刊。

四色套印　凌氏四色套印本目前发现3种：凌瀛初朱墨蓝黄四色套印本《世说新语》六卷与《世说新语》八卷、凌森美朱墨蓝紫四色套印本《南华经》。两种《世说新语》中，正文墨色，刘辰翁批注蓝色，王世懋批注朱色，刘应登批注黄色。《南华经》中，正文墨色，郭象注淡墨，杨慎、焦竑、韩非评点浓墨，林虙斋口义紫色，王凤洲评点、陈明卿批注朱色，刘须溪点校黛色。若将淡墨、浓墨视作两色，则《南华经》评点就达五色。闵刊四色套印本目前尚未发现。

五色套印　五色套印本有两种：一是学界一般视作凌云刊的朱墨蓝紫黄五色套印本《刘子文心雕龙》二卷《注》二卷。是书有凌云《凡例》和闵绳初《刻杨升庵先生批点文心雕龙引》，当是凌云与闵绳初合作刊刻。凌云《凡例》说："今复存五色，非曰炫华，实有益于观者"；"五色，今红、绿、青依旧，独黄者太多，易以紫；白者乏采，易以古色。"二是凌启康刊朱墨黛黄绿五色套印本《苏长公合作》八卷（现藏于上海图书馆，编号为95394-413）。绿色、黄色虽不多，但实为五色。如《择胜亭铭》一篇，一篇之中即有五色：正文墨色，茅坤眉批、李贽批语为朱色，解释考订性批注为浅绿色，圈点有朱、黛两色，尾批有黛与黄两色。黄色虽泛白，但还是较明显。

六色套印　六色套印目前只发现闵齐伋刊《西厢记图》1种，为朱墨蓝黄橙绿六色。现藏德国科隆东方艺术博物馆，共有图21幅，其中1幅为莺莺像，其他20幅为《西厢记》剧情插图，学界一般认为它们是闵齐伋刊本《会真六幻》的插图。若是，则闵齐伋刊本《会真六幻》可视为六色刊本。

第二节　雕版印书市场

一、印书质量

"精"的美誉　闵凌套印本在明末即有"精"的美誉。谢肇淛《五杂组》卷十三："宋时刻本以杭州为上，蜀本次之，福建最下。今杭州不足称矣，金陵、新安、吴兴三地剞劂之精者，不下宋版。"胡应麟《少室山房笔丛》卷四："余所见当今刻本，苏、常为上，金陵次之，杭又次之。近湖刻、歙刻骤精，遂与苏、常争价。"所谓"（吴兴）剞劂之精者"和"湖刻骤精"主要就是指闵凌套印本。

技术高精　套印需将着有不同颜色的多块印版套合在一起刷印在一张纸上，但闵凌套刻本几乎没有诸色交错重迭和套版用错的现象，可见晟舍闵凌二氏套印技术之高精。

印本精美　闵凌刻本纸墨俱善，大都用上等绵纸或宣纸，纸白墨香，字体黑而有光。特别是闵凌套印本，行疏幅宽，正文与评点眉目清楚，观览效果好。

插图精致　闵凌套印本戏曲和佛经一般附有精致插图，这些插图"使观者目眩心飞，足称一时之大快"。《西厢记》明刻附图本传世的不下 20 种，其中最精美的要数闵齐伋刻本和凌濛初刻本。闵齐伋所刻《西厢记》插图共 21 幅，画笔刻工精美，构图方式独特。"闹斋"一幅，刻画张生与莺莺在斋堂中相见情景，人物秀美，一扫长身玉立、面貌呆滞的习见态势，被黄裳认为是"晚明最好的人物板画"。画中佛堂点景仅是一尊佛像和高几上的香炉，炉中两支香烛，冉冉上升的烟霭中幻出莺莺的亡父。凌濛初刻本《西厢记》插图 20 幅由苏州著名画家王文衡绘制，著名徽派版刻家新安黄一彬雕刻，点笔工致，刀法精妙。凌氏所刊《琵琶记》《幽闺记》《红拂记》《北红拂》《红梨记》《南音三籁》《楞严经》《金刚经》《维摩诘所说经》、闵氏所刊《邯郸梦》《董解元西厢记》《艳异编》也都有精美插图。

序跋美观　为提高书籍精美度，闵凌套印本还在序跋等的书法与印刷颜色上下功夫。凌濛初刊《维摩诘所说经》，不仅于卷端绘精美的释迦像，而且题苏台弟子王文衡敬写，上用行楷刻沈约《释迦文佛像铭》，又附草书谢康乐《维摩诘十譬赞》四页，题"佛弟子凌濛初书"，然后才是有朱色眉批和圈点的《维摩诘所说经》正文，把一本经书刻得美不胜收。闵光瑜刊《邯郸梦》，插图题辞仿唐伯虎、李昭道、陈居中、赵孟頫、仇十洲等众多名人书法，时而篆书，时而隶书，时而行书和草书，视觉效果很好。与此相似，凌性德所刊《红梨记》十八幅插图的曲文题词，亦行书、楷书、篆书、草书、隶书等各种字体兼具。又凌森美刊四色本《南华经》，其中《杨升庵题刘须溪小引》黛印，武进徐常吉撰《刘须溪点校庄子口义序》为行草书，并特意标明：晋子玄郭象注（墨色，淡、细）；辑诸名家评释：杨慎、焦竑、韩非（墨色浓）；宋林膚斋口义（紫色）；明王凤洲评点（朱色）；刘须溪点校（黛色）；附陈明卿批注（朱色），且以上文字即对应各自颜色，这些都增强刻本的美观效果。

底本精良　闵凌刻书重视底本选择工作，所刊大都是名家所著、所选、所评之书，乃至有部分宋元旧本。闵齐伋所刊《春秋左传》的底本是著名评点家孙月峰手批本，所谓"研几索隐，句字不漏"者。闵齐伋所刊《考工记》《檀弓》分别采用明郭正域、宋谢枋得评本。凌濛初刻《琵琶记》用的是旧藏臞仙本，且恪守原本，"毫发毕遵，有疑必阙"。凌濛初刻《世说新语》，先搜集到刻自豫章藩司的王世懋批点本，后又得到冯梦祯秘藏的刘辰翁、刘应登两家批注本，才"刻之为鼓吹"。凌澄初跋《晏子春秋》云："吾族《道德》《南华》点校，俱得善本；《管子》亦得朱大复、赵定宇两先生评，行于世。"其中《南华》点校得善本是指刘须溪评点本，也是凌森美认为的"海内罕睹者"。凌澄初所刊《晏子春秋》底本则由凌稚隆得于国学，并"手加丹铅，实有会心"，也是善本。凌云刊《苏文嗜》用的是唐顺之抄本，且缀以李恒斋评点。凌森美刊《选赋》正文以李善本为主，又校以五臣本，评点则采用郭正域和杨用修。另外，像高启、茅坤、杨慎、李梦阳、王世贞、李攀龙、钟惺、谭元春、汤显祖、焦竑、茅坤、袁宏道等人的批点本，也是闵凌刊本的首选对象。

校雠精审　闵凌刻本大部分是校雠精良的善本。《晟舍镇志》卷五评价闵齐伋刊本校雠质量："上自经书子集，下稗官词曲，锓木后士人能雠一字之伪者，即赠书全部，辗转传校，悉成善本。"闵齐伋在《春秋左传·凡例》中提到对校雠工作的重视："校雠不啻三五，而钱刀之靡，非所计矣！"闵齐伋刊本《会真六幻》是学界公认的校雠精良之本。凌稚隆点校《晏子春秋》，"凡有意义重复，另为细字，即附着各章下"，"其不合经术者，另以细字分外篇"。凌稚隆校刊《汉书评林》，"始字而釐之，已句而断之，已按所手次诸家评而洒削用之，如此类不一，而后乃登梓。既梓矣，而复于字、于句读、于批评而研校之，亡虑数十过而后已，盖目不交睫，手不停札，积三祀而工始竣"。他所刊《史记评林》则以汪谅、柯维熊校刻本为底本，广校众本，对此后《史记》版本校勘意义重大，清代武英殿本、金陵书局本等都以它为重要参校本。当然，就部分套印本而言，所谓校雠精良主要是指文字方面无"鲁鱼豕亥"之讹，而不是指内容遵循原本。

二、重视商机

翻刻畅销书　闵凌套印本能紧跟流行趋势，根据市场需要刻印书籍。晚明时刘辰翁评点本的销路非常好，"坊估刻以射利，士林靡然向风"，凌濛初就多方访求刘辰翁评本，他在武康找到了刘氏评点的《孟东野诗集》，现存凌濛初刊本《世说新语》《李长吉歌诗》《陶韦合集》《王摩诘诗集》《孟浩然集》《韦苏州集》等也都有刘氏评点。《读风臆评》首刊本为万历四十六年蜀刻本，闵齐伋见其流行，遂于两年后翻刻，并以套印新之，以吸引购买者。闵映璧所刊《草堂诗余》是迎合晚明娱乐需求和重情思潮的畅销书籍，当时书商争相刊刻，流传至今的明刊本有 35 种之多。闵遶所刊李贽《初潭集》也是明末流行之书，这从"明季乃盛行其书，当时人心风俗之败坏，亦大概可睹矣"的负面评价中可见一斑。陈深所辑《周礼训隽》是有关科举考试的畅销书籍，"条分缕析，栉节句比，殊便后学"，凌杜若从中摘出评语，刻成《周礼》二十卷。闵齐华在其所刊《孙月峰先生评文选》的《凡例》中说："迩来茗上诸刻，青黄并饰，朱紫杂陈，不图滥觞之极，绘及秽史淫词。"这说明闵凌套印本乐于出版市场上流行的小说和戏曲。因为销路好，有时同一本书会多有次刷印。闵于忱所刊《孙子参同》、凌森美所刊《选赋》、凌濛初所刊《陶靖节集》《王摩诘诗集》都曾多次印刷。

考虑商业卖点　王世贞根据刘义庆《世说新语》和何良俊《语林》删编而成的《世说新语补》刊行后非常畅销，以致《世说新语》原书反而湮没不闻，凌濛初就把《世说新语补》中属于《语林》的部分摘出，作为附录放入自己所刊《世说新语》中，这样不仅可以宣称恢复了宋本《世说新语》的原貌，而且也保留了《世说新语补》的流行效应。若卖点所在，闵凌刊本有时宁留误而不删。闵一栻刊刻杨肇祉编选的《唐诗艳逸品》，明知书中简文帝、陈后主等人作品不是唐诗，但仍依原书而不删，以吸引读者。与此相对的是，尽量消除不利于销售的因素。凌濛初《东坡禅喜集》收入冯梦祯《景德传灯录跋》时，将"今春遇茗姻家凌玄房"一句中的"姻家"两字删去，因为这两字更容易让冯氏赞誉性跋文背上恭维嫌疑。为利于广告宣传，闵凌编选的部分书籍并非自己刊刻。凌濛初编撰的《拍案惊奇》与《二刻拍案惊奇》都是委托苏州尚友堂刊刻，尚友堂给《拍案惊奇》作的广告是"本坊购求，不啻拱璧；览者赏鉴，何异藏珠"。

三、商业手段

版本改造　有通过改刻某页而增加卷数的。凌版《世说新语》有六卷本和八卷本之分，其中八卷本就是用六卷本的刻板改刻而成，购者"不对校，不知其技不过如此而已"。也有改动序言、跋识或注解的，如凌刊本《李于鳞唐诗广选》七卷有初印本和后印本之分，初印本有凌濛初序、凌瑞森与凌南荣识语，凌弘宪后印本则把它们全部删除，而增加自己撰写的序，这并非兄弟子侄之间有版权之争，而是故为变化，以畅销路。闵齐伋翻刻周梦旸《考工记》时，虽然保留原书中郭正域序，但删去郭序中有关批点者信息之语句，在正文中亦不标出批点者之名，使人误以为是郭正域批点本。闵振声等所刊朱墨本《唐诗选》"即唐汝询、蒋一葵注解七卷本，去其注解，而朱镌王穉登等评语于眉端耳"。

牵傍名人　闵凌套印本有意牵傍名人。闵齐伋翻刻周梦旸批点《考工记》，删减郭正域序的内容，使人误以为郭正域批点本，正是为牵傍上郭正域这个名人。冯梦祯《景德传灯录跋》鉴定凌濛初所藏《景德传灯录》为元板，其内容与凌濛初所刊《东坡禅喜集》并无关系，但考虑到冯梦祯是个大名人，凌濛初遂将它作为附录收入。闵凌套印本甚至有伪托名人插图和评点之情况。凌性德宣称其所刊《红梨记》中的《素娘遗照》原是友人珍藏的唐寅作品，他"购名笔往摹之，神情意态无不一一逼肖"，然学界认为此图为凌氏雇名手摹唐寅原作而成的"可能性很小"。闵暎璧宣称其所刊《艳异编》中的《艳异十二图》得自于"仇十洲家藏稿"，但学界认为"实未可信"。唐寅与仇英当是出版家打出的招牌，以抬高书籍身价。闵凌套印本有时四处摘取注释或评语混刻之，然后假托名人批点。凌毓枏刊本《吕氏春秋》的评点者题为镜湖遗老，叶德辉认为"此书批评诚不可据"，是假冒古人。闵于忱所刊《孙子参同》，卷首注释列曹操等 15 家、评点列苏洵等 10 家，而正文中不尽见；正文中所见如茅坤、王鏊等，卷首又不列名。其《凡例》称批点全是王凤洲、袁了凡原笔，批评则是苏、王诸家并存，又称李卓吾参同俱载丛书中，原有梅司马评点并不擅改，"所言辗转纠纷，无从得其端绪"。闵一栻所刊《唐诗艳逸品》，《凡例》列举从唐至明 36 位评点名家，但正文中评语量少而浅显，且未标出评者，明显是伪托。

招徕读者 凌瀛初所刊《红拂记》十二幅插图的题辞实际上由凌起祥一人所题，然六次署其名"起祥"，四次署其字"玄观"，两次署其号"浮玉"，明显是故弄玄虚，以招徕读者。凌濛初明知白云散仙《琵琶记序》所谓梦见高明之事是子虚乌有，但为迎合购买者兴趣，凌刊本《琵琶记》仍附上这一荒诞之序，"兹附载其序，以发好事者一笑"。为吸引读者，凌濛初一边批判，一边迎合："〔锦缠道〕一曲，堆砌甚矣，旧曲宁有此耶？然时所喜唱，不得不留以备一种耳。"在《琵琶记凡例》中，凌濛初说："今凡见古本无尾者，即妄增一尾，殊为可笑。然恐人所习熟，以不见而骇，则备记上方。"在《南音三籁》中，凌濛初为迎合读者，讨个口彩，甚至把陈大声《驻云飞·集古曲句》中"金榜无名誓不归"一句，改成"金榜题名及早归"。

速刻射利 为占领市场，闵凌刻书必须打造精品，赢得声誉，所以大多数刻本校雠精审。戏曲史专家蒋星煜在研究《西厢记》各种明刊本后，发现凌、闵刻本"都是校刻精良的善本"。然而随着刻书业的发展，闵凌书坊为速刻牟利，有时校对粗糙，文字时有讹脱，所谓"愈出愈滥"。特别是凌刊本，当时就有负面评价："吴兴凌氏诸刻，急于求成射利，又悭于倩人编摩，其间亥豕相望，何怪其然！""校刻精良"与"时有讹脱"这两种看似对立的情况，正好体现闵凌刻书追求商业利润的鲜明特征。

四、互助竞争

刻书互助 闵凌刻书时有互助合作。闵元京与凌义渠是舅甥关系，曾一起辑刊《湘烟录》十六卷。五色本《刘子文心雕龙》既有闵绳初刻书小引，又有凌云刻书凡例，学界有谓闵刻本，亦有谓凌刻本，实为两人合作刊刻。《李杜诗选》很可能也是凌濛初与闵晔璧合作编刊。有以一方为主而另一方协作的，如凌瀛初刊《千秋绝艳图》，闵振声为之作草书跋："花月郎闵振声为冯虚（凌瀛初）兄书并跋。"学界因此推测闵振声可能参与该书设计。同族成员间合作更常见，凌瑞森刊刻凌濛初校阅的《琵琶记》《拜月亭》，参与凌濛初《诗逆》的校对工作，与凌楷辑刊《唐诗广选》；凌楷参与凌濛初《陶靖节集》的校刊工作；凌起祥为凌瀛初刊本《红拂记》插图题辞；凌义渠校阅并序凌濛初《言诗翼》；凌启康、凌惇德、凌汝标、凌元爌、凌云、凌元灿等列名凌弘宪刊《楞严经》参阅者。闵氏尤为典型，如闵振声与闵振业合刊《古诗归》《唐诗归》《东坡文选》，与闵暎张合刊《兵垣四编》《董解元西厢记》，与闵振业、闵暎张三人合刊《唐诗选》；闵迈德与闵暎璧合刊《秦汉文抄》；闵无颇与闵昭明合刊《文致》；闵日观参与校订闵齐伋刊《女科百问》；闵杲为闵邃刊本《初潭集》作跋；闵象泰、闵齐华参与闵齐伋第一个朱墨本《春秋左传》的刊刻工作。

刻书竞争　晟舍凌闵"两家当日，席丰履厚，其贤者伏居乡里，不问世事。诵诗读书之余，专以刻书相竞"。市场上畅销书籍，凌闵两家会抢着刊印。《楚辞》既有闵齐伋刻本，亦有凌毓枏刻本，而且两个版本相近。美国哈佛大学《哈佛燕京图书馆藏中文善本书志》著录凌刊本："全书除不录章句外，凡王逸本中所有大小叙、附录皆具，与闵齐伋本极相近。……每卷后附《楚辞》疑字音义，实则有音无义，其音亦与闵本所择者略同。"《唐诗选》、《文选》、苏轼《易传》、苏轼文集等，闵凌两家也都有刊本。有凌氏追随闵氏的，如《唐诗选》先有闵刊本，后有凌刊本。闵刻题"济南李攀龙选订，太原王穉登参评"，凌刻则题"济南李攀龙编选，云间陈继儒重校"。从两书所打名人旗号的不同，可见两家刻书相竞情形。也有闵氏模仿凌氏的，如凌濛初、凌森美各自辑《文选》中诗、赋，刻成套色本《选诗》《选赋》，大受读者欢迎。闵于忱因继凌氏后，择《文选》之文，分成七类，名《文选后集》，亦以套版刻之。

五、书船助推

织里书船　书船是一种收购与贩卖书籍的船，最早出自湖州，而湖州书船则以织里书船为代表。郑元庆《湖录》："书船出乌程织里及郑港、谈港诸村落。"汪尚仁《吴兴竹枝词》："制笔闻名出善琏，伊哑织里卖书船。"织里书船大都为当地农船改装而成，有船棚，棚下两侧置书架，陈设各种新旧书籍，中间设书桌和木椅，供购书者翻阅时用。书船主向刻书家购入新书，运出销售，同时也沿途收购旧书贩卖。湖州书船业始于明初，明中后期因雕版印刷业发达而趋于鼎盛，清代及近代也都很盛行，直到抗日战争时期，日本汽艇入侵江河，才慢慢绝迹。书船业在湖州兴盛约四个世纪，主要取决于三个条件：一是作为鱼米之乡、丝绸之府，经济富庶；二是地理位置优越，水路交通便利，造船业发达；三是湖州多世家望族，读书著述、藏书刻书的风气浓厚。郑元庆《湖录》："吾湖藏书之富，起于宋南渡后，直斋陈氏著《书录解题》，所著书至五万二千余卷，弁阳周氏书种、志雅二堂藏书，亦称极富。明中叶，如花林茅氏，晟舍凌氏、闵氏，汇沮潘氏，雉城臧氏，皆广储签帙。旧家子弟好事者，往往以秘册镂刻流传。"湖州世家子弟利用家中丰富藏书，竞相刊刻书籍，使湖州雕版刻书业在明中后期达到兴盛。特别是这一时期的晟舍还发展出套印，湖州因而成为与南京、徽州等并列的全国刻书中心。这使得织里一带村民发现了借助书船销售获利的商机，"于是织里诸村民以此网利，购书于船"。湖州丰富的旧藏古籍和品种多样的新刻图书是湖州书船长足发展的必要条件。

书商书客 湖州织里一带书商，不仅在本地设铺售书，而且购书于船，运出销售。书船的活动范围很广，"南至钱塘，东抵松江，北达京口"，大抵相当于今天的"长三角"，甚至"上至都门，下逮海舶"。书船到达河埠，系好缆绳，就任人上船选购书籍。书商们也主动上门售书。他们从袖筒内取出事先准备好的书单，任由主家浏览选择，同时也为这些主家搜访所需书籍。他们在士绅家，受到客人般礼遇，敬之末座，被誉称为"书客"。郑元庆《湖录》："走士大夫之门，出书目袖中，低昂其价。所至每以礼接之，客之末座，号为书客。二十年来，间有奇僻之书，收藏家往往资其搜访。"各处搜访珍本秘籍也是书客们的重要营销方式。收藏家若有看过的多余的好书可以拿来换购新书，书客们也会有意识地向人，特别是一些没落世家，收购古旧书籍，所以他们手中往往拥有秘本好书，并转售其他收藏家或刻书家刊印。书商们结成销售网络，参与各地书籍的收藏与刊刻，促进了包括织里在内的江浙地区著述、藏书和刻书业的繁荣。凌濛初《二刻拍案惊奇》自序中提到，他在南京编写《拍案惊奇》，"为书贾所侦，因以梓传请"，这才有《拍案惊奇》的出版；"贾人一试而效，谋再试之"，凌濛初又写了四十篇，于是有《二刻拍案惊奇》的出版。南浔物阜民丰，读书人多，是织里书船必到之地。董蠡舟《浔溪棹歌》："冰鲜大艑碰三板，织里书船聚永安。"董说《梦华潭谣》写到有书船摇到其南浔丰草庵前，书商向他兜售南宋旧本。

书船经商 织里书船可由东、西苕溪进入湖州大部分地区，并由太湖进入其他水路网络，书船贸易推动了一个以江浙为中心区域的书籍交流网络的形成。张鉴："吾湖固多贾客，织里一乡，居者皆以佣书为业。出则扁舟孤棹，举凡平江远近数百里之间，简籍不胫而走。盖自元时至今，几四百载。上至都门，下逮海舶，苟得一善本蛛丝马迹，缘沿而购取之。"织里书船在运贩新旧书籍的同时，为藏书家藏书的聚散起到中介、流通作用，促进了明清至近代江浙私家藏书的兴盛。明末常熟毛晋喜欢藏书与刻书，常常不惜重金收购，当他在门上贴出高价收购的告示时，消息灵通的织里书船于是"云集"于七星桥毛氏家门口，以至社会上流传"三百六十行生意，不如鬻书于毛氏"的谚语。书商书船不停地搬运贩卖，加速书籍聚散，拓展书籍传播范围，为新一代藏书家的形成创造条件。施国祁谈到当年刘桐的聚书有织里书商功劳："曾记往岁存德堂中主人挥金购书，估值逾倍，琅函秘册，无足而前。武林、金阊诸贾与织里贸书家争先求售，溪上艤舟恒满。"陆心源在同治《湖州府志·序》中谈到其藏书也是靠了织里一带书船："太湖有书船，夙善聚书。兵后得于书船者，尚不下数万卷。"近代学者项士元指出，杭、嘉、湖、宁、绍藏书家多的条件之一是"书贾麇集，有力之家可以不烦走访而书自聚"。书商书船志在网利，在贩售过程中客观上起到中介和流通作用，使藏书家所喜爱的书有源可聚。

清代仍盛　湖州书船业至清代仍久盛不衰，甚至乾隆皇帝也听闻湖州书商、书船之大名。为征收书籍，编撰《四库全书》，乾隆三十八年三月二十八日，他下谕旨："江、浙诸大省，著名藏书之家指不胜屈，即或其家散佚，仍不过转落人手。闻之苏、湖间书贾、书船，皆能知其底里，更无难物色。"次日又专谕两江总督高晋："湖州向多贾客书船，平时在各处州县兑买书籍，与藏书家往来最熟，其于某氏旧有某书，曾购某本，问之无不深知。"德清俞樾因作诗说："山堂书贾推金氏，古籍源流能缕指。吾湖书客各乘舟，一棹烟波贩图史。不知何路达宸聪，都在朝廷清问中。星火文书下疆吏，江湖物色到书佣。"嘉庆时海宁藏书家陈鳣有两首与湖州书商、书船有关的诗歌，一首是《赠苕上书估》，据"万卷图书一叶舟，相逢小市且邀留。几回展读空搔首，废我行囊典敝裘"四句，可知他曾向书客购买图书；另一首是《新坂土风》"阿侬家近状元台，小阁临窗面面开。昨夜河面新水涨，书船都是雪溪来"，并有自注"邑中无书肆，惟有苕估书籍"，其中"雪溪"书船即指湖州书船，"苕估"即指湖州书客。书船航行了几个世纪，直到20世纪50年代还有人去织里郑港、谈港一带访求遗迹。

第三节　雕版印书特征

从家刻到坊刻　闵凌刻书有一个从家刻到坊刻的过程。万历前期所刊的墨本，更多的是传承文化、弘扬家族声誉，偏向家刻，而万历末至明亡前所刊套色印本，则以获利为主要目的，坊刻特征越来越明显。谢肇淛认为湖州刻书一开始"剞劂之精者不下宋板"，但"大凡书刻急于射利者必不能精，盖不能捐重价故耳"，故"近来吴兴、金陵骎骎蹈此病矣"；他甚至批评凌刻因"急于成书射利，又悭于倩人编摩，其间亥豕相望"。胡应麟《少室山房笔丛》卷四："余所见当今刻本，苏、常为上，金陵次之，杭又次之。近湖刻、歙刻骤精，遂与苏、常争价。"有研究者说"作为湖刻骤精的代表，闵氏和凌氏是否属于商业出版，目前尚未有十分清晰、全面的论述"。实际上，湖刻以"剞劂之精"来与"苏、常争价"，因"急于射利"而校对上"不能精"，以及"无论贫富，垂涎购之"的畅销程度，均足以说明他们是商业出版。

刻书者身份　闵凌参与刻书的，或为科举考试蹭蹬者，或是因各种原因在家闲居的官吏，无论是从其世代簪缨的家世，还是从其生平遭际、理想追求等情况来看，他们都是传统意义上的儒士阶层，是雅文化的代表者。他们刻书虽然多是商业行为，但也有文化传承之目的，比起一般坊刻，书籍质量较高。在这些书籍的序跋、凡例中，他们也时常标榜自己刊本与坊刻的不同，如闵齐伋言其所刊《檀弓》不似"坊刻窜易，并经文芟夷之"，凌濛初《会真说》言"新坊刻以题目正名及〔络丝娘煞尾〕为赘而删之，则尤可笑"，闵光瑜刊《邯郸梦》之《凡例》说"批评旧有柳浪馆刊本，近为坊刻删窜，淫哇杂响"等，都是把自己刊本置于非坊刻立场，而指责坊刻质量之低劣。谢肇淛认为湖州刻书"剞劂之精者不下宋板"，而福建建阳书坊"出书最多而板纸俱最滥恶，盖徒为射利计，非以传世也"。

刻书内容　闵凌刻书，经史子集兼具，但均以集部为主。臧懋循在闵刻《秦汉文抄序》中指出："我湖闵氏称望族，古文词大半为其家所刻。"凌刻虽然也以集部为主，但与闵刻相比，较多地关注人民群众喜闻乐见的小说、戏曲和佛经。闵齐华在其所刻《孙月峰先生评文选》的"凡例"中批判当时湖州套版书内容之不雅，涉及"秽史淫词"，主要就是指凌氏所刊小说戏曲类书籍。比起闵氏，凌氏家族门第上处于劣势，加上最早经营套版书的也是闵氏，因此要与闵氏竞争，必须更迎合市场需要，而晚明兴盛的是迎合市民思想的小说戏曲，凌氏套版印刷业的主要带领者凌濛初又是当时著名的小说戏曲作家兼评点家。凌氏较重视刊刻通俗文学不言而喻。

刻书趣味　闵凌刻书，虽然经史子集皆有，但并非什么都刻，而是有所选择，主要是前贤著作，且多经名人所选所评，甚至不少是自己的研究成果，文人趣味十分明显。闵齐华所刊《文选瀹注》是从注释角度研究《文选》，凌濛初所刊《诗逆》《言诗翼》《圣门传诗嫡冢》是其《诗经》研究成果，凌濛初所刊《西厢记》及其所附《五本解证》与闵齐伋所刊《会真六幻》及其所附《五剧笺疑》也都带有《西厢记》研究性质。还有闵齐伋所刊《春秋穀梁传》与《春秋公羊传》，书前均附《考》一篇，这两篇《考》就是闵齐伋对《穀梁传》与《公羊传》的研究成果。在闵凌所刊书籍中，见不到最迎合晚明大众口味的建阳书坊主打的通俗白话小说。凌濛初的"两拍"虽属白话小说，但由苏州尚友堂刊刻。满足广大群众生活实际需要的一般书坊常刻的医书、历书等也较少见，目前仅发现4种，即闵齐伋刊《产宝杂录》附《芸窗万选方》《女科百问》《心印绀珠经》和《痘疹活幼心法》。

读者指向　闵凌所刊书籍的受众群趋向高端上层，主要是文人，特别是科考应举的读书人，与晚明建阳书坊等读者指向"士大夫以下遝尔未明乎理者"不同。受读者指向影响，建阳书坊所刻书籍质量低劣，版画敷衍充数，价格相对低廉，市民大众有能力购买；而闵凌刻书讲究用纸、用墨，印刷与装帧质量高，特别是套色印本，精美异常，价格也就高昂，非有一定经济实力者难以购买。

第四节　雕版印书书目

一、闵刻本

（一）墨刻本

《四书或问》三十九卷　宋朱熹撰，闵闻正德间刊本，十六行十八字，黑口，四周双边，河北大学图书馆等有藏。

《午塘先生集》十六卷　闵如霖撰，闵道孚、闵世誉万历二年刊本，九行十八字，白口，四周双边，国家图书馆等3家图书馆有藏，收入《四库全书存目丛书》集部第96册。

《吴兴闵氏两尚书诗集》十五卷　包括《闵午塘先生诗集》七卷、《闵庄懿公诗集》八卷，闵一范万历十年编刊本，九行十八字，白口，四周双边，天津市图书馆、北京大学图书馆有藏。《闵庄懿公诗集》八卷收入《四库全书存目丛书》集部第38册。

《左传集要》十二卷　闵元庆撰，闵元庆万历间刊本，十行廿一字，小字双行同，白口，左右双边，有刻工，清华大学图书馆、中国科学院图书馆有藏。

《列子冲虚真经》八卷附《音注》　闵齐伋万历四十四年（或此前）辑评、校刊本，九行十九字，白口，四周单边，浙江大学图书馆、天一阁有藏。

《书集传》六卷　宋蔡沈撰，闵齐伋崇祯元年校刊本，九行十七字，小字双行同，白口，左右双边，国家图书馆等 4 家图书馆有藏。

《诗经集传》八卷　闵齐伋崇祯六年刊本，九行十七字，小字同，白口，上下单边，故宫博物院有藏。

《礼记集说》十卷　闵齐伋崇祯六年刊本，九行十八字，小字双行同，白口，左右双边，国家图书馆等 5 家图书馆有藏。

《春秋胡传》三十卷　宋胡安国撰，闵齐伋崇祯六年校刊本，附《纲领》一卷、《列国图说》一卷、《诸国兴废说》一卷、《提要》一卷，九行十八字，小字双行同，白口，左右双边，浙江图书馆等 13 家图书馆有藏。

《周易》四卷　宋朱熹撰，闵齐伋崇祯六年刊本，附《易图》一卷、《筮仪》一卷、《卦歌》一卷，十一行二十三字，白口，四周单边，复旦大学图书馆等有藏。

《周易本义》四卷　宋朱熹撰，闵齐伋崇祯十四年刊本，附《易图》一卷、《筮仪》一卷、《卦歌》一卷，九行十七字，小字同，白口，四周双边，故宫博物院有藏。

《女科百问》二卷　宋齐仲甫撰，妇科医书，闵齐伋崇祯三年校刊本，有闵序，十行十九字，小字双行同，白口，四周双边，中国科学院图书馆有藏，收入《续修四库全书》第 1007 册。

《心印绀珠经》二卷　元朱撝撰，内科医书，闵齐伋崇祯六年刊本，十行十九字，小字双行同，白口，左右双边，国家图书馆有藏。

《痘疹活幼心法》不分卷　明聂尚恒撰，儿科医书，闵齐伋崇祯六年刊本，十行十九字，小字双行同，白口，四周双边，或左右双边，国家图书馆有藏。

《产宝杂录》一卷附《芸窗万选方》一卷　宋齐仲甫撰，妇科医书，闵齐伋崇祯十三年校刊本，十行十九字，小字双行同，白口，四周双边，国家图书馆有藏。

《唐孙职方集》十卷　唐孙樵撰，闵齐伋崇祯十三年刊本，有闵跋，九行十八字，小字双行，白口，左右双边，浙江大学图书馆有藏。

《刘拾遗集》一卷 唐刘蜕撰，闵齐伋崇祯十三年刊本，有闵序，九行十八字，白口，左右双边，国家图书馆、浙江大学图书馆有藏。

《闵刻十种》三十卷 闵元衢万历间编刊本，包括陈良谟《见闻纪训》二卷、都穆《游名山记》四卷、《增订玉壶冰》二卷《补》一卷、闵元衢《欧余漫录》十三卷《附录》一卷、叶秉敬《书肆说铃》二卷、《文字乐》一卷、《坐麈转语》一卷、《贝典杂说》一卷、闵元衢《草堂赓咏》一卷、《咫园吟》一卷，八行十八字，四周单边，天一阁藏。其中《欧余漫录》《类次书肆说铃》《游名山记》《见闻纪训》亦散见于各大图书馆。《欧余漫录》《类次书肆说铃》收入《四库全书存目丛书》子部第110册。

《罗江东外纪》三卷 闵元衢崇祯二年刊本，九行二十字，白口，四周单边，湖北省图书馆有藏。闵元衢终身不第，有似唐五代罗隐（自号江东生），遂编刊此书以寄意。已收入《四库全书存目丛书》史部第86册。

《春秋左传杜林合注》五十卷附《春秋左传异名考》一卷 闵梦得、闵光德万历二十二年辑刊本，十行二十字，白口，上下单边，左右双边，重庆市博物馆、哈佛燕京图书馆有藏。

（二）朱墨本

《春秋左传》十五卷 闵齐伋万历四十四年校刊本，孙鑛评点，有《凡例》及韩敬万历四十四年序，九行十九字，白口，四周单边，辽宁省图书馆、上海图书馆等81家图书馆有藏。一经一传，鳞次栉比，隐公等各公后均题"万历丙辰夏吴兴闵齐华闵齐伋闵象泰分次经传"。

《考工记》二卷 闵齐伋刊本《三经评注》之一，万历四十四年刊，八行十八字，白口，左右双边。辽宁省图书馆、哈佛燕京图书馆等15家图书馆藏有闵齐伋刊《三经评注》，上海图书馆等亦藏有闵齐伋刊《考工记》散本。

《檀弓》二卷 闵齐伋刊本《三经评注》之一，万历四十四年刊，有闵序，八行十八字，白口，左右双边，辽宁省图书馆、哈佛燕京图书馆等15家图书馆藏有闵齐伋刊《三经评注》，上海图书馆等亦藏有闵齐伋刊《考工记》散本。

《韩文》一卷 闵齐伋万历四十五年刊本，书末有"万历丁巳夏六月乌程闵齐伋识"一行。八行十八字，白口，左右双边，《韩文杜律》合刊本之一，上海图书馆、辽宁省图书馆等17家图书馆有藏，杭州市图书馆有《韩文》散本。

《空同诗选》一卷　闵齐伋万历四十六刊本，明李梦阳著，杨慎选评，有闵跋，九行十九字，白口，四周单边，上海图书馆等 22 家图书馆有藏。

《读风臆评》不分卷　闵齐伋万历四十八年刊本，戴君恩评点，有闵跋，九行十九字，小字双行同，白口，四周单边，辽宁省图书馆、上海图书馆等 27 家图书馆有藏。

《绘孟》七卷　闵齐伋天启六年校刊本，九行十九字，白口，四周单边，辽宁省图书馆等 5 家图书馆有藏。

《东坡先生志林》五卷　闵齐伋刊本，八行十八字，白口，四周单边，辽宁省图书馆、浙江图书馆等 14 家图书馆有藏。

《欧阳文忠公文抄》九卷　闵齐伋刊本，八行十八字，白口，四周单边，国家图书馆有藏。

《三子合刊》十三卷　闵齐伋校刊本，又名《三子音义》，包括《老子道德真经》二卷《音义》一卷、《庄子南华真经》四卷《音义》四卷、《列子冲虚真经》一卷《音义》一卷，九行十九字，白口，四周单边，上海图书馆、浙江大学图书馆等 33 家图书馆有藏。

《春秋公羊传》十二卷《考》一卷《春秋穀梁传》十二卷《考》一卷　闵齐伋裁注，闵齐伋天启元年刊本，眉批为墨色，圈点为朱色，九行十九字，小字双行同，白口，四周单边，哈佛燕京图书馆有藏。

《文致》不分卷　闵无颇、闵昭明辑评、刊刻，天启元年刊本，八行十八字，白口，四周单边，上海图书馆、浙江图书馆等 40 家图书馆有藏。

《初潭集》三十卷　闵邃辑评、刊刻，九行十九字，白口，四周单边，辽宁省图书馆、上海图书馆等 15 家图书馆有藏，收入《四库全书存目丛书》子部第124 册。

《玉茗堂摘评王弇州先生艳异编》十二卷　汤显祖评，闵暎璧刊本，九行二十字，白口，四周单边，上海图书馆、国家图书馆等 4 家图书馆有藏，收入《续修四库全书》子部第 1267 册。

《花间集》四卷　汤显祖评，闵暎璧万历四十八年刊本，八行十八字，白口，四周单边，辽宁省图书馆、浙江大学图书馆等 29 家图书馆有藏。

《草堂诗余》五卷　杨慎评点，闵暎璧刊本，八行十八字，白口，四周单边，上海图书馆、辽宁省图书馆等 34 家图书馆有藏。

《孙子参同》五卷　闵于忱辑评，万历四十八年闵于忱松筠馆刊本，八行十八字，白口，四周单边，上海图书馆、辽宁省图书馆等23家图书馆有藏，收入《四库全书存目丛书》子部第30册。

《文选后集》五卷　闵于忱辑编刊本，八行十九字，白口，四周单边，辽宁省图书馆等9家图书馆有藏。

《枕函小史》五种四卷　包括《苏长公谭史》《米襄阳谭史》《艾子杂说》三种二卷、《悦容编评林》一卷、《癖颠小史》一卷，闵于忱松筠馆刊本，七行十七字，白口，四周单边，辽宁省图书馆、上海图书馆、故宫博物院有藏，收入《四库全书存目丛书》子部第149册。

《兵垣四编》四种四卷　包括《阴符经》《素书》《孙子》《吴子》各一卷；附四种：《九边图论》《海防图论》《辽东军饷论》《日本考略》各一卷。臧懋循辑，闵振声、闵暎张天启元年刊本，八行十八字，白口，四周单边，辽宁省图书馆、日本内阁文库等30家图书馆有藏。

《朱订西厢记》二卷首一卷　附《蒲东诗》一卷、《释义》二卷，孙鑛批点，闵振声刊本，十行二十一字，白口，四周单边，国家图书馆有藏。

《唐诗选》七卷附《统论》二卷　王穉登评，闵振声、闵振业、闵暎张刊本，八行十八字，白口，左右双边，复旦图书馆等7家图书馆有藏。

《史记抄》九十一卷　茅坤编辑、评点，闵振业泰昌元年刊本，九行十九字，白口，左右双边，辽宁省图书馆、浙江图书馆等36家图书馆有藏。

《东坡文选》二十卷　钟惺评选，闵振业、闵振声万历四十八年刊本，九行二十字，白口，四周单边，上海图书馆、辽宁省图书馆等6家图书馆有藏。

《秦汉文抄》六卷　闵迈德、闵暎璧万历四十八年刊本，九行十九字，白口，四周单边，上海图书馆、辽宁省图书馆、日本内阁文库等41家图书馆有藏。

《尺牍隽言》十二卷　闵迈德校刊本，九行二十字，白口，四周单边，辽宁省图书馆、上海图书馆等10家图书馆有藏，收入《四库全书存目丛书》集部第334册。

《九会元集》九卷　闵齐华天启元年刊本，十行二十五字，白口，四周单边，国家图书馆等3家图书馆有藏。

《孙月峰先生评文选》三十卷　又名《文选瀹注》，孙鑛评，闵齐华注，闵齐华刊本，九行十九字，小字双行同，白口，四周单边，浙江图书馆、辽宁省图书馆等 27 家图书馆有藏。

《宫艳》二卷　闵梦得辑刊，八行十八字，白口，四周单边，南京图书馆有藏。

《邯郸梦》三卷附《枕中记》一卷　闵光瑜天启元年刊本，八行十八字，小字双行同，白口，四周单边，有图，辽宁省图书馆等 3 家图书馆有藏。

《唐诗艳逸品》四卷　闵一栻天启元年刊本，八行十八字，白口，四周单边，辽宁省图书馆、浙江图书馆等 6 家图书馆有藏。

（三）三色本

《孟子》二卷　闵齐伋刊本《三经评注》之一，万历四十五年刊，朱墨黛三色本，有闵跋，八行十八字，白口，左右双边。辽宁省图书馆、哈佛燕京图书馆等 15 家馆藏有闵齐伋刊《三经评注》，国家图书馆、杭州市图书馆等亦藏有闵齐伋刊《考工记》散本。

《杜律》一卷　又名《杜子美七言律》，《韩文杜律》合刊本之一，闵齐伋辑评、跋，闵齐伋万历四十五年刊朱墨蓝三色本，八行十八字，白口，左右双边，上海图书馆等 17 家图书馆有藏。

《国语》九卷　闵齐伋裁注、辑评、跋，闵齐伋万历四十七年刊朱墨黛三色本，九行十九字，白口，四周单边，上海图书馆等 10 家图书馆有藏。

《战国策》十二卷　闵齐伋裁注、辑评、批点、跋，附《元本目录》一卷，闵齐伋万历四十八年刊朱墨蓝三色本，九行十九字，小字双行同，白口，四周单边，辽宁省图书馆、上海图书馆等 39 家图书馆有藏。

《楚辞》二卷　闵齐伋万历四十八年刊朱墨蓝三色本，王世贞、冯梦祯等评点，九行十九字，白口，四周单边，辽宁省图书馆等 30 家图书馆有藏。

《春秋公羊传》十二卷　闵齐伋天启元刊朱墨蓝三色本，闵齐伋裁注，附闵齐伋撰《春秋公羊传考》一卷，九行十九字，小字双行同，白口，四周单边，上海图书馆、辽宁省图书馆等 16 家图书馆有藏。

《春秋穀梁传》十二卷　闵齐伋天启元年刊朱墨蓝三色本，闵齐伋裁注，附闵齐伋撰《春秋穀梁传考》一卷，九行十九字，小字双行同，白口，四周单边，上海图书馆、辽宁省图书馆等 17 家图书馆有藏。

《草韵辨体》五卷　闵齐伋崇祯六年刊朱墨蓝三色套印本，六行十二字，白口，四周双边，辽宁省图书馆等有藏。

《诗归》五十一卷　包括《古诗归》十五卷、《唐诗归》三十六卷，钟惺、谭元春评选。闵振业万历四十五年刊朱墨蓝三色套印本，九行十八字，白口，四周单边，上海图书馆、辽宁省图书馆等 14 家图书馆有藏，收入《续修四库全书》第 1589 册。

《苏文》六卷　亦名《苏文忠公文选》。钱丰寰批，沈閭章序，闵洪德辑评，闵洪德刊朱墨蓝三色套印本，九行十九字，白口，四周单边，辽宁省图书馆、上海图书馆、哈佛燕京图书馆等 39 家图书馆有藏。

（四）六色本

《会真六幻》十九卷　亦名《六幻西厢》。闵齐伋编刊，十行二十字，小字双行同，白口，四周双边，国家图书馆有藏。学界一般认为现藏德国科隆东方艺术博物馆的《西厢记图》21 幅为该书插图，而该插图有朱墨蓝黄橙绿六色。若是，则闵齐伋刊本《会真六幻》可视为六色刊本。

二、凌刻本

（一）墨本

《练溪集》四卷　凌震撰，凌约言嘉靖三十年序刊本，浙江大学图书馆、日本内阁文库等藏。

《练溪集》四卷　凌震撰，凌鸣喈嘉庆二十年序刊本，十一行二十一字，白口，左右双边，国家图书馆、上海图书馆、日本静嘉堂文库等藏。

《凤笙阁简抄》四卷　凌约言撰，凌迪知嘉靖四十五年刊本，八行十七字，白口，左右双边，上海图书馆有藏。

《国朝名世类苑》四十六卷　凌迪知万历四年刊本，十行二十字，白口，左右双边，有刻工，上海图书馆等 11 家图书馆有藏，收入《四库全书存目丛书》子部第 240 册。

《纂丘琼山先生大学衍义补英华》十八卷　凌迪知万历三年刊本，十行二十一字，白口，左右双边，南京图书馆等 3 家图书馆有藏。

《国朝名公翰藻》五十二卷附《氏名爵里》一卷　凌迪知万历十年刊本，九行二十字，白口，四周单边，有刻工，上海图书馆、南京图书馆等藏，收入《四库全书存目丛书》集部第 313-314 册。

《文林绮绣》五种五十九卷　包括凌迪知辑《左国腴词》八卷、《太史华句》八卷、《文选锦字录》二十一卷，林越、凌迪知辑《两汉隽言》十六卷，张之象辑《楚骚绮语》六卷，万历四年至万历五年凌迪知桂芝馆刻本，八行十七字，白口，左右双边，有刻工，国家图书馆、上海图书馆等 14 家图书馆有藏，其中《左国腴词》《太史华句》《两汉隽言》收入《四库全书存目丛书》史部第138～139 册，《文选锦字录》《楚骚绮语》分别收入《四库全书存目丛书》子部第184 册、第 194 册。

《古今万姓统谱》一百四十卷《历代帝王姓系统谱》六卷《氏族博考》十四卷　凌迪知编刊万历七年刊本，九行二十字，小字双行同，白口，单鱼尾，四周单边，上海图书馆、南京图书馆等 27 家图书馆有藏。

《史记评林》一百三十卷　凌稚隆万历二年至万历四年刊本，十行十九字，小字双行同，白口，左右双边，有刻工，上海图书馆等 60 余图书馆有藏。

《史记纂》不分卷　凌稚隆万历七年刊本，九行二十字，白口，左右双边，上海图书馆等 16 家图书馆有藏。

《汉书评林》一百卷　凌稚隆万历九年刊本，十行二十字，小字双行同，白口，左右双边，单鱼尾，有刻工，浙江图书馆、国家图书馆等 50 余图书馆有藏。

《汉书纂》不分卷　凌稚隆万历十一年刊本，九行二十字，白口，单鱼尾，左右双边，浙江大学图书馆等 7 家图书馆有藏。

《汉书纂》二十卷　凌稚隆万历刊本，附《仁》《义》《礼》《智》各一卷，九行二十字，白口，左右双边，无锡市图书馆等有藏。

《春秋左传注评测义》七十卷　凌稚隆万历十六年刊本，附《系谱》《名号异称便览》《地名配古籍》《总评》《春秋列国东坡图说》各一卷，十行二十字，小字双行同，白口，左右双边，有刻工，辽宁省图书馆、普林斯顿大学图书馆等 16 图书馆有藏，收入《四库全书存目丛书》经部第 126～127 册。

《史汉异同补评》三十二卷　凌稚隆万历间撰刊本，九行十九字，小字单行，字数同，白口，左右双边，华东师范大学图书馆、南京图书馆、重庆市图书馆藏。

《申椒馆敝帚集》四卷　凌湛初撰，凌氏万历刊本，八行十七字，白口，左右双边，天津市图书馆藏。

《薄蹄书》四卷　凌湛初撰，万历间凌迪知刊本，八行十七字，白口，左右双边，日本尊经阁文库有藏。

《申椒馆选大家琼麚》一卷　凌迪知万历间编刊本，八行十七字，白口，左右双边，日本尊经阁文库有藏。

《诗逆》不分卷《诗考》一卷　凌濛初撰，凌濛初天启二年刊本，九行廿二字，白口，四周单边，复旦大学图书馆等3家图书馆有藏，收入《四库全书存目丛书》经部第66册。

《圣门传诗嫡冢》十六卷《申公诗说》一卷　凌濛初撰，凌濛初崇祯四年刊本，九行廿字，白口，四周单边，单鱼尾，上海图书馆、中国科学院图书馆等12家图书馆有藏，收入《四库全书存目丛书》经部第66册。

《孔门两弟子言诗翼》不分卷　凌濛初撰，凌濛初崇祯间刊本，九行二十字，白口，单边，上海图书馆等6家图书馆有藏，收入《四库全书存目丛书》经部第66册。

《韩非子》二十卷　凌瀛初订注、刊刻，九行十九字，白口，左右双边，有刻工，浙江图书馆等6家图书馆有藏。

《春秋林氏传》十二卷　凌义渠崇祯间刊本，八行廿二字，白口，单鱼尾，左右双边，莆田市图书馆藏。

《奏牍》八卷　凌义渠撰，当为凌氏崇祯间刊本，有黄景昉崇祯十一年序，九行二十字，白口，四周单边，国家图书馆藏。

《世说新语》三卷《世说新语补》四卷　其中《世说新语》每卷有上下之分，故又作六卷。凌濛初刊本，九行二十字，白口，左右双边，上海图书馆等8图书馆有藏。

（二）朱墨本

《吕氏春秋》二十六卷　凌稚隆批点，凌毓枬万历四十八年刊本，九行十八字，白口，四周单边，上海图书馆、辽宁省图书馆等39家图书馆有藏。

《大方广圆觉修多罗了义经》二卷　凌毓枬、凌濛初刊本，八行十八字，白口，四周单边，辽宁省图书馆等19家图书馆有藏。

《大佛顶如来密因修证了义诸菩萨万行首楞严经》十卷　凌毓枬校刊本，八行十八字，白口，四周单边，辽宁省图书馆、普林斯顿大学图书馆等19家图书馆有藏。

《金刚般若波罗密经》一卷《解》一卷　凌毓枬刊本，八行十八字，白口，四周单边，辽宁省图书馆、河南省图书馆有藏。

《般若波罗密多心经》一卷《解》一卷　凌毓枏刊本，八行十八字，白口，四周单边，辽宁省图书馆有藏。

《唐骆先生集》八卷《附录》一卷　凌毓枏刊本，八行十八字，白口，四周单边，辽宁省图书馆等 23 家图书馆有藏。

《楚辞》十七卷《附录》一卷　陈深批点，杨慎等评，凌毓枏刊本，八行十八字，白口，四周单边，辽宁省图书馆等 52 家图书馆有藏。

《道德经》二卷《老子考异》一卷　凌稚隆批点，苏辙注，凌汝亨刊本，八行十八字，白口，四周单边，浙江图书馆、辽宁省图书馆等 16 家图书馆有藏。

《管子》二十四卷　凌汝亨万历四十八年刊本，有凡例，九行十九字，白口，四周单边，辽宁省图书馆、国家图书馆等 39 家图书馆有藏。

《韩子》二十卷　凌汝亨刊本，九行二十字，白口，四周单边，国家图书馆、哈佛燕京图书馆等 6 家图书馆有藏。

《晏子春秋》六卷　凌稚隆校评，凌澄初刊本，六行十二字，白口，四周单边，国家图书馆、上海图书馆等 7 家图书馆有藏。

《东坡书传》二十卷　一名《东坡先生书传》。袁了凡等评，凌濛初刊本，九行十九字，白口，四周单边，辽宁省图书馆、日本内阁文库等 17 家图书馆有藏。

《东坡禅喜集》十四卷　冯梦祯批点，凌濛初天启元年刊本，八行十八字，白口，四周单边，上海图书馆、南京图书馆、南京大学图书馆等 20 家图书馆有藏，收入《四库全书存目丛书》集部第 13 册。

《苏长公表启》五卷　凌濛初万历间刊本，八行十八字，白口，四周单边，辽宁省图书馆等 14 家图书馆有藏。

《苏老泉文集》十二卷《诗集》一卷　茅坤等评，凌濛初辑评、刊刻本，八行十八字，白口，四周单边，上海图书馆等 15 家图书馆有藏。

《选诗》七卷《诗人爵里》一卷　郭正域批点，凌濛初辑评、刊刻本，八行十八字，白口，四周单边，辽宁省图书馆、国家图书馆等 41 家图书馆有藏，收入《四库全书存目丛书》集部第 340 册。

《陶韦合集》十九卷　包括《陶靖节集》八卷、《韦苏州集》十卷及《拾遗》一卷，凌濛初刊本，八行十八字，白口，四周单边，浙江图书馆、辽宁省图书馆等 23 家图书馆有藏。

《孟浩然诗集》二卷　凌濛初刊本，八行十九字，白口，左右双边，辽宁省图书馆、国家图书馆、浙江大学图书馆等24家图书馆有藏。

《李长吉歌诗》四卷《外集》一卷　凌濛初刊本，八行十九字，白口，左右双边，辽宁省图书馆、上海图书馆等26家图书馆有藏。

《王摩诘诗集》七卷　凌濛初刊本，八行十九字，白口，左右双边，辽宁省图书馆、浙江大学图书馆等26家图书馆有藏。

《孟东野诗集》十卷　凌濛初刊本，八行十九字，白口，左右双边，辽宁省图书馆、国家图书馆、浙江大学图书馆等27家图书馆有藏。

《维摩诘所说经》十四卷附《释迦如来成道记》　凌濛初刊本，八行十八字，白口，四周单边，辽宁省图书馆等3家图书馆有藏。

《南音三籁》四卷　凌濛初编辑、评点，凌濛初崇祯间刊本，九行二十二字，白口，四周单边，有图，上海图书馆等3家图书馆有藏，收入《续修四库全书》第1744册。

《西厢记》五卷　附《会真记》一卷、《附录》一卷、凌濛初撰《解证》五卷，凌濛初刊本，八行十八字，白口，左右双边，有图，上海图书馆、国家图书馆等10家图书馆有藏。

《识英雄红拂莽择配》一卷　又名《北红拂》，凌濛初撰、刊本，八行十八字，白口，四周单边，有图，上海图书馆藏。

《琵琶记》四卷《附录》一卷　凌瑞森、凌濛初刊本，八行十八字，白口，四周单边，有图，辽宁省图书馆、浙江图书馆等11家图书馆有藏。

《幽闺怨佳人拜月亭记》四卷　凌瑞森刊本，八行十八字，白口，四周单边，有图，台湾"中央"图书馆、台湾故宫博物院有藏，上海图书馆有陶湘影印本。

《李于鳞唐诗广选》七卷　凌瑞森、凌南荣（又名凌楷）辑评、刊刻本，八行十八字，白口，四周单边，辽宁省图书馆等29家图书馆有藏。

《红拂记》四卷　汤显祖评，凌瀛初泰昌元年校刊本，八行十八字，白口，四周单边，上海图书馆、国家图书馆等4家图书馆有藏。

《会稽三赋》四卷　陶望龄评，凌弘宪天启元年刊本，八行十八字，小字双行同，白口，四周单边，国家图书馆、辽宁省图书馆、浙江图书馆等14家图书馆有藏。

《唐诗广选》七卷　凌弘宪刊本，八行十八字，白口，四周单边，辽宁省图书馆、北京大学图书馆等有藏。

《曹子建集》十卷　凌性德辑评，凌性德天启元年刊本，八行十八字，小字双行同，白口，四周单边，上海图书馆、辽宁省图书馆等21家图书馆有藏。

《虞初志》七卷　袁宏道评，凌性德序刊本，八行十九字，白口，四周单边，辽宁省图书馆、上海图书馆等12家图书馆有藏。

《校正原本红梨记》四卷附《红梨花杂剧》一卷　明徐复祚撰，附录为元张寿卿撰，凌性德刊明朱墨套印本，八行十八字，白口，四周单边，有刻工及图，国家图书馆、日本内阁文库有藏，收入《丛书集成续编》第162册。

《苏长公小品》四卷　王纳谏评选，凌启康刊本，八行十九字，白口，四周单边，辽宁省图书馆、上海图书馆等37家图书馆有藏。

《史记纂》二十四卷　凌稚隆纂评，凌森美刊，九行十九字，白口，四周单边，上海图书馆、辽宁省图书馆等34家图书馆有藏。

《选赋》六卷《名人世次爵里》一卷　凌森美凤笙阁刊本，八行十八字，白口，四周单边，上海图书馆、辽宁省图书馆等39家图书馆有藏。

《诗经》四卷《小序》一卷　钟惺评点，凌杜若刊本，有凌杜若题识，八行十八字，白口，左右双边，辽宁省图书馆、杭州市图书馆等32家图书馆有藏。

《周礼》二十卷　陈深批点，凌杜若刊本，有凌杜若题识，八行十八字，白口，四周单边，辽宁省图书馆、上海图书馆、哈佛燕京图书馆等20家图书馆有藏。

《绣襦记》四卷附《汧国夫人传》　明薛近兖撰，附录唐白行简撰，凌氏刊朱墨套印本，八行十八字，白口，四周单边，图十四幅，国家图书馆、日本内阁文库、天一阁有藏。

（三）三色本

《苏文嗜》六卷　唐顺之等评点、茅坤辑评，凌云刊朱墨蓝三色套印本，八行十八字，白口，四周单边，辽宁省图书馆等4家图书馆有藏。

《唐诗绝句类选》四卷　敖英等评，凌云辑评，附《总评》一卷、《人物》一卷，凌云刊朱墨蓝三色套印本，八行十九字，白口，四周单边，上海图书馆、浙江大学图书馆等11家图书馆有藏。

《苏长公合作》八卷《补》二卷　凌启康万历四十八年刊朱墨蓝三色套印本，八行十九字，白口，四周单边，上海图书馆、辽宁省图书馆等25家图书馆有藏。

《苏文忠公策论选》十二卷　茅坤、钟惺评，凌汝亨天启元年刊朱墨蓝三色套印本，九行十九字，白口，四周单边，辽宁省图书馆、上海图书馆、杭州市图书馆等 22 家图书馆有藏。

《大佛顶如来密因修证了义诸菩萨万行首楞严经》十卷 凌弘宪天启元年刊朱墨黛三色套印本，八行十八字，白口，四周单边，辽宁省图书馆、国家图书馆等 11 图书馆有藏。

《诗经》四卷 钟惺评点，附卜子夏《小序》一卷，凌杜若刊本，朱墨蓝三色套印，八行十八字，白口，左右双边，辽宁省图书馆、南京图书馆等藏。

（四）四色本

《世说新语》六卷 刘辰翁、王世懋、刘应登评点，凌瀛初刊朱蓝黄墨四色套印本，八行十八字，白口，四周单边，辽宁省图书馆等 10 家图书馆有藏。

《世说新语》八卷 刘辰翁、王世懋、刘应登评点，凌瀛初刊朱蓝黄墨四色套印本，八行十八字，白口，四周单边，辽宁省图书馆、日本内阁文库、哈佛燕京图书馆等 50 家图书馆有藏。

《南华经》十六卷 宋林希逸口义，明王世贞评点，陈明卿批注，凌森美、沈汝绅刊朱墨蓝紫四色套印本，八行十八字，白口，四周单边，辽宁省图书馆等 41 家图书馆有藏。

（五）五色本

《苏长公合作》八卷 凌启康刊朱墨黛黄绿五色套印本，八行十九字，白口，四周单边，上海图书馆藏，二十册，编号为 95394-413。

三、其他闵凌刊本

（一）闵氏或凌氏刊本

《西厢会真传》五卷 闵氏或凌氏朱墨蓝三色套印本，八行十八字，白口，四周单边，上海图书馆、辽宁省图书馆、北京大学等有藏。

（二）闵凌合刊本

《湘烟录》十六卷 闵元京、凌义渠天启间辑刊本，九行十九字，白口，四周单边，上海图书馆等 15 家图书馆有藏，收入《四库全书存目丛书》子部第 145 册。

《李杜诗选》十一卷 包括《李诗选》五卷、《杜诗选》六卷，凌濛初、闵暎璧刊朱墨套印本，八行十八字，白口，四周单边，上海图书馆、浙江图书馆等 18

图书馆有藏。有零本散见于其他图书馆。

《刘子文心雕龙》二卷《注》二卷　凌云、闵绳初刊朱墨蓝紫黄五色套印本，九行十九字，小字双行同，白口，四周单边，上海图书馆、辽宁省图书馆等有藏。

（三）疑似闵凌刊本

《易传》八卷附王辅嗣《易论》一卷　朱墨本，疑似闵齐伋刊，八行十八字，小字双行，白口，四周单边，辽宁省图书馆、浙江大学图书馆等 29 家图书馆有藏。

《明珠记》五卷附《无双传》一卷　朱墨本，疑似闵刊，有图，八行十八字，小字双行同，白口，四周单边，辽宁省图书馆藏。

《欧阳文忠公五代史抄》二十卷　朱墨本，疑似闵氏刊，八行十八字，白口，四周单边，辽宁省图书馆、浙江大学图书馆、普林斯顿大学图书馆等 31 家图书馆有藏。

《苏长公密语》十六卷首一卷　明詹兆胜评选，朱墨本，八行十九字，白口，四周单边，上海图书馆著录为闵氏刊本。

《苏长公密语》十六卷首一卷　明李一公辑，杜承仕校，天启元年朱墨套印本，疑似闵氏刊，八行十九字，白口，四周单边，辽宁省图书馆等 9 家图书馆有藏。

《文选尤》十四卷　邹思明删订，疑似闵氏刊本，天启二年朱墨绿三色套印，八行十八字，白口，四周单边，辽宁省图书馆、浙江图书馆等 33 家图书馆有藏。

第二章　艺　文

　　镇域南临获塘，北倚太湖，富庶的水网平原孕育了许多诗人词家；旖旎的自然风光，又吸引了众多的文人墨客。他们以诗、词、曲、赋、小说等创作形式，多层次、多角度地描绘秀美的自然景观，反映镇域百姓的社会生活、社会矛盾，抒发他们的情感和抱负，为此地留下许多脍炙人口的不朽诗篇。新中国成立以后，特别是进入20世纪80年代以来，传统文化得以复兴。镇域新建的牌楼、亭台，大多刻着楹联，且书法艺术结合在一起，具有很高的文学价值和美学价值。域内口耳相传的民间文学也极其丰富，不仅具有刚健、清新、纯朴、灵秀等美质，还具有浓郁的乡土风貌、乡土特色、乡土韵味。大量作品集中表现了人民群众勤劳勇敢、爱民报国、大公无私、舍己救人、坚贞不屈、团结友爱、尊老爱幼等高贵品质，陶冶了一代又一代人的高尚道德情操。

第一节　历代文存

一、古代文存

五 湖 赋

杨泉

　　余观夫主五湖而察其云物，皇哉大矣！以为名山大泽，必有记颂之章。故梁山有奕奕之诗，云梦有子虚之赋。夫具区者，扬州之泽薮也。有大禹之遗迹，疏川导滞之功，而独阙然未有翰墨之美。余窃愤焉，敢妄不才，述而赋之，其辞曰：

　　浚矣大哉！于此五湖。乃天地之玄源，阴阳之所徂。上属牛斗之精，与云汉乎同模。受三方之灌溉，为百川之巨都。居扬州之大泽，苞吴越之具区。底功定绩，盖寓令图。南与长江分体，东与巨海合流。太阴之所毖，玄灵之所游。追湖水而往还，通蓬莱与瀛洲。

尔乃详观其广深之所极，延衺之规方。邈乎浩浩，漫乎洋洋。西合乎蒙汜，东苞乎扶桑。日月于是出入，与天汉乎相望。头首无锡，足蹄松江。负乌程于背上，怀太吴以当胸。左有苞山，连以醴渎。岸额崔嵬，穹窿纡曲。大雷、小雷，湍波相逐。右有平原广泽，蔓延旁薄。原隰陂阪，各有条格。茹芦葵藭，隐轸肴错。冲风之所去，零雨之所薄。

（转自严可均编《全上古三代秦汉三国六朝文》）

杨泉，字德渊，又称杨子，三国末期吴国人。反玄学的崇有派代表人物。著有《物理论》《太玄经》等。

寿春堂记

赵孟頫

延佑乙卯，嘉平之月，东里翁卜居郑乡里之溪西。平畴在其前，望极不得徼；湖山在其后，若有若无，隐隐可见。二溪双流在其左右，若抱珥然。乃作堂三间以为燕闲之所。梁柱桷榱，小大中度，不藻绘，不雕几，简如也，辉如也，豁如也。浚陂池以亭清泚，缭垣墉以谨限防。松篁桂桧梅橘蒲桃之属，绕屋扶疏。又杂植兰菊众香草，荫可偈，华可玩，实可采。

明年三月既望，隆山牟应龙成甫扁曰"寿春"，会亲友以落之。客或指其扁而问焉，曰："翁垂希年，康强少疾，一身之寿也；孝慈友弟，闺门肃雍，一家之春也，得非以是名乎？"

翁笑曰："吾之意不特为是。昔遭岁祲，身履忧虞，里闬萧条，吾馈三叹而寝十兴，危不自保，尝慨然谓里人曰：'吾侪何日庶几得见时清岁康乎？'惟是数十年来，兵革不用，年谷屡丰，生齿日蕃，斯民皞皞然，熙熙然，如在寿域，如登春台，吾因得以暇日成吾堂，以供吾老，以长吾子孙而教之，时从父老饮酒于其上，得以遂有生之乐。闵闵焉如农夫之望其稼之成，慈母望其儿之长，朝夕徯之，幸酬愿，始为太平之幸民，喜当若何？且身寿健而家春和，固人情所甚愿然，必与众皆安，而后可。否则虽有此，岂能独乐哉？此吾名堂以自贺之本意也。"

有少年疑焉，曰："吾不知往事，翁之言无乃过与？"

予曰："往事，吾所亲见，盖以实而言，非过也。今夫波平如镜，锦缆徐牵，棹歌闲发，未知其可乐也，必尝值风涛之险，然后知之；平常无事，起居饮食，与众不殊，未知其可乐也，必尝值疢疾之苦，然后知之。向使翁生长太平之世，如邵尧夫未必知之若此其深、言之若此其切也。夫冀时之无事，已得安居而暇食者，善人也；冀时之多艰，已得行险以徼幸者，小人也。今翁之言如是，且先天下而后其私家，非厥心臧者，孰能之？吾因是知翁矣。"

翁姓郑氏，里在乌程县东，其乡曰常乐，时夏四月记。

翰林学士承旨荣禄大夫知制诰兼修国史赵孟頫书。

（录自赵孟頫同名书法作品）

赵孟頫（1254—1322），字子昂，号松雪道人，浙江省吴兴人，宋太祖赵匡胤十一世孙。南宋晚期至元朝初期官员、书法家、画家、诗人，被称作"元人冠冕"。

崇顺庵兰若记

张世昌

縣（由）吴兴而东，皆平川沃野。其俗淳庞俭勤，故治业易。滋养生送终，得以尽心而无憾，有古之遗风焉。违城一舍许，曰"晟溪"者，闵氏世居之。家裕而文，为乡望族。至友山公德源克扬先志，以儒术自修。尝被省檄典教归安。公雅性旷达，慕马少游之为人，谢事家居，绝意进取。每遇风日清淑，则游眺徜徉，自适其乐。一日，至宅之东北，睹其地势阜隆，川流环拱，叹曰："美哉斯坵，吾将择兆以葬焉。"于是参诸地理，谋于蓍龟，罔不协吉，遂营寿藏，与厥配许氏为同穴之规。复相其旁，结精庐以安诸僧众，中为佛殿，挟以两厢。像设庄严，供物完好，奉先有室，会食有堂，筵宾有馆，寝库庖湢，百用咸备。并割田土贰顷有畸，以给祀事廪食之需。经始于延佑庚申，越明年，至治辛酉成，谒名于翰林承旨子昂公。公曰："吾知先大夫中山，素稔世以积善着闻，今子复广其心志，寿茔之作，又能尽于人事，皆顺之大者也。宜名之曰'崇顺'。"即大书匾额以赠。又五年，泰定丙寅，友山具经营始末，来访余云："是当有制，以垂将来宁久，不以轻属人，盖有待也，愿为记之。"余闻古人重本而安土，笃于始终之道。族闾长者，周身慎行，足为后进法。虽出而仕，然老必返其乡，没则祭于社。习俗之厚可知已。后代家无定业，人无定心，侨寓徙移，亦生人之常理。欲求数世不迁，安居殖产如闵氏者，几希。矧夫友山公欲以全归，为重豫图掩藏之计，严谥精神，足以贻诸永久，斯固宜书。尚俾后人念其致力之勤，及所以命名之义，克敬克戒，以继祚于不朽。顺理无违，天佑以吉，则闵氏之宗，愈蕃而愈显，其坟庐弥久而益光。是则斯文之有助，岂徒志岁月而已哉。友山曰："此吾心也。"因书以为记。元至顺元年文宗十一月二十六日，西湖小隐沙门如椿立石。

（转自《晟舍镇志》）

张世昌，生卒年不详，元朝吴兴人。

方氏园记

张羽

余友方以常自杭以书来，及图园庐之概，征羽为之记。按图，方氏园有三：一在吴兴之白龙冈，一在吴兴之上林，一在吴兴子城北。

吴兴诸山，惟弁山最为斗绝，其下多平坡漫陆，按衍起伏，若不属而脉实相连者，白龙冈是也。冈在弁山直南五里，前有大水奔流，曰□溪。东为龙溪，又东与苕水会。有山掖其右者，曰仙人□；张其左偏者，曰仁王山。其后众山环合，莫悉其名。自其曾大父而下，皆葬其东。趾有泉穴，石而出者，甘美可饮。其上，木千章，竹千竿，岁收枣栗十硕，橘柚柿若他果物。刍薪百车，牧羊彘百足。园之大不过十亩，二亩庐舍，陂池三亩，桑麻余五亩，亩四十畦，姜韭百畦，他菜称是□十亩□皆亩一钟。陆行出迎禧门，掠仁王山而东，二十里而近。水行出清凉门，泝龙溪而西且北，二十里而远。初，方君既祔其先人于墓，因奉其母园中。

居五岁，有兵难，徙于上林。上林由吴兴东行五十里，经祜村塘复折而北，其地东与松陵接壤，北距太湖可十里。故老传言：昔村之大姓董氏，有梅树，柯叶蔽十数人，其下可坐百人。宋都临安时，天子尝幸其地，赐群臣宴花下，因名上林。由是梅开时，贵游之士来观者相望于道，居人不胜其烦，乃阴伐其树以绝踪。

民皆土著，重稼穑之利，无场圃之饶。方君乐居之而患地难得，乃重价购之，仅得五亩余。地在村极，东南滨溪，北通湖渠。东并民居，水绕四隅而汇于东南，状类十字桥，其上曰：青龙桥。桥下有冢，曰：处士墓，而逸其姓名。园中为屋四楹，旁出两厦，大率果菜荛牧之利，不及白龙冈十之九，而田亩则数倍焉。

居三岁，又徙于子城之北则，因其故居之屋葺而新之。屋与上林称，而园益隘，果菜茭牧益少，然而近市焉，朝夕得所求也。

方君且曰：某之先实汴人，家世迁徙，迄莫能考，然自某而上，居吴兴者数世矣，则吴兴故吾籍也。况白龙冈吾祖宗体魄所托，而子城北则先人之敝庐，义皆不当去，且上林风俗淳俭，可以居子孙，吾他日将往来三者之间而终老焉。然非交无以志，不志。

噫！羽少不自度，谓学问可立就，弃坟墓，去亲戚，求师问友于千里之外，业未及成而天下兵起，桑梓之墟，鞠为异域。每一念此，未尝不出涕沾裳也。尚恐忧患羸疾，他日弗克，归理先业，今遂顽然若忘者，视方君之拳拳于父母之邦而弗忍去者，其贤否？为何如哉？徒重其请，故强颜而为之记。

（转自《张来仪文集》）

张羽（1333—1385），元末明初文人。字来仪，更字附凤，号静居，浔阳（今江西九江）人，卜居湖州戴山。与高启、杨基、徐贲称为"吴中四杰"，又与高启、王行、徐贲等十人称"北郭十才子"，亦为明初十才子之一。著有《静居集》。

赐老堂记

杨士奇

皇上既嗣天位，改元宣德。覃沛恩泽，以福宇内，德音屡下，征贤举能，振拔淹滞，优老存旧。在边文武之臣，逮事先期，均有序进。而吏科给事中吴兴凌晏如，升都给事中。先是晏如之父彦能甫，以应天府治中，累谪均州十余年矣。一日，晏如奏事毕，上从容顾问其父，晏如颡状叩首言："臣不肖，罪万万无所容，父去乡四千里，今年七十矣，惟圣恩矜怜之。"上曰："尔父官京师，朕知之。"遂敕吏部，驰驿召还。会隆平侯张原实自荆还，荐彦能甫可当大任，上异之。既至入见，命晋兵部尚书，又命掌都察院事，并辞。上嘉其志，御书"赐老堂"三字，褒之。而命以其子之官，致仕还乡。于是，凌氏父子拜赐殿廷之下。公卿大夫之在列者，亲见其遭逢之盛。既退，相与咨嗟歆羡，而求彦能甫之为人，曰："是何以得此哉？"士奇与晏如好，又尝闻彦能甫之事，于搢绅间则告之曰："彦能甫，儒者，历三十年而为教谕。吾江西学者，皆敬服之。升武岗知州，调知州，调郑州，皆得民心。朝廷用荐者言，召进用之，州父老群奏乞留。后秩满，入佐京尹。民戴之如两州然，上在东宫时所知也。盖其持身爱民，皆儒者也。"公卿大夫闻余言，亦曰："观其子，可以知其父，今之荣遇，夫岂偶然哉？"明日，晏如谒余，言："家君将奉宸翰，归扁其堂。"愿为书其所以自，以示来者。夫堂之额，以昭恩也。观上之所以施，凌氏之所以受，皆足以劝天下之为人臣子者，而岂徒然哉？士奇，史官也。于国家施恩于下宜书；及彦能甫之能，于官晏如之能，于子皆可书也，遂为之记。时宣德六年，仲夏之吉。

（转自《晟舍镇志》）

　　杨士奇（1365—1444），字东里，江西泰和人。官至吏部尚书、华盖殿大学士、国史馆总裁。赠太史。谥文贞。

《甲申十同年图》序

李东阳

　　《甲申十同年图》，盖同年进士之在朝者九人，与南京来朝者一人，会于太子太保、刑部尚书吴兴闵公朝瑛之第，而图焉者也。图分为三曹。自卷首而观，其高颧而多髯，髯强半白，袖手右向而侧坐者，为南京户部尚书安王公用敬。微鬓发斑白，鸢肩高耸，背若有负而中坐者，为吏部左侍郎泌阳焦公孟阳。微须多鬓，白毵毵不受擳，面骨层起，左向坐，右手持一册，半启闭者，为礼部右侍郎，掌国子祭酒事黄岩谢公鸣治。又一曹，微须，颊面笑，齿欲露，左手握带，右向而坐者，工部尚书郴州曾公克明。虎头方面，大目丰隼，须髯微白而长，左手携牙牌，右握带，中坐者，闵公也。白须黎面，面老皱，两手握带，中右坐者，工部右侍郎泰和张公时达。无须颊面，耸肩袖手而危坐，且左顾者，都察院左都御史浮梁戴公廷珍。又一曹，为户部右侍郎益都陈公廉夫者，面微长且赪，眉浓须半白，稍右向而坐。为兵部尚书华容刘公时雍者，面微方而又长，须鬓皓白，左手握带，右手按膝而中坐。予则面微长而癯，须数茎，白且尽，中若有隐忧，右手持一卷，若授简状，左而向左，居卷最后者是也。十人者，皆画工面对手貌，惟焦公奉使南国，弗及绘，预留其旧所图者而取之，故仅得其半而已。是日谢公倡为诗，吾八人者皆和，焦公归亦和焉。闵公七十有四，张公少二岁，曾公又少二岁，谢、焦二公又少一岁，刘、戴、陈、王又递少一岁。余于同年为最少，今年五十有七，亦已就衰。唐九老之在香山，宋五老之在睢阳，歌诗宴会，皆出于休退之后。今吾十人者，皆有国事吏责，故其诗于和平优裕之间，犹有思职勤事之意。因萃而序之，以各藏于其家。闵公名珪，张公名达，曾公名鉴，谢公名铎，焦公名芳，刘公名大夏，戴公名珊，陈公名清，王公名轼，予则太子太保、户部尚书兼谨身殿大学士长沙李东阳宾之也。进士举于天顺八年，绘于宏（弘）治十六年三月二十五日。

风光入座渐从南，拖紫纡朱酒半酣。

二百人中今有几，一年春色已过三。

青云素志相知久，白雪高歌强和惭。

莫道公余频燕饮，先忧后乐岂虚谈。（闵珪）

圣主龙飞岁甲申，曲江共醉杏花春。

官司庶府踰三纪，宴会秋台仅十人。

白首同期全大节，清班随分答皇仁。

凭谁写入丹青里，仿佛周家一代臣。（张达）

禁漏声迟日正南，群公高燕坐余酣。

已垂鹤发年逾七，相对莺花月在三。

馆阁文章真不忝，庙堂功业吏何惭。

优游圣世图书乐，只用频挥玉尘谈。（曾鉴）

晨星落落映弧南，四十年来一梦酣。

齿列香山何但久，爵班玉笋尚联三。

白头燕笑真谁似，清世遭逢只自惭。

麟阁丹青付公等，归田吾亦事清谈。（谢铎）

手持龙节使湖南，闻道诸公此宴酣。

命酒周行应过七，登堂揖让定须三。

瞻依日月身皆近，俯仰乾坤意不惭。

老去功名当益壮，笑伊东晋事清谈。（焦芳）

瘴雨蛮烟忆岭南，偶来今日共清酣。

第二章　艺　文

榜中人物刚逢十，镜里年华又过三。

心尚古人思后乐，身从剧地抱中惭。

白头重会知谁健，世事害能打虱谈。（刘大夏）

公暇同年会，心老健时调。

元归内阁佐，政协诸司责。

善官无怠倦，承恩晚更奇。

图成仍有纪，千秋诵新诗。（戴珊）

当时同醉杏园春，四十年来有几人。

眠底光阴何迅速，座中杯斝莫逡巡。

国朝耆旧于今盛，蓬岛仙家此地尊。

漫说玳筵欢会数，笑谈洽处有经纶。（陈清）

登科容易历官难，四十年余更可叹。

白首聊为同榜会，清樽须尽片时欢。

升沉合数应无几，南北相逢尽若干。

老至共图坚晚节，赤心犹自向金銮。（王轼）

凯风披拂自东南，日照酡颜酒易酣。

美景人间真有四，达尊天下可无三。

云霄旧路元相接，道德初心老更惭。

同是吾曹忧国地，今宵风月未须谈。（李东阳）

按：是会也，吾庄懿公实主之，吕君挺振绘图。凡十幅，其一在分宜，分宜藉而入内。吾家有二幅，一真一赝。其真者，序与诗，俱西涯公手书。卷首篆"甲申十同年图"六字。会之明年春，谢公铎复书其后。嘉靖己亥，东斋公持视山阴刘公栋。隆庆己巳，芝山公一鹤持视豫章祝黄门世禄。丙午，涵山公一琴持视王公世贞。万历壬寅，昭余公持视豫章谢公廷赞，皆有题识。王公语尤警策，略云："九君子之贤，仅足以奉宏（弘）治之泰。一焦泌阳成正德之否而有余，小人之效，速于君子若此。"今与李公《序》、《十公倡和诗》俱载《郡志胜集》。闵我备识。

（转自《晟舍镇志》）

李东阳（1447—1516），字宾之，号西涯。祖籍湖广茶陵（今湖南茶陵），因家族世代为行伍出身，入京师戍守，属金吾左卫籍。明朝内阁首辅。著有《怀麓堂稿》《怀麓堂诗话》《燕对录》等。

《甲申十同年图》跋

谭泽闿

余昔收得长白法梧门所绘西涯像，盖与苏斋同绘者。苏斋作赞其上，梧门自题云，茶陵在阁时，作十同年会，并各画像藏于家，今惟乌程闵氏图尚存。此其真迹，惟冠服微异焉。尝欲访其图不可得。庚午冬日，鹿山先生视余此卷，则赫然闵氏家藏也，因借至敝斋，移录西涯诗跋于像轴，并记此墨缘。此图在（在字衍文）梧门绘像时已云仅存，则其他九图，久当亡佚，今遂成孤本于天壤间矣。十人中有四湖南，固宜为湘人保有。余藏茶陵像两轴，苏斋诗龛并从此图摹取，今又得展拜真迹，可谓同里后生厚幸，况更与三乡贤詹奉于四百年之后耶。既欣此卷之得所归，尤幸眼福之不浅，仅记其后。民国二十年岁庚午大寒节。茶陵谭泽闿记。

（摘自《甲申十同年图》）

谭泽闿（1889—1948），字祖同，号瓶斋，室名天随阁，谭延闿之弟。湖南茶陵人。近代书法家。

《北萱堂梦图》序记

张元祯

子之于亲，精神之相流通，存与亡，一也。盖亲之气，禅之子，而子之体，亲之遗。亲亡矣，而子存，则气之根蒂亦存。苟尽诚以思之，则以往者，岂不复来？而已屈者，岂不复伸哉。往者来而屈者伸，彼仪容之肃然有见，声音之忾然有闻，盖实有昭昭乎耳目而非相像仿佛焉者。《中庸》曰："诚则形，形则著，著则明。"弗信矣。夫侍御乌程闵君朝瑛，丧其母严孺人，已数十年，乃思念之不已。行部际，更深夜寂，每梦见焉。爰绘图以志之。搢绅先生，闻而嘉之。长篇短章，播之咏歌，不一而足。间以示余，余谓："观此图，尤足证子之于亲，精神相流通也。"何者人而殁，魄有定所，魂无不之，则山川莫隔，今昔无间。今奉天子，巡按东西南北，去母孺人坟庙，动数千百里而常梦见之，此其精神流通，为何如君行部也。所思必于国于民，恐有负于天子，莫暇他顾。而有母孺人之梦，是非孝亲之诚，素积于中，有不能迁以泯焉者矣。呜呼。孝，人之大本也。君为御史，持大体，略细故，百度以贞群吏，以肃风裁凛然，而其笃于孝亲乃如此，则大本立矣。《孟子》曰："故推恩足以保四海。"君异时大用，可推此梦此心，以及天下。天下苍生，庶有赖矣乎。观既，因书此以识之。时成化己丑长至日。

（转自《晟舍镇志》）

张元祯（1437—1506），初名元徵，字廷祥。明代，江西南昌人。著有《东白集》。

聚芳亭跋

王世贞

吴兴山水号清远，其在唐宋时，以园亭之胜埒宛洛。而自余游吴兴，求其迹而不可得。盖内郭广西圜恫，外郭夷而桑麻之区。其俗之朴，茂织啬固然。余尝戏谓："山可潴，河可陵，则亦治而田舍之矣。"间以故典考，所谓亭馆，以披玩草木者。唐开成中，杨刺史汉公为园于白苹洲，而亭之曰"聚芳"（见白少传《乐天记》）。宋牟端明子才，为园于郡官而亭之，曰"芳菲"（见周弁阳公谨《杂记》）。元至元时，闵提举介甫，为园于近郊而亭之，曰"聚芳"（见陈进士《遇记》）。三亭大抵命意相埒，其故址，随后先废。而独介甫，能合一时之知词翰者，为之记若诗。其六世孙，少保庄懿公，又能求故李文正公为之颜其端而志其殿，以谋不朽，亦可谓能世业也已。庄懿公从孙宗伯公，娄起为郡冠带著姓。今其居，虽徙而乔木鼎舍，固照映菰苔间，诸孙一鹤辈，又拟余片言继其后。呜呼！天下之至不易久存者，人耳；其次，则亭馆卉木耳。然余向故欲求亭馆卉木之迹，于其墟而不可得。得人之片言而若新，何也？毋乃所恃以久存者，又人乎？其亦可慨而思矣。时隆庆二年己巳，书于清茗馆。

（转自《晟舍镇志》）

王世贞，见本卷第三章《人物》。

凌磊泉传

范应期

公姓凌氏，讳稚隆，字以栋，号磊泉，藻泉公之季子。博览群书，寋修自好。生平忠信廉洁，善周人之急，知交皆一时名公巨卿。于世无所嗜，独嗜班马二史。尝叹当时操觚之士，腹笥笔吻，无适而非史，但训话之家，传闻异词，或书僻而不易识，或事远而不易征，或义奥而不易通，至习之者，不得于事则姑传会以文之，不得于义则姑穿凿以逆之，眯法于篇，则姑掩其句，眯法于句，则姑剟其字。肤立者持门户，皮相者矜影响。藻泉公以史学著，以栋追本世业，按其义以成先志，集之若林，左提右挈，时出其疑，信以颉颃于司马班氏之间。其言则自注释以至赞隳，其人则自汉以至嘉隆。又旁引他氏史，而撮其胜绍，明班马之统，足称古良史矣。设分以龙门，兰台片席，使得抽金匮石室之藏，以自成一家言，当不在子长、孟坚下也。王元美尝云："我高皇帝，德逾汉高，万万文献，即小未称，亦不下武宣。叔季有能，整齐其业，以上接班马，舍以栋奚择哉？"以栋俟之二史，既脍炙人口，复出其《左传注评测议》，以公世，余曾为序之。夫曰："《注》曰：'测义，则进于评矣。'"元美又云："昔左氏臣春秋而素，杜预臣左氏而忠；若以栋之忠于左、于杜，不尤于炳然乎，洵真知人哉？"三大业既成，不啻于揖班马、左杜，而伯仲之矣。于是陶情讽咏音什之间，辑《五车韵瑞》《文林绮绣》若干卷。自经史以及诗歌，凡名儒硕卿，骚人处士，绮思玮句，莫不依韵而甄裁之，使采择者如入邓林。泛瑶海金波，绰羽无非异光，驱使古人，俨然南面，而门内外坐之，真洋洋大观也。晚年复辑《三才统志》，日呕血数升，手不停批。其于上下天地之际，三皇五帝因革损益之大，以迄百家六艺，莫不网络斟酌。所谓天动神解，洞窍濯髓，必极其至殆，亦渡海之筏欤。惜为造物所忌，不命卒业，竟以寿终。嗟乎。湘灵鼓瑟，至今有叹，曲终人不见者。

（转自《晟舍镇志》）

范应期（1527—1594），浙江湖州府乌程县人。明朝大臣。嘉靖四十四年（1565年）乙丑科第一甲赐进士及第第一名（状元）。历任翰林院修撰，中允、经筵讲官，官至国子监祭酒。著有《玉拙堂集》。

张星君阁记

闵洪学

吾闵自友山府君以绩学起家，数传骎发于司寇、宗伯两公。自后文章德业，代不乏闻者，今益烂漫陆离，一时冠盖，青衿之士，翩翩累数十百人。猗与盛哉，晟溪一撮土，东西南北皆可百武耳。我家聚族其中，而云蒸霞蔚，家握灵珠，人喷异藻，如不贷之圃，莫可涘际翳緊，岂维地灵，实有神助焉。万历丁巳，献岁之三日，偶从乩仙知，冥冥之中，司此境文衡者，为张茂初星君。星君，讳远志，茂初其字也。自谓以天仙谪降于胜国，卒于明兴洪武六年，上帝命章映此土。详在乩谈中，前后左右，皆有染墨香花意者，悉禀我以调停妙哉。斯语非深于此道者，固未易思议矣。人心灵巧，舌何所不辩，然片语只字之间，斟酌推敲，或至于看梁面壁，冥索苦吟，呕血数升而不可得，盖其此中微之又微，其有非人力所及者。昔罗君章昼卧，梦一鸟，光彩异常，飞入口中，自此藻思日新。江文通晚年梦一丈夫，自称郭璞，曰："吾有笔在卿处，可以见还。"因探囊中五色笔，投之而后为诗，绝无美句。由斯以谈，文人之工拙，其不能不悬命于神，信不巫也。众谋佥同，爰于境之巽方建阁立像，以为一方文教皈依之主阁。后拓数椽以安孝烈李氏，再于隙地凿池、莳草、奇木、怪石之类，随意插置，以点缀文明。庶吾闵子弟游焉息焉，观感而兴起焉。未必不大邀神助于将来云。

（转自《晟舍镇志》）

闵洪学，见本卷第三章《人物》。

游杼山赋

凌濛初

表兄潘朗士得地于杼山之阳，形势绝胜，构为别业。考颜鲁公碑文，则梁之妙喜寺，而鲁公刺湖时，集诸名士于此，辑《韵海镜源》者也。朗士博雅好古，虽圭组登朝而性耽丘壑，意甚乐之。凡亭台池馆皆自题识，各有笺解小纪，渊奥高旷，胜情雅韵，备于是矣。丙子季秋日，与余登览而属余为之赋，余乃撷述其意而成之。其辞曰：

秋将暮，云气清。客怀萧瑟，乐为山行。繄泽国之利涉，微乘檛而扬舲。主人携具，樽罍既盈。

于是出南闉，浮碧浪（湖名）。湖澄鲜兮始波，搴芙蓉兮骋望。野以耕而命村（地有耕村），水夹山而成漾（水有夹山漾）。古桂馥郁以流馨，浮图峥嵘而矗上（道场山有塔）。钟磬硁硁以激涛，橘柚青黄其殊状。睇赭霞之复幕（霞幕山盖自南湖至妙喜，有八景，曰：道㟪宵光、耕村晓月、碧浪芙蓉、书堂古香、霞幕高秋、饮马流云、夹山晴雪、石桥远钟，杂见于前后云），负苍弁以列障（湖郡弁山为最高，苍山为辅）。

解衣攘腕，心旷神怡。主人拱而语曰："此鲁公清臣（颜真卿）之放生处也。鲁公昔刺吾邦，实系遗迹。由此以达杼山，夏后（杼）之所巡历，梁武赐嘉名以妙喜（寺名），唐文赐御书而重辟。玄之（晋太守张玄之）疏为胜绝，鸿渐（陆羽）于焉载笔。鲁公著作其中，名流至者络绎。三癸名其亭，鸿章勒诸石。蔚西南之名区，怅榛莽之久没。余也不敏，丘壑成癖。披循故址，偶获捃摭。构数椽以容与，邀吾子于今夕。"

爰命舟师逐岸而移，草堂（漾名）洸瀁而鱼乐，仙阁（祈仙阁）轩翥而鹤飞。挹饮马之曲涧（山巅名饮马池，为吴越王驻马处），历列锦之长堤。睇茶烟袅于竹坞，谛人语隔于松溪。

乃舍舟以登陆，路峪崛而委蛇。既寻胜而递揽，遂抉义以周咨。宣洒何园（园名宣洒），译彼梵言。华称弟子，初乘居焉。植凤慧于二氏，粉吾契于禅玄。弄《音文》于《日种》，探《鸿蕊》于《墨园》（《日种》《音文》《墨园》《鸿蕊》，所辑释道二家书名）。蒐文字之外获，作金汤之胜缘。言颜之阁（有音文阁），言署之轩（有鸿蕊轩）。断章取《淮南》之义而卢牟名乎精舍（有卢牟精舍），憩寂（岩名）拈少陵之句而松子落于僧前。塔现道峰之影兮池满照（有塔照亭），亭貌古帆之挂兮石孤悬（有古帆亭）。虔视厘于六时兮，孝思寄于南陔（有南陔堂，即飨室也）；汲藻影于三昧兮（有藻影轩），公据在于西乾。忻托前朝之梵宇，敢忘木本而水源；尚羡偓佺之羽化，欲饵菖阳以引年（有引居）。希谷神之不死，盼犹龙之真诠（有犹龙馆）。

乃其醉心坟典，系情竹素。祖河阳之清绮，旷百世而犹慕。命选言以为室（有选言室），俨慧业之家嗣。拥万卷以成城（有城书楼），富牙签之武库。贮石叶之名香（有石叶斋），长薰拂于邺架。羡儒宗之降祯，欻虹玉而来下（有虹玉堂）。犹悁琅函之缺遗，愿受菆而尔复旁假（有宝经堂）。凿地得泉，有砚如规，呼之或出，平原在斯（有鲁公泉）。愿耨之而为田（有砚田庐），爰以伴夫松滋。

庵有破墨之号（有破墨庵），谷有玄香之题（有玄香谷）。谅从事于柔翰，景往哲而得师。或执牛耳于萩苑，或擅猊抉于临池。或点染于丹溪，或出入于黄缃。畴居尊为鼻祖，畴配飨而庑祠，莫不位置有序，昭穆得宜。会三教为鼎足，光一堂之晤轩，合众韵以成榭，提高山而仰之（有鼎教庵，中额三教一堂；有韵榭，祀诗文书画禅玄诸名公）。载蹑级以登高楼兮，周众山而奥突；高百尺以特峙兮，俯人寰之窈窕。绘眉厣之黛绿兮，供书史之写照（有画山楼）。幸生居于清远兮，获寝兴而寄傲；储彝鼎与金石兮，作千古之凭吊。夸南宫之颠笔兮，证倪迂之墨妙。乃复渡曲径之如线，划石壁而嶚峭。结一茆于双松，坼青螺之旋绕。雪挂枝于薜萝（有雪枝庵），藏白云之深宦。更沿溪而潆洄，林苍蔚于水湄。筑斗室兮如舫，若舣沧江兮依栖。羯鼓起兮声高，红牙拍兮度迟。接亲戚兮情话，胜巴山兮雨时（有话雨轩）。厌尘容之麇至，阻清流以堑之。设野艇以渡客，击方响以相期。义取象于水莲（有水莲渡），寄遐慕于复师（复师写经，掷笔水中成莲）。□□忘于法乘，时复露其念兹。

尔乃情适于水，更欣得月。曾开竺语，一切交摄。凿广池以涵沫，净琉璃之光接（有珂日堂）。径曲廊之迤逦，森栖柳之齐列。良夜悬灯而灿其星渚，月中鸣榔而烂焉银阙。鼍圆室兮冒蜃窗，壶中天兮玉澄澈（有室名玉壶天）。

宵分将曙，残照未灭，一抹远林，晨光渐晰。启高阁之绮窗，拾晓霞之可啜（有晓阁）。若夫耽莳艺以讲求，开寿萼之别园（有寿萼园）。挹愚溪以为宾，褅穗书而作祖（有穗书堂）。羡散樗之终天，乐群木而为伍。睇众卉之嫣然，辄欣欣而若舞。刿蚕柯与异材，宜江南之风土。是以梅李桃杏柿梨之实，枇杷樱桃来禽之果，靡不树自为林，类各成薮。鹤宾酒树（楼轩名）之德懿，缘香长友（书斋名）之都雅。芍药有情绮（楼名）之楼，蕙兰有佩林（林名）之宙。新声觊睨而谐调，嫩色芊眠而合谱。亭馆春以署名（有绾春亭），簃綮花而骈阴（有椠花簃）。芦拂草以生漪（有芦漪馆），竹当斋而作主（有竹主斋）。菡萏敷荣于夏沼，芙蓉绚采于秋渚。霜叶（亭名）老而色殷，桂蕊绽而香吐。皖秋实之离离，韵秋声之楚楚。读书秋树之根，湾名得之老杜（有秋树湾）。援灵和之藏琴（有灵和馆），向芳树以一鼓。梅破蕚而影横，茗品水而指楼（有品水堂）。是皆极种植之幽趣，殆更仆而难数。

况于悦鸟兽与同群，期鹤情之咸畅。沙平衍而墅宽，烟弥漫而波荡。雁傍木以为居，凫唼萍而成宕。朱鱼在藻而沉浮，黄鹂出谷而下上。恋山林之友昆，成昕夕之随唱。

已而纵目林表,任足所之。逖稽往迹,指掌诸奇。黄浦有明远之送别,黄檗见文通之赋诗。昭明著青宫之山,乐天留临水之矶。玄真以高人而来访,皎然以名宿而住持。陆生（羽）煮茗而葡萄泉出,坡翁摇竹而书堂名垂。况夫兜率名刹,起于杨隋。或祈唐以名庵兮,自鄂国之尉迟（有祈唐庵,相传尉迟鄂公建造以祈唐祚者）;或福先以名观兮,乃贞观之同时。中和有黄岩之建兮,绍兴有乐寿之题。和王之显忠而崇孝兮,思陵留御墨之淋漓。粤凤山之慈福兮,天如俨其肇基。泊及庵与石屋兮,瘗舍利而藏斯。行道而天湖存其遗址兮,习静而天人侍以军持。草庵入蟠桃之坞兮,峰取最胜而居之。咤五童之传心兮,列塔森如置基。縶海印之净室兮,尚宗风之可稽。更石岩与杨坞兮,均极馥之昭垂。庵何以号一昔兮,维魏国之造。名师石天洞龟,鹤睡雀崖朱草。山之本于张雨兮,林之得于黄痴。洵昔贤之幽赏,启来哲之余思。

所以听者欣心,观者萦手。高士探奇而骇目,骚人索句而濡首。尘容乍觌而明眸,醉翁意淹而忘酒。主人操巨笔以如椽,掞天藻于八斗。藐圭组之为荣,志泉石之可游。杂纪尚媲于西京,赋草愿问于枚叟。敢摇唇而效颦,恶斯颜之孔厚。聊浆括以成章,当趣覆乎酱瓿。主人笑而谢客,酌一卮以为寿:"藉兹山之有灵,获君言以不朽。请泐之于摩崖,永保之为琼玖。"客谢主臣,发棹而返。咿哑数声,于山小远。回首望之,明月在苑。

（转自《湖州市志（1991—2005）》）

凌濛初,见本卷第四章《凌濛初简志》。

凌忠介公传

凌义渠,字骏甫,乌程人。天启五年进士,除行人。崇正（祯）三年,授礼科给事中,知无不言。三河知县刘梦炜,失饷银三千,责偿急,自缢死。有司责其家,义渠言:"以金钱殒命吏,恐天下议朝廷重金,义不在盗也。"帝特原之。宜兴、溧阳及遂安、寿昌民乱,焚掠巨室。义渠言:"魏羽林军焚领军张彝弟、高欢,以为天下事可知。日者告密渐起,藩国悍宗入京越奏,里闾小故叫阍声冤,仆侮家长,吏箝上官,市侩持缙绅,此《春秋》所谓'六逆'也。天下所以治,恃上下之分,方维决裂,即九重安所藉,以提挈万灵哉。"义渠与温体仁同里,无所附丽。给事中刘含辉,劾体仁拟旨失当,被贬二秩。义渠言:"谏官不得规，执政失而委申饬权于部院，反得制言路大臣以揽权。为奉旨小臣结舌，为尽职将贻国家无穷忧。"兵部尚书张凤翼叙"废将陈壮猷功"，为给事中刘昌所驳，昌反被斥。义渠言："今上下尽相蒙，疆场欺弊为甚，官方尽滥徇，武弁幸功为甚。中枢不职，舍其大摘其细已，足为言者羞。辨疏一人，调用随之。自今奸弊丛生，功罪倒置，言者将杜口不纳。"三迁兵部都给事中，东江自毛文龙后，叛者接踵，义渠言："东岛孤悬海内外，转饷艰难，向仰给朝鲜。今路阻绝不得食，内溃可虑。"居无何，众果溃，挟师求抚。义渠言："请阳抚阴剿，同恶必相戕。"及命新帅出海，义渠言："奸渠散党宜速，速则可图功，迟则更生他衅。"后其语皆验。义渠居谏垣九年，建白多。吏科都给事中刘安行恶之，以年例出义渠福建参政。寻迁按察使，转山东右布政使。所至有清操，召拜南京光禄寺卿，署应天府尹事。十六年，入为大理寺卿。明年三月，贼犯都城。有旨召对，趋赴长安门，旦不启扉。俄传城陷，还，已得帝崩闻，负墙哀号，首触柱，血被面。门生劝无死，义渠厉声曰："尔当以道义相助，何姑息为？"挥使去，据几端坐，取生平所好书籍，尽焚之，曰："无使贼手污也。"旦日，具绯衣，拜阙，作书辞父已，自系奋身，绝吭而死，年五十二。赠刑部尚书，谥"忠清"。本朝赐忠介。

赞曰：范景文、倪元璐等皆庄烈帝腹心大臣，所共图社稷者，国亡与亡，正也。当时觍颜屈节，侥幸以偷生者，多被刑掠以死，身名俱裂，贻垢无穷。而景文等树义烈于千秋，荷褒扬于兴代，名于日月争光。以彼挈此，其相去得失，何如也。

（转自《明史》）

竹深园图记

史琳

竹深乃少保孺山闵公尊翁，诰赠荣禄大夫、太子太保、刑部尚书闵公之别号。公家世饶裕，倜傥好士，于家之北辟地为园，植竹千余竿，叠石为山，构木为亭，扁曰"竹深"，因以为号。日与贤士大夫觞咏于其间，为朝夕乐。后室赠一品夫人严氏弃养，公欢曰："葬贵得安，何必择风水在主人方寸间耳。今竹亭近家，便于祭扫，且山水四面环绕，有情风气所聚，亦胜地也。"遂毁亭为茔，竹之存者无几。后公卒，合葬焉。敕建享堂，傍植松柏，而竹不复能容矣。孺山公追慕先德，抑恐后迷，所自命予写图识之。予惟人子，事亲之心固无穷也。孺山公于亲之存也，尽其孝，及其殁也，尽其思，又蒙天恩追赠其三代。公之事亲可谓至矣。兹追念其亲之音容，慨"竹深"之亭不可得而睹也。所可见者，马鬣之封，松柏拱焉。春雨秋霜，徒兴悲感。今是图也，虽非当时之景况，其清泉白石无异苕溪，而绿竹之丛生何啻数千竿，诚所谓竹之深处也。公暇展是图而玩之，宁不睹此忆彼而有感于心乎？孟子曰："大孝终生慕父母。"我于公见之。图成、因赘喙以复，未知公以为何如？

（转自《人文织里》）

史琳，明代，生卒年不详，字天瑞，一作元瑞，余姚（今浙江余姚）人。

聚芳亭记

吴梦旸

元提举闵介甫先生，多隐德，家于吾郡之晟舍。尝艺花于其阳，而额其亭"聚芳"。一时诸从提举公游者，竞为文为诗，以志其胜。而提举公之五世孙明庄懿公既致尚书政时，已闻其次子善赏鉴，所藏蓄名笔当不乏。顾庄懿公皆不之重，乃举其聚芳亭之诗，若文成卷。复托长沙李文正公为籀书，补其额，稍考其爵里名姓于后，用意良厚也。盖庄懿公非不取重乎词翰，而不必取重乎词翰，重其为提举公所游，使后人读其言、识其姓名，如其人存也。唯不必以词翰重，斯知所重矣。其为提举公之后，而祖庄懿公意者，昔在声甫，今在竑斅。是不独楚弓而已。昔柳柳州志父执名姓，后世谊之。矧乃存其上世之交于异代，其谊不足多耶？提举公者，为余大母闵太君之九世祖，而竑斅之大母吴太君，则余之姑也。故余于闵氏，乐闻其谊云。

（转自《人文织里》）

吴梦旸，字允兆，号北海。明代归安（今属湖州）人。游长安，与宋西宁、张圣标为文酒之交。好吟诗，善度曲。晚游金陵，征歌顾曲以自娱。著有《射堂诗钞》。

古慧明寺重修禅堂记

钱谦益

壬辰仲夏，余游长水，闻满谥益旭公演法苕溪之晟舍，扁舟造焉。所居寺曰慧明，去阛阓少远，钟鱼超然，结构粗就。寺僧敬松告我曰："此古慧明寺，宋、元间法瑶大师开山地也。厥后住持者，梁天监慧集法师、唐大历道祥法师、贞元维宽禅师、宋建中靖国慈觉禅师。寺屡兴废，明朝宣德六年重建，更名利济。住持者，南轩律师也。嘉靖末，平湖陆太宰议建禅堂，延古泉禅师开讲。波旬作难，古泉焚所著经疏，腰包长往。阅七十岁，莫克兴复。乙酉，里人闵君一栋延体源印师藏事。印以参请力辞。闵引刀断左臂，命二子捧持往请。印乃惊嗟受事。闵闻之，一笑而逝，丙戌十月五日也。闵愿轮坚固，印法轮方广，佽助有人，机缘歘集。未三载，禅堂告成，满大师金陵解制，敦请驻锡，日讲《楞严》，夕疏《楞伽》，八阅月于兹矣。公为大师之友，仗缘至止，愿施我慧目，作禅堂记开示学者。余诺之未及为。敬松踵门请甚力，乃为叙次其概而申言之曰：

嗟乎！法幢倾摧，魔强教弱，未有甚于此时也。方盲禅之作也，一盲首路，群盲拍肩，今胥天下而盲矣。以盲为常，以有眼为怪，诸有眼者，亦皆瞪瞢闭目，不敢自认久矣。夫天下之相安于无眼也，邪慧为种子，虚妄为现行，悟门捷则聪利者易煽，修路便则愚庸者易悦，印可滥则浮伪者易匿，拨无勇则莽荡者易揽。不如是则徒党不众，门庭不专，禅贩不广，而利养不博。胥天下相率而无眼者，为此故也。彼固曰，一棒一喝，单提正令，此宗门家法也。古人不云喝有时如金刚宝剑，有时如踞地狮子，有时如探竿影草，有时一喝不作一喝用，已后得老僧喝乎？雪峰三到投子，九上洞山，才得于德山棒下打破漆桶。今人逢乞儿亦喝，逢村媪亦棒，以上堂为排场，以付拂为博易，何为者乎？芙蓉楷曰："隐山至死不肯见人，赵州至死不肯告人，山僧今日向诸人说家门，已是不著便，岂可更去升堂入室，拈锥竖拂，张眉努目，东棒西喝，如痫病发相似。"岂非古德之良规，邪师之明鉴乎？其示人曰："上上人不须看教，上中人下下人更不可看教。"审如是，三藏十二分教，真是拭疮疣纸。六祖负薪时，何以从《金刚经》开悟乎？牛头初祖，何以闻《大品般若》晓达真空乎？岩头何以究《涅槃经》七八年，睹三段义乎？玄沙备何以重阅《楞严》发明心地乎？渤潭英何以阅方山《十明论》，了成佛法门乎？大慧杲何以大彻之后阅《华严入地文》，了昔所疑殃崛因缘，打失布袋乎？未开宗眼，先拂教乘，用此弄引狂愚，岂非拨无因果，昧两足相资之义，发过头虚诳之言，量饮光之裓袋，忏悔历然，效玉泉之布裈，呕血无及。识法者惧，吾不能不为之痛心也。

昔者法瑶大师，于此寺著涅槃法华大品胜鬘疏义，实为开山鼻祖。向后诸师，持木叉，通□□，经明律修，灯灯不坠。今当魔民充塞，邪焰炽然之日，此伽蓝中，独能启请法将，弘宣教纲，其于以眼目人天，标指末法愿力大因地。嗟夫！胥天下皆盲，而有一二人不盲。此二一人者，固群盲之导师也。慧明诸师，可谓有只眼矣。余恐其有眼而不自认也，故不惜谆复以告之。旭公具正法眼藏，其亦以吾言为然乎？是为记。

（转自钱谦益《有学集》）

钱谦益（1582—1664），字受之，号牧斋，晚号蒙叟，东涧老人。学者称虞山先生。清初诗坛的盟主之一。苏州府常熟县鹿苑奚浦（今张家港市塘桥镇鹿苑奚浦）人。著有《初学集》《有学集》《投笔集》。

疏复云巢故址小引

闵声

山川之奥区，得真隐而始彰。历世既久，又赖夫贤而有力者，扶持而振兴之。乃不至于终泯也。

金盖山者，洵吴兴之奥区矣，碧浪湖浸其跟；道场诸山，罗列环卫，入其中，幽修以深；升其巅，苍然蟠结于云气之表，有若巢焉。故，隄曰'云巢'。刘宋时，陆简寂先生植梅，自给养真于此，春谷之名，所由著也。同光间，羽士·宫无上，云游至此，尝植桐致凤，凿池成字而去。宋·熙宁中，华亭·梅子春，出其居资，构屋一藏，以引天下高人；东林沈东老，为筑齐假龛，以奉吕祖。已而，俱毁于火。至元、至正，吾远祖·牧斋公，重兴之，赵仲穆为之记。盖其地，显自六朝，炳彪于宋元。又有名贤逸士，后先锺接其间，若颜真卿、苏子瞻之徒，宦游凭眺；韦正节、孙太初之辈，寄迹流连。胜地之不没，宁非之数人扶持之力欤！

今且几五百年，野无遗逸名公，大人足迹罕至。古迹沦于榛莽；向者养心修道之资，尽归牧监樵夫之手；间有幽人羽客，携瓢而来，鸟托猿栖，餐霞食蕨。无所恃而安，则不终岁而去。千百载名区胜壤，将遂泯焉。其高情越世者，能不怀古而动心哉！夫锺事增华，以壮游观之所；物换星移，无复过而问之者，出其囊余，保胜迹于不泯，其事其人，共有千古，而况云巢？南眺菰城，北望具区，振而兴之，亦足以姿游观之乐。至于扶持胜迹，卫道传宗，厥功大矣。兹将清厘旧址，拓地更新，访求雅怀，仰成豪举，则当表以贞珉。俾夫登览者，徘徊景慕，称诵勿衰。曰："此某代某人之遗迹，而贤君子·某某者，相与扶持而振兴之者也。"岂不与颜、苏诸贤，媲美于无穷哉！是，所望于有力者。

顺治十五年，秋七月望日。晟溪·雪蓑氏·闵声谨疏并书，时年七十有四。

（转自《金盖山志》）

闵声，见本卷第三章《人物》。

晟舍镇志自序

闵宝梁

《吴兴志》创于宋嘉泰元年。谈钥至今，有明而郡邑各有志，前此未之闻也。寻则南浔（夏元远辑，董肇镗续，方焘、范来庚修，汪曰桢增辑）、乌青（张交贞、李乐辑）、东林（闵光德辑）、仙潭（陈霆、沈渚椒辑）等处，亦各有志，藉以记一方之事实，流传而弗替者也。晟舍之名始于唐，为城东第一镇。相传李晟驻兵于此，故名。迨后，户口繁滋，人文荟萃。历宋元明，以迄本朝，科第联绵，簪缨绳继。其间忠臣、孝子、列女、高人、流寓、方外，以及著述碑铭、崇邱古迹，甲于他区。何数百年来而竟无一人记其文献者，心疑且怪之。

余幼时即有心于此，每阅诸书，凡有关里居掌故者，无不笔之于书，手录成帙。咸丰戊午，筮仕中州，未藏行箧。同治建元壬戌，改官江左，航海来沪，知先人敝庐已为贼薮，家藏书籍尽付劫灰，感慨系之。但既承前人之遗烈，当司后世于胪传，使不及时收辑，恐年远事湮，愈荒渺而愈难征信。爰借阅群书，周咨故老，知者存之，不知者阙之；详者志之，不详者略之。自同治丁卯仲春起，至己巳孟夏止，两年心力，编成若干卷。非敢言创始也，聊以补前贤之未逮，资考镜于将来。倘是书辑于庚辛以前，尚堪博综旁采，为考据之资。今则书遭贼炬，难以购求，虽四处访查，而搜罗未富，记载难周。第即所见闻者，登诸简牒。其体例仿照各志。惟分野、灾祥，非一方之事，自有邑乘详明，奚待鄙人赘述！或曰："晟舍，一蕞尔之区，焉用志为？"然以地之形势而论，亘横均十余里，周围三十余里，不较大于东林、仙潭乎？可以不揣浅陋姑录存之，以备修郡邑志者之采择，殆亦刍荛之一得欤。

同治庚午上巳日，里人闵宝梁识。

（转自《晟舍镇志》）

闵宝梁，见本卷第三章《人物》。

蕅益禅师传

闵苕旉

蕅益禅师者，吴兴钟氏子。父持白衣大士咒，母梦大士送子而生。三岁丧母，少长，天资敏妙，风度端凝。年十三，无书不读，以圣学自任。著书阐佛，凡数千言，父见而责之，示以《云楼竹窗随笔》，乃焚所著论。年二十，父卒，延僧作福，见《地藏本愿经》，读之，始发出世志，日诵佛名于先灵之侧。越三载，为天启元年，逾年二十四，丧葬事毕，复见帝星失度，朝事日非，世乱已萌，遂决志出俗。有弟一人，为之娶，而身入湖州金盖山为僧，法名"智旭"，庵曰"遽云"。往来于诸方僧流间，忽听一法师讲经，疑情业发，归而用心参究一月，豁然。寻出掩关于吴江，过疾且殆，唯一意求生净土。而病少间，乃起结坛，持往生咒七日，疾愈，遂破关出。复至湖州，止于晟舍"实成楼"三载，惟一心念佛。遂大彻悟，历止温陵、漳州、石城、长水、新安等处，方丈广宏，台教又有年。时诸方禅士，多以净土为权教，遇念佛人，必令参究。谁，字师独，持名"一法"，即是"圆顿心宗"。有左卓车者，尝设问曰："'如何是□，念佛门宗，向上一路，如何得离'四句，绝百非如何是念佛人最后极则，如何是淆伪处脑后一锤？望和尚将向来自性，弥陀惟心净土等语，撇向一边，就亲见如来境界，快说一番，震动天下大千世界。"师曰："向上一著，非禅非净，即禅即净，才言参究已，是曲为下根果。大丈夫自应谛信是心作佛，是心是佛，设一念与佛有隔，不名念佛三昧。若念念与佛无关，何劳更问，阿谁净土，极则事无念外之佛，为念所念，无佛外之念。能念于佛，正下手时，便不落四句百非。通身摇入，但见阿弥陀佛，一毛孔光，即是十方无量。诸佛但（诞）生西方，一佛国土，即生十方诸佛净土。此是向上一路。若舍现前弥陀，别言自性弥陀，舍西方净土，别言惟心净土。此是淆伪公案。经云'三贤十圣住果报，惟佛一人居净土'，此是脑后一锤。但能深信此门，依信起愿，依愿起行，则念念流出无量。如来偏生十方微尘，国土转，大法转，照古照今，非为分外，何为震动大千世界？"晟溪雪簪翁闻之，曰："此天下之至诚，为能尽其性者也。"乃遍告乡耆，延主慧明寺方丈。师复迁锡（徙）至湖，时金盖遽云僧众已散，庵就荒颓，师主慧明，复招其法弟智果居守。暇时与雪簪翁往来于其间，得妙喜黄隐真辈为契友。尝述示人《宗论》一篇，雪簪翁书之，载在《金盖云笺》。越三年，顺治己丑，师年五十二，命其徒成时，继志方丈，退休灵峰，撰《净土十要》等书。旋出，云游江浙间，自号灵峰老人。广度故明诸老，凡得遇师者，莫不言下立悟，英志尽消。至岁甲午正月二十一日，端坐而逝，遗命阇维。既逝之二年，将如法启龛，则发长覆耳，面如生，门人不忍从遗命，收其龛，搭于灵峰。

（转自《晟舍利济禅寺志》）

闵苕旉，见本卷第三章《人物》。

湖滨崇善堂记

林则徐

"太湖为东南巨浸，虞翻曰"水通五道，谓之五湖"，界毗两省，跨越苏、常、湖三郡，商民往来，视官塘河较近，而风涛鼓荡，恒有倾覆之患。近湖居人迩有救生之举，甚盛心也。其法略仿京口，而以属湖中罟船。凡救一生者钱三缗，得一尸一缗，将覆而援人船无恙者六缗。择地乌程之乔溇吕祖庙侧建崇善堂，旁及掩埋棺椁。而江、震、程、安四邑之好善者迭为劝募，事赖以集。曩余官浙江，分巡嘉湖者一年，泊莅吴，先后且十年，太湖并在所辖。每闻波浪之险，怵然于怀。夫恻隐之心尽人同之。往时罟船非不知溺之当救也，而责不专属，或以多事为引嫌；有专责矣，而无以奖励之，则不久而倦。是举也，其有以充恻隐之心而持之以久者乎。吕祖庙者，素著灵应，诸君发信愿于此，而四邑之人于以踊跃输助，以底于事之成。抑余闻之，匪始之难，终之实难。太湖周行八百余里，舟楫之患无地无之，他邑之人必有闻风兴起者，而诸君敦善不息，可质神明，在《易》之中孚，信及豚鱼，大川利涉，所宜勉勉焉，慎恃其后也。倡其议者，杨体涵、王恩溥，吴杰捐资尤巨，而诸善士继之，王征仕之佐其一也。道光丙申九月请余为记，书其缘起如此。

（转自《中国近代思想家文库·林则徐卷》）

林则徐（1785—1850），字元抚，又字少穆、石麟，晚号俟村老人、俟村退叟、七十二峰退叟、瓶泉居士、栎社散人等，福建侯官县人。中国清代后期政治家、文学家、思想家，民族英雄。

七二峰南胜境图记

丁桂

七二峰南胜境者，乔溇之崇善堂也。

堂曷以崇善名？太湖环苏、常、湖三府，巨浸稽天，风波不测，商民之往来者，时或有覆溺之患，于是设有救生之船。又以濒湖以南，无主之棺与夫有主而力不能瘗者，栖野庙、厝浅土，毁坏于凄风苦雨之中，于是设有埋棺之役，所行者善，故以是名也。

曷以七二峰南胜境称？以东西洞庭、马迹诸山，七二峰环峙湖中，堂适枕湖而负山，层峦叠嶂，状若列屏，波光之浩渺，风帆之出没，朝烟夕雨之变幻，堂无不揽其胜焉，故以是名也。

曷以图之？王翁雪樵，既与同志诸君创斯堂，业有成，绩可纪，而犹恐行之不力、持之不固，以致善举之不终，故谱是图以示后，期有久远而勿替也！嗟乎，人莫悲于凶死，死莫惨于暴露。昔者，圣人之治天下也，亦既使比闾族党之中，缓急有无相赒恤，死丧、患难、疾病相扶持，而又有萍氏之禁川游，与夫冬月之成杠梁，盖惟恐蹈不测之险，致濡首灭顶之凶，故设官著令以拯之也。其于人之死也，亦既有墓大夫令国民族葬而掌其禁令，谅无有不掩之棺矣，而犹设蜡氏除髍，令孟春掩骼埋胔，盖惟恐死者不得安抔土，致遗骸朽槁之残于狐兔虫蚁，故设官著令以瘗之也。先王不忍生者之不得其死与死者之不得其所，如此其周且至也。后世民不养于官，以谋生而涉江湖，势所不能已而。

太湖又为三府往来之所，刀之舟之者，日不知凡几，中流风暴起，瓢荡震撼，舟子失措，上天下泽，攀号无路，汩没于惊涛骇浪中者，直俄顷间耳。斯时，岸之人欲援手而无从，亦惟有聚观太息焉耳。呜呼！不有救生之船载胥及溺，嗟何及矣。若夫葬埋之事，后世既无墓大夫蜡氏之官，又无孟春之令，虽有漏泽园，亦奉行故事而已。吾乡桑麻遍原野，无不食之土，地又卑下，利浅葬，非若中原北土之可墓而不坟、不夺人之利也。故谋葬地者，视常价倍蓰，而乡里强梗之徒又相率为阻，葬必使之破资财而后快，此困穷寡弱者所以俱不克举其事，而无主及客死者之暴露，更无论矣！夫人与人同生，若者席丰盈而安华屋，若者急衣食而历险途，其贫富劳逸之不均，固属时命使然。至于既死，而有生之苦尽矣，而犹不免于暴露，是其苦无已时也。仁人君子，有不憬然于心、恻然于目者乎。

　　夫先王之法，所谓族相葬、党相救者。今虽无专官以董之，未尝不寄其意于好义之士。特无人以倡之，虽有善机，莫之发也；无人以继之；虽有善事，莫克终也。今王翁与同志诸君推其不忍之心，奋然共成斯举，且又期之久远。于救生时，量其给赏；于掩埋外，别有麦舟之会，以助士族之不克葬者。其施仁，于生尽礼，于死隐合古族党相葬相救之遗意，其为善，孰大焉？

　　堂之始建在某年某月，外为大门，楬以七二峰南胜境，中为崇善堂，为公议之所，后为枕湖楼，供孚佑帝君像，基址崇高，规模宏敞，四方绅士来游者，胥于是肃观瞻焉。

　　论者或议，翁之建是堂，所费不赀。不知人心之善，亦犹是也。不崇高不足以层累其善功，不宏敞不足以扩充其善量，翁之意，其在是乎？吾愿乐善诸君子，于善之始行，浩乎如太湖之汇众水而流也，于善之继起，巍乎如洞庭马迹诸峰之峙于湖心，止而不迁也，则斯堂之久远流传，自有鬼神呵护，而翁与诸君之躬膺福祚，亦岂有量与？

　　观是图者，岂徒以山水胜境之足夸云尔哉？堂之成前，江苏巡抚侯官林公记其事于碑，于救生详而于葬埋略焉。故备识之以附于图后。

　　道光壬寅仲冬里人丁桂记。

（转自《欧余山房文集》）

　　丁桂，生卒年不详，浙江瑞安人，字景颜，号子香，光绪诸生。著有《欧余山房文集》。

二、当代文存

（一）名人序言

我向往的织里（代序）

陈香梅

　　织里，以其几占中国童装市场销售总量四分之一的童装世界，声名远播。织里，又以其历史文化巨人凌濛初及其地域深厚的历史文化，青史有载。

　　奉献在你面前的，是一本这个名镇的通史，从远古开启一道门，领你走进去，让你历史地看清织里，了解她的过去。

如果各城市也可以像名人那样立传的话，《人文织里》可能称不上是权威的正传，大概介于小传、外传、别传和街言坊语之间。但它确宛如一位真正的千年寿翁。一杯清茶在手，拿了悠闲的态度，和你娓娓谈起琐琐碎碎的关于古镇的陈年旧事，风土人情，名优特产。或许都是些在历史的阁楼里蒙尘已久的东西，既不骇世，也不惊人，但拭去尘土能见璀璨，这平平淡淡却都颇堪玩味。

地处浙江省北部的湖州市是中国环太湖地区唯一因湖而得名的城市，水乡名镇织里位于其东。

有人说织里是太湖南岸的一颗明珠，南临"人间天堂"美誉的杭州，西近南京，北与苏州、无锡隔湖相望，距"东南都会"上海仅一个多小时的路程。

织里，这片被无数文人说成是"家家临水、处处瞰波"的土地，也像周庄，"镇为泽国、四面皆水"。明清以来，织里却素以商贾云集、人文荟萃著称。今天织里镇南大门的晟舍，其时即被冠之"湖州城东第一镇"。其实，所有江南小镇，无一不散发着脉脉阴柔之美，正合怡红公子所言，女儿是水做的。唯织里并不像江南小镇通常那般的逼窄，或许也因此少了一般江南小镇的嘈杂，清清幽幽的，还透泄着一缕缕书卷气。

杭嘉湖平原原本膏腴之地，集天下蚕桑之利，是世界丝绸文化发祥地之一，素有"湖丝之源、鱼米之乡、文化之邦"之称。

中国旧时的巨富究竟富到什么样的程度，去看看这座千年水乡名镇或许就明白了。这里有着由于丝造业、造船业、刻印贩书业的兴盛，而曾经出现"帆樯梭织，人集如云，填街盈路，终日喧哗"的壮观场景。太湖在织里镇境内约一十六公里，缠绵地依着小镇，却又把眼光投向四面八方。"苕水流碧，舟航辐辏"，明清时境内晟舍、织里、圆通桥、陈溇、轧村、旧馆、骥村等七大镇市盛况空前："乡间四月尽蚕忙，头叶还开二叶行"；"吾湖书客各乘舟，一棹烟波贩图史"，"万卷图书一叶舟，相逢小市且邀留"；"飞快帆樯笋档船，连朝贩卖力争先"……织里的商人们沿着运河很快看懂了世界地图，很早拥有了走向世界的激情。

织里人是生意精，由丝织、而造船、而印书、贩书、而实业、而房产、而童装、而棉布，巴掌大的地盘上竟然崛起了一个豪富集团。

"北多商于外者"，"商贾唯湖滨……之人往楚、豫间贸易"，"贫家皆趋而贸易"，古今同理。但织里的商人，岂止是"往楚、豫间贸易"！自公元1842年上海开埠至今，借得上海口岸更有神来之笔，又何止是经营农家地出之土产！如今，早已打造成蜚声海内外的商贸重镇和中国著名的重装之都了。

从表面来看，一座城市是由密集的楼房、街道、车辆组成的。其实，城市之成城市，意义要深刻得多。这是一种生命的高浓度聚会，无数素昧平生的人在一个有限的空间里进行着频繁的交往和沟通。

织里，满是江南小镇的丽姿美色，织里人却说"一样的江南古镇，不一样的织里"。如果大半江南小镇是荆钗布裙、凤髻雾鬓的小家碧玉，那么她是移风易俗的名媛闺秀，晔兮如华，温乎如莹，她看得更多，想得更多，学得也更多，书声琅琅，柳丝飘扬，她站在高高的窗台前，阅尽人间春色。

2004 年

（转自《人文织里》）

陈香梅（1925—2018），生于中国北京，祖籍广东佛山。世界著名华人华侨领袖、社会活动家、美国国际合作委员会主席，抗日战争时期美国"飞虎队"陈纳德将军的夫人。

守望与传承

——织里民间文化集序

柯平

第一次对织里的历史文化留下较深印象，还是在几年前《人文织里》出版的时候。看到书里那么多自己熟悉的名人，跟这地方都有着千丝万缕的关系，惊讶之余，倒也并不怎么感到意外。因这座昔日的古镇，今天的现代化新兴城市地处江南地域文化中心，土地肥沃，历史悠久，交通便利。东南半里外就是著名的荻塘，北宋以前江南运河的主航道之一；西北绕太湖经长兴由宜兴、溧阳、芜湖、马鞍山渡江北上，又是隋唐两朝旅行者的主要选择，如李白一生就在这条道上来回走了无数次。另一头湖州方向的东西苕溪，南接杭州，北接宣城，这两座城市，不仅都是古代人文历史积养深厚的名城，而且还能通过它们继续延伸，远接闽、粤、皖、鲁。这样的天时、地利，带来人和—人文意义上的丰沛也就不奇怪了。

织里历史上开埠甚早，但到底早到什么时候，地方志里一向没个明确交代。

据朱长文《吴郡图经续记》卷中称："吴王有织里，在吴县西南"，方位跟现在织里倒是比较接近。他还说姑苏城里原来有座步履桥，就是以织里来命名的。苏州现在有人说它就在桥的边上，这是比较乡愿的说法。织里二字，顾名思义，应该是吴国当年相当规模的一座大型纺织生产基地，在城内的可能性很小。可惜只是孤证，无法作进一步的落实。但晟舍的利济寺即古慧明寺，初创于刘宋元嘉三年，清代著名学者凌介禧在《募修利济寺完工引》里说得清清楚楚："宋元嘉时法瑶大师开山，始创寺曰慧明，继兴者梁天监慧集师，唐大历道祥法师，贞元维宽禅师，建中靖国慈觉禅师也。"（《晟舍镇志》卷八）

另据郦道元《水经注》沔水篇，《禹贡》三江里的南江（即浙江前身）在到了湖州地面以后，曾有一个很大的枝分动作，主流入太湖，支流绕湖州继续向东北方向而行，这就是书里说的"南江又东北为长渎历湖口。南江东注于具区"的意思。这条湖州最早的运河，估计就在现在毗山和升山，或昇山和戴山之间，公元三世纪末为什么要在现旧馆镇地面设立东迁县，就是因为依傍运河主道，让当地经济能获得更快发展的缘故。可以想象，古代的织里处于这样良好的交通位置上，难怪其人文渊薮会如此厚实。

因此，闵氏家族靖康南渡后理应会选择这儿定居，并逐渐建立起它全国最大的彩印出版基地；凌义渠理应受地方儒家正统思想的滋养，走出这里，以身报国，成为一代名臣；沈梦麟理应会把他的家从练市搬到这儿来，潜心学问，被皇帝戏称为"老试官"；凌濛初的书船理应会从这里摇出去，像肯德基快餐店一样占领全国的大小城市；凌迪知费时多年编的《万姓统谱》，理应成为古代最著名的人物大辞典，被权威的四库全书收录；姚勇忱理应第一时间接受民主思潮影响，手持两把驳壳，在上海滩上跟封建专制血战，光荣地为国捐躯。前不久，这位当年的同盟会上海支部部长的墓地，在现杭州茅家埠陆军疗养院内被发现，跟他葬在一起的是他的战友王金发。此外，他还是近代史上重要文学社团南社的成员，柳亚子在他死后有诗赞道："绝代佳人姚弋仲，可怜生死殉田横。"

当然，以上说的是正史，或者说，是主流文化方面的事。但历史从来不只由精英人物书写，文化更是如同山岳、海洋般博大的概念，具有各种丰富的层次和类型，以满足不同阶层的人士所需。比如流传颇广的太湖民歌《十二只绵兜》，到了北京的先锋音乐家手中，或许会觉得根本不值一顾；同样，赢得国内知识界一片叫好声的美国大片《2012》，在织里茶馆的老人们眼里看来，可能也会认为还不如动画片《大闹天宫》好看。这不是知识系统的差别，而是知识层次的差别。作为一个体系，民间文化与精英文化的互补和异趣，往往正体现在这种地方。甚至可以说，在内容方面，它和精英文化形成的实际上是一种同构关系。就像俗话说的两股道上跑的车，但方向和目的却始终是一致的。比如晚明湖州那两位重量级的历史学者董斯张和宋雷，董写了本《吴兴备志》，走的是精英路线，宋写了本《西吴里语》走的是民间路线，但在几百年后的人眼里看来，这两本书同样具有很高的价值，很难说谁比谁更厉害。

几千年来，如同地里的庄稼，陌上的桑葚，屋顶的炊烟，门前长长的、永无止境的流水一样，中国的民间文化，或者说织里的民间文化，就以这样自得其乐的方式有滋有味、旁若无人地发展着，既有自己的源头、路线和方向，也有自己独特的、覆盖面强大的传播系统。所不同的仅仅是，精英文化的传播借助纸张和书写，民间文化的传播靠的是口耳和说唱。如果要打一个比方，这就有点像上街头去买东西，有钱人爱开着宝马逛百货公司和专卖店，而超市和地摊却为一般老百姓所喜爱。在中国，毕竟没有多少人是通过陈寿、而不是罗贯中了解桃园三结义和火烧赤壁的。因此，只要不带偏见的话，不管你承不承认，都将发现在自己的日常生活中，传统的民间民俗文化，实际上一直在以更本源、更深层的方式影响着你。

民间文化同时也是有关劳动生产和日常生活的百科全书，几千年漫长的农业文明，造就了它的灿烂，形成了它独立、自足的知识系统和价值系统。从地头的农事到节日的祭祀，从婚嫁的仪式到丧葬的禁忌，从日常生活知识到节气的预测，衣食住行，生老病死，下层社会民众生存所需要的各种知识，在它里面应有尽有。甚至还包含着宗教、精神层面上的朴素追求，难道不是这样吗？《秧宅村的土地神》一文中的侯将军故世后，里人集资造庙，就是为了报答他生前造福乡里的善行；而广泛流行的"三十三，乱刀斩"的习俗，适龄男女到此年头必须吃切碎的肉圆冲祟辟邪，考其深义，不也正是出于对人生无常的敬惕与畏惧吗？

现在回想起来，多年前当我第一次知道织里这个地方，为期两天的短短逗留，实际上经历的是当地民风民俗润物细无声的一次洗礼。记得那时我还是个二十出头的小伙子，刚开始写作，带了一帮跟我一样满脑子文学梦想的年轻作者，去那里拜访未曾见过面的诗友。那时的织里，跟现在完全不一样，几乎还是个原生态的水乡小镇。茶馆老人旱烟管里悠悠冒出来的鬼怪故事，饭店老板娘烧菜时随口吟唱的船歌，巷口补鞋老头拉长整条巷子的哽咽的二胡，早点摊上做工精巧的各式米粉糕点，临水木格窗棂上想象力丰富的剪纸，还有沿着乡道慢行的长长的送葬队伍和仪式。深夜，卖馄饨的担子走过旅馆门口时留下的竹板和吆喝，是那样的苍凉和悠远，令我们中的一位忍不住泪流满面。

三十年的时间一晃而过，如今，跟江南绝大多数地区一样，现代化的滚滚浪潮，也以势不可挡的力度和节奏，把这个昔日古朴的小镇，变成了一座繁荣的现代化的商业城市。所幸的是，三位朴素的文化工作者叶银梅、程建中、徐世尧以及众多热心本土民间文化的人士，经多年悉心采录、搜集和整理，把我们当年所听到和看到的一切，巨细无遗地搬到了纸上。尤为可贵的是在成书过程中，又始终把握存真的原则，如同使用电脑的复制功能那样，无论有关婚丧、饮食、服饰、岁时的记述，还是人生礼俗、物质生产、民间信仰等方面的录叙，基本都做到了原形原貌，原汁原味。开卷展读，除扑面而来的浓郁的乡土气息，还令人有恍若乘坐时光列车，重回从前的感觉。

当然，民间文化不仅仅是传统，也是当今社会文明密不可分的一个组成部分。现在摆在我们面前的这本书，既是当地人民口头创作、口耳相传的一种语言艺术，也是他们关于人生知识和经验的总结，更是他们审美观念和艺术情趣的体现。但这些散发泥土香味的文字，存史固然是其目的，而如何想办法让传统"活"起来，让它们融入当今新的时代和生活，更是摆在我们面前新的课题。因民间文化有其原生性，也有其变异性，在巨大的社会变革面前，一般都会随之发生微妙的变化，其中部分可能会因不适应而湮没，更多将与时代嫁接、衍生出新的优秀的文化。辛勤的编撰者肯定已经想到了这一层，才有本书在新世纪的问世。为了这一点，我想我们应该由衷感谢他们。

2010 年 4 月 30 日

（转自《织里民间文化》）

柯平，1956 年 12 月生于宁波奉化，诗人、学者、国家一级作家，浙江省文学院合同制专业作家，湖州师范学院客座教授、美食家。著有《历史与风景》《阴阳脸——中国传统知识分子生态考察》《都是性灵食色：明清文人生活考》《素食者言》等。

《晟舍利济禅寺志》序一

明学

2001 年，利济禅寺重建竣工，举行开光仪式之日，我应邀出席，甚为荣幸，同时又感慨万千。利济禅寺自南朝刘宋嘉年创建以来，一千五百余年间有过数十次重建和修建，但近年的重建，气势恢宏，万象更新，非往昔可以同日而语。利济禅寺住持常进与我多次晤面，曾提及为利济禅寺编修寺志之心愿。千年古刹从未有寺志，自然不无遗憾，今寺志修成，常进的心愿可了，功德无量。

利济禅寺的开山祖师是南朝高僧法瑶，佛学深湛，精通诸子，融合释、道、儒，是利济禅寺的因缘殊胜，梁慧皎《高僧传》为他作传，其佛学著术至今流传。明末清初，四大高僧之一蕅益智旭大师，曾驻锡利济禅寺多年，蕅益大师有《利济禅寺堂放生念佛社偈》云："诸法本无生，不生非实义。鱼跃与鸢飞，明明佛祖意。回向极乐邦，圆成无上智。历劫矢勿谖，是名真利济。"当时之法事，善信之众多，由此可想而知。蕅益大师勤于著述，所著经释、律释及灵峰宗论洋洋大观。涉及禅、教、律、密、净各大宗派，涵盖释、道、儒三大文化传统，是三教融通的典范，高山仰止，景行行止。

蕅益大师驻锡利禅寺期间，除了留下大量佛著述外，还与当地檀越、乡贤密切交往，结为道友，并且还为利济禅寺的薪火传递殚精竭虑，其功德润泽深远。蕅益大师一生行化，足迹遍及江苏、安徽、浙江、福建等地，曾在许多寺院驻锡，最后以安吉灵峰寺为归宿。蕅益大师往灵峰寺后，即由他弟子和法弟坚蜜、智果、玉琳通琇接替他住持，使得利济禅寺经久不衰，名闻遐迩，堪称佛教史上的一段佳话。

利济禅寺坐落于湖州荻塘之畔，古代属于吴兴郡乌程县，物华天宝，地灵人杰。北宋之后，此地不仅是国家财赋之区，也是兵家必争之地。历史上，利济禅寺曾数次毁于战火，其中元末明初和晚清两次尤其惨重，每次劫后重建，无不得益于当地檀越的赞助。自明代闵珪始，历代都有乡贤无私奉献，造福乡里，弘扬佛法。近年重建、扩建又获得地方政府高度重视，当地檀越也一如既往，慷慨出资，此为当地社会、经济持续发展的明证。

此次听闻《晟舍利济禅寺志》完成纂修，即将付梓，我欣喜万分。"盛世修志"是我国的文化传统，一部寺院志不仅是寺院沿革、兴衰和历代祖德事迹的记载，而且是时代变迁、社会发展、国家繁荣昌盛的反映。常进邀我为寺志作序，却之似有不恭，何况为佛教文化尽力义不容辞，故而勉为其难，略记所知，以答盛情。是为序。

甲午年冬月

（转自《晟舍利济禅寺志》）

明学（1923—2016），浙江湖州市人，生于湖州小西街，俗名冯祖慎。中国当代高僧。1947年在苏州灵岩山寺修持念佛法门。曾任中国佛教协会副会长、苏州灵岩山寺方丈。

大仁大爱　恩泽桑梓

宁云

《浙北名医毛先生——徐振华传》即将付梓，这是故乡人民乃至浙北地域的病患共同的期待。能为这样一位德高望重、众口称誉的长者的个人传记撰写序言，是我莫大的荣幸。

徐振华即毛先生也。我来织里工作之前，就听说过毛先生的大名和有关他治病救人的故事。2018年初冬的一个下午，我在织里老街被列为"名医故宅"的一座很精致的小庭院里，拜访了这位我仰慕已久的九十三岁的老人。毛先生思维清晰，也很健谈，我们聊家常，聊织里镇这些年来的变化，很是快乐。

徐振华先生1926年出生在太湖潘溇。因其乳名叫阿毛，刚出道行医时，人们就亲切地称其为阿毛先生，后来外地来的病人更直接地称呼他"毛先生"。因为出生在中医世家，幼读中医经典，又得益于湖城名医潘春林先生的真传，他很快融会通岐黄医术，对疑难杂症有独到见解，年纪轻轻就被人们称为"毛仙人"。

毛先生行医数十年，虽然曾经历磨难，遭受不公，但他胸怀磊落，坦然置之。先生从行医之日起，就遵循祖训和恩师教诲，以救死扶伤、治愈病人为己任，病人无论贫富，一视同仁。对特困病户，赠药捐款，进行慈善救助，赢得了良好口碑。

刚刚落成的吴兴区人民医院，其前身是织里医院，最早则是毛先生等医界老前辈于1952年发起成立的织里联合诊所。1955年在织里老街白手起家建造医院，身为院长的毛先生呕心沥血，从绘图纸到购买材料，事必躬亲，处处精打细算。为了有一座织里人自己的医院，他们主动停发了自己的工资，每月只发十元钱的生活费，有时只有四块臭豆腐干当小菜，不多花国家一分钱。从织里医院奠基的那刻起，毛先生就奠定了无人可替的织里医院创始人的地位。

生活中的毛先生，平易近人，没有半点名老中医的架子。他多才多艺，爱好广泛，与诸多文艺界知名人士交友，相处友好。在家庭，早早担起了"长兄为父"的责任，把胞弟胞妹培养成优秀的医务人员。在子女眼里，毛先生是一位教子有方的好父亲，他把徐氏"慎德堂"的优良家风美德传承给了子女和孙辈。毛先生有十多个嫡传弟子，曾经在织里农村医疗卫生事业中发挥了重要作用。

乡绅与乡贤，自古以来就在国家与百姓互动中担任着重要角色，发挥着重要的作用。徐振华先生从1954年始，就被选为吴兴县与湖州市的人大代表，20世纪80年代还担任湖州市郊区的人大常委会副主任。几十年来，他为改善农村的医疗环境疾呼，为广大农民的健康代言。湖州市档案馆里，至今还保存着当年徐振华等代表的多份提案和政府有关部门的办理回复。因此，为毛先生留下一本人物传记，就是为地方民众留下一笔宝贵的精神财富。

《浙北名医毛先生——徐振华传》正文共十五章，时间跨度一百多年，记述了"慎德堂"徐氏中医世家的家世和毛先生的生平。附录收入了毛先生家族、弟子的文章，经毛先生治疗的病人和其家属的文章，以及毛先生的后学与好友的撰文。这些文章都是作者们亲自经历、感受的事实，是用真挚情感凝练而成的文字。谨此，向作者表示真挚感谢！向为传承和弘扬织里文化做出努力的人士表示深深的敬意！

"莫道桑榆晚，为霞尚满天"。"自得至乐"是毛先生的人生箴言。"动为纲，胸开朗；酒少量，蔬菜常"是毛先生的长寿秘诀。祝毛先生福寿俱硕，感谢老人家留下了大仁大爱的精神财富，恩泽故土，德传后世。

谨此为序。

2019年1月

（转自《浙北名医毛先生——徐振华传》）

宁云，1976年生于浙江长兴县。曾任中共吴兴区委常委、织里镇党委书记。

《海珊诗钞注》前言

杨德辉

严遂成，生于清康熙三十三年甲戌（1694），卒年不详。字崧瞻（一作崧占），号海珊，浙江乌程（今湖州市）人。他出身于世代书香的家庭，雍正二年甲辰（1724）中进士，乾隆元年丙辰（1736）荐举博学鸿词，以丁艰不与试。释服后，选山西临汾知县，预修《山西志》。调任直隶（今河北省）长垣，参加修理河工。旋调任云南嵩明州、镇雄州，卒于任所。

严氏为乾隆时期浙西著名六诗人（钱载、厉鹗、袁枚、吴锡麒、王又曾、严遂成）之一。所作诗，除《明史杂咏》外．全部收在《海珊诗钞》中。《海珊诗钞》所收诗除乐府诗以类相聚列于首卷外，其他都不以诗体分类，而以时间先后为次，共收诗四百五十六题。七百三十三首（其中歌行体五十二首；乐府七首，五言古诗八十三首，七言古诗三十七首，四言诗十二首，六言诗一首，古风六首，辘轳诗一首，杂谣四首，五言律诗八十八首，七言律诗二百一十六首，五言绝句十九首，七言绝句二百零七首），分为十一卷。补遗上卷则补其遗漏，补遗下卷则为"和乩诗"与"集苏诗"。这些诗都是他一生的生活记录，可谓洋洋大观。

从诗的次序，我们可以看到严氏从自己的家乡乌程南游杭州，溯钱塘江西至江西，北行经江苏、山东、河北、山西；又折而向西南，历河南、湖北、湖南、贵州，而以云南为终点，可以说足迹遍大半个中国。这些地方的山川景物，历史遗迹，社会风貌，都在他的诗中得到了反映，可以说它是清王朝乾隆时期的一组壮丽风俗画。

严遂成诗的内容，大致可以分为以下几个大类：一是用乐府旧题反映新的现实，抒发其个人的议论和感慨；二是凭吊历史名胜，对古人生平行谊加以评价，寄托其个人的褒贬；三是记录了当时清朝的军政大事，提出自己的见解；四是描绘了祖国的山川景物、民情风俗，反映了祖国山河的壮丽、人民的勤劳淳朴；五是记录了亲戚故旧交往的情谊，抒发了诚挚的情感。这几类诗约占全部诗的十分之九，内容是充实的，思想感情是丰富而积极的，艺术技巧是上乘的，这是应予肯定的一面。一般读者可能会对"补遗卷下"中的"集苏诗"颇多微词，认为诗人面对风花雪月只是抒发个人喜乐悲忧的无聊感情，未免过于多愁善感，并无太多的意义和价值。诚然，这类诗看来似乎比集中其他诗消极，但它真实记录了作者瞬间闪现的情感，在某种意义上体现了天人合一的哲学思想。"补遗卷下"中还有一类"和乩诗"，引起读者、批评者的诟病恐怕会更多一些，以为是封建迷信的产物，是严诗中的糟粕。的确，在科学尚不昌明，人们普遍还不觉悟的情况下，诗人当然不可能免俗，超然物外，写下这许多求仙问卦的诗，也许还洋洋自得，以为别人未必能有如此才情呢。这类诗确实不值得加以肯定，但是换一个角度，是否可以看出诗歌真切反映了彼时社会市井生活的另一个小小的侧面，也有助于我们对这种生活的综合了解，具有一定的认识作用呢？这或许可以算作瑕疵，然而小疵不掩大醇。总之，他的诗是现实主义的，具有一定的时代性。梁启超在《秋蟪吟馆诗钞序》中说："余尝怪前清一代，历康、雍、乾、嘉百余年之承平，蕴蓄深厚，中更滔天大难，波诡云谲，一治一乱，皆极有史之大观，宜其间有文学界之健者异军特起，以与一时之事功相辉映。"我以为把严遂成列为乾隆时期文学界的健者，他是可以当之无愧的。

严遂成的诗之所以有如此成就，可以这样概括而言之：古人评司马迁文章，谓得力于读万卷书，行万里路，严氏在这两点上是可以追踪司马迁的。他身处乾隆盛世，仕途却并不亨通，中进士后，候补了二十多年，才选到一个小小的县令。僻在偏远，郁郁不得志而逝。这和司马迁为李陵事下狱，事虽不同而情则同，郁勃偃蹇，必然要发泄，司马迁发为文章，严遂成则托之吟咏，也是一样的。欧阳修说："非诗之能穷人，乃穷而后工者也。"严氏仕途的坎坷，正有助诗途的扬鞭跃马。那么，严遂成是幸运呢，抑不幸呢？有识者当然能明辨。

前人对严遂成诗的评价，散见于各种文集诗话，不一而足，兹举其有代表性的如次。《乌程县志·严遂成传》云："……声律一道，直入三唐之室，同辈中，自钱塘厉鹗而外，弗多让也。自负咏古第一，而尤长七言律持，虽厉鹗亦自谓勿及。"海盐吴应和云："海珊与樊榭同年，相友善，而诗思豪迈，迥不相类。所作《明史杂咏》，时称诗史。又有《梅花》诗传诵京师，遂得膺词科之荐。丁母忧，不赴试。成进士后需次二十余年，始补县令。蹇伤迟暮，乃益发奋于诗。历游豫、楚、滇、黔，登临吊古之作，率皆悲壮激烈，奇气横溢，铁崖（明杨维桢）乐府，渊颖（明吴莱）歌行，殆兼师其意，而不袭其貌。少陵所云'语不惊人死不休'，海珊有焉。"晚晴簃主徐世昌亦云："海珊举鸿博，以居忧未与试。诗功力湛深。《明史杂咏》古今体错出．好为翻案，未免有失之太过者。尝赋《邢台怀古》：'日离沧海远，云入太行微。'自注谓，沧溟（明李攀龙）《登邢州城楼》诗：'紫气东蟠沧海日，黄河西抱汉关流。'弇州（明王世贞）《过邢州黄榆岭》诗：'倚槛邢台过白云，城头风雨太行分'，及身履其地，方知此景了不相涉，持论颇为平实。咏物每于空际著笔，如《桃》云：'怪他去后花如许，记得来时路也无?'《海棠》云：'睡味似逢莺唤起，酒痕仍借笛吹消。'《梅》云：'残笛一声凉在水，远峰数点碧于烟。'法梧门（清法式善）谓'如李龙眠白描画'，信然。"（《晚晴簃诗汇·卷六十六·严遂成》）我认为这几家评论是非常中肯而有说服力的。的确，严遂成的诗，力大思深，雄豪绮丽；不矫揉造作、故为大声、欺世盗名，宛如行云流水，不择地而出，所以各体俱佳，而尤以咏史诗的议论超脱，五七律的烹炼条畅为出争当行。

我觉得各家评论虽然精当，却是孤立地看问题，还没有指出严诗在清诗中地位如何。要解决这一问题，必须把他的诗放在整个诗史中作纵的观察，更要放在整个清诗中作横的比较，才能恰如其分地得到结论。我尝试对此作一探索，以质高明。

首先，从诗的发展史看，也和其他事物一样．总是不断曲折前进，有所发展的。论者往往推唐诗为顶峰，后来者无法踰越。这是不合事物发展规律的。事实是清代诗人之多，诗作的数量之巨，诗的艺术风格的创新，何尝逊色于唐代！"江山代有人才出，各领风骚数百年"，赵瓯北已先我道出了真理。

诗是以语言为载体的综合性艺术，有诉之于听觉的音乐性。这体现在五七言句型的长短适中，字调平仄，浮声切响，抑扬顿挫，吟诵起来铿锵悦耳，篇广大人民所创造，亦为广大人民所喜闻乐见。诗的句型，从古代的三四五言发展到唐代的五七言律句而定型，自唐迄清，没有再创造出新的句型，这是汉语和它的符号——文字的规律所决定的。诗句短于五七言，则促节棘耳，长于五七言，则曼声伤气，都不便于吟诵，这就是规律，任谁也不能踰越。"五四"以后，提倡自由体，打破格律，句无定型，有长至十多字的，与汉语的规律勃谬，能否得到广大人民的广泛认同和接受，我持保留态度。诗的句型有限制，诗的表现艺术是无限制的，故舞台虽小，反能因难见巧，炼字修辞等方法可以层出而不穷，清诗在这方面有贡献尤多，唐诗并非止境。

诗又有诉之于视觉的形象性。"澄江净如练，余霞散成绮"，"大漠孤烟直，长河落日圆"，"鸡声茅店月，人迹板桥霜"，大自然的景象无穷，诗人镕想烟霞，炼情林岫，妙手拈来，都成小窗横幅，且景列而情寓，读者赏心悦目，兼收并得。在造一点上，清诗也有佳构，并不多让于前贤。

诗最重要的是有诉之于心志的思想性，诗人观察敏锐，感物造端，泄之愤悱，能引起广大读者共鸣．其时代愈近者，同感更多，影响更大，故清诗在这方面的成就亦有超越前代的地方。

诗必兼此三者方为上乘。清代诗家三者兼具者不少，严遂成即其中之一，能不推为杰作焉！

我尝试再把严遂成的诗放在清代诗家中，作一个横的比较，当必证明我的推崇严诗，并非阿其所好。清代诗也有一个穷则变、变则通的过程，而且随着时代的推移，不断反复着。清初的钱牧斋、吴梅村、施润章和宋琬等，开一代风气之先，树骚坛盟主之帜，文采风流，辉映当时，盛极难继，于是聪明者生面别开，揭橥流派，如王士禛的主张神韵，袁枚的标榜性灵，沈德潜的侧重格调，都能一新耳目。然而盛名之下，讥谤随之，所以然者，流派究属偏师，可俱存于一代之中，而不可以代表一代诗风。至如一家之中，却具各派之长．而又不事吹嘘者，我认为倒是堂堂正正的元帅气象，而严遂成的诗正可以作如是观。有人可能要说性灵派的倡导者袁枚，也只官终县令，但其诗的影响，却远出严遂成之上，而且舒铁云《乾嘉诗坛点将录》摒严氏不录，目为游兵散勇，为什么你这样推崇严氏呢？我认为这种说法，从知人论世的角度看，是不够全面的。袁枚晚寓仓山，扼南北交通的枢纽，加上善于逢迎标榜，交游较广．揄扬者多，诗近纤巧，又为一般人所喜爱，宜乎誉之者众。而严遂成远处蛮荒，交游不多，揄扬者少，古调独弹，赏音亦稀，这是区别的主要原因。袁氏盛名之下，其实难副，身殁之后，讥谤随之。门下士甚至改刻"随园门下士"的印章为"悔作随园门下士"；张问陶初名其诗集曰《推袁》，后亦悔而改为《船山诗集》，可为明证。（见朱克敬《儒林琐记》）王士禛的见讥于赵执信，固已是人尽皆知的了。严遂成诗的影响一时难以及人，除上述原因外，尚有作茧自缚的两点：一是读书多，好掉书袋，满篇典故，给读者带来理解上的障碍；二是构思巧，想入非非，如卷一《吴兴杂谣》之"有马成三，无马成二"，近似谜语，很费索解。由于他作诗技巧圆熟，运典自然，不露斧凿痕迹，反是一个长处，然而正因为这点，他的诗却不为大众传诵喜爱了。

用典多，用得好，应该是艺术的高境。因此，只要通过这一典故关，就能领略其诗的真实意趣，引起共鸣，便有"睟面盎背"的欢乐。"诗家总说西昆好，独恨无人作郑笺"，所以为严遂成的诗作注释，就觉得很有必要了。遗憾的是迄今尚无人从事这一工作。因此，我不揣固陋，担当起筚路蓝缕的任务。

明胡应麟云："注杜千家，类五臣注《选》，皆俚儒荒陋者也。"我当然不能逃荒陋之讥，但完璧不可能成于一人之手，补苴罅漏，且寄厚望于继起者了。

一九八八年一月

（转自《海珊诗钞注》）

杨德辉（1909—2000），名蕴石，字德辉，以字行。江苏海门人。民盟会员、苏州市政协委员。编选有《苏州名胜诗词选》《苏州文物古迹诗选》等，有诗文集《敝帚集》存世。

（二）散文选录

轧村一瞥

王也之

轧村这一个不上五十家店铺的小镇，在历史上很有一段佳话可以一说，位置物产上也有许多值得注意的地方。相传乾隆皇帝游江南、开运河、通行宫，在民间到处滋扰。那天正是塘北家家忙着缫丝的时候，乾隆远远地驾到这座村子的附近，只听到不绝"轧轧"的声音，轧村的名字就此诞生了。乾隆宿在附近的小村庄，就是现在的上林村，村上的回鸾桥依然存在。

轧村的位置在頔塘之北、太湖之南，水路交通发达，至湖州、南浔、双林、乌镇等地，半日可达。村子四周河水萦洄，两旁遍植杨柳桃花，春夏之交，柳青花开，风景十分秀丽，所惜的是没有一座山来点缀一下。物产首推蚕丝，据说轧村的丝有天然的光洁和格外坚韧的异样特色，与南浔郊外的辑里，二者就是我国产丝最著名的地方。那里遍地树桑，蚕在大眠时，每家的厅堂、房间甚至厨房里的地上都放满了蚕。一待缫丝，每家至少有三四辆丝车同时响着。战时蒙着重大的打击，至今已很有起色了。其他谷类、麻、鱼、菱、藕，均有很可观的生产和栽培的。

轧村的街道很狭窄，几家小店中，豆腐店和药铺各有四家之多，二家酿酒作，所产的酒自给有余，不时运销湖州、南浔，工人二十余人。其他如百货、粮食等店，应有尽有，可说是"麻雀虽小，五脏俱全"了。

现在乡长顾代明同志，他是不上三十岁的青年，他很能够做些事情，热心教育外，又办了很多的民众福利事业，新近组织了国术研究会。他告诉我，轧村正拟建装电灯，一旦苏嘉公路通车，决定建一条支路，连通苏嘉路，发展陆上交通。轧村，这不很被人注意的小村落，透视它的地理物产、人文，确大有可能跃进的趋势。要是能够给予些科学上、机械上的援助，战后复兴蚕桑的奖励，轧村，将不难成为一支增加吴兴生产的生力军。

（转自 1946 年《湖报》）

王也之，轧村小学教师，生卒年不详。

我对这片土地依然深情

马红云

多久，没踏入仁舍公社先锋大队这片土地？一度以为此生将会掩埋于此。一晃，整整 42 年。离开了，就再也没有回去过……

今年开春，通过微信平台，知青"老菜帮"们，一找一，一对俩，一个个在虚拟空间里相遇、问候……终于按捺不住相见的渴望心情，5 月的一个艳阳天，20 位相继插队在同一大队的 50 后知青，离开了黑土地 40 年后，在青山钓鱼台民国饭店相聚了。

青山钓鱼台不是入乡地，饭店主人朱荣贵却是落户先锋大队的老知青，是他向先锋"战壕"里的知青抛出了"橄榄枝"。这位曾在大型纪录片《壮别天涯》里扮演过蒋介石的朱荣贵，前几年在湖州媒体红过一阵，称他是相貌最神似的特型演员。2015 年，我与他缘见过一面，竟然都没认出对方是一个大队里的知青。分手 40 年后，是他建了知青微信群，将昔日的战友呼唤在了一起，首次在他的小小"领地"，叙述喜怒哀乐的成长经历，致意在先锋大队逝去的青春……别时，相约"六一"儿童节去故地——仁舍（晟舍村）看看。

时间从不睡觉，"六一"神速而至。清晨，狂风暴雨的节奏敲打不停，窗外，白茫茫一片。望着溅起的水花，摸着受伤的脚踝，犹豫久久，眼前竟然闪过冒雨赤脚走在田埂上的画面，晃过电闪雷鸣、狂风冰雹、桑树林遭遇"鬼打墙"的情景……

一大清早，思绪沿着青春梦的边缘滑行，渐行渐远。

离集合出发的时间越近，雨越大。就在这个点，求助无果，头脑里却有一首歌在召唤，必须前行。

一路行走，狂风撕扯着雨伞，雨水打湿了裤腿，不到 300 米的乘车集合地，扭拐着脚竟走了 10 多分钟。

车行半小时，20 位知青冒雨抵达当年插队落户的地方。那个叫仁舍公社先锋大队已不复存在，改名叫晟舍村。昔日的大队干部，早已等候在村委会办公室。

　　近乡情更怯。心想：插队在一个大队的知青，离别40年不曾相见过的人，容貌变了，走过、遇见难相认了，更不要说当年那些大队干部、生产队队长了。

　　然而，当先锋二队队长王发林站在眼前时，我一眼就认出来了，大叫："你是发林队长?!"他疑惑地问："红云和小惠来了吗？"叫着我的名字，对面相见不相认！王队长，还是当年那个憨模样！言语不多，总是用行动帮衬着生产队里的每一位知青。当然，知青们也一辈子记着他的好。

　　问候、唠嗑声一浪高过一浪，我将视线转向晟舍村支书闵锦水。记得插队时，她还是个漂亮的小丫头。那时，我与她姐姐闵水珠交往甚密，她姐是仁舍公社广播站的播音员。一次在公社开会，我意外受伤，后脑勺着地，不省人事，被抬进广播室，放倒在水珠的床上。事后，听人说我昏迷了几个小时，把水珠急坏了，又是掐人中，又是口含凉水喷我脸……苏醒后，一直心存感激。1976年，水珠被推荐上浙江农大，第一次放寒假回乡，请几位知青喝她家自酿的米酒，差点喝醉。顶职回城后不久，还赶到晟舍闵家喝了水珠的喜酒。一别40年，各忙事业，两人再也没有欢聚过。每次见到水珠的妹妹锦水，知青往事都会徐徐飘过……

　　因缘所致，最近两年遇见锦水，都与晟舍人文盛事有关。一次是为了筹建"凌濛初纪念馆"，织里镇邀请10多位省市有关专家、学者座谈考证，她的发言至关重要；另一次是晟舍利济禅寺举行《晟舍利济禅寺志》首发式，场面很大，有数百人，她登台说，《晟舍利济禅寺志》编纂成书，使千年古刹告别了有寺无志的历史……机缘巧合，在校看这部32万字的寺志时，对插队落户过的这片土地，尤其是这片土地上的人文历史产生了极大兴趣。在查阅相关资料时发现：村支书闵锦水是闵氏后人，一套珍贵的家谱——《闵氏家谱》，通过锦水本人及各方努力，2014年终于在上海图书馆复制回来。据悉，《闵氏家谱》共12册，记载着闵氏家族明清两朝荣辱盛衰的历史。还有一本清同治年的《晟舍镇志》，为后人深入研究凌、闵两家的发展历史，提供了翔实的史料。

　　42年前，一艘大船将我和数百知青送入这片土地时，不知这里的人文底蕴如此深厚，更不知这里还出过大文学家和雕版印书家。后来看到史料记载才知：晟舍凌、闵两家是明清两朝名门望族，均为江南雕版印书名家。中国古典小说《初刻拍案惊奇》《二刻拍案惊奇》的作者凌濛初，竟然也是这方水土上的人。爱上写作的知青，能不为这片神奇的土地点赞吗？作为媒体人，对第二故乡的人文关注也是澎湃的！

别梦依稀，插队落户时，记得晟舍和织里是分开的。这次回晟舍，两眼汪汪见老乡时被告知：15年前，晟舍村由晟舍、白鹤兜、水产三个行政村合并而成，属吴兴区织里镇。

如今，吴兴人都知道，这块热土肥得流油！难怪当年有知青返城后又重新入乡了。

曾几何时，安身立命的"知青小屋"不见了，用青春和汗水洒过的田野、村庄消失了，踏过的田埂、种过的粮田成了蜚声中外的中国·织里童装名镇……我生命中最青春的三年在此度过，曾两次差点命送黄泉，仍三番五次对晟舍文化寻根究底……因为，我对这片土地依然深情！

（转自《淡去的炊烟》）

马红云，1956年10月生于湖州。国家一级作家。出版中短篇小说集《皮肤》、长篇小说《独身上路》、散文集《不知哪片云会下雨》，在境内外连载长篇小说《天涯玫瑰》《点燃欲望》《飘在天上》等作品。

书 客

嵇发根

明朝嘉靖初年，苕城东乡织里郑港村人郑六在织里街上开得一爿铺子，叫"郑泰货庄"，专做收购、贩卖土产品的生意，且一向以贩湖丝为生。每当新丝缫出，郑六已备好船只，装载所收新丝，贩往外码头。船头挂"丝船"幌子，红布黑字黄色锯齿镶边，很是醒目。几年下来，渐渐殷富。乡里便多有仿效，亦渐富。贩湖丝的多了，郑六开始觉得没劲起来。不为别的，只为与人争口边食心里不安，便想改业。

一日，郑六和同乡晟舍人闵书宝同航，到了安徽地界的一个码头。这闵书宝是个落过两次第的秀才，想想仕途无望，家里人便叫他跟着郑六学做生意。他们是表亲。卖完货，结了账，二人便结伴游逛街市，看异乡风情，顺便也采办些货色回乡贩卖。

这是个大码头，街巷回环，店铺栉比。走了几条街，没看中什么货，二人又转到书坊街。书坊街有几家书坊，几爿书铺。郑六见一伙人从书坊里往马车上搬成捆的书，顿然心动，对闵书宝说："进去看看。"闵书宝已注意到旁边的书铺，就说："我在书铺等你。"

郑六走进书坊，问搬书的伙计："这位兄弟，可是去卖的？"伙计回答："不卖印来作甚！"又问："好卖？"回答："好书则好卖。"郑六便又进里面看去。

闵书宝在书铺浏览一番，拣了《春秋公羊传》《三经评注》等家藏没有的几本书。闵家是晟舍镇上与凌家相匹的大户，虽未出过官宦，但也都诗礼传家，家富藏书。闵书宝问店家："本地所印多，还是……"店主回答："外埠多，本地少。"又问："外出采办？"回答："委托各路客商捎带。"

这时，郑六过来，手里拿着块木头雕版，说："刻坏的。"拉了闵书宝出来，又说："我想做做书生意看，你意下如何？"闵书宝便将刚才与店主说的话说了一遍。郑六说："光贩卖不够，须批量刻印，生意才做得大。"闵书宝受到启发，也想到自己家和凌家藏书要比这里书铺多得多，古得多，不是可以刻印了卖吗？就说："郑六，如何弄法，我听你的。"郑六便将一路贩书回去，再与闵、凌二家商议刻书事宜，然后各路贩去的想法说了。闵书宝连声说，是好主意。于是分工，闵书宝到各家书坊、书铺选书，郑六装修船只。

郑六常年贩丝，知晓商船外观的紧要。便买来桐油和各色颜料。请来字画匠、油漆匠，先将船刷净，再在船舱外侧画上书的图样，写上特大的"书"字，再刷上桐油。正值初夏，没出一旬，便可下水了。同时，他又丢了"丝船"的旧幌子，去锦旗铺订做了两面"书船"新幌子。幌子黄底红字黑齿镶边，字有尺方，树于船头，十分耀目。

闵书宝是读书人，知晓该选哪些书。几日里已采办就绪，而且购得几样世上难得见的，诸如宋版的《三苏文粹》《楚辞》等。待船下水，将书入舱，又各择其一列于架上。郑六又叫闵书宝抄录书目两份，各人袖笼一份备客官拣选。

开船这天风暖日丽。郑六说："好天好兆。"闵书宝说："但愿开张吉利。"一路徐徐行驶，凡大小码头一律靠岸，总有几宗生意做得。时或被邀入士子官宦之门，受到主人礼遇，叨陪末座，出示书目，生意做得很斯文。郑六经商以来，从未有过这等宠遇，身子便有如登云一般。经历多次，方心安理得起来。闵书宝才涉商道，来时面子还下不来，多亏郑六前头撑场面，却还觉得斯文扫地。这会儿，似重新拣回斯文，人也活泛许多，一路还收购得几套世上还不曾见过的宋、元善本。一穷困书生，竟以宋本全套《五代会要》换取书籍。闵书宝识货，与郑六相商，又付他纹银十两，双方乐意。

一路辗转，两船书已所剩无几。先到晟舍上岸，郑六随闵书宝进家禀报，详说经过原委。闵氏合家欢欣。又约来凌家，共商开坊刻印图书大事。两家都有资产，各开书坊。不出半年，已开刻印出多部。

此后，郑六仍旧与闵书宝搭伙。几次往返后，郑六已深得书籍要领，闵书宝便专事闵家书坊，郑六又带动郑港和相邻的谈港村一些村民纷纷摇起书船。后来，郑六便与闵书宝商量，在织里街他的郑泰货庄边上又开出一爿"郑闵泰书号"，作为晟舍刻书的货栈。于是，苕城东乡织里书坊、书船成业。书船向"郑闵泰书号"茏购书籍，南下杭州，东抵松江，北达镇江，出入于官家士人门下，被尊称为"湖州书客"。

郑六子孙则代代经营书船。

（引自《人文织里》）

嵇发根，1947 年生于湖州。浙江省作家协会会员、浙江省诗词学会会员、地方志专家。著有《丝绸之府湖州与丝绸文化》等多部作品。

织里老街再记

徐世尧

"五溪漾畔横塘斜，雁齿微倾藤草花。"织里老街拆建工程已启动数年。庚子初冬，漫步老街五溪漾边，织溪依旧，而北岸人迹难觅，满目荒凉。也许这就是黎明前的阵痛。缘于难解的老街情结，感慨近年的资料积累，补充修正一篇关于织里老街的旧文。

织里街距湖州府城东三十华里，在清末为乌程县管辖，属十一区一百十四庄。民国 24 年（1935）建镇，首任镇长是织里人顾国民先生。抗日战争前，辛亥革命英烈姚勇忱之堂弟姚韵笙亦任过织里镇镇长。后来有吴秀峰（郑港村人）、王铸时（晓河村人）、凌泽民（老街人）继任镇长。民国时期最后一任镇长，是重兴港（现大港村）人杨公遂，他是抗日战争胜利后的民选镇长。新中国成立后，织里区、乡、公社、镇的行政机关皆驻地在织里街。上世纪 80 年代中期，晟织公路通车，人民路新街建成。不久，织里镇被列为经济开放区，自北向南筑成新市区，并连绵发展。此后，织里街便被称为"老街"。

织里老街形成的历史悠久。据文献考查，"职里"之名最早出自牟巇撰写的《朱雪崖朝奉墓志铭》（《陵阳集》卷二十四），载朱雪崖"以乙已正月廿六日癸酉，葬于东职里余庆之原"。牟巘和朱雪崖均为宋末元初之人。牟巘（1227—1311），人称陵阳先生，井研（今属四川）人，徙居湖州。以父荫入仕，曾为浙东提刑。朱嗣发（1234—1304）字士荣，号雪崖，其先祖在宋建炎、绍兴之际，避兵乌程常乐乡（今吴兴织里）。元刊本《释氏稽古略》卷四有"乌程职里宝相比丘释觉岸（宝洲编集再治）"的记述，宝相寺在织里老街西市，民国《吴兴晟舍镇利济寺斋田碑记》有相关记载。清乾隆《湖州府志》记载："宝华院，在织里，僧元初循宋遗址重建。""职"与"织"通用，上述文献可以佐证，织里的地名至晚在宋末元初就有，到明代初期已形成繁华集镇。凌、闵两氏的雕版套印书籍在织里街设铺列市，种桑育蚕、缫丝织绵是织里农民的主要产业。产品湖丝、绵兜、绵绸、棉纱带皆上市交易，"户户皆绣机，遍闻机杼声"是当时织里乡村的真实写照。"小湖，织里业造船"，明清时代，织里街不仅是水阁廊棚，店铺相连的水乡集镇，更以造船业、丝绸业、贩书业而闻名遐迩。

　　清灵的织溪是东苕雪溪的延伸，自西向东约二华里长，尽是粉墙黛瓦，小桥流水人家。民国年间至解放初期，老街共有大小桥梁十一座。其中五座南北向竖跨织溪，六座东西向横贯老街。宝镜桥因宋代宝华院而名，为西市第一桥，单孔拱形，条石垒砌，宽二米余，石阶十余级，桥壁古藤攀缘，青苔印痕。因桥坐向有些倾斜，人们称其为"斜桥"。过宝镜桥即有一汪水漾，曰"五溪漾"，五条小溪自东西南北淌出，形似乌龟的四足与尾巴，人们又称其为"乌龟漾"。离五溪漾百来米，有三孔石梁桥，名"妙音桥"，又称妙桥。织里镇西市，一座木柱、木梁、木板构造的桥梁横空出世，宽仅米余，踏上桥板吱吱作响，有摇摇欲坠之感，这便是记忆中最为深刻的木桥。小木桥是南浔庞裕泰先生私人建造的桥梁，为便利通向南岸酱园制作坊而架设。桥两边辅以木栏杆，桥顶架设木棚，让行人遮阳挡雨。木桥北堍有一棵皂角古树，盘根错节，苍老遒劲。春夏季节，枝繁叶茂，蝉声如雨，鸟鸣悠婉。睦嘉桥位于老街中市，为三孔石梁桥，四只石狮分守两堍。望柱、桥耳饰有十二只小狮子，或雌或雄，或坐或卧，雕凿精湛，栩栩如生，故又名"狮子桥"。桥两边石帮岸为"冰糖石"叠砌，棱角分明。沿市河东移，秋稼塘桥三孔石梁跨架南北，桥南的自然村亦名秋家塘。虹桥是老街东端的一座拱形石桥，东西向形似长虹，横跨浒泾港，水流南吞荻塘，东接吴江，西连苕雪，汇聚向北流入太湖。老街上还有六条东西向的小桥，名"玉杼""金锁""丰乐""铁板"等，极富诗情画意和地域色彩。桥下流水潺潺，橹声欸乃。

老街十一桥今天尚有五座，均改成水泥钢筋构架，古典气息荡然无存，所幸流散在民间的四只石狮子近年被送回，守护在狮子桥两块，点激起人们对古桥的思忆。

织里老街是典型的江南水乡小镇。荡舟五溪漾，听小鸟啁啾，观鹅鸭嬉游，任绿萍漂游，不亦快哉。登宝镜桥远眺，渔夫撒网，白帆悠悠，田埂上老水牛踱步，此种景色，令人神怡心旷。老街的店铺临织溪而建，皆水阁廊棚，鳞次栉比。据几位老人回忆，民国年间至解放初期，小小扁担街上有各类店铺一百四十余家。米行、鱼行、丝绸行、酱杂店、旧货店、当铺、铁匠铺、茶馆、客栈、纸马店、饭馆紧挨相连。老字号有同泰布店，为织里镇郑氏所开；一达南货店，乃石淙望族陈氏所创；裕泰园酱盐店、四茂春茶馆福泰昌、翠凤阁茶馆、霞光照相馆等，人们耳熟能详。天生堂药店里，冬虫夏草，各种中药材齐全。其木雕门楼，饰以飞禽走兽、神话故事图案，雕琢精湛。老街在抗日战争前有两家典当行，同泰典当行是南浔大户张氏于清同治九年（1870）开设，背景深远，资金浓厚，被称为"老当"。在老当典押财物，赎取期有三年六个月之久，较其他典当长一年余，且典押价高于新当，经营有方，安全工作周密，享誉较高，生意兴旺。老当在抗日战火中焚毁，解放后老当遗址建造了织里茧站。

清末至抗日战争前，织里老街一直是方圆数十里的商贸集镇。街道人流如织，市河舟楫云集。中市丰乐桥边，设有航船停泊码头，大钱、义皋、东迁、轧村、旧馆、晟舍等地，每天上午有小航船载客而来，进行商贸活动，下午载客归去。1949年起，青浦建业联营轮船行开办震泽至湖州的小轮船"大通号""大利号"，也在织里街设停靠站载客。1963年，嘉兴地区船运局客运所增设湖州至织里航线，"织里班"小轮船一天往返两次，在窄窄的河道奔跑了二十多年，给织里人留下了一串思念，一串乡愁。

人们至今还津津乐道的，是老街上成立于民国后期的民间消防组织——洋龙会。所谓"洋龙"，是一台进口的消防灭火机械设备，基本上靠人工操作。洋龙会的常设地址是老街医院西侧的半间小屋，面积仅六平方米，门面朝东，一半是铁栅栏，从外向里看："洋龙"一部，一只长长的供桌，一副挑水的担桶，朝东的墙上挂着威武的龙王神像，神位两边放红色木柄的消防用斧头。因为这里太狭小，其他救火用的器材就放在负责人蒋阿文家的楼上。每年农历六月初，洋龙会皆举行隆重的祭祀仪式，一是祭拜龙王神，二是进行"洋龙"喷水表演。那天几乎全镇总动员，四乡八里的小伙子不约而同到来，场地就在医院和茧站中间的位置上。场上的消防人员穿戴十八世纪的铜质盔衣，似旧时武士，他们整齐地站在摆满供品的桌子前，虔诚祈求龙王神保佑四季平安，永无火灾隐患。酉时一到，听得一声令下，所有人都去抢占"洋龙"两侧的位置，因为"洋龙"喷水，是靠人力揿压而喷射的，左右两边各需三四人，大家齐心尽力，用力越猛喷出的水量越大，喷射的水柱可达十几米高，足以够上当年的民房高度。"洋龙"旁围观的群众个个都是"消防员"，他们摩拳擦掌，随时上阵。水龙头很快喷出水来，水柱直冲云霄，犹如二龙交腾漫天飞舞，水柱冲高后又化为霏霏细雨，四散飘洒在围观者的身上。不一会出现彩虹横跨天空，人群发出了尖叫声，祭拜仪式达到高潮。几十年间，"洋龙会"扑救了老街及附近村庄一次次火灾，一代代义务消防员谱写了可歌可泣的感人故事。

　　水乡古镇，民风淳朴。织里人大多信仰宗教，供奉神灵。宝镜桥北堍，有座总管堂，乃宋之宝华院遗址所建。黄色围墙上书有"织溪屏藩"四个黑色大字，笔力苍劲，乃老中医吴西声先生所书。庙内有古银杏树，高达数丈，浓荫华盖。据专家评测，树龄在四百年以上。古银杏树在历史风雨中伫立，黎明，默默数点农家屋顶的袅袅炊烟，聆听村舍传来的第一声鸡鸣；黄昏，静观闪烁老街的千家灯火，俯视村野的无际桑园。总管堂供奉总管老爷、观音菩萨等神像，终日梵音悦耳，香烟缭绕，信徒虔诚膜拜，祈求风调雨顺，一方平安。解放后，总管堂改为织里区中心小学，后为镇中心幼儿园。2000 年，经湖州市民族宗教事务局批准，总管堂得以修复为开放道观，命名为"宝镜观"。新建宝镜观由里人集资，规模恢宏，香火旺盛。旧时邻总管堂东有三官堂，五开间，泥塑三官神像；堂前有放生池，雕栏石砌，池水清澈。妙音桥北堍有土地庙、财神堂，西市有和尚庙（据说明清时期称宝相寺，曾经出过高僧）。虹桥东堍有祖师堂，大小建筑二十余间，供奉纯阳祖师和道教神像，解放后被改为织里粮管所仓库。2007 年里人集资重建，冠名"万云观虹桥庙"。基督教在民国初期由美国人传入织里，老街西市建有耶稣堂，创始人为织里乡绅李心水。耶稣堂北侧为人民广场，四周筑以围墙，放电影、演戏及人民公社的重大活动都在此举行。老街东市为渔民聚居地，每日捕鱼归来，在河滩晒网，到街市卖鱼，晚上停泊过夜，黎明摇橹而出，开始新一天的收捕。

　　清末，织里老街私塾棋布，学龄儿童大多在私塾念书。穿长袍戴花镜的老先生摇头晃脑吟哦"之乎者也"，抑扬顿挫。小孩子把《三字经》《百家姓》《神童诗》读得倒背如流。民国年间创办了"吴兴县第二区中心小学",老街才有了一所正规学校。校舍借用总管堂偏房,辟教室三间,分"智""诚""勇"三个复式班,课程设语文、算术、图画等。全校师生一百余人,校长叶文华,主持校务达八九年之久。解放初期改为织里完小,1956 年在五溪漾东岸创建了吴兴县第四初级中学。

徐振华先生(小名阿毛),是名闻浙北地区的老中医,祖居太湖潘溇,三代行医,积累了丰富的临床经验。徐氏留有家训,以医德为重,以治患者之痛为己任。徐振华 15 岁师从湖城名医潘春林先生,三载寒暑,勤奋刻苦;18 岁始走村串户行医。他口问心记,不厌其烦,岁月流逝,积沙成塔,刚过而立之年便名闻乡里,医德更是众口皆碑。凡贫困之家,不收诊费,对症开方,以中草药为主,非不得已,绝不开贵重药方。1951 年,徐振华先生发起创建织里联合诊所(今织里医院),绘图纸,购建材,事必躬亲。步入中年后医术炉火纯青,江苏吴江、宜兴、常熟及上海、安徽等地的患者慕名求医,有求必应。因对疑难杂症有独到疗法,故被誉为"毛仙人"。徐振华退休后,被医院返聘开设专家门诊,患者络绎不绝,休假日也门庭若市。一代名医,里人莫不敬仰。

老街步履蹒跚,走过了岁月的风风雨雨,战火风烟。世事兴衰,老街依然默默静卧,附着时代的脉搏,载着历史的重负。今天,织里已成为经济强镇,中国童装名镇。与新镇区的高楼大厦相比,老街没有自惭形秽,因为新街的繁荣与发展,乳源于老街。老街依然有着旺盛的生命力,有其独特的风采。曾几何时,传统的铁匠店、磨刀铺、寿衣店、竹器店,应有尽有。传统的点心,如青圆子、小馄饨、汤包、阳春面,依然香味四溢,令人垂涎。

老街是一根不锈的链条,链接历史,链接未来。2017 年,织里老街拆建改造工程启动。顺应民意,保留老街茧站、名医故居、老影剧院、百年民宅、轮船码头。为了留住老街的灵动水韵,留住人们心中熟悉的老街,地方政府多次征求老街人的意见,一次次修正老街的重建蓝图。

"道观青烟升宝镜,古树银杏笑晚霞。"半壶浊酒,一缕乡愁。虔诚期盼织里老街早日新生……

(转自《淡去的炊烟》)

徐世尧,1949 年生于织里。著名文史专家。著有散文集《乡的愁》《记忆滨湖古镇》,人物传记《浙北名医毛先生——徐振华传》,主编《大港村史》《织里民间文化》《晟舍利济禅寺志》等地方史志。

织里老街"长卷"

蔡忍冬

太湖沿岸的江浙水乡，散落着黎里、同里、织里、古里，并称为江南"四里"。早春时节驱车出湖城，沿湖织大道一路东行，经戴山后林过白龙塘桥，不远处一片翠绿色的菜畦之中，突兀起一座红墙碧瓦的仙顶琼阁，这就是有着"织溪屏藩"之誉的宝镜观。

道院的历史可追溯到宋代，初为佛寺宝华院，院内的雄性银杏树苍劲挺拔，少说也有400年历史。庙前椭圆形的五溪漾，就像一面映射天光云影的宝镜，过去，单孔石拱宝镜桥连接着西栅头与漾西村。晚清时当地人在旧庙废址上建起总管堂，祭祈民俗神"护国随粮王"，故属道观范畴。1999年，殿宇重建时易名宝镜观，前院以古银杏为依托，后院中是观音堂、右为总管堂、左系三官堂，规模较大。金总管因违反军规私自赈灾为百姓放粮而遭杀身之祸，死后追封京都元帅安乐王，受到湖嘉平原农民的敬仰与膜拜。

顺着妙园路，路过影剧院，我们来到织溪西栅头。河水治理后显得较清，临河都是石砌帮岸，河埠由老桥残石搭建，尚存一段带拱门的廊棚，远处的五溪漾，蓝天云白，扁舟渔隐，宝镜观的红墙像一道屏障矗立于粉墙黛瓦密集的河湾处，锁住西市口的风水财源。

江南小镇傍水楼阁，大都是扁担横街的格局，织里老街自然也不例外。古时，东西向的织溪上架有许多座石桥，自西而东依次为：单孔石拱宝镜桥、三孔石梁妙音桥、睦嘉桥、秋稼塘桥，连接起南北两岸的长街，还有东西向的单孔石拱虹桥。上世纪六七十年代，作为原织里公社的驻地，老街势必要进一步地发展，于是，在建起粮库、茧站、卫生院、影剧院的同时，就得拓宽河道拆除旧桥，再建起新式水泥长桥。如今，街市中心的水泥桥两侧，还保留着睦嘉老桥遗留下的两对石狮，卧狮原在桥头起到抱鼓石的作用，武康石雕凿，憨态可掬，用现在的说法就是"萌翻路人"，从形态推断似出自清朝乾隆时期，当属湖州地区古桥石狮子中的上佳之作。无独有偶，在距此地不远的三孔石梁白龙塘桥，抱鼓石也是两对卧狮的造型，所不同的是由太湖石雕凿且形态凶猛，可能年代更久远，只叹地处偏僻的卧狮已被无良分子盗卖他处，现在新雕了花岗岩石狮作为替代，但实言已乏审美价值。

我们行走于北岸长街，深感得益于"五水共治"，环境已有很大改观。街上偶尔还能看到一些老店铺的雕梁，弄堂深处的石板路，临街尚余些杂货店、竹器铺、白铁铺、农具店、馄饨店、寿衣店等等，其中，老式剃头店真是鳞次栉比，座椅都是文物级别的，顾客以外来打工大军为主，也有些本地的老住户。老街的房租比新区要便宜三倍，故而街上到处都是红男绿女的外来子弟，他们大多衣着斑斓，兄弟姐妹成群，质朴的眼神里带着几分野气，与城里幼儿园教出来的独生子女多有不同，令我想起"小伙伴们惊呆了"的孩提时代。织里打工群体多数来自四川、安徽一带，开设的餐饮店也是徽风川味，川东背篓族也是随处可见，背小孩的竹篓还做成弯曲的椅状。老街无疑是民生风情摄影的绝好去处。

老街足有二里长，街东头虹桥横跨，塘河南接荻塘，北接横塘与雪溪，旧时大钱、义皋、东迁、轧村、旧馆、晟舍等地的航船都要在此聚散。上世纪六七十年代，石拱老虹桥被改造为水泥的"跃进大桥"，由于后来对面建起新桥，此桥少有人走而保存完好。水泥花栏杆的中间，浇筑出仿宋体"自力更生，艰苦奋斗"的语录，令人肃然起敬。是啊，金钱难以买得到尊严，核心技术无法靠化缘得到，这是三十多年来被实践反复验证的真理。

走过虹桥，黄墙迎面，虹桥庙与万云观在此并驾齐驱。虹桥庙一进照例为天王殿，二进是关帝、观音、地藏同奉于殿。万云观雕梁画栋，规模更为宏大，铁塔香炉蔚为大观。门前大红告示：羊年初四到初八，天天唱戏，人神共娱，戏曲又回到了庙台这初始阶段，许多"非物质文化遗产"也只有与宗教结合才能焕发出长久的生命力。

此次我们还登堂入室，参观了老街上难得一见的闵家宅与织东路的临街宅，两者都有四开间的大厅屋，以及天井楼厅的格局，闵家厅已被户主翻修过，而临街宅被分割为杂院。但给我留下印象最深的，还是妙园路上那座不算太老的清静小园。当地人都知道，这就是织里老中医"毛先生"的家。三代行医的徐振华祖居太湖潘溇，15岁师从湖州名医潘春林，1951年由他发起创建织里联合诊所。我们在河岸边遇见"毛夫人"顾丽蓉，于是，应邀进到徐宅参访。我等侧身入门，眼前豁然开朗，里面是一个很大的园林，绿荫下花木扶疏，参天的桂花与绽放的蜡梅也属中药。主人还收集了不少老街上散落的太湖石门墩，以及附近宝华院的太湖石柱础，武康石的覆莲纹望柱可能是睦嘉桥的旧物。堂上挂着新院长给老院长题写的寿字中堂及对联，祝贺恩师悬壶济世九十春。墙边用图钉钉着从画报或年历上剪下来的美女或儿童的图片，这些可能是老夫人以前贴上的，起码已有三四十年的时光。老夫人爱清洁爱文艺在老街上都是出了名的，还是唱坤生的资深京剧票友。房舍之西厢为坐堂诊室，"毛先生"不在家，墙上挂满了李英、谭其蔚、王礼贤等地方名家及弟子的妙墨镜框，而透过长窗则可将满园的新绿尽收眼底。

"江皋岁暮相逢地，黄叶霜前半夏枝。子夜吟诗向松桂，心中万事喜君知。"这首唐诗暗藏着半夏、地黄、枝子、桂心、喜君知这几味中药名，可见中国的文化博大精深，但无论书画、戏曲、拳术、养生、宗教，还是中医药，彼此间都是互为相通的，且大都由个体来传承。如果说翻看织里老街这是部尘封的"长卷"，老厅屋就是夹在书里的"插页"，徐氏园无疑可作为清丽的"扉页"，那么，"毛先生"就是织里老街底蕴深厚的"封面"。

近闻织里老街拆迁重建，翻检数年前的旧文念之。

（转自 2017 年 10 月 31 日《湖州日报》）

蔡忍冬，1962 年生于菱湖，次年迁居双林，著名文史专家。主要作品有《南浔乡村古镇寻访记》《走读清远吴兴》《湖州京剧史》等。

织绣誉满北京

沈鑫元

十月的北京，秋高气爽。在人流如潮的天安门广场，孩子们身上的绣花盛装引起了我的好奇，款式、刺绣，多么眼熟。我禁不住趋前打问，商标上精致的提花字表明"湖州织里"。哦！原来是故乡的产品。

我依照一位年轻母亲的指点，找到了出售这种童装的商店——西单服装商店。穿过熙熙攘攘的顾客群，好不容易挨到柜台前，我指着那些挂着的绣花童装和织锦缎棉衣问营业员："这是我们湖州的产品，请问你们是怎样采购来的。"不想营业员一改京腔，笑着用湖州话说："我是织里郑港村人，应聘到北京联营销售的。"哈哈！原来织里厂家与北京店家实行工商联营，她是厂方代表。她又说："工商挂钩，工厂产品直接与顾客见面，零售价低，还能将市场信息迅速反馈到厂里，生意越做越旺。"

出了西单，我又到繁华的王府井东风服务公司，在挂满丝绸绣衣的柜台旁，找到了一位身材不高的年轻人。他一听我这湖州式的普通话，笑吟吟地摸出一张名片，原来又是个湖州人——湖州百灵服装厂厂长顾立法。他也是在京联营销售的，产品从童装到呢大衣有数十种，年销售已达百万元。"真不简单！"我从心底夸赞说。"不、不，我还是少的，织里在北京有40多家厂搞联营，年销售额已超过5000万元。太原、沈阳、武汉等处还有60多家。"

辞别顾厂长，已是万家灯火。我漫步长安街，沐浴着华灯柔和的光线，禁不住想起故乡姑娘灯下精心绣花的情景。呵！织里，多么不起眼的乡镇，是什么力量使你的产品在大都市尽领风骚……

1988年10月6日于北京

（转自2008年10月25日《湖州日报》）

沈鑫元，1943年生于湖州城。出版作品二十余部。《湖州风情》获中国文联学术制作优秀奖，《百鱼奇趣》获浙江省优秀作品奖，《挖掘弘扬湖州渔文化，打造桑基鱼塘旅游新天地》获浙江省旅游局优秀课题二等奖。

春赋上林

施国琴

一

天青云淡，杏白桃粉，柳条轻舒。临水人家的小庭院外，一畦畦菜蔬吸饱了春光雨露，赛着劲儿长大。墙角那有名与无名的花卉，尽显妍态。藏在密密丛丛藤蔓间的豌豆花，缀着朝露，正悄悄地爬向篱笆。这一切是那么清新素雅。而当你转向田野，另一种美正铺天盖地席卷而来——大片大片的油菜花，黄澄澄，金灿灿，花天相接，美得摄人心魄。

初入上林，眼前所见的景儿渐渐幻化成秦少游的诗句拂到嘴边：

树绕村庄，水满陂塘。倚东风，豪兴徜徉。小园几许，收尽春光。有桃花红，李花白，菜花黄……

如此胜境，怎不惹得莺儿啼，燕儿舞，蝶儿忙？秦少游，不愧为婉约派一代词宗，此时此景，最最恰切的莫过于他的这首《行香子·树绕村庄》。数日来，因久居寓所而堆积的幽仄，此刻变得澄澈见底了无痕。

好一个清丽之地啊！

二

想去上林走走的念头，由来已久。早先听闻徐世尧先生讲起：唐五代时，上林村即为繁华之地。清乾隆《乌程县志》载："上林村一作上临，本名梅林"。南宋，高宗南渡之时曾跸跸此地。《方氏园记》还记载："昔村之大姓董氏有梅树柯叶，蔽十数人，其下可坐百人，宋都临安时，天子尝幸其地，赐群臣宴花下，因名上林。"地名的渊源，让它附着了一股天子贵气。如今的南北梅潭、圣驾桥、回銮桥、凤仪桥等历史遗迹，无不一一述说那段埋尘往事。

宋嘉泰《吴兴志》载："梅生江南，湖郡尤盛。"《吴兴记》云："乌程有梅墟、梅林、梅亭。"乌程梅林，便是此地。村境遍植梅树，其最为董氏梅林。"梅开时，贵游之士来观者相望于道。村人不胜其烦，乃阴伐其树以绝踪。"当年董家梅姿已成传说，赏梅之盛难以想象。

南宋庆元中，官府还在上林村设酒坊，名"上林坊"。料想当年疏影横斜，对酒以歌，笛声天明，流月无声，真是快意呵！

不仅如此，"上——林——"二字的音韵也给人以辽阔，久久回响之感。

上林，一个多么好的地名，怎不令人心向往之？

三

"听老辈们讲，我们上林村的文化氛围一直是相当浓厚的。"村委会接待室里，邱瑞祥先生回忆当年自编自演的样板戏，慷慨激昂；张小娥女士谈起过去《红堤风云》《捉妖记》，更是如数家珍。两位文艺骨干，因他队演出的《女队长》一戏拔得头筹，至今叹惋。"风声雨声读书声，一生歌舞欢乐行。虽是闲空白衣人，却也快活在意中。"访谈中，兴之所至，邱先生吟诵一首小诗，有陶氏之风。

一丛梅粉褪残妆，涂抹新红上海棠。走进吴月松先生的小院，门口的两株海棠早已探出头来迎接，两侧的红豆杉、金钱松、六月杏、黄芪、红梅、香兰等诸多盆景亦是盛意相迎。吴先生同样是一位爱好文艺者，"那天，一个朋友给我送来了一幅挂历，印的是吴中才子唐伯虎的山水画。看着看着，我就想试着临摹……"偶然间结缘，便成了吴先生一辈子的痴迷。盆景、书法、绘画亦复如是，自得其乐，从此无关岁月。

吴寿谷先生，当代画坛上杰出的画虎名家之一，生于斯，长于斯。谢稚柳先生评说他"眼前有虎，胸中有虎，笔下有虎，所作虎画栩栩如生"。秦瘦鸥先生赞其"善画山君百态，堪光画史千年"。吴先生的画作多次被国家领导人作为国礼赠给外国元首政要。1994 年，吴先生的名字相继入选第 11 届英国剑桥世界人物传记中心出版的《世界名人录》和美国国际名人协会出版的第五届《世界名人录》；美国国际名人协会评选其为东方艺术杰出人物。

吴寿谷之子吴妙德先生，如今也入耄耋之年。因从小受父亲的耳濡目染，也喜爱画花鸟、虎兽，其作品多次参加过湖州书画展。他听说我们的到来，放下手中侍弄的花草，邀我们一同欣赏其父题写的"振宜堂"匾额、虎作，以及自己的作品。参观画室后，吴先生饶有兴趣地讲起他父亲的故事：吴寿谷先生曾赠予里根总统一幅《五虎图》，此图画的是一个温馨的虎之家，蕴含了连猛虎都需要和平安宁的生活环境之意。里根总统读懂后，亲笔致信表示感谢，并说"能够欣赏、分享您的艺术作品感到十分愉快和荣幸"。还有一件事，那是在 1998 年的除夕夜，吴寿谷先生为创作出"四寅虎"竟通宵未睡。"四寅"（1998 年 2 月 12 日凌晨 3 时至 5 时，即寅年寅月寅日寅时）相逢之时，一头焕发出一往无前的大无畏气概的猛虎，跃现在宣纸之上。耄耋老人，如此精气神，难怪笔下之虎总有一股王者气象。听着吴先生的讲述，振宜堂内同座宾客，无不对这位独步江南的画虎艺术家心生敬仰。

一方水土一方人，文艺之花遍地开，不禁让人感叹上林村蔚蔚然的崇文重艺之风。

四

"十里不同俗"，座谈会上，张小娥女士跟我们讲起，不知从哪辈起，上林村流传了这样的习俗：正月十二蚕花节，二月二要吃撑腰糕，二月十二到蚕花堂敬香……腊月里过"杀虫节"，年尾流行"羊汤饭"……

一系列民俗活动，独具特色的村庄文化，映射了过去上林人的生活、生产的方方面面。上林村有着悠久的蚕种孵化销售的历史。邱瑞祥先生向我们介绍说，自古以来村民副业以制蚕种为要，养殖业主要以湖羊为主。《吴兴蚕书》载："蚕自小至老，须刻刻防其疾病。俗称蚕为忧虫，受一分病则歉收一分。"孵化蚕种，因工艺难度较大，一般为中农程度以上家庭所养。制种约二三十张，多则几十张。蚕种销往江苏及长兴、嘉兴一带。邱先生还记得父亲外出卖蚕种险些被日本人掳走的故事，那是在 1942 年春，他父亲及其他六位村民去外地卖蚕种回来的路上，被日本鬼子抓住，幸得熟人经过看到，并从中斡旋，捡回性命。

自古以来，上林村民都相信冥冥之中有神灵在掌管蚕事。每年到了二月十二，便相约到蚕花堂敬香，虔诚地祈祷蚕神。盖新房打灶头时，主人大多请匠工写上"田蚕茂盛"四个字。婚嫁时，男方向女方包的红包里要有个蚕花包，也是最沉甸甸的红包，别称是"蚕花翻倍"。

上林悠久的养蚕历史，形成了诸多民俗活动，孕育了特殊的蚕事习俗，渗透到了生活生产的角角落落。

五

上林，自建村以来，几遭时局动荡。盗贼流寇猖獗，百姓流离失所，民舍良田遭毁，文物古迹尽失。上林，曾一度封闭了，褪色了。

如今，星移斗转，盛世清明。耕读为生、崇尚孝德、不忘发展的上林人又重燃希望。教育复苏，让知识重进学堂。1955年，上林村曾借大户宅院创办过小学。1963年春，轧村人民公社为培养技术人才在上林村创办了农业中学，这也是轧村历史上第一所初级中学。

乡村振兴，产业兴旺是根本。发家致富，创业何惧艰辛？昔日"上班族"当起了"卖鱼郎"。"渔大哥"吴荣峰四闯鱼市的故事，家喻户晓。吴先生的管理理念是：养殖托科技"引擎"，经营靠抱团取暖。"织里渔大哥水产养殖专业合作社"的成立，是一位农民在水产养殖路上的一座里程碑，也是上林人拥抱新时代的一个美丽见证。

集干群之智慧，凝乡贤之助力，如今的上林，众志成城，建设美丽乡村；协力同心，发展绿色农业。2019年的6月，新华社盛赞美丽上林，配图文展其宜居风貌。

上林已成范式，遐迩誉其嘉名。相信不远的将来，一个集种植、养殖、旅游、休闲、采摘于一体的新上林，必将以崭新的面貌，呈现于世。

不禁赞曰：

丰田作榻，曲水和弦，人与天和，将无数灰砖黛瓦，排成几里清明画。

培根立本，移风易俗，民因礼睦，仗千年重艺崇文，写就一村祥盛篇。

（引自公众号"湖州写作"）

施国琴，1977年12月出生于湖州，湖州市作家协会会员。此文在2020年"纪念习近平'两山'理念提出十五周年"全国文学写作大赛中获得一等奖。

第二节 历代诗存

一、古代诗存

太湖秋夕

王昌龄

水宿烟雨寒，洞庭霜落微。

月明移舟去，夜静魂梦归。

暗觉海风度，萧萧闻雁飞。

王昌龄（698—756），字少伯，唐朝时期大臣，著名边塞诗人。

太湖馆送殷秀才赴举

皎然

春风洞庭路，摇荡暮天多。

衰疾见芳草，别离伤远波。

诗名推首荐，赋甲拟前科。

数日闻天府，山衣制芰荷。

皎然（? —789），唐诗僧，俗姓谢，字清昼，为南朝宋谢灵运十世孙，湖州长城（今长兴县）人，居湖州杼山。为颜真卿、韦应物所重，曾与颜真卿、陆羽等唱和往还。有《皎然集》（即《清昼集》又名《杼山集》）。

注：太湖馆，旧址即今织里镇旧馆。

荻塘柳影

孙锐

日出烟销春昼迟，柳条无力万丝垂。

韶光新染鹅黄色，偏爱东风款款吹。

孙锐（1199—1277），字颖叔，号耕闲，宋代吴江（今属江苏省）人。咸淳间举人。宋亡，隐居平望之桑盘村，著有《耕闲先生集》。

舟过荻塘

沈与求

野航春入荻芽塘，远意相传接渺茫。

落日一篙桃叶浪，熏风十里藕花香。

河回遽失青山曲，菱老难容碧草芳。

村北村南歌自答，悬知岁事到金穰。

沈与求（1086—1137），字必先，号龟溪，浙江德清人。宋政和五年进士。历官监察御史、御史中丞。著有《龟溪集》。

注："荻塘帆影"为古代"吴兴十景"之一。

摸鱼儿·对西风鬓摇烟碧

朱嗣发

对西风、鬓摇烟碧，参差前事流水。紫丝罗带鸳鸯结，的的镜盟钗誓。浑不记。漫手织回文，几度欲心碎。安花著蒂。奈雨覆云翻，情宽分窄，石上玉簪脆。

朱楼外，愁压空云欲坠。月痕犹照无寐。阴晴也只随天意，枉了玉消香碎。君且醉。君不见、长门青草春风泪。一时左计。悔不早荆钗，暮天修竹，头白倚寒翠。

朱嗣发，见本卷第三章《人物》。

戴山望太湖

杨维桢

大戴先生读书处，削峰平地割蓬丘。

洼樽仙酒醉东老，山居古篆题沧洲。

东庭西庭月色白，大雷小雷龙气浮。

划然长啸下山去，阿施共载鸱夷舟。

杨维桢（1296—1370），字廉夫，号铁崖、东维子。诸暨（今属浙江）人。元泰定进士，官建德路总管推定官。晚年居松江。著有《东维子文集》《铁崖先生古乐府》等。

任广东按察使写怀

闵珪

往来岭海廿年过，百粤疮痍漫抚摩。

白日催人公事了，青山笑我鬓丝多。

乌程市里新刍酒，黄闵桥边旧钓蓑。

乞得君恩许归去，沧浪时和濯缨歌。

盟鸥馆

凌述知

冉冉寒鸥下，悠然有会心。

相亲知近处，如友好招寻。

眠白依轻浪，来青列远岑。

清波驯浩荡，静听凤笙音。

注：盟鸥馆，凌述知建，本在盘殊漾南。

与幽谷上人结社唱和步韵

闵梦得

（一）

鲁殿嵯峨不记年，摩云双柏久相传。

兜罗影里龙归藏，共命声中鸟斗妍。

絪缊常看花作雨，澜翻疑是舌生莲。

老僧自有天厨供，洗钵应留锡杖泉。

（二）

岂容俗客到山扉，惟有香台玉屑霏。

僧眼更无青与白，世情莫问是耶非。

呼牛应马能谐俗，视虎为鸥自息机。

拈得一灯传密谛，日斜不倩鲁阳挥。

题舅氏闵康侯一草堂

凌义渠

偶然风绪惬，浥浥片心降。

烛冷清连曙，吟余梵写腔。

荷钿开晓镜，蕉露亚秋窗。

怪底穿棂月，移人影半双。

闲情纷怪冶，文几漾高危。

书以等身癖，奇从一字知。

种元杨地宅，押韵李门楣。

静倚沾茶候，芸签总懒窥。

注：一草堂，闵元衢建，与董期张吟诗于其中。

村居冬日野望

凌云

薄暮苍凉野色昏，四围寒绿绕孤村。

烟横古道人迷影，水涸平桥石露痕。

松径因风时落子，稻田经雨复抽孙。

爱看一带疏林里，茅屋参差尽掩门。

凌云，生卒年不详。字宜之，乌程晟舍（今湖州织里镇）人。自幼习诗，著有《鹏息斋诗集》4卷、《两浙辎轩录》及《吴中杂事诗》《芗坪诗草》《雨窗随笔》等。

与幽谷上人结社唱和步韵

闵声

（一）

古殿阴森莫问年，慧明佳额志相传。

久凝香雾从来碧，更雨新花分外妍。

护法留题书作带，苾刍悟道舌生莲。

何时重结远公社，共试中泠第一泉。

（二）

金磬沉沉昼掩扉，香台花雨自霏霏。

筵开龙象寂还现，心悟风幡动亦非。

般若智光寻宝筏，菩提种子透禅机。

凡夫自愧同顽石，俟看生公尘一挥。

白耕楼

闵文山

范水模山柳子厚，伤春惜别杜樊川。

哪知命压人头上，孟浩然身剧可怜。

春风一曲浣溪沙，歌绝知音唤奈何。

鉴曲诗人谁拟似，南楼扫雪鲍家娥。

闵文山，见本卷第三章《人物》。

游慧明寺赠卵公上大人

凌树屏

一村何蜿蜒，孤寺耸其尾。

碑碣莽难寻，经营忘所始。

应自白马来，此地便以峙。

陵谷几变迁，劫火不汝豕。

顿令庄严宫，化作瓦砾址。

蠓�蛔巢佛颠，雀饧满地委。

苦无布金人，兼少飞杖士。

荆棘蒙道场，巨利徒已矣。

岂意旦晚间，豁然丹霞起。

神构出壮观，法象呈妙指。

闻磬聿来游，耀眼竟如此。

品台俨化莲，芴山纷圣蕊。

影复欣未湮，灯传知重启。

因悟掩口翁，厥功何由累。

凌树屏，见本卷第三章《人物》。

严遂成诗八首

三垂冈

英雄立马起沙陀，奈此朱梁跋扈何！

只手难扶唐社稷，连城犹拥晋山河。

风云帐下奇儿在，鼓角灯前老泪多。

萧瑟三垂冈畔路，至今人唱《百年歌》。

砥柱峰

河从受降城，北折径南注。

万山束缚之，龙性驯不怒。

及兹下三门，喷礴流悬布。

砥柱屹当冲，四傍绝依附。

何所恃而傲，力与河伯忤？

摧刚终成柔，条分左右去。

卷土趋向东，昏垫逮徐豫。

神禹无治法，计穷吁天助。

铲除昆仑山，绝河之来路。

西海为尾闾，是龙安身处。

白水岩瀑布

万里水汇一水大，訇訇声闻十里外。

岩口逼仄势更凶，夺门而出悬白龙。

龙须带雨浴日红，金光玉色相荡舂。

雪净鲛绡落刀尺，大珠小珠飘随风。

风折叠之绘变相，三降三升石不让。

有如长竿倒拍肉飞仙，中绝援绳跃复上。

伏犀埋头不敢出，怀宝安眠遮步障。

我欲割取此水置袖中，曰恒懊若书乾封。

叩门絜瓶滴马鬃，槁苗平地青芃芃。

岂不贤于谷泉之在香炉峰，坐享大名而无功。

渡鄱阳

烟与水无际，迷茫小洞庭。

潮回三楚白，山压五湖青。

苇折雁声苦，风多鱼气腥。

扬舲一极目，何处吊湘灵？

龙泉关

燕晋分疆处，雄关控上游。

地寒峰障日，天近鹗横秋。

虎护千年树，人披六月裘。

夜来风不止，严鼓出谯楼。

宿许天植见山楼

绿树疏灯落烬迟，梦醒如中薄寒时。

风通花气全归枕，月转楼阴倒入池。

如此夜深犹有笛，可因春尽竟无诗？

开门便赴寻山约，酒熟茶香短簿祠。

秋夜投止山家

山当面立路疑穷，转过弯来四望通。

凉月满楼人在水，远烟着地树浮空。

熊罴之状乃奇石，鹳鹤有声如老翁。

清福此间殊不乏，可容招隐桂花丛。

安肃道中

水粼粼渌菜畦香，塔影如龙卧夕阳。

高柳乱蝉风不住，残声曳过浣衣塘。

（转自钱仲联、钱学增《清诗三百首》）

严遂成，见本卷第三章《人物》。

漾上晚步

闵志涌

晚来闲散步，溪上独寻幽。

树色知秋老，池光见水柔。

夕阳群鸟乱，细浪小鱼游。

吟罢添诗兴，举头月一钩。

闵志涌，生卒年不详。乌程晟舍（今湖州织里镇）人，清代诗人。漾，万谦漾，又名万千漾、万青漾，在织里镇南河西村，昔为闵氏世产。

旧馆村小泊

汪日桢

沿堤波浪涨新痕，沽酒停桡醉一樽。

茅屋临溪桥压水，人家都在绿杨村。

邮程此地偶经过，日暖风轻气候和。

春色繁华在何处？桑麻弥望比花多。

汪日桢（1813—1881），字刚木，号谢城，乌程南浔（今属湖州）人。清咸丰壬子举于乡，曾任会稽教谕。著有《玉鉴堂诗集》，修纂《乌程县志》《南浔镇志》，汇刻《荔墙丛刻》等。

湖录纪事诗·凌濛初

范锴

胸罗经济为国用，乃击副车竞五中。

剿寇淮徐十策陈，弃官入幕有余痛。

贼锋啸聚纷狼犴，日色无光刀血殷。

孤城誓与百姓守，孤臣独悲天步艰。

生不能保障效职，死当为厉鬼杀贼。

病榻但闻呼渡河，兄弟志同身许国。

范锴，生卒年不详，初名音，字声山，号白舫、苕溪渔隐。乌程南浔（今湖州南浔）人，贡生。有俊才，工诗擅词，三十年留心掌故。著有《范白舫所刊书》《范声山杂著》《苕溪渔隐诗稿》《蜀产吟》《汉口丛谈》等，纂道光《南浔镇志》。

新坂土风

陈鳣

阿侬家住状元台，小阁临窗面南开。

昨夜河面新水涨，书船都是雪溪来。

陈鳣（1753—1817），字仲鱼，号简庄，浙江海宁硖石文人。

吴兴竹枝词

汪尚仁

制笔闻名出善琏，伊哑织里卖书船。

莫嫌人物非风雅，也近斯文一脉传。

汪尚仁（生卒年不详），字敦夫，一字静圃。乌程（今属湖州）人。有《四勿斋吟集》。

游利济寺

凌声陛

云林晚润白云肥，闲入招提趁夕晖。

何处暮钟寻宝筏，偶来疏磬叩柴扉。

风清古刹松千岁，月冷空斋竹一围。

回首小桥流水远，绕溪杨柳自依依。

凌声陛，生平不详。

《盘溪归钓图》题诗

凌鸣喈

病躯辜负圣恩多，射策年华叹逝波。

问我生涯归去后，广苕溪畔一渔蓑。

猎猎菰蒲梦里秋，烟波依旧伴闲鸥。

廿年马鬣思亲泪，为傍斜阳系钓舟。

金台十载指空弹，历涉应知吾道难。

自送梁溪解组后，此生怀抱向谁宽。

菱花一片月明中，白塔红亭水作宫。

瓢挂空山怀旧雨，箫声此日调谁同。

注：先藻泉公为孙山人太初筑吹箫楼。

凌鸣喈，见本卷第三章《人物》。

读泊斋先生疏稿附题《归钓图》后

段玉裁

凌子忠臣裔，官为建白轻。

非将矜直项，亦以竭愚诚。

吏议原难贷，名言幸已行。

爱身时有待，投钓雪溪清。

段玉裁（1735—1815），清代文字训诂学家、经学家，字若膺，号懋堂，晚年又号砚北居士，长塘湖居士，侨吴老人，江苏金坛人。著有《说文解字注》《六书音韵表》等。

题《盘溪归钓图》

孙星衍

归隐盘渚上，烟波泛宅幽。

钓徒兼贾董，谏士作巢由。

塔影疏林暮，钟声古寺秋。

墓门重展谒，忠介有贻谋。

孙星衍（1753—1818），字渊如，号佰渊，阳湖（今江苏武进）人。清代经学家、目录学家、藏书家。乾隆进士，授编修，历官山东督粮道。精于金石碑版，工篆隶。辑刊《平津馆丛书》《岱南阁丛书》。《盘渚归钓图》由凌鸣喈画。

云开雪斋

凌庚

峭然高寺出云阁，飞雪满檐开霁华。

有客吟来一登眺，遥山点点散梅花。

注：云开阁，即织里晟舍文昌阁旧址，清道光戊子毁于火。

凌庚，清代人，生平不详。

龙门晓渡

凌介禧

浩浩龙门古渡头，东来红旭影横流。

济川初觉良臣梦，易水高歌壮士愁。

汾上秋风新乐府，芦中明月老渔讴。

挽澜早泊神州岸，回首蓬瀛第一洲。

凌介禧，见本卷第三章《人物》。

晚过月影桥

闵鸾

一棹扁舟任所之，抒怀信口笑吟诗。

偶从月影桥边过，正是团圞月上时。

注：月影桥，原在晟舍古镇南荻塘上，单拱环桥。

闵鸾，晚清时晟舍人，能诗擅医。著有《医学枕秘》4卷、《歇浦闲吟》
4卷。

六　榆

闵宝梁

天下名山知道少，不遇名流谁知晓。

名流能画复能诗，从此名山共争道。

巍巍金盖高插天，苍茫楼阁伴云眠。

幽人来往姿幽赏，攀援欲上翠微巅。

庚寅初冬日十九，携侣来游一老叟。

联吟分咏数千言，更绘丹青弁诗首。

生平图画喜珍藏，好将卷帙分装潢。

微得友人词满纸，长歌短曲尽琳琅。

回忆少时曾小住，读书暇时上山去。

芒鞋布袜一身轻，蹑云直到云深处。

无　题

吴昌硕

野坫投荒三四间，渡头齐放打鱼船。

数声鸿雁雨初歇，七十二峰青自然。

吴昌硕（1844—1927），初名俊，又名俊卿，字昌硕，又署仓石、苍石，多别号，常见者有仓硕、老苍、老缶、苦铁、石尊者等。浙江省孝丰县鄣吴村（今湖州市安吉县）人。晚清民国时期著名国画家、书法家、篆刻家，"后海派"代表，杭州西泠印社首任社长。

二、当代诗存

织都吟（三首）

邱鸿炘

之一

粼粼波浪伴和风，月白柔光照船篷。

联漾四周杼声起，源源精品运东瀛。

联漾，即瑞祥兜，村东西两侧有荡漾，风光绚丽。

东瀛，即日本，这里指外销。

之二

陆家漾上望叶舟，岸边青青人倚楼。

新楼镶嵌翠玉里，村埠清晨早等候。

叶舟，指载桑船。

之八

陶轮骨叶纺始初，户户机声成织都。

商贾新歌织里赋，风云竞逐展宏图。

陶轮骨针，指织里镇西南隅钱山漾遗址（4700 年前）出土的纺织工具。

邱鸿炘（1931—2021），浙江湖州人，湖州市博物馆首任馆长。中华诗词学会会员、湖州市诗词学会常务理事，陆羽茶文化研究会理事。主要从事教育、文博、方志工作。参与考古发掘"邱城遗址""良渚遗址"等，著有《牛棚词笺》《修篁馆诗笺》《吴兴苍山古战堡》等多部作品。

故乡情深（七律二首）

茹菇

（一）

故友重逢叶正黄，邀余赴宴叙家常。

甜瓜刚摘盘中诱，新米才收碗里香。

往事回锅润肺腑，乡音热炒暖心肠。

荣华富贵烟云过，桑梓情深万古长。

（二）

苕霅西吴是故乡，风光自古媲苏杭。

田畴阡陌桑茶绿，菱藕鱼虾稻米香。

丝府笔都耀史册，人文书画誉重洋。

此生有幸天堂住，来世还居笠泽旁。

茹菇，1937 年出生，湖州织里轧村人。当代诗人，中国作家协会会员。先后在《人民日报》《诗刊》《星星》《诗歌报》等报刊发表诗歌一千余首。

丙戌谷雨织里镇访许羽（外二首）

沈方

将近半年前，我去看你造房子。

在那棵银杏树下，

你的老父亲白发苍苍，像一个隐居的大师，

说自家房子要用好材料，

仿佛我们的梦也由精心挑选的材料建造。

他举杯饮酒，每一次慷慨都是人生的财富。

园子里堆满木料和钢材，

最简单的工具在水泥墙上划出一条条斜线，

你独一无二的想象力显示出硬朗的岩石质地，

不是奇迹胜似奇迹。

刚刚长出的香椿芽孤芳自赏，

或许是大彻大悟的寂寞，是圣贤的语言，

而圣贤不会责怪我们采摘。

孩子们在竹林里，嬉笑着挖掘竹笋，

这么多竹笋，出乎我们意料，但在情理之中。

现在半年过去了，

那棵银杏树应该比所有的梦更加茂密，

更加真实，我喜欢它扇形的叶子。

写于 2006 年

与许羽读帖

我们不讲道理，我们的言论保存二十年。

你说古越龙山最好，我们喝醉，

每一次都像扮演的角色，

不像虎皮鹦鹉，说唱得好。

乌鸦嘴说话，不幸逐一言中。

湖面吹来的风停在门前，变成细浪，

银杏树叶像夏夜的扇子，慢慢靠近屋脊。

我们谈大篆，小篆，隶书，

王羲之用什么纸，他的速度不快，

任由其泛黄，唯其如此，雪后初晴，

山坡上一群麻雀四处觅食。

理论不描述兰亭右军祠的池水。

读一本书，生成世界景观，简陋的图像，

笑得形迹可疑，我的心也杂草丛生，

荒废了因果关系。我知道结果，

从本地到外地，不该说的保持沉默。

手中的笔长出了枝叶。

黄庭坚与苏轼还是苏黄，前前后后，

虞世南怎么说无关紧要，赵孟頫不会

在茗梁桥上叹息，他只是每天抄写兰亭序，

现在看，每个字都不扮演。

一片瓦，一扇木窗，一艘船，一件布袍，

日常生活不可复制，孙中山不可复制，

于右任岂能复制。

从姨母帖学习死亡，从祭侄文稿学习悲哀，

死亡与悲哀逼近所有的人。

骨头，血肉，谈笑风生，书法的真实，

艺术之所以成为艺术，

因为不是艺术。

写于 2005 年

读赵孟頫《独孤本定武兰亭十三跋》

荻塘之畔，在暮色中温习九月，

不知已到了第几卷。

自从我写下那些断简残章，

秋天的鱼儿在水底，

蟾蜍和蚯蚓，无一日不增加，

也无一日不减少，渐渐，

我追寻的飘逸如树叶在火中受伤，

难以辨认那灰心的灰。

在水面旁观，运石料的驳船走得太慢，

波浪的忧愁打着死结，而西风吹送，

书中长出青草，

燕子在半空翻飞，雕刻时光的曲线。

至于几块家藏的石头和尺度，

莫不在假作真时崩溃，

我喂养了一个梦，

拼贴种种清澈，欲飞的薄片，

那回声传到北方，就像念诵经文。

这些天，字越写越多，

纸上的雨落到七百年后的月河桥头，

在两棵松树间远行，我的寂寞纷纷落地。

很多人到过吴兴山水，

走进破败宅院，像自娱的笔墨。

如此在三、四尺下，静心，

独孤，又结成不解的缘，然而那不解，

不仅仅是未解。

写于 2004 年

沈方，1962 年生于织里。主要作品有《读帖问道》《潜山尺牍》《鱼计亭诗话》等。

老街记忆十首

徐世尧

织里老街拆除重建，旧貌无存。幸有部分旧迹被地方政府列入规划予以保留。感叹之余吟成小诗纪念之。

宝镜桥

宝镜桥又名斜桥，单孔拱形，位于老街西市五溪漾与南横塘交汇处，金刚墙两侧树藤攀缘。北堍旧时有总管堂，即今宝镜观。

五溪漾畔横塘斜，雁齿微倾藤草花。

道观青烟升宝镜，古枝银杏笑晚霞。

妙音桥

妙音桥原址在名医毛先生宅前，三孔石梁，旧时桥堍有土地庙。1956 年，织里中学建造后迁移至现址，后改为水泥钢架桥梁。

妙音缭绕织溪清，桥畔曾尊土地神。

旧迹已随人流去，空遗怀念梦中矜。

木 桥

木桥为南浔庞氏酱园店在清末架建，属庞氏私家桥梁，桥为三孔，北堍曾有古老皂角（肥皂）树。辛亥革命先驱姚勇忱故宅旧址在北堍。木桥1970年市河开拓时拆毁。

嘎嘎吱吱木板吟，庞家原是筑桥人。

北头皂角枝蓬下，夜夜橹声入梦萦。

狮子桥

狮子桥又名睦稼桥，三孔石梁，两对石狮分守南北堍，北岸有睦家弄。后老桥拆建，石狮二度被盗仍复归，传为佳话。

古镇中市睦稼桥，石狮两堍护梁娇。

休言动物无灵性，独有狻猊守霅苕。

秋稼塘桥

自然村亦名秋稼塘，为三孔石梁。桥南有织里粮油供应站，桥北堍有老字号商店福泰昌，均已随老街拆除。

稻谷飘香秋气佳，村梁一脉载民穰。

桥南粮店米油足，北堍商家福泰昌。

虹 桥

虹桥位于老街东市，单孔石拱桥，东西走向。东堍有祖师堂（现白云观虹桥庙），旧时虹桥旁为织里渔民聚散地和居民菜市场。

织溪尽处拱形桥，远近橹声连荻塘。

更是渔家居聚地，鲜虾肥鳖菜丰肴。

轮船码头

轮船码头1963年建，时有织里班轮船每天二次往返于湖州。1984年晟织公路通车后逐渐弃用。老街拆建，地方政府将其列入古建筑修缮予以保留。

汽笛悠鸣霅水间，晨昏寒暑四航班。

轮船远去码头在，烂石锈环叹息眠。

古银杏树

古银杏树植于总管堂（现宝镜观）内。总管堂民国初年有部分建筑被辟为织里完全小学教室，临河围墙上书有"织溪屏藩"四字。银杏树曾与织里学子相伴百年，现被列入浙江省古树名木保护名录。

> 立地参天数百年，风吹雨击更傲然。
>
> 初衷无改扎乡土，庇佑织溪一屏藩。

名医故宅

徐振华先生祖为中医，已传四代。作为浙北地区名老中医，其医德医术皆为里人称道，有"毛仙人"之誉。故宅建于1957年，现老街拆建，地方政府将徐宅列入古建筑予以保留。

> 岐黄四代火纯青，济世悬壶阡陌行。
>
> 踏破芒鞋村落处，仙人美誉众口吟。

织里茧站

老当为南浔大户张氏开办，1937年被日寇焚毁。1956年在老当旧址建造茧站。现被作为"湖州市市级不可移动文物"予以保留。

> 烘房建址老当房，蚕事丰稔售茧忙。
>
> 妇担箩筐夫摇橹，丝乡鱼米尽妖娆。

地 点

潘无依

在你眼中的眼睛里

我看到那来自月亮的黑夜

它把我叫醒

我独自走在爱的死亡之间

在听不懂语言的黑暗里

那死去的魂灵

长在第二天清晨的花丛中

婴儿在塌陷的天空下重新哭喊

生命中死去的爱

依旧活着

我无力地望着自己的疲倦

发昏的思念

盘旋在你眼皮底下

无法控制的灵魂

把它带到更近

离你更近的地方

却离我很远

我只能远远地看着自己

看着自己死亡在

那个不属于我的

你的地点

2008 年 5 月 17 日

潘无依，1980 年生于织里，小说家，诗人，画家。湖州 80 后女作家的代表和领军人物。2001 年，代表作《群居的甲虫》在中国《收获》文学杂志发表。2018 年获杜威国际联合大学名誉艺术博士。此诗为汶川地震后赈灾而作，曾发表于日本思潮出版社《现代诗手帖》。

在一粒微尘中散步

施新方

夜莺的歌声

被宁静碰了一下掉在地上

芬芳起一丛丛篝火

泥泞的目光停泊在你

瓷器般的额头上　划出

一道道艳丽的彩虹

你黄昏般的头发垂下来

点亮了我又粗又急的呼吸

雨夜，在我的眼睛里

伸出了巨大的舌头

舔舐着一朵蕴藏在山坳里

沐浴着火焰的玫瑰

宇宙是个微型牢笼

我伸了伸懒腰

在一粒微尘中散步

忧伤，懒惰和神经质

是我个人的全部财产

孤独与寂寞在我的骨髓里

像一群饿狼一样地嗥叫

我看见我过去的日子

被废品回收站重新打包

粉碎　捣成浆液

制成回炉产品最后被衰老运走

寒冬的田野，蹲在

稻草人头上的乌鸦瑟瑟发抖

哭泣着为季节和落叶守灵

一只鹫鹰的利爪抓破了我的梦境

冰块和微笑一起流血

阳光，潮水般地涌来

蓄成太湖，如少妇的乳房

母语般地膨胀

山峰的手指把它捏成一面铜锣

月亮的鼓点日夜鸣响

波浪凝固成鱼鳞般的岛屿

一排排层层叠叠

像盖在地球屋顶上的瓦片

渔网制造些斑斓的花纹

抚摸着鱼汛的敏感期和疼痛部位

鱼类的险情在发育在生长

鸥鸟的翅膀拍下了星空

星星在湖底游来游去

宇宙在一粒微尘中散步

蜗牛背负着忧郁的天空

在时间的青苔上慢慢地爬行

施新方，1963 年出生，浙江湖州人。1981 年发表处女作，已在《星星》《青春》《绿风》《诗江南》《西湖》《滇池》《诗探索》《青年文学》《西部文学》《文学港》等多家文学杂志发表诗歌及散文百余首（篇）。

三、石刻楹联、碑刻

（一）牌坊（柱）联

利济禅寺牌坊楹联

北平具区，出没浪涛数百里，不愧湖州胜迹；

西接天目，笑谈古今几千年，还通南海慈云。

邱鸿炘撰　郭仲选书

晟溪环古刹，慈云焕彩光瀛岛；

修竹绕禅房，胜地钟灵萃苕溪。

邱鸿炘撰　明学书

六朝古刹，屡兴屡毁，蒙政德庄严宝殿欣重建；

苕东胜境，几盛几衰，仰善缘佛地钟声喜又闻。

邱鸿炘撰　俞德明书

觉路宏开，慈云普护三千界；

法轮常转，慧日长辉亿万年。

邱鸿炘撰　云林木鱼敬书

利济禅寺大雄宝殿楹联

登巍峨宝殿作三千礼拜修行修心道不穷；

朝妙善金身念百万弥陀无人无我春常在。

丁亥秋广修书

觉路广开度无量无数无边众生同离苦海；

迷途知返愿大雄大悲大慈诸佛常转法轮。

俞德明敬书

利济寺联

邱鸿炘撰

大江东去继往开来皆以修身为本德业普熏佛土;
佛法西传慈航化渡总须念佛至诚人天共仰法天。

几世春秋天然节奏松声竹声钟磬声声声自在,
人间天上月下波涛山色水色烟霞色色色皆空。

法雨洒织里傅沾世界古迹重修成净土;
慈云光晟舍提醒沙门名寺利济结香缘。

云里钟声云外涛声尽夜喷流如是法轮普转;
寺南灵秀寺北挺秀江山佳气都为福地来朝。

白云既开天外楼台山外寺;
清风所至水边钟鼓月边僧。

大湖浪涌梵语数声烟寺绕;
双苕汇合鱼歌一曲水天秋。

寺耸西吴普渡人间苦厄;
中分法界群瞻自在慈悲。

利吾同胞物吾同与无边佛地;
济人之急救人之危一片婆心。

长与流芳一片当年干净土继往开来修身为本;

宛然浮玉千秋此地妙高合化渡慈航念佛至诚。

吴兴县晟舍镇利济寺戏台对联

戏尤是梦耳 历览邯郸觉梦 牡丹艳梦 南柯惊梦 百世即须臾 只是一场春梦

事生于情也 试看忠孝至情 儿女痴情 豪暴恣情 万端观结局 不外千古人情

佚名撰

义皋石牌楼

村以溇名，自古乡贤尚礼义
人因水杰，从来骚客出湖皋
横批：崇礼尚义

徐世尧撰

烟波太湖，天赐岁月星移成物阜
绿野溇港，躬耕桑麻鱼米慰民生
横批：水韵溇村

许羽撰

（二）亭轩（桥）联

上林村梅园亭

日融韩雪大年瑞，
鹊唱蜡梅小院香。
横批：丰年瑞祥

佚名撰

上林村赏梅亭

雪印梅花梅印雪，
风摇柳叶柳摇风。

佚名撰

义皋初心亭

先天下之忧而忧，后天下之乐而乐。

宋代·范仲淹撰

义皋引仙桥

万家市井庆安澜，一路耕耘歌利涉。

当代·佚名撰

满目苍茫出自古，半湾君波水源远。

当代·佚名撰

（三）碑刻

重修利济禅寺缘起碑文

江南古刹利济禅寺，位于湖州织里镇南晟舍东北隅。自六朝至南宋曰慧明寺。明宣德间易今名。历经隋、唐、五代、宋、元、明、清诸朝，香火鼎盛，士庶云集。"丝绸衣天下"之织里宝地，佛祖保佑，为多朝帝相所重视。唐贞元八年，宰相于頔治水兴农于此，寺南旧馆頔塘碑迹尚存。清康熙帝其位三十五年时，巡省太湖南地，见此桑林被野如海，亲作《桑赋》。世代人文荟萃，名士辈出，自晋王羲之，唐颜真卿、杜牧，宋苏东坡等历代湖州太守，与寺僧为友，且重丝绸，兴社稷。又有闵珪、凌濛初、闵齐伋、闵鹗元等乡贤，皆以诗词文集、书画、印刷业等著称于世。五十年前，古寺废圮，物业殆尽。幸清杨岘撰、姚孟起书、吴昌硕篆额《重建晟舍利济寺记》；陈锺琪撰、吴锐书《吴兴晟舍镇利济寺斋田碑记》及刻有"大清慈禧皇太后之印"之《藏经阁匾额》等佛教文物存世。又得杨岘隶书《利济禅寺》字迹。均为恢复古寺昔日之雄风。佛日增辉，名蓝兴复有望。自改革开放以来，春风化雨，齐心开拓，重商崛起，促进各业，市场经济繁荣，誉称海内外。今高楼林立，通衢坦道，环境优美之新型名镇，屹立于太湖南岸。政通人和，民生富庶，社会安定。镇政府鉴此盛世景象，遵国法，顺民意，落实宗教政策。在四面环水，原址寺域，修复古刹。兴建大雄宝殿等计壹万余平方米。承蒙社会贤达、商界富贾、佛教信徒及企业事业机构，广种福田，慷慨资助，得以一九九九年春开工，二〇〇〇年冬竣工。佛法弘传，寺貌重光，降福斯民，永称乐土。

天竺闲僧谨识

织里镇利济禅寺修复委员会立

二〇〇〇年十二月

织里利济禅寺铜钟铭文

利济禅寺，织里镇南。始建六朝，曰慧明寺。宣德易名。历经诸朝，香火鼎盛，士庶云集。佛祖保佑，人民造福，世代名士，乡贤辈出，著称于世。半世纪前，寺殿废圮，物业殆尽。改革以来，春风化雨，商业崛起，经济繁荣，高楼林立，通衢坦道，列为名镇。政通人和，民生富庶，千秋和平，盛世景象。政德庄严，遵循国法，顺从民意，原址寺域，名蓝兴复。

承蒙慷助铸钟，弘传佛法，愿寺钟传声四方，音扬海外，降福斯民，乾坤太平。

庚辰（2000 年）十一月天竺闲僧谨识

重修利济禅寺功德碑文

今逢盛世，福地安康。承蒙佛教同仁发起，各界善信檀樾，慷慨布施，乐助净资重修利济古刹。施主至诚，广积佛缘，共襄善举，福不唐捐。立此功德碑，芳名列后，名垂千秋，子孙平安。

庚辰六月 天竺闲僧谨识

织里镇利济禅寺修复委员会谨立

第三节 民间故事、传说

太湖的传说

很久以前，太湖原本是一个县治，称为三阳县。这里土地肥沃，雨水匀调，物产丰富，市场繁荣，老百姓生活富裕安稳。三阳县里有一个大财主，善于经商敛财，可以称为本县首富。财富越积越多，财主家的生活越来越奢华，家里的生活用具连餐具碗筷等都用黄金铸成。他在家里修造了一口倒粪便的茅坑，为了显示富有，特请工匠在茅坑上用黄金铸了一条龙，家里的马桶每天都由丫鬟倒在龙嘴里，然后流入茅坑。

龙是天上之神，是人们心中崇敬的吉祥动物。财主家的一个小丫鬟觉得这样做太罪过了，心中常常有一种负罪的感觉。每天一清早，她往金龙嘴里倒完马桶之后，就拎上几桶清水一遍遍冲洗龙嘴，洗完之后，双手合在胸前，默默祈求老天爷原谅自己的罪孽。

过了好久，财主家往龙嘴里倒马桶的事传到了东海龙王的耳朵里。"这还了得，这个土财主真是为富不仁，简直在亵渎我们龙王家族。"老龙王大发雷霆之怒，传令水族在第二天淹没三阳县，以惩戒凡人。天上的玉皇大帝在认可了龙王的决定后，详察得知三阳县大财主家有一个小丫鬟，素有向善之心，对财主的行为极为不满，并且天天用行动在洗刷罪过。玉帝顿生恻隐之心，决定放其一条生路，让一位神仙下界告知那个丫鬟逃生的方法。

神仙奉旨来到三阳县上空，按落云头，变化成一位白发老人，来到财主家门口讨饭。小丫鬟闻讯出来给了老人一碗热饭，老人悄悄对她说："行善之人必有好报。我是上界神仙，由于你家主人作恶，触怒上苍，这里将有一场灭顶之灾降临。今天夜里三更时分，大水将要淹没整个三阳县城，当听到水声冲来时，你可往西南方向逃跑，我送你一把竹筷，如果大水冲到脚后跟时，即把筷子插在身后，可以阻挡洪水。你到时千万不要慌乱，也不要把这事泄露给别人，这是天机。"说完，老人化为一道青烟腾空而去。

当天天气很好，直到下午还是一片晴朗，没有半点下雨的样子。晚上，劳累了一天的人们渐渐入睡，小丫鬟心中却很不安，又不敢告诉别人。二更天过后，她看到还是一片星空，心想莫非是老神仙弄错了，天气这么好，哪里会来大水呢？她在心里祈求上天不要发大水，不要连累无辜的百姓遭此大劫。

三更时分，忽然狂风大作，小丫鬟赶紧跑出屋去，只听见东北方向响着雷鸣般的声音，巨浪像小山似的向这里滚来，人们呼喊号哭，一瞬间都被卷入了波涛之中。小丫鬟赶紧转身往西南方向奔跑，跑了一阵之后没有力气了，回头一看，洪水紧紧地跟在她身后，她又没命地向前奔。忽然想起了老神仙给她的那把竹筷子，小丫鬟从身上摸出了筷子，慌乱中把筷子往前一撒，前面立即长出一片芦苇，洪水被芦苇挡住了，可是小丫鬟被挡在了芦苇外面，丫鬟在波浪里挣扎着，嘴里大声呼喊："晓（方言：不要的意思）没头，晓没头！"洪水慢慢地停顿下来，前方的老百姓得救了。小丫鬟因为被大水淹浸时间大长，筋疲力尽，一个浪头冲打过来，她随波漂了一阵后就沉入了水底。三阳县变为一片汪洋，后来人们便称它为太湖。小丫鬟死后化成一座青山，便是现在太湖之中的西山。为了纪念小丫鬟的恩德，人们便把小姑娘殉身的地方称为"小梅头"。

（转自《织里民间文化》）

轧村村名的来历

传说宋高宗南渡时曾在织里镇的上林村歇息，还在董氏的一棵大梅树下宴请随行群臣。此后这个村庄被称作了上林村，意思是皇上曾经驾临此地。而当地的民间传说，轧村村的村名也与宋高宗曾经歇宿过有关。

现在的轧村在南宋以前叫王家庄，南临荻塘运河，北距南太湖仅数里路程。村内居中有一条河面宽阔的河港，两岸人家世代以农为业，同时植桑养蚕、纺丝织绵也是这一带农民的主要产业。

高宗皇帝那年宿在江南水乡的小村庄里，心绪不宁，先祖打下的江山弄到今天这个地步，君臣疲于逃命，人民饱受战乱之苦，真是国破家亡啊！忽然听到外面传来一片"轧轧"的声音，高宗无法入睡，就慢慢走出屋去。外面月光明亮，村子里的人家几乎每户都传出"轧轧轧"的响声，连远处的村庄也隐隐约约传来这种声音。皇帝感到好奇怪，就问身边的侍卫这是什么声音啊。侍卫回答说："这里是湖州地界，有丝绸之府的称誉。这里的农村有纺车织锦的传统，声音是织锦机发出的。"高宗一阵感慨，又问道："这个村子叫什么名字啊？"侍从回答不知，并问是否找人打听一下。高宗沉思了一会道："不必打听了，既然这片地方都有轧轧之声，我们就叫它轧村吧。"皇帝是金口玉言，"轧村"之名就沿用至今。

（转自《织里民间文化》）

凌濛初妙联中举人

传说凌濛初五十多岁才中举人，为了这点功名，还差点送了老命。

这一年冬天，凌濛初上京赶考，信心十足，可偏偏遇上个贪财的考官。凌濛初没有送礼，又一次名落孙山。

凌濛初又气又恨，要找考官说理。半路上下起了雪，凌濛初见路边有个破草帽，就戴在头上挡雪。来到考官府，见门上贴着"爱才如子，执法如山"的对联，凌濛初顿时火冒三丈，上去"唰唰"添了几字，变成了：

> 爱才如子，金子银子，皆吾子也；
>
> 执法如山，钱山靠山，其为山乎？

这一下可惹祸了，几个小吏噔噔噔跑出来，把凌濛初押上了厅堂。

考官一看，凌濛初头戴破草帽，便气势汹汹地说："我看你，头戴夏，脚穿冬，肚里哪有春秋？"

凌濛初两眼喷火，道："我看你，面朝南，背朝北，心中光想东西！"

考官恼羞成怒，一张状子送到了刑部。刑部尚书一看状子，嘿嘿一笑，说："木匠做枷枷木匠，斩！"

凌濛初早就听说刑部尚书原先是翰林出身，就叹了口气回道："翰林监斩斩翰林，绝！"

刑部尚书一惊：这人出口不凡，定有隐情！就慌忙说："慢！"把凌濛初重新审问了一遍，终于真相大白。刑部尚书马上给宰相呈文，要求赦免凌濛初。宰相也是晟舍人，早听说家乡有个叫凌濛初的才子，一看呈文，就连忙召见。他见凌濛初须发皆白，同情地说：

> 上钩为老，下钩为考，老考童生，童生考到老。

凌濛初悲愤地回道：

> 二人为天，一人为大，天大人情，人情大过天。

宰相一听，嘀，真是个才子呢！这对子含蓄地说出了科场的舞弊。于是就朱笔一挥，在刑部的呈文上批了个"准"字；并向考官推荐凌濛初为举人。考官见宰相推荐，不敢怠慢，但又不甘心，就说："再出个上联让凌濛初对对，如真有奇才，就送他个举人。"考官领着凌濛初来到一座孤山的小庙里。庙里空空荡荡，只有一个执刀跨马的泥塑将军。考官冷冷一笑，出了上联：

> 孤山独庙，一将军单刀匹马。

凌濛初淡淡一笑，向庙外一看，见河上有两个渔翁在钓鱼，眼睛一亮，从容地对道：

> 隔河对岸，两渔翁双竿垂钓。

考官无奈，只好点凌濛初为举人。

（转自《织里民间文化》）

郑港村的"打子桥"与"约束桥"

相传在清朝，郑港村有一位家产巨富的郑姓财主，人们都称其为郑员外。郑员外生有一个儿子，从小聪明伶俐，员外夫妇爱如珍宝。郑公子上学之后，勤读四书五经，稍长大后就研习经史子集，成为闻名乡里的少年才子。郑员外为了让儿子能考取功名走上仕途，将来可以耀祖光宗，不惜花费金钱，聘请有名望的老师在家里教读。

郑公子二十岁那年，京城开榜科举大考。郑员外为儿子备足银两，派了老家人陪伴公子上京赶考。

一个多月后，郑公子主仆二人顺利到达北京皇城，寻了一家客栈安顿下来。第二天，二人便在京城游览起来。郑公子从未出过远门，见京城如此气派和繁华，不禁满心欢喜。他忘了父亲的再三叮嘱，便在京城游名胜，逛酒楼茶馆，玩得不亦乐乎。有一日，他独自逛进了一条张挂灯笼的胡同，刚刚踏进几步，便被一群花枝招展的姑娘拥进了一座装饰豪华的院落。郑公子从来没有见过这种场面，只好随由她们摆布。老鸨安排了一间华丽的房间，叫了一位年轻美貌的姑娘陪侍郑公子。那姑娘长得非常漂亮，琴棋书画样样都会。郑公子住入青楼后如痴如醉，流连忘返，早把父亲的话忘到了九霄云外，不知不觉中朝廷的考期已经临近。

科举开考的前一天，家仆硬是把郑公子拉回了客栈。晚上，他心不在焉地把书本翻了一下，心里却惦记着青楼里的姑娘。第二日，参加国子监的考试，把事关前途命运的文章写得一塌糊涂，张榜之日，名落孙山。

郑公子不听老家人的劝说，依然迷恋那位青楼女子。在妓院住了几天后，所带银两花费殆尽，老鸨一反平时的笑容，根本不顾那位姑娘的苦苦求告，喊人将郑公子赶出妓院。

主仆二人已身无银钱，沿途乞讨，好不容易回到了郑港的家中。老家人向郑员外告说了这次到京都赶考的经过，但郑公子对那位青楼姑娘情分难舍，依然念念不忘。他跪在老父亲面前，苦苦恳求父亲拿出银两替姑娘赎身。郑员外气得七窍生烟，大骂："不肖逆子，辱我门庭，真正气煞我也！"老人边骂边举起手中的檀木拐杖，往儿子头上连连砸下。因为老人用力过猛，几拐杖下去，郑公子脑门受伤，鲜血直流，昏倒在地上。家人赶忙扶起，一摸鼻口，竟然一点气息都没有了，忙问老爷是否马上请郎中抢救。郑员外余怒未息："这么个败家子，我郑家祖宗三代的脸面都被他丢尽了，救过来还有啥用！"吩咐家仆立即将儿子抛尸野外，今后谁也不准提起儿子的事。

郑公子回家之日恰巧母亲回娘家去了，次日回来得知儿子赶考因为嫖妓落榜被亲父打死的事，哭得死去活来。她一边大骂丈夫狠心残忍，一边嘱咐家人赶快把儿子的尸体找回来，她要好好安葬。家人赶忙跑到昨晚抛尸的古旧祠堂旁边，郑公子的尸体却不见了，向许多人打听，找遍了附近的地方，尸体竟不见踪影。大家回来向老太太报告，老太太吩咐再找，家人连续找了几天，依然没有郑公子尸体的踪迹。乡里人都觉得奇异，一时议论纷纷。郑老太太自从失去儿子后悲恨交加，一病卧床不起，半年后去世。郑员外在接连失去了两个亲人后，对儿子的事进行了反思。为了警示后人，积德行善，第二年，郑员外出资在本村建造了一座三孔石梁桥，取名为"打子桥"。

郑公子那天被父亲拐杖击昏抛尸在古祠边的荒草里，大约二更时分，忽然来了三个破衣烂衫的人，原来他们是流浪行乞的叫花子。他们在祠堂边的一块大石头上歇下，捡来一些干柴树枝，支架起小铁锅，开始煮饭充饥。不一会儿，饭已烧好，打开白天从办喜事的人家讨来的鸡肉鱼块，就狼吞虎咽地吃起晚餐来。吃着吃着，突然听见旁边的草丛中有窸窸窣窣的声音。他们吃了一惊，忙跑过去探看，发现似乎是一个人，拨开乱草一看，见这个人浑身都是血迹，一摸鼻孔，好像还有些微弱的呼吸。叫花头子忙叫："这个人一定是遭遇强盗抢了银子被打昏在这里。救人一命，胜造七级浮屠，我们要设法救活他。"三人把郑公子抬到祠堂内，舀水替他洗净了血迹，烧了热汤喂给他吃下。郑公子虽然遭父亲猛打昏死，但他毕竟年青体健，只是一时休克而已。经过凉水清洗，热汤喂灌，慢慢苏醒了过来。郑公子睁开眼睛一看，见面前立着三个陌生人，他忙问："我这是在哪里？你们是什么人？"年长的叫花子把刚才在草丛里发现他并且救他的事说了一遍。郑公子恍然记起被父亲训斥和拐杖猛击的事，赶忙下跪道："三位救命恩人，请受我一拜。""救人危难，是我们应当做的。"叫花头子正要上前拉他，谁知郑公子这一跪拜，好像有一股冲力，老叫花子竟往后趔趄了几步。三人大吃一惊："我们今天可能遇到了贵人，眼前这位青年今后前程无量，我们要尽力保护好他。"

三位叫花子知道了郑公子的遭遇后，决定帮助他连夜离开此地，再作打算。收拾锅盆之后，扶着郑公子乘着月色来到离乡三十余的地方，找了座破庙住了下来。第二天，叫花头子到城里弄来些敷伤药品，为郑公子疗伤，又到附近村子弄来一只鸡，烧熬鸡汤让他补充营养。不到半个月，郑公子的身体基本恢复。三位叫花子很高兴，问他以后怎么办，郑公子心中依然牵念那位姑娘，就说："家里我是回不去了，恳求各位恩人带我北上，我想找到那位青楼知己，求她资助，将来再去参加京考，如能考中，必定报答诸位。"他们一听虽然感到很难，但都是无牵无挂、四处流浪之人，小叫花子说："好哇，我也想上上皇城哩，就陪你走一遭吧，也好开开眼界。"三人经过商量，决定一道上北京。

四人一路同行，白天讨饭，晚上找个廊檐随处住宿，好不容易到达了京城。郑公子找到了那家妓院后，却根本无法进入。于是，他天天守在门口行乞，有一天，终于看到那姑娘走出了妓院大门。郑公子此时已经顾不上什么颜面，喊了一声姑娘的名字，姑娘回头一看，见是一个讨饭的叫花子，又觉得很是面熟，终于认出是郑公子，两人抱头痛哭。那姑娘虽然沦落风尘，却是有情有义之人，得知郑公子遭逢如此磨难后，顿生怜悯之心。她为他们租了一处简陋民房，暂先安排住下，又拿出了自己多年的积蓄，供郑公子读书。三位乞丐依然白天讨饭，晚上回来与郑公子相伴。

经历了这番苦难之后，郑公子痛定思痛，他决心再度发奋。在青楼知己的劝说和关心下，郑公子重新温习了早先学过的全部书籍。又逢京城大比之年，郑公子果然高中，随后被委派到南方担任地方官。他把三位叫花子收为贴身随从，以报答救命之恩，一年之后又为那位青楼女子赎了身，有情人终成眷属，夫妻非常恩爱。

三年后，郑公子带了夫人回湖州故里省亲。这时郑员外因积愤成疾已故世，只有老家人孤独守住祖业。乡里人见郑公子非但没有被父亲打死，还当了官回乡，纷纷前来祝贺。在父母亲的墓前，郑公子长跪不起，哭得很悲伤，他向父母作了深深的忏悔，祈求在天之灵安息。

郑公子又观看了父亲建造的打子桥，悟懂了老人家的良苦用意。当夜，郑公子睡不着觉，他经过思考，决定在打子桥北面建造一座石桥，定名为"约束桥"，吸取自己的惨痛教训，表示浪子回头金不换，以此告诫后人。郑港村的约束桥至今保存完好。

（转自《织里民间文化》）

白龙桥的传说

织里镇与戴山交界处，有一条河面宽阔的河港，上面横架一座气势很大的拱形古石桥，这便是被称为湖州城北第一桥的白龙塘桥。

白龙桥始建至今已有数百年的历史，在当地民间，有一个古老故事今天还家喻户晓。

传说白龙桥始建时，由于河面宽阔，水流湍急，修建工程技术要求很高，所需费用巨大。于是，乡绅公推当地名望极高的一位老僧主持建桥工程，牵头四处募款，老百姓尽力捐助。但建桥所需资金实在巨大，工程不到一半因资金紧缺，就面临停工状态。眼看本地无法筹齐全部工程款，老僧就具疏一道，上书朝廷，请求拨款。

老僧在奏疏里写道："建造白龙塘桥是吾里数代百姓之夙愿，此桥所处地理位置极其重要。东接苕水而连小河诸村，西有阳泰河而贯西山漾，南通大河连接荻塘，落北直达烟波浩淼之南太湖。若不建造此桥，则江南水利难治，民生困矣。"

朝廷收到这道具疏，见所奏之事关系重大，呈交皇上。皇帝随后派钦差赴湖州府实地勘察调查，看看情况是否真实。

隔了些时日，钦差大人来到了湖州府，府官与老僧及地方名士作陪，他们一行坐轿出北门来到大钱镇，大钱巡检司官员慌忙迎接并设宴招待。吃过午饭稍做休息，钦差大人便登上巡检司备好的官船，扬帆起航，沿太湖湖面向东驶去。

俗话说："太湖无风三尺浪。"官船驶离大钱口不久，忽然狂风骤起，湖面涌起小山似的白浪向官船劈来，官船上下颠簸，无法控制。钦差平时在京城养尊处优，哪里见过这么大的风浪，在舱内被颠得跌来倒去，呕吐不止。府官老爷赶紧吩咐返航。官船回到大钱口，钦差大人惊魂不定，叹了口气道："想不到南太湖的风浪如此险恶，今天我总算开了一回眼界。"府官老爷与老僧赶紧上前安慰："大人受惊了。今天请早些休憩，明天还要到其他三河去巡视呢。"钦差问道："其他三处比太湖怎样？"老僧随机答道："大河比太湖大得多啊，阳泰河的风浪更加险恶。"钦差大臣内心已不愿再受风浪颠簸之苦，忙说："你们奏疏中的情况都是实情，白龙桥的地理位置确实非比寻常，关系到当地水利建设与民生大事。其他三河就不必去了。本官不日即赶回京城，如实禀报与皇上，请户部早些拨款，你们就地等候佳音吧。"

过了一二个月，湖州府衙门果真收到了朝廷下拨的建造白龙桥的一笔专款。乡绅和广大民众欢欣鼓舞，盛赞老僧聪明善变，为当地办了一件大好事，可谓功德无量。主持修桥的机构随即聘请能工巧匠，购买材料，恢复建桥工程。当地百姓送粮送物，抬土扛石，工程进度迅速。二年之后，一座气势雄伟的石桥横空出世，而老僧智惑朝廷大钦差的故事也随着白龙桥的建成流传至今。

（转自《织里民间文化》）

姻缘天注定

这是发生在老街上的故事。话说有个七八岁的男孩在一个小伙伴家玩游戏。天色渐晚，他与伙伴告别回家。途中，看到河边大树下，有位白胡子老爷爷在地上画线。一条一条，极为仔细。

孩子不怕陌生，上前就问老爷爷在做什么。

老爷爷指着地上的名字，慢悠悠地告诉他：我在给别人画姻缘线。你看，这个男人，将来要和那家女孩成婚。

男孩之前听老祖母讲过月下老人的故事，就问他："您是月下老人？"

老爷爷微笑着点点头。

"那我以后会娶谁家姑娘啊？"

"天机不可泄露啊，但是你今天既然被你撞见了，我就告诉你吧。"

于是月下老人告诉他："你学堂旁边有一家豆腐店，记得吗？你明天经过豆腐店门口，看看摇篮里的小姑娘，这个就是你的新娘子。"

男孩半信半疑。

第二天，他起了个早，背了书包就冲出家门，想看看，到底是个怎样的女孩子？

远远看到豆腐店门口果然有个摇篮，远远地就听见哭声，走近一看，是个满脸鼻涕的姑娘，一副邋遢的样子。

男孩想到将来要娶这样的一个丑姑娘为妻子，心里顿时起了歹意，拿起路边石头就朝小姑娘扔过去。小姑娘哭声更大了，惊动了她的家人，男孩就躲远了。

过了许多年，一伙强盗来到此地，烧杀抢掠，无所不为。姑娘与家人只能逃难，不料半路走散了。于是她想乘船渡太湖，投靠外婆家。没有想到船翻身，她跌入水中。最后被当地的县丞救起。

说到这个县丞，是当地公认的好官，只可惜无儿无女。于是他和夫人商量决定认这个姑娘为女儿。姑娘长相俊俏，人又聪明伶俐，识过些字，深得两位老人喜欢。

再说，那个男孩，天资聪慧，有读书天分。到了二十三岁，约了同村伙伴进京赶考，高中状元。

回乡后，状元郎的父母给儿子多处打听好人家姑娘，准备给他完婚。许多有女儿的好人家也都请媒人上他家门去，状元郎一个都看不中，唯独要县丞家女儿。

洞房花烛夜，新郎细细地端详着新娘，心里十分满意。心里还暗想，月下老人，也有不准的时候啊。

早晨起床，等到妻子梳妆，发现妻子左边眉毛有一处断了。就对妻子说："你长得花容月貌，唯独就是眉毛有处断了。"

这时妻子抬起头，告诉他，小时候被一个男孩用石头砸了的事情。

状元听后，十分惊骇，原来罪魁祸首是自己，十分愧疚。

从此以后，他每天起床后第一件事情就是给妻子画眉。也因此上朝经常迟到。

一天，皇帝责问此事，他和盘托出。皇帝听后哈哈大笑，竟然也允许他迟到半个时辰。

后来，这对夫妻恩爱白头，子孙满堂。

（转自公众号"素未之年"）

地藏香的由来

春秋战国时候，有个国君，荒淫无度，终日莺歌燕舞，不理朝政。

某日，这位国君于花园赏花观鱼乘凉，恰逢同样前来观赏的母亲与妹妹。看到妹妹薄施粉黛，一身浅绿色裙装，头上斜簪一朵新摘的白芙蓉，宛若一位仙子，顿时喜欢上了自己妹妹。

在身边侍从的怂恿下，当夜就遣人送书给妹妹，表达想要纳其为贵妃的念头。

妹妹是个明辨是非，行事果断的人。她想到这是乱了伦理的事，断然拒绝了。

可是这位国君毫不为意，执意要娶妹妹，三番五次请人说辞。

平日里，她妹妹素闻哥哥的昏庸无能，目无伦理，唯恐避之不及。再过几天就是母亲生日，哥哥必然来贺寿，到时候难免碰到，如何应对？心绪烦闷之际，身边一个伶俐的侍女帮助其想出一个计策。

果然母亲寿辰那日晚，国君趁着酒意，又来到妹妹身边，再次提出这个无理要求。

妹妹被逼无奈，想到侍女的计策，说："七月三十那天，天上的星星都到地上去了，我就嫁给你。"拂袖而去。

看来妹妹心意已决，国君悻悻而归。

过几日，国君身边谋士看到其快快不乐，问其故。国君和盘托出。

"我有一个主意，只要在当天晚上，下令让全城百姓在家门前地上插满香，点燃即可。城楼高，往下看到的香的亮光就如星星一样。你只要在那天晚上邀请妹妹上城楼观看，她也就无法再拒绝你了。"谋士说。

国君依计而从。七月三十那天晚上，他邀请妹妹来到城楼。清风习习，月明星稀。国君做了一个手势，此时城楼下面远远近近一片闪闪烁烁，灿若星河。

妹妹惊呆了，真以为星星跑地上去了。难道是上天的旨意要她嫁给自己哥哥？不行，会被耻笑千古。但此时的她已无计可施，便纵身一跃，跳下城楼。

为了纪念这位明事理的妹妹，自此以后，织里百姓便有了每年农历九月三十晚上点地藏香的习俗。

（转自公众号"素未之年"）

元通桥、太平桥、竹马漾的来历

北塘河上有两座至今完好保存的石梁桥，民间传说这两座桥名都与明太祖朱元璋有关联。

圆通塘桥又名元通桥，始建于三国吴赤乌年间，在湖州市存古桥年代排列中名居第二。南北坐向（今已移址为东西向），是一座三孔石梁桥。

朱元璋攻下张士诚部将守卫的古城湖州，据说前后用了长达十年的时间。当徐达等将领攻破湖州后，张士诚部下的残兵败将纷纷出北门逃窜。朱元璋亲率大军追赶三十里，横刀立马于圆通桥上，哈哈大笑道："元朝的天下统统完蛋了。"从此，后人又称圆通桥为"元通桥"。

太平塘桥位于织里镇大港村与许溇村的当中，五孔石梁桥，长度约40米，桥上有护栏、望柱28支，在北塘河上形似长虹卧波。桥北境有一凉亭，供行人休息。而初建造时，这座桥名并不叫太平桥。

当年朱元璋离开圆通塘桥带领兵士向东追杀，追到太平桥地带时，消灭了张士诚的残军。朱元璋对手下将士笑道："从今往后，天下可以太平了。"此后，人们就将此桥叫作"太平桥"。

守卫湖州城的张士诚部队全军覆没，朱元璋除掉了心腹大患，十分喜悦。虽然天色已晚，但依然精气神爽，传令就地犒赏军士，设宴庆贺。晚上，朱元璋邀军师刘伯温登上官船，他要乘月光夜游北塘河。官船驶离太平桥往东，不一刻来到了一片小漾荡上，朱元璋吩咐泊舟漾中。他们边饮酒边笑谈，朱元璋问道："如今强敌已灭，天下太平，我们该怎么样？刘伯温笑答："怎么样？凯旋班师么。"因为"怎么样"与"竹马漾"谐音，这块水面便被后人称为竹马漾。

（转自《织里民间文化》）

秧宅村的土地神

关于秧宅村的土地神，有一个流传很久远的故事。传说在明末，本村有一位姓侯的农民，体健力壮，还自练了一身武功。某日，他在黎明时分到后林集镇去赶早集，途经白龙桥时，天空突然乌云密布，雷鸣电闪，大雨倾盆。侯氏想进庙内避雨，谁知天色尚早，庙门紧紧地关闭着，敲了几下竟无人应答。

大雨倾注，侯氏灵机一动，"扑通"跳入河内，索性躲在白龙桥下避雨。此时，宽阔的白龙港河面波涛汹涌，原来，白龙与乌龙（白龙桥南一里处有一座乌龙桥）今天约定决斗。它们在河内盘旋翻滚，起伏打扑，唾沫飞溅，斗了个你死我活，大约半个时辰，乌龙战败，化作一道黑烟飞去。白龙大捷，得意扬扬地在河内翻了几个滚，一叠龙沫溅进了农夫的嘴里。天光发亮，白龙即遁空隐去。

侯姓农夫赶紧爬到岸上，全身湿漉漉的，想立即回家换衣裳。忽然间浑身发热，猛觉得自己力气大增，原来刚才吞吃了龙的唾沫，神力渗入体内，他已非凡夫了。侯氏三步五步就跨过了白龙桥，走在回家的小路上，两旁栽满桑树，他嫌道路窄小，就双手乱拔桑树，谁知连十数年的老桑竟被他盘根拔起。过几天后到田间垦田，侯氏左手右手各握一把铁耙，结实的田土他垦得像翻稻草一样轻松，村里人建房，五六人才扛得动的条石他双手一抬就扛在肩上了，而且步履如飞。

会被金兵捉住。他脑子一转，赶紧走入田间，帮助一位农夫耕起田来。这时农夫的妻子从田埂经过，手里拿了一盘米粉，对农夫说回家去做好圆子送来当点心。康王见到农妇盘子里的米粉，灵机一动，对农妇说："大嫂，我是落难之人，金兵正在到处捉我，请你帮个忙，将米粉放下，我有用处。"农妇看了他一眼，见这个人相貌谈吐不同一般的乡下人，又帮丈夫在耕田，想必与丈夫关系不错。她也不多问，放下盘子回家去了。

康王拿起米粉盘子，舀了些水倒进去，又在田埂上摘了些南瓜藤叶拌进米粉，搓捏了一阵，做成了牛粪似的形状，看上去脏兮兮的，然后一块一块摆放在田埂上。不一会，金兵追到田头，看见了他们，便上前盘问起来。农夫回答说这里没有来过生人，更不知道什么康王。金兵指着康王问："他是什么人？"农夫回答道："他是我家的小工，脑子有些毛病，而且不会说话。"这时，康王正拿着"牛粪"蹲在田埂上津津有味地吞吃，金兵过来一看，天呀，他口里正吃着牛粪啊！领头的官兵说："不要盘查他了，这是个傻子，世界上哪有吃牛粪的皇帝啊。"于是又蜂拥向前面的村庄追去。康王终于躲过这一劫，他深深感谢农夫农妇的救命之恩。后来，他逃到临安（今杭州）做了南宋皇帝。

为了纪念康王顺利避过这场灾难，当地的老百姓每到清明节，都要制作花糕。这个风俗一直传承到今天。

（转自《织里民间文化》）

第三章 人 物

　　织里地灵人杰，自古以来人才辈出。尤其是晟舍闵、凌望族，骥村严氏，精英人物青史留名，光耀后世。

　　本章共分五节，辑入人物 106 人，其中明以前人物 6 人，明代人物 39 人，清代人物 30 人，近现代人物 10 人，当代人物 5 人，寓贤释道 14 人，外籍治水名人 3 人，视文献资料分别记述。明清两朝进士和现当代英烈人物列表入志，现当代职官、市级以上劳动模范、先进人物、科教文卫优秀者，以乡贤名录表记述。

第一节 历代人物

一、明代以前人物

董贞元

　　董贞元（生卒年不详），淮南海州（今江苏连云港）人，好梅与诗，人称"梅花董公"。宋政和年间（1111—1118）官金紫光禄大夫。因忤权臣蔡京罢官，携家室居乌程县默林（今吴兴区织里镇轧村）。来时从海州携异梅两株，植于宅旁，遂与梅为邻，易村名梅林。十年后梅林茂盛，树下可摆酒席十桌，每逢梅花盛开，游客络绎不绝。卒后，子孙私谥"梅花先生"，为湖州董氏始祖。后代著名者有董份、董斯张、董说等。《董氏诗萃》录其述志诗一首，其诗《梅》："谀佞盈廷不可闻，那堪世事日侵寻。三槐九棘浮云补，一树寒梅寄我心。"

董汝霖

　　董汝霖（生卒年不详），乌程默林（今吴兴区织里镇轧村）人。董贞元子。官谏议大夫。宋建炎三年（1129）宋高宗赵构扈跸南渡，宿乌程梅林，董氏于自家梅树下宴请高宗及随驾大臣。上异梅林改封"上林"，赐予董氏，遂号"上林董氏"。

朱嗣发

朱嗣发（1234—1304），字士荣，号雪崖，乌程常乐乡人。其先祖在南宋建炎、绍兴年间避兵乌程常乐乡东朱村，和当地叶姓人家通婚，遂为乌程籍。曾祖朱说任将仕郎，祖父信京任学谕，父文质任迪功郎，力善务本，益衍以裕。朱嗣发敏而好学，曾以登仕郎就漕试不利，归乡专志奉亲。宋咸淳末年（1274），补朝奉郎，闭门绝仕。入元，举充提学学校官，亦不受。

朱嗣发为人恬淡简约，徜徉山水，又乐为善事，癸卯年（1303）发生大饥荒，饿殍流亡，朱嗣发倡议开仓赈济，民间出钱出力，拯救了周边近万人的生命，受到朝廷表彰，谕曰："清节朱氏，道义之门。"当地人以此为荣。朱嗣发墓在东职里余庆原（今吴兴区织里镇），元代文学家牟巘为其作墓志铭，《全宋词》和朱孝臧编选《宋词三百首》，录其《摸鱼儿·对西风鬓摇烟碧》词一首，也是唯一存世之词。词中以女子口吻追忆所爱男子，从山盟海誓到负心薄幸的过程，悔恨当初所托非人，落得孤单终老。朱嗣发是宋末遗民，通常认为此词另有怀抱，乃借弃妇之恨，寄托亡国之思。

闵德源

闵德源（1259—?），字仁心，号友涧，先祖为山东人。南宋宝庆年间，随父闵将南渡（南迁始祖），扈跸临安，遂占籍晟舍，入赘世居晟舍之黄家，任潜江盐官、硖石盐务大使，在任卓有惠政，其子孙从黄姓者众多。

闵德渊

闵德渊（生卒年不详），字仁则，号友山，闵德源弟，以通晓经学，品行端正著称，曾任归安（今湖州）教谕。居乡里时，热心公益，输财济困，曾经在当地遇到粮荒时，把自家的粮食赈济灾民，解一县之困，还帮无力承担税赋的贫民纳税，其急公好义之举一直流传。清代学者有诗："曾闻元代陇西贤，民不聊生饥馑年。慷慨独能输康粟，赈施一邑更租镯。"

闵　逊

闵逊（生卒年不详），元末名士，字子谦，号牧斋，湖州织里晟舍人。原名黄应逊，过继闵家，故名闵逊。张士诚起兵逐鹿，以"国宾先生"礼聘，逊不受，在金盖山桐凤坞构室隐居，赵雍为之篆额"云巢"。闵逊秉性豪迈，博雅能文，与当时名人吕徽之、赵雍（字仲穆）友善，曾在金盖山植梅百株，逍遥香雪海中，又出游天下三十余年，墓葬在余杭。

二、明代人物

谢　贵

谢贵（1335—1399），字青萍，乌程（今湖州）织里镇谢溇人，明代名将，为东晋谢安四十世孙。元末随朱元璋起义，因军功授河南卫指挥佥事，加广威将军，守滁州。

建文元年（1399），建文帝以工部侍郎张昺为北平布政使，谢贵为正二品都督指挥使，密令监视燕王朱棣动静。燕王盛夏围炉，假狂称病，长久不出，谢贵与张昺料知有变，以军士列九门防守，准备一举捉拿燕王。时张信密告燕王，燕王做好防备。同年七月初六，朝廷派人抓捕燕王府官校，燕王假装缚官校于庭中。诱谢贵与张昺入端礼门时，为伏兵袭击所拿，不屈身亡。朱棣又以兵勇占领北平九门，拥兵三十万，夺取皇位。其首级由其长子葬于现河南省内乡县余关乡谢寨村。其身由三子谢公权葬于祖籍织里镇谢溇。谢公权赘于织里小湖王氏，避居得留下谢贵的血脉，故姓王氏。

至南明弘光时，皇帝为谢贵平反，赠爵英山伯，赐谥勇愍。清乾隆四十一年（1776），又谥忠烈公，树碑"北平都督检查使谢贵之墓"。

严震直

严震直（1344—1402），字子敏，号西塞山翁，骥村人，明代名宦，累官工部尚书。因成祖曾呼其字，遂以字为名。永乐初宣谕山西，卒于泽州。书法古妙，著《遗兴集》《大观录》，另有《流芳录》存世。

洪武年间（1368—1398），以家道殷富被选为粮长，每年按时征解田粮万石送至京师不误，为明太祖所赏识。洪武二十三年，特授通政司参议，改任户部郎中，再迁工部侍郎。洪武二十六年升为工部尚书。当时正值朝廷大兴土木，集全国工匠二十余万户在京师，建筑秩序混乱，劳动力浪费严重。严震直认为此举不妥，要用役工可轮番召用，无须举家集于京城。于是建议改为每户抽一人服役，编好姓名、行业，平时在家劳作，有役按籍轮番召用。此举深受服役者拥护。严震直平时执法不避亲疏，有子侄不法，被控告，明太祖交办查处，经审理后如实上报，受到明太祖的称赞。不久，他因受事牵连，降为御史。在任职御史期间，几次平反冤狱，使无辜者得以昭雪。

洪武二十八年（1395），严震直奉命主持修复广西兴安县灵渠。他亲率民工，审度地势高低，导引湘、漓二江之水，疏浚渠道5000余丈，筑溪潭及龙母祠土堤150余丈，又增高中江石堤，建陡闸36个，凿平滩石以利舟楫往来。洪武三十年，严震直向皇帝上疏："广东旧时运盐八十五余万引于广西，召商中买，今终年所运盐十分之一。请分三十万八千金引贮广东，召募商人运粮输往广西缺粮地各卫所，以支领广东食盐，贩到江西南安、赣州、吉安、临江四府为便。"朝廷采纳，广东食盐运往江西从此开始。同年四月，擢为右都御史，不久复任工部尚书，建文年间（1399—1402）曾督饷山东，不久致仕。明成祖即位后，命以故官工部尚书巡视山西，至泽州病卒，葬湖州西塞山。

闵 珪

闵珪（1430—1511），字朝瑛，乌程晟舍人。明代名宦，文学家、书法家，官至刑部尚书。

明代天顺八年（1464）二甲第26名进士，初授任御史，出巡按河南，为政严谨，平盗乱，不手软。成化六年（1470）升为江西按察副使，后又升任广东按察使，接着任右佥御史，巡按江西，遭兵部尚书尹直构罢，左迁广西按察史，舆论哗然。其间主修《广西通志》六十卷。明孝宗即位后，提升为右副都御史，巡抚顺天（北京）。后调任刑部右侍郎，旋任左侍郎，进为右都御史，总督两广军务；与总兵官毛锐出兵古田，镇压僮族，连破七寨，以功迁南京刑部尚

闵珪雕像

书，不久，召为都察院左都御史。弘治十一年（1498）加太子少保，弘治十三年
升为刑部尚书。

闵珪执掌刑部，能依法裁决，宽厚待人，如吴一贯案，孝宗判为死罪，闵珪
认为此案不实，只能判流放。孝宗不悦，召兵部尚书刘太夏，刘太夏说："刑官执
法，此其责也。"孝宗默然良久说："朕知闵珪老成，人才难得，唯兹事过拗。"准
了闵珪所奏。正德元年（1506），闵珪年过七十，呈文乞休，未得允许，加太子
太保。第二年又上疏求退，才得允许。正德六年（1511）十月逝世，享年八十二
岁。谥庄懿，著有《闵庄公集》。

王中立

王中立，织里小河（今晓河村）人。明代名医。详见本志第七卷第二章《科
学技术》之"科学技术杰出人物"。

凌 震

凌震（1471—1535），字时东，号练溪，乌程晟舍人，凌濛初曾祖。详见本
卷第四章《凌濛初简志》。

凌约言

凌约言（1504—1571），字季然，号藻泉，又号空庵、多病道人，乌程晟舍
人。详见本卷第四章《凌濛初简志》。

闵如霖

闵如霖（1502—1559），字师望，号午塘，晟舍人，闵珪的从孙。明代名宦，
累官至南京礼部尚书，赠太子少保。初为郡学生，嘉靖七年（1528）乡试，以诗
登科中举，十一年（1532）会试中进士，被选为翰林院庶吉士（新科进士被选
入翰林院练习办事者，称"庶吉士"）。十三年（1534）授翰林院编修，十五年
（1536）任经筵展书官校录，奉命纂修宋史。十七年（1538）任会试同考，升右
春坊右中允兼修撰。二十年（1541）任廷试掌卷。二十二年（1543）主持应天府
乡试，次年（1544）又主持武举试。二十四年（1545）转左春坊左谕德诏，纂修
会典。不久因伯父亡故，请求准予告归。二十六年（1547）以原官起用，兼侍讲

学士，任东宫讲官。二十八年（1549）改侍读学士，掌管院事诏修实录，次年任廷试读卷。三十年（1551）升太常寺卿，掌管国子监祭酒事，次年升礼部右侍郎兼翰林院学士。三十二年（1553）为太子（后继帝位的穆宗）婚礼颂赞，充任殿试提调，转左侍郎教习庶吉士。三十四年（1555）改任吏部左侍郎，兼詹事府詹事，赐仙鹤朝服。三十五年（1556）又充任廷试读卷，升南京礼部尚书。第二年上疏乞归。告老归乡（晟舍）后，逢倭变，于是倡议募民平倭，地方得以安全。至三十八年（1559）逝世，享年五十七岁。朝廷下诏礼部，赐谕祭四坛营葬于长兴水口山，并入乡贤祠享祀。

凌迪知

凌迪知（1529—1600），字稚哲，号绎泉。织里晟舍人，明朝著名文学家凌濛初的父亲，以文学和雕版印书著名。详见本卷第四章《凌濛初简志》。

凌嗣音

凌嗣音（1547—1609），字孟昭，号存彝。浙江乌程晟舍（今湖州吴兴织里镇）人。明书法家，万历八年（1580）进士，知南昌县，调罗田，均有惠政。擢南京刑部郎中，执法明正。出知广西梧州，进广西按察司副使，任苍梧道事，治豪强，平方乱。擢广西布政使。万历三十七年卒于官。

闵一范

闵一范（1548—1583）字仲甫，号龙池，乌程晟舍人，闵珪的玄孙、闵德庆子。明代名宦，历官颍上、巴陵县知县。万历八年庚辰科（1580）进士，授南直隶颍上（在今安徽省）县令，政迹卓著。至万历十年（1582），调任湖广巴陵（今湖南岳阳）县令。当时正值大旱，户部方取盈租额，又奉命推行均田之令，致使百姓痛苦呼号，闵一范知民疾苦，急忙请求州府衙门，缓征徭役，减少上供，精简刑狱，开仓发粟。同时捐出月俸施粥给饥饿者，使四散流亡之民归集乡土。又走遍穷乡，实地勘察灾荒。不到一年，闵一范积劳成疾而亡，竟然身无一钱。邑人凑钱归棺，父老悲号攀恋之声，如婴儿离奶悲号一样，其声一路未断。并为立专祠祭祀，以示不忘。罗璟为此刻有《遗爱碑记》。

闵远庆

闵远庆（生卒年不详），字基厚，浙江乌程晟舍人，明代书法家。万历十四年（1586）三甲第203名进士。官至四川按察司佥事。著有《左传集要》12卷，任长芦运司通判时，与何继高、冯学易合著《长芦盐法志》13卷。祖父闵闻，封兵马赠承德郎应天通判，父闵宜力，曾任监生，母潘氏。

凌瀛初

凌瀛初（1562—？）字玄洲、元洲，号玉兰，乌程晟舍人。明刻书家。凌濛初从兄，父述知。官光禄寺丞。邑庠生，入太学，授山东兴州卫经历。刻印有四色套印《世说新语》6卷。天启年间（1621—1627）刻印五色套印本《世说新语》3卷。

闵梦得

闵梦得（1566—1637），字翁次，号昭余，织里镇晟舍人，闵珪五世孙、闵一范子。明代名宦、文学家，官至兵部尚书，赠太子太傅。

万历二十六年（1598）进士，授工部主事，后为工部虞衡司。万历三十六年（1608）任漳州（今福建漳州市）知府，官声颇好，志载"士民德之，立祠于学宫侧"，四十年（1612）升按察副使兼参议。万历末年（1620）升陕西按察副使兼布政参议，分守关西道。后历四川布政右参政兼按察佥事、左布政，以功晋升副都御史，巡抚偏沅（今贵州施秉东北）等地。因镇压贵阳苗民起义有功，升兵部侍郎，赐尚方宝剑，总督四川、湖广、云南、贵州、广西五省军务。因魏璫权炽，见闵梦得刚上任无颂词，被罢官归。崇祯二年（1629），以原官起任，行至济水时，通州（今北京通州区）告急，朝庭召对。闵梦得陈说战守之策，升兵部尚书。不久，加太子少保。多次上疏才得告归故里，逝世于家。赠太子太傅。

闵世翔

闵世翔（生卒年不详），字仲升，号凤寰，浙江乌程晟舍人。闵如霖孙，闵洪学父，书法家，万历七年（1579）举人，万历八年（1580）进士，官至福建郡武知县，又知江西安福县，岁饥，躬行赈济，劝富民出粟有法。丈田，恐吏役滋弊，择布衣儒生有学行者董其事，赋赖以清。安福籍御史刘台以纠合江陵相削籍，力护持之。迁工部郎，出守福建。告归即卒。

闵洪学

闵洪学（1567—1644），字周先，号曾泉，织里镇晟舍人，闵如霖曾孙，闵世翔子。明代名宦，官至吏部尚书、太子太保。

万历二十六年戊戌科（1598）进士，主持刑部政，万历三十一年（1603）升员外，录囚于江南，三十二年晋升郎中。三十六年迁为陕藩右参兼按察金事，整饬邠（今陕西彬县）乾（今陕西乾县），分巡关内道，四十年升江西按察使，四十六年晋升山西右藩，四十八年转福建左藩。天启元年（1621）升佥都御史，巡抚云南兼督川、贵兵饷。时蔺奢酋（少数民族首领）崇明在蜀水反叛，西陷沾益。闵洪学率部疾走小路，披荆棘，栉风露，越崎岖，两月后到达粤西。一入境就严格吏治，审核军需，恢复滇黔州县，使地方稍安。天启五年（1625）升兵部右侍郎，滇地绅民上疏，为他立生祠。天启六年升任南右都御史，天启七年加太子少保，赐大红飞鱼朝服。此时，闵洪学三次上疏请求告归，获准。

崇祯三年（1630）起用，改任太子太保、吏部尚书，充殿试读卷官。崇祯五年，又上疏乞归，再三慰留不住，朝廷才同意回籍。崇祯十七年八月逝世。

闵齐华

闵齐华（？—1636），字赤如，号东庵。浙江乌程人。闵梦得弟。崇祯三年（1630）以岁贡授常熟县训导。崇祯八年迁河北沙河知县。所至均有惠政，劳瘁卒于任。刻印有《孙月峰先生评文选》30卷与《九会元集》等书。著有《文选瀹注》。

凌澄初

凌澄初（1574—1643）字元清，号彻侯、德侯。浙江乌程晟舍人。凌稚隆季子，凌森美父。明刻书家，邑庠生，以季子森发贵，诰赠承德郎，廉州府（今广东合浦）通判。刻印朱墨印本《晏子春秋》6卷。

闵齐伋

闵齐伋（1575—1657），字及武，号寓五，乌程晟舍人，闵梦得弟。明代文学家、雕版印书家，朱墨套版印刷技术的创始人之一。

为乌程县诸生，入太学，善读书，不乐仕途，专心于著述、刻书。著有《六书通》10卷、《云天佩》、《藏机枰》4卷、《丹批檀弓》《绣批孟子》《丹批国策》《老庄列子》4册等。闵齐伋刻书甚多，其中有不少套色本，朱、墨二色套印的有《花间集》《春秋左传》《国语裁注》《读风臆评》《檀弓》《曹子建集》《文选尤》《孟东野集》《礼记集说》《琵琶记》《刘子文心雕龙》等10多种；朱、墨、蓝三色套印的有《楚辞》《春秋公羊传》《批点杜工部七言律》《东坡志林》等4种。闵齐伋雕印出版的书非常重视质量，进入市场的图书，他有"士人有雠一字之讹者，即赠书全部"的承诺。

闵宗德

闵宗德（1577—1629），字景宗，号纫弦，乌程晟舍人，闵如霖曾孙。明代名宦，官至湖广巡抚。

万历三十五年丁未科（1607）进士，主刑部政。三十八年（1610）升员外，晋为郎。次年（1611）出守河南汝宁，有政绩。四十三年（1615）放任广东南韶兵备兼按察副使，四十八年（1620）转任河南河道兼参政。中州地低洼，苦河患，岁修之费历年超支。闵宗德亲自查阅，不积旧科，不循故套，节省费用而工程更加坚固。逢边关有警征兵，闵宗德以为，所募者非游惰即奸黠，不知何日才能赶到。于是请发标兵二千及义勇三千，星夜飞驰赴援，果以先到而被朝廷褒奖。因为这件事，而被号称"知兵"。天启元年（1621）升任山西按察使，整饬昌平道兵备。天启二年（1622）调蓟州时，见将、弁骄懦，防守无策，闵宗德披甲执鞭，亲自莅事，城隘工事屹如长城。又升任湖广右布政使，以母老乞求归养未赴任。天启六年返朝，为宦官魏忠贤党羽崔呈秀所抑制，以原官补湖广承天道。崇祯元年（1628）升湖广左布政使，勾稽清厘，革新夙弊，不扰于民，又迁三楚左布政使。在任与名士刘侗、谭元春、黄正色等论文讲义。崇祯二年（1629），闵宗德53岁，将被推升为安徽巡抚，但因积劳成疾，先期死于任上。楚宗室及士民哭送千里不绝，又将其崇祀于广东、湖广两省名宦祠。

村民们被惊呆了，称赞他真是神人神力。"淤泽村（秧宅村明清时期旧名）出了个大力士！"消息很快传遍乡里。

第二年，侯氏上京赶考，凭着一身力气和武艺，摘得武状元的桂冠。过了不久，朝廷命他率领军队打仗。侯氏为人刚勇，善待士兵，每战必身先士卒，奋勇冲杀，屡建奇功，被朝廷封为大将军，为他在南京建造了将军府第。

后来战乱平息，侯将军在府中安享了几年太平日子。因他为人正直，不善于逢迎谀媚，巴结权贵，渐渐被朝廷冷落，同时还遭到奸臣的暗算和陷害。侯将军不愿意与奸佞同朝为伍，愤然离开京城甘愿回乡种地。他在离开南京时，将府前皇上赐予的一块石牌一路扛回家中，以作纪念。因此，秧宅村至今尚有一地名称作"石牌汇"，这个地名就是为了纪念侯将军扛回的石牌。

侯将军回到家乡后，虽然没能耀祖光宗，但他的人品道德在乡民中广为传颂。乡里士绅对其极为尊敬，凡重大事情都登门向侯将军请教，慈善之事也请他牵头，危难之事请他出面决断和调停。老将军的晚年生活过得比在朝中为官更加滋润精彩，修桥铺路、建庙塑神，他都身体力行；救困助贫、赈灾募粮，老将军更是四处奔走。

侯将军故世后，人们为了报答他造福乡里的功德善行，就尊其为淤泽村的土地神。四方民众募款为侯将军建造了庙宇，雕塑了慈眉善目的土地神像，一直供奉至今，香火不绝。

（转自《织里民间文化》）

花糕的由来

织里地区有一个风俗，每到清明节，农村的家家户户都要包粽子、做花糕。花糕的制作方法是粳粉、糯粉各一半，用水揉匀后搓捏成粉团，然后将粉团分成两半，一半是白色，另一半加进用南瓜藤叶制而成的青汁青渣，再将青白两色一层一层做成长条块形状，上锅蒸熟后晾成半干，切成一块块方形，里面有各种形状的青白花纹，这就是花糕。关于花糕的来历，民间有这样一个传说。

北宋末年，金兵南侵。康王赵构南渡后流散在江南水乡的农村。那年正是清明节时分，金兵四处通缉捉拿康王。这天康王正逃难在乡村小路上，忽然听得喊声四起，"宋室的康王正躲藏在这一带，大家要仔细搜查，不要让他逃了。"一队队金兵飞骑向前方的小村子包围。康王看到这种情况，觉得如果贸然奔跑，一定

凌启康

凌启康（1578—1641）原名恒德，字安国，号天印、旦庵主人。浙江乌程晟舍人。凌濛初侄子，钱拱宸婿。明刻书家，廪贡生，入太学，授中书舍人。刻印有朱墨印本《苏长公小品》四卷、《四书参》19 卷和三色印本《苏长公合作》8 卷及《补》2 卷。

凌毓枬

凌毓枬（1578—1633），字殿卿，号觉宇、学于居士。浙江乌程晟舍人。凌濛初侄子。明刻书家，凌氏套版印刷最早经营者之一，郡庠生。刻印有《圆觉经》2 卷，《大佛顶如来密因修正了义诸菩萨万行首楞严经》10 卷、《吕氏春秋》26 卷、《金刚般若波罗蜜经》1 卷、《唐骆先生集》8 卷、《楚辞注评》17 卷等众多套色书籍。另助凌濛初校《孟浩然集》2 卷，有朱批《楚辞》和《文选》两书。

凌濛初

凌濛初（1580—1644），字玄房，号初成，亦名凌波，一字遁厈（àn），别号即空观主人，浙江乌程（今浙江湖州吴兴织里镇晟舍）人，明代文学家、小说家和雕版印书家。他著作《初刻拍案惊奇》与《二刻拍案惊奇》，与冯梦龙所著《喻世明言》《警世通言》《醒世恒言》合称"三言两拍"，是中国古典短篇小说的代表。详见本卷第四章《凌濛初简志》。

凌弘宪

凌弘宪（1581—1659）原名慎德，字叔度，号天池。浙江乌程晟舍人。明刻书家，郡庠生。编辑刻印朱墨印本《李于鳞唐诗广选》7 卷、《会稽三赋注》四卷和三色印本《大佛顶如来密因修正了义菩萨万行首楞严经》10 卷。

闵元衢

闵元衢（生卒年不详），字康侯，号欧余，乌程晟舍人。明代考据学家、方志学家。

少为乌程县诸生，后入太学，无意仕途，终岁勤考据，证古今，著作等身。

尤以《欧余漫录》、《吴兴备志》、《文艺补》为突出。与南浔董斯张为文友，互相考证。阎百诗、胡朏明、何屺瞻三人都非常佩服闵元衢、董斯张考证精详。闵元衢的《欧余漫录》共 12 卷，《湖州府志》、《乌程县志》、《黄氏书目》均有著录。焦竑作序，略云："闵君康侯，英年积学，乐善好古，每有见闻辄登之录。洒洒千言，纠传闻之讹，补史乘之阙，阐先世轶事，述名贤之伟撰，此古乐有为而作者。虽典常傲诡，闻见迭出，与寻常稗官者流异矣。昔刘原父简王深父云："足下与原父不好小说，任作端士；贡父自看小说不害为通人。然则通人、端士合而为一人者，康侯也夫。"

闵元衢隐居于草堂，拥收万卷书，泛览百家，留心郡县志乘，与南浔董斯张邮筒往返，编纂成《吴兴备志》32 卷，可惜未能刊行，二人先期去世。《四库全书·史部》有著录，后人将其刊行。还著有《一草堂庚咏》、《咫园吟》、《增定玉壶冰》2 卷《补》1 卷、《梅听录》、《合疏董彦远除正字谢启注》1 卷、《大明会典士民便览》12 卷、《白法志》（与董斯张合辑）、《五宗会元佛主主禅宗本支世系图》、《罗江东外记》3 卷、《类次书肆说铃》2 卷等。

另外，闵元衢还刊刻过墨本《见闻记训》2 卷（万历三十九年刊，明陈良谟撰）、《游名山记》6 卷（明都穆撰）。天启七年（1627）刊刻朱墨套印本《文致》（不分卷，明刘士麟辑）。

闵持讷

闵持讷（？—1654）字观我，号持讷居士，浙江乌程晟舍人。明藏书家，董说密友。博古好学，喜收书，其淘华书屋藏书丰富。又善医，医术高明，常为董说治病，著有《难经纂注》。

潘曾纮

潘曾纮（1588—1636），字昭度，乌程戴山后林（曾属吴兴县织里区）人。明书法家、藏书家。早年丧父，由母启蒙。明万历十四年（1616）三甲第 132 名进士。任河南新蔡知县，三年后调任商城知县。天启二年（1622）改任直隶高阳知县（今属河北），次年擢兵部主事。天启七年升员外郎，迁河南学政。崇祯元年（1628）升河南布政使司右参政，崇祯四年擢闽中宪长，次年调江西按察使，兼管南瑞道事，崇祯六年升左布政使，次年进都察院，右佥都御史，巡抚南赣，有兴水利等惠政。崇祯九年征兵勤王，以劳卒于赴京途中。谥赠兵部左侍郎。平生好藏书，搜集宋室野史甚多，为明末吴兴藏书家之殿军，其藏书明亡时为士兵投河筑桥所毁。著有《芳荪馆遗稿》《后林潘氏书目》。

闵心镜

闵心镜（生卒年不详），字非台，号符娄，乌程晟舍人。明代名宦，历官湖广按察使、福建参政。

天启二年（1622）进士，授当涂（今安徽当涂县）知县，调任昆山知县，为官耿介特立，政绩昭著，邑人建四贤祠，闵心镜列第一位。天启五年（1625），忤逆魏党权相顾归里，下调为孝感知县，为回避族侄沅抚，又调山东诸城知县，因权相专权用事，没有上任。天启七年，改任顺天府教授，不久权相被罢，崇祯元年（1628），帝以不附权贵，升闵心镜为礼部主事，转任礼部郎中，不久调为东藩右参，兵备济宁，又调任湖广按察使。很快又转任秦中提学，所甄别提拔的都是知名士人。崇祯十一年（1638），领旨命弹劾势恶，其职位相当于两京提学御史。不久升任福建参政，将赴任，因校阅积劳逝世于西安朝邑之公署，被陕西祀于名宦祠。

凌义渠

凌义渠（1591—1644），字骏甫，号茗柯，浙江乌程晟舍人，明代官员、文学家、雕版印书家。

明朝天启五年（1625）进士，官至大理寺卿。明朝崇祯十七年（1644），甲申之变自缢殉国。南明追赠刑部尚书，谥忠清，清朝赐谥忠介。

少负令闻，与同郡人温璜受知于知县马思理门下。天启四年（1624）中举人，天启五年（1625）进士，授行人。

崇祯三年（1630）考选，授礼科给事中，知无不言。《东林列传》记载："为人美髭髯，颀体秀眉，翛然尘外，与人言讷不出口，至抗论国事，则又侃如也。"

三河知县刘梦炜失饷银三千，责偿急，自缢死，有司责其家。凌义渠言："以金钱殒命吏，恐天下议朝廷重金，意不在盗也。"帝特原之。宜兴、溧阳及遂安县、寿昌民乱，焚掠巨室。凌义渠言："魏羽林军焚领军张彝第，高欢以为天下事可知，日者告密渐启，藩国悍宗入京越奏，里闾小故叫阍声冤，仆竖侮家长，下吏箝上官，市侩持缙绅，此《春秋》所谓六逆也。天下所以治，恃上下之分。防维决裂，即九重安所藉以提挈万灵哉！"

内阁首辅温体仁与凌义渠同里，深受崇祯帝宠信，人争傍附以进。公皂囊白简，侃侃发舒，无少瞻顾。给事中刘含辉弹劾温体仁拟旨失当，被贬二秩。凌义渠言："谏官不得规执政失，而委申饬权于部院，反得制言路。大臣以揽权为奉旨，小臣以结舌为尽职，将贻国家无穷忧。"兵部尚书张凤翼叙废将陈状猷功，为给事中刘昌所驳，刘昌反被斥。凌义渠言："今上下尽相蒙，疆场欺蔽为甚。官方尽滥徇，武弁幸功为甚。中枢不职，舍其大，摘其细，已足为言者羞。辨疏一人，调用随之。自今奸弊丛生，功罪倒置，言者将杜口。"不纳。

历任礼科右给事中、户科左给事中，主持山东乡试。擢升兵科都给事中。东江自毛文龙后，叛者接踵。凌义渠言："东岛孤悬海外，转饷艰，向仰给朝鲜。今路阻绝不得食，内溃可虑。"居无何，众果溃，挟帅求抚。凌义渠言："请阳抚阴剿，同恶必相戕。"及命新帅出海，凌义渠言："奸渠散党宜速，速则可图功，迟则更生他衅。"后其语皆验。

凌义渠居谏垣九年，建白多。吏科给事中刘安行恶之，以年例出凌义渠福建右参政。升湖广按察使，历任苏松兵备道，转山东右布政使，所至有清操。召拜擢南京光禄寺卿，署应天府尹事。

崇祯十六年（1643），擢大理寺卿。崇祯十七年（1644）三月，李自成率农民起义军攻北京城，朝廷有旨召对，时任大理寺卿的凌义渠赴长安门，闭门守卫。不久传来缄陷的消息，待凌义渠还朝，崇祯皇帝已驾崩，于是扶墙哀号，以头触柱，血流满面。门生劝其保重身体，他厉声阻止，将平生爱好之书付之一炬。待天明，穿紫衣拜阙，作遗书辞别父母，然后悬梁自尽，时年五十二岁。南明赠刑部尚书，谥忠清。清廷又赐谥忠介。

学者计六奇评价凌义渠：世以雕龙擅誉。公修髯顾立，如高霞孤映，明月独举，所为制举义，吐弃群言，特标元胜。长斋奉佛，于世味澹如也。自其为诸生即以称第一流。

闵及申

闵及申（生卒年不详），字生甫，号园客。浙江乌程晟舍人，书法家，明崇祯元年（1628）进士。崇祯三年（1630）知福建松溪县，剔奸除弊，庭无留狱。

崇祯八年（1635）改知江西永新县，次年聘帘同考。崇祯十四年（1641）进礼部主事，次年赍御书册封鲁藩。崇祯十六年（1643）迁礼部精膳司郎中，请假归。明亡后隐居金盖山，曾与董说交游。

凌士麟

凌士麟（1591—?）字成儒，号振湖。浙江乌程晟舍人。国子生，屡举乡饮，固辞。辑有《世德录》行于世。清顺治十三年（1656）率侄子森美等纂修《凌氏宗谱》，著有《经学会宗》。

凌森美

凌森美（1596—1638）字君实，号橘隐，凤笙阁主人。浙江乌程晟舍人。凌稚隆孙，凌澄初长子，明刻书家，邑庠生，刻印有四色印本《南华经》16卷，朱墨本《选赋》6卷和其祖父未竟之《史记纂》，著有《皇明识余录》。

凌瑞森

凌瑞森（1596—1638）字延喜，浙江乌程晟舍人，凌濛初侄子，凌焜父，以子贵，赠文林郎、安徽安庆府推官，校刊朱墨本《幽周记》4卷。

闵启隆

闵启隆（生卒年不详），字尔泰，号开止、开之。浙江乌程骥村人。明末清初书法家、学者。博学好古，名噪儒林。擅书法，瘦劲入古，为艺林所重。明亡后闭门谢客，潜心研究《春秋》，著有《春秋大声集》和《春秋传注》。

闵 声

闵声（生卒年不详），字襄子，一字毅甫，号雪裳。织里镇晟舍人，闵珪玄孙。明代乡贤，书法、篆刻家。

少负才名，补弟子员，自知府、县令以至郡之文衡，都以国士看待。崇祯十五年（1642）乡试副榜贡生。善饮酒，终日不醉，洒洒千言。同郡潘曾纮督学中州时，曾为幕僚，佐潘识拔寒士。因李自成攻陷北京，遂离去周游。闵声书法可逼真二王，所到之处纸为之贵。闵声生平仗义轻财，不善治产业，曾帮助一穷书生赎回被卖之女，并为择婿而嫁。明末大乱之际，大盗郑九聚数千焚掠，但下令不能惊动闵声家，百姓都为之惊怕，纷纷围住闵声哭泣，求闵声破郑九之围。闵声只身前往，对郑九劝以祸福。郑九为其所感，率众跪拜说："仁人的话，敬而惟命。"于是即刻解围而去。

平生以逸民自居，有监司某人慕而请见，闵声推辞再三同意见他，于是穿了布衣礼见，言谈至傍晚。某人叹曰："琨玉秋霜，不意菰芦中有斯人也。"闵声也曾因南浔庄廷鑨明史案牵累而下狱，一年多后才被释放。因为人仁恕，见义勇为，晚年益贫，上门求字、篆刻的人却很多，以此糊口。

闵声 50 岁得子，84 岁逝世，有梦、潮、登三子。著有《云哀诗稿》1 卷、《泌庵集》《兵垣》4 篇、《金盖云笈》等。黄黎洲为他撰墓志铭，董汉策与范锴都对闵声有很高的评价。

闵振业

闵振业（生卒年不详）字隆仲，士隆，号华釜。乌程晟舍人人。刻书家，郡庠生。授按察司经历，未赴任。刻书常与闵声（闵振声）合作。明泰昌元年（1620）刻印朱墨套印本《史记钞》91 卷，另刻印有《古诗归》15 卷、《唐诗归》35 卷、《东坡文选》20 卷等。陈继儒评价其所刻印图书为"早期墨本之可贵者"。

严启隆

严启隆（生卒年不详），字尔泰，号开止（一作开之）。织里镇骥村人，严震直后裔。

博学好古，名噪于儒林。明亡后，闭门不见客，专心研究《春秋》，著有《春秋大声集》《春秋传注》，书中较多前人所未曾发表过的观点和研究成果。严启隆书法造诣颇深，所书瘦劲入古，为艺林所珍重。他的侄儿（兄之子）严祉，与严启隆志向同一，不入仕途，家贫如洗，仍泰然于抄录前代孔孟之书。演讲则不知疲倦，而且没有一句话傍及世务，尽是先哲之言。

闵慧珍

闵慧珍，织里晟舍人，湖广布政、安徽巡抚闵宗德长女，嫁与长兴望族臧世基为妻，后丈夫去世而守寡。精通文墨，无书不览，出口皆经史。擅长书法，工小楷，有东晋女书法家卫夫人的遗意。且工诗词，精骈体文，句斟字酌，极其精雕细琢。后随父亲生活，常常代其父回复亲朋好友的来信，信中措词毫无闺阁之气，时人无不啧啧称奇。

臧　瑛

臧瑛，字玉瑛，长兴望族臧炜如之女，嫁与织里晟舍闵自寅（官常州知府）为妻。通经史，能作诗文，常常与弟兄亲族一起品评诗文水平的高下，她的论断和所排列的名次，无不言中。丈夫闵自寅（字人生，号睡石）平日将自己所作的艺文给她看，她很认真地给予品评、指点，剔瑕摘疵，不轻易许可，直至满意为止。万历四十年（1612），她丈夫参加秋试后回来，将应试诗文诵读给她听，她听后说，今科必能中，但不会名列前茅。后来科榜发出，果然中了第二十四名。

陈韫珍

陈韫珍，织里晟舍闵燧之妻，东林山人，光禄寺署丞陈嗣洁之女。从小就聪明，颇有才气，在做针绣之余酷爱读书，且无书不览。通文墨，好作时文，每科举子考试时所编印的闱墨（注：即当时乡试后，主考从中式的试卷中选择而刊印的文章，供后来准备应考的人阅读钻研）必购来阅读。崇祯十二年（1639）己卯科，她的弟弟陈廷枢应试后拿着闱墨来给她看，她看后拍掌笑道：我弟弟今科一定会中举。后来发榜，她弟弟果然中了举人。

三、清代人物

闵亥生

闵亥生（1623—?）字未骇，号菊如，晚号东皋居士、红崖山人。浙江乌程晟舍人。闵洪学子，13岁入邑庠，15岁为廪生，明崇祯十五年（1642）举孝廉，次年对策时因极言权臣卖国、督师主抚不战之罪下第，曾献剿抚大计，表示愿独当一面，致死行伍。清康熙二十七年（1688）知陕西西乡县。康熙二十九年（1690）告老还乡，潜心著述。著有《躬耕堂诗文集》《闵未骇稿》《明史》及乐府百篇。

凌 焜

凌焜（1631—1667）字既白，号葵庵，浙江乌程晟舍人，凌约言五世孙，凌瑞森子，书法家。清顺治十五年（1658）进士，任安徽安庆府推官，在任 6 年，劳瘁卒于官，入祀名宦祠、乡贤祠。

严遂成

严遂成（1694—?），字崧瞻（一作崧占），号海珊，浙江乌程骥村人。雍正二年（1724）进士，官山西临汾知县。乾隆元年（1736）举"博学鸿词"，值丁忧归，后补直隶阜城知县。迁云南嵩明州知府，创办凤山书院。后起历雄州知州，因事罢。在官尽职，所至有声。复以知县就补云南，卒官。

严遂成工于咏物，读史诗尤隽。他与厉鹗、钱载、王又曾、袁牧、吴锡麟，并称为"浙西六家"。著有《海珊诗钞》十一卷，补遗二卷，《明史杂咏》四卷及《诗经序传辑疑》二卷，均《清史列传》并行于世。最负盛名的是《明史杂咏》，时人视为"诗史"，后收录《四库全书》。

闵体乾

闵体乾（生卒年不详），字元一，号壶春，乌程晟舍人。清代名医，宫廷御医。据清《晟舍镇志》，"以眼科名世"。详见本志第七卷第二章《科学技术》之"科学技术杰出人物"。

凌树屏

凌树屏（1712—?），字保厘，号缄亭，乌程晟舍人。清代文学家。乾隆四年己未科（1739）进士，出任陕西岐山知县 3 年，有惠政，调任咸阳知县，以事务繁重、不胜谏陈，请求朝廷改任教授。于是南归，被选为嘉兴府教授，日与诸生讲授考据之学。凌树屏工于吟咏，所作诗大都为才情奔放之作。晚年归故里，种植菊花数百种，重阳节备足酒肴，与友朋饮酒赋诗无虚日。著有《瓠息斋集》《五经文字异同考》等。

闵文山

闵文山（1703—1777），字晴岩，号敦甫，乌程晟舍人。清代文学家。生而奇颖，丰神朗秀，望之如琼林玉树，富有文才，但科第不爽。雍正十三年（1735），学政帅兰皋见而惊奇，选拔贡入国子监学教习。乾隆六年（1741），复举孝廉，被推选为宗室教习，京城诸贵人倾慕他的文名，争相拜于他门下。不久告假归乡省亲。应窦东皋学使相聘，前往中州校士，所录取的都是栋梁人才。晚年家居，家藏许多异书，恣意搜讨经书之疾、史籍之恙，写下针灸篇章，常常彻夜不息。著有《诵芬录》《在陬诗钞》2卷。同乡文人凌树屏有《送下第后应窦学使聘》诗："摩手黄金台，驱车广武驿。名士虽途穷，仍为巨梁客。霜风十月寒，马蹄踏冰坼。此时临送君，相顾为腕搤。明珠不见收，剩与蛟龙获。洞夜试悬空，定有光几尺。"

闵受昌

闵受昌（生卒年不详），字文甫，号缄三，乌程晟舍人，闵鄂元孙，闵思诚子。清代名宦，官至鸿胪寺卿。

嘉庆二十一年（1816）丙子科举人、丁丑科进士联捷，入词垣散馆，主刑部政。道光二年（1822）办秋审，分管提牢事，期满改任刑部郎中。道光八年（1828）京察，擢为鸿胪寺卿，道光十一年（1831），负责典试蜀中，所录取的都是名士。道光十二年稽察平粜仓事，日夜为公事辛劳，染上眼疾，屡治不痊。道光十三年（1833）请求归里就医，不数月逝世。苏州吴慈鹤有《送闵缄三茂材自吴兴来历下即赴新城》诗，诗中说："中丞节钺曾吴趋，孙子转眼愁饥驱。七闽百越两足茧，性命一掷鸿毛如。"

闵鹗元

闵鹗元（1720—1797），字少仪，号峙庭，乌程晟舍人。清代名宦，历官布政使、巡抚。

乾隆九年（1745）举人，十年乙丑科进士联捷，授刑部奉天司主事。曾任山东司员外、山西乡试副考官、湖广司郎中、四川乡试正考官、提督山东学政兼翰林院检讨。乾隆十七年（1752），升任山东按察使。后历官湖北布政使、广东布政使、江宁布政使。乾隆四十一年（1776），以都察院右都御史兼兵部侍郎，巡抚安徽4年。期间上疏称凤、颍、寿三郡历年灾荒，赈贷皆由安庆、池州远途拨运，不如就近建仓贮粮，以备急需。在凤阳府、寿州凤台县及正阳关、颍州府属亳州、阜阳、霍邱、蒙城、太和、颍上等县共建粮仓四百间，贮粮二十万石，以备赈恤。乾隆四十五年（1780）调任江苏巡抚。闵鹗元精于治狱，由郎中起擢臬司。所到之处，以清理积案见称。他在京城倡建吴兴会馆，同乡进京如回家一般。巡抚江苏十年，一时号为贤能。期间，在苏州经营湖州绸缎的同乡苦于没有公所，出面聚

闵鹗元雕像

资在苏州曹家巷建立会馆。乾隆朝，闵鹗元两次考绩都位居巡抚之首，但因不依附权相和珅，终被忌。乾隆五十五年（1790）以失察罪被革职，请求告老，次年致仕（退休）奉旨回原籍，嘉庆二年（1797）逝世。一生著有《闵氏金石文钞》《星轺学吟》《南巡恭纪录》等。

闵惇大

闵惇大（生卒年不详），字宏中，号裕仲，乌程晟舍人，清书法家。乾隆三十七年（1772）进士，选庶吉士，授翰林院编修，乾隆四十七年（1781）回乡，主爱山书院，凡三年有余，在任上病逝。

闵思诚

闵思诚（生卒年不详）字中孚，号义亭、读山。乌程晟舍人，闵鹗元次子，清书法家。乾隆三十六年（1771）进士，选庶吉士，授翰林院编修，充四库馆纂修官，后任刑部主事，著有《读山小草》。

严可均

严可均（1762—1843），字景文，号铁桥，浙江乌程人。清代文献学家、藏书家。嘉庆五年（1800年），考中举人，授建德县教谕，以疾辞归。

　　严可均精考据学，曾与姚文田同治《说文》，作《说文长编》45册，有天文、算术、地理、草木、鸟兽之类。又辑钟鼎拓本为《说文翼说》15篇；与丁溶同治唐《石经》，著《校文》10卷，对汉、魏、唐、宋石经仇校研究较深。嘉庆十三年（1808年）诏开"全唐文馆"，他由于已辞官归田，无机会参与此事，感叹道："唐之文，盛矣哉！唐以前要当有总集，斯事体大，是余之责也。"于是发愤辑《全上古三代秦汉三国六朝文》，使之与《全唐文》相接。收书三千余家，每人加注小传，足以考证史文。又遍检群书，一字一句，无不校订。唐以前文献，皆荟萃于此，对保存和传播唐以前古文献有重要贡献。辑校诸经、逸注及佚子书数十种，合经、史、子、集为《四录堂类聚》一千二百余卷。为了著述，不惜重资购书，周游四方，南至岭南，北出塞垣，遇稀有之本，必精写或以资购买，建藏书楼"四录堂"，藏书至二万余卷。又翻检当时诸家藏书目，如《世善堂书目》《天一阁书目》《万卷楼书目》《世学楼书目》《传是楼书目》等，又访得山东孔氏、汉阳叶氏、阳湖孙氏等藏书之家，以至石刻本、释道藏，无不翻览。黄丕烈聚书多宋本，严可均虽与之为久交，然宋版本仍不能多得，感叹道："校宋本以供撰述足矣。"著有《说文声类》《说文校义》《铁桥漫稿》等多种。

严章福

　　严章福（生卒年不详）字秋樵，乌程骥村人，严可均从弟，清学者，著有《说文校议议》30卷、《五音类聚》10卷和诗文集4卷。

张 鉴

　　张鉴（1768—1850），字秋水，号春冶，浙江乌程乔溇人。清画家，早年家贫，卖画为生。嘉庆九年（1804）副贡生，官至内阁侍读学士，督学广东。阮元抚浙，与同里杨凤苞、施国祁皆被聘为诂经精舍讲席。曾任杭州敷文书院山长，教育有方，与崇文书院山长胡敬相交甚契。后裔多高官。尝主南浔刘氏、洞霤西山葛氏家，皆富藏书，因得纵观群书。为南浔刘桐家塾师十余年，遍读眠琴山馆藏书，作《眠琴山馆藏书序》。嘉庆十三年至次年秋阮元任浙江巡抚时作幕阮府，后又随阮氏入都。嘉庆十五年秋至十八年初游幕于江右潘世恩学署。嘉庆十八年夏至次年春阮元为漕运总督时，再客阮幕，嘉庆十九年阮元任江西巡抚时随行游幕，后选浙江武义教谕，卒于官。

张鉴博学多通，工为文，精于目录之学，著述丰富。著有《冬青馆甲集》《冬青馆乙集》《画媵诗《秋水词》《杭澉录》《梦史》《西夏记事本末》《十三经丛说》等，共三百卷，均传于世。另有《海运刍言》《墨妙亭碑目考》等。

严元照

严元照（1773—1817），字修能，号九能，乌程骥村人。清代藏书家、文学家。四岁写大字，八岁能摹写诸体书法，上门求字的人很多，被称为江南奇童。性情偶傥，不乐市井，不流世俗。见识于著名文士阮元，因而薄举业、轻仕途。创芳椒堂聚书数万卷，多宋元版本。晚年移居德清，又筑柯家山馆，闭门读书。著有《尔雅匡名》二十卷、《娱亲雅言》八卷，《悔庵文抄》八卷、《柯家山馆遗诗》六卷、词三卷，《湖州丛书》多本。其妾张秋月（字香修，一字幼邻，原籍无锡），也好藏书，叶昌炽《藏书纪事诗》中有传。其藏书后归陆心源。

凌介禧

凌介禧（1782—1862），字杏洙，号少茗。湖州乌程晟舍人。出身名门，学识渊博，善诗属文。16岁补博士弟子员，后怀才不遇，优游各地，北走燕晋，南走羊城，入齐鲁，浮江汉，客巨公幕下，或书记，或教读，或衡文。70余岁时倦游归里，受聘任"皕宋楼"主人陆心源塾师。著有《东南水利略》、《程安德三县田赋考》2卷、《余管扶教录》、《少茗文稿漫存》17卷、辑有《敦行续录》72卷。

凌鸣喈

凌鸣喈（？—1861）字体元，号泊斋，晟舍人。嘉庆五年（1800）考中举人，嘉庆七年（1802）考中进士，官兵部武选司主事，因越职被劾，乞归故里晟舍，闭门著书。著有《启蒙笔讲》、《蕊珠仙馆杂志》16卷、《淮南子音义》1卷、《清理马政疏》1卷、《论语解义》20卷等。此外，凌鸣喈精于医理，有传言其"对就诊者无不决断如神"。

凌 堃

凌堃（1795—1861）一名坤，字仲讷、厚堂，乌程晟舍人。凌鸣喈子。十岁随父居京师，后至山西学相术与医学，遂深通医理，并擅脉珍。清道光二十一年（1841）应顺天乡试中举，曾官兵部。咸丰十年（1860）弃官归，居湖州。次年太平军克湖州时被杀。著有《医宗宝笈》《周易翼学》《春秋理辩》《德舆子》等。

闵宝梁

闵宝梁（生卒年不详），字六榆，号小圃，清咸丰同治年间晟舍镇人。归安贡生，历官河南县丞、知县，常州府总捕水利通判。自小留心收集晟舍地方史料，有志编纂《晟舍镇志》。然家藏志稿、书籍在太平天国战争中悉数被毁，又四处访查，借阅群书，编成《晟舍镇志》，此为记载织里历史的第一部地方志。

吴 云

吴云（1811—1883），字少甫，号平斋、榆庭、愉庭、抱罍子，晚号退楼主人，织里镇钱溇人。斋堂号有两罍轩、二百兰亭斋等。晚清著名收藏家、画家。

吴云先世为徽州歙县人，迁居归安（今浙江湖州），后又迁居太湖钱溇，遂以为籍。

道光二十四年（1844），吴云援例以通判分发江苏，两权宝山（今上海宝山地区），一权金匮（今无锡东部）。颇有政绩，擅长折狱办赈，富有经验，讲究实事求是。后来，转任泰坝监掣同知（今江苏泰兴）。咸丰三年（1853），太平军攻占扬州，吴云协助侍郎雷以诚治军扬州，总理江北大营营务及筹军饷，因功升为镇江知府（1858），并加道衔。第二年（1859），吴云调任苏州知府，奉上官命赴上海与西洋各国领事商议借兵助战。商议未定，苏州城已沦陷（1860）。巡抚薛焕命吴云率炮艇与洋兵一起收复松江府城，吴云遂兼摄松守。这时朝廷上有人忌恨吴云，上奏折要求将他罢官。薛焕据理力争，终于得以解释说明。此后，吴云长期寓居苏州、上海两地，以卖书画治印为生。同治三年（1864）吴云辞官居太湖钱溇，为治理太湖水患和建造陈溇五湖书院尽了心力。

吴云性喜金石，尤爱收藏，所藏鼎彝、碑帖、名画、古印、宋元书籍甚富。吴云自称"回忆四十年中所搜罗，加以亲知投赠，虽不敢自夸其富，抑亦一生心血所积也"。

吴云收藏方面著述甚多，有《二百兰亭斋金石记》《二百兰亭斋古铜印存》

《二百兰亭斋古印考藏》《两罍轩彝器图释》《两罍轩印考漫存》等。

吴云又工画山水及枯木竹石，最喜画山水扇面，超逸清旷，颇有云林笔意；兼治印章，泽古功深，用刀、布局均得古趣。

他的书法，时人评价极高，俞樾云："平斋语言妙天下，而书法之工足以副之，人得其片纸只字，视同求璧。"

徐有珂

徐有珂（1820—1878），字韵雪，号小豁，居东郭兜（今织里镇常乐村东阁兜人）。

五岁能知训诂、四声，十岁能文。童年时丧父，如成人一样孝事母亲，名噪于县学。多次应试不第。清同治六年（1867），恩贡乡试中举，因母年迈而绝仕进。精研朴学，学识深厚。教人以孝友为先，凡事务求实用，尤精于水利。与同里吴云创议重浚溇港章程六条，上书请得圣旨，并于十年（1871）冬与候补知府史书青、绅士钮福共同督浚三十六溇，至光绪元年（1875）完工，当年大水，湖州灾情独轻，受朝廷褒奖，封中书科中书衔。工毕，徐有珂亲撰《重浚三十六溇碑》，立于陈溇。清同治九年（1870），徐有珂又与吴云等创建陈溇五湖书院。徐有珂在书院担任主讲，在"制艺"外，兼授经、史及农田水利课。还辅佐知府宗源瀚修纂同治《湖州府志》，负责"舆地""经政"等门。光绪四年（1878）又佐修《乌程县志》，未成书而逝，年五十九岁。

凌 霞

凌霞（约1820—1891），一名瑕，字子与，号尘遗、病鹤，晚号疣琴居士，乐石野叟。室名二金梅室，三高遗墨楼，天隐楼。凌义渠裔孙，乌程晟舍人。清书画家，沉静好学，工诗，通小学，多藏精本，于金石尤有癖好。绘画擅梅，书法学董其昌。曾与陆心源、姚宗湛、戴望、施补华、俞刚、王宗义等诸生并称"归安七子"或"苕上七子"。咸丰七年（1857）到上海谋生，后长期在扬州为人司账。光绪十七年（1891）为陆心源《千甓亭古砖图释》作序。所著《天隐堂集》最早将郑燮、金农、高凤翰、李鱓、李方膺、黄慎、边寿民、杨法称为"扬州八怪"。另有《三高遗墨楼集》《癖好堂收藏金石书目》《寒松阁谈艺琐录》《瓯钵罗室书画过目考》等。

吴 山

吴山（？—1892），字瘦绿，叟乐，号铁隐，别号十二峰人，室名十二馆。湖州人，清代著名篆刻家。长年寓居菱湖，与吴昌硕岳丈施氏家毗邻而居，后病逝于菱湖。少时漫游大江南北，广闻博识。为人豪爽，倜傥不拘。擅长金石考证，多藏古铜器、玉器和书画，尤工篆刻。吴昌硕于光绪八年（1882）拜其为师，学习篆刻，称其为继嘉庆、道光年间（1796—1850）严坤之后，又一位湖州籍篆刻大家，将其列在《十二友诗》《削瓢庐印存》和《石交录》之首，有《秋绿吟馆印汇》。

徐宝敬

徐宝敬（1830—1910），号香泉，织里东阁兜村人，始祖为东汉徐孺子，其为五十五世孙。

徐香泉是清同治、光绪时名医，故居在轧村曹家箣，穷毕生精力钻研医术，精通内外疾病诊治，四方来求诊者门庭若市，家门前河道帆船鳞次栉比，由此带动当地各种店铺林立，生意兴隆，荒僻之村成为热闹之市。驰名江浙皖沪一带，被当地百姓誉为神医。生前受诰封"奉政大夫"，集门生数十人，吴翰臣、朱古愚即为其著名弟子。有《徐香泉医案》存世。

张凤藻

张凤藻（1859—1901），乌程汤溇人，又名张安国，宋名相张浚之后，张禹九父。清书法家，光绪十四年（1888）举人，光绪二十四年（1898）进士，钦点御用知县，签分江西。又担任宜兴知县，卒于任。

戴佩蘅

戴佩蘅，字蕴芳，湖州城中候选县丞戴丞照之女，嫁与织里晟舍闵惇大为妻。闵惇大是教谕闵嗣同的曾孙，字闳中，号裕仲，又号话庵，与苏州名士吴俊同为戴丞熙的女婿。二位连襟于乾隆三十七年（1772）同登进士榜。闵惇大入词林，留馆分校《四库荟要》。四十六年（1781）逢丁忧南归，应湖州知府相延，主持爱山书院三年多，因竭力于教学致病，英年而逝。其妻戴佩蘅从此守寡，居于娘家。

戴佩蘅工诗，常与她的姐姐戴佩荪（字馥清）和妹妹戴佩荃（字萍南，号春停）谈论文艺，相互唱和。佩蘅著有《蕴芳遗草》，她的妹妹戴佩荃为此书作跋。戴佩荃聪慧能诗，兼工书画，尤其擅画人物，所画《长亭饯别图》惟妙惟肖，栩栩如生。因兵荒马乱，她的诗稿后遭遗失。入选《湖州诗录》的七律诗（送戴菔塘叔父赴都）是她诗作中的佳品，其诗云：

> 晏岁冲寒指玉京，菰芦思慰倚庐情。
> 编排梨枣留遗集，孝养陔华急远征。
> 台阁大仪绵世德，风流水部继诗名。
> 鞭丝帽影匆匆发，到及春明听晓莺。

戴菔塘，又名戴菔璐：第二联出句末二字"遗集"，是指当时她的叔父戴菔塘所刻她父亲戴丞熙的《静迟轩集》；第二联对句末二字"远征"，是说她的叔父戴菔塘之母留在京城。

闵掌珠

闵掌珠是织里晟舍闵端义之女。她不仅是闺中女秀，而且性情纯真孝顺。十四岁时，母亲患病严重，为救母亲，她毅然忍痛割下大腿上的肉作药给母亲服用，终于使母亲得以病愈。她十九岁时，母亲又一次患病，生命垂危。她又一次割下大腿肌肉和药给母亲服用，且瞒着父亲，不让家人知道。起初家人都不知道她的疼痛，到了晚上渐渐地叫痛，第二天竟不能起床，因延迟了医治时间，又加上她母亲因医治无效而去世，她哀伤过度也随母亲而去，年方二十岁，时人都称她为孝女。咸丰二年（1852）被御批旌表。

闵掌珠能诗善文，著有《闺中吟草》，已散轶，仅流传有她题为《哭母》的两首七绝：

> 其一
> 母病缠绵势已危，难逢和缓与卢医。
> 前番割股曾瘳疾，默祝苍天发大慈。
> 其二
> 讵知母病入膏肓，纵有良医少妙方。
> 从此瑶池升乐境，愿随左右话衷肠。

实际上这是她的两首绝命诗。闵掌珠玉陨香消后，闵鹏超感而作《孝女歌》挽悼：

我宗有孝行，渊源自东鲁。岂意闺阁间，立行俨如古。

孝女问为谁，有堂名敦五。女年方及笄，循循有规矩。

贤淑本性成，情尤笃恃怙。母病五六岁，中馈谁为主。

弟妹三四人，小者口尚乳。女也任其劳，不曾闻风雨。

何期今夏冬，母病竟不愈。世无缓与和，难将药石补。

猛思古典型，割肝并封股。不惜女儿身，那愁血肉腐。

剜来和药煎，还愁阿父知。天不鉴其诚，母命归黄土。

血泪一朝流，凭棺痛更哭。恸绝几不苏，竟历几更鼓。

抚循弟妹辈，朝朝泣杜宇。去母月余耳，明珠还合浦。

堪叹世间女，攫财等豺虎。母病不知愁，母亡恣所取。

同是心头肉，伊何争阿堵。不惜拔一毫，冤哉称肺腑。

为作孝女歌，所愿共接武。彤史识褒扬，何年登天府。

闵肃英

闵肃英，字华，织里晟舍人，嫁与华南城兵马指挥宋鸣珂（江西奉新人）为妻。她工于诗，著有《瑶华诗钞》《浣香阁遗稿》。她的《送鸣珂之江西》诗云：

吉阳江树暮云低，白发苍苍望眼齐。

游子有方原不远，君行只在大江西。

闵肃英还工于书法，擅写楷书，临摹著名小楷法帖《黄庭经》数百本，笔墨秀丽，在当时闺阁中少有。在反复临摹《黄庭经》后，深有感悟，曾作五言古诗云：

日高花影长，春风不能翦。

玲珑日未昃，鹤鸰光愈显。

绛云在天际，与化自舒卷。

一写内庭经，灵气抑何远。

真源湛内照，秘签启奥典。

中有不死庭，举世知者鲜。

放笔来双鬟，松风熟鱼眼。

吴春华

吴春华，字梅先，郡城廪生吴锰之女，嫁与晟舍黄传为妻。她天资聪明，幼时读唐诗就能理解诗意，长大后擅长作诗，著有《小楼闲唱》四卷。她的丈夫黄传（字楚石）也工诗文，夫妇二人常常在闺中相互吟诗唱和，为时人所称道。

朱赛华

朱赛华，江苏吴江芦墟朱启泰之女，二十一岁嫁给晟舍黄泰为妻，对待舅姑等长辈极其孝顺。婚后年余产下一子后，误遇庸医，得患产后病。她在夫家相夫教子极其勤俭。擅长诗文，闲暇之余喜欢作诗，即刻成咏，著有《赛华诗集》。次年，婴儿不幸夭折，于是久病不起。

闵蕙卿

闵蕙卿，晟舍闵文杏之女，嫁与湖州城施阶升为妻。幼年秉承父学，喜欢作诗。长大后，诗作更佳。她在施家，子女小时候都是她自己给他们授课，直至成熟后才让他们到外面学校就读。据传，她的诗工整流丽，脍炙人口，有《梅花妆》《梅花影》等七律四首，可惜因时间久远而失传，在清同治年间就已不见其全稿。

安璿珠

安璿珠，江苏金匮人，嫁与晟舍凌垄（字仲讷，号厚堂，官金华教谕）为妻。她纤小柔弱，酷爱学习，终日不离笔墨。又好谈经论史，辅助其夫校对书籍文字，注《德舆子》首卷。后因病而逝，年方二十五岁。

四、近现代人物

王树荣

王树荣（1871—1952），小湖王氏十五世孙，字仁山，号戟髯。因服膺何休（邵公），以"绍邵轩"名居室，自署绍邵轩主人。其父王济廷（字继香），国学生，光禄寺候补署正大官署行走、候补同知等职，诰授朝议大夫。

　　王树荣从小在家受到良好的文化教育。他是光绪甲午举人，京师法律学堂毕业，曾留学日本帝国大学，回国后一直从事法律、检察工作，历任直隶高等审判厅推事，江苏、山西、湖北、河南、安徽等省的高等审检厅厅长。1903年6月至1906年2月，曾任湖州府中学堂监督（校长）。他与法学家沈家本既是师生关系，又有亲戚关系。王树荣在直隶高等审判厅与五省高等审检厅任上尽心尽职的同时，潜心研究法律与西方狱制。当时国门渐开，国人对西方典章文物探求伊尹，其中包括西方的监狱管理制度、审判制度进行考察与调研。1910年第八届万国监狱会议在美国华盛顿召开，清大理院派金绍城、李芳为专员，王树荣为随员与会，并考察欧美各国监狱及审判制度。这是近代中国开始组团参加国际会议的开端。此举共编撰、译著考察报告五种：《第八次国际监狱协会报告提要》（王树荣）；《第八次万国监狱报告书原本》（金绍城、李芳著，王树荣述）；《考察各国监狱制度报告书提要》（王树荣撰）；《十五国审判、监狱调查记》（金绍城、李芳著，王树荣校录）；《各国监狱制度译略》（金绍城、李芳译，王树荣笔述）。上述五书实际上都出于王树荣之手，虽正式合刊于民国，实际上是清时的著述。这些考察著述，在现时的监狱学界对于国外监狱制度的了解也具有重要的参考价值。

　　王树荣在民国时期发挥过重要作用。抗战胜利后，他在上海吴淞口以江苏省检察厅名义主持焚烧鸦片，当时《苏州日报》报道称他为"第二个林则徐"。在2005年8月中国方正出版社出版，郭明编著的《中国监狱学史纲》一书中，其第三章"民国监狱学"的第三节就是王树荣等人的外国狱制译述与研究，将王树荣的成果做了较详细的阐述。王树荣著有《绍邵轩丛书》18卷、《刚斋吟草漫录》、《雪浪石题咏》1卷、《小湖王氏家谱》等。

　　王树荣在官场上能忠于职守，克勤克俭，一生清廉。同时他重视孝道，重视自己族人的家谱整理。民国25年他主持四修《小湖王氏宗谱》，在其次子王德馨（时任湖州大律师）及有关小湖族人共同努力下完成。修谱的同时他还出资并亲自去谢漊村，重修了先祖谢贵的"将军墓"，在墓旁修建了宗祠，名为"忠烈公祠"，（明末崇祯帝时就为谢贵平反昭雪并赠爵英山伯，赐谥勇慜；清乾隆帝又谥忠烈公）。他主修的《小湖王氏宗谱》在湖州市图书馆及国内有关图书馆均有收藏，为我国王氏家谱中的重要谱牒之一。

严濬宣

严濬宣（1879—1947），原名庸，字濬宣，乌程骥村人。幼时聪颖异常，好读书，卓荦有大志。十七岁举茂才，以不屑举子业，只身赴上海，入新式学校，学习科学知识。1900年庚子之变，与同志组织湖中公社，发行《湖州白话报》，宣传救国。后应聘上海务本女校，任教务主任。课余追随辛亥志士陈英士（陈其美）、陈蔼士、韦文伯、杨谱笙、汤济沧、俞寰澄等从事革命活动。辛亥首义，湖州光复后任湖州府参事，曾任吴兴县长，任上推行新政不遗余力。不久前往上海，任上海市禁烟局长，澄清烟毒，颇有政声。民国三年（1914）创办测绘学校，训练测绘人员，实测上海县境，绘制地图，开上海地图测绘先河。民国五年（1916）应章太炎之邀，远游南洋，考察侨务。归国后，鉴于袁世凯窃国行径，深感欲求革命成功，必须以教育为基础。决意摆脱一切，致力造就英才。初受王培孙之邀，任南洋中学国文教师，后又兼任爱群女校湖州旅沪公学、上海商学院等校教授，从教二十年，莘莘学子出其门者前后数千人。1933年，应上海湖社聘请，严濬宣担任湖州旅沪中小学校长，第二年又应约担任爱群女校校长。孤岛时期，勉力维护爱群校务，积极帮助爱国志士从事抗日活动。著有《学校图设置法》《家事应用理化学》《严氏艺文志略》《括翁诗存》等。

姚勇忱

姚勇忱（1880—1915），织里镇人。早年应秋瑾之邀，赴绍兴徐锡麟创办的大通学堂任职，后加入光复会，和王金发等密谋起义。1907年，徐锡麟刺杀安徽巡抚恩铭，大通学堂遭清政府搜查，秋瑾不幸被逮捕遭害，姚勇忱连夜撤离。1915年，姚勇忱被袁世凯秘密杀害。详见本志第九卷《丛录》之《辛亥革命先驱姚勇忱传略》。

高古声

高古声（1880—1949），原名合静，儒名福箴，以号行。吴兴戴山后林（曾属吴兴县织里区）人，实业家。民国初年在湖州拥有三家南货店，在上海开有分店，在后林有高同苏药店，有"高半天"之誉。曾任湖州市商会董事长、古梅花馆及上海觉云总坛董事。

江杏溪

江杏溪（1881—1949），名如礼，以字行。吴兴区织里镇人。古籍出版、发行界名人。其父江椿山在光绪年间，前往苏州谋生，为苏州阊门"扫叶山房"书店店员。江杏溪十三岁习业于嘉兴孩儿桥旧书铺。光绪二十五年（1899）回苏州，创设"文学山房"书店。因经营有方，至 20 世纪 30 年代，文学山房已具相当规模，古书盈架，购销以万金进出。诸如冯桂芬、朱达夫、管礼耕、叶昌炽、丁士涵、沈秉成、单镇等藏书名家所散之书，多有聚集于此，并时加搜集海内孤本。于是南北名家学者，常往来于文学山房，选配古籍，砥砺学术。他经营文学山房数十年，经其手所获宋元刻本、明刊插图本、名人稿本抄本甚多，遂将此类善本古籍聚集刊印成《江氏聚珍版丛本》（亦称《文学山房丛书》），计四集二十八种。此书一出，风行一时，远至日本及欧美诸国。后得蒋凤藻《心矩斋丛书》及谢家福《望炊楼丛书》书版，亦重印发行。

陆连奎

陆连奎（1881—1938），旧上海青帮头目、实业家，湖州漾西（今织里镇）陆家湾人。十五岁单身闯荡十里洋场上海滩，投师青帮头子黄金荣。二三十年代出任公共租界巡捕房督察长，握有捕杀权。在上海开办了百货公司，大陆游泳池，中央饭店，中央大旅社等实业。30 年代初回乡探亲时建造"连奎小学"，学校设施和师资在当时湖州乡村堪称一流。陆连奎于 1938 年 8 月在上海遭人暗杀。

戴季陶

戴季陶（1891—1949），原名良弼，字选堂，号天仇，后改名传贤，字季陶，祖籍吴兴戴山。曾任中国留日学生同学会会长，后到马来西亚槟榔屿任《光华日报》编辑，并加入同盟会。回国参加武汉保卫战和陈其美领导的上海光复起义。1916 年 9 月任中华民国军政府法制委员会委员长兼大元帅府代理秘书长、外交部次长。1921 年夏，参与筹建上海共产主义小组，起草"中国共产党纲领"，后退出共产党。1924 年 1 月当选为国民党中央执行委员、常务委员，任中央宣传部部长。同年 5 月黄埔军校成立，任政治部主任，大本营法制委员会委员长。孙中山逝世后开始反共，出版《孙文主义之哲学基础》《国民革命与中国国民党》，提出所谓的"戴季陶主义"。1927年4月积极支持蒋介石发动"四一二"反革命政变。

张禹九

张禹九（1894—1957），原名国寰，号逸舟，湖州太湖汤溇村人，年轻时，在孙传芳手下担任连长。其父张安国，在宜兴当过县官，病殁在宜兴任上。后孙传芳兵败，张禹九携母逃难，投奔早年曾追随的吴兴祖传喉科中医查仲梅。查仲梅见张禹九品貌端正，又有相当文化，招赘为婿。查仲梅殁后，张禹九即迁至湖州黄沙路行医，自设诊所，享誉苏浙皖。

张禹九知识渊博，好学不倦，除专研医学之外，还拜包蝶仙为师，学习绘画，1936年曾参加湖州旅沪同乡会举办的湖州书画展览。

张氏治疗喉疾，疗效甚高，很早就使用白喉抗毒素。福音医院遇到白喉病人，也介绍到张氏诊所治疗。

张禹九曾任吴兴县中医师公会理事长，创景行图书馆，广收中医典籍文献。创办《国医旬刊》和《吴兴医药》月刊，任总编辑。代表吴兴医界多次赴南京请愿，反对摧残中医。1952年参加联合诊所，1957年入湖州中医院，兼擅内科、妇科。著有《张禹九医案》《喉科经验集》《金匮浅释》《药物便读》等。

邱丽英

邱丽英（1896—1972），织里镇瑞祥兜人。湖郡女中校长、当代教育家。1917年毕业于湖郡女中，留校任历史课教师。1920年入南京金陵女子大学深造。1925年毕业后，任职上海女青年总会（上海基督教监理公会所办）多年。曾被保送美国青年会机构培训学习。

1928年，湖郡女中因闹学潮停办，第一任华人校长邵秀琳去职。次年，邱丽英应湖郡女中校董会邀请，回母校接任校长。此时学校已停课半年，教学秩序混乱。邱丽英对学校进行彻底整顿，逐步恢复小学部、中学部各班次，选聘教员，提高薪金，在各个方面鼎力革新。她作风谦虚，平易近人，具有独到主见，师生们对她格外敬重。治校十数年，积累丰富的办学经验，学校声誉远播，不仅外地来的学生很多，而且还有国外来的学生。当时朝鲜正受日军欺压，很多青年逃到上海避难。上海基督教会就将其中的女青年介绍到湖郡女中读书。1935年，女中举行四十周年校庆纪念活动，邀请各地校友及各界人士前来参加，编印出版校庆纪念刊，盛况空前。同年，学校正式开办高中部。此后，邱丽英再赴美国短期进修。1937 年抗日战争爆发后，湖州沦陷。湖郡女中校舍被日军占用为军营。两年后日军撤出。时在上海避难的邱丽英，特请原湖郡女中教务主任陈得真继续办学。当时，湖州有不少青年学生不愿接受日伪的奴化教育，于是纷纷进入该校读书。抗战胜利后，邱丽英即回湖州复校。学校除小学部、中学部及琴科外，添设家政科，新建一座"家政楼"，以供学生实习用。她平时对学生管理严格，并处处以身作则，颇得学生信赖和社会好评。1949 年春，湖州解放，邱丽英率领全校师生，迎接学校新生。1951 年因年老体衰辞职。邱丽英一生瘁于教育，终身未嫁。1972 年病逝于北京侄儿家中。

郑至平

郑至平（1914—1940），又名郑衡，四川隆昌县人。中共地下党员，塘北（织里地区）抗日武装——抗日反汪军队长。1937 年，抗日战争开始时参加中国共产党。1938 年任萧山县政府自卫大队副队长。同年 11 月，诸暨县长邓切调任安吉县长时，郑至平率萧山县自卫大队第二、第三中队随邓来安吉，任中共安吉县工委书记。1939 年 1 月，中共浙江省委派顾玉良来浙西，郑至平安排在其安吉县青松乡枫树堂梅永发保长家里召开第一次中共浙西特委会议。会上提出依靠郎玉麟部队、团结李泉生部队、争取朱希部队的方针。会后，郑至平离开安吉，去朱希部队任政训处主任，时朱希部队虽经练市钟家墩战役的挫折，但有了共产党的帮助，恢复发展很快，部队已达千人。

1940 年 2 月，中共浙西特委派郑至平到塘北（织里）组织开展武装斗争，隐蔽在蛤叭兜（今属晓河村）中共塘北区委委员王继法家中。3 月某日晚，郑至平根据情报，率六七人在织里南五里处袭击小股土匪，初战告捷，缴获左轮枪一支、步枪二支，此后一支有十来人的武装组成。不久，中共浙西特委在一次县委书记联席会议上命名这支武装为"抗日反汪军"，由郑至平任队长，贺友辂任指导员，受特委和吴兴县委双重领导。5 月某日，抗日反汪军在大钱活动时，遭到一股土匪包围。面对严峻形势，郑至平指挥部队泅水渡河，当他最后一个泅渡时，胸部中弹，高喊着"我为中华民族牺牲"而倒下。郑至平牺牲后，贺友辂等将他的遗体运回织里，由织里镇青救团员闵达等安葬并立碑。

金家骧

金家骧（1918—1972），出生于织里镇乔溇村。幼童时曾念私塾，因家庭拮据，辍学去上海，由胞兄金家仁介绍到永安公司当学徒。不久，返回吴兴老家，托人介绍进入了湖州的"壮丁师资训练班"，受训期间，金家骧在投弹射击、摸爬滚打中认识了为兵之道，边习武边研习兵法。

抗战爆发，战火波及太湖之滨，1938年初，金家骧组织"自卫队"抗击侵略者，不久，队伍发展到1000多人，活跃在太湖沿岸，袭击日伪部队。1941年春，金家骧部被改编为"忠义救国军第四支队"，进入安吉孝丰山区整训，金家骧被任命为"忠义救国军新兵团"三营中校营长。

1943年冬，金家骧奉命出山，以"先遣支队"名义，率250多人携机枪5挺，在江浙边境吴江、吴兴、嘉兴一带进行抗日活动。由于金家骧在当地的影响，部队很快发展壮大。1944年，金家骧部队编为吴（兴）、嘉（兴）、吴（江）行动总队，下辖3个大队，部队转战于江浙交界的震泽、南浔、双林、菱湖地区，专门袭击日伪军扫荡部队。当年冬天，中共苏中二地委派薛天然在金家骧部开展工作，直至抗战胜利。

《七都镇志》中说："1937年抗日战争初时，金家让（骧）在吴溇统率自己队伍，集结地方武力，在湖滨一带奋勇抗日，使吴嘉湖一带敌人一时难以进犯。"

1945年初夏，金家骧到太湖与新四军太湖游击队司令薛永辉多次见面。日本投降后，金家骧部被整编为浙一团三营，金家骧任营长。1946年，金家骧被调离部队，9月被任命为"招抚专员"，到太湖里招抚湖匪。其间，金家骧又与薛永辉多次见面，并将一部分枪和弹药卖给苏北解放区。1949年2月，保密局以"通共"罪名逮捕金家骧，在狱中，金家骧认识了由潘汉年派遣打入保密局的陈默。陈默告诉金家骧，想投奔共产党，可以与张颂甫（潘汉年的一个化名）联络。上海解放前夕，金家骧被押往台湾。

1949年8月，毛人凤深知金家骧在太湖周边的影响力，准备利用金家骧为"反共复国"效命，将金保释出来，委任为"江南特站少将站长兼江南自卫救国司令"，指派金家骧带电台和报务员到嵊泗小洋山岛，令其伺机潜回大陆发展特务。金家骧到了小洋山后，通过同学张志千联系了上海市公安局，经潘汉年批准，安排张志千到小洋山接金家骧到上海，金家骧被安排在上海市公安局，任特别组组长，专门负责针对台湾保密局的内线反特工作，破获潜伏特务和电台，配合解放军太湖剿匪行动。上海市公安局评价"金于1949年起义归来以后，为祖国做了有益的工作，成绩显著"。

1955年4月，金家骧因受"潘杨案"牵连被捕，下放苏北大丰"劳动锻炼"。1966年转安徽白茅岭劳改农场。1968年1月，重新被捕入狱。1972年7月在狱中去世。1980年10月获得平反。

五、当代人物

邱式邦

邱式邦（1911—2010），湖州吴兴区织里镇人，毕业于英国剑桥大学，农业昆虫学家，中国科学院院士。

邱式邦长期进行多种农业害虫发生规律和防治的研究，曾获全国劳动模范金质奖章、全国科学大会奖、法国农业部功勋骑士勋章，代表作有《飞蝗及其预测预报》《颗粒剂防治玉米螟的研究》等。详见本志第七卷第二章《科学技术》之"科学技术杰出人物"。

吴寿谷

吴寿谷（1912—2008），织里镇轧村人，当代画家，中国美术家协会会员、上海市文史研究馆馆员。擅长画虎，所画的虎或雄踞、或俯视、或搏击、或咆哮、或奔跑、或偃卧，千姿百态，无不逼肖。笔墨精到，形神兼备。兼作山水、喜花鸟。幼时随金梦石、徐朗西等人习画，得其精髓，从而打下中国画传统技法的深厚功底。中年以后专攻山君，几十余年孜孜不倦，逐渐以画虎闻名。尤其对吴镇、徐渭、石涛诸大家的作品作深入研究。他的虎画受到海内外各界人士的高度赞赏。1946年，吴寿谷在香港举办个人画展。以后，多次在国内举办个人画展，作品由上海人民美术出版社和杭州西泠印社出版，还受到邓小平、江泽民等国家领导人、美国前总统里根和马来西亚总理等的称赞和收藏。吴寿谷画虎抓住虎的三件凶器：一是四颗虎牙，吞噬食物时像匕首；二是脚爪，攫取小动物时像铁钩；三是尾巴，搏斗时像钢鞭。此外还注意到虎的全副精神及整个画面的气氛和意境。"云从龙，风从虎。"老虎画得威风凛凛，背景画得阴气森森，这才相得益彰，取得最佳的艺术效果。虎有虎威，还有虎趣。吴寿谷的虎画中，也有充满人情味和感情色彩的。例如大小虎偎依，完全是一副母慈父爱的样子；群虎逗乐嬉戏的画面，又像一群生动活泼顽皮的孩子；饱食之虎眉毛眼睛平和温柔，饥饿觅食之虎眉毛直竖，眼睛吊成三角形。著名书画家谢稚柳先生评价吴寿谷："他眼中有虎，胸中有虎，笔下有虎，所以画出来的虎都栩栩如生。"

闵淑芬

闵淑芬（1918—2019），织里镇晟舍人，1918 年 12 月出生于湖州，纺织技术专家。1943 年 5 月在上海交通大学求学期间加入中国共产党，之后从事党的地下工作。1950 年 5 月起担任国营上海第五印染厂军代表、厂长，国营上海第一印染厂厂长、党委委员。1960 年起历任上海第二工业大学副校长、校长、党委副书记等职。1960 年，闵淑芬奉命筹建上海市业余工业大学（第二工业大学前身），在一无校舍、二无师资的艰苦条件下，多方奔走，争取资源，在最短时间内开出十多个企业急需的专业，招收学员一千多名，一大批从工人中涌现的劳动模范、工程技术人员、技术革新能手终于有了学习深造的场所。闵淑芬在探索半工半读的成人教育制度、培养能文能武的新型劳动者方面颇有建树，学校被树为"全国半工半读的一面旗帜"。2009 年，闵淑芬入选"新中国 60 年上海百位杰出女教师"。

2019 年，闵淑芬在上海华东医院逝世。

闵恩泽

闵恩泽（1924—2016），祖籍织里镇晟舍，出生于四川成都，毕业于美国俄亥俄州立大学，石油化工催化剂专家，中国科学院院士。详见本志第七卷第二章《科学技术》之"科学技术杰出人物"。

严圣祥

严圣祥，1939 年出生，织里镇李家坝村罗家桥自然村人。1953 年 7 月轧村完小毕业。1953—1959 年在湖州中学初中部、高中部读书。1959 年 9 月进入北京科技大学金属压力加工系学习，学制五年。1964 年 7 月大学毕业后分配到冶金工业部北京钢铁设计研究总院工作，中共党员。先后担任技术员、工程师、高级工程师、教授级高级工程师，并先后担任设计室主任、总设计师、副院长、院长，享受国务院政府津贴专家。参加和主持了一批国家重点科研设计项目工作（包括北京国贸工程和人民大会堂大修工程），为我国钢铁工业建设和发展做出了贡献。严圣祥编著的《高速线材生产和发展》《线材控制冷却技术》《世界上限动芯棒连轧管技术的发展和应用》等有关钢铁工业和轧钢方面的论文、著作，分别在《钢铁》《钢管》《上海冶金科技》《英国金属学报》等国内外有关刊物上发表。1996 年，由严圣祥担任第一总设计师的"天津无缝钢管工程"获得国家级金奖。

第二节　寓贤　释道

一、历代寓贤

（一）流寓织里的湖州籍官宦与文人

沈梦麟

沈梦麟（约 1245—1335），字元昭，归安（今湖州）人。年少时就有很高的作诗才华，与晟舍隐士闵天福交道最挚，元末在闵天福别墅—晟溪聚芳亭相聚隐居多年，饮酒赋诗，晨以继夕。元至元年间（1264—1294），因精通经书而被举荐，以乙科授婺州学正，后改任武康令。他用儒家思想来整顿官吏，对老百姓不提倡用刑罚，老百姓也像对待父母一样对待他。后因病告老还乡。

明朝建立后，被以贤良征召入朝，年九十而卒。沈梦麟的诗有盛唐之风，时人称他为"沈八句"，著有《花溪集》3 卷行世。当时天下之友都向他乞讨诗文。

茅　坤

茅坤（1512—1601），字顺甫，号鹿门，明代湖州府归安县花林人。嘉靖十七年（1538）中进士，初任青阳、丹徒知县，升到礼部主事，又贬为广平通判。因熟悉军事，镇压瑶民起义有功，官至大名兵备副使。后因家人横行乡里，被削职归家。在家专事著述，活到九十岁。茅坤是明代文学大家，尤其精通古文，是著名的"唐宋派"成员，文章跌宕激扬，著有《吟稿》8卷、《玉芝山房稿》22卷、《耄年录》7卷以及《浙江分署纪事本末》等，有《茅鹿门集》行世。他又是明代有名的藏书家，藏书甚丰，有"甲于海内"之称，在练市构筑的"白华楼"藏书楼达数十间之多，藏书"至于充栋不能容"。编有《白华楼藏稿》11卷和《续稿》15卷。茅坤及其花林茅氏，与晟舍闵、凌二氏一样，也是著述家、雕版印书家。

据《晟舍镇志》记载，茅坤与织里晟舍凌、闵二氏交往甚密，闵宏庆、凌迪知和他都是湖州岘山逸老续社的成员，常常一起活动，吟诗赋词。同时他也常寓居于晟舍。茅坤诗集《耄年录》卷八有《柬凌绎泉》诗，绎泉是凌迪知的号。诗云：

频年不睹尚书面，眉岂庞然发岂苍。

琴调逍遥嵇叔夜，壶冰韵折蔡中郎。

几回拄杖扶双肘，无奈闲关已十霜。

安得拏舟过江上，褰衣绾带泳沧浪。

茅坤与凌迪知之弟、凌濛初之叔凌稚隆，交往也甚密。《茅鹿门先生文集》卷十四有《与凌太学书》，凌太学即凌稚隆。

凌稚隆所撰所刻的《史记评林》《汉书评林》都是由茅坤作序。在《刻汉书评林序》中，茅坤说："凌太学曩抱先大夫藻泉公所手次诸家读《史记》者之评，属序而梓之，已盛行于世矣。世之缙绅先生嘉其梓之工，与其所采诸家之评，或稍稍慨于心也，复促之《汉书》为一编。工既竣，复来属予序之。"在《史记评林》序中，茅坤则对此书推崇备至："兹编也，殆亦渡海之筏也。而后之读其书，想见其至，当必有如人所称'湘灵鼓瑟于秋江上，曲终而人不见'者。"

董斯张

董斯张（1586—1628），原名嗣章，字然明，号遐周，又号借庵，乌程（今湖州）南浔人。监生。体弱多病，自称"瘦居士"。不懂料理生计，唯独沉溺于书籍，手抄书籍不下百部。工于诗词，著有《静啸斋词》，平时注意搜集吴兴掌故。平生所交挚友，都是海内名士，他也是岘山逸老社的成员，一起商榷著述，结社互吟，极力扶持诗教。据《晟舍镇志》记载，董斯张与晟舍闵元衢都是明代考据、方志学家，又同为竹墩沈儆炜僚婿（连襟），曾长期居于闵元衢的"一草堂"中，二人"吟风啸月于其中，著作甚富"，合著有《吹景集》《吴兴文艺补》（17卷）、《吴兴备志》等。所著的《吴兴备志》（32卷），采摭略备，在湖州方志中可谓上乘。清人评为"曲雅确核，足以资考据"。还著有《广博物志》50卷，搜罗既富，唐以前遗文坠简，裒聚良多。

董 说

董说（1620—1686），是董斯张之子，字若雨，号西庵，又号鹧鸪生、漏霜，乌程南浔人。明末清初著名的文学家、经学家，博学多才，又精通天文学，擅长草书。明亡后，无意于功名，隐居南浔"丰草庵"潜心著述。后出家于苏州灵岩寺，母亡后寓居夕香庵，三十年足不至市。著有《丰草庵杂著》十种。著有《上堂晚参》《唱酬语录》《七国考》（十四卷）《易发》（八卷），《运气定论》《天官翼》《薄镜歌发》（各一卷），还著有《棟花矶随笔》和著名小说《西游补》。董说是织里晟舍闵洪得的女婿，闵洪得字用光，官四川都指挥使、骠骑将军。《晟舍镇志》载，董说曾在晟舍闵元衢的别墅"咒园"寓居，"著书立说，足不出户"。

姚文田

姚文田（1758—1827），原名加畬，号秋农，湖州归安郡城人。

姚文田既是晟舍闵氏的甥亲，少年时寓居于晟舍，又是名师闵之炎（疑即闵之瑗）的门生。清乾隆五十九年（1794）以举人身份献赋于天津，并在天津行宫参加诏试，得第一名后，即授予内阁中书。嘉庆四年（1799）又参加会试并殿试，考前梦见榜上第一名是"姚文田，浙江归安人"，醒后思之，觉得此科在同乡中并无其人，就把自己的名字改为姚文田。后发榜，果中状元，后官至礼部尚书。

《晟舍镇志》记载姚文田年少时在闵氏宗祠求学，受教于闵之瑗老先生门下。闵之瑗在闵氏宗祠授徒一生，中年得明经（并列于进士），一生肆力于著述，从学者屡满屋外。所授学生，每次入试，都是优等廪生。姚加畬（文田）与凌鸣喈、闵思兴（字韦修，号吉庵）同为闵老先生之徒。姚文田中状元后，凌、闵二人先后于嘉庆五年（1800）、嘉庆六年考中举人，而凌鸣喈又于嘉庆七年（1802）

考中进士，官兵部武选司主事，因越职被劾乞归故里晟舍，闭门著书。又精于医理，对就诊者无不决断如神。姚与凌、闵二人读书时互相激励，不管炎夏还是寒冬，从不辍学。

除了上述诸人，王钦、施儒以及外籍寓贤刘麟、袁裘、韦商臣都与织里栖梧的黄镛为至交，他们都是湖州岘山逸老社的同道。栖梧村即今织里朱湾村之自然村。黄镛出生晟舍而移居栖梧，因此以"栖梧"为号。明南御史王钦（湖州郡城人），晚年寓居在栖梧黄镛家；明监察御史施儒（郡城东郊孺山人），与晟舍人黄镛、闵宜邵诗文相交，曾在晟舍、栖梧二处寓居数月；明太学生陈履贤（归安东林人）四试不中，隐居于晟舍，被尚书闵午塘（闵如霖）招为女婿；明学者朱心（菱湖人）隐居郡城北后庄村（今属环渚乡），著有《鸣秋诗集），受聘于晟舍闵璀家设馆授徒；清诗人、画家沈宗骞（乌程马腰人）与最舍闵裕三兄弟为莫逆交，每年夏秋之交都寓于晟舍闵氏的桐荫轩消暑吟诗作画；明末清初文士潘尔倬（郡城东北汇沮人），明亡后与晟舍闵声为道义之交，居其家数年结社联吟，抄书夜以继日，通宵达旦；清学者张镒（南浔人）曾寓居闵氏桐荫轩三年，与人合著《四书大小题文海》1564 卷和《海运刍言》。清吴兴名士戴铨（郡城人）屡不中举，于是业馆于晟舍授徒十数年。

（二）流寓织里的外府籍官宦与文人

王世贞

王世贞（1526—1590），明代文学家，字元美，号凤洲，江苏太仓人。累官至刑部尚书，以疾归里。才学富赡，好为诗、古文，与李攀龙同为明代"后七子"首领。王世贞与晟舍闵、凌二氏关系十分密切。据《晟舍镇志》记载，王世贞归故里后，与晟舍闵鹤结为挚友，常常坐船而来，"留数月，杯酒论文，无虚日，有忘归之乐"。王世贞住在晟舍时，也是晟舍名胜聚芳亭的常客。闵鹤是尚书闵玮的玄孙，而闵理则是元代提举闵天福的六世孙，元代名士陈遇、明代名士吴梦场都为聚芳亭写过序。明隆庆二年（1568），王世贞应闵鹤之请，又为聚芳亭题跋，并手书于湖州郴城的清茗馆。隆庆三年秋八月，王世贞还为闵氏所藏（甲申十同年图）作"书后"。《甲申十同年图》系明天顺八年（1464）同年进士闵佳等十人于弘治十六年（1503）在闵理府中相聚时所绘，王世贞见图应请撰

《甲申十同年图书后》，是在六十年之后。

他与晟舍的刻书业的关系也千丝万缕。王世贞成为晟舍的寓贤，主要原因是为刻书、为作序。朱国祯在《缮部绎泉公行状》中说，凌濛初的父亲凌迪知被罢归后，致力于书史，三吴的文士都来相会。凌迪知的长子凌湛初、次子凌润初，与王世贞及明代另一个文学家、长兴人徐中行，关系甚密，时常前来讨论校刻秦汉诸书，共同策划书目，裁定得井井有条。凌刻《李于鳞唐诗广选》（7卷）是凌濛初作的序，序中叙述了该书的原委：李攀龙（字于鳞）在历下（今山东济南）选好的古今诗，王世贞带到湖州晟舍，凌濛初的叔父凌稚隆据此本付梓，名为《诗选》。后来王世贞见了凌迪知，说徐中行别有校本，比前一本稍详备。于是凌瑞森、凌南荣兄弟就根据徐中行的本子另刻唐诗，题为《唐诗广选》。又据凌刻版六卷本《世说新语》跋，凌濛初的堂兄凌瀛初曾见到王世贞之弟王世懋的《世说新语》批点本，就予以刻刊。凌迪知所著《古今万姓统谱》、凌濛初的祖父凌约言所著《凤笙阁简抄》、凌濛初之兄凌湛初所著《赫蹄书》、叔凌稚隆所编刻《史记纂》《汉书评林》《史记评林》《春秋左传评注测义》等，都由王世贞作序。王世贞对凌稚隆的史才评价很高："上接班、马，舍以栋（稚隆字以栋），奚择哉？"意思是说，继承史学家班固、司马迁，除了凌稚隆还有谁呢？又在评其《春秋左传评注测义》一书时，将凌稚隆比作左丘明和杜预，说："若公之忠于左于杜，不尤炳然乎。"王世贞还在《史记评林》序中称赞凌稚隆："发简而了如指掌，又林然若列怀宝于肆者也。"王世贞还曾为凌约言题墓，其弟王世懋则为其撰《比部藻泉公课》。以上可见，凌、王两家因刻书、作序等原因，相互往来很频繁。明代才子王世贞也因此而常居于织里晟舍。

刘　麟

刘麟（1475—1561），明代江东名士，字元瑞，号南坦，又号凫塘，本是安仁（今属江西）人，寓居并终老于晟舍。刘麟初历官刑部郎中、绍兴知府，因与刘瑾结怨被罢官。少年时与顾璘、徐祯卿合称为"江东三才子"。罢官后寓居湖州，与陆昆、吴玩、孙一元、龙宽结社，号称"若溪五隐"。之后隐居在织里晟舍近郊的南坦上，刘麟因此自号"南坦"。刘瑾受诛后，刘麟被朝廷起用，官至工部尚书。因乐于吴兴山水，扶父亲棺木来葬。晚年仍隐居于南坦上，赋诗自娱。刘麟为官四十余年，其家产不及中等人家，却安贫乐道。晚年好楼居，又力不能构筑，于是梁上悬挂篮舆，人曲卧其中，还美其名曰"神楼"。明代苏州著名画家文徵明曾画"神楼图"赠予。

袁 袠

袁袠（1502—1547），江南名士，字永之，号胥台，江苏苏州人。中进士后任兵部武选司主事，因仓库失火而降职，发配到湖州，初住在湖州城南岘山寺，谈元吊古，悠然自得。袁袠是织里栖梧黄镛的挚友，后来寓居于栖梧村。后人称他所寓之处为"胥台读书楼"。他在栖梧村贫苦无资，作诗自嘲："山田十亩傍湖阴，茅屋三间对竹林。地占清幽宜卜筑，天教闲散得登临。葛洪原有移家志，陶令能无结社心。已矣谋生真计拙，东南西北任浮沉。"后被解除发配，被荐为补南京武选司主事，从此离开湖州，后又出任为广西提学佥事，壮年（46岁）而逝。

孙一元

孙一元（1484—1502），字太初，与凌濛初祖父凌约言是同时期人，善于绘画，性情豪宕孤骞，与李献吉、何仲默、郑善夫齐名。是明代寓居在湖州的名士之一，自言为关中人。研读庄老之学，年轻时辞家入太白山修道，号为"太白山人"。孙一元肤堂颜润，乌巾白袍，如神仙中人物。长兴籍名士吴琉二十九岁那年，因爱湖州道场山隐居山中，孙一元为其所居题额"挂瓢"。名士刘麟、施侃于是邀孙一元留下，并为他置田产，居苕溪之旁，还将施侃的妻妹张氏嫁之为妻。孙一元不久与凌约言情挚，凌约言又为他在晟舍镇西盘珠漾东南建"吹箫楼"栖身，啸咏楼中数年，继而迁至后林村（今属戴山镇），三十七岁去世，凌约言、吴琉等将他葬在道场山麓。

孙 牧

孙牧，江苏吴江人，字元灏，号秋涛，家贫，在晟舍设馆授徒，客居于主家。精通诗赋，被归安学使刘信芳以"古学第"补为弟子员（县学生），与名士郡城杨知新、南浔范锴为至交。

二、历代释道

觉 岸

觉岸（1286—?），字宝洲，世居乌程织里，俗姓吴。七岁丧父，由母亲章氏抚育，口授《论语》等书。十三岁出家于湖州天宁寺，投普觉独孤朋禅师，剃发为僧。普觉多藏典籍，宝洲取以熟读、玩味，故而能采集诸书。元至大二年（1309），掌静慈书记职。延祐初（1314），在天宁寺先后任"知藏"（负责管理经藏）与"分座说法"。至治二年（1322）出行化缘于嘉禾（嘉兴）。泰定元年（1324）住松江佘山，潜心著述三十年，至正十四年（1354），所著《释氏稽古略》书成。由于他对佛教门派了如指掌，所以书中上自伏羲，下至南宋，以年为经，以国为纬，阐述精详，是佛学领域里一部重要著作。李恒在序言中说："实能补国史之未周，茸禅编之大备。"

智 旭

智旭（1599—1655），字藕益，人称藕益禅师，自号灵峰道人，俗姓钟，本江苏吴县木渎人，晟舍利济寺方丈。十三岁无书不读，崇儒学，反对佛教，曾著辟佛论数十篇。十七岁读袾宏所著《自知录》《竹窗随笔》后，思想倾向佛门，乃焚过去所作。二十四岁入湖州金盖山蕅云庵，依高僧雪岭出家。他的佛学思想继承真可、袾宏、德清，主张儒佛一致，融合儒佛思想。曾著《周易禅解》《四书藕益解》，在佛教理论上提倡性相融合，实践上主张禅、教、律三学统一，宣称禅是中心，教是佛语，律是佛行，同归一念。其《阿弥陀佛经要解》一书，是他体现净土思想体系的著作，着重提倡持名念佛，所以佛教净土宗奉他为第九祖。清顺治十一年（1654）三月二十一端坐而逝，圆寂后葬于安吉孝丰灵峰寺大殿右侧。智旭是佛学理论家，在佛教界有重大影响，所以晟舍望族闵声延请他为利济寺方丈。智旭著作甚多，其宗论类有《灵峰宗论》十卷，此书在嘉庆六年（1801）再版时，由和硕亲王裕丰作序，序中说："融合诸宗，归极净土，一书梗概，略尽于斯，是以愈约愈博，至确至神，笼络群机，包罗大藏。"揭示了该书中心内容，并给予极高的评价。他的佛学工具书《阅藏知律》，对所收三藏典籍，同本异译，均一一注明，而且凡在一卷以上者，一律注明卷数，其不足一卷者，则注明页数，还注明其书在南藏还是在北藏。足见智旭治学态度之严谨。

通　琇

通琇（1614—1675），字玉林，俗姓杨，江苏江阴人。十九岁从石磬山高僧圆修（号天隐禅师）出家、受戒，不久便从圆修得法，成为禅宗临济宗三十五代传人。二十三岁出世开堂，在湖州报恩寺（练市）说法，是佛教史上极少见的一位青年禅师。织里晟舍望族延请通琇入主利济寺方丈。清顺治十六年（1659）二月，通琇四十六岁时，被皇帝召至"内廷问道"，赐大觉普济禅师封号，并赐紫衣、金印。顺治十七年八月，皇帝又召"内廷问道"，封大觉普济能仁国师。封国师者，清初唯通琇一人。"内廷问道"对顺治皇帝影响很大，使顺治帝笃信佛教，特别在他的宠妃董氏死后，提出削发出家，他说："吾本西方一衲子，为何落在帝王家。""朕想前身的确是僧，今每到寺，见僧家窗明几净，辄低回不能去。"

通琇著有《普济玉林国师语录》《五灯全书》《掊黑豆集》《续指月录》等。通琇晚年住西天目狮子正觉禅寺，于康熙四年（1665）在西天目山南麓双清庄旧址重建禅源寺，重兴高峰道场。圆寂后归塔于武康东坞庵。

闵苕旉

闵苕旉（1748—1836），字谱芝，号小艮，后改道名闵一得，晚年道号懒云子，人称金盖山人，清代著名道士。出生于乌程县晟舍镇，幼年多病，九岁时不会走路。入桐柏山拜龙门派第十代弟子高东篱为师，学习黄老之学，静心养性数年，痊愈回家。十六岁援例出仕，任云南曲靖县丞，因丁忧（父母之丧）还家，即绝意仕进，浪游天下。乾隆三十三年（1768）高东篱去世后，以师礼侍高之弟子沈一炳。沈一炳去世后，出游吴、楚、燕赵，与龙门西竺心宗的金怀怀、白马李、李蓬头等相往来。乾隆五十五年（1790）谒云南鸡足山鸡足道。闵苕旉以《戒律书》授道，而道以《斗法》授闵苕旉。

清嘉庆元年（1796），闵苕旉入金盖山，募资重建纯阳宫，修卫正节墓，在山隐居四十年。其间，闵苕旉承龙门宗风，并考其源流，清其经界，著书立说，宣扬三教同修，注重练气养生之法，行"居家在庙皆修道，忠孝节悌尽神仙"的大旨。同时广收门徒，众多社会上层人物（包括官僚、绅士、富商）成为入教弟子，金盖道观盛极一时。门人中著名的有薛阳桂、闵阳林、蔡阳倪等。因其学说独具特色，形成流派，在陶靖庵全真教龙门派云巢支派的基础上自成一家，创龙门派的方便法门——金盖山古梅花观嗣龙门正宗法门，在中国传统修真史上独占一席，是继王常月之后清代乾隆、嘉庆、道光年间全真龙门派最有影响的人物之一。闵苕旉一生浸濡道学，博闻广识，融会贯通，著述颇丰。先后注释、修订、编纂二三十种丹经道书，同时收清人和自撰内丹书 38 种纂为《古书隐楼藏书》，为后人研究道家学说留下宝贵财富。又撰《金盖心灯》八卷，以纪传体记录龙门派第一代至第十四代百余人的生平事迹，是研究龙门派历史的重要参考资料。道光年间又编纂《道藏续编》第一篇，所录的道书都是以前《正统道藏》所未收的。晚年修养更臻精纯，自拟身后楹联："修真只为求己志，著书未尽度人心"。逝世前夜，集孟子作连句："不失其赤子之心，善养吾浩然之气"。道光十六年（1836）十一月初十羽化，享寿八十九岁。

第三节　外籍治水名人

皋伯通

皋伯通（生卒年不详），东汉吴人，字奉卿，汉议郎，为郡大家。皋氏因"举案齐眉"故事而附记入《后汉书·梁鸿传》。皋伯通见到仆人孟光为舂米回来的丈夫梁鸿端来饭菜，并高举食盘，不敢仰视，相敬如宾。认定梁鸿必有大才，就将其养在府里读书著述。梁鸿死后，皋伯通据其生前愿望，将他葬在义士园。因为举案齐眉的故事，皋氏被称为义士高人。清同治《湖州府志》记载："汉元始二年（公元 3 年），吴人皋伯通筑塘以障太湖。"今仍有皋塘、皋桥等遗迹。"民有淳风"的义皋先民为嘉皋伯通之义举，遂将溇和村均以"义皋"命名，村中之桥亦名"尚义桥"。

皋伯通雕像

殷　康

殷康，生卒年不详，陈郡长平（今河南西华）人。东晋永和年间，在王羲之之后曾任吴兴太守。殷氏为衣冠南渡的世家大族，其父殷融为吏部尚书、太常卿，其妻谢僧韶为太傅谢安从兄谢尚女儿，其子殷顗为南蛮校尉，《晋书》有传。殷康因首开荻塘（以地多芦荻，因名荻塘），历来被尊为吴兴贤守。永和中（约350年前后），殷康发民"筑堤岸，障西来诸水之横流，导往来之通道，旁溉田千顷"。从六朝开始，太湖南岸的沼泽低地水利建设以塘工为主，首先要解决的是防洪以及排涝的问题，最重要的是坚筑塘堤以阻截和束缚西部山溪溪流横冲直下的洪水威胁。太湖南岸低地平原早期的开发形式是在沼泽地中筑起横向塘路，疏导西部山溪洪流，改变溪水漫流、漫溢的状况，塘路是运河更是后期低洼地围垦的水利基础。荻塘是六朝时期在太湖东南缘修建的重要水利工程，由于其所处的特殊位置，其塘岸实际上成了太湖东南岸的一条大堤，能够起到阻遏太湖风涛泛溢的作用，它的建成对于控制太湖洪水泛滥，改善太湖南边水乡沮洳的状况，促进当地垦殖有很大帮助。它将太湖与荻塘南岸的平原水网地区分割开来，同时也为荻塘以北滨湖淤滩的开发、横塘纵溇的修筑打下了基础。荻塘"西引霅溪，东达平望官河"，"苕溪，经湖州府城下，分流为运河，经府东七十里之浔溪，达于苏州府吴江县南四十里之鹰尸湖（莺脰湖）"。湖州城南的显山（后避唐讳改称岘山）和车盖山位于荻塘与东西苕溪的交汇处，殷康于显山上起显亭，在车盖山上造车盖亭。湖州百姓很尊崇殷康，源起妙西的黄浦亦名庚浦，原名康浦，左右原有上康村、下康村，百姓为避殷康名，一律改康为庚。

钱元瓘

钱元瓘（887—941），字明宝，原名传瓘。杭州临安人，吴越武肃王钱镠第七子。钱元瓘早年曾历任盐铁发运巡官、尚书金部郎中、检校尚书左仆射、内牙将指挥使，在讨伐叛乱、抗击贼寇中立有大功。

湖州始终位于吴越国北部边防线的中心位置，从湖州的滨湖地带通往太湖，是吴越的北上交通要道，所以钱镠从李师悦父子手中夺取湖州之后，一直牢牢地把守住太湖南面这条边防线。嘉泰《吴兴志》记载："昭感院，在县北十八里湖上，吴越钱氏文穆王（钱元瓘）领兵拒南唐至此，有异梦，遂建院，名瑞现。"昭感院位于有"溇港龙头"之誉的大钱。天宝四年（912）秋七月，武肃王钱镠赐钱元瓘号赞正安国功臣，进授司徒、守湖州刺史。乾化三年（913）冬十月，敕授王检校太保、依前湖州刺史、大彭县开国男、食邑三百户。贞明元年（915）

春正月，敕授王镇海军节度使、土客诸军都指挥使，湖州刺史如故。贞明三年（917）夏六月，制加王检校太傅，增食邑五百户。贞明四年（918），钱元璙被任命为水战各军都指挥使，讨伐吴国，大败吴军，迫使吴国与吴越讲和，因功任镇海军节度副使、检校司徒。吴越贞明六年（920）冬十月，敕遣卫尉卿兼通事舍人陈琼，授钱元璙检校太尉、同中书门下平章事，充清海军节度使，余如故。钱元璙有近十年的时间兼任湖州刺史，在南太湖之滨将兵，先后与淮人、南唐、吴国作战，屡立战功。

南太湖的滨湖高地在当时是吴越国一条能守能攻的水上防线，因此对这条水上边防线的建设也是不遗余力。为了方便战舰水军的进出，吴越国时在新淤积出的滨湖沉积带上大规模开挖溇港以利于行船，加速了太湖南岸纵溇横塘水利格局的定型。清王凤生在的《浙西水利考》说，"自吴越天宝八年（915），置都水营田使，募卒为部，号撩浅军，使撩清于太湖旁，一名撩清卒，四部凡七八千人，专为田事，治湖筑堤，居民遇旱则运水种田，涝则引水出田，即湖溇所由始"。撩浅军是吴越时期独有的水利制度，这一时期撩浅军的组织领导者就是钱元璙，他还从军队中抽调健壮的士兵成立"营田军"，动员农民组织"撩浅夫"，在都水营使统一指挥下创建低地漫长的"防水护田土堤"，营造大面积圩田。军民配合防洪护田，使过去经常遭遇洪涝的低地，也可以旱涝保收。吴越国出于军事和农业生产的双重需要，成就了太湖溇港。

撩浅军雕像

长兴四年（933），钱元瓘继位，成为吴越第二位国君。天福六年（941），钱元瓘因府署着火，惊惧得病。同年八月二十四日，钱元瓘去世，时年五十五岁，庙号世宗，谥号文穆王。

第四节　织里乡贤名录

一、织里古代进士名录

（一）明代进士名录

姓名	生卒年	字号	中进士年份	任职
闵珪	1430—1511	字朝瑛	天顺八年（1464）	刑部尚书
黄著	生卒年不详	本姓闵，字诚夫，号恒斋	成化五年（1469）寄吴江籍	云南道监察御史巡按广东
闵如霖	1502—1559	字师望号午塘	嘉靖十一年（1532）	南京礼部尚书
严杰	1522—？	字子俊号印台	嘉靖二十九年（1550）	监察御史
凌迪知	1529—1600	字雅哲号绎泉	嘉靖三十五年（1556）	兵部员外郎
严文梁	1531—1565	字子成	嘉靖三十五年（1556）	刑部郎中
凌嗣音	1547—1609	字孟昭号存彝	万历八年（1580）	广西布政使
闵一范	1548—1583	字仲甫号龙池	万历八年（1580）	颍上和知县巴陵知县
闵世翔	1550—？	字仲升号凤寰	万历八年（1580）	江西安福知县福建邵武知县
闵远庆	生卒年不详	字基厚	万历十四年（1586）	四川按察佥事建昌同知
闵梦得	1566—1637	字翁次号昭余	万历二十六年（1598）	副都御史兵部尚书
闵洪学	1567—1644	字周先号曾泉	万历二十六年（1598）	兵部右侍郎南京都御史
闵宗德	1577—1629	字景宗号纫弦	万历三十五年（1607）	三楚左布政使安徽巡抚
潘曾绂	1588—1636	字昭度	万历四十四年（1616）	新蔡知县 河南学政
闵心镜	？—1638	字非台号符娄	天启二年（1622）	山东布政使右参政 福建参政

（续）

姓名	生卒年	字号	中进士年份	任职
凌义渠	1591—1644	字骏甫 号茗柯	天启五年（1625）	大理寺卿
闵及申	生卒年不详	字生甫 号园客	崇祯元年（1628）	礼部主事 礼部精膳司郎
闵度	生卒年不详	字裴卿 号中立	崇祯十年（1637）	靖州兵备 福建提学
闵肃	1609—1648		崇祯十六年（1643）	福州推官 按察佥事

（二）清代进士名录

姓名	生卒年月	字号	中进士年份	任职
闵渠黄	生卒年不详	字寿毂 号浮樽	顺治六年（1649）	雷州知府
凌焜	1631—1667	字既白 号葵庵	顺治十五年（1658）	安庆府推官
严胤肇	生卒年不详	字修人 号石樵	顺治十八年（1661）	山东寿光知县
严德泳	生卒年不详	字苍任 号汲亭	康熙三十年（1694）	户部郎中
凌应㮰	1651—？	字端臣	康熙四十二年（1703）	衢州教授
闵珮	生卒年不详	字玉苍 号雪岩	康熙四十五年（1706）	峨眉知县
严遂成	1694—？	字崧瞻 号海珊	雍正二年（1724）	山西临县知县 云南嵩明知府
吴名夏	生卒年不详	字鹤庭	乾隆二年（1737）	福建光泽知县
凌树屏	1712—？	字保鳌、保虚 号威亭、缄亭	乾隆四年（1739）	嘉兴府教授
闵鹗元	1720—1797	字少仪 号时庭、峙庭	乾隆十年（1745）	右都御史兼兵部侍郎 江苏巡抚
陶树	生卒年不详	原名赵蛟，字壮池，号南村	乾隆十年（1745）	即用知县
凌梦曾	生卒年不详		乾隆二十六年（1761）	山西马邑知县
严肇埔	约1736—？		乾隆三十四年（1769）	甘肃安化 敦煌知县
闵思诚	生卒年不详	字中孚 号义亭、读山	乾隆三十六年（1771）	刑部主事 陕西乡试主考官

（续）

姓名	生卒年月	字号	中进士年份	任职
闵惇大	1740—1785	字宏中 号裕仲	乾隆三十六年（1771）	翰林院编修
闵之炎	生卒年不详	字瑗度，一字砚渠，号裕仲	乾隆三十七年（1772）	恩赐翰林院检讨
严淳彝	生卒年不详		乾隆四十三年（1778）	肥乡知县 慈溪教谕
严谦	1745—？	字柳之	乾隆四十六年（1781）	
凌鸣喈	？—1861	字体元 号泊斋	嘉庆七年（1802）	兵部员外郎
闵受昌	生卒年不详	字文甫 号缄三	嘉庆二十二年（1817）	刑部郎中 鸿胪寺卿
闵若思	生卒年不详	字馨颜，号俨斋	嘉庆二十五年（1820）寄宛平籍	河南泌阳知县 禹州知州
吴承璐	1835—1898	字广庵、二庵	同治四年（1865）	江苏太仓知县 官至道员
张凤藻	1859—1901		光绪二十四年（1898）	宜兴知县

二、织里当代烈士名录

张衡行 （？—1945）	吴兴织里人。1945年10月随新四军苏浙军区北撤渡江时牺牲
沈金六 （1923—1946）	又名沈金龙，吴兴织里人。1944年1月参加革命。1946年9月牺牲在淮南，时为华中军区淮南军区特务营6连战士
秦家书 （1912—1949）	浙江省湖州市织里镇人。1946年8月参加革命，1948年加入中国共产党。1949年担任区中队队长，参加剿匪工作，后遭土匪报复杀害
徐发生 （1924—1949）	吴兴织里人。中国人民解放军第20军58师172团侦察连通信员。1949年5月在解放上海的战役中牺牲，曾荣立三等功1次
陶德听 （1931—1949）	又名陶桂民，浙江省湖州市织里镇大河村陶家湾人。1946年4月参加革命，1947年3月加入中国共产党。苏中军区军工部42厂装配间副组长。1949年8月在江苏省徐州市牺牲
费煜泉 （1931—1953）	吴兴织里人。1951年3月参加中国人民志愿军，1952年5月加入中国共产党。为中国人民志愿军第24军70师208团4连卫生员。1953年6月在朝鲜上甘岭战役中牺牲。曾荣立二等功1次
邹顺权 （1959—1979）	吴兴织里人。1979年1月参加中国人民解放军，为铁道兵第2师9团18连战士。同年4月在山西省太原市古交河下隧道施工时因塌方不幸牺牲
沈阿章 （1949—1969）	吴兴人织里镇织里村人。1961年至1968年一直在生产队参加集体生产劳动。1968年10月，参加国防工程建设，多次被评为先进工作者。1969年11月在一次施工中，因抢救战友不幸牺牲。牺牲后被追认为中共党员

三、织里当代劳模名录

姓名	荣誉称号	获奖时间	工作单位
张国兴	全国商业系统劳动模范	1985	织里镇供销社
沈伯良	湖州市劳动模范	1986	织里中学
潘惠江	湖州市劳动模范	1990	织里镇综合养殖场
潘阿四	湖州市劳动模范	1992	湖州织里粮管所漾西粮站
周如荣	湖州市劳动模范	1992	织里漾西湖溇村
潘春喜	湖州市劳动模范	1994	织里镇织里村
黄震亚	湖州市劳动模范	1994	织里中学
何伯勤	湖州市劳动模范	1994	湖州太湖角望有限公司
菇天顺	湖州市劳动模范	1994	织里轧村港东
董炳荣	湖州市劳动模范	1994	织里漾西陆家湾村
潘阿祥	湖州市劳动模范	1996	湖州振兴阿祥集团
徐毛宝	湖州市劳动模范	1996	湖州大港集团公司
吴柏林	湖州市劳动模范	1996	湖州金牛印染有限公司
陈子汶	湖州市劳动模范	1996	浙江佳雪微特电机集团公司
陈根花	湖州市劳动模范	1998	浙江振兴阿祥集团
潘阿九	湖州市劳动模范	1998	织里太湖杨溇村
徐浩然	湖州市劳动模范	1998	湖州织里镇徐开艺术照相馆
邱金元	湖州市劳动模范	2000	湖州珍贝有限公司
朱志法	湖州市劳动模范	2000	浙江佳雪微特电机集团公司
吴维平	湖州市劳动模范	2000	织里中学
徐丽珍	湖州市劳动模范	2004	湖州织里轧村敬老院
侯国民	湖州市劳动模范	2002	湖州织里镇东湾兜村
俞锦清	湖州市劳动模范	2002	湖州大港纺织印染集团公司
孙桂荣	湖州市劳动模范	2002	织里中学
张衍明	湖州市劳动模范	2002	浙江佳雪微特电机集团有限公司
朱新康	浙江省劳动模范	2004	浙江湖州大港纺织印染集团公司
吴美丽	全国劳动模范	2005	织里镇司法所所长
张华伟	湖州市劳动模范	2006	浙江蓝天海纺织服饰科技有限公司
张金火	湖州市劳动模范	2006	湖州吴兴区织里环境卫生管理所
韩杏芬	湖州市劳动模范	2006	吴兴区轧村小学

（续）

姓名	荣誉称号	获奖时间	工作单位
王金法	湖州市劳动模范	2006	织里镇政府
陈根花	全国优秀创业女性	2010	浙江振兴阿祥集团有限公司
强火英	浙江省三八红旗手	2018 年	浙江米皇羊绒股份有限公司

四、织里院士名录

邱式邦　中国科学院院士

闵恩泽　中国科学院院士

桑国卫　中国工程院院士

五、当代织里籍乡贤名录

姓名	出生年份	行政村	职业与职务	备注
王坚	1964	织里	湖州师范学院研究员。复旦大学博士后研究，导师谢希德教授，在牛津大学、剑桥大学等多个世界知名大学进行研究	发表 60 余篇科研论文，主持国家基金项目"2-矩阵"的本征值问题及其应用
王忠卫	1970	汤溇村	中国人民解放军某师副师长	
王森泰	1951	汤溇村	海军副政治委员兼纪委书记，海军中将	十八届中纪委委员，十一届全国人大代表
叶水乔	1965	孟乡港村	中国农业发展银行党风廉政建设工作部（巡视工作领导小组办公室）主任	
叶新江	1964	小邾村	中信证券股份有限公司高管、全球投资银行委员会董事总经理	
朱国华	1965	孟乡港村	陆军防化学院教授、正师级	
江澄波	1926	织里镇	版本目录学家	被称为"苏州一宝""书林活字典"。著有《古刻名书经眼录》等，曾协助促成"过云楼"藏书归公
许水庆	1956	秧宅村	武警温州边防检查站政委，上校警衔	
孙旭东	1966	汤溇村	浙江省空军疗养院正师级	
严新华	1957	旧馆村	湖州市建设局原党委书记	
杨炳林	1962	沈溇村	陆军第一集团军湖州干休所所长	

（续）

姓名	出生年份	行政村	职业与职务	备注
李大震	1940	轧村	著名国画家	
李玉泉	1965	曹家簖村	法学博士、研究员、资深仲裁员，中国人民保险集团公司执行董事、副总裁，中国人民健康保险公司副董事长、总裁	享受国务院政府特殊津贴专家，独著、主编著作12部，发表论文100多篇
吴云妹	1970	陆家湾村	湖州市妇联主席	
吴巨波	1965	幻溇村	湖州市机关事务管理局原局长	
吴水根	1965	晟舍村	同济大学建筑设计研究院教授级高级工程师，土木工程学院兼职教授	
吴荣才	1953	汤溇村	武警干休所副师级	
邱式邦	1911—2010	瑞祥兜村	中国科学院院士，农业昆虫学家，植物保护学家，中国害虫综合防治、生物防治开拓者	
邱慈云	1956	瑞祥兜村	中国台湾积体电路有限公司运营高级总监，中芯国际高级运营副总裁，首席执行官兼执行董事	
邱家聪	1897	联漾村	黄埔军校四期秘书	
闵恩泽	1924—2016	晟舍村	中国科学院院士，石油化工催化剂专家	
闵新华	1965	晟舍村	湖州市政协人口资源环境委员会主任	湖州市政协常委，高级统计师
沈水春	1950	增圩村	解放军第四五五医院主任医师，技术五级	
沈悦	1980	李家坝村林圩	天体物理学家，美国伊利诺伊大学香槟分校天文系终身教授	在河外星系学、超质量黑洞和活动星系核等天体物理研究领域有诸多成果。2016年获斯隆研究奖
宋水江	1965	曙光村	浙大二院神经内科教授、主任医师，省医学会神经病学分会副主委、脑血管病学组组长	
宋真林	1960	庙兜村	团级	
张元林	1952	织里镇	美国肯恩大学终身教授	在海洋生态学，中国城市化研究领域卓有建树
张伟林	1972	石头港村	空军少将	
张锦章	1947	汤溇村	中国人民解放军某部大校	

（续）

姓名	出生年份	行政村	职业与职务	备注
陆强强	1978	东湾兜村	辽宁号航空母舰副舰长，上校军衔	
陈百民	1967	河西村	湖州产业集团总经理	
陈利江	1968	河西村	浙江省供销社主任、党委书记，省政协农业农村委员会副主任	
陈宏林	1962	乔溇村	军委后勤保障部财务局副局长（正师职），大校	获军队科技进步二等奖
陈保胜	1946	乔溇村	同济大学教授、博士生导师	城市与建筑防灾专家
陈锡林		织里镇	浙江中医药大学教授	
郁国梁	1964	河西村	国际著名数学家，美国TexasA&M university终身教授	
赵建明	1961	港西村	北京市文物局文物监察执法队队长、计划财务处处长	
胡乐鸣	1962	轧村村	中国农业出版社总编辑，享受国务院政府特殊津贴专家，高级编辑、编审，曾任农业部农业机械化司副司长、农民日报社总编辑	中国农业机械学会副理事长，中国农村合作经济管理学会副理事长，中国农业经济学会常务理事，中国编辑学会常务理事
茹一淳	2000	轧村抗三圩茹家埭	象棋国家大师、国际棋联大师	2018年世界象棋青少年公开赛U18男子组冠军
茹利新		轧村	湖州中心医院放疗科主任、副主任医师	
茹郁青	1961	轧村抗三圩茹家埭	书法家，浙江省女书法家协会副主席，湖州市女书法家协会主席	作品入展赵孟頫奖全国书法篆刻展等多项全国和浙江书法大展
茹季青	1964	轧村抗三圩茹家埭	中国人寿保险股份有限公司浙江分公司客户部总经理，高级经济师	
茹菇	1937	轧村抗三圩茹家埭	中国作家协会会员	获全国及省市级诗歌奖项三十余次，诗歌《二狗子乔迁》获《诗刊》诗歌大奖赛一等奖
柳国强	1963	大河村	湖州市人大常委会办公室二级巡视员，市农办原主任	
俞金法	1965	东桥村	嘉兴消防大队正团级	
施丽琴	1965	大河村	浙江省委宣传部二级巡视员，机关党委专职副书记	
施培荣	1960	杨溇村	南京军区文工团正团级	
费阿培	1951	陆家湾	解放军第四五四医院正师级主任医师	

（续）

姓名	出生年份	行政村	职业与职务	备注
徐阿炳	1962	杨溇村	浙江武警总队医院正师级	
徐振华	1926	潘溇	著名中医	
凌文璧	1965	旧馆	全美中国作家联谊会副会长，美国"中国作家之家"主任	
凌启宁	1943	晟舍	画家，上海大学美术学院油画系主任、教授	
凌鼎年	1951	晟舍	作家，中国作家协会会员，太仓市作家协会主席，世界华文微型小说研究会秘书长	
谈月明	1955	晓河村	浙江省建设厅厅长，中国书法家协会会员	
桑国卫	1941	汤溇村	十一届全国人大常委会副委员长、中国农工民主党十四届主席、中国工程院院士	
章宇强	1966	庙兜村	湖州市轨道交通管理服务中心主任	
温建飞	1977	骥村村	湖州市南浔区委书记	
褚玉明	1966	曹家簖	湖州师范学院教授	入围全球顶尖前十万科学家榜单
潘恩佳	1957	曹家簖	正团级	
戴建荣	1958	曹家簖	正团职	

注：本名录按姓氏笔画排序。

第四章　凌濛初简志

凌濛初（1580—1644），字玄房，号初成，一名凌波，一字彼斥，别号即空观主人，明代湖州府乌程县晟舍铺人（今织里镇晟舍村人）。《拍案惊奇》和《二刻拍案惊奇》（简称"两拍"）奠定了他在中国乃至世界文学史上的地位，使他成为一个有全国性乃至世界性影响的文化名人。他也是明代著名的戏曲作家，共创作杂剧14种、传奇3种，得到汤显祖、祁彪佳、尤侗等人的赞誉。他不仅有戏剧创作实践，而且有戏剧理论著作《谭曲杂札》以及对《西厢记》《琵琶记》等戏剧的评点，是明代著名本色派戏曲理论批评家。他经营刻书业，所刊书籍达25种，其中套色本17种，与闵齐伋并称为中国出版史上最著名的套版刻书家。凌濛初还是晚明的一位能吏国士。满腹经纶的他，晚年以贡生入仕，担任过上海县丞和徐州通判，在治理盐场、办理漕运、治理黄河、招降陈小乙等事件中展示出了杰出才能，最后在房村保卫战中，吐血而亡，以身殉国。临死前，三呼"无伤吾百姓"，是一位把百姓放在首位而不顾自身安危的勤政爱民的好官。

第一节　家　世

一、凌氏祖脉

凌氏远祖　凌姓出自姬姓，是周文王姬昌后裔。周文王第九子康叔封于卫，其庶子有在周朝担任掌冰室之官者，称为"凌人"，遂以官为姓。三国时有吴国车骑将军凌操、凌统，唐代有度支尚书凌准，宋代有平章凌景夏、华文阁待制凌哲、徽猷阁待制凌唐佐，元代有秘书监少监凌时中、翰林院直学士凌懋翁。凌准有南仲、夷仲、求仲、殷仲四子，湖州晟舍凌氏确信自己为南仲后裔。自元代凌时中起，湖州凌氏昭穆明晰。时中生懋翁，懋翁生谦，谦生均德，均德生贤，贤生晏如，晏如生敷，凌敷即凌濛初之高祖。

迁居安吉　凌操、凌统原山东莒县人，随孙策父子征战而迁居浙江余杭。唐时凌安为歙州判，遂安家于歙州。歙州又称新安，宋时改徽州。大约北宋末南宋初，一支凌氏由徽州迁至湖州安吉，其始祖说法有二。一是凌唐佐。《凌氏谱系考》："迨至宋唐佐公自新安迁居安吉铜山乡。"又《凌氏谱序》："自唐佐公乔迁安吉，遂为居湖之祖。"又《喻家坞宗谱源流叙》："至待制公弼唐佐则二十六世矣，始自新安迁于吴之安邑铜山乡。"二是凌景夏。《族谱警》："吴兴之凌氏，自平章公景夏始。平章公从宋高宗南渡，家安吉。"《二都支系考》："按凌氏自宋平章以来，世居安吉铜山乡。"

再迁归安练溪　元末，凌氏由安吉迁居湖州归安练溪（今湖州市南浔区练市镇）。据《晟舍谱系考》，凌懋翁由连州知州转任嘉兴郡守，坐船回安吉老家时，途经归安练溪西成桥，觉风土幽胜，"爰命一子家焉"。安吉宗人问其原因，懋翁曰："元政不刚，乱将作矣。吾族太盛，其能免乎？"其十六子均感悟，同时而迁，相约以"寿"为行，以"卦"为名，分散于江浙各地。其中凌益和凌谦定居归安练溪："寿三名益，居练溪之西成桥；寿四名谦，亦相继居练溪。"

著籍乌程晟舍　凌谦迁居湖州归安练溪后，历经均德、贤、晏如三世。晏如季子凌敷出赘乌程晟舍闵氏，遂为晟舍凌氏始祖。郑龙采《别驾初成公墓志铭》："晏如生敷，出赘晟舍闵氏，遂为乌程人。"又刘麟《凌学博练溪公墓志铭》："敷早失怙，赘于晟舍闵氏，遂籍乌程。"凌敷永乐甲辰（1424）生，正德辛未（1511）卒，其迁晟舍约在明中叶，即《晟舍镇志》所言"凌氏于明中叶后由练市迁来"。

二、凌氏代出闻人

凌操、凌统　凌操、凌统父子为三国东吴骁将。凌操为人侠义，作战奋勇当先，孙权封其为破贼校尉。后从孙权讨江夏黄祖，轻舟独进，中乱箭而死。凌统，字公绩，陈寿《三国志·吴书》有传。主要事迹有三：一是作为前锋征讨江夏黄祖，斩黄祖大将张硕，搏战登城，大获全胜，孙权因封其为承烈都尉；二是与周瑜等攻曹仁于南郡，反败为胜，因功升迁校尉；三是率三百人攻入敌围，救护孙权突走，左右战士尽战死，自身亦受重伤，仍攻杀数十人，孙权因拜其为偏将军。凌统卒后，孙权哀不能止，为之减膳数日。后每言及凌统，皆痛哭流涕。《三国志·吴书·朱然传》："自创业功臣疾病，权意之所钟，吕蒙、凌统最重。"《三国志·吴书·凌统传》："虽在军旅，亲贤接士，轻财重义，有国士之风。"

凌准　字宗一，浙江富阳人。《旧唐书》卷一三五、《新唐书》卷一六八有传。柳宗元撰有《唐度支尚书凌公列传》。二十岁，以书谒丞相，擢崇文馆校书郎。因平叛有功，累官大理评事、御史，御赐绯鱼袋。后转浙东廉史，入为翰林学士。唐顺宗时为度支尚书，与柳宗元一起参与由王叔文、王伾领导的永贞革新，事败而被贬广东连州。因母亲及两弟先后去世，忧思成疾，双目失明，卒于桂阳佛市。柳宗元撰《哭连州凌员外司马》诗和《故连州员外司马凌君权厝志》。父凌士燮唐肃宗时曾任国子监司业，精《春秋》，为柳宗元学师。受家学影响，凌准工文辞，专史学，著《后汉春秋》二十万余言。另有《六经解围》《邠志》《仪礼注》等书。

凌唐佐　字公弼，安徽休宁人。《宋史》卷四五二有传。顺治间抄本《凌氏宗谱》有罗愿撰《徽猷阁待制知应天府事凌公传》。宋哲宗元符三年（1100）进士。高宗建炎初，提点京畿刑狱，进直徽猷阁。因除寇有功，升任南京应天知府（今河南商丘）。南京被金兵攻陷，凌唐佐被俘，对方劝降，唐佐指颈曰："此可断，不可降也。"金人立刘豫为齐帝，唐佐遣人持蜡书告于朝，事泄被害。绍兴三年（1133），诏赠徽猷阁待制，御赐白玉碑一块。

凌景夏　字季文，号时正，余杭人。顺治《凌氏宗谱》有蔡元定撰《宝文阁学士凌公传》。以文学知名，试礼部第一，知台州、婺州，历著作郎、监察御史、殿中侍御史、工部郎中，以宝文阁学士致仕，年七十五卒。力主修内治，严边备，反对就鄂建阃，主张建司齐安，分上流与淮西东为三帅，以江淮大帅总之。任工部侍郎兼给事中时，上疏皇帝"忧勤不可移于晏安，觚切不可消于便佞"。《宋史》《建炎以来系年要录》《浙江通志》等书籍中有南宋凌景夏事迹，但与凌谱所言凌景夏事迹不同。

凌时中（1260—1334）　字德庸，号吉川，元至元辛巳（1281）进士。元将伯颜命他招抚安吉、武康、德清三县，三县之民赖以保全。任建昌路司狱，有重囚犯将受刑，时中察出冤情，但上司不予理睬，遂解印辞官。后罪犯在他郡落网，真相得以大白，因升任福建廉访、都水监丞。时河南王堰水转磨，百姓患之，无人敢言，独时中下令毁之。大长公主南游，乘豪民巨舫，钲鼓而行。时中以为不合法度，请求换乘驿车。后官至秘书监少监，赠集贤殿直学士、轻车都尉，封吴兴郡侯，寿七十五卒，葬安吉铜山乡鲁家溪。元代刘因赞曰："倬哉正气，貌与言称。安全三邑，咸赖抚膺。解印释罪，不刑而矜。嗷嗷视事，待命监丞。……服官食志，永祀吴兴。"

凌懋翁（1279—1354） 字师德，号震峰，时中长子。泰定乙丑（1325）进士，出任连州知府，平定广西苗民叛乱，擢任嘉兴路总管。至正甲申（1344），主试两浙乡试，号称得人。历官至翰林院直学士、通议大夫、秘书监正监，年七十六卒，葬安吉凤亭乡双溪口风火山。

凌懋老、凌说 凌懋老字师郎，号隆峰，时中次子。有四子。长子凌说字孟博，号鄅南，元至正九年（1349）进士。元末弃官归田，隐居著述，有《六经疏义》及《天目晴雪》等八咏。入明，召为卷帘使，受朱元璋器重，不称其名而称"老凌"，官至都察院右佥都御史。因犯颜直谏而被疏，洪武十八年（1385）被抄家。卒时六十九岁，附葬安吉凤亭乡双溪口。

凌贤 字彦能，洪武二十年（1387）举人。选江西玉山县教谕，一干三十

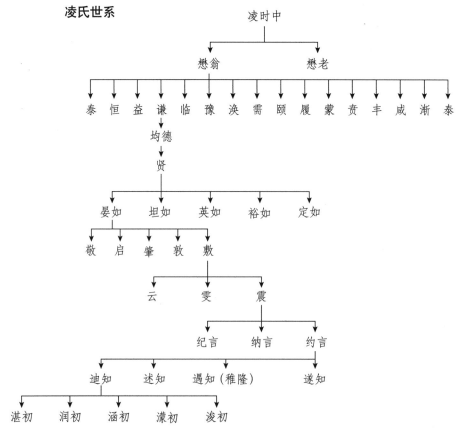

凌氏世系

年，当地学者敬服。升武冈州知州，转应天府治中，调知郑州，声闻于还是太子的宣宗皇帝。以直言忤旨，被贬均州十余年。宣宗上台后，征贤举能，问起晏如父亲情况。晏如说，父亲去乡四千里，现已七十岁，希望皇上矜怜。宣宗遂御制《招隐歌》，命吏部召还。时隆平侯张信自湖北荆州回京，向皇帝推荐凌贤可当大任。宣宗异之，召见后，命晋兵部尚书，又命掌都察院事，凌贤均不受。宣宗嘉其高行，遂御书"赐老堂"三字，褒而遣之，命以其子之官退休还乡。凌贤离开京城时，一时士大夫皆赋诗送行，著名者有曾鹤龄、吕文质、曾棨、王直等。

凌晏如（1382—1434）　字安然，号云溪。擅书法，小篆师法李斯，楷书学晋，尤特出。有小楷《洛神赋》，茅一相跋曰："魏公后一人而已，邱吉、张渊、顾应祥、刘麟、孙一元辈皆不如也。"孙一元《题凌中丞小楷〈洛神赋〉后》曰："常将铁石充逸少，合著萧诚笑李邕。会意直须书法外，临池真到古人中。"因书法造诣高，永乐初征授中书舍人，与修《永乐大典》；仁宗时晋史科给事中，升都给事中；宣宗时迁都察院右佥都御史，赐玺书，掌院事。历事三朝，声望很高，与都御史顾佐齐名，卒后翰林院侍读苗衷、尚书王直俱志其墓。王直《都御史凌君墓表》总结有三点：一是名臣风范，遇大事，毅然莫能夺；二是直言敢谏，举劾不避，同僚皆惮之；三是清正廉明，官居高位而家无产业，常令家人卖产以供。凌贤、凌晏如皆葬于归安练溪永亭村藏字圩。

凌震（1471—1535）　凌濛初曾祖。字时东，有修才，博洽群籍。与司空刘麟、进士施侃、山人孙一元辈交游，文名日高，而科举不第。正德间，以廪贡谒选湖广黔阳县学训导，文徵明写诗送行。中丞黄铁桥、提学许少华重其学，到官月余，即命提督宝山书院。凌震"严立科条，劝能惩惰，日与讲劘，一时士类改观"。嘉靖初，以年老力衰告归，杜门扫迹，清修自养，曾曰："学道不在多言，只人伦日用之间尽我心焉"；"君子、小人在实与不实之间而已。"嘉靖十四年，因脾胃之疾去世。所著《练溪集》四卷，有明嘉靖刻本、清嘉庆重刻本。《吴兴诗话》引郑元庆评语："练溪诗清婉可诵。"刘麟曰："一时名士未识面，先已读其篇什。"

凌约言（1504—1571）　凌濛初祖父。字季默，号藻泉。又号空庵、多病道人。少承家学，长从父执施侃游。嘉靖庚子举人，历任南直隶全椒知县、湖广沔阳知州、南直庐州府同知、南京刑部员外郎。令全椒时，师尚诏起义，大郡不敢抵抗，约言誓众死守，募勇操练。知沔阳时，出奇计，轻取官府不敢征讨的胡廷璧。又筑下流堤，捍卫荆、湖、汉、沔诸水，百姓德之，呼为凌公堤。在南京刑部员外郎任上丁艰，服阕后，不再赴调，优游林泉，著述终生。好养生家言，日诵《老子·专气致柔章》。晚年逃禅，自称净因居士。自言"不喜弹棋陆博，不喜筹算钱谷，夤缘谒请，攀附贵游，虽斩头穴胸不屑。独雅好艺文，寄情翰墨，凡百氏之书，虽病甚，亦不停披"。所著别集有《病稿偶录》《椒沔集》《凤笙阁简抄》等。唐枢曰："风格似坦老，而庄重丽博过之。"颜冲宇曰："趣逸绝尘，而沉挚古雅。"王世贞序《凤笙阁简抄》曰："余友人济南李攀龙、歙县汪道昆、吴都俞允文皆以尺牍名，今并凌公四矣。"尤擅长史学，辑有《史记评钞》《汉书评钞》，"于司马迁之学，博综条贯，惟恐阙遗"。其对《史记》的评论，学界至今乐于称引。

凌迪知（1529—1600） 凌濛初父亲。字稚哲，号绎泉。嘉靖丙辰进士，历任工部郎中、定州同知、大名府判、常州府同知。任工部郎中时，朝廷举办斋醮，兴建十坛，共需琉璃瓦三百万张。迪知访得太监所储三殿副料若干，尽数报上，事情如期办成，但因此得罪太监而被贬。定州同知任上，迪知见里甲苦供应，遂请立一条鞭法，官计值，民计田，不得出入。此法后被御史庞尚鹏用于浙，中丞海瑞用于吴，"遂及天下，为国朝世世良法"。常州同知任上，理枉辨冤，擒杀巨猾，铲除黠盗，被上司、同事切齿，罢官归家，年仅三十八岁。其父凌约言曰："吾闻汝与某某交，与某某锋钜者绝，疑之必且被杀。今幸善归，家有田数十顷，书万卷，吾饰吾凤笙阁待也。"于是日奉父游山水间，与同郡朱国祯、茅坤、苏州王穉登、太仓王世贞等人交游结社，读书论文，著述刻书。郑元庆《湖录》："公致仕，闭户著书，梨人枣人，终岁满户下。"朱国祯《缮部绎泉公行状》："先生益发舒，与元美、子与两家，时议论校刻秦汉诸书，义例纲领，一经裁定，井井可观，于是凌氏书布天下，干麈所指，多及其庐。"著有《万姓统谱》一百四十六卷附《姓氏博考》十四卷、《文林绮绣》五种五十九卷、《国朝名公翰藻》五十二卷、《皇明经世类苑》四十六卷、《历代帝王姓系统谱》六卷、《史汉评林》一百三十卷、《增定荆川史纂》十四卷、《大学衍义补英华》十八卷、《苏黄尺牍选》、《甲子回环表》、《学海清澜》一千卷等，其中《万姓统谱》《文林绮绣》《国朝名公翰藻》《皇明经世类苑》刻之行世。

第二节　生　平

一、科举与交游

读书凤笙阁　凌濛初生于万历八年庚辰（1580）五月初七日下午，生母蒋氏是鹤庆知府同郡菱湖蒋子岳女。时其祖父约言，嫡母包氏，兄湛初、润初均已卒，父亲迪知罢官闲居。凌家有良田数十顷，藏书上万卷，为凌濛初读书科举创造了良好的物质与文化条件。凌氏藏书处为凤笙阁，建在晟舍盘渚漾东伸入水中央一条火鱼埂上，凌濛初少年时读书其中。

屡中副车　凌濛初十二岁成为秀才，十八岁成为由官府供给膳食的廪膳生员，取得乡试资格，但从此试辄不售，中副车达四次或五次之多。郑龙采《别驾初成公墓志铭》："公试于浙，再中副车，改试南雍，又中副车，改试北雍，复中副车。"嘉庆乙丑刊《凌氏宗谱》卷二："卒以数奇，四中副贡。"范锴《〈湖录〉纪事诗》："胸罗经济为国用，乃击副车竟五中。"《晟舍镇志》卷三《贡生》记载凌濛初崇祯己卯六十岁时，第五次以副车落选。《国门集》《国门乙集》是凌濛初屡踬场屋时所作，多抑郁愤激之言。"两拍"也是他科举败北后抒写愤懑之作："丁卯之秋事，附肤落毛，失诸正鹄，迟回白门，偶戏取古今所闻一二奇局可纪者，演而成说，聊抒胸中磊块。"凌濛初一度萌生放弃科举入仕之念，想于乡间构一精舍以归隐终老，并作《绝交举子书》《戴山记》《戴山诗》以见志。

广交名士　凌濛初为人豪爽，在读书应试时，广交海内名士。郑龙采《别驾初成公墓志铭》曰："一时名公硕士，千里投契，文章满天下，交与遍寰区。"据现有资料统计，与凌濛初确有交往的有三十三人：冯梦祯、李维桢、吴梦旸、复元上人、刘曰宁、耿定力、耿定向、王穉登、汤显祖、袁中道、陈继儒、朱国祯、潘曾纮、潘湛、李瑞和、宋宗献、路振飞、何腾蛟、董斯张、孙起都、丘荃明、曹学佺、潘之恒、茅维、张琦、何公露、马云、沈璟、方应祥、王士昌、陈函辉、曾异撰、钟惺。此外，与凌濛初共同参与某次雅集的、源于某个名人而与凌濛初邂逅的，以及通过中间人而求得其序跋的有二十四人：谭元春、朱无瑕、韩上桂、林栞、林古度、葛一龙、于鼲先、王家彦、周永年、程道寿、张尔葆、沈定之、沈不倾、茅培、郝月娟、何万化、守庵上人、张髯君、卓仲昌、方子振、徐桢生、孙子长、沈彦方、张道羽。

久寓南京　凌濛初二十四岁后主要寓居南京，他的交游、著述与刻书等活动多发生在南京。万历三十二年，凌濛初上书南京国子监祭酒刘曰宁。万历三十三年，凌濛初生母病逝于南京，凌濛初扶柩回乡。万历三十四年，凌濛初拜见南京国子监司业朱国祯。同年，凌濛初第一部著作《后汉书纂》由南京周氏刊刻行世。万历三十七年秋冬间，凌濛初与朱无瑕、林古度、潘之恒、钟惺等人在秦淮河畔结社吟诗。在南京，凌濛初还结识何湛之，得到何氏所刊《陶韦合集》；相遇骚隐居士张琦，赠以自己所作散曲；拜见礼部侍郎李维桢，向他呈递林逋诗集。凌濛初南京寓所在珍珠桥，书斋名玉光斋，是当时文人一个社交点，吴允兆、复元上人、袁中道均曾造访，袁氏惊叹墙壁上挂有南宋刘松年精美画作。

二、套曲写风流

凌濛初科举失意，受晚明狎妓风尚影响，出入青楼以求慰藉，留下不少风流故事。

与苏州妓　万历三十五年前后，凌濛初与一名苏州妓有一段情感纠葛。此事见于凌濛初套曲《南吕·梁州新郎·惜别》，小序曰："余身作秣陵之旅客，心系吴门之故人。正苦孤踪，忽来仙斾，两情俱畅，一意为欢。猛传突起之獍枭，竟致顿归之狼狈。徒使青衫湿泪，反看绿鬓蒙尘。不禁寂寥，谩形歌咏。"凌濛初客居南京，孤苦寂寥，心中想念"吴门之故人"，即套曲所写苏州妓。也许心有灵犀，该女子忽然来到南京，于是"两情俱畅，一意为欢"。然而这只是一次"乍会"，该女子不久就被人逼迫回苏州，凌濛初再度陷入寂寞愁苦之中，于是挥毫写下这套哀怨的曲子《惜别》。

与秦淮妓　万历三十六年前后，凌濛初与一名秦淮妓有过一段风流生活，后来此妓忽然去世，大概是暴病而亡。凌濛初套曲《南吕·香遍满·伤逝》就是挽悼这位青楼女子。两人一见钟情，自此"月夕花朝，镇把琴心厮诉"，"灯前看绣鸾青谱，席上同倾绿蚁壶"。然而好景不长，该女子忽然花钿委地，魂赴黄泉，"西风一夜娇花扑，美前程到此罨虚"。凌濛初责备自己芳时轻度，如今独自一人，无心理熏笼，独自拥衾绸，妄想有还丹道士，能助"玉人儿体苏"。月明之夜，闲步空庭，竟把自己的影子误以为是她，然而"划地回头一个无"。董斯张为凌濛初作《叹逝曲为凌初成赋》，重点写他们欢歌调笑的风流生活，"乘船小妹杨柳下，拂面留卿手轻把。玉儿掩泪骄齐王，西陵油壁连骢马。秦淮桥边醉芰荷，笑言半合还复歌"，也写到此女子忽然去世，"黑风折云鱼鳞碎，绣凤楼空洞箫死"，并企盼道士出现，使女子还魂，"营陵道人来不来，梦草含烟泣春水"。

与河阳姬　凌濛初漫游古都洛阳一带，结识这位河阳姬。她能歌善舞，侠骨铮铮，当时名扬天下，缠头纷至沓来。然而她清醒理智，深知这一切不过是逢场作戏，害怕有一天落入"沙奴"之手。于是在"满堂之目"中，竟钟情于落魄文士凌濛初，置家徒四壁于不顾，结三生之盟于无悔。凌濛初南归后，她放弃青楼热闹生活，不仅寂寞孤苦，"影伴屋梁之落月，梦离巫峡之行云"，而且横遭恶势力摧残，"阎闾而逢暴客，探囊胠箧俱云空"。最后因生活实在难以维持，才去南京找寻凌濛初。两人最后莺燕双飞，旧梦重温。凌濛初套曲《南北合套·新水令·夜窗话旧》描写这次重聚话旧情形。潘之恒《亘史·外纪》卷二收入该套曲，后有潘氏按语："黄玄龙庚戌闰月报札云：河阳姬踌躇百折，始委身凌生，才调相怜，即一犊鼻胜乌纱多多许。河阳能于此不动情，则凌生未肯甘落第二义也。"说明凌濛初这一风流故事在当时士大夫间引起关注和轰动。凌濛初还作有七体赋《惑溺供》一篇，供认自己惑溺于河阳姬的七大罪状，似贬实褒，公开宣扬与河阳姬的恋情。

三、持家与刻书

主持家政　凌濛初出生前，祖父、嫡母、伯兄、仲兄均已去世。二十一岁后，父亲迪知、三兄涵初、生母蒋氏又先后去世。凌濛初二十六岁时成为晟舍凌氏南大房支当家人。他有一妻一妾、五子五女、十五个孙子，家庭人口众多，负担逐步加重，理家治生成为最迫切的事情。

刻书经商　凌濛初生活的晚明时代，社会生产力已达到一个新水平。杭嘉湖一带，因得风气之先，商业经济发展尤为迅速。这一带读书人逐渐认同商业意识，在追求科场功名的同时，力求获得商业利润，形成儒商并重的文化氛围。湖州地区具有河网地带所特有的书船，书籍出版与销售业兴盛，明代中后期涌现出花林茅氏、雉城臧氏、汇沮潘氏及晟舍闵氏、凌氏等著名刻书世家。在凌濛初之前，晟舍凌、闵二氏就有浓厚的刻书风气。周越然《书谈·套印书》："两家当日，席丰履厚，其贤者伏居乡里，不问世事。诵诗读书之余，专以刻书相竞。"凌濛初父迪知、叔稚隆曾编纂刻印过《万姓统谱》一百四十六卷、《史记评林》一百三十卷等众多大部头著作。凌氏经济实力雄厚，雇用有许多刻工，仅《国朝名世类苑》下书口记载的刻工就达十五人。正是在这种家族刻书传统下，屡试不第的凌濛初，迫于家中生计，在科举应试的同时，走上了刻书鬻书的经商之路。凌濛初刻书经商活动主要在万历四十四年（1616）至崇祯七年（1634），大约二十年，占据他近三分之一人生。

四、小说与戏曲

创作话本小说　天启七年（1627）秋，凌濛初乡试失败，回到南京，开始创作话本小说《拍案惊奇》。《二刻拍案奇小引》曰："丁卯之秋事，附肤落毛，失诸正鹄，迟回白门，偶戏取古今所闻一二奇局可纪者，演而成说，聊抒胸中磊块。"凌濛初希望通过小说写作来抒写科举失意的愤懑。他撷拾古今奇闻逸事，铺陈敷演，模拟宋元话本进行创作。第二年冬天，《拍案惊奇》由苏州尚友堂刊刻问世。坊主安少云给《拍案惊奇》作广告曰："即空观主人，胸中磊块，故须斗酒之浇；腹底芳腴，时露一脔之味。见举世盛行小说，遂寸管独发新裁，撷拾奇衷，演敷快畅。原欲作规箴之善物，矢不为风雅之罪人。本坊购求，不啻拱璧；览者赏鉴，何异藏珠。金阊安少云梓行。"《拍案惊奇》问世后，大受读者欢迎，销售火爆，"翼飞胫走，较捻髭呕血、笔冢研穿者，售不售反霄壤隔也"。于是凌濛初又创作《二刻拍案惊奇》，"意不能恝，聊复缀为四十则"。《二刻拍案惊奇》刊刻于崇祯五年（1632）冬。因为它的诞生，《拍案惊奇》后来被称作《初刻拍案惊奇》，与《二刻拍案惊奇》合称"两拍"。

编写戏剧　凌濛初戏曲创作活动主要在万历三十二年（1604）至天启七年（1627）间，共创作杂剧十四种、传奇三种。十四种杂剧是：《识英雄红拂莽择配》《李卫公蓦忽姻缘》《虬髯翁正本扶余国》《宋公明闹元宵》《苏不韦凿地报仇》《祢正平怀刺莫投》《刘伯伦指神断酒》《崔殷功村庄桃花》《颠倒姻缘》《石季伦春游金谷》《王逸少写经换鹅》《王子猷乘兴看竹》《张园叟天坛庄记》《吴保安》。三种传奇是：《雪荷记》《合剑记》《乔合衫襟记》。

评点曲坛　凌濛初曲坛评点活动主要集中于天启前后。他撰写《谭曲杂札》，提出贵本色的戏曲观，批判元末以来曲坛贵藻丽倾向，品评了《西厢记》《拜月亭》《琵琶记》《红梨花》《明珠记》等众多作家作品，并对当时曲坛一些热点问题发表看法。他编选《南音三籁》，校订《西厢记》《琵琶记》，且都详加批点。在大力推崇本色自然的同时，他也十分强调音律，作了大量版本考订与释义工作，他说："评语及《解证》无非以疏滞碍、正讹谬为主。"

五、晚年入仕

赴京谒选　凌濛初济世欲望强烈，曾拊膺长叹曰："使吾辈得展一官，效一职，不出生平筹划以匡济时艰，亦何贵乎经笥之腹、武库之胸耶！"他两度赴京谒选。第一次是天启三年（1623），时朱国祯召拜为礼部尚书兼东阁大学士，凌濛初随其舟入京，然谒选之事并不顺利，滞留京城一年多而无所获。第二次是崇祯九年（1636），南赣巡抚姻亲潘曾纮率师勤王，凌濛初有击楫澄清之志，遂二度赴京入选，但也没有成功。是年秋，他游览湖州杼山潘湛别业，写下《游杼山赋》一文，流露出落拓不得意而欲潜心释道的思想。

官上海县丞　崇祯十二年（1639），时年六十岁的凌濛初以副贡资格谋到上海县丞一职。任职期间，"催科抚字，两无失焉"，特别在办理漕运和管理盐场两件事情上，表现出杰出才能。此前许多人因办理漕运而受到惩罚，凌濛初则出色完成输粟入京任务，并根据切身体验写成《北输前赋》与《北输后赋》，上司认为"可为松郡良法"。之前盐场积弊甚多，"灶户奸商交相蒙蔽，而胥吏弄法，莫可究之"。凌濛初推行"井字法"，"每盐作九堆为一井，其大小高下如一。每一井一场官守之，较其一而知其八"，不但量定速度快，而且锱铢无爽，灶户、奸商、胥吏均不能上下其手，盐政为之一清。凌濛初多次受到上司嘉奖，"井字法"也成为定法，在沿海推广。

擢徐州通判　崇祯十五年（1642），凌濛初擢为徐州通判。当他渡过淮河，抵达徐州时，看到黄河水枯竭，竟然能通车马，不禁喟然长叹，以为天下不能无事。在徐州通判任上，凌濛初分署房村，治理黄河，成就突出，得到两淮巡抚路振飞表奖。《别驾初成公墓志铭》曰："乃分署房村，料理河事。房村对岸为吕梁洪，河之要害处也。桃花水发，民胥栗栗焉。公与防河主事方允立公昼夜图维，防筑有法，淮抚振飞路公表奖者再。"

劝降陈小乙　凌濛初在房村治河时，明王朝面临覆灭边缘，各地民众纷纷起义。淮徐地区有陈小乙，自号萧王，拥众数万，朝廷命淮徐兵备道何腾蛟予以征剿。凌濛初献《剿寇十策》：一曰宽抚宥；二曰行疑间；三曰据形胜；四曰练乡勇；五曰信赏罚；六曰出奇兵；七曰置弩车；八曰伏地雷；九曰广应援，十曰出滞狱。何腾蛟赞为妙策，先行宽抚宥、行疑间、广应援、出奇兵、信赏罚五策，连挫对手。凌濛初又自告奋勇，单骑诣陈小乙大营劝降，晓以祸福，使对方"俯首感悟"，接受招抚。徐州民变平息后，何腾蛟会郡邑文武各官在燕子楼开庆功宴，把平叛首功归于凌濛初，凌濛初即席赋《砀山凯歌》三十章、《燕子楼公宴诗》五十韵。同事方允立亦即席赋长歌一篇相赠，有"小范胸中兵百万，大苏笔阵学三千"之句。

　　呕血而亡　平定徐州民变后，凌濛初仍居房村，料理河事。崇祯十七年（1644）正月初七，有"流寇来薄徐城，流一队掠房村"。因对方来势猛锐，附近各村不敢救援，凌濛初独自率众死守。相持到初九日，对方欲劝降，凌濛初大骂曰："诚目我为何如人！我岂鼠辈偷生者比耶！"当即用火枪击毙对方数人，对方被激怒，发誓要生擒凌濛初，屠杀全村。凌濛初大义凛然，对百姓说："岂可为我一人害合村百姓！我将坠楼而死，以保全汝众。"于是绝食数日，正月十一日登楼喊话："我力已竭，明日死矣，万勿伤我百姓。"次日早上，凌濛初吐血不止，对百姓说："生不能保障，死当为厉鬼殄贼！"最后连呼三次"无伤吾百姓"而卒。何腾蛟遣官致祭，其文曰："文辞播宇宙，比眉山而多武略；忠义贯日月，媲睢阳更著蓍声。"清代范锴《〈湖录〉纪事诗》赞曰："胸罗经济为国用，乃击副车竟五中。剿寇淮徐十策陈，弃官入幕有余痛。贼锋啸聚纷狼犴，日色无光刀血殷。孤城誓与百姓守，孤臣独悲天步艰。生不能保障效职，死当为厉鬼杀贼。病榻但闻呼渡河，兄弟志同身许国。"凌濛初后人凌介禧赞曰："有才未大用，下位终浮沉。剿寇陈画策，十万扫地擒。嗟嗟殉国难，流贼彭城侵。生不能保障，呕血兼呕心。"

第三节　著　作

一、存世书目

　　《拍案惊奇》　亦名《初刻拍案惊奇》。凌濛初模拟话本小说而编撰的白话短篇小说集。创作于明天启七年（1627），由苏州尚友堂刊行于次年。原刊足本现藏日本日光山轮王寺慈眼堂法库。四十卷，每卷一篇，共四十篇。故事题材多取自《太平广记》《夷坚志》等前代说部书籍，经凌濛初再创作，表现晚明社会现实和时代气息。具有思想认识价值和时代意义的作品主要有两类：一是描写商人和商业活动的，如《转运汉遇巧洞庭红》等，反映晚明新的商业价值观和道德观；二是描写男女婚恋的，如《张溜儿巧布迷魂阵》《通闺闼坚心灯火》等，体现出反对礼教、肯定人欲的晚明启蒙思潮。《拍案惊奇》既保持话本小说道德说教传统，又强烈表现作者主观意识和个性特征，使话本小说成为更成熟的文人创作，因此被认为是中国文学史上第一部文人独立创作的白话短篇小说集。

《二刻拍案惊奇》 凌濛初模拟话本形式编撰的白话短篇小说集，与《初刻拍案惊奇》合称"二拍"或"两拍"。四十卷，每卷一篇，共四十篇，苏州尚友堂刊行于崇祯五年（1632）。原刊本仅存三十八卷，现藏日本内阁文库。佚失的两卷是卷二十三与卷四十，分别补入《初刻拍案惊奇》卷二十三、凌濛初《宋公明闹元宵》杂剧，以凑足四十卷之数。其思想内容和创作旨趣与《初刻拍案惊奇》一脉相承，反映晚明新兴市民阶层的社会生活和思想观念。创作手法上，也是抓住小说的娱乐性，用奇异巧妙的情节，令读者产生拍案惊奇的效果。著名篇章有《叠居奇程客得助》《硬勘案大儒争闲气》《同窗友认假作真》《李将军错认舅》等。

《诗逆》 凌濛初研究《诗经》的学术著作，主要辑录明人评点并有自评，《四库全书总目》卷十七《经部诗类存目》著录。有明天启二年（1622）自刻本，复旦大学图书馆等藏，署"凌濛初辑著，侄瑞森、男琮参订"，九行廿二字，白口，四周单边。全书不分卷，但实为国风、小雅、大雅、颂四卷。正文前有自序、《凡例》、插图两幅、《七月表》，以及辑录历代考证《诗经》制度、礼仪等文字的《诗考》一篇。正文录《诗经》原文，并采录明代沈守正、唐汝谔、魏浣初、钟惺、陆化熙、徐光启、徐徼弦七家《诗经》之评，"皆取议论见解及作诗者隐衷微词之秘，说诗者斡旋体认之妙，直以金针度人"，又有以"凌濛初曰"标出的自评一百余条，以阐发《诗经》各篇之"义"。此书可见出凌氏诗学之一斑，但其主要目的是为科举士子作导引，是一本类似《诗经》科举指南的书籍。

《言诗翼》 全名《孔门两弟子言诗翼》。凌濛初研究《诗经》之作，《四库全书总目》卷十七《经部诗类存目》著录。上海图书馆有藏，已收入《四库全书存目丛书》，墨刻，九行二十字，白口单边，无明确分卷，然版心有《国风》卷数（三卷），加上《小雅》《大雅》《颂》三卷，以及书前所附《两弟子言诗》一卷，实为七卷。正文前依次有《合刻二贤诗传小序序》《二贤言诗序》《合刻二贤诗传小序跋》旧序跋三篇，以及凡例、校阅诸家姓氏，正文首页署"吴兴凌濛初辑"。是书篇次依朱熹所定本，采徐光启、陆化熙、魏浣初、沈守正、钟惺、唐汝谔六家之评附于各篇末，凌濛初的考证与见解或赘于后，或作眉批，兼有集评和自评性质。《四库全书总目提要》卷十七谓："直以选词、遣调、造语、炼字诸法论《三百篇》，每篇又从钟惺之本加以圈点"，此评"正可看出凌濛初以及明代一批《诗经》研究在摆脱传统的经学观点和方法，而以文学写作视角治《诗经》的创新意义"。

《圣门传诗嫡冢》 凌濛初研究考证《诗经》之作，《四库全书总目》卷十七《经部诗类存目》著录。全书十六卷，附《申公诗说》一卷，刊于崇祯四年（1631）。墨刻，有自序和《凡例》。是书辑《诗序》及毛《传》、郑《笺》，又以丰坊《诗传》冠各篇之首，而互考其异同。以《诗序》旧称出子夏，《诗传》亦称出子贡，故以《圣门传诗嫡冢》为名。《凡例》曰："《传》《序》异同之义，毛、郑合离之说，颇自不少，窃为参考评驳，以正诸海内，附诗篇总章之下，悉冠以'愚按'云。"除以"愚按"形式标明的考证，是书还有凌濛初所作100余条眉批，内容包括对《诗经》文字的校勘、释义，以及对内容、艺术的评点。虽然凌濛初声称子贡所作的《诗传》乃丰坊伪撰，然而他的辑录、考证与评点，为学者研究《诗经》提供了"自证其同异，自析其短长"的学术方便。

《后汉书纂》 凌濛初史学撰述。全书十二卷，有万历三十四年（1606）金陵周氏刊本，北京师范大学图书馆、浙江图书馆、上海图书馆均藏，八行二十字，单黑鱼尾，四周单边。王穉登序曰："纂而出于玄房手，犹丹萤化于腐草，紫磨炼于顽铁，况非腐非顽者乎？讵起六朝之衰，成一家之论哉！"是书主要是对《后汉书》进行删削，属编选类作品。删削最多的是《后汉书》"志"部分，由原来三十卷删到一卷，其次为"纪"，再次为"传"。每《传》标题下，均注明保留的内容，如卷二《马皇后纪》注"入宫册立始末"、卷四《刘盆子传》注"盆子让位一段、归降始末"等。其编撰兴趣和取舍标准体现出一种鲜明的小说家倾向，即情节性和生动性，"该书的某些章节已与当时的历史演义小说颇为接近"。

《谭曲杂札》 凌濛初曲学著作。共十七则，五千多字。最早附在明末刻本《南音三籁》前而得以流传，创作时间当在天启七年（1627）之前。现已收入中国戏剧出版社1959年版《中国古典戏曲论著集成》。其最重要的理论价值是提出贵本色的戏曲观。本着本色的戏曲理论观，凌濛初对名家名作进行品评，批判明中叶以来戏曲的藻丽倾向，并对当时沈汤之争、《拜月亭》《琵琶记》高下之争等曲坛热点问题发表看法。《谭曲杂札》还十分重视戏曲结构与情节，"戏曲搭架，亦是要事，不妥则全传可憎矣"，主张一部剧作要线索清晰，不能有太多人物和故事。《谭曲杂札》的评论主要针对当时曲坛的现实情况有感而发，在中国戏曲理论史上有一定地位和影响。

《南音三籁》　凌濛初编选的南曲集。成书时间大致在万历四十四年至天启七年间。有明刻本和清袁园客重刊本，其中明刻本有1963年上海古籍书店影印本。《续修四库全书》第1744册所收该书亦为明刻本，九行二十二字，白口，四周单边，有图十六幅。全书四卷，收录元明两代32位作家的南曲作品，包括散曲套曲100套、小令28首；戏曲套曲136套、单曲13支。嘉靖、隆庆以来，戏曲创作繁荣，《吴歈萃雅》《词林逸响》等诸多曲选应运而生，清初李玉以为"其选之最精、最当者，莫如《三籁》一书"，其所选之曲"尽属撷精掇华"。凌濛初对所收南曲进行鉴赏归类，分为天、地、人三籁，又进行包括眉批、尾批、圈点在内的诸多形式的评点。这些评点涉及格律规范和理论批评两个方面，加上书前凌濛初所撰《叙》《凡例》以及《谭曲杂札》对戏曲理论和格律的直接阐发，《南音三籁》已超越单纯南曲选本的意义，成为中国戏曲史上重要的曲谱文献和理论批评文献。

二、存世文目

《游杼山赋》　凌濛初赋作，见于崇祯《乌程县志》卷十二《艺文》。创作于崇祯九年（1936）秋天。是年，凌濛初科举失意，应表兄潘湛之邀，游览湖州城南杼山潘氏别业。赋文近三千字，既描写湖州城南一带美丽风光，又展示杼山景色与人文，但主要部分是对潘湛别业亭台楼馆的铺叙，极尽铺张之能事，并流露出落拓不得意而欲潜心释道的思想，对研究凌濛初生平思想、文学创作以及《茶经》诞生地杼山之方位颇有价值。崇祯《乌程县志》编者评语曰："此赋甚佳。"

《惑溺供》　凌濛初赋作，见于潘之恒《亘史·外纪》卷二。这是一篇惑于女色、溺于儿女私情的自供状。凌濛初供述自己博得美女欢心、为美女抱不平、与美女同病相怜等七大罪状，表达以妓女为友、以狎妓为豪的个性思想。赋以自供为名，实系自赞；所供七罪，似贬实褒。赋中所写这名妓女即其套曲《夜窗话旧》中的河阳姬。此赋亦名《七供》，属七体赋，采用主客问答形式，客人最终反被说服，承认就算因这种罪而受重罚也非常值得。

序跋作品　除上述两篇赋体散文，凌濛初存世之文还有 23 篇序跋，主要见于他本人编刊的书籍中，少量见于他人所刊书籍。它们是：《辑诸名家合评选诗序》《陶靖节集跋》《孟浩然诗集跋》《王摩诘诗集跋》《孟东野诗集跋》《李长吉歌诗跋》《圣门传诗嫡冢序》《孔门两弟子言诗翼叙》《诗逆自序》《苏老泉集序》《苏长公表启叙》《东坡禅喜集跋》二篇、《苏长公书传序》《红拂杂剧小引》《红拂杂剧跋》《世说新语鼓吹序》《拍案惊奇序》《二刻拍案惊奇小引》《南音三籁叙》《西厢记识》《唐诗广选序》《会真说》《钟伯敬批点诗经序》。这些序跋涉及凌濛初文学理论、学术观点、社会交游及生平思想。

三、存世剧目

《宋公明闹元宵》　北曲杂剧。附于明尚友堂刊本《二刻拍案惊奇》后。剧本正名："周美成盖世逞词豪，宋公明一曲《念奴娇》。李师师两事传佳话，合编成妆点闹元宵。"全剧九折，依次为：《提纲》《破橙》《讯灯》《词忤》《闯禁》《折柳》《赐环》《狭游》《闹灯》。第一折由末上场，将剧本概括为"李师师手破新橙，周待制惨赋离情。小旋风簪花禁苑，及时雨元夜观灯"。接下来八折分两条线索展开，一条线索写宋徽宗与周邦彦的情感纠葛：周邦彦将宋徽宗与李师师破橙而食等情事赋之于词，徽宗见而大怒，将其贬出京城。李师师折柳送行，周再赋新词，徽宗大为赞赏，遂赦其罪，并召为大晟乐正。徽宗与李师师共赏元宵，周献词庆贺，再度升官。第二条线索写宋江等梁山泊好汉的活动：宋江闻说东京元宵灯火繁华，遂带领人马前往观看。在东京，柴进等闯进禁苑，挖去御屏上所书"山东宋江"四字；燕青去李师师处寻招安关节，正碰上徽宗来访，遂假称是李的中表兄弟；宋江元宵节狎游妓院，正欲诉出招安心事，徽宗突然降临；李逵守在妓院门外，见杨太尉前来游乐，遂痛打杨太尉，大闹元宵会，以发泄胸中怒火。两条线索时分时合，交相并进，使全剧情节波澜起伏，引人入胜。

《识英雄红拂莽择配》　凌濛初据《虬髯客传》创作的三个杂剧中的第一个。又名《北红拂》，是以红拂为主角的旦本戏。创作于凌濛初寓居南京时，大约在万历三十二年（1604）至万历三十四年（1606）间。有上海图书馆藏凌濛初刊朱墨套印本，正文前依次有意在亭主人孙子京《书红拂杂剧》、凌濛初《红拂杂剧小引》、马云绘插图八幅。正文八行十八字，有眉批和行间批。全剧四出，题目为"谋江山道人知王气，让家资虬髯避帝位"，正名为"得便宜卫公乔献书，识英雄红拂莽择配"。剧本写红拂慧眼识人，一识穷愁落魄的李靖于杨素府，并决定与之私奔；再识行为放荡的虬髯客于客栈，并与之结为兄妹。后来李靖得虬髯客豪产相赠，以此帮助李世民成就大业。凌濛初借红拂之善于识人，嘲讽当权者有眼无珠，埋没人才，表达怀才不遇之感。祁彪佳将此剧列入"妙品"，评曰："眉公常恨以南曲传髯客，如雷霆作婴儿啼。乃以红拂之侠，使歌纤调，亦是词场一恨事。初成以慷慨记之，且妙有蕴藉，每见其胜卫公一筹。"尤侗："笔墨排荞，颇欲睥睨前人。"

《虬髯翁正本扶余国》　凌濛初据《虬髯客传》创作的三个杂剧中的最后一个，是以虬髯客为主角的末本戏，创作时间当在万历末或天启间。无单行本，收入沈泰辑《盛明杂剧二集》，有图二幅、评语七条。全剧四出，正名为："李卫公家缘省气力，唐天子江山争不得；莽道人望气太原郡，虬髯翁正本扶余国。"剧本写虬髯客豪侠仗义，他原本有意争霸天下，拜见过李世民后，知道天下有主，遂将为争天下而积蓄有年的豪产拱手相送，自己则奔赴海外另创基业。沈泰评曰："初成诸剧，真堪伯仲周藩，非复近时词家可比。余搜之数载始得，值此集已告成，先梓其一，余俟三集奉为冠冕。"汪樱："愈俗愈雅，愈拙愈巧，置之胜国诸剧中，不让关、马。"祁彪佳："既一传红拂、再传卫公矣，兹复传虬髯翁，岂非才思郁勃，故一传、再传至三而始畅乎？丰骨自在，而精神少减，然鼓其余勇，尤足敌词场百人。"

四、存世套曲

《南吕·梁州新郎·惜别》　散曲套曲，共七支曲子，创作于万历三十五年（1607）前后。收入张楚叔、张旭初辑《吴骚合编》卷二、冯梦龙《太霞新奏》卷六，前有小序。凌濛初《南音三籁》散曲上卷亦收入，然无小序，且题为"乍会惜别"。小序交代写作缘由：凌濛初客居南京时，与一名苏州妓短暂欢会，但又被迫离别。内容主要写欢会的美好和别后的痛苦失落。《南音三籁》将之归于"人籁"，评曰："词意有俊处，惜常诠居多，异人止得一尾，及衬字数转有波耳。"

《南吕·香遍满·伤逝》 散曲套曲，共九支曲子，创作于万历三十六年（1608）前后。收入张楚叔、张旭初辑《吴骚合编》卷二、凌濛初《南音三籁》散曲卷上，均无小序。套曲挽悼一个与凌濛初共同生活却忽然间去世的青楼女子，主要写两人在一起时美好时光和女子去世后的愁苦心情。《南音三籁》归之"地籁"，评曰："佳处当行，若非'青鸾谱''绿蚁壶''蕙帐鸾床''博山沉水'等语，犹近时趣，直是元人胜场矣。气格较胜'因他消瘦'曲一步， 但前曲久为时所脍炙，此曲既仍其调，不得不抑而乙之耳。"

《南北合套·新水令·夜窗话旧》 散曲套曲，由十一支曲子组成，创作于万历三十八年（1610）。收入张楚叔、张旭初辑《吴骚合编》卷二、潘之恒《亘史·外纪》卷二。曲前有小序，写名妓河阳姬钟情于落魄文士凌濛初，并因此横遭恶势力摧残，不得已去南京找寻凌濛初，最后旧梦重温。套曲主要描写这次重聚话旧情形。此事受到当时士大夫关注，黄玄龙写信给潘之恒曰："河阳姬踌躇百折，始委身凌生，才调相怜，即一犊鼻胜乌纱多多许。河阳能于此不动情，则凌生未肯甘落第二义也。"

《商调·二郎神·题词》 凌濛初传奇《衫襟记》残存套曲。《衫襟记》是《玉簪记》的改写本，全剧已亡佚，现仅存曲词五套，均收入凌濛初编《南音三籁》，此其一。《衫襟记》的主体故事当与《玉簪记》同，即写道姑陈妙常与书生潘必正冲破封建礼教和道法清规约束而相恋结合。《题词》共九支曲子，写陈妙常凡心炽然，难以入睡，遂题词抒写春情芳心，心理刻画细微深入。《南音三籁》归之"天籁"，评曰："此即空观所度传奇，即陈妙常事也。缘《玉簪记》失其本情，舛陋可厌，故为重翻而更新之，聊选数曲，以见一班。此其《题词》折也，知音者试以较之《玉簪》之词何如？置之于此，亦以位置自难诬耳。"

《中吕·泣颜回·得词》《衫襟记》残存套曲，共九支曲子，《南音三籁》归之"天籁"。写潘必正得词后揣摩陈妙常的心理，感觉似许若拒，但最终料定这是一道"会亲符"，人物心理刻画细腻。

《仙吕入双调·步步娇·心许》《衫襟记》残存套曲，共十二支曲子，《南音三籁》归之"天籁"。写陈妙常在潘必正的追求下，终于以心相许，主要刻画陈妙常冲破礼教和佛门清规时复杂的思想斗争。

《商调·水红花·佳期》《衫襟记》残存套曲，共四支曲子，《南音三籁》归之"地籁"。写潘必正赴约及与陈妙常欢会时的喜悦心情。

《商调·二郎神·趋会》《衫襟记》残存套曲,共九支曲子,《南音三籁》归之"地籁"。写潘必正京城应试回来,陈妙常前去相见的复杂心理。

五、亡佚戏曲诗文目

亡佚剧目　杂剧 11 种:《李卫公驀忽姻缘》《苏不韦凿地报仇》《祢正平怀刺莫投》《刘伯伦指神断酒》《崔殷功村庄桃花》《颠倒姻缘》《石季伦春游金谷》《王逸少写经换鹅》《王子猷乘兴看竹》《张园叟天坛庄记》《吴保安》。传奇 3 种:《雪荷记》《合剑记》《乔合衫襟记》。

亡佚诗文　别集:《国门集》一卷、《国门乙集》一卷、《鸡讲斋诗文》《赢縢三札》《荡栉后录》《己编蠹涎》。散篇:《北输前赋》《北输后赋》《绝交举子书》《戴山记》《戴山诗》《剿寇十策》及《砀山凯歌》三十章、《燕子楼公宴诗》五十韵。

第四节　成　就

一、文学

(一)小说

《拍案惊奇》《二刻拍案惊奇》　袁行霈主编《中国文学史》:"它已经是一部个人的白话小说创作专集。它的问世,标志着中国短篇小说的创作进入了一个新的阶段。'二拍'所反映的思想特征与'三言'大致相同,艺术水平也在伯仲间,故在文学史上一般都将两书并称。"章培恒主编《中国文学史》:"'二拍'中已不再有收录改编旧传话本之作,而完全是作者据野史笔记、文言小说和当时社会传闻创作的。它对传统的陈腐观念的冲击与反抗、所表现的市民社会意识,要比'三言'更为强烈";"在反映商人的经济活动和追求财富的人生观念方面,'二拍'也更为集中和具体";"在'二拍'中,同样肯定'情'对于人生的至高价值,但更多地把'情'与'欲'即性爱联系在一起,并且对女性的情欲多作肯定的描述,这对传统道德观的冲击更为直接","'二拍'在描写爱情与婚姻故事时,和'三言'一样,常常对妇女的权利作出肯定";"'二拍'中的故事,大多写得情节生动而语言流畅",也具备"大量运用活泼的口语、注意人物心理活动的刻画等"特点。赵红娟:"'两拍'是我国最早的文人独立创作的白话短篇小说集,标志着我国古代白话短篇小说由说话人的集体创作跃进到作家个人的文学创作,由娱乐听众的手段变成抒发作家思想的工具,凌濛初也因此成为我国小说史上杰出的白话短篇小说作家。"

(二)戏剧

杂剧　祁彪佳《远山堂剧品》将凌濛初《李卫公蓦忽姻缘》《识英雄红拂莽择配》《颠倒姻缘》《苏不韦凿地报仇》四个杂剧列入"妙品",评曰:"《蓦忽姻缘》北四折:熟读元曲,信口所出,遒劲不群。如此妙才,惜其不作全记,今止获一脔耳。向日词坛争推伯起《红拂》之作,自有此剧,《红拂》恐不免小巫矣";"《莽择配》北四折:眉公常恨以南曲传髯客,如雷霆作婴儿啼。乃以红拂之侠,使歌纤调,亦是词场一恨事。初成以慷慨记之,且妙有蕴藉,每见其胜卫公一筹";"《颠倒姻缘》北四折:凌波有《桃花庄》剧,以韵调未谐而中废。及晤陈眉公,言:'微之《会真记》,张负崔也。欲传此张女以崔舍人死,死而复生,盖报张也。'凌大然之,因撺旧作一新之。《人面桃花》,崔、张卒以合卺,张负崔,崔何尝负张哉";"《穴地报仇》北四折:且歌且泣,情见乎词。豫让报仇而死,苏不韦报仇而生:忠臣孝子,亦有幸有不幸耳。"《远山堂剧品》将凌濛初《虬髯翁正本扶余国》《祢正平怀刺莫投》《刘伯伦指神断酒》三个杂剧列入"雅品",评曰:"《正本扶余国》北四折:初成既一传红拂、再传卫公矣,兹复传虬髯翁,岂非才思郁勃,故一传、再传至三而始畅乎?丰骨自在,而精神少减,然鼓其余勇,尤足敌词场百人。《祢正平》北一折:《渔阳弄》之传正平也以怒骂,此剧之传正平也以嬉笑,盖正平所处之地、之时不同耳。《刘伯伦》北一折:初成自号酒人,欲与伯伦为尔汝交。醒眼、醉眼,俱横绝千古,故能作如是语。"沈泰:"初成诸剧真堪伯仲周藩,非复近时词家可比,余搜之数载始得,值此集已告成,先梓其一(按:即《虬髯翁正本扶余国》),余俟三集奉为冠冕。"

传奇　冯梦龙:"初成天资高朗,下笔便俊,此曲其一斑也。曾改《玉簪记》为《衫襟记》,一字不仍其旧。"《南音三籁》:"此即空观所度传奇,即陈妙常事也。缘《玉簪记》失其本情,舛陋可厌,故为重翻而更新之,聊选数曲,以见一斑。"

（三）套曲与曲论

《南吕·梁州新郎·惜别》 明代张旭初："余于白下始识初成，见其眉宇恬快，自负情多。复出著辑种种，颇有谑浪人寰、吞吐一世之概。及以曲见掷，而调谐吕律，字洽阴阳，用韵尤严，写情欲溢，试为三复，其风雅不可想见哉！"《南音三籁》："词意有俊处，惜常诠居多，异人止得一尾，及衬字数转有波耳。"

《南吕·香遍满·伤逝》《南音三籁》："佳处当行，若非'青鸾谱''绿蚁壶''蕙帐鸾床''博山沉水'等语，犹近时趣，直是元人胜场矣。"

《南音三籁》附《谭曲杂札》《凌濛初全集》所收《南音三籁》之《说明》："全书由两个部分构成，一是《谭曲杂札》，二是《南音三籁》。前者是凌濛初的曲学理论，后者是他的理论标准对当时及其前代作品的品评，二者合看，就是一部表现凌濛初曲学见解的既有理论建构又有作品实例的完整著作，这在我国古代曲学理论方面是很独特的专著"；"'古质自然，行家本色'为天，'俊逸有思，时露质地'为地，'粉饰藻缋，沿袭靡词'为人，以实际例证表达了他注重本色、轻视骈俪的曲学眼光。"

（四）诗和诗论

《诗逆》《四库全书总目》卷十七："卷首有《七月表》一篇，以其中独阙三月，乃摘'春日载阳'至'公子同归'、'蚕月条桑'至'猗彼女桑'诸事，布于二月、四月之间，标为'蚕月'，殊属穿凿。又《诗考》一篇，独载一《御车图》，尤为挂漏。其所诠释，亦罕逢奥义。"

《孔门两弟子言诗翼》《四库全书总目》卷十七："杂采徐光启、陆化熙、魏浣初、沈守正、钟惺、唐汝谔六家之评，直以选词、遣调、造语、炼字诸法论《三百篇》，每篇又从钟惺之本加以圈点，明人经解真可谓无所不有矣。"《凌濛初全集》第一册《言诗翼》之说明：《四库全书总目》此评"正可看出凌濛初以及明代一批《诗经》研究在摆脱传统的经学观点和方法，而以文学写作为研究视角治《诗经》的创新意义"。

《圣门传诗嫡冢》《凌濛初全集》第一册《圣门付诗嫡冢》之《说明》："所谓子贡《诗传》，实为丰坊伪撰。但晚明相信《诗传》为子贡原作的不乏其人，……（凌濛初）读毛《诗》而心存四疑，及读《诗传》，便'一览而群疑皆释'，从而受惑，并进而以《诗传》冠于各家之首，下列毛《传》、郑《笺》，并及丰坊伪撰的《申公诗说》，企图给读者提供一个'自证其同异，自析其短长'的学术方便。

这似乎是一个可取的学术指向，却在丰坊作伪、一些学者信伪、另一些学者辨伪的过程中，起到了煽惑信伪的作用。……不过作为文化史上的一种现象，作为凌濛初的《诗》学活动和《诗》学观的文献，我们对于此书还是不应该忽视的。"

二、雕版印书

（一）刻书背景与刻书活动

刻书背景　明中叶以来，中国东南沿海一带商业经济繁荣，湖州书船业兴盛，刻书历史悠久，加上晟舍凌、闵二族世代簪缨，经济实力雄厚，喜好读书、著述与刻书。

刻书活动　凌濛初一生编刊书籍达 25 种，其中朱墨套色书 17 种。在凌濛初带动下，凌氏兄弟子侄 20 余人均参与套版刻书，在天启、崇祯年间刊印了大量套色书籍，内容遍及经、史、子、集四部。这些书籍深受读者喜爱，明末陈继儒曰："吴兴砾评书籍出，无问贫富，垂涎购之。"特别是凌濛初套印本《西厢记》《琵琶记》等，至今仍受到学人高度重视。

（二）经商动机和商业特征

经商动机　凌濛初科举失利，希望以文化才能的发挥充填人生，并企图以经商获利，以维持家庭乃至家族生计。经同族兄弟凌瀛初、凌澄初，子侄辈凌琛、凌延喜、凌汝亨、凌毓枏、凌森美、凌启康、凌弘宪等人的共同努力，凌氏套版刻书业在十七世纪上半叶趋于繁荣。

商业特征　凌濛初及其家族刻书讲究"精"，注重品牌效应，体现在四个方面：一是所用纸墨俱善；二是慎选底本和批点本；三是刻印精美，特别是套印本，行疏幅宽，能以颜色区分正文、评点，且所刻小说、戏曲和佛经附有精致插图。在提高产品质量以打开销路的同时，凌氏有时也运用一些低劣手段牟利，如同一版本的改头换面。凌氏刻书商业特征还体现在：重视读者阅读习惯。如《南音三籁》所收《拜月亭·拜月》有〔商调·二郎神〕曲，凌濛初眉批认为此曲乃"引子无疑也"，但因"今人强唱作过曲"，凌濛初遂将之纳入过曲，并曰："今恐惊俗眼，姑从时板。"重视市场流行趋势。他喜欢刊刻刘辰翁批点本，因为当时刘氏评本销路非常好，"坊估刻以射利，士林靡然向风"。重视名人序跋效应。他向人求序跋时明确说："不经高名之士，何以重于世？"其《后汉书纂》请名人王稚登作序，《圣门传诗嫡冢》请闽督学使者何万化作序，所藏元版《景德传灯录》

请名士冯梦祯跋。重视图书内容的吸引力。《东坡禅喜集》是读者感兴趣的苏轼与佛教，《后汉书纂》则保留原书中情节性和生动性内容以吸引读者。

（三）刻书目录与刻书特点

刻书目录　凌濛初编刊的 25 种书籍包括经部 4 种、子部 3 种、集部 18 种，见下表。

书名 卷数	四部 分类	作者或 评点者	凌濛初 工作	印刷 颜色	刊刻 时间	行款	馆藏 情况
《东坡书传》 二十卷	经·书	苏轼撰 袁了凡等12 家评点	集评 序并书 刊	朱墨	无	九行十九字，白 口，四周单边	上海图书馆、 辽宁省图书馆 等16馆藏
《孔门两弟子 言诗翼》 不分卷	经·诗经	凌濛初编撰 钟惺等批点	编撰 集评 自评 序 凡例 刊	墨	崇祯三年 （1630）	九行二十字，白 口，单边	上海图书馆等 6馆藏
《圣门传诗嫡 冢》十六卷 《附录》一卷	经·诗经	凌濛初编撰 凌濛初批点	编撰 批点 考证 序 凡例 刊	墨	崇祯四年 （1631）	九行二十字，白 口，四周单边， 单鱼尾	浙江图书馆等 11馆藏
《诗逆》不分 卷《诗经人物 考》一卷	经·诗经	凌濛初编撰	编撰 辑评 自评 序 凡例 刊	墨	天启二年	九行廿二字，白 口，四周 单边	复旦大学图书 馆等3馆藏
《世说新语》 六卷《世说新 语补》四卷	子·小说	刘义庆撰	编辑 辑评 自评 校注 凡例 刊	墨	未知	九行二十字，白 口，左右双边	上海图书馆等 8馆藏
《维摩诘所说 经》十四卷附 《释迦如来成 道记》	子·释家	鸠摩罗什译 附录王勃撰	刊 草书《维摩 诘十譬赞》	朱墨	未知	八行十八字，白 口，四周单边	浙江图书馆等 3馆藏
《景德传灯录》	子·释家	道原撰	刊	未知	未知	未知	佚

（续）

书名卷数	四部分类	作者或评点者	凌濛初工作	印刷颜色	刊刻时间	行款	馆藏情况
《选诗》七卷附《诗人世次爵里》一卷	集·总集	萧统选郭正域批点	编辑辑评订注校勘序凡例刊	朱墨	未知	八行十八字，白口，四周单边	上海图书馆、辽宁省图书馆等45馆藏
《陶靖节集》八卷《附录》一卷	集·别集	陶渊明撰、高元之等30余家评	集评校勘跋刊	朱墨	未知	八行十八字，白口，四周单边	上海图书馆等20馆藏
《韦苏州集》十卷《拾遗》一卷《总论》一卷	集·别集	韦应物撰顾璘等评	集评校勘刊	朱墨	未知	八行十八字，白口，四周单边	辽宁省图书馆、浙江图书馆等20馆藏
《孟浩然诗集》二卷	集·别集	孟浩然撰	编辑辑评校勘跋	朱墨	未知	八行十九字，白口，左右双边	浙江图书馆、上海图书馆等20余馆藏
《王摩诘诗集》七卷	集·别集	王维撰	辑评跋	朱墨	未知	八行十九字，白口，左右双边	浙江图书馆、上海图书馆等20余馆藏
《李长吉歌诗》四卷《外诗》一卷	集·别集	李贺撰刘辰翁评	编辑辑评跋	朱墨	未知	八行十九字，白口，左右双边	浙江图书馆、上海图书馆等20余馆藏
《孟东野诗集》十卷	集·别集	孟郊撰国材、刘辰翁评	辑评校勘跋刊	朱墨	未知	八行十九字，白口，左右双边	浙江图书馆、上海图书馆等20余馆藏
《李诗选》五卷	集·别集	李白撰钟惺等评	辑评凡例刊	朱墨	未知	八行十八字，白口，四周单边	上海图书馆等藏
《杜诗选》六卷	集·别集	杜甫撰	刊	朱墨	未知	八行十八字，白口，四周单边	上海图书馆等藏
《苏老泉集》十三卷	集·别集	苏洵撰茅坤、凌濛初等22家评	编辑辑评自评序凡例刊	朱墨	未知	八行十八字，白口，四周单边	上海图书馆等15馆藏

（续）

书名 卷数	四部 分类	作者或 评点者	凌濛初 工作	印刷 颜色	刊刻 时间	行款	馆藏 情况
《东坡禅喜集》 十四卷	集·别集	苏轼撰 冯梦祯批点 凌濛初辑增	编辑 增订 辑评 跋 刊	朱墨	天启元年 （1621）	八行十八字，白 口，四周单边	上海图书馆、 浙江图书馆等 21 馆藏
《山谷禅喜集》	集·别集	黄庭坚撰 冯梦祯批点	刊	未知	未知	未知	佚
《苏长公表启》 五卷	集·别集	苏轼撰 钱士鳌等评	辑评 序 刊	朱墨	未知	八行十八字，白 口，四周单边	辽宁省图书馆 等 14 馆藏
《西厢记》五 卷《解证》五 卷《会真记》 一卷《附录》 一卷	集·词曲	王实甫、元 稹等撰 王骥德、凌 濛初等评	撰《解证》 集评 自评 校注 凡例 刊	朱墨	未知	八行十八字，白 口，左右双边， 有图	上海图书馆等 10 馆藏
《南音三籁》 四卷	集·词曲	凌濛初编 凌濛初评	编选 评点 序 凡例 刊	朱墨	未知	九行二十二字， 白口，四周单 边，有图	上海图书馆、 南京图书馆 等藏
《识英雄红拂 莽择配》一卷	集·词曲	凌濛初撰 凌濛初评	撰 评 小引 跋 刊	朱墨	未知	八行十八字，白 口，四周单边， 有图	上海图书馆藏
《李卫公暮忽 姻缘》	集·词曲	凌濛初撰	撰 刊	未知	未知	未知	佚
《虬髯翁正本 扶余国》	集·词曲	凌濛初撰	撰 刊	未知	未知	未知	凌濛初刊本佚

刻书特点　凌濛初刻书有五个特点：一是以集部文学类书籍为主，25 种书籍中集部为 18 种，占 70% 以上。二是所刻书多有凡例，而少有刊刻时间，仅《言诗翼》《圣门传诗嫡冢》《诗逆》《东坡禅喜集》4 种在序跋中署有时间。三是少墨本而多朱墨本，但无三色及以上刊本。现存 21 种凌濛初刊本中，朱墨本 17 种，墨本 4 种。墨本中有 3 种是凌濛初《诗经》研究著作，首先考虑的不是商业利益，故未采用套色。四是喜欢辑刻前人评点，尤其酷嗜刘辰翁批注本，所刊《世

说新语》《李长吉歌诗》《李白诗选》《陶韦合集》《孟东野诗集》《王摩诘诗集》《孟浩然集》《韦苏州集》等均采用刘氏批点。五是注重取悦消费者，有意追求名人效应，刻书商业特征明显。

第五节　研究　评价　考辨

一、凌濛初研究

（一）主要论著

张兵《凌濛初与两拍》，辽宁教育出版社 1992 年版

马美信《凌濛初和二拍》，上海古籍出版社 1994 年版

徐定宝《凌濛初研究》，黄山书社 1999 年版

冯宝善《凌濛初》，春风文艺出版社 1999 年版

赵红娟《凌濛初考论》，黄山书社 2001 年版

王荣国等《明代闵凌刻套印本图录》，广陵书社 2006 年版

赵红娟《拍案惊奇——凌濛初传》，浙江人民出版社 2007 年版

冯宝善《凌濛初研究》，人民文学出版社 2009 年版

徐永斌《凌濛初考证》，江苏人民出版社 2010 年版

魏同贤、安平秋主编《凌濛初全集》，凤凰出版社 2010 年版

董捷《版画及其创造者——明末湖州刻书及版画创作》，中国美术学院出版社 2015 年版

赵红娟《晚明望族编刊活动研究——以闵、凌、茅、臧四大望族为中心》，中国社会科学出版社 2021 年版

（二）主要论文

柳无忌《关于凌濛初的〈拍案惊奇〉》，《读书》1983 年第 6 期

黄强《凌濛初戏曲理论三题》，《文学研究丛刊》1986 年第 2 辑

陈多《凌濛初和他的〈南音三籁〉》，《中国文学研究》1988 年第 1 期

许建中《凌濛初戏曲存目考补》，《扬州师院学报》1991 年第 2 期

赵红娟《凌濛初先世和迁徙情况考索》，《明清小说研究》1998 年第 3 期

徐定宝《论凌濛初〈南音三籁〉的审美指归》，《苏州大学学报》1998 年第 2 期

徐定宝《重评凌濛初笔下的唐赛儿形象》，《宁波大学学报（人文科学版）》1998 年第 4 期

赵红娟《凌濛初及其家族的刻书经商活动》，《湖州师专学报》1998 年第 2 期

徐定宝《凌濛初政治定位再观照》，《复旦学报》1999 年第 2 期

赵红娟《凌濛初〈游杼山赋〉管见》，《明清小说研究》2000 年第 3 期

赵红娟《"两拍"所体现的凌濛初的人才观》，《湖州师范学院学报》2000 年第 2 期

冯保善《凌濛初与晚明文艺思潮》，《明清小说研究》2000 年第 3 期

冯保善《凌濛初与王稚登》，《江海学刊》2000 年第 4 期

赵红娟《〈晟舍镇志〉中所见凌濛初资料考辨、存疑》，《湖州师范学院学报》2000 年第 5 期

冯保善《凌濛初小说创作与晚明哲学思潮》，《南京师大学报》（社会科学版）2001 年第 3 期

潘建国《明凌濛初尺牍真迹考释》，《文学遗产》2001 年第 5 期

郑志良《凌濛初佚作及交游补考》，《明清小说研究》2001 年第 2 期

冯保善《凌濛初史实四考》，《东南大学学报》2001 年第 1 期

雷晓彤《论冯梦龙、凌濛初对李渔小说创作与理论的影响》，《江西师范大学学报》2002 年第 2 期

孙旭《凌濛初地域意识述评——以"二拍"为例》，《陕西广播电视大学学报》2002 年第 4 期

冯保善《凌濛初家世述略》，《艺术百家》2003 年第 2 期

聂付生《论冯梦龙、凌濛初与通俗文学的传播》，《明清小说研究》2003 年第 2 期

黄季鸿《论凌濛初刻本〈西厢记〉》，《古籍整理研究学刊》2003 年第 3 期

〔日〕表野和江《明末吴兴凌氏刻书活动考——凌濛初和出版》，《中国典籍与文化》2003 年第 3 期

潘建国《凌濛初刊刻、评点〈世说新语〉考述》，《上海师范大学学报》2004 年第 5 期

张伯伟《〈东坡禅喜集〉的文化价值》，《中华读书报》2004 年 12 月 22 日

韩结根《〈亘史〉与"两拍"——"两拍"蓝本考之一》，《复旦学报》2004

年第 1 期

　　徐永斌《凌濛初戏曲小说中的侠义作品考释》,《新疆大学学报（哲学社会科学版）》2004 年第 1 期

　　韩结根《〈广艳异编〉与"两拍"——"两拍"蓝本考之二》,《复旦学报》2005 年第 5 期

　　吕特《论"三言""二拍"的情爱观》,《江淮论坛》2005 年第 3 期

　　纪德君《"拍案"何以"惊奇"?——"二拍"传奇艺术论》,《中山大学学报》（社会科学版）2005 年第 6 期

　　许建中《凌濛初"二拍"的叙述模式及其社会蕴含》,《扬州大学学报（人文社会科学版）》2005 年第 1 期

　　傅承洲《凌濛初的尚奇观与"二拍"之奇》,《北方论丛》2006 年第 6 期

　　徐永斌《凌濛初死事考辨》,《明清小说研究》2006 年第 1 期

　　杨琳《拟话本：从凌濛初到李渔》,《中国社会科学院研究生院学报》2006 年第 3 期

　　徐永斌《凌濛初家世研究及新资料的发现》,《明清小说研究》2007 年第 1 期

　　赵晓彤《"三言""二拍"对女性的审视与思考》,《山西师大学报》（社会科学版）2007 年第 1 期

　　徐永斌《凌濛初〈红拂〉杂剧创作考》,《内蒙古大学学报》2008 年第 4 期

　　张冬梅《凌濛初及其戏曲理论批评初探》,《中国古代小说戏剧研究丛刊》2008 年第 2 期

　　冯保善《〈北红拂〉〈虬髯翁〉合论》,《浙江学刊》2008 年第 4 期

　　徐永斌《凌濛初〈红拂〉杂剧创作考》,《内蒙古大学学报》（哲学社会科学版）2008 年第 4 期

　　徐永斌《凌濛初与晚明刻书业》,《明清小说研究》2008 年第 3 期

　　陈旭耀《凌濛初校刻〈西厢记〉之底本、校本考》,《文献》2009 年第 2 期

　　徐永斌《"二拍"与梅鼎祚的〈青泥莲花记〉》,《明清小说研究》2009 年第 1 期

　　黄爱华《从"二拍"看晚明社会观念的演变》,《成都大学学报》（社会科学版）2010 年第 5 期

　　俞为民《论〈南音三籁〉的性质与曲学成就》,《艺术百家》2010 年第 1 期

冯保善《曹学佺与冯梦龙及凌濛初交游考》，《明清小说研究》2010 年第 1 期

谢谦《朱熹与严蕊：从南宋流言到晚明小说》，《四川师范大学学报》（社会科学版）2010 年第 5 期

胡莲玉《从同题材的小说创作来比较凌濛初和陆人龙的艺术得失》，《明清小说研究》2011 年第 3 期

杨成靖《近十年以来"三言""二拍"研究综述》，《洛阳师范学院学报》2011 年第 9 期

王裕明《新见凌濛初史料三则》，《明清小说研究》2013 年第 3 期

赵红娟《凌濛初生平与交游五题》，《厦门广播电视大学学报》2014 年第 1 期

赵红娟《晚明江南望族的编刊活动与晚明都市》，《浙江社会科学》2014 年第 12 期

杨宗红《"以意逆志"与凌濛初〈诗逆〉释诗方法》，《海南大学学报》（人文社会科学版）2015 年第 5 期

杨宗红《凌濛初〈言诗翼〉之文学指向》，《广西社会科学》2015 年第 8 期

王委艳《道德伦理修辞与文化元语言——〈顾阿秀喜舍檀那物，崔俊臣巧会芙蓉屏〉的符号叙述学解读》，《三峡大学学报》（人文社科版）2015 年第 5 期

李光辉《〈南音三籁〉在曲律学史上的价值——以沈璟〈南词全谱〉为参照》，《厦门广播电视大学学报》2016 年第 2 期

赵红娟《晚明湖州四大望族的戏曲编刊活动及其特点》，《中国文学研究》第 28 辑，复旦大学出版社 2016 年版

赵红娟《凌濛初的编撰、刊刻活动及其刻书特点》，《古典文献研究》第 19 辑上卷，凤凰出版社 2016 年版

赵红娟《晚明望族的编刊活动、编刊者身份心态及其人员聘雇》，《古典文献研究》第 21 辑上卷，凤凰出版社 2018 年版

徐永斌《凌濛初的南京冶游历程对其文学创作的影响》，《中山大学学报》2019 年第 3 期

二、凌濛初评价

（一）文学地位

小说"二拍""两拍"向与"三言"并列，但"三言"主要是收集旧话本而

加以修改润色，而"两拍"中的小说都是由凌濛初创作。赵红娟《拍案惊奇——凌濛初传》认为："由于'两拍'是凌濛初的独立创作，因此它实际上比'三言'更贴近晚明社会普通百姓的生活，更真实地反映了晚明世俗社会的生活风貌和时代精神。"孙楷第先生说"两拍"："要其得力处在于选择话题，借一事而构设意象；往往本事在原书中不过数十百字，记叙琐闻，了无意趣，在小说则清谈娓娓，文逾数千，抒情写景，如在耳目；化神奇于臭腐，易阴惨为阳舒，其功力实亦等于创作。"《拍案惊奇》是我国最早的由文人独立创作的白话短篇小说集，凌濛初是文人独立创作白话短篇小说的第一人。从世界文学的眼光看，凌濛初也早于莫泊桑、欧·亨利、契诃夫等19世纪欧美的短篇小说作家二三百年。"两拍"应当有八十篇小说，目前仍存七十八篇，这一创作数量在此后三百年内也无人逾越。因此，凌濛初也是中国古代白话短篇小说产量最多的作家。

戏剧创作与批评　凌濛初不仅是晚明著名的戏曲作家，也是晚明著名的戏曲理论家。他共创作有杂剧十四种、传奇三种。赵红娟《拍案惊奇——凌濛初传》说："这些戏曲创作在当时就受到了高度评价。明代最著名的戏剧作家汤显祖称其为'定时名手'，赞扬他的戏曲作品'缓隐浓淡，大合家门'。明代著名戏曲理论家祁彪佳赞扬凌濛初有'妙才'，说他熟读元曲，所作戏曲'信口所出，遒劲不群'"；"他的戏曲理论著作《谭曲杂札》批评了明嘉靖后剧坛的贵藻丽倾向，提出了贵本色的戏曲观。从戏曲的本色观出发，《谭曲杂札》对当时曲坛的一些热点问题，如《琵琶记》和《拜月亭》的高下之争、沈汤之争等，均发表了自己中肯的、实事求是的看法"；他编选的南曲选本《南音三籁》"不仅为这些优秀南曲的流布作出了巨大贡献，而且由于凌濛初对所收的这些南曲进行了鉴赏归类，分成了天、地、人三个层次，又对每曲进行了包括眉批、尾批、圈点在内的诸多形式的评点，因此《南音三籁》完全超越了单纯选本的意义，成了中国戏曲史上重要的曲谱文献和理论批评文献。"金宁芬在《明代戏曲史》中评价道："在戏曲创作中，他强调的是'自然''本色'，他的'本色'论，有别于沈璟，而以才华、真情的自然发挥与表述为佳。……后人将他归于临川派，当与他崇尚真情，曲词雅驯、自然有关。"凌濛初的戏剧批评属于"考订兼评型"，"凌濛初校注的《西厢记五本》则是影响较大的考订本"（朱万曙）。

（二）文化地位

套版刻书　套版印刷法是印刷术发展过程中的新成就，与雕版印刷、活字印刷并称为中华印刷史上的"三变"。尽管套版印刷不是由凌濛初首创，但凌濛初与同里闵齐伋在普及、提高及灵活运用套印这一独特的印刷方法上却是作出了重大贡献，他们是印刷史上公认的最有名的两位套版刻书家。

商业文化　凌濛初对商人和商业价值观有了全新的看法。在他的小说创作中，比前人更充分、更集中地描写了商人及商业活动，出现了众多大胆肯定经商的文字，如"你们到江湖上做些买卖也是正经""经商亦是善业，不是贱流"等，甚至公开宣传经商高于科举的思想。

三、凌濛初考辨

凌濛初出仕之年考辨　关于凌濛初出任上海县丞的时间，历来有不同说法。一是崇祯四年说。清同治俞樾等纂《上海县志》卷十二《职官表》记载县丞凌濛初是"崇祯四年任"。叶德均《凌濛初事迹系年》驳斥此说。二是崇祯七年说。《涉园陶氏鉴藏明板书目》引《乌程县志》："崇祯甲戌（1634）以副贡授上海丞，署海防事。"叶德均《凌濛初事迹系年》主张此说。三是崇祯八年说，见徐永斌《凌濛初出任上海县丞考》（《文学遗产》2005 年第 1 期）。按：叶德均主崇祯七年、徐永斌主崇祯八年说均源于两个证据，一是嘉庆宋如林等纂《松江府志》卷四十二《名宦传》言李瑞和为"崇祯七年进士，授松江推官"、卷三十六《职官表》明府秩推官李瑞和为崇祯八年任，二是郑龙采《别驾初成公墓志铭》说凌濛初在上海八年，崇祯十五年壬午擢为徐州通判。叶德均之所以定为崇祯七年，是因为他拘泥于《涉园陶氏鉴藏明板书目》所引《乌程县志》凌濛初"崇祯甲戌（即崇祯七年）以副贡授上海丞"的说法，认为以崇祯七年计，至十五年为八年，与铭文合。但叶德均也意识到此说有一个未能解决的问题，那就是李瑞和虽然在崇祯七年授松江推官，但他出任此职是在崇祯八年，而《墓志铭》有凌濛初出任县丞时，李瑞和欣然相接，盛情款待的描写。也正是据此，徐永斌否定崇祯七年说，力主崇祯八年说，认为以崇祯八年计，至十五年，前后亦八年。四是崇祯十二年说。《晟舍镇志·人物》载凌濛初出仕之年为"崇祯己卯"，即崇祯十二年。赵红娟主张此说（见《凌濛初生平与交游五题》，《厦门广播电视大学学报》2014 年第 1 期），理由如下：一是《墓志铭》谓潘曾纮为赣府抚军，招濛初入幕，适潘氏率师勤王，濛初慨然，遂入都就选，而潘氏任南赣巡抚为崇祯七年事，勤王为九年事，因此谒选得官当更在崇祯九年后。二是从《墓志铭》来看，凌濛初在上海任上政绩卓著，干得有声有色，但其崇祯九年所作《游杼山赋》一文，却表达了落拓不得意而耽于丘壑、欲隐居而醉心于释道的思想，情绪极其低落，根本不像一个有作为的官吏样子。因此，他出仕当在崇祯九年后。三是《晟舍镇志·贡生》记载崇祯十二年凌濛初第五次中副榜，万分无奈之下，在京继续活动，谒选为上海县丞也是顺理成章的事，而且凌濛初崇祯十二年出仕是记载在《晟舍镇志·人物》，书中不同之处的相同记载可印证这一说法的准确性。四是崇祯十二年出任上海县丞，与李瑞和的欣然相接也不矛盾，因为宋如林等纂《松江府志》卷四十二《名宦传》明确记载李氏"在郡七年，征拜监察御史"。可见，崇祯十二年，他仍在上海推官任上。综上，若不拘泥于《墓志铭》在上海八年的说法，凌濛初出任上海县丞应如《晟舍镇志》所载是在崇祯十二年。而崇祯七年或崇祯八年说，尽管符合《墓志铭》凌濛初在上海八年的说法，但实际上也无视《墓志铭》凌濛初崇祯七年入潘幕的事实。

凌濛初去世时间考辨　关于凌濛初卒年，特别是死亡的具体月日，有不同说法。郑龙采《别驾初成公墓志铭》、嘉庆与光绪两个版本的《凌氏宗谱》均言卒于崇祯甲申正月十二日。《晟舍镇志·人物》言死于崇祯甲申三月。贾三强《凌濛初晚年二事考》一文认为凌濛初死于崇祯甲申五月，因为凌濛初卒于程继孔领导的民变，而崇祯十七年甲申（1644）正月至四月徐州一带不可能发生大规模的民变或义军活动，《墓志铭》误记之因可能是凌氏家人和《墓志铭》撰者当时不在现场，或《墓志铭》撰写时间距凌氏之死较长，记忆不清，或其死讯在传抄中因"五""正"形近而讹。徐永斌考证为崇祯壬午（1643）十二月中下旬。他认可贾三强"凌濛初卒于程继孔领导的民变"这一说法，而官兵对程继孔民变有两次围剿，程继孔于崇祯十六年（1643）十二月二十九日被俘获，凌濛初当卒于崇祯十六年（1643）十二月中下旬的淮、徐民变被镇压之时。按：贾三强、徐永斌的考证有推测成分在，若无凌濛初死亡日期的确切史料，当以《墓志铭》与凌谱的说法为准。

凌濛初房村所遇"流寇"考辨　凌濛初在房村所遭遇的"流寇"，《墓志铭》明确指为李自成农民起义军一支，凌濛初因此被指责镇压过农民起义。20世纪90年代以来，学界有新的说法。贾三强通过考证认为，濛初所遭遇的"流寇"就是先前所招抚的陈小乙，其真名为程继孔，是一个卖友求荣、反复无常的义军败类。徐定宝认为凌濛初在房村所遭遇的"流寇"以及所招抚的陈小乙、扫地王等

徐州房村镇凌濛初雕像

并非正规农民起义军，而是山寨土寇，他们以敛财享受为目的，带给百姓的是祸患与灾难，容易被统治者所收买，甚至成为统治者镇压农民起义军的工具，凌濛初予以剿灭是为百姓作贡献，并非只是为朝廷立功。凌濛初房村所遭遇的"流寇"，是属于李自成农民起义军，还是其他义军败类，甚或是为非作歹的山寨土寇，目前学界仍有分歧，但有两点是明确的：一是作为封建时代的文人，凌濛初即使行动上没有镇压过农民起义，但其内心也不可能拥护农民起义。农民起来造反，目的就是要推翻现行统治，而在凌濛初看来，即使是秦始皇这样的无道暴君，"亦是天命真主"，《拍案惊奇》卷三十一对唐赛儿的描写也表现出他对农民起义的敌视和反对。二是一个内心反对、甚至行动上镇压过农民起义的人，却仍有可能对"官逼民反"的现实有清醒认识，仍有可能是一个体恤民情的好官。在《拍案惊奇》中，他虽然对农民起义领袖唐赛儿有所丑化，但也对《水浒传》里的英雄表示赞赏。他认为那些侵剥百姓、诈害乡民、把持官府的"做官的""做公子的""做举人的"都是"大盗"，"倒不如《水浒传》上说的人，每每自称好汉英雄，偏要在绿林中挣气，做出世人难到的事出来"。从凌濛初晚年从政经历来看，特别是临死前三呼"无伤吾百姓"，他是一位勤政爱民的好官。

　　《晟舍镇志》中所见凌濛初资料考辨　　1.《晟舍镇志》卷五《人物》："凌濛初，字元房，号初成，浣初弟。"按："浣初弟"，误。据光绪《凌氏宗谱》卷八《凌氏谱录》，浣初为濛初叔父凌遇知之子，故濛初当为"浣初从弟"。2.《晟舍镇志》卷五《人物》转引《湖录》言濛初投试乡闱"五中副车",又引范锴《〈湖录〉纪事诗》亦言"乃击副车竟五中"。按:以下三种资料皆言四中:郑龙采《别驾初成公墓志铭》:"公试于浙,再中副车,改试南雍,又中副车,改试北雍,复中副车。"嘉庆《凌氏宗谱》卷二:"卒以数奇,四中副车。"光绪《凌氏宗谱》卷八:"四中副贡,选上海丞,署县事。"存疑俟考。3.《晟舍镇志》卷五《人物》:"崇正已卯以例贡为南直上海县丞。"按:请参见"凌濛初出仕之年考辨"条。4.《晟舍镇志》卷五《人物》言凌濛初卒于"甲申三月"。按:请参见"凌濛初去世时间考辨"条。5.《晟舍镇志》卷五《人物》引范锴《〈湖录〉纪事诗》"兄弟志同身许国(谓忠介也)"句。按:忠介即凌义渠,历官大理寺正卿,闻知崇祯帝驾崩,上吊而死,与濛初确实是"志同身许国",但二人并非兄弟。凌义渠是濛初叔父遂知之孙,濛初与他是叔侄关系。6.《晟舍镇志》卷三《贡生》"天启辛丑副""崇正(祯)丁丑副"下均有凌濛初名,且前者有小字曰:"至崇正(祯)丁丑、已卯,五中副车。"按:明代科举考试三年一次,乡试在子、卯、午、酉年举行,天启辛丑、崇祯丁丑并非乡试年份,且明熹宗天启年间只有辛酉纪年而无辛丑纪年。7.《晟舍镇志》卷六《著述》著录凌濛初"《嬴滕三札》"。按:《别驾初成公墓志铭》"嬴"作"嬴"。查同治《湖州府志》、光绪《乌程县志》,均为"嬴"。此书内容不详,但从"嬴""滕"均可作姓氏来看,似为"嬴"。8.《晟舍镇志》卷六《著述》著录凌濛初"《鸡讲斋时文集》"。按:查同治《湖州府志》、光绪《乌程县志》,均作"《鸡讲斋诗文》",不知孰是。9.《晟舍镇志》卷六《著述》著录凌濛初"《拍案惊集》三集"。按:目前存世的仅有《初刻拍案惊奇》《二刻拍案惊奇》二集。然日本内阁文库所藏明尚友堂本《二刻拍案惊奇》的第五卷及第九卷,第一行及版心有分别题作"二续拍案惊奇"和"二续惊奇"的,则凌濛初于《二刻拍案惊奇》后似乎还编写了《二续拍案惊奇》,这样《拍案惊奇》就达到三集。存疑。

附:凌濛初年表

1580年(明万历八年)1岁。五月初七日,凌濛初诞生于浙江省湖州府乌程县东晟舍铺(今属浙江省湖州市织里镇),字玄房,号初成,亦名凌波,一字彼斤,别号即空观主人。祖约言,嘉靖庚子举人,仕至南京刑部员外郎,已卒。父迪知,嘉靖丙辰进士,授工部营缮司主事,时年五十二岁。嫡母包氏,同郡兵马指挥使包大厦女，已卒。生母蒋氏，鹤庆知府同郡菱湖蒋子岳女，时年二十一岁。长兄湛初，字玄旻，号洞湖，郡廪生，已卒；次兄润初，字玄雨，号岘石，邑庠生，已卒；三兄涵初，字玄勃，号屺瞻，太学生，时年二十二岁。三兄均为包氏所出。妻沈氏，贵州兵备副使同郡进士沈子来女，时年一岁。

1581 年（明万历九年）2 岁。弟浚初生。

1591 年（明万历十九年）12 岁。入学。《墓志铭》："十二游泮宫。"

1594 年（明万历二十二年）15 岁。湖州发生民变，礼部尚书董份家族因此身槁产弱，祭酒范应期上吊自杀。事件波及湖州其他巨族，凌氏因居产颇饶，亦被民众围困，但未遭到哄抢。

1596 年（明万历二十四年）17 岁。吴中著名文人王稚登游湖州，拜见凌迪知于且适园。

1597 年（明万历二十五年）18 岁。补廪膳生。《墓志铭》："十八补廪饩。"

1600 年（明万历二十八年）21 岁。十二月初五，父迪知卒，年七十二。同郡进士朱国祯前来吊唁。

1602 年（明万历三十年）23 岁。凌濛初与寓居杭州的嘉兴著名文人冯梦祯结为亲家，把女儿许配给冯梦祯孙子骆宏璧。十一月初八日，冯梦祯来晟舍下聘，凌濛初邀请著名布衣诗人、苕溪四子之一表舅吴允兆作陪，并请吕三班作戏，演《香囊记》。

1603 年（明万历三十一年）24 岁。正月二十五日，冯梦祯至湖州德清山中祭扫，凌濛初、宋宗献、张髯君等闻讯，从湖州前往拜见，聚饮聊谈至二更。次日，四人同游湖州佛教圣地菁山，邂逅守庵上人。二月，凌濛初与冯梦祯、复元上人、宋宗献等游苏州，四人联舟以行，作诗论文。冯梦祯为凌濛初所藏元版《景德传灯录》作跋，并为凌濛初评点《东坡禅喜集》与《山谷禅喜集》。八月初五，凌濛初前往杭州拜访冯氏，复元上人亦在座。是年，王稚登再次游湖州，在濛初、涵初、浚初三兄弟邀请下，扶病重游凌家且适园。是年，兄涵初卒，年四十五。

1604 年（明万历三十二年）25 岁。凌濛初上书国子监祭酒刘曰宁，这使他声名鹊起，"一时公卿无不知有凌十九者"。

1605 年（明万历三十三年）26 岁。六月，妻沈氏生下长子琛。九月，生母蒋氏卒于南京。十月，凌濛初奉枢归里。冯梦祯闻讣，来晟舍吊唁。

1606年（明万历三十四年）27岁。凌濛初与时任南京国子监司业的朱国祯定交。吴允兆来南京凌濛初寓所，两人促膝长谈，赏玩图书。凌濛初请吴允兆为自己戏曲撰写序言。湖州复元上人来访，凌濛初请他带信给吴允兆，询问序言是否已完成。凌濛初第一部学术著作《后汉书纂》在南京由周氏刊刻行世。是书由王稚登作序，王氏盛赞凌濛初删削编撰《后汉书》是截长补短，化腐朽为神奇。此年开始，凌濛初长期寓居南京。

1607年（明万历三十五年）28岁。此前凌濛初结识一位苏州妓，大约是年夏日，这位苏州妓来南京与凌濛初相会，但不久便被人逼迫离开南京，给凌濛初留下痛苦和思念，凌濛初因作套曲《南吕·梁州新郎·惜别》。

1608年（明万历三十六年）29岁。大约是年，凌濛初把自己创作的五种剧作寄给著名戏曲家汤显祖，汤显祖大加赞赏："缓隐浓淡，大合家门。至于才情，烂漫陆离，叹时道古，可笑可悲，定时名手。"大致是年，凌濛初与一名秦淮妓有一段风流生活，但此妓暴病而亡，凌濛初因作套曲《南吕·香遍满·伤逝》表示挽悼，其友人董斯张亦作有《叹逝曲为凌初成赋》一诗。

1609年（明万历三十七年）30岁。三至七月间，袁中道前往南京珍珠桥寓所拜见凌濛初。秋冬间，凌濛初与朱无瑕、钟惺、林古度、韩上桂、潘之恒等人在秦淮河畔结社吟诗。

1610年（明万历三十八年）31岁。此前凌濛初漫游古都洛阳一带，结识河阳姬。是年三月，河阳姬来南京找寻凌濛初。经过许多波折，两人终于团圆，凌濛初因作套曲《南北合套·新水令·夜窗话旧》。

1616年（明万历四十四年）37岁。同里闵齐伋刻《春秋左传》十五卷，湖州套版印刷业从此开始。十二月，姜卓氏生下次子葆。

1619年（明万历四十七年）40岁。八月，姜卓氏生下三子楚。

1621年（明天启元年）42岁。凌濛初用朱墨套版刻成《东坡禅喜集》，请著名文人陈继儒作序。

1622年（明天启二年）43岁。秋，凌濛初学术著作《诗逆》刊行，后附《诗经人物考》一篇。是书由凌瑞森等参订，凌濛初自序。

1623年（明天启三年）44岁。四月，凌濛初赴京谒选。时朱国祯召拜为礼部尚书兼东阁大学士，离乡赴京，因招濛初同舟，"访以经济之术"。六月，两人抵达北京。

1624 年（明天启四年）45 岁。凌濛初淹留京城。重阳日，与茅维、谭元春、葛一龙、王家彦、周永年、程道寿、张尔葆等人共集妓女郝月娟邸所，饮酒赋诗。

1626 年（明天启六年）47 岁。凌濛初《虬髯翁》等十四个杂剧、《乔合衫襟记》等三个传奇以及南曲选本《南音三籁》成于是年前。

1627 年（明天启七年）48 岁。秋，凌濛初北京乡试失利，回南京后开始编撰《拍案惊奇》。

1628 年（明崇祯元年）49 岁。十月，凌濛初《拍案惊奇》由苏州尚友堂刊行。十一月，姜卓氏生下四子蠹。

1629 年（明崇祯二年）50 岁。沈泰编刊《盛明杂剧二集》，选凌濛初《虬髯翁》一剧。

1630 年（明崇祯三年）51 岁。凌濛初学术著作《孔门两弟子言诗翼》刊行，凌瀛初校阅，凌濛初自序。

1631 年（明崇祯四年）52 岁。凌濛初游福建，与漳浦李瑞和交游。李当时还没有功名，凌濛初阅罢其文，断定他必定能中。通过在福建任职的亲戚潘曾纮，凌濛初请到福建提学副使何元化为自己学术著作《圣门传诗嫡冢》作序。同年，是书刊行，后附《申公诗说》一卷。

1632 年（明崇祯五年）53 岁。冬，凌濛初编成《二刻拍案惊奇》。十月，姜卓氏生下五子棨。

1634 年（明崇祯七年）55 岁。潘曾纮巡抚南赣，聘凌濛初入幕。

1636 年（明崇祯九年）57 岁。潘曾纮帅师勤王，凌濛初慨然有击楫澄清之志，遂二度赴京入选，但仍没有成功。九月，凌濛初应其表兄潘湛之邀，游览湖州城南杼山，写下《游杼山赋》，流露出消极失意心情。

1637 年（明崇祯九年）58 岁。张旭初编《吴骚合编》，选凌濛初散曲《伤逝》《夜窗话旧》两套。

1639 年（明崇祯十二年）60 岁。凌濛初赴北京乡试，仍以失败告终，最后以副贡资格选得上海县丞。任职期间，曾代理县令八月，"催科抚字，两无失焉"。办理漕运，输粟入都，圆满完成任务；又署海防事，创立井字法，清理盐场积弊，屡受上司嘉奖。

1642 年（明崇祯十五年）63 岁。凌濛初升徐州通判，分属房村，治理黄河。

1643 年（明崇祯十六年）64 岁。何腾蛟兵备淮徐，奉命围剿"流寇陈小乙"。凌濛初上《剿寇十策》，并单骑赴陈小乙军营游说，使其心悦诚服，与扫地王等率众来降。在何腾蛟举办的庆功宴上，凌濛初即席赋《砀山凯歌》三十章、《燕子楼公宴诗》五十韵。因平叛有功，授楚中监军佥事，不赴，仍留房村治河。

1644 年（明崇祯十七年）65 岁。正月，有"流寇"攻打房村，凌濛初率百姓死守，因无外援，最后吐血而死，死时三呼"无伤吾百姓"。

第五章　文物古迹

　　织里境域发展到商周时期，荻塘与北横塘之间的低洼平原，开始零星出现墩岛聚落，从本时段遗址的空间分布特征而言，拓展了商周时期古人类向东、向平原地区、向太湖沼泽地区探索的范围，但总计的聚落遗址还不到 10 处。六朝时期，荻塘开凿，东迁设县，县治设在旧馆，镇域进入了快速发展期。而北横塘以北的滨湖地带成陆，开发并形成聚落，迟至中唐以后。经过唐宋的深度开发，明清时期的镇域趋于繁荣，保存至今的文物古迹大多属于明清时期。

　　织里民居均为清代或民国建筑，平面和空间以"进"与"落"相结合的形式进行组合，是典型的江南"天井院"住宅，其建筑结构布局和装饰风格深受苏派的影响。现存的很多历史建筑，并非文物，属于广义的历史文化遗产，但它们很好地反映了织里的历史风貌和地方特色，是织里发展演变历程中留存下来的重要历史载体，是最宝贵、最丰富的文化"基因库"。

　　织里保存至今的文物古迹数量最多的是古桥梁，经初步统计，较为完整的有 114 座。南宋绍熙二年（1191）湖州知州事王回修二十七溇，桥闸覆柱皆易以武康石。太湖石俗称青石或青皮石，整桥为太湖石的古桥较为少见。织里现存古石桥中，花岗岩的使用时间最短，始于清朝中期，保存的花岗岩石桥最多，分布最广，保存也最完整。

　　织里有着悠久的碑刻传统，自六朝起，历经隋、唐、宋、元、明、清，一千三百余年，有很多的碑刻流转。但天灾、战火，不少古碑刻早已无存，只有少数留下文字记

民宅上的山海镇宅石刻

载。迄今与织里相关的碑刻，较为完整的共计 11 通，明代 4 通、清代 4 通、民国 3 通。

第一节　古遗址

一、谭降遗址

谭降遗址位于郑港村谭降西面 300 米处，南临湖织大道，遗址中部有横穿遗址的公路——栋梁路，面积约 10 000 平方米，遗址地表现为桑地稻田。遗址上发现大量折线纹、方格纹、菱格纹、回纹、蓖点纹等陶片，初步断定为商周时期的聚落遗址。谭降遗址是湖州市太湖南岸发现的为数不多的商周遗址之一，对于研究商周时期太湖南岸的自然地理环境与气候，圩田开垦与聚落拓展等具有较为重要的价值。2011 年 3 月，谭降遗址被公布为市级文物保护单位。

二、分水墩遗址

分水墩遗址位于轧村村方桥头自然村东南角，东侧紧靠过渡漾，南有通往轧村的小河，属商周时期聚落遗址，面积约 2000 平方米。遗址地面为桑田，墩下保存较好，沿河、沿漾靠近水线可见到文化层。文化层距地表深 40～60 厘米，厚 30～60 厘米。已采集到的遗物以印纹陶为主，有少量黑色泥质陶，印纹陶饰有方格、回字、曲折纹、绳纹等纹饰。炊具发现有鼎，饰绳纹。2003 年 8 月，分水墩遗址被公布为市区第一批市级文物保护点。

三、朱家潭遗址

朱家潭遗址位于旧馆村朱家潭自然村西侧，南邻民居后墙，北至朱家潭北部，东西长约 300 米，南北宽 150 米，面积 4500 平方米。一直高低不平，桑林较多，局部低洼处为稻田，四周为现代民居。发现器类有罐、盆、圆锥形鬲足等；纹饰有小方格纹、绳纹、方格纹、米筛纹等，初步判断为商周时期聚落遗址。该遗址位于太湖弧形南伸低地与东苕溪下切支谷断续相交地带，根据相关地质学研究，本地带海拔较低，成陆较晚。因此该遗址的发现对于研究商周时期太湖南岸聚落发展历程具有重要价值。

四、南桃寺塔村遗址

南桃寺塔村遗址位于曹家簎村南桃寺塔自然村东 200 米处，遗址现为稻田、桑地，分布面积约 20 000 平方米。在遗址上发现了小方格纹、叶脉纹、曲折纹、云雷纹等陶片，初步判定为商周延续到两汉的聚落遗址。

五、梅林港遗址

梅林港遗址位于轧村梅林港自然村东南约 100 米处，遗址西南角有轧村基督教堂及佛教寺院，遗址被与梅林港相连的东西流向的李家漾分隔为南北两部分，其东部边缘为轧村村部，北部为乡村公路，西部为梅林港，遗址分布面积约 20 000 平方米。在遗址表面采集到方格纹、回纹等陶片，具有商周时期的陶器特征，该遗址为典型的商周时期聚落遗址。

六、孟相港遗址

孟相港遗址位于孟相港村孟相港南面约 50 米处，遗址西为乡村公路，北为村庄，遗址中部有村民耕种时通行的土路。遗址现为农田，种植水稻、桑树等，面积约 10 000 平方米，保存较好。在遗址上发现了小方格纹、回纹、曲折纹、云雷纹、弦纹、鬶足等陶片，具有商周时期的陶器特征，该遗址为典型的商周时期聚落遗址。

七、邱家湾遗址

邱家湾遗址位于王母兜村邱家湾自然村西约 200 米处，遗址北低南高，现为桑地，遗址东临小河、西近稻田。南北宽 50 米，东西长约 100 米，面积约 5000 平方米。遗址上发现回纹、蓖点纹、小方格纹等陶片，具有商周时期的陶器特征，该遗址为典型的商周时期聚落遗址。

八、东迁县县治旧馆遗址

晋太康三年（282），乌程县分东乡，地置东迁县。东迁县县治设在今织里镇的旧馆，为当时东迁县的政治、经济、文化中心。开皇九年（589）并入乌程县，经历了三百零八年历史。古东迁县东西约 50 公里、南北约 60 公里。县境东至今江苏吴江区的平望，西到孺山（西余山），北达太湖东、西洞庭山，南到今德清县新市镇。今织里镇域当时属东迁县，现旧馆村内的单孔石拱桥故县桥因此而得名。湖州境内古代的交通运输，主要的是"陆则荻塘，水则运河"，当局为了加强运输管理，以及接送官员和名流，在荻塘沿途设置馆驿。唐开元二十九年（741）湖州刺史张景遵置太湖馆，大历九年（774）湖州刺史颜真卿因太湖馆址在东迁县治，遂改名为东迁馆。贞元七年（794）刺史于頔在城东十八里建升山馆，又因升山馆和东迁馆距离太近，将东迁馆东移二十里至严村。原东迁馆所在地便称为"旧馆"，而严村则因东迁馆而称为"东迁"。

九、宋代董氏梅林遗址

宋代董氏梅林遗址在织里东 7.8 公里的上林村，原名梅林。嘉泰《吴兴志》载："圆明院，在县东北四十五里上林，钱氏同光中建，名看经院，后改广济院。"上林村后为望族董氏世居，政和年间（1111—1118），董贞在其宅旁植梅林，树丛花茂，名闻遐迩，因有"梅林"之称。曾有古梅一棵，柯叶可蔽十数人，其下可坐百人。相传宋高宗赵构曾在董氏梅林宴群臣并赋诗，故梅林遂改名上林。上林村东有圣驾桥，亦传为高宗到过而得名。明崇祯《乌程县志》引张羽《方氏园记》载，"梅开时，贵游之士来观者相望于道，村人不胜其烦，乃阴伐其树以绝踪"。明中后期，董氏迁南浔，董氏故居成为方氏园。董氏为书香门第，出了四位进士，在南浔东栅建梅林石牌坊，上刻："明嘉靖辛丑进士董份、万历庚辰进士董嗣成、万历癸未进士董道醇、万历乙未进士董嗣昭立"。董份官至礼部尚书，后裔董斯张、董蠡舟、董恂等均有文名。

十、王母北兜窑址

王母北兜窑址位于王母北兜自然村西北 200 米处，一低矮的小土丘上，高出四周水稻田 3 米左右，东临小河，西为水稻田，面积 2000 平方米，保存较好。在窑址上发现了大量宋代青瓷片以及少量陶片和宋砖等，是滨湖平原迄今发现的唯一一处宋代古窑址。

十一、万谦漾万绿堂遗址

万谦漾在织里镇南偏西河西村，因四面皆翠柳、青桑环绕又名"万青漾"。

旧名"万千漾"，因兴修水利得益，又名"万钞（超）漾"。明永乐年间（1403—1424），夏元吉奉诏治太湖水，凡低洼田筑堤阻之，所以形成此漾，使周围 18 个圩头能"大旱不随群溪而涸，大涝不偕众港而溢"。万谦漾相传有 360 亩，为闵氏西支祠产。万谦漾风光优美，闵志涌有《漾上晚步》诗："晚来闲散步，溪上独寻幽。树色知秋老，池光见水柔。夕阳群鸟乱，细浪小鱼游。吟罢添诗兴，举头月一钩。"明季，闵广在万谦漾北筑万绿堂隐居，闵志涌有"万绿八咏"诗，其中《河堤春柳》诗："春风碧水涨前溪，溪畔长堤柳色齐。细雨飞花新燕舞，轻烟笼叶晓莺啼。绝怜少妇同腰瘦，辜负征人系马嘶。陶令宅边风景似，参差浓荫倚门低。"今河西村仍有万绿堂自然村。

十二、盘殊漾凤笙阁遗址

盘殊漾在织里镇晟舍市河西北，一名盘珠漾，又名盘渚漾。旧时，沿岸有凌氏宗祠、凤笙阁、吹箫楼等建筑，风光旖旎。清代凌庚有《盘珠秋月》诗："西畔清涵一鉴秋，点波真个与珠侔。当年笙管知何处，无限菱花淡不收。"清代凌介禧有和诗："古今同此一轮圆，何事秋来独黯然。盘印空明波底月，光无住著水中天。"凌介禧还有《盘溪晚眺》诗："夕照青山外，垂杨绿一湾。渔舟斜挂网，烟爨水云间。"盘殊漾的风光可入画，凌鸣喈作有《盘渚归钓图》，仁和（今杭州）凌铨、嘉兴丁庆霄、阳湖（今常州市武进区）孙星衍等文人都为其题诗或题词。盘殊漾东侧，旧时有一条火鱼埂伸入水中央，埂上有明刑部员外凌约言离官归田后所筑的凤笙阁。凤笙阁立于漾中墩岛之上，阁中藏书数万卷，为士人饮酒吟诗之所。水阁相映，飞檐流丹，凭栏把翠，占尽风光无限，可惜明末被毁。凌介禧有诗赞道："西溪三亩宅，南面百城书。凤管留遗韵，嬛嬛境宛如。"凤笙阁环境优美，可谓"嬛嬛福地"，天帝藏书之所。正如他在另一首诗所写的："荡漾盘珠印月明，波心旧与白鸥盟。家声馆阁藏书富，遗韵曾传入凤笙。"

十三、太湖石塘遗址

石塘遗址位于今汤溇村境内，"东起石桥浦，西讫新浦，计长一百三十丈，高六尺，阔六尺"。遗址沿太湖岸约 2000 米，块石断断续续散在河岸边，有的仍垒砌成堆，有的则零散存放，是清代滨湖的太湖石堤遗存。石塘工程始建年代为清乾隆二十三年（1759），次年因大雨而冲毁，乾隆二十五年重修完工。存有《重修石塘记碑》。碑高 160 厘米，宽 80 厘米，砌于汤溇村亭子庙墙内，碑文清晰可辨。记载重修石塘的原因、发起人姓名、捐献银两数额、工程修筑时间等。

十四、陈溇五湖书院遗址

陈溇五湖书院遗址在织里镇陈溇村港西，陈溇塘桥南侧。清同治九年（1870），由邑绅徐有珂、陈根培、吴宝征、张尧淦等集资，经湖州知府宗源瀚批准创建。书院原是陈溇吴文炳（字言青，号江峰，乾隆嘉庆时人，官至甘肃平凉知府）的故宅。五湖书院的建筑结构是，前为大门，大门内为仪门，仪门内为大厅。由堂道进去是讲堂，讲堂门额题"崇礼敦本"四字。讲堂后面有楼房，供作休息用。清代同治年间创建的五湖书院，是吴兴溇港地区历史上第一所学校。民国年间曾设小学，新中国成立之初在书院内开办夜校。后来全部拆除，材料用于建造机埠等。书院遗址现为一片桑园。

十五、崇善堂（太湖救生局）遗址

清同治《湖州府志》卷二《公署》："崇善堂在湖滨乔溇，道光十七年吴之杰等募捐创建，设太湖救生船，旁及舍药、施棺、惜字、放生诸务以及为溺水死亡者提供棺木。江苏巡抚林则徐、湖州知府于鼎培俱有记，同治时遭火灾毁废。石文均无存。"卷四十九《金石》："湖滨崇善堂记，江苏巡抚侯官林则徐撰并书，清道光十六年（1836）冬立在乔溇。"道光十六年（1836）夏秋之际，林则徐巡查太湖水利，在时任湖州知府于鼎培的陪同下赴太湖南岸视察，路过乔溇，见到正在建设的慈善机构"崇善堂"，于是他欣然为崇善堂作序一篇，名为《湖滨崇善堂记》。记文先叙述了太湖的地理位置，又言及商民于湖中往来易有"倾覆之患"，然后叙述"崇善堂"之建立主要是为了救"罟船"（即渔船），并记"凡救一生者钱三缗，得一尸一缗，将覆而援、人船无恙者六缗"。关于崇善堂的地址，记文中也明确记载位于"乌程乔溇吕祖庙侧"，即现乔溇村部所在地，新中国成立后曾经被改造成村小。进崇善堂大门，两侧为厢房，大堂前有一大水池，池上架有一座石桥。乔溇崇善堂的建立，主要是民间自发行为，地方乡绅起了很重要的作用。从林则徐记文来看，"倡其议者，杨体涵、王恩溥"，而"吴杰捐资尤巨"（清同治《湖州府志》、光绪《乌程县志》记载为吴之杰）。此外，"江、震、程、安四邑之好善者，迭为劝募"，也就是说当时苏州府吴江县、震泽县，湖州府乌程县、归安县四县热心慈善的人也积极从事了建立崇善堂的募捐活动。林则徐对这种民间慈善行为给予评价，认为创建崇善堂的诸君"敦善不怠，可质神明"，肯定了他们勤勉做善事而不倦怠的精神。

第二节　民居厅堂

一、义皋范家厅

范家厅位于织里北义皋村尚义桥东，为清代建筑。该建筑体量较大，保存较好。2003 年 8 月，公布为湖州市文物保护点，2015 年 11 月被列为市第八批市级文物保护单位。范家先祖来自苏州，经商发家，宅第坐北朝南，存建筑物共三进，由砖雕门楼、大厅、两进楼屋和三个天井组成，砖雕门楼前原有门厅，现已不复存在。现第一进为平厅，面宽三间，梁架结构为抬梁式，雕梁画栋，步梁、月梁、雀替等构件亦雕有精湛的花卉、瑞兽，其大柱都用金漆，当年制作极其讲究；平厅前有砖雕门楼，门楼前额是"慎修思永"，后额是"型仁讲让"，并刻有仙鹤等吉祥物。平厅亦称作花厅，作为堂屋是一家聚会、待客、祭神拜祖的场所，是全宅的中心。花厅的开间大，前面空敞，不砌墙，安装可方便脱卸的落地排窗，使花厅空间与天井直接联通，利于采光与空气流通。范家厅第二进、第三进都是楼厅，楼厅间原有厢房相连。

二、陆家湾沈氏思慎堂

沈氏思慎堂位于织里镇东北陆家湾村陆家湾路 37 号，为清代建筑。新中国成立后曾作茧站、粮站使用，1980 年归还沈家。清代时，下昂竹墩人沈雪樵在太湖边上做生意，定居陆家湾，建此宅第。因思念故地竹墩的"慎余堂"，定名为"思慎堂"。宅第坐北朝南，原有六进，现建筑尚存 501 平方米。民居由仪门、门厅、大厅、后两厢、东西备弄和天井组成。门厅面宽三间，通阔 10.3 米，进深 7.4 米，硬山顶连风火墙，梁架结构为抬梁式，地铺长宽 40 厘米方砖，四金柱用覆盆式柱顶石和鼓墩式柱础。大厅悬山顶带封火墙三开间，大厅前连廊，廊上施敞轩、步梁等，构件均有精美雕刻。厅前后有天井，前天井砖雕门楼刻有云龙、锦地寿字纹等图案；后天井砖雕门楼雕刻屋檐斗拱及"入孝出第"四个篆字。两

范家厅大门

厅的左右侧各有一条 1.3 米宽的备弄（也称避弄）。备弄是火灾时的通道，也是女眷、工役的通道。屋前有一个小桥，名曰"放生官河桥"。2003 年 8 月，沈氏思慎堂被公布为湖州市区第一批市级文物保护点。

三、西陈家兜周氏思本堂

西陈家兜民居位于大港村西陈家兜 17 号，清代建筑。民居坐北朝南，前有小河，大湖石砌置的驳岸，宅后即北横塘。存五开间二进，通长 34.5 米，面阔 18.3 米，民居由仪门、门楼、两进房屋和两个天井组成。第一进为倒座门厅，仪门的门枋有精美的木雕，第一进九架梁，前有轩廊，明间抬梁式，次间穿斗式。第一进与第二进之间以厢房和天井相连接。第二进七架梁，正厅五间，正中原悬挂"思本堂"匾额，前单步，带阁楼。两进房屋均设置圆形柱础，置方形磉石，屋面望砖完好。门楼雕刻瑞鸟、兰枝与贤人故事，并有斗拱、橡木等仿木构件，保存较好，题额前为"诗咏仔苞"，后为"青枝擢秀"，具有较高的建筑艺术价值。织里民居的苏式砖雕门楼一般造型十分相似，有相对统一的比例标准，重雕刻的同时又注重匾额题字，可谓"雕书并重"。门楼的中枋匾额是视觉的焦点，精美的书法和典雅的砖雕往往相得益彰，使砖雕更添了几分浓厚书卷气。砖雕门楼大多藏于深宅大院内，处于建筑的纵轴线上，往往在第二进、第三进院落，常与主建筑相对应，这与江南人不喜张扬、谨慎处事的为人作风有关。

四、乔溇南张张宅

乔溇南张张宅位于乔溇村南张自然村，为清代建筑。民居由仪门、门厅、门楼、大厅、楼厅和天井组成，是完整的三进院落。门厅与普通民居相仿，质朴无华，但经过一个狭长的天井，从砖雕门楼走进去，就豁然开朗。高大敞亮的花厅前一个宽阔的石板铺就的庭院，上台阶就是正厅长廊，廊下木雕精细。正厅背后为一个砖雕门楼，中间为一个小天井，过天井就是内厅，是两层的楼厅，二层是主人和家眷们起居的地方，廊下有美人靠。正对正厅的砖雕门楼题额为"笃棐辉光"，正厅背后的砖雕门楼，题额被后代改成了"勤俭建国"。织里多重院落结构的民居常见气派精致的苏式砖雕门楼，位置大多是向内的，而门楼中又以大厅前的最为讲究，清代钱泳曾在《履园丛话》中说："大厅前必有门楼，砖上雕刻人马戏文，玲珑剔透。"高超的雕刻技法，丰富的寓意，符合住家的地位身份。

表 8-5-1 第三次全国文物普查织里传统民居汇总

名称	位置	基本情况
淳叙堂	大港村沈家坝自然村 82 号	清代建筑。坐北朝南，存三开间二进深，第一进带有前轩廊，七架梁有雕花，明间抬梁式，次间穿斗式。第二进带阁楼，内四界，前后单步。屋面望砖完整，地面夯土平整，圆形柱础，方形礤石
重兴港民居	大港村重兴港自然村 56 号	清代建筑。坐北朝南，存三开间二进深，带边厢。第一进内四界，前后双步，明间抬梁式，次间穿斗式，梁架等雕工精美。第二进带阁楼，一二进之间有天井
谭降民居	郑港村谭降自然村 36 号	中华民国建筑。坐北朝南，存三开间一进深，七架梁，梁架较简单，无雕花。屋面望砖完好，地面夯土，圆形柱础，方形礤石
田溪角村民居	香于墩田溪角自然村 37 号	中华民国建筑。坐北朝南，存三开间二进深，第一进九架梁，梁架雕花精致，门梁上有吉祥图案，花饰砌窗，屋面望砖完好，地面夯土坚硬平整，圆形柱础，方形礤石。第二进带阁楼，一二进之间有天井。占地面积约 270 平方米
费家汇民居	曙光村费家汇自然村	中华民国建筑。坐北朝南，存五开间二进深，第一进九架梁，前后单步，房屋气势宏大，梁架等构件雕工精美，屋面望砖完好，地面夯土坚硬平整，圆形柱础，方形礤石。第二进带阁楼，七架梁。占地面积约 400 平方米
官田圩村民居	陆家湾村官田圩自然村 20 号	清代建筑。坐北朝南，存三开间一进深，带一厢、一天井、一门楼。正厅七架梁，屋面望砖完好，地面青石排列整齐，圆形柱础，方形礤石。门楼内有"孝思维则"四字题额。占地面积约 230 平方米
陆家湾村民居	陆家湾村陆家湾路 66 号	中华民国建筑。坐北朝南，存三开间三进深，由三座房屋、两个天井组成，一个简易石库门组成，第一进已改建，第二进大厅九架梁，梁架比较朴素，无精致雕花。屋面望砖完好，地面夯土平整结实，圆形柱础，柱础上有鼓钉纹，方形礤石。第二进带阁楼。占地面积约 400 平方米

（续）

名称	位置	基本情况
长其村民居	大河村陶家湾长其村 36 号	中华民国建筑。坐北朝南，存五开间一进深，内四界，前后单步。明间抬梁式，次间穿斗式，屋面望砖完好，地面水泥覆盖，圆形柱础，方形磉石。
织里镇南街民居	织里村南街（织东路 91 号对面）	中华民国建筑。坐北朝南，存六开间一进深带两厢，上有阁楼。下面大厅内四界，前后单步。明间抬梁式，次间穿斗式，屋面望砖完好，地面水泥覆盖，圆形柱础，方形磉石
小桥头民居	凌家汇小桥头自然村	中华民国建筑。坐北朝南，存六开间二进深，一二进之间有一天井。第一进房屋七架梁，明间抬梁式，次间穿斗式，屋面望砖完好，地面水泥覆盖，圆形柱础，方形磉石。第二进为楼厅，保存较差
朱湾里村民居	朱湾村朱湾里 62 号	中华民国建筑。坐北朝南，存四开间一进深，第一进内四界，前后双步。屋面望砖完好，地面水泥覆盖，圆形柱础，方形磉石。该民居尚有围墙和天进，民居局部有改建
瑞祥北兜村民居	联漾村瑞祥北兜自然村 12 号	晚清民国建筑。坐北朝南，存三开间二进深，第一进九架梁，第二进七架梁，两进深均为明间抬梁式，次间穿斗式，梁架雕工精美。屋面望砖完好，地面四方青砖铺筑，圆形柱础，方形磉石
小港埭村民居	幻漊村小港埭自然村 15 号	清代建筑。坐北朝南，存三开间二进深，带一个天井。大门为石库门，第一进为门厅，一进内门厅保存较好，仍为石库门，镌刻"孝友传家"。第二进为大厅，七架梁，架梁有一定数量的雕饰，屋面望砖完好，地面方砖，圆形柱础，方形磉石。两进房屋均有风火山墙
南姜湾村民居	幻漊村南姜湾自然村 3 号	中华民国建筑。坐北朝南，存三开间四进深，石库门，第一进大门内八字；第二进九架梁，梁架雕花精美细致，屋面望砖完好，地面夯土结实平整，圆形柱础，方形磉石。三四进改造较大。沿漊港河岸有大湖石砌置的驳岸
东凹家兜村民居	石头港村东凹家兜自然村 19-25 号	清代建筑。坐北朝南，存六开间三进深，第一进大厅九架梁，屋面望砖完好，梁架无雕花。地面夯土坚硬，石雕柱础，方形磉石。二三进保存较差
叶家塘村民居	许漊村叶家塘自然村 10 号	清代建筑。坐北朝南，存三开间一进大厅，带一天井。大厅门楼为石库门，七架梁，有精美雕花，屋面望砖完好，地面水泥覆盖，圆形柱础，方形磉石。占地面积 110 平方米
后城桥村民居	骥村村后城桥 40 号	中华民国建筑。坐北朝南，存三开间三进深，门楼飞椽较细长，第一、二进之间和第二、三进之间分别有一天井。第一进七架梁，无柱础，柱子直接置于方形磉石上，第一进门板有雕花，雕工精美。第二三进较残破。占地面积约 400 平方米
茹家埭村民居	孟相港村茹家埭自然村 59 号	清代建筑。坐北朝南，原五开间三进深，四开间两进深，第一进十字梁，屋面望砖完好，地面现为水泥覆盖，石雕柱础，方形磉石。第二进房屋带阁楼。整座民居梁架、门窗雕工精美。占地面积约 350 平方米
北桥头村民居	轧村村北桥头自然村 15 号	清代建筑。坐北朝南，三开间二进深带两厢，第一进大厅，七架梁，梁架无雕花。圆形柱础，方形磉石，屋面望砖完好，地面为水泥覆盖，第二进较普通。占地面积约 260 平方米

（续）

名称	位置	基本情况
白地头村民居	大港村白地头自然村 52 号	清代建筑。坐北朝南，原三开间五进深，存三开间二进深。第一进前双步，后单步，明间抬梁式，次间穿斗式，有简单雕花，屋面望砖完好，地面水泥覆盖，圆形柱础，方形礩石。第二进带阁楼。面积约 275 平方米
振宜堂	上林村村褚家荡自然村 58 号	清代建筑。坐北朝南，原三开间三进深，存三开间一进深。由大厅、天井、门楼组成。大厅七架梁，屋面望砖完好，地面为水泥覆盖，圆形柱础，方形礩石。大厅有"振宜堂"额

第三节　历史建筑

一、古井

王母北兜古井，位于王母兜村王母北兜自然村。井口已被水泥封堵，仅存留原先压水用的铁管道残件。据村民讲述，该古井由来已久，20 世纪修筑井旁的乡村公路时占据该井所在的位置，导致水井废置。该井内壁有铭文，调查人员在该村民家中发现汉至魏晋南北朝的砖。占地约 30 平方米，保存一般。

东栅村古井，位于旧馆村东栅自然村。古井深度未知，井沿距井内水面约 2.5 米。井沿为后修，井内壁为砖砌，靠近井沿处的砖为民国时期，此部分砖块叠压在较早时期的条石构筑成的多边形构架上，多边形条石构架下的砖为宋砖。故此井开凿于宋，该井南距获塘约 50 米，保存较好。

二、荻（頔）塘与頔塘碑亭

荻（頔）塘　为古老的水利工程。东晋永和年间（345—356）吴兴太守殷康始筑荻塘，障西来诸水之横流，导往来之通道，旁溉田千顷。嘉泰《吴兴志》云："荻塘得名，苕溪、蘋洲之类，以其生荻之多也。"荻塘历代都有疏浚或重修，东晋末年，太守沈嘉重修，改名吴兴塘，一直沿用至唐朝。唐贞元八年（792）刺史于頔主持大规模修筑，"缮完堤防，疏凿畎浍，列树以表道，决水以溉田"，在塘北岸筑堤岸，两旁植树，供行人车马使用，民颂其德，改名"頔塘"。

荻塘水陆并行，既是水利设施，又是交通设施。光绪《乌程县志》载："运河即官河，在城东，漕船经此。又东经八里店、升山、旧馆、祜村、东迁，至南浔镇入江苏震泽县界。"荻塘运河自古繁忙，今天的长湖申线仍有"中国的小莱茵河"之称。荻塘自然景观和人文景观融合一起，"荻塘帆影"曾是吴兴十景之一，吸引不少文人为其吟咏。唐皎然《与李司直令从荻塘联句》中就有"画舸悠悠荻塘路，真僧与我相随去"。宋沈与求有《舟过荻塘》诗描绘："野航春入荻芽塘，远意相传接渺茫。落日一篙桃叶浪，薰风十里藕花香。"宋代孙锐所作的《荻塘柳影》："日出烟消春昼迟，柳条无力万丝垂。韶光新染鹅黄色，偏爱乐风款款吹。"诗句生动细致再现了荻塘的春日美景。清范锴《荻塘诗》："暮霞初起日西衔，岘弁遥空涌翠岩。无限离情愁望远，荻塘波景送春帆。"日落时分于舟中远眺，能看到岘山、弁山的翠岩。

頔塘碑亭　位于旧馆村。1923年，南浔富商庞莱臣倡议成立塘工董事会，由该会向各业各户募集捐款，发行塘工公债，并由浙西水利议事会拨款集资，对荻塘塘堤、塘路和纤道进行重建维修。工程以旧馆东塘桥为中心，分别向湖州、南浔方向逐段修筑。至1928年，在旧馆自然镇建立頔塘碑亭，亭中立《重建吴兴城东頔塘记》碑，高约3.5米，宽1米，正面为碑文，背面刻捐款单位、人名、金额等。现碑亭尚保存完好。頔塘碑亭由吴兴许文浚撰文，江宁邓邦述书并篆额，吴县周梅谷刻字。碑亭前柱和后柱都刻着楹联，前柱是：頔与荻同音，一字特因遗爱易；塘由唐始筑，千年又庆巨功成。后柱是：何处寻碑，老树斜阳临旧馆；有人试马，白沙浅草骋新堤。

三、晟舍龙门渡

荻塘晟舍塘桥南侧有一副楹联："九曲南来，浪透龙门三汲；五湖北控，云连虹彩千层。"同治闵宝梁编撰的《晟舍镇志》载："塘桥，又名龙门、塘门。"晟溪与荻塘的交界处，被称为"塘门口"，水面开阔，水流也不慢。塘门口是交通要道，塘桥连接晟溪两岸，桥西堍有渡口，要过荻塘往塘南乃至双林，必须在此摆渡。渡口名"龙门渡"，"龙门晓渡"曾是晟舍一景。凌庚《龙门晓渡》诗："招招趁晓聚喧嚣，短艇如梭水面抛。父老犹传龙古渡，当年撑进到塘坳。"凌介禧《龙门晓渡》诗："浩浩龙门古渡头，东来红旭影横流。济川初觉良臣梦，易水高歌壮士愁。汾上秋风新乐府，芦中明月老渔讴。挽澜早泊神州岸，回首蓬瀛第一洲。"

四、旧馆客运码头

清末至民国，轮船客运渐兴。清光绪二十一年（1895）八月，日商经营的"戴生昌""大东"两家轮船公司，首航上海至湖州客班轮船。旧馆客运码头是湖州城东最重要的客运码头，是出湖州的第一站，是返回湖州的最后一站。从湖州开往上海的"沪班"，开往苏州的"苏班"都在这个码头停靠，方圆十数里的人们也在此坐船往返上海、苏州，或游玩购物，或走亲访友。1949 年新中国成立前夕湖州客班停靠旧馆客运码头的经营航线多达 13 条，11 条往来湖州与上海，有新鸿泰、鸿福、渌江、顺风、菱和一号、交鸿、裕新、吉丰、五丰、涌泰、新大民等客轮，往东经南浔、震泽、平望、黎里、芦墟等码头，抵达上海。2 条往来湖州与苏州，有新琪云、长杭等客轮，往东经南浔、震泽、平望、八坼、吴江等码头，抵达苏州。所有的航线客轮往西一站路即可抵达湖州馆驿河码头。旧馆客运码头与顿塘碑亭相邻，有三间不起眼的平房，为 20 世纪六七十年代所建，门额上有"旧馆客运码头"六字。

五、路亭

路亭是过去乡间常见的公共建筑。民间通常在古道、桥梁、码头等交通要道的节点上建亭，十里为长亭，五里为短亭，迎来送往，驻足小憩。这种盖顶立柱或仅设单面墙的凉亭，还兼祭祀神佛功能，是乡间最普遍的公共建筑。旧时横塘纵溇间有多条乡村古道，长亭接短亭，碑亭连桥亭。路亭的样式分为歇山顶与

下往桥凉亭旧址

硬山顶两种。歇山顶是两坡顶加周围廊形成的屋顶式样，蒋溇双甲桥、顿塘碑亭等均为歇山顶。硬山顶是两侧山墙同屋面齐平或略高出屋面，屋面以中间横向正脊为界分前后两面坡。织里硬山顶路亭最为常见，横跨北横塘的古桥几乎都有配套的路亭、桥亭。宋溇南项王塘桥的北岸小亭，较为简陋。圆通塘桥北堍曾有供行人歇息的凉亭，亭中石柱刻有楹联，"奔走风尘，得此一足；往来道路，且住为佳"。汤家甸的五孔石梁太平桥北亦有桥亭。溇港桥梁连成一线就是滨湖塘路，很多溇港桥也配套有桥亭、路亭，蒋溇的双甲桥已不存，但亭还在，亭内立有乾隆年间的修桥碑。金溇塘桥西堍的村口小道旁，建有硬山顶路亭，石柱木梁，拱门相对，亭柱刻联："风雨飘摇何妨此处暂幽，奔走骇汗且来亭内小憩"。织里的亭子桥、宝带塘桥，虽然桥已被拆除，但都留下了凉亭的遗址。宝带塘桥又名大河新桥，凉亭存有楹联一副："小憩待凉风北至，壮观看旭日东升"。

六、河埠与驳岸

河埠俗称河埠头、碛口，是水乡人们就近取水、涉水洗涤、交通泊船的主要场所。滨水而居的村落沿河都修筑有很多的河埠头，大小不一、错落有致，为人们用水提供了便利，也构成了一道富有特色的水巷景观。水乡出行，往往以船代步，船是过去重要的交通工具。因此，河埠上往往还雕有形态各异的"牛鼻"，用以系船。埠头往往连着驳岸。驳岸，俗称"帮岸"，建于水体边缘和陆地交界处，用工程措施加固河岸而使其稳固，以免遭受各种自然因素和人为因素的破坏。传统的河埠与驳岸均为石砌，砌法有错缝平砌和靴钉式错缝平砌。用条石砌筑河埠台和驳岸，按照面阔方向摆放的条石，称为"顺石"；按照进深方向砌置的条石，称为"丁石"。织里老街狮子桥两边石驳岸为"冰裂纹"叠砌，棱角分明。织里境域砌置河埠台和驳岸以太湖石为主，石阶和压沿石以花岗岩为主，俗称"麻石"，表面粗粝防滑，坚硬耐磨。

河埠有公用的、半公用的和私家之分。从外部形态来分，则有淌水式、双落水、单落水以及悬挑式。淌水式河埠的上下石阶与河道平行，单向落坡，其石阶一级一级通向河里。淌水式河埠常与横跨村河的石桥联做，河埠与石桥金刚墙连成一体，最为宽阔。东桥曾是溇港区域重要的集市之一，三孔石梁桥东桥西堍，南北两侧都建有宽大的淌水式河埠。胡溇述中桥东南侧和西北侧各建有一个淌水式河埠，河埠与古桥金刚墙以及另一侧的驳岸连成一体。以前每天往

织里老街河埠

返于胡溇、南浔间的航船就泊于述中桥南河埠。许溇永寿桥南侧，东西对应建有两个宽大的淌水式河埠。石阶与河道垂直的河埠，可分为单落水河埠和双落水河埠。悬挑式河埠亦可分为单落水和双落水，只是做法不同，悬挑式是在石驳岸上横插条石，石下悬空。双落水和单落水又分内凹式和外凸式两种。双落水河埠，其形状像个"八"字，有正"八"字和倒"八"字之分。正"八"字，一般中间一个三五尺宽的平台，两边安排石阶落水，形同马鞍，因此又称作马鞍式河埠；倒"八"字，就是两个相对的单落水河埠。也有将几种形式组合起来的构筑复杂的河埠，先安排淌水式石阶几级，再安排外"八"字式的双落水，也有先筑成内凹式的倒"八"字，再接外凸式的正"八"字双落水，这些都修建在较高的河岸上。

在平原水乡地区，埠头驳岸的好坏是一个家族的门面，是家族财富和地位的象征。规整大气的河埠、驳岸与其身后高大的院落，共同构成水乡民居的独特风貌。屋前屋后东西向的驳岸，其宽度由房屋的开间所决定，房屋两侧南北向的驳岸，其长度由房屋进深决定，河埠则以内凹或外凸的形式嵌入驳岸。大溇村小兜里自然村的太湖石驳岸砌置最为讲究，沿着永隆桥北的兜浜用清一色的太湖石砌成半圆形，在驳岸的南端建内凹式单落水河埠。潘溇社区活动室是一处老建筑，屋前为错缝平砌的太湖石驳岸，大型外凸式"八"字双落水河埠居中。郑港村谭降自然村，太湖石驳岸与三开间老屋同宽，外凸式"八"字双落水河埠居中。钱溇邱家坝自然村，横塘南北有两组驳岸和河埠。塘南一组位于屋后，与三开间老屋同宽，西侧与石桥金刚墙连为一体，东侧为外凸式单落水河埠。塘北一组宽度对应两栋三开间老屋，外凸式单落水河埠位于驳岸中段。濮溇朱家桥西侧太湖石驳岸与老宅同宽，驳岸西侧傍建淌水式河埠。联漾村瑞祥北兜自然村南，屋后有同宽太湖石驳岸，两端各建河埠，东端为内凹式单落水河埠，西端为外凸式淌水式河埠。幻溇村小港埭自然村，太湖石驳岸与老屋同宽，西侧建内凹式单落水河埠，其驳岸平台建有花岗岩栏杆，间置束腰莲花望柱。义皋尚义桥西南侧李宅沿溇港河岸建有略带弧形的太湖石驳岸，与房屋进深同长，驳岸中段正对腰门处，建外凸式单落水河埠，其南端建内凹式单落水河埠。乔溇村大乔其自然村吴宅，房屋西侧沿溇港河岸建驳岸，与房屋进深同长，其南端内凹式单落水河埠。幻溇村南姜湾自然村徐宅，其西侧沿溇港河岸建驳岸，与房屋进深同长，驳岸中段正对腰门处，建内凹式淌水式河埠。

七、茧站

　　义皋茧站位于义皋村村口，建造时间为1968年。2015年11月，义皋茧站被列为市级文物保护单位。种桑养蚕曾是溇港百姓的主要副业和重要经济来源。20世纪80年代茧站的规模达到顶峰，义皋茧站曾经的辉煌，见证了滨湖蚕桑业的发达，当年周围数个乡镇，数百个村子的蚕茧都送到这里来销售。随着历史的变迁，2007年义皋茧站被闲置。茧站占地6亩，是一座青红砖相间的二层楼房，呈

织里茧站

"回"字缺口形，"人"字形屋顶，面阔八间，进深十间。外墙青砖错缝平砌，用二披或三披红砖间隔，是本地难得一见的清水做法。现在茧站已被改建成为溇港文化博物馆。

织里茧站1956年在老当遗址建造，是织里老街上目前保留最完整老百姓最熟悉的建筑。抗日战争前老街有两家典当行，"同泰典当行"是南浔大户张氏开设，背景深远，资金浓厚，被称为"老当"。在老当典押财物，赎取期有三年六个月之久，较其他典当长一年余，且典押价高于新当，经营有方，安全工作周密，因此享誉较高，生意兴旺。老当在抗日战火中焚毁，新中国成立后在老当遗址建造了织里茧站。1982年，轧村人又自发聚集在织里老街的茧站前进行交易，并建起"绣花服务部"，是织里童装的主要发祥地。

东桥茧站，位于湖州市吴兴区高新区东桥行政村，1968年建，建筑面积约2400平方米，是南太湖沿岸保存较好的茧站之一，也是现存最大的茧站之一。

八、水泥桥

织里老街共有大小桥梁11座。其中5座南北向竖跨织溪，6座东西向横贯老街。今天尚存的5座，均改成水泥钢筋构架。

宝镜桥因宋代宝华院而名，为西市第一桥，原为单孔石拱桥，宽二米余，石阶十余级，桥壁古藤攀缓，青苔印痕。因桥坐向有些倾斜，人们称其为"斜桥"。

虹桥位于老街东端，原为一座单孔石拱桥，东西向形似长虹，横跨浒泾港，

跃进大桥（虹桥）

水流南吞荻塘，东接吴江，西连苕霅，汇聚向北流入太湖。宝镜桥和虹桥于1971年被改建为水泥肋拱桥，拱圈由两条或两条以上分离的拱肋组成。拱肋之间用横系梁（或横隔板）联结成整体，使拱肋共同受力，增加拱肋的横向稳定性。这种拱桥便称为肋拱桥。虹桥水泥桥栏内侧有"自力更生，独立自主"八个大字，桥栏外侧为"跃进大桥"四个大字。

睦嘉桥位于老街中市，原为三孔石梁桥，四只石狮分守两堍。栏杆、桥耳饰有12只小石狮，或雌或雄，或坐或卧，雕凿精湛，栩栩如生，故又名"狮子桥"。狮子桥1971年被改建为三孔水泥梁桥。

红旗桥，位于联漾村蚕田圩自然村广济禅寺桥，南北向，建于1967年，为青砖水泥混砌而成的肋拱桥。

第四节　古桥梁

一、荻塘古桥

荻塘水陆并行，既是水利设施，又是交通设施。同治《湖州府志》以运河水路为主干详细记载了跨航桥梁与塘路桥梁。荻塘被称作运河，跨运河桥梁有八里店桥、升山桥、德新桥、三济桥、西寿星桥、东寿星桥、垂虹桥、通济桥、洪济桥，"以上九桥为由迎春门沿运河东达南浔入震泽县境之道"，德新桥（旧馆）、三济桥为今织里辖域通往塘南的主要通道。

江南运河的开凿，常用开河之泥修筑堤塘、驿道，形成了并行快捷的水陆大通道，故历史上亦将人工开挖的运河和路堤结合的驿道称之为"塘路"系统。荻塘在湖州城东，故亦称东塘，明万历湖州知府陈幼学修荻塘，明朱国祯撰《修东塘记》，说荻塘"自浔而上，虽名塘，实驰道也"。历史上，水陆并行的荻塘与吴江塘路无缝对接，明及以后的各种"路程图记"，都详细记载了从苏州到湖州、再到泗安的水路和塘路，这是明清徽商入湖、苏、松的捷径。无桥不成路，荻塘官道上自古多桥，嘉泰《吴兴志》载："右十八桥系自迎春门至浔溪一带官塘通泄溪流入太湖与近湖诸溇脉络贯通去处。"其中黄冈桥、旧馆桥、既村桥、范村桥等4座桥位于今天织里境域。同治《湖州府志》载："以上三十九桥为运河北岸陆达南浔、水泄北塘河入太湖之道。"由宋至清，桥的数量增加了一倍多。其中汇上桥（一名卫浪）、龙门桥、黄冈桥、潘杨桥（一名阳生）、月影桥、西桥、陈家

龙门桥（晟舍塘桥）

环桥、小桥、凤林桥、范村桥、杨蒋桥（一名良奖）等 11 座桥位于今天织里境域。1934 年 4 月至 1936 年 5 月，民国政府全面启动湖嘉公路建设，其中的湖州至南浔段基本与荻塘北岸的官道并行或重合，荻塘古道从此失去了作为陆路交通的价值。现今的 318 国道湖州到南浔段就是在湖嘉公路的基础上历经多次改建、扩建而成的，曾经的三十九座古桥在这一过程中绝大多数被拆除和废弃。只剩下织里段晟舍塘桥与东塘桥两座单孔石拱桥。荻塘因兼为纤道，紧贴河道的晟舍塘桥和东塘桥也是纤桥。

晟舍塘桥　系单孔石拱桥，位于织里镇南荻塘运河和晟溪交汇处，东西向。南侧面向荻塘题写桥额"晟舍塘桥"，北侧题写"同治己巳年（1869）重修"。桥面不宽，无护栏，方便纤夫行船，桥上镌刻两副楹联，北侧的楹联云"循吏留成梁，遗爱何如郑东里；良臣曾会驾，题名犹记李西平"，荻塘是官道，塘桥是循吏官作，东里是古地名，春秋郑国大夫子产所居地。塘桥就位于郡城东，桥北为繁盛的市聚，据同治《湖州府志》载，"绵吴兴而东，皆平川沃野……违城一舍许曰晟溪者，闵氏世居之"。晟舍之名，"相传唐李晟领兵舍于此"，李西平就是李晟，因爵封西平郡王，世称李西平。晟舍之名，"相传唐李晟领兵舍于此"，李晟因爵封西平郡王，世称李西平。

塘桥南侧还有一副楹联："九曲南来，浪透龙门三汲；五湖北控，云连虹彩千层"。同治闵宝梁编撰的《晟舍镇志》载："塘桥，又名龙门、塘门。"因此晟舍塘桥一桥三名，三个不同的含义。晟舍塘桥又有黄冈桥之说，应为讹传。嘉泰《吴兴志》的荻塘十八桥里有黄冈桥无晟舍塘桥，弘治《湖州府志》有黄冈桥无晟舍塘桥，万历《湖州府志》有晟舍塘桥无黄冈桥。崇祯《乌程县志》第一次同时记载了晟舍塘桥和黄冈桥。同治《湖州府志》的荻塘三十九桥中属于晟舍界一共有四座：龙门桥、黄冈桥、潘杨桥、月影桥。光绪《乌程县志》载，龙门桥一名晟舍塘桥，东三十里，北为晟舍村，黄冈桥东三十里。光绪十九年（1893）的《乌程县五里方图》分别标注了晟舍塘桥和黄冈桥。由此可知晟舍塘桥与黄冈桥并非同一座古桥，黄冈桥位于晟舍塘桥东，两桥相距不到 500 米，被水泥覆盖的桥面仍在，民国重建，"黄冈桥"字迹清晰可辨。南宋嘉定年间，时任监察御史的福建望族后人黄和浦，钦命巡按浙江，迁居浙江乌程之晟舍。黄是黄庭坚的曾侄孙，也是朱熹的外孙。妻子萧氏，只生一女，并无子嗣。黄在晟舍结识了一位运粮官——闵和平。闵是山东望族闵氏后人，受皇命来到浙江运粮。闵和平让长子闵仁心入赘黄家为婿，改姓黄，延续了黄氏后代。黄、闵两家分居于晟溪东西两岸，中间相通的那座桥，便称为黄冈桥。黄仁心之子黄天衍，生有五个孩子，一家子孙满堂。而弟弟闵仁则虽有一子，却无孙儿。黄天衍便按照族规，让他的第五个儿子黄应逊复了闵姓，更名为闵应逊，以传承晟舍闵氏香火。闵姓从此又兴旺起来，人才辈出，入仕途者颇多，后人闵珪官至刑部尚书。闵珪留有"乌程市里新蒭酒，黄冈桥边旧钓蓑"的诗句。

东塘桥 系单孔石拱桥，位于织里镇旧馆村旧馆码头东首，光绪元年（1875）重建，东西向。南宋嘉泰《吴兴志》、弘治《湖州府志》都记载有旧馆桥，同治《湖州府志》的荻塘三十九桥中属于旧馆界的有西桥、陈家环桥、小桥。光绪十九年（1893）的《乌程县五里方图》中，东塘桥位置标注的是陈家环桥，因此东塘桥俗称陈家环桥。桥北侧保存了一副楹联："南来青水，殿跨降龙禧林佛寺；北去白漾，庙骑伏虎脊境灵山"。详细地描写了东塘桥四周的环境和风物，南来青水，指荻塘对面的青水河港；北去白洋，指旧馆村后的白洋湾；殿说的是喜寺殿。桥西有民国顿塘碑亭和《重修吴兴城东顿塘记》碑。当年工程以旧馆东塘桥为中点，自东塘桥迤东至南浔镇西栅口，由南浔负责；自东塘桥迤西至湖州城东二里桥由湖州负责，全长 36 公里，改为石砌。

二、北横塘古桥

北横塘又名北塘河，是太湖沿岸重要的水利设施和交通设施。清乾隆十五年（1750）的《太湖备考》载："大钱以东诸溇港之上流皆从荻塘来，荻塘之水初不直下溇港，距溇港四五里或二三里又有横河一道，即北塘河。自西而东屈曲以贯溇港之端，上承荻塘诸桥港北下之水，分入诸溇港以下太湖，此横河西自大钱港来，东至北张官桥稍南又东至陆家漾而乌程之程尽，再东入江南震泽界矣。"光绪《乌程县志》对北塘河所流经的路径记载更为详尽："北塘河，在城东北，自毗山溪北流折而东，过王母来桥，又东过塘下漾，又东过元通桥，又东过太平桥抵竹马漾，又东过婚对桥、圣堂桥、百廿亩桥、万寿桥、北张官桥，东过狗窦漾买鱼港，又东过项王桥抵江苏震泽之因渎。河形阔狭不齐，东去益窄，俗称北塘河，为众溇入水之口，且受南来众水所必从之道。"

横跨北横塘的圆通桥、婚对桥、太平桥、张官桥、下往桥等古桥早在崇祯《乌程县志》就有记载。同治《湖州府志》和光绪《乌程县志》更是详细记载了横跨北塘河的十座大桥，"王母来桥，东北十里孤潭村；圆通桥，一作元通桥，东北四十里，在东西金溇南；太平桥，东北四十四里，在杨溇南；婚对桥，东北四十六里，在义皋南；胜堂桥，一作胜塘桥，东北五十里，在陈溇南；百廿亩桥，东北五十四里，在伍浦南；万寿桥，东北五十八里，在钱溇南；北张官桥，在东北六十里，石桥浦南；新桥，在东北六十一里，汤溇南；下往桥，一作项王

北塘河元通塘桥

桥，东北六十二里，在宋溇南。"明确说明"十桥为城东北并跨北塘河，苕水由此东流入震泽县境北流分洩各溇。"除王母来桥外，其他九桥均位于今织里境域。据全国第三次文物普查，十桥中的圆通桥、太平塘桥、胜堂桥、百廿亩桥（太平桥）、张官桥、项王塘桥等六座至今保存完好。现选择介绍其中各具特色的五座古桥，有拱桥也有梁桥。

元通塘桥 系三孔石梁桥，又名圆通塘桥，位于织里镇元通桥村蚕环田自然村北面约 300 米处，南北向。崇祯《乌程县志》载："吴赤乌年间（238—251）建，古而特坚，至今仅一修葺。"元通塘桥始建距今有 1700 余年历史，在湖州市众多古桥中始建年代排列第二，仅次于三国吴黄武元年（222）始建的武康千秋桥。湖州古桥建造经历木构到石筑的过程，宋代开始易木为石，至南宋石桥始成为桥梁的主流。因此作为石梁桥的元通塘桥的建筑年代应该不会早于宋代，现桥为晚清重建，有两处纪年，东侧为光绪戊子年（1888），西侧为丙辰年（疑为1916 年）。桥墩太湖石为主，桥面花岗岩为主，置护栏无望柱；长方弧形抱鼓石。桥北堍曾有供行人歇息的凉亭。因为水利建设的需要，元通塘桥现迁到原桥西北侧的河边，方向也改为东西向。

元通塘桥"古而特坚"主要源于桥墩的独特做法，是用太湖石和花岗石垒砌而成的厚桥墩，向上收窄，整个桥墩呈塔形，水平截面为长方形，横宽纵窄，各个侧立面呈梯形。平原水网地区河道水势平缓迂回，桥墩不分迎水面，不设分水

太平塘桥

尖。整个桥墩砌筑精致、美观，墩身顶面置 2～3 根横帽石梁，檐口挑出墩身，其上架设桥面石梁。桥墩错缝平砌的砌置手法与金刚墙一致，不同于湖州古桥普遍采用的条石并列竖式排柱薄桥墩。这是古人综合考量河流水文、通航条件及桥梁稳固安全等诸多因素，在实践中不断完善的一种实用桥墩——无分水尖薄型石砌重力墩。

太平塘桥　系五孔石梁桥，位于织里镇大港村下山村北约 200 米处，南北向，清道光二十六年（1846）重建。始建年代失考，明崇祯《乌程县志》有载。清同治《湖州府志》记有："太平桥，在杨溇南。"太平塘桥桥长 40 米，在北塘河上形似长虹卧波，四长条石并列竖置桥墩，桥面由 4 块条石排列铺设，桥上置长方条石护栏，嵌仰覆莲方形望柱 28 支。桥北堍有一凉亭，供行人休息和躲避风雨。整座桥用材为花岗岩和太湖石，金刚墙为太湖石，其余部分均为花岗岩。位于旷野中的太平塘桥，是北塘河上唯一的大型五孔石梁桥，该桥现在仍然发挥着重要的交通功能，关于太平塘桥有很多传说故事。

一则故事说，桥原先并不叫太平桥，相传朱元璋带领兵士沿北塘河向东追杀张士诚军队，追到太平桥畔，消灭了残军。朱元璋对手下将士笑道："从今往后，天下可以太平了。"另一则故事则说，太平桥未建时，因河面宽阔，人们南来北往靠小船摆渡，险情时有发生，河道很不太平。附近村庄发起募资建桥，选定桥址并择吉日打桩开工。不料惹怒了河底的千年泥龙，造桥工匠白天打下桥桩，夜里就被泥龙掀起浮上了河面。村上有金姓老人，深谙易经八卦之术，知河中有泥龙作怪。为了造福乡里，金老太公决定舍身除害，当晚画好了灵符，第二天亲手交与施工领班。领班师傅领着身壮力大的工匠，时辰一到，抢起石榔头猛力打了下去，只听见"砰"的一声，桥桩下去了一大截，顿时波涛汹涌，两岸摇晃。工匠又猛力连砸，木桩竟牢固立于河中。这时河面上漂起一片殷红的鲜血，血腥味随风飘荡，泥龙被木桩钉死了。因为泥龙是神灵，罪过就由金老太公承受，他也口吐鲜血离开了人世。这个传说传递出丰富的历史信息，在没有机械装置的古代，造五孔大桥十分不易，值得珍惜。

太平桥　系三孔石拱桥，俗称百廿亩桥，位于织里镇常乐村姜王里村北约 200 米处，南北向，湖州市级文物保护单位。用材以太湖石为主，只有拱券的纵联石，以及桥面栏杆等少部分为花岗岩，在滨湖溇港区太湖石在明朝至清初被广泛运用于拱桥建设，尤其是拱券制作。百廿亩桥桥额阳文楷书"太平桥"，旁无

北塘河张官桥（桥主体为明代崇祯时重建，清末光绪年间重修）

纪年题刻，而纪年题刻出现在中孔拱券顶部的龙门石上。龙门石两边雕刻"风调雨顺，国泰民安"，居中有纪年"龙兴康熙己未年（1679）重建"。该桥具有清代早期过渡风格，桥面略呈弧形，但已有向"八"字造型发展的趋势，拱券为纵联分节并列式砌置，有护券石但不外延，长系石端面半圆素面，有间壁石无楹联。太湖石拱券满是荷叶莲花字堂，主要镌刻捐助者信息。

张官桥 系三孔石拱桥，位于织里镇汤溇村费家兜村北200米处，南北向，湖州市级文物保护单位。始建年代失考，明万历《湖州府志》有载，用材比较复杂，桥主体以太湖石为主，桥面为花岗岩，而古桥底部还保留着少量武康石，说明历经多次重建与重修。东侧石桥栏尚存，西侧已毁，方形望柱，云纹抱鼓石，桥额阳文楷书"张官桥"，其旁阴刻小楷：光绪三年（1877）重修。在中孔拱券顶部的龙门石上题刻为："湖州府乌程县，本境居士宋志玄同子宋□皇明崇祯癸酉（1641）岁仲冬吉旦重建，祈保母亲张氏，福寿绵长暨子孙显达。"光绪年间重修时，保留了大量的明代风格，弧线形桥面，拱券已为纵联分节并列式砌置，但无护券石、无间壁石。张官桥同样位于旷野中，桥位于陆家湾、新浦、汤溇三村交界处，相传朱元璋和张士诚部在湖州城东决战时，长兴、苏南运来的军粮，经此桥集中到陆家漾，然后分配给各部队。横跨北横塘的张官桥和太平桥（百廿亩桥），是建于明末清初的中型三孔薄墩薄拱实腹石拱桥，两桥的最大特色就是青白太湖石的广泛使用。

项王塘桥 系三孔石梁桥，位于织里镇东北乔溇村大乔其自然村南500米

项王塘桥

处，南北向跨北横塘，又名"下往桥"。桥始建年代失考，现桥系中华民国十一年（1922）重建，桥柱、桥梁均由4块条石构成，桥上栏杆两端均有抱鼓石，并有望柱6座。有桥联两副，东侧为："桥号项王，率卒经过有项羽；石工张老，命徒造筑是张班"；西侧为："当将独握虎符，从战八千辈；此处重排雁齿，共和十一年"。相传项羽带着乌程的子弟兵出湖州北门奉胜门，沿着南太湖一路向东。明清的乌程县志和湖州府志都记载北塘河上有"下往桥"，俗称项王桥，清代《乌程县五里方图》也标注为下往桥。"下往"应该就跟溇港区在历史上被称为"湖上"有关，北上南下，下往就是由湖滨高地往南走的意思。从前，胡乔宋三溇的老百姓出门往南，下往桥是南下的必经之路，"下往桥"谐音成了"项王桥"，其实不是项王由此去苏州，而是"湖上"溇港居民南下去陆家漾、南浔。

三、溇港古桥

大钱港以东，沿着太湖南岸的弧形高地，平均840米即有一溇，以溇命名的村庄一个接一个连成一线，村与村之间几乎无空隙，溇港高地是整个湖州村落最为稠密的区域。成规模的村落群与湖岸线几乎平行，也呈现弧形的带状分布。一条塘路自东向西跨过一条条溇港，穿过一个个村落，所有溇港上东西向的拱桥都曾经是塘路的一部分，塘路一直延伸到大钱港边的渡口。这条塘路往南通过北塘河上的十座大桥与荻塘塘路贯通。溇港是一个由溇港、塘桥、湖闸构成的复合系统，太湖溇港向为古代湖州水利建设的重点，开挖、疏浚、筑堤、架桥、建闸等系列工程，历代不绝。溇港上的古桥很早就见诸湖州府志和乌程县志的记载。明弘治《湖州府志》关于乌程县桥的记载中，在灵寿乡、常乐乡、震下乡至少有二十座是属于溇港上的桥梁。崇祯《乌程县志》对溇港的桥梁记载详尽，大钱港以东共计二十三座。同治《湖州府志》和光绪《乌程县志》记载更为清晰，其中苕水由北塘河分泄二十七溇入太湖之道（大钱港以东），有桥梁二十八座。

县志府志只记载一个溇港一座桥，但整个溇港区曾经的古桥远不止这个数。横塘纵溇水利格局形成了诸多的十字交叉，多一拱一梁组合的"L"形八字桥。潘溇桥、大溇桥、杨溇永济塘桥都横跨横塘与溇港的南交叉，在桥的西侧都接了一座跨横塘的单孔石梁桥。义皋尚义桥与横塘形成的是丁字交叉，在桥东同样横接一座小型的单孔石梁桥。还有更多桥建在贯通溇与溇之间的小横塘上。北塘河以北的滨湖二十七溇区，横跨溇港和横塘的桥梁星罗棋布，保存至今超过了五十座，其中横跨各溇上的单孔石拱桥计十二座，它们的建造年代南宋、元、明、清、民国都有，是一部完整的800年古桥史。

大溇桥　系单孔石拱桥，位于大溇村塘北自然村中，东西向横跨大溇。溇港水利体系在南宋已基本定型，南宋绍熙二年（1191），湖州知州事王回修溇港时，"又改二十七溇名……皆冠以常字……桥闸覆柱皆易以石"。溇港早期桥与闸主要是木构，绍熙年间重修易木为石，是溇港古石桥的起造之始。同治《湖州府志》多次提到绍熙故址，"许溇桥名常禧绍熙故址""谢溇桥名常裕绍熙故址""陈溇

大溇桥

桥名常通绍熙故址"等。溇名冠以"常"字，横跨沈溇的三孔石梁桥——常熟桥，横跨谢溇的单孔石拱桥——常裕桥，两桥虽经重修重建，但仍保留了不少武康石构件。大溇桥尽管较残破，但它是太湖溇港现存最古老的石拱桥，并极有可能是南宋绍熙遗构。整座桥用材为武康石，桥额因风化模糊不可辨，造型风格具有鲜明的宋元特点。桥拱为分节并列的圆弧拱且无护券石，现大溇桥桥面及踏步为水泥覆盖，但依旧可以看出桥面呈弧形，而且踏步收分明显。大溇桥西北侧有移置的旧桥栏，为须弥座式的弧形桥栏，大溇桥的长系石端首减地浮雕云纹，亦是典型的宋元风格。大溇桥金刚墙上长满薜荔、枸杞等，从北侧看完全是一座藤桥，小桥、流水、民居融合一体。

谢溇常裕桥

永隆桥　系单孔石拱桥，位于大溇村小兜自然村、大溇港转弯处，桥略呈西北东南走向。桥长约 15 米、宽 2.7 米、拱高 3.2 米、跨径 7.6 米。永隆桥清康熙己巳年（1689）重建，但整桥主要为武康石材，金刚墙有少量太湖石，分节并列砌置的圆弧拱，阴刻的桥名等，都是典型的宋元风格。据调查，原先改造的桥面亦呈弧形，弧形微拱条石纵铺若干节，形成连续桥面，这样的桥面充分考虑了方便车马陆行，设计甚为合理。2003 年 8 月，永隆桥被公布为市区第一批市级文物保护点。

广福桥　俗名大古环桥，系单孔石拱桥，位于乔溇村胡溇自然村南，东西向横跨胡溇。桥长 17.5 米、宽 2.34 米、拱矢高 3.17 米、跨径 6.9 米。广福桥拱券上镌刻有四处纪年，始建于元至正十四年（1354），明正统十四年（1449）重修，嘉靖十六年（1537）重建，现桥为江苏吴江县和浙江乌程县于明天启元年（1621）联合重建，桥跨江浙二省。广福桥具有明显的过渡时期特点，它主要由武康石和太湖石构筑，桥面压沿石为武康石，拱券石和金刚墙采用太湖石，是湖州境内最早的太湖石石拱桥之一。广福桥拱券的砌置方式采用了分节并列和横联分节并列两种方式，桥拱顶部三节保留了分节并列手法，两侧的四节加入了四根横联石，材质为武康石，这应该是重修、重建广福桥对旧构件的合理再利用。桥面顶部由三整条弧形微拱的武康石并排而成，整体成三折弧形，这些都基本保持了宋元石桥的风格。因为是江浙界桥，广福桥被列为江苏省文物保护单位。

诸溇桥　系单孔石拱桥，位于沈溇村诸溇自然村中，东西向横跨诸溇。桥长16.6米、拱跨径8米。其桥体由武康石、太湖石混合构筑而成。拱券顶部的龙门石上有明确的纪年信息："元皇庆二年（1313）季冬鼎建，大清雍正五年（1727）岁在丁未春月乙未日重修"。诸溇桥古朴庄重，保留了大量宋元桥的特点，武康石为主的须弥座弧形桥栏，使得整个桥面造型呈弧形，桥栏端头的祥云抱鼓石造型与德清宋元古桥一致，为长系石端首减地浮雕四季花卉。诸溇桥雍正五年（1727）重修，诸溇桥拱券和金刚墙的大量太湖石，很可能是皇庆二年（1313）鼎建的原构件。但诸溇桥拱券纵联分节并列式砌置、金刚墙墙靴钉式砌筑、望柱石狮造型等都呈现了明显的清代早中期风格。2003年8月，诸溇桥被公布为湖州市文物保护点，也是全国重点文物保护单位太湖溇港附属设施"太湖溇港古桥

诸溇桥

群"之一。

蒋溇安乐桥 系单孔石拱桥，位于织里镇汤溇村蒋溇自然村北约100米处，北临太湖，东西向横跨蒋溇，清康熙四十八年（1709）重建。桥长约15米，宽约2米，东西各有石阶10级。用材多为太湖石及少量武康石、花岗岩，是清早期的标准石拱桥，拱券纵联分节并列式砌置。开始出现券脸石，桥拱呈半圆形，金刚墙靴钉式砌筑，八字形桥面坡度跟清中后期石拱桥相比较缓，无间壁石无楹联。安乐桥是康熙后期太湖石石拱桥的代表之作，此时开始花岗岩取代太湖石成为石拱桥建设的主要石材，但太湖石作为辅助石材，如砌置金刚墙等，在太湖沿线一直沿用到民国。安乐桥为全国重点文物保护单位太湖溇港附属设施"太湖溇港古桥群"之一。

尚义桥 系单孔石拱桥，位于义皋村义皋自然村中，横跨义皋溇，东西向连结义皋老街，乾隆三十九年（1774）重建。桥长约10米、高约5米，拱券为纵联分节并列砌置法，两侧有栏板，栏板间嵌望柱8支。义皋亦称义高，最早见载于南宋嘉泰《吴兴志》："兴善院在县东北二十七里湖上义高村，钱氏建，号善庆院。"弘治《湖州府志》、万历《湖州府志》以及徐献忠的《吴兴掌故集》，都记载义高村、义高溇、义高桥。最早使用义皋的是崇祯《乌程县志》，溇港称义高溇，桥梁称义皋桥，清代记载义高、义皋通用。乾隆《乌程县志》也是溇称义高，桥称义皋，光绪《乌程县志》中兴善教寺沿用宋代旧称义高村，溇称义高，但有备注，又称义皋溇，桥称义皋。桥的南北两侧均有桥联，北侧桥联："民有淳

尚义桥

风称义里，流分沙漾庆安澜"；南侧桥联："大泽南来，万里康庄同利涉；春波北至，千秋浩淼永安澜"。尚义桥为全国重点文物保护单位太湖溇港附属设施"太湖溇港古桥群"之一。

庆安桥　系单孔石拱桥，位于乔溇村宋溇自然村中，东西向横跨宋溇，清光绪二年（1877）重建。明成化《湖州府志》、崇祯《乌程县志》载为"宋溇桥"。庆安桥拱券采用纵联分节并列砌置法，桥长约 12 米、宽 2 米，拱券和金刚墙保存完好。南北两侧均有桥联，南侧桥联："一水迢迢，南通五漾；层峦隐隐，北注三山"。形象说明了溇港区域是南漾北湖之间的一块高地。北侧桥联："苕水波平，旋资利涉；柳塘风静，永庆安澜"。构思精巧，遣词严谨，意趣俱佳。

述中桥　系单孔石拱桥，位于乔溇村胡溇自然村中，东西向横跨胡溇，清光绪二十九年（1903）重建。南宋绍熙年间程大昌撰《修湖溇记》载，"湖溇三十有六，其九属吴江，其二十七属乌程"，"以胡溇中心分界"。桥长约 15 米、宽 2 米，肩墙有 4 对系梁相连，桥上栏板间嵌望柱 8 支，东西各有石阶 12 级。桥东西两堍延伸为东街西街，曾经是胡溇最热闹的去处，每天往返于胡溇南浔间的航船都泊于述中桥头。述中桥南北两侧均有楹联，其中南侧有"南漾北湖，中流砥柱；东吴西越，要道津梁"，北侧有"桥以中名，界分江浙"（缺下联），以简约的文字，精准地点明了胡溇地处苏湖间的独特地理方位。述中桥为全国重点文物保护单位太湖溇港附属设施"太湖溇港古桥群"之一。

述中桥

永济塘桥　系单孔石拱桥，位于杨溇村港西自然村中，东西向横跨杨溇，中华民国 10 年（1921）重建。始建年代失考，明成化《湖州府志》记载为杨溇桥。桥长约 15 米、高约 6 米。拱券采用纵联分节砌置构筑法，桥两侧有栏板，栏板间嵌望柱 8 支，其中 4 支雕有坐狮，栏板末端置抱鼓石。桥的肩墙上嵌有石碑，碑上涂有水泥，今字迹无法辨认。南北两侧有桥联，南侧桥联："杨溇运脉，南北通流；湖滨锁钥，往来要道"；北侧桥联："红龙千秋，永资保障；紫苍三元，济涉行人"。从楹联中我们可以读出此桥的地理位置、风水堪舆之重，以及在当地百姓心目神圣的地位。永济塘桥为全国重点文物保护单位太湖溇港附属设施"太湖溇港古桥群"之一。

陈溇塘桥　系单孔石拱桥，位于义皋村塘湾里自然村西侧，东西向横跨陈溇，中华民国 25 年（1936）重建。桥形小巧玲珑，长约 10 米、高约 5 米，花岗岩石质。拱券纵联分节并列有串砌置，方形望柱、云纹抱鼓石、板状石桥栏均保存较好；阶梯踏步规整，金刚墙靴钉式砌筑。桥心石为弦纹及云雷纹。桥额题写者为发起人吴梅卿。南北两侧均有楹联，撰联人文化功底深厚，内容气势大度。南侧楹联："塘跨苏湖，鱼梁压渡；村沼笠泽，虹影卧波"。落款为里人吴敦夫题。北侧楹联："北达苏常帆影远；南来苕雪水光清"，落款为镇长李三寿题。中华民国 20 年（1931），吴兴县设置义皋镇，李三寿担任的义皋镇镇长。楹联不仅表述了其地理位置，还描绘了山水清丽的太湖风光，可谓是匠心独运。陈溇在清末民初为繁华市镇，清光绪《乌程县志》载："陈溇市在府城东北五十二里。"原驻于

陈溇塘桥

大钱镇的大钱巡检司移驻陈溇，陈溇成为湖滨要塞。陈溇塘桥为全国重点文物保护单位太湖溇港附属设施"太湖溇港古桥群"之一。

安乐桥 系三孔石梁桥，位于伍浦村伍浦自然村中，东西向横跨伍浦溇，乾隆丁酉年（1777）重建。伍浦村北枕太湖，村子因古伍浦溇而得名，蒋溇和伍浦是相邻的两条溇港，溇上各横跨有一座安乐桥。横跨蒋溇的是单孔石拱桥，横跨伍浦溇是三孔石梁桥，伍浦自然村中跨小横塘口上还有一座单孔石梁桥里仁桥，也是乾隆丁酉年（1777）重建，都以花岗岩为主。里仁才能安乐，《论语·里仁篇》载："子曰：'不仁者不可以久处约，不可以长处乐。仁者安仁，知者利仁。'"

开禧桥 俗称白莲桥，系三孔石梁桥，位于伍浦村西蒋溇自然村中，横跨村中横塘，南北向，横塘穿过西蒋溇自然村，贯通蒋溇、伍浦两条溇港。唐宋时期有以建桥时的"年号"命名桥梁的传统，开禧是南宋宁宗的年号（1205—1207），共计三年。说明该桥始建于南宋开禧年间，虽在清雍正有过重建，但较好地保存了宋元梁桥的原始风貌。桥面纵梁、排柱及横帽石梁均为武康石材；桥面纵梁制作加工时，由两边向中间逐渐增厚，呈下平上弧形态，纵梁外侧出檐，做成垂直折沿形的睑边；桥梁架设由两端桥台向中间立桥墩梯次增高，一组弧形桥面纵梁连接闭合就成了完美的弧形连续桥面；不设台阶，桥面和河岸无缝衔接，桥路相连；桥额阴刻楷书"开禧桥"。这些都是宋代石梁桥的典型特征，开禧年间距离绍熙二年（1191）湖州知州事王回大规模整修溇港不到15年，开禧桥有可能是滨湖溇港现存最古老的石梁桥。东距开禧桥不到100米，西蒋溇自然村还有一座三孔石梁桥大有桥，乾隆八年（1743）重建，其排柱墩是典型宋元杀棱倒角的武康石排柱，桥面虽改为花岗岩，但仍保留了弧形连续桥面，不设台阶，桥路相连。现开禧桥迁建到伍浦村新建的乡村公园内，改为单孔石梁桥，但桥形仍呈独特的微拱，非常别致。

朱家桥 系单孔石梁桥，位于伍浦村濮溇自然村中，南北向，横跨村中横塘，横塘穿过濮溇自然村，贯通濮溇、陈溇两条溇港。朱家桥清康熙五十七年（1718）重建，北桥台西侧面镶嵌有当年建桥捐资的功德碑。主要由花岗岩和太湖青石构筑，桥面纵梁和排柱为花岗石，金刚墙采用太湖石，紧靠金刚墙的立柱并非常见的并列密排竖置，在外延用两根立柱并列分立的结构，中间空隙用太湖石垒砌填塞，节省大型花岗岩立柱的使用。朱家桥是滨湖溇港最早使用花岗岩的桥梁之一。

常胜塘桥　系单孔石拱桥，位于义皋村寺前自然村南部旷野中，南北向横跨村前横塘。整桥为花岗岩石材，基本判定为民国时期所重建。东侧桥联："王路聿新遵礼义，君波无限及江皋"，"君王"藏头，"义皋"嵌尾；西侧桥联："雁齿常新同欣利涉，虹腰胜旧共庆安澜"。义皋的小横塘很多，从村北到村南多达五道。第一道横塘在朱家庙自然村前，俗称北运粮河，一直延伸到东边的塘北自然村前；第二道是尚义桥北侧范家大厅前，俗称南运粮河；第三道在兴善寺和李家浒自然村前；第四道在寺前自然村前；第五道是常胜塘桥下，往东延伸到大片田地间，用于灌溉的意图明显。

四、水网平原古桥

荻塘与北横塘之间为典型的水网平原，中间有南横塘横贯东西，湖漾众多，河网密布，纵横交错。村镇郊外河道较宽，跨河桥梁多为三孔石梁桥，跨径较大。村河较窄，跨河桥梁多单孔石拱桥和石梁桥。

白龙塘桥　系三孔石拱桥，位于织里秧宅村与戴山后林村交界处，民国19年（1930）重建，2003年被列为市文保点，2015年被列入湖州市文物保护单位。白龙塘桥始建失考，明崇祯《乌程县志》记载有白龙桥，清代德清人许宗彦在他的《后林村新修白龙桥碑》中说，"苕水枝分，径郡东常乐乡为白龙港，折而南入运河，是纳诸山之水，与太湖诸溇相灌注。环港村落十数，至郡治或赴旁郡，

白龙塘桥

必涉港而东西焉。村之大者曰后林，地故有桥，建于康熙五十三年。当来往孔道，规制素壮。遇盛夏淫潦，山水四至，波涛腾激，石弗能支"，因此白龙塘桥是屡毁屡建。按许宗彦碑文记载，康熙五十三年（1714）曾重建白龙塘桥，因水流湍急，经年冲刷，破损严重，因此于乾隆十七年（1752）重修。五十多年后的嘉庆年间，后林村民又一次集资复大修，三年乃成。

白龙塘桥重建于1930年，桥额旁有落款："各处善士乐助建，民国十九年春月立"。桥东西各有24级石阶，桥顶定心石刻五蝠捧寿图，桥两侧栏板凿成吴王靠，以便行人休息。桥拱采用纵联分节并列砌置法，肩墙有十对系梁相连。梁下置间壁石，刻有多副桥联，主孔南侧桥联为："龙港深通，人和口涉；茗溪贯注，利存长源"。北侧桥联为："举徒通焉，乡真常乐；水流莫矣，民此永安"。南侧次拱桥联为："石柱石栏同石固；龙桥龙岁祝龙宁""平分流水光凝白；横贯长虹势化龙"。北侧次拱桥联为："城峰□排雁□；浮栏光耀□龙□""品题不乏相如笔；利济无□子产□"。

白龙塘桥桥西为白龙观，观内供奉徐千岁、杨大人。徐千岁即明朝开国元勋徐达。杨大人是同治年间湖州知府杨荣绪，他实行宽仁政策，严禁扰民，曾拨款支持在陈溇创办五湖书院。白龙港沟通了荻塘以北的三条主要河流即南横塘、戴山港和北横塘，同治《湖州府志》载，戴山港"自毗山溪北流，折而东……过王母来桥，经汇沮，又东经戴山，抵后林东，折而北，会白龙桥河"。白龙港水面直而宽，水流急而深，在此造桥相当不易。

广济桥　俗称方桥，据传为方姓家族捐资兴建，因名方桥。系三孔石拱桥，位于轧村村方桥头自然村东，东西向。佛教以普度天下众生为己任，所以佛门弟子把修桥铺路看作是"济世渡人"的功德无量的大事。普济、广济、利济、妙济、同济、永济、众济、圣济、顺济等众多带"济"字的桥，都是佛教济世精神的一种体现。三孔石拱桥广济桥，以太湖青石为主，少量花岗岩为后期修缮所替换。桥长30.5米、宽3米，造型优美。拱券采用纵联分节并列式砌筑，肩墙为钉靴式。拱券两侧长柱石刻两副桥联。广济桥最大特点桥面平缓，是湖州境内最低平的三孔石拱桥，中孔宽敞，形似鳖背，两边孔低矮，行洪尚可但基本无法行船，类似于江南园林里的景观桥。2015年广济桥被列入市级文物保护单位。

故县桥　系单孔石拱桥，位于旧馆村杨家寺前自然村东侧，东西向。民国

旧馆故县桥

三十七年（1948）重建，整体用花岗岩，拱券为纵联分节并列式砌置带券睑石，系梁端首皆抹角，金刚墙错缝平砌，楹联字迹模糊不清。桥额阳文楷体"故县桥"。此故县是指历史的东迁县，晋武帝太康三年（282）乌程县分西乡地置长城县（今长兴），分东乡地置东迁县。东迁县治设在今旧馆村一带，此地也就成了东迁县的政治、经济、文化中心。

圣堂桥　系单孔石拱桥，位于骥村村东港埭自然村中，东西向。整桥为花岗岩石材，桥两侧长满了薜荔等藤蔓，不见桥额。湖州乡间的道教宫观常俗称"圣堂庙"，旧时有三月半举办圣堂庙会之习俗。湖州现存古桥有超过十座以"圣堂"名之，还有不少圣堂村、圣堂港、圣堂庙和圣堂桥的组合。织骥村村东港埭自然村就是圣堂庙和圣堂桥的组合。

迎晖桥　系单孔石拱桥，位于陆家湾村，跨陆家漾支流，南北向。桥长14.7米、宽2.33米、拱高3米、跨径4.3米，为太湖石、花岗石构筑，拱券采用纵联分节并列法砌置。桥两侧置素面石栏板，栏板间嵌望柱12支，栏板末端置抱鼓石，南北石阶各12级，桥心龙门石为祥瑞图案。桥联有："虹飞锁雪水；……"（缺下联），"□静涵朝旭；□腾射夕霞"（缺首字）。虽然缺字较多，但可以想象，风光旖旎的绿霞漾（陆家漾古称），在朝旭夕霞之下，一派生机盎然。迎晖桥为市级文物保护点。

观音桥　"观音"为梵文意译，又称观世音、观自在、观世自在等，与文殊菩萨、普贤菩萨、地藏菩萨一起，并称为四大菩萨。"家家观世音"曾是湖州佛教文化的殊胜景象。湖州民间将农历二月十九观音诞生日、六月十九观音成道日、九月十九观音出家日，并称为"观音菩萨圣诞"。有关观音菩萨的动人故事，在湖州民间也是世代流传。有不少古桥直接以"观音"命名，还有多组观音桥与观音庙的组合，形态环境各异。轧村有两座观音桥。一座位于轧村村齐家湾自然村偏北处，单孔石梁桥，东西向，光绪己亥年（1899）重建；另一座为单孔石拱桥，位于曹家簖村南桃寺塔自然村中，南北向，光绪十三年（1887）重建，桥顶桥栏外侧刻有"南林刘门沈氏重建"字样。如今在古桥东侧再建了公路桥，沿用观音桥之名替代了古桥的通行功能，有效地保护了古桥。观音桥东北侧有观音禅寺。东侧桥联："曲水回环，春深桃寺；流波潋滟，地接梅林"；西侧楹联为："柳外追凉胡林小憩，月明放棹宝镜重开"。

广平桥　系三孔石梁桥，位于轧村村北桥头自然村，南北向。桥两块紧靠民居，桥长 15.86 米、宽 1.9 米。花岗岩、武康石和太湖石混筑，落地板状桥栏置覆莲望柱及连弧形抹角抱鼓石，覆莲望柱有太湖石和武康石两种，形制古朴。北侧桥墩排柱有莲花荷叶字堂，书阴文"时大明正德十一年（1516）岁次丙子重建"，桥阴刻额。此桥可能始建于南宋，早在南宋就设立有轧村坊，系民户买扑。宋代的买扑税场设立在基层初级市场，充分说明南宋轧村商品交易的活跃程度以及基层市场的繁荣程度。广平桥在明代中期有过重建，桥上武康石材应该都是宋明的原物。晚清有过重修，替换为花岗岩构件，但制作较为粗糙。广平桥是织里境内少有的具有明确明代纪年题刻的桥梁。

石前桥　系三孔石梁桥，位于曹家簖村孟婆兜自然村中，南北向。清光绪十年（1884）重建。石前桥最大特点在桥东西两侧的楹联上。西侧桥联为隶书："雁齿重排迥环孟母，虹腰并建辉映寿星"。"虹腰""雁齿"都是古桥的代名词，"孟母"可能实指地名孟婆兜，虚指造桥者的贤母，下联中"寿星"估计与造桥者重建石前桥的动机相关了，造桥者是通过造桥积福为母亲祝寿的。东侧桥联是篆体："岸腹凝烟，凉生蟹簖；镜心涵影，晚唱渔汀"，是对石桥周围优美的环境，以及生产生活的描绘。桥联中的"孟""簖"都取自当地地名。湖州古桥楹联基本为楷书，像这样篆体加隶书的，织里全域独此一分。

打子桥　三孔石梁桥，郑港村甄家门自然村西，东西向，中华民国 26 年（1937）重建。约束桥，系三孔石梁桥，郑港村甄家门自然村南，南北向，中华民国 13 年（1924）重建。这是同村的两座建造年代相近，形制和规模相仿的石

郑港打子桥

梁桥，两个独特的桥名背后有一个流传已久的故事。相传古时，郑港村有一位家产巨富的郑姓财主，生一独子，从小聪明伶俐，是闻名乡里的的少年才子。二十岁那年上京赶考。青春放纵，在京城游名胜，逛酒楼茶馆，玩得不亦乐乎。竟然住入青楼流连忘返，结果当然是名落孙山。而郑公子继续迷恋那青楼，直至银两花费殆尽，被赶出妓院。最后靠沿途乞讨，好不容易回到了郑港。郑员外气得七窍生烟，举起手中的檀木拐杖，直打得公子脑门受伤，鲜血直流，昏倒在地上。郑员外余怒未息，吩咐家仆立即将儿子抛尸野外。再思寻找，人踪全无。为了警示后人，积德行善，第二年，郑员外出资在本村建造了一座三孔石梁桥，取名为"打子桥"。民间故事结局圆满，郑公子得人相救，痛定思痛，奋发读书，高中进士。返乡省亲，看到父亲建造的打子桥，悟懂了老人家的良苦用意，决定在打子桥东面再建一座石桥，定名为"约束桥"，吸取自己的惨痛教训，表示浪子回头金不换，以此告诫后人。实际上，打子桥为"打纸桥"之讹化，古代桥梁以桥畔产业为名的不在少数，染店桥、铁店桥等皆是，"打纸桥"在湖州就不止一处。郑港村是织里书船的发祥地和兴盛地，打纸印书也在情理之中。

　　锁澜塘桥　系三孔石梁桥，位于织里大港村沈家坝西北旷野中，是一座标准的民国花岗岩石梁桥，中孔桥板外侧镌刻"民国 18 年（1929）重建"。桥墩由三根石柱并列密排竖置，桥面也由三根石梁纵铺而成，桥的侧立面也呈现折线微拱。但锁澜塘桥采用靴钉式错缝平砌的引桥式桥台更长，分为三段，一端与河岸路堤持平，一端与四级垂带踏跺衔接桥面，中段以间壁石和长系石加固，上下以一级台阶分为两层。干栏式桥栏，间置望柱 6 对，柱头为灯形，四侧雕有浅海棠纹。踏跺不设垂带石，把桥栏两端的素面圆角形抱鼓石以倾斜的角度嵌于台阶之上。锁澜塘桥南北有两副精彩的楹联，北侧为嵌字联："锁住龙门三汲浪，澜翻虹影万层光"；南侧联是锁澜塘桥所处地理环境的大写意："砥柱近涵苕水碧，玉栏遥揖洞庭春"，意境很好，桥柱涵跨苕溪碧水，桥栏作揖太湖洞庭。

安农桥　俗称砖桥，位于织里凌家汇砖桥头自然村中，采用了砖、木、石组合结构。桥墩用三根花岗岩立柱并列密排竖置而成，上架条石作为横梁，横梁上密排木梁，桥面分两层铺设，底部覆贴水磨大方砖，上面再密排长方青砖，这样的古桥当地百姓习惯称之为砖桥。湖州石梁桥一直沿用传统的木梁技术，联排的石立柱上盖横帽石梁，帽梁上凿半圆形托木槽孔。实地调查发现，年代较近的，桥面石梁下常安放数根相同长度的圆木，年代久远的，木头腐坏，但托木槽口都非常清晰，说明托木技术在湖州地区的使用是相当普遍。以前架桥时，为固定桥墩所设置的临时梁，也方便桥面纵梁移动并安放就位。桥架成后，临时梁就留在那里，成了托木。而且"石之长者易以折"，托木可防止石梁脆断下坠伤人伤船。东南肩墙嵌石，阳刻"安农桥"行书，是为了一位 1943 年 4 月 14 日牺牲抗日英烈赵安农，并镌刻《安农桥碑记》立于桥堍。

丰和桥　系单孔石梁桥，位于常乐村港北山自然村南侧，东西向。桥面纵梁镌刻"新建丰和桥"，这是织里境内唯一题刻"新建"的桥。桥上刻有"甲午，康熙万寿"，据此推断此桥建造于康熙甲午年，也就是康熙五十三年（1714），康熙 60 大寿年之年新建。桥上"乾隆三十七年（1772）"题刻，说明此桥在乾隆时期有过一次重建。桥面纵梁和金刚墙两侧的桥柱开始使用花岗岩，金刚墙使用太湖石，从色泽颗粒以及纵梁侧面的雕刻工艺看，显然属于苏州金山石。丰和桥建造方法与濮溇清康熙五十七年（1718）重建的朱家桥相仿，桥面纵梁和排柱为花岗石，金刚墙采用太湖石，紧靠金刚墙的立柱并非常见的并列密排竖置，在外延用两根立柱并列分立的结构，中间空隙用太湖石垒砌填塞，节省大型花岗岩立柱的使用，不同是丰和桥桥面采用板梁结合的方式，桥面显得十分宽大，整个桥的体量也明显大于朱家桥。丰和桥是滨湖溇港最早使用花岗岩的桥梁之一。

第五节　历代碑刻

一、庞代巡去思碑

庞代巡去思碑，明隆庆三年（1659）刻，现镶嵌于杨溇村杨溇大庙大殿西侧墙壁里。去思，典出《汉书·何武传》，古时对于德才兼备、政绩卓著的官吏，地方士民在其离职时会立"去思颂碑"，以表称赞与怀念之情。庞代巡去思碑为太湖石圆头碑，碑首饰麒麟祥云纹线刻，浮雕"庞代巡去思碑"字样，惜石质较杂，故字迹漫漶，内容较难考证。代巡，即巡按，明代指巡察地方的京官。庞尚鹏，字少南，广东南海人，明嘉靖四十年调任浙江巡按。他在任七年秉公

明代巡按庞尚鹏

执法，大力打击地方缙绅豪强。同时，他又以善于理财著称，在浙江推行"里甲均平法""十段锦法"和"一条鞭法"等赋役改革措施，以减轻百姓的负担。隆庆二年，庞尚鹏调回北京任大理寺右丞，再任右佥都御史。湖州隆庆三年所立的庞代巡去思碑当属珍贵的石刻物证。庞尚鹏卒后，浙江、福建等地受益士民为感念庞代巡解民徭役之苦的贡献，纷纷立祠祀之。

二、奉宪永禁捝（总）碑

奉宪永禁捝碑，明万历四年（1576）丙子年刻，现镶嵌于沈溇村杨家兜村沈溇庙，是典型的圆头明碑。惜石质较杂，故字迹漫漶，内容较难考证。

三、乌程邑杨侯去思祠记碑

乌程邑杨侯去思祠记碑，明万历二十五年（1597）刻，现藏飞英公园墨妙亭廊下。杨侯，指乌程知县杨应聘，字行可，安徽人。明万历十六至十七年（1588—1589），组织民众整修荻塘，历时两年。乌程邑杨侯去思祠记碑由朱长春撰文、沈桐篆额、潘庚星书丹，赞扬知县在任5年"缓科徭，平冤滞，兴堤防，

除淫社，清浮田，勤荒政，倡教化，禁偷靡，城邑之间淳然"。

四、干道禁谕碑

干道禁谕碑，明崇祯九年（1636）刻，现镶嵌于沈溇村诸溇自然村广敬庙西墙壁里。这块"禁谕碑"为太湖石圆头碑，碑侧饰祥云纹线刻，楷体"干道禁谕"字样，是古人保护溇港河道的实物见证。

五、重修石塘碑记

重修石塘记碑，清乾隆二十五年（1760）刻，砌于吴兴区织里镇汤溇亭子庙正门东侧墙。碑高 1.6 米、宽 0.8 米，有破裂残损，多字难辨。记录了邑中人士于清乾隆二十三年和二十五年，两次"同心协力，捐资倡众"修复石桥浦、新浦石塘的善款明细。

六、重建双甲桥记碑

重建双甲桥记碑，清乾隆三十六年（1771）二月立。双甲桥横跨于蒋溇之上，为石梁桥，历代府志县志记为蒋溇桥。里人金聚山首捐倡议重建。竣工后，在桥西筑"回春亭"，树碑于内。碑由晟舍闵文山撰文、乔溇宋志学书，碑立于清明后三日。现碑亭仍在，位于伍浦村西蒋溇自然村湖薛公路旁。

七、创建五湖书院记碑

创建五湖书院记碑，同治十二年（1873）秋立于原陈溇五湖书院内。后随五湖书院湮没，1997 年 8 月 14 日在义皋村出土，今收藏于义皋村范家大厅（崇义堂）内。碑由吴云撰记并书、徐凤衔篆额，碑高 144 厘米、宽 61.5 厘米、厚 17 厘米，石材为青皮石（即太湖石），呈灰白色。现完好无损，字迹清晰。碑额 8 个篆体字"创建五湖书院碑记"排成 3、3、2 三行，篆额部分高 40 厘米，字径 10 厘米 ×6.5 厘米。碑文 20 行，每行 34 字，共 600 余字，字径 2.3 厘米 ×2.2 厘米。字体为仿宋与魏体相融合的书法体，清逸、娟秀。记述了继胡瑷在郡城办安定书院创"湖学"后，陈溇吴云等人创建五湖书院的事迹，并得到宗源瀚、杨荣绪两任湖州知府的支持。碑文既是很珍贵的书法范本，又是织里地区历史上重视教育的见证。

八、重建晟舍利济寺碑

重建晟舍利济寺碑，清光绪十六年（1890）十一月，归安杨岘撰文，吴县姚孟起书写，安吉吴俊卿篆额，晟舍众姓捐募立石于利济寺中。存织里镇利济寺碑廊。光绪十三年冬利济寺重建大殿，光绪十五年落成，次年立此碑，距今114年。碑额与碑石为拼接式，篆额已失落。存碑高165厘米，宽82厘米。碑文共14行、每行28字，楷体，字径4厘米×3.6厘米，约400字。安吉吴俊卿，即吴昌硕，是晚清民初画坛大师；杨岘曾任常州知府，是一位饱学之士，也是书法家；姚孟起，苏州人，其书法法欧、褚两家，"风流儒雅，名满南北"。此碑由三位中国书坛大师级人物共同书作，极为罕见，弥足珍贵。

九、吴兴晟舍镇利济寺斋田碑

吴兴晟舍镇利济寺斋田碑，天台陈锺祺（号一阳）撰记，吴兴吴剑飞（字锐）书，民国12年（1923）立。现镶嵌于利济寺碑廊。刻石为横幅，长102厘米，高35厘米，上眉空5厘米、下空3厘米、左空5.5厘米。碑名一行12个隶体字，字径1.8厘米×1.6厘米。全文40行（其中正文33行）每行19字，近700字。碑文详见本志第九卷第一章《文献录》。

十、重建吴兴城东頔塘记碑

民国12年至17年（1923—1928），南浔富商庞莱臣倡议以水泥砌石修获（頔）塘。至1928年，在旧馆自然镇建立頔塘碑亭，亭中立重建吴兴城东頔塘记碑，高约3.5米，宽1米，阳面刻碑文，阴面列捐款单位、姓名、金额及收支。现碑石砌在亭之北墙之内。

十一、安农桥碑

安农桥碑，中华民国三十二年（1943）八月立于凌家汇村砖桥头自然村的砖桥桥东堍，后被移至港东河埠铺路，碑记揭示出一段鲜为人知的吴兴抗战佚事。抗战时期，荻塘以北属国民党吴兴县政府织里区署。安农桥碑识立者蔡志清系织里区署的长官，碑文述1943年4月14日拂晓，日寇出城扫荡，袭击织里区署驻地砖桥村，他惊醒后率区特务队突围而出，然民政指导员赵安农"未及脱险，胸罹数刃，以身殉区"。为追念这位跟随其三年的部下，碑文所记情动感人，还将赵安农与姚勇忱并称为"塘北英杰"，可敬可传，同年8月"商得邑人公意，将砖桥改为安农桥，爰撰文勒石立碑桥左以昭忠烈而志景仰"。此桥碑堪称珍贵的吴兴抗战文物，今收藏于义皋村范家大厅（崇义堂）内。

表 8-5-2 织里镇文物保护单位一览

名称	保护级别	年代	位置	备注
太湖溇港	全国重点文物保护单位	春秋至2019年	太湖南沿	其中织里镇域：诸溇、罗溇、大溇、幻溇、许溇、杨溇、谢溇、义皋溇、蒋溇、钱溇、新浦溇、汤溇、宋溇、乔溇、胡溇（太湖溇港古桥群为附属建筑，其中安乐桥、陈溇塘桥、述中桥、诸溇桥、永济塘桥、尚义桥位于织里镇域）
荻塘（頔塘）	省级文物保护单位	晋至清	织里长湖申线沿线	含頔塘碑亭、龙门桥、东塘桥
谭降遗址	市级文物保护单位	商周	郑港村	
义皋范家大厅	市级文物保护单位	清	义皋村	
张官桥	市级文物保护单位	明至清	汤溇村	
广济桥	市级文物保护单位	清	轧村村	
太平桥	市级文物保护单位	清	常乐村	
白龙塘桥	市级文物保护单位	中华民国	秧宅村后林村	
义皋茧站	市级文物保护单位	1965	义皋村	
分水墩遗址	市级文物保护点	商周	轧村村	
沈氏思慎堂	市级文物保护点	清	陆家湾村	
迎晖桥	市级文物保护点	清	陆家湾村	
永隆桥	市级文物保护点	宋至清	大溇村	

第六章 民俗和非遗

织里镇域，以溇为经以塘为纬，串联起稻作、蚕桑、蔬果、渔业、畜牧、水运等诸多产业，借农兴市，货流畅通，农耕习俗源远流长，代代相传至今。四时俗尚，即普遍按照二十四节气的自然规律进行生产耕作，并利用农闲间隙开展各种迎新、防疫、敬神、乞巧、团聚等庆丰收的民俗活动，既达到敬天法地宗旨，又兼及乡里聚餐团拜的福祉。

田蚕茂盛，国泰民安，是镇域乡民的期盼，农谚云："上半年靠养蚕，下半年靠种田。"照田蚕、敬土地、开秧门、蚕花饭、流传下许多与田蚕有关的民俗活动。匠作，即生产工具制作，为农耕社会的必需品。

人生礼俗是镇域乡民的群体活动，婚姻、生育、寿庆、丧葬等生活习俗五花八门，但必须按部就班不违祖制。民间信仰也并非纯粹的宗教，而是集体从众的心理需求。

2008 年，湖州市开展各级非物质文化遗产的分批遴选与公布工作。织里镇的刺绣、马灯、火羊会、山歌、剪纸、织麻布先后入选浙江省级或湖州市级的非物质文化遗产名录。

第一节 四时节气与生产习俗

一、四时俗尚

正月 正月含立春、雨水两个节气。积肥选种莫迟延，春花追肥迎春耕。草子田排水、麦子油菜除草、剪桑树理蚕室、继续整理排灌系统，做好畜禽春季配种或孵化的准备。立春俗称"打春"，请长者象征性地鞭打春牛，预示一年农事开始，或在墙上贴春牛图，俗称送春，吃面饼春卷，俗称咬春。镇域还有在墙脚或门边培土置葱迎春。年初一拜年，年初五接财神，正月十五元宵节，廿六拜利市。

二月　二月含惊蛰、春分两个节气。精整秧板秧苗壮，春花三防要抓紧。麦田除草排水，做好水稻、番薯、马铃薯、向日葵、大豆等农作物的选种、育苗与播种；内塘做好繁殖鱼苗的准备。惊蛰蛇虫鼠蚁从冬眠中唤醒，家中须用清香、艾草，熏染驱赶角落里的霉运，民间还有吃春菜、放风筝等的习俗。农历二月初二日，龙抬头主春耕、农事、春龙，村人举行抬土地神巡游、演春台戏等祈福活动；农历二月初三文昌帝君生日，焚香祭拜；初八日的祠山会，须供奉冻狗肉；十二日花朝会，以红绸彩纸装点花枝；十九日为观音诞，善男信女会去寺庙敬香请蚕花或在社庙诵经。二十日关帝会；二月底至三月初的三官会，都要举行祭拜与聚餐活动，其中，三官会有"亮天灯"仪式。

三月　三月含清明、谷雨两个节气。深翻草子育壮苗，越冬螟虫须消灭。早稻插秧，晚稻选种防止农作物病虫害；桑树摘心、清洗蚕具、春蚕种催青；内塘开始鱼苗繁殖，预防鱼病。插秧期间，须行开秧门与关秧门等习俗。清明扫墓踏青，还有放风筝、摇快船、赏花会等活动。正清明日晚上，农户在自家门前，用散石灰撒出古代的兵器图案，如刀、剑、长矛、弓、箭等，阻挡野鬼游魂进门，在屋檐上挂柳枝，大门上按石灰手印贴门神图，粘贴"姜太公在此百无禁忌"之类的驱邪符咒。三月初三上巳节，可选在郊外烧荠菜饭；廿八东岳大帝生日，烧香作会。

四月　四月含立夏、小满两个节气。田间管理抓得紧，丰收先保苗健康。早稻管理，晚稻育秧；小麦、油菜、蚕豆及时收割留种，芝麻、绿豆等播种；蚕室、蚕具、蚕体消毒防病；预防猪丹毒与鸡瘟，抓紧湖羊配种；内塘增加投饲量、防治鱼病，外荡注意防洪防风。立夏尝鲜，其中，鲥鱼、刀鱼、白虾称为"水三鲜"，樱桃、青梅、香椿称为"素三鲜"；娘家人给女眷送羽毛扇，小孩乞食材烧"野火饭"。农历四月初八日须吃乌麻团，可防蚊虫叮咬。四月十四日，吕祖生日，剪万年青置于路口供路人践踏；初八释迦牟尼生日，僧尼作浴佛会。

五月　五月含芒种、夏至两个节气。收起麦子播晚稻，采桑饲蚕勤照料。早稻管理，晚稻播种，马铃薯收获选种；桑园除草施肥，开始养夏蚕，订购秋蚕种；加强夏菜后期管理，播种抗高温蔬菜；内塘继续繁育花、白鲢鱼苗，加大饲料投放量，做好三防。端午驱邪，悬艾草菖蒲、食粽子、吃绿豆糕等习俗；夏至吃面，有阳春面、三鲜面、过桥面等。五月十三日关羽生日，焚香出会。

六月　六月含小暑、大暑两个节气。精收细打谷满仓，边收边耕边插秧。早稻收获选种，晚稻抢种，伏天合理灌溉；番薯、夏玉米继续管理，大豆、萝卜、白菜、苋菜及时整地播种；畜禽防中暑，防治牛感冒与猪肺疫；内塘加大饲料投放量、防治鱼病，外荡做好三防。六月初六日天贶节；六月十九观音成道日，持斋礼诵。

七月　七月含立秋、处暑两个节气。多种蔬菜和杂粮，晚青追肥勤排灌。早稻收完，晚稻耘田施肥；采摘秋桑叶，开始养秋蚕；抢种黄瓜、四季豆、芹菜、青菜等秋菜；抓紧畜禽秋季防疫，准备牛羊冬季饲料。农历七月初七日为青苗会，前后演戏三日。当日抬总管或猛将神巡游，并将五彩旗插入田中，祈求风调雨顺。妇女摘槿树叶捣碎后以汁洗发，可使头发乌黑，防生虱。七月十五日中元节，祭祖，在路边化纸钱祭祀孤魂野鬼。七月三十日地藏诞，信众晚上在家门、路边烧地藏香。

八月　八月含白露、秋分两个节气。牲畜配种好时机，桑茶菜地防虫风。晚稻耘田施肥；桑园整枝、除草、施肥，继续养秋蚕；夏菜收获、秋菜管理、冬菜播种；抓紧畜禽秋季配种或孵化；内塘捻出部分河泥，迁出成鱼补入鱼种，外荡做好秋季防汛。

九月　九月含寒露、霜降两个节气。晚稻秋粮齐登场，抓紧时机种冬作。晚稻收割选种，播种草子，大、小麦选种；番薯收获储藏，玉米、大豆收获选种；桑园剪梢，追加河泥，蚕室蚕具消毒；清理猪舍预防猪瘟，备足牲畜越冬饲料；内塘适时减少饲料投放量，外荡准备成鱼暂养池。家家户户开始翻丝绵，准备全家老小的冬衣。九月初九日，吃重阳栗糕，糕身嵌熏豆、栗粒、红丝、绿丝、还需插上小红旗，寓步步登高之意。农历九月十六日，渔民与妇孺组织赴石淙太均庙拜南堂祈福。太湖开渔节须祭拜王二相公神。九月火羊会，又称退火羊，是民间互助组织，须设三牲祭拜火神，再排查火灾隐患，门贴各路水签压胜镇火。

十月　十月含立冬、小雪两个节气。因地制宜管春花、贮存饲料莫迟延。晚稻收割，种春花、草子，尽力消灭冬闲田；秋马铃薯收获选种，油菜施肥移植；补种桑树，采摘羊叶，剪梢施肥；秋菜收获选种，冬菜移植管理；内塘开捕成鱼，鱼种出塘，外荡开捕成鱼并选留亲鱼。立冬夜祭灶，小雪后酿酒；乡村陆续演戏酬神。

十一月　十一月含大雪、冬至两个节气。兴修水利抓肥源，大搞副业平土地。草子田施肥，大、小麦施肥培土，油菜除草施肥，捻掘冬河泥积肥；桑园刮蟥施肥、清洗蚕室蚕具；秋菜收获选种，加强冬菜管理；保护畜禽安全过冬，防治农作物越冬病虫害；内塘继续捕成鱼，清塘修埂，外荡捕成鱼、选留亲鱼。总结生产经验，迎接新春到来。冬至当日，须拜飨、做团子，端冬节汤，吃清蒸全鸡滋补，晚上在路倒羹饭祭孤魂野鬼。老人与小孩宜早睡避寒。

十二月　十二月含小寒、大寒两个节气。积肥改土修水利，来年生产抓当前。草子田排水施肥，大、小麦、油菜、蚕豆除草施肥培土；桑园冬耕施肥，剪枝治虫，添修蚕具，订购春蚕种；加强冬菜管理，保温防冻，开始夏菜育苗；内塘清塘修埂，选养好亲鱼，外荡清荡消毒，采运鱼种。腊月初八日，村人杀年猪、腌制鱼肉、打制年糕、采办年货，寺院或自家须烧"腊八粥"，取粳米、糯米、赤豆、黄豆、红薯、芋艿、菱角、青菜等合煮成粥。腊月十二日为蚕神节，蚕妇须做三色茧形圆子供奉，焚香祭拜蚕神。腊月二十三日为祭灶日，开启春节的序幕。除夕，吃年夜饭，守岁。

二、农历节俗

春节　大年初一春节，俗称过年。传统意义上的春节，是指从农历腊月二十三日送灶起，一直到新年正月十五日，其中以除夕和正月十五为高潮，围绕春节的系列活动，风俗内容极为丰富。

送灶，农村土灶皆设灶君神堂，新年前送灶君神上天向玉帝汇报，祈求来年降福人间，风调雨顺人口平安。送灶仪式在农历腊月二十三日黄昏后举行。农户

春节做圆子

春节活动

须做黄番瓜圆子以及用米粉做成茧圆子作为祭品供奉。

掸尘，农历腊月二十四日，家庭里里外外都要打扫卫生、清洗门窗，房梁掸尘，将晦气扫地出门，干干净净迎春节，来年带来好运道。

拜五圣，请利市，农历腊月二十六日至二十九日，农户须选择中午吉时设供桌，摆上猪头三牲、条形利市年糕，以及元宝、团子、水果等供品，还须贴上红纸条，插青柏枝，拜五圣、请利市，期望来年财源茂盛。

除夕，迎春活动达到高潮。合家团聚吃年夜饭之前，各家都要祭拜祖先，又称拜年飨。吃完年夜饭，由长辈给小孩发压岁钱，孩童结伴提灯巡游，齐唱："猫啊来，狗啊来，蚕花娘子到伢府上来．大元宝，滚进来，小元宝，门角落里轧进来"的祈福儿歌。除夕夜全家人要守岁至子夜，举行"接天"迎神仪式，奉"三天上帝""三世如来""司命灶君"的纸马神位参拜，礼毕，燃放鞭炮迎神到户，再摆供品燃香烛，参拜土地神。

正月初一，起床较晚，一家老小都换上新衣，早餐吃甜圆子，上午先拜长辈，孩童获拜年钿，说吉利话，分发糖果，再去寺庙烧香，中午吃长寿面。善男信女去村庙烧香祈福。新年还有一些禁忌，家中不能扫地，不向外泼水，倒垃圾，意即不让财气外泄。年初二，邻里互祝新年，女儿带女婿回娘家、走亲戚，吃年饭。年初三为"接灶"日，迎接灶君从天上归来。正月初五为接财神日，年初四夜设供桌燃香烛拜财神，进入初五凌晨时分，放鞭炮，燃烟花，迎接东西南北中五路财神到家。

元宵节 农历十五日，又称上元节。家家户户起早吃汤圆，晚上赏灯、猜灯谜、跑马灯、吃芋艿等习俗，据清《儒林六都志》载："元宵灯火，各溇港装扮杂剧，助以金鼓，星球万点，遍走村落。其龙灯之夭矫，如舒卷于云霄；马灯之驰骤，如战攻于原野。"灯会一般是农历正月十三上灯，至正月十八落灯，为期6天，其中正月十五达到高潮，当日还有照田蚕活动。

上巳节　农历三月三日，又称重三。春和景明之日，人们走出家门，春游踏青临水宴饮，到水边举行清除不祥的祓除仪式，即以流水净身。清同治《晟舍镇志》记载："三月三，上巳节。男女皆戴荠菜花，主不头痛。又拾野柴要中庭煮荠朵猪油饭，名野火饭。"孩子们成群结队向邻里各家乞取米、肉，掘来青菜、蚕豆等，再到野地里用石头支起锅灶自烧自吃，最好对着树上喜鹊窝，以保平安祈康健。

清明节　与寒食节日期相近，分祠祭、家祭、墓祭等形式。先在家拜神祭祖。礼拜土地神与祭拜祖先，供品有粽子、花糕、熟藕等，点燃香烛后跪拜，燃烧元宝和纸马。再举家上坟扫墓，在先人墓前摆放供品，点燃香烛，寄托哀思，除去墓边杂草，添培坟头新土，保佑家族人丁兴旺，活动一般从清明前三日开始，到清明日结束。在上坟的同时可外出郊游，称为踏青。

立夏　夏季的第一个节气。蝼蝈鸣，蚯蚓出，黄瓜生，苦菜秀。立夏要吃咸鸭蛋、青蚕豆、白笋、荠菜、黄瓜、乌米饭、七家粥，吃罢中饭还有秤人的习俗，司秤人一面打秤花，一面讲着吉利话。还会吃"寸金头草圆子"。娘家须给新嫁之女的家里送凉席、扇子等习俗。

端午节　农历五月初五日，又称端阳节。初夏天气燥热人易生病，蛇虫出没瘟疫流行，故端午被视为"毒日"，驱邪避毒是端午节的主题。家家户户门楣高挂由菖蒲、艾叶、蒜头，毛桃枝扎成的辟邪束压胜，烧苍术、白芷、芸香等草药除湿气，口含雄黄酒喷于墙角、碗柜处驱蛇虫。端午当日须拜飨祭祖，中午菜肴较丰富，黄鱼、黄鳝、咸鸭蛋、白切肉是必不可少的，还有油炸方豆腐干，又称张天师的印，席间饮雄黄酒，蘸酒在小孩额头上画王字，都具消毒防病的作用。端午节有避五毒、躲端午习俗，父母将未满周岁的孩子送到外婆家去，称作"躲王"，或让小孩穿上外婆家送来虎头帽与虎头鞋，还有挂香袋、拴五色线、戴野蒜链等，用以驱五毒辟邪。

六月六　清同治《晟舍镇志》载："六月初六，天贶节，浴猫狗，妇女洗发。"村人打闷子嬉水，吃馄饨伏夏避瘟，给猫狗洗澡止生蚤虱，曝晒衣物、裹衣、斗笠，预防霉变。有书籍的人家还得晒书。镇域几乎家家户户包馄饨，此风俗今依然盛行。

七巧节　农历七月七日，又称乞巧节、女儿节。旧时，妇女们当夜要进行各种乞巧活动，比如摆上果瓜类等供品，拜仙之后对月穿针，或做些小物品赛巧，以祈求织女能赐以巧技。

中元节　农历七月十五日，又称七月半或鬼节。此为祭祀亡灵节日，有"十三放鬼，十五收鬼"之说。前三天，须祭拜土地神、地藏菩萨与祖先，农户做甜馅馒头，也有做米粉团子、青团子作供品，燃烛焚香跪拜。旧时，每逢七月半，寺院僧人会上门送"节关"，上书该户祖先名字并盖上寺庙印章，祭拜祖先时连纸一并焚化。中元节当晚烧化纸箔，还有放河灯习俗，晚上不让小孩出门，以躲避孤魂野鬼骚扰。

中秋节　农历八月十五日，又称八月半。每逢佳节倍思亲，月到中秋阖家团圆，节前，亲友之间会相互赠送月饼，子女孝敬长辈须备丰厚礼品。除月饼之外，有营养品、时鲜水果，服饰服装等。当日，农家要祈神祭祖"拜香桌"，晚上合家团圆，菜肴丰盛。夜间，女眷围坐月下，案头供月饼、柿子、芋芳、红菱、鲜藕等，焚香拜月后分食月饼果品。

重阳节　农历九月九日，又称登高节或敬老节，登高活动既可爬山望远也可登高桥赏景。旧时，农户要给老人做寿衣、寿材，并以糕、粽、面条与水果等供品祭拜星官，为老人驱邪祛病，祈求延年益寿。农村有"重阳打灶不看日"之说，即这天建灶台不须择日择时，因此在重阳日砌灶台的农户较多。

冬至　又称日短至、冬节、亚岁、小年。旧时，民间有"冬至大如年"的说法，是一年中白天时间最短的一天，家家户户都要在当日上午拜土地神，中午祭拜祖先，须供鲤鱼、条肉、荤素菜肴、冬节圆子、糯米饭等食品，冬节圆子分白、青、黄三色，馅分甜咸两种，点香燃烛洒三遍酒，再化纸银锭。冬至日，农户可将先祖坟茔修缮、移位、易址。这天无须请风水先生择时，无生相冲克，可以无所忌讳。还有冬至是寒季，移动棺木时腐朽气味较低，也可避免细菌感染。

三、种田

敬土地　土地神、总管爷、刘猛将等，均属保一方平安的乡土神。传说农历二月二日是土地神生日，各村举办土地会，除了诵经祭祀外，有的村还连演三天春台戏，正日用轿抬神绕村巡游，信众聚餐食素宴。每逢农历正月初一日、七月十五日或冬至日等，也祭祀土地神。

开秧门、关秧门　清明前开秧门，农民将每年拔第一把秧，称开秧门。须选择吉日，做秧田前要举行祭田仪式，先上三支香，再烧黄纸，备荤腥酒菜，祈求田公、田婆保佑秧苗苗壮。一般要请秧师傅插第一垜秧，称开趟子，后面的人再照着此次序插秧。做秧田期间，主人还要在家里办丰盛酒席，一般一天吃4餐，招待帮亲友与帮工，秧师傅座上位。农民将做秧田完工之日，称关秧门。那天必须赶在太阳落山之前完成插秧任务，然后晚上开席慰劳亲友及帮工。

四、水事

关圲门　圲圩，系旧时抗洪排涝的水利工程。圲门因地制宜，大小不同，两边竖石开槽，中间插入木板，板阔约一尺，厚约一寸。每当洪水来临之前，各圲门所在的村民，都会自觉聚集到圩埂关圲门，按照门板的次序自下而上关上圲门，若外港水位持续上涨，则须关二道圲门，并在两道圲门之间填"仓泥"，直至洪水退去。镇域内治水为横塘纵溇架构，溇门建闸向东北开口，并设"清明关闸、重阳开闸"的规定，各溇须配备闸夫管理。

端牌转圲　太湖溇港区形成一整套汛期防洪的乡规民俗，当外港水位接近警戒线时，圲圩所在村的农民关圲门还须发出警示，称端牌转圲。木质白牌形若划桨，上写编号并配以一锣，俗称"太平锣"。村民高喊警示口号，一里一牌，一牌一锣，轮流传接锣牌，并日夜巡视圩埂严防死守。若无险情便敲慢锣，若遇灌斗就敲紧锣，村民闻听警示，会自动赶来抢险。端牌转圲须严格循序传递接送，如因失职引发倒圲者要承担全部责任，直至洪水退落方可取泥拔板开圲门。

车水计数　水车，是旧时农村排涝抗旱的主要工具，又称龙骨水车，由踏板、传动轴、木链、刮板组成，多为两人或三人脚踏转动，在河边将水提升入灌溉渠，或将田里的水排入河道，又称车水。当遇到灾情紧急，通常会集中整个圩内的水车齐聚车水，车水计数按乡规民约组织管理。旧时无无计时器，除焚香计时外还有"喊双"计数，车满十双，一人领喊，全车人合唱"水满十一双，嗨……哎……",也有"丢筹"与"唱轴"计数的办法,一人领喊:"挥转龙头又一双,挥转龙头又两双……"逢十则众人合唱,至一千双替换作息。

五、渔畜

发荡 旧时,春季放养鱼苗,又称做鱼秧。鱼秧船清明出发,去九江等地采购长江天然鱼苗,芒种前回家,在分拣鱼苗前要祭拜荡头五圣,请众人用划桨搅拨荡内之水,寓意越搅越发,称为发荡。或到中秋节时,渔人也会举行类似的发荡仪式。

祭荡 中秋时节,渔家须在塘头举行祭荡仪式,供奉猪头三牲,焚香燃烛祭拜荡头五圣,然后请亲友聚餐,以示庆贺。如荡内淹死过人,还要烧纸锭以慰孤魂。

渔簖 在河港漾浜处活水养鱼,又称外荡。因鱼群四处游动,故需建拦鱼设施,由竹桩、竹箔组成,一般高于水面约1米,航道中间可活动的竹箔可升降、高处水面约1寸,可通船只并阻鱼群。又称渔簖,以防鱼群逃窜。主要渔簖旁设竹楼,又称簖棚,系养鱼人管理的渔簖的栖身之所,为机动船人工升降竹箔,又称渔哨。

车鱼荡 农历腊月,渔家开始内荡捕捞作业,又称干荡。用抽水机将荡中水抽干,然后荡主先下塘捕鱼,等完工后允许小孩下塘捞取剩鱼,又称清荡或"趁荡"。干荡完毕后,主人要请亲朋好友及邻居聚餐,又称鱼汤饭。食材以鱼为主,大锅煮鱼,酒饭伺候,共庆丰收。

六、蚕事俗称

叶 湖桑,起于六朝,兴于唐宋,盛于明清。桑叶良种繁多,湖俗简称叶,采桑叶,又称摘叶,叶与蚕的生长期同步,又称头叶、二叶、三叶,霜降后所采的老叶,俗称羊叶,是湖羊的越冬饲料。立夏三日,各地形成叶市,称青桑叶行。

蚕宝宝 湖蚕,种类繁盛,莲心种最有名。蚕分头蚕即春蚕、二蚕即夏蚕、三蚕即秋蚕,其中,秋蚕又分早、中、晚三季。民间有头蚕是大头、二蚕是搭头、三蚕是添头之说。蚕宝宝的称呼起于清代,意即养蚕似慈母护婴儿。

浴蚕 俗称潝浴。农历腊月十二日,蚕花生日那夜,取一盆清水,采枯桑叶数片浸种，浴蚕时加盐或石灰对消蚕种毒，以一炷香计时，取出蚕种沥干、晒燥，称杀种。清明前一夜，将蚕种与油菜花、豆花投入微温的灶祀圆子汤中，浴后晾干，称瀚种。

护种　俗称催青或焐种。清明前谷雨后用丝绵包蚕种六七日，或用帕裹蚕种放入熏笼一夜，称打包，也可放入被窝、或蚕妇贴胸放置，蚕种焐后变色，称战色，待全绿后即可收蚕。

借蚕本　旧时蚕农缺资金向富户借贷，待蚕罢卖茧的钱后偿还。每千钱偿息百钱，谓之加一钱，以夏至为限，超过期限另外起息。至民国初年，本息远超"息其什一"，凡十至二十天的短期贷，利息一二分；凡一月期的上月贷，利息四五分，到期未还则本加利，利滚利。

捉眠头　蚕食叶三四日而眠，眠一二日而起，俗称头眠。从初眠到二眠、三眠需半个月时间。三眠称出火，再眠称大眠。共眠四次蜕皮四次，眠起则挪放他器，俗称捉眠头。

蚕"娘"　蚕娘之谓源自蚕花娘娘。蚕眠初起身蜕而嘴不蜕者，俗称多嘴娘；蜕而口不能开者，俗称干口娘；蜕肤过半而止者，俗称着衣娘；不眠而食叶者，俗称食娘；眠起者为起娘；蚕熟将上山为考娘。

做丝　缫丝，煮茧抽丝，俗称做丝。镇域自明清以降一直沿用此称，缫丝工又称做丝娘娘。

蚕女　缫丝未尽之茧为软茧，茧中蚕蛹俗称蚕女。蚕蛹用油煎炒可食，谓炒蚕女，其味香鲜；蚕蛹可入药，治疗各种虚症。从蚕蛹中可提取复合氨基酸，内有八种人体必需的营养成分，可应用于药品、食品的制造。

剥绵兜　以茧作绵，用竹环剥之，绵弓如兜，俗称剥绵兜。绵兜需层层匀展，内外厚薄如一，然后将绵兜从竹弓上取下，绞干甩松后再穿上竹竿晒干，即成丝绵。头茧绵柔韧，二茧绵松软，同宫茧绵为上品，称纯绵。

拉丝绵　深秋时节，家家户户开始备制冬衣，又称翻丝绵。由两人对拉绵兜，需用力均匀配合默契，拉出的丝绵薄如蝉翼，层层相叠翻成绵衣绵裤，薄者一层，厚者三层，或翻成丝绵被御寒，贴身暖和。

七、蚕桑风俗

蚕花生日　蚕神，又称蚕王菩萨、蚕花菩萨或蚕花娘娘。蚕神塑像为一女子

剥绵兜

拉丝绵

骑在马上，手捧一盘茧子，称为马头娘或马鸣王菩萨，各地民间寺庙都设偏殿供奉，各村土地堂、蚕农家中也设龛奉祀。农历腊月十二日传为蚕花娘娘生日，蚕家须供三色茧形圆子，焚香烛祭拜，养蚕前的"浴蚕"准备也在此日进行。在祭祀蚕神时，人人都要戴一种用纸或绢扎成的彩色蚕花。

蚕花 农历除夕的蚕花习俗，主要有呼蚕花、点蚕花火、困蚕花、关蚕花、扫蚕花地、烧田蚕等。黄昏时分，少儿提着各式灯笼在门口、屋后、村头、田间，边照边唱呼蚕花的儿歌，蚕家还要点一盏油灯置神龛前长明至次日天亮，称点蚕花火。正月初一睡晏觉迟起床，称困蚕花、关蚕花。春节期间请民间艺人来家表演，拿扫帚边舞边唱，称扫蚕花地，蚕妇也可自行表演，除晦气祀丰收。正月十五日元宵节，同时举行照田蚕活动。入夜村里在稻场、门口或路边竖高杆挂灯笼，村人在房前屋后、田头桑间插烛举火调灯，又称烧田蚕，祈求来年田蚕茂盛、人口平安。

轧蚕花、斋蚕花 清明时节，各地蚕妇都会胸怀蚕种争相去含山、新市等地轧蚕花，祭拜蚕神踩踏蚕花，"轧发轧发"祈求蚕茧丰年。农历二月十九日观音诞，蚕妇游毗山祈福，从山脚到寺前，沿途摆满各色蚕花。蚕妇们请蚕花、戴蚕花、斋蚕花，将蚕花插在头上，还须将蚕花插在在房前室内及蚕匾处供奉，清明当夜设供案奉祭品燃香烛，请蚕花五圣，以表达对蚕神的敬爱，企望蚕事兴旺。

禳白虎、祛蚕鬼祟 旧时，蚕农预防或驱除蚕病的一种仪式。清明前后，蚕家须设坛祭禳白虎、祛蚕祟，以米粉制成白虎状供奉，祭毕弃之路旁，以示赶走白虎煞星；还须将做猫、狗、蚕茧等生肖形状的茧圆子，祭神后送邻家分食；在门上贴蚕猫、聚宝盆等剪纸；当夜在门前用石灰画出弓箭等图形，祛除老鼠等蚕祟，以确保蚕房安全。

栽火桑 蚕家门前须栽火桑一株。初栽那日，户主要清早出门，若左脚先跨出门槛，桑即种于左；若右脚先跨出门槛，桑即种于右。火桑成活后，每年清明夜须在树干上贴金元宝剪纸，并在树前燃香祭拜，以祈求蚕桑年成好。

蚕月、蚕禁　本地农历四月为蚕月。蚕月中家家闭户，邻里也不相往来，俗称关蚕房门，以防备生人进出引来蚕祟。蚕初生时禁忌尤多，忌雨、忌雾、忌尘土、忌响动、忌腥物、忌日照、忌风寒、忌水气叶、忌酒气烟熏、忌未满月产妇、忌戴孝等不洁之人，蚕月说话要讨个口彩招百福，忌污言秽语或死、僵、光等不吉利的谐音禁词。

望蚕信　蚕茧回山后缫丝，蚕家的亲戚、邻里之间须以猪蹄、鲜鱼、佳果、糕饼等互为赠送，俗称望蚕信。亲朋往来联络感情，昭告蚕事喜讯，以解蚕月禁忌久不往来之疏。

蚕花饭　端午时节，春蚕收茧结束，又称蚕罢，买茧收获后须谢蚕花，设供案以猪头、肋条肉、圆子等祭拜蚕花娘娘，全家人围坐在一起吃蚕花饭，庆贺蚕业圆满。

八、匠作

造木船　木船主要为水上交通工具或捕鱼之所需。造船一般选用杉木，根据船只大小按规则设计，中梁宽度与船身长比例为1:4；中梁宽度与船头比例为1:2。工序为先大木船片，5吨以上船片厚度为3.5厘米；5吨以下船片厚度为3厘米；2吨以上船片厚度为2.5厘米，再用铁钉将船片组合定型，以麻丝、油灰捻缝做防漏层，最后将船身刷以桐油，晾干即可等待下水。凡新造船或翻新船下水时，须择吉日摆酒拜神，款待船匠及帮工。拨新船时须用木棱子与稻草做垫，下水后要摇船出去兜个大湾子，以讨吉利并报大功告成。

打灶头　一般都取三眼灶样式。先得请算命师择吉日，然后放三口铁锅，撒石灰定位后起灶基，灶台高约90厘米，用桃木将灶墩填平，再砌灶屏立烟道，主锅上方设灶君堂，奉灶君神位。砌灶、铺面砖，用石灰粉刷后须画灶，彩绘山水、花鸟、鲤鱼、万年青等吉祥图案，墨书"生意兴隆""田蚕茂盛""水中用米"；屏侧写"小心火烛"，或写"水压火"之符咒。打灶完毕，先祭灶君，须在新灶内点一把火暖堂。

打铁器　铁匠铺主要打制各类农具，由燃煤炉、风箱或鼓风机，以及锻造铁墩组成。打铁需两人配合完成，师傅拿小锤控制造型，徒弟拿大锤敲制。步骤是先将铁块放置在1000度以上的高温炉火中加热，当铁块变红后将软化的铁块钳至铁墩头，以大小榔头敲击成农具雏形，需多次放入炉火中高温处理，以增强铁器硬度，取出后趁热打铁快速成型，再放入水缸内淬火冷却，至此完成农具制作过程。

箍木桶　箍桶匠主要制作生活生产用具。先根据各种器具的用途选择相应的木料，按照木桶所需的形状与结构，将木料锯成相同尺寸的木块，再用斧头劈成初级坯料，拿各种刨子将坯料加工成弧形板块。板块拼接由竹钉镶嵌成形，外箍两道篾条或铁皮固定，并进一步深加工完善细部结构。成品有脸盆、脚盆、澡盆、马桶，还有锅盖、提桶、水桶、粪桶等。

箍桶匠

制竹器　制竹器主要作生活生产用具。选购优质主材，按器物形制锯成长短不一的竹料，再用篾刀将竹料劈成薄片，经加工完善后，就用这些竹篾开始编制不同竹器。主要制作竹筷、竹篮、竹箩、竹框、竹篰、竹筐，竹箕、竹匾，还有竹椅、竹榻、竹席、竹架、竹梯等。

编芦扉　作铺垫或遮盖之用。择老旱芦为材，尺寸按席面而定，用压制好的苇秆，按经纬编制成席状，编织必须紧密，然后整边修剪成形。芦扉既可用于谷物、蔬果等摊晒晾干，也可搭船棚、草房等遮风挡雨，老芦苇还可编制芦帘（也称蚕帘）。主要工具有芦婆柱等。

扎草鞋　扎草鞋以稻草做原材料。选取半干的柔软稻草，浸入清水半小时，增加其韧性，再将稻草搓成四根筷子状粗的草绳，架上专业制鞋的竹鞋钯做鞋底经，用20厘米长的稻草穿织于底经上，边扎边勒紧，逐成鞋底，再穿上鞋鼻头，便成一双草鞋。草鞋最适合农田劳作，轻便防滑，结实又省钱。稻草也可扎成蒲鞋，舒适合脚，防潮防滑。

做草囤　草囤用于保暖或储米，分立囤与矮囤两类。先将竹箪倒置于地，去除箪底换成光滑篾条编成的新底盘，用稻草沿边扎制。矮囤主要为放置孩童所用，矮囤尺寸随意，一般要扎到齐孩童肩膀的高度便可收口，扎制方式与立囤相同。

织渔网　渔网通常由渔民自家编织。渔网的主要材料是苎麻搓成的线，先将苎麻搓成单线，再将两股单线合成两股，然后将两股线绕到竹制梭子上编结成网。编织时网线需拉紧，网眼要均匀。编织工具是竹制梭子和长条竹板，不同大小的网眼需要用不同规格的板来确定。渔网编织完工后，浸入猪血里泡一下并加热，使之牢固耐用。

制香塔　民间举行庙会通常都有烧香塔，较简便的方式是将成捆香垛成塔状焚烧，级别高点的便需扎制香塔或香桥、香船。制作材料以竹篾、木杆、纸板、彩纸为主，再用棒香拼接成相应的图案或文字。

第二节　年节风俗

一、除夕

压岁钱　除夕压邪祟习俗。除夕夜吃完年夜饭，长辈要给小辈压岁钱，以祝福晚辈平安度岁。旧时，压岁钱分两种，一种是花钱，一种是时币。现今，都是将现钞放入红封袋相赠，以新纸币为讨吉利。小辈收到装有压岁钱的红袋后，须压自己的枕头下面避邪。

守岁　除夕迎新习俗。吃罢团圆饭，古时须阖家团圆守"岁火"，围坐炉旁通宵守夜。现今，全家人在灯火通明中自娱自乐，直至新年来临后方可入睡。象征以灯火驱走邪疫，期盼新春吉祥如意。

看春晚　除夕迎新习俗。中央电视台春节联欢晚会，自1983年起，央视每年除夕都要举办庆祝新年的综合性文艺晚会，节目涵盖小品、歌曲、歌舞、杂技、魔术、戏曲、相声等多种艺术形式，全国各地电视台均作统一转播，看春晚遂成新民俗。

二、岁春、寡年

岁春　指正月初一那天正好为立春日的年份，又称岁交春。开年逢立春较为罕见，故民间认为是吉祥年，需举行一系列庆祝活动，祈祷风调雨顺好年景的到来。

寡年　指当年无立春的年份，又称光头年。据传每 19 个年头里有 7 年无立春日，这是古人以增设阴历闰月来解决与阳历的时间差难题所致。民间一般认为寡年不宜婚事。

三、年茶（三道茶）

镬糍汤　又称甜茶、属头道茶。将糯米洗净，放入铁镬子煮烂后，用铁铲将饭刮压成片，即为镬糍，放置干燥处备用。新年家里来客，需泡上头道甜茶讨彩头，先在碗中放入镬糍加糖后，再以开水冲泡而成，还可用作招待新女婿及产妇食品，平时可作点心食用。

熏豆茶　又称青豆茶、属二道茶。适时摘下饱满的毛豆荚，剥壳取豆煮至七八分熟，捞起放存铁筛后，用桑材炭火煨成烘熏豆，放置干燥处备用。新年家里来客，需泡上熏豆茶相迎，先在碗或杯中放入橙子皮、胡萝卜干、紫苏、芝麻等配料，然后再添入熏豆、茶叶，用开水冲泡遂成，可谓色香味俱全。茶水喝完可轻拍器口，便能吃尽茶中佐料。

清茶　又称淡水茶、属第三道茶。用开水冲泡茶叶，是真正意义上的茶。

四、作（做）客人

客人作到正月半　春节期间，从年初二开始拜年做客，至初五达到高潮，而农村通常要到元宵节后才开工，故有客人作到正月半的说法。拜年做客主要有走亲戚、看朋友、还人情、串邻家这几种方式，做客人需带上贺礼，主人一般都会留客吃"新年饭"，受访人家还须择日回拜。

第三节　礼仪与生活习俗

一、婚姻旧俗

提亲　又称合婚、看人家。男女青年到婚嫁年龄，父母委托介绍人帮助撮合婚事。媒人介绍对方情况，经双方父母同意后，需请人通过"排八字"来测算双方是否合婚。然后，媒人带领女方母亲、舅妈等长辈女眷去男方处看人家，探家况、问人品以及人际关系。

定亲　又称对婚。在男女当事人及双方家庭都合意的情况下，就准备确定婚姻关系，由媒人转达协商好彩礼等条件，选择吉日定亲。双方都会摆酒席，又称"定亲酒"或"安心饭"，男方派人随媒人将第一次的彩礼，包括礼金、首饰、服装等送到女方家中，男家的聘礼称"求红"，女家接受聘礼称"受红"。域内聘金通常以"六"为数，讨"六六大顺"之口彩。摆完定亲酒后，双方婚姻关系正式确定，并择日到民政部门登记，办理结婚证书。

结婚时做的"龙头"

通信　又称道日。约距娶亲前大约一个月时，男方须备礼出帖，将确定婚礼之"好日"告诉女方。域内通常择"六"娶亲，讨"六六大顺"或"路路通"之口彩。女家接到通信后须到男家回礼，由男方摆"通信酒"，邀近亲、媒人及女方来宾参加，就此进入婚礼的准备阶段。吃过"通信酒"后，女方的女眷长辈要请待嫁女吃临别"易家饭"。

上头盘　即男方向女家发盘。为新娘准备从单衣到棉衣的七件新衣，殷实人家还须送聘礼及"四金四银"首饰：金如意、金元宝簪、金耳环、金戒指；银如意、银鸡心、银镯子、银扁方簪。并由两个男青年同行，又称"压盘相公"。域内通常须在娶亲前十二至十六日发"头盘"。

亮行嫁　又称发嫁妆。女家接到男家"上头盘"后，需有舅父带队用船将嫁妆发至男家。嫁妆运抵男家后，须将嫁妆置于堂屋"亮行嫁"，以展示给亲戚朋友围观品评，男家视嫁妆多少，再拿出"行嫁包"发送搬运嫁妆的女方人员。

铺床、焐床　铺床，婚礼前一日，新郎家要请多子女的夫妇来新房铺床叠被；焐床，婚礼前数日，新郎家须邀几位尚未成亲的小伙子联床而眠，均有预示婚后多子多福兆吉之寓意。

迎亲　又称讨新娘子。当日上午，新郎携一帮小兄弟前往女家迎亲，娘舅或姑夫作为长辈同往。旧时，迎亲一般坐木船或走路而往。当迎亲队伍到女方家，双方都要放鞭炮互为接应，男方进门先递上各种礼金，女方则招待迎亲客人"坐茶",然后"发迎";新娘子拜别父母须"哭发"。新娘由娘舅抱出家门,换鞋后随新郎及迎亲队伍登程,新娘进夫家门时须由男方娘舅或姑父抱进门,新娘不得踩到夫家的门槛。

拜堂 又称拜天地。迎亲队伍回来时,男方父母先回避,由新郎同辈分女眷出迎,再由喜娘搀扶新娘入堂屋,等新娘洗过脸后,公婆才出面迎接,行拜堂仪式。艺人奏乐,司仪主持,一拜天地,二拜高堂,夫妻交拜,新郎新娘应声作三次三鞠躬,随后,新郎用红绸牵新娘入洞房。新人足踏麻袋进入,喜娘跟在后面拾麻袋时口念"接袋,接袋,传宗接代!"

摆喜酒 又称好日酒。旧时,农村摆喜酒都请当地厨师主烧,喜酒档次由主家按经济条件自定。一般由全鸡、全鸭、全蹄、全鱼这四大菜,以及六冷盘、八大炒、两点心组成。结婚当日,男女双方都要摆"正酒",一般男方中午正酒,女方晚上正酒。在双方的酒宴上,新郎新娘由喜娘陪同,向双方长辈及来宾依次敬酒,长辈发"见面包"作为回礼,新娘要给来贺喜的儿童发"红包"。

闹新房 又称"吵新房"。中午婚礼正酒后,下午新郎伴新娘回门。晚上由男方小兄弟与女方小姐妹互为起哄闹新房,想方设法戏耍新人,有三日内不分大小的习俗。在闹新房之前,喜娘从新娘陪嫁的"子孙桶"即马桶中取出花生、红枣、红蛋等,交给贺客带来的小男孩,然后让小孩往"子孙桶"内撒尿,讨"早生贵子"的口彩。

望朝、回门 望朝又称问朝。在婚礼的第二天,由丈母娘带领女方的长辈与同辈,到女婿家来作客,探望新嫁之女是否安好,须由男方家设宴招待,由男方长辈陪坐,吃完"问朝酒"。一周后,新娘在夫婿的陪同下回家归宁省亲,又称回门,至此,整个婚礼进程才算圆满结束。

二、婚礼时尚

婚纱 婚纱是西式婚礼服装,以白色为主,最初多为新娘向婚庆专业部门租借,现今更多是自购备用。男女双方在确定恋爱关系或在民政部门登记后,都须选择各种影楼拍摄成套的婚纱照,作为结婚纪念,并在婚礼上向亲友们展示。

迎亲红包 迎亲红包,花式繁多。男方前来迎亲,女家故意紧闭家门,须赠上各种红包,如开门包、闩门包、上轿包、太婆包、肚痛包、阿舅包,等等。红包内置钱钞,无定数,一般取 6 或 8 的吉利数额。

份子　又称仪金。即在亲戚好友收到应邀出席婚礼的请柬后，须准备贺仪，长辈亲属加见仪，即红包，钱款数额自定，而近亲须提前将贺仪交予主婚方，一般朋友则在出席婚宴前将贺仪送到账桌，账房人员会将随份子的人名记录在案，又称红（喜）簿。既可先拆包记数，也可后拆包记数，结清份子数目后交婚宴主人。婚宴中近亲长辈女眷要给新娘见面包，新娘须给小辈发红包。

中西合璧婚礼　现今婚礼均属中西合璧婚礼。由婚庆公司全程操办西式婚仪，先由新娘父亲将女儿交予新郎，然后新郎迎新娘上台，互赠信物并互为宣誓，请证婚人及双亲代表发言，再互敬双方父母后，宣布婚宴开席。婚宴期间由婚庆司仪主持各种文娱节目，并不时发放各种小礼品助兴。婚宴以传统中式大餐为主，辅以海鲜、西点。新郎新娘依次给全体宾朋敬酒、敬烟，伴郎伴娘分发喜糖。

三、生育寿庆

催生端汤　催生是人生首次礼俗。当母亲怀孕至八九个月时，确定催生日，胎儿的外婆带领女方亲戚送去婴儿需用的衣服、鞋袜、被褥、尿布及营养品。外婆还要准备一节芦管放在衣包里，寓意"催（吹）生"。催生酒主要是男方设宴款待。

三朝圆子　三朝即婴儿出生后第三日，须请接生婆检查婴儿肚脐、洗澡换衣，又称汰三朝。当日，亲朋须奉三朝圆子，主人须祭祖告本宅添丁求保佑，由长辈或算命者给孩儿赐名，再摆三朝酒款待来宾，请吃三朝面，并分送邻里及孩儿的外婆家，还须分送红蛋，以示同贺。旧时，婴儿出生后的三朝、八朝、十二朝都须摆酒。

满月　即婴儿出生第一个月。婴儿满月后，须由娘舅或姑父抱婴儿去剃头，再由父母撑伞抱婴孩游走全村见光，讨邻里女眷的口彩。须拍满月照、摆满月酒，宴请产前端过汤的亲朋，并分送甜馅圆子或剃头圆子给贺客与邻里。由母亲带婴儿到外婆家做客并小住，回家时外婆须备带红、青、白三色圆子作为礼物，又称"送外孙"。有财力的还须送金银玉器等饰品。

周岁　孩儿出生满一年。要摆周岁酒宴请亲友，外婆家须礼送银、新衣服，亲戚应邀赴宴赠送礼品礼金以示祝贺。举行试盘仪式，又称"抓周"，即在盘中放毛笔、书本、算盘、钱钞、工具等物，让孩儿随意抓取，来预测孩儿将来的前程与爱好。

　　做生日　十六岁生日又称做大人。家中须为孩子设成人宴庆生，外婆家须赠寿桃、寿糕、长寿面，舅妈叔姨须送衣料新鞋及丝绵被，寄托长辈厚爱。举行拜南堂仪式，即祭拜太均求保佑。有的人家还为孩儿"开星官"。现今成人礼宴在酒店开设，仪式隆重。

　　做寿　三十六岁生日，已成家立业。三十六岁前叫作过生日，三十六岁起称为做寿。寿宴除了正常邀请亲友外，岳父母家要为女儿或女婿"开星官"。

　　六十岁生日，又称花甲之岁。民间一般有逢九做寿的习俗，六十大寿通常在五十九岁做寿。寿辰日，亲友都来祝寿，女儿、女婿送寿礼有寿烛、鞭炮、长寿面、寿桃、寿圆，还有鱼、肉、鸡等。家中布置寿堂，老寿星端坐堂上受晚辈行叩拜礼，并发给小辈红包。仪毕开宴，还须请艺人表演助兴。

　　六十六岁生日属大寿。仪程排场与六十大寿大致相似，还有"六十六、吃碗肉"的风俗，借做寿冲煞星，女儿、侄女等晚辈要烧一碗红烧肉敬献老人食用，一般是将肉划为六大块六小块，撒上长生果即花生，意祝老人健康长寿。

四、上学读书

　　入塾　即学龄儿童到宗族、乡村的私校上学念书。旧时，小孩六岁时选择附近私塾上学，开学第一天，由娘舅买来书包，内有文房四宝，有的还送衣服雨具等物，小孩由娘舅或父亲陪送到学堂，并请塾师给孩子取学名。上学的第一日，家中要烧鲫鱼和虾，讨记性好和弯弯顺的彩头。

　　习字　手持毛笔练习楷书，又称写大字。私塾一般都无课程表，起早习字，上午背旧书，下午上新书，放学前需对课。习字首先要注意坐姿与握笔之势，须晨起习字而寒暑不辍，习字步骤有开笔、把笔、描红、印版、临帖，由练习"永字八法"入门，循序渐进，自生而巧。

　　塾规　即对蒙童的教养规则。对蒙童的行为礼节，像着衣、叉手、作揖、行路、视听等都有严格规定。在私塾教育中，体罚成绩欠佳或违反塾规学生的手段，主要有打手心、揪耳朵、立壁角、关夜学等。戒尺是私塾先生对学生施行体罚所用的板条。

　　放学　私塾放学前，先生将批改过的习字簿下发学生，然后学生须与先生对课，要讲词性，要讲平仄。规定学生在放学前将字纸统一放进字纸缸内焚化，以倡敬字惜纸之风，再向孔子牌位与塾师先生作揖请安后方可下学回家。

五、丧葬

送终　老人病重临危前，亲人都需赶到家中守候，称送终。当老人咽气时，亲人需跪地放声哭叫，同时，由土工给亡者擦身换上寿衣鞋，并将亡者遗体移入灵堂。

停尸　又称转床，在时间上分"挺三朝"与"紧三朝"。将亡者遗体头南脚北面移于灵床之上，床头设幔挂遗像，设祭桌置供品燃香烛，由亲人披麻戴孝在旁守灵，并不间断地烧纸钱引路，预备亲戚好友前来的吊孝。

报丧　老人逝世后，即派人到各亲戚家报讯。报丧人持死者亲戚家的地址，姓名逐一告知。该亲戚家要让报丧的人喝糖茶、吃甜蛋汤。在三日丧事中，须摆素酒，俗称豆腐饭，以招待前来吊孝者及帮忙的里人。

入殓　将死者遗体转入棺材内。在亡者去世的第二天晚上午夜前进行，全程由土工主持。死者入殓前，亲人要在灵位前依次行跪拜礼，然后由女儿、儿媳两位女眷往死者肚上拉绵兜覆盖，边哭边唱歌谣《十二只绵兜》哭丧。土工为遗体裹扎好几层绸面滚被，由亲人抬遗体入棺内，按规矩是长子捧头，小儿子捧脚，若系独子则儿媳捧脚。亡者入殓后，土工要在遗体周围塞上石灰包，以作防腐用。盖上棺材盖后，由长子钉上一枚"子孙钉"，佑家族人丁兴旺之意。

灵台　即置家中放亡者牌位的祭桌。当寿材抬出家门后，须由亲友帮忙在门外摔碎一只甏，杀一只雄鸡，再将鸡血淋于门槛及门外，并将灵堂打扫干净。祭桌移放到后墙，灵牌和遗像、幡放于祭桌上，点燃香烛设置灵台，延请僧人、道士拜忏诵经超度亡灵。待直系亲属从坟地回来，还须再行祭礼。旧时，灵台须设立三年方可撤除。

出殡　即将亡者灵柩入土为安，俗称出材。亲友先要向灵柩行跪拜礼，向亡者作最后的告别。礼毕抬棺出殡。送葬路上，由长子擎招魂幌，次子捧灵牌或遗像，儿媳手捧内置带根万年青及一把新竹筷的淘箩同行，并由僧道奏乐送行。镇域基督教徒则请铜管乐队吹奏。

下葬　墓址须请风水师提早选妥。当棺材入土后，送葬者须再绕一圈祭拜，再由泥水匠填土垒砌坟墓，并植万年青，竹筷插于墓前。家人及亲友送葬归来，须在门口跨越点燃的稻草堆，去除周身的"煞气"。

做七　即家人为亡者每七天做一次羹饭，需连续做七次共四十九天。其中，做"五七"时仪式最为隆重，据传此时亡者已至地府望乡台上。由女婿家买来纸糊的亭台，家里供奉四荤四素祭拜，有些人家还要请僧道念经超度，然后将亡者衣物与纸糊亭台烧给亡者。亲者亡故后的第四十九天是"七七"，又称"断七"，当日家中须断烟火，让亡者灵魂断绝回家念想，一路走好。

六、崇祖祭祀

拜飨　即在家庭或家族中举行祭祀先祖的仪式。祭祀先祖是清明、端午、中元、中秋、冬至、除夕过节的重要礼仪，先设供桌献三牲、鲜果，供荤素菜肴羹饭，敬白黄二酒各三遍，燃烛焚香叩拜祖先，最后燃化金银纸锭，又称送钱粮，慎终追远护佑家族兴旺。同时，直系亲人的忌日也须举行拜飨仪式，一般会延续数代缅怀亲人。

送灶　俗称灶家菩萨。旧时，家家在灶台上端壁间设神龛供奉灶君，农历腊月廿三日，须送灶君上天向玉帝汇报，行前要供奉黄番瓜圆子，搭棚挂灶君纸马并焚化升天，以祈求灶君上天言好事下界报平安。

上坟　又称扫墓。选择清明时节的前三天或后四天内出行，家族结队前往先祖墓地祭拜。墓前祭祀时要供奉酒菜饭飨，献纸花插招幌，燃香烛化纸锭，家族成员需轮番敬拜，然后涂描墓碑文字，清除坟墓杂草、修剪松柏，并为坟头填新土。

修谱　聚族而居的移民家族有编纂谱牒的习俗。谱牒，又称家乘、家谱，内容记述族姓来源、世系、迁徙、婚姻、名人、经济状况、丧葬祀典、族规家法等方面的文献资料，版式以竖排为主，多采用木刻活字印行。蕴藏着丰富的人口学、社会学、民俗学、地名学、经济史、人物传记及地方史资料。凌士麟纂修《凌氏宗谱》，清顺治十三年（1656）钞本；闵思端主修《吴兴闵氏宗谱》，清道光十三年（1833）刻本，均由上海图书馆珍藏。

七、吃喝

主食　镇域以大米为主，辅以面食。进食方式为一日三餐，分一顿稀粥二顿干饭，如从事农业生产的劳动者，要一日四餐。逢年过节须做粽子、圆子、汤团、年糕、方糕等，以糯米为主，参以粳米，包裹或揉搓定形后蒸食。面食以汤面、馄饨、包子、面饼为主。

菜肴 镇域以鱼肉鸡鸭为主荤，辅以蔬菜瓜果、豆制品等素菜。水产食材有鲢鱼、青鱼、鳜鱼、鲫鱼、鳙鱼、鳊鱼、甲鱼、鳝鱼、鳗鱼、螃蟹、蚌蚬、虾类等，以及太湖特种水产品鲦鱼、银鱼、白鱼等；肉类有猪肉、牛肉、羊肉、鸡肉、鸭肉以及蛋类等。制作菜肴的方式，以煎炒为主辅以蒸煮兼及油炸等，口味咸淡取中，特别讲求色香味俱全。

吃鱼头讲时头 吃鱼头，以鳙鱼头为最佳食材，又称花鲢头。民间有"鳙鱼头，青鱼尾"之说，以花鲢头烧豆腐这道菜最为常见，这道菜还有补虚、散寒的药用功效。主治头晕、风寒头痛。当人们吃鱼头时，如谁吃到马头状的鱼骨，需加起连甩3次，又称"丢仙人骨头"，如鱼骨能挺立一次，就算讨得时头与运气。鲫鱼头也被民间看重，俗称"鲫鱼头，四两油"，既味鲜又益智。

饮酒 镇域以白酒、黄酒为主，农村逢年过节还会自酿土酒。饮酒可分自斟、群饮与席饮等多种方式。独饮不重酒菜，群饮讲究菜，席饮需专门请厨师。诸如生日、结婚、搬家、祝寿、送葬等人生大礼，都要设宴摆酒聚餐，又称吃酒或好日酒、红白酒。

饮茶 镇域以绿茶为主。旧时，集镇或大村都设茶馆，是男性村民起早聚众之所，一般天还没亮便进茶馆喝茶。还有吃讲茶的旧俗，即在茶馆里解决邻里纠纷，茶馆还是信息交流的场所。

八、服饰

衣 衣服与经济条件、行业特点密切相关。旧时，以男性为主的公职、商人、教师、医生等人员衣着较为体面，长衫短裤，质分四季。春夏绸缎秋冬呢绒，女眷以穿各色旗袍为主。农村衣着以短衫为主便于劳作，男性通常穿对襟衣、缅裆裤，外罩作裙；女性通常穿大襟衣、长裤或裙。新中国成立后，衣服样式改观较大，先后流行过中山装、军便装、学生装、工人装、猎装、西装、连衣裙、牛仔装、蝙蝠衫、滑雪衫等等。进入20世纪90年代之后，服装样式更为丰富多彩，城镇农村逐渐趋同，多不胜举的衣服成为真正意义上的时装。

帽 帽子具有遮阳防寒与美观之功能。旧时，富户男子以戴瓜皮帽、礼帽、铜盆帽等为主，农村老年男子主要戴毡帽、罗宋帽，老年妇女带秋叶帽或绒线帽，儿童戴虎头帽、璎珞帽等等。新中国成立后，中青年农民流行戴蓝单帽、军便帽、解放帽，劳动时戴草帽或斗笠。进入 20 世纪 90 年代之后，帽子形式多样，城镇农村逐渐趋同，女性的帽子样式随着时代进程而演变。

鞋袜 鞋袜具有保暖防伤害与美观的功能。旧时，男人平时穿黑色圆口布鞋、冬天穿蚌壳棉鞋，妇女中缠足者穿小鞋曰金莲，天足者穿黑色布鞋。逢喜庆节日穿要穿绣花鞋，袜子以布袜、线袜为主。新中国成立后，农村以穿解放鞋、松紧鞋、方口布鞋、塑料凉鞋、球鞋、旅游鞋、皮鞋等为主，袜子有尼龙袜、绒线袜、卡普龙袜、连裤袜等。农民劳动时穿草鞋或打赤脚。雨鞋分元宝套鞋、半帮套鞋与长筒雨靴。

配饰 旧时儿童在出生后的一段时期，需戴项圈、百锁、手镯、脚镯等银质饰品。殷实之家的男女一般都备金、银、珠、玉等材质的配饰，有项链、耳环、戒指、手镯等，一般都是在结婚时预备的信物或嫁妆。新中国成立后，移风易俗，崇尚俭朴，大多数人都不再戴配饰，旧有的也成为压箱底之物。20 世纪 70 年代开始流行戴机械手表，进入 80 年代流行戴电子手表，定亲或结婚时又开始恢复金、银、珠、玉等材质的配饰。

九、建房、居住

房屋 旧时，镇域民居选址均临河而居，以砖木结构房屋为主，富户请苏州工匠造合院大宅，或三进或五进，可分为轿厅、仪门、天井、花厅、楼屋、厢房及后花园等架构；中下人家以碎砖墙、土坯房或草房为主，附带猪圈或羊棚。新中国成立后，公房建筑大兴，如大会堂、共育蚕房、茧站、粮库等，俗称大家房子。自 20 世纪 80 年代，农村普遍翻建带阳台的楼房，进入 90 年代，富户开始自建"西洋楼"乡村别墅。2000 年以后施行旧村改造，农民住上多层安居房。

择时破土 旧时建房须择时破土，又称动土，要由风水师勘基，用罗盘测向选址，并推算"黄道吉日"破土，举办祭祀仪式退避"太岁"之神，以免在"太岁头上动土"。上梁系建房中的关键步骤，由风水师择日选时，凡生肖相克者都需回避。

上梁 上梁当日，房主须办"上梁酒"，亲友间要送份子，岳父家要备猪头三牲祭神。上梁时在正梁中间包裹大红绸布，泥水作头分立东西山墙高喊，对唱上梁歌谣讨彩头，当正梁落榫，全场鞭炮齐鸣，抛撒圆子、馒头或糖果，由东家夫妇以绸布相接，再由儿童争抢同贺。当日须在新屋内摆"上梁酒"，招待帮工出力者，并与四邻分享供品。

搬家 旧时，乔迁新居也须择吉日看时辰。搬入新居要焚香祭祖，告慰神灵已迁新居。带上甘蔗或新竹，扎上红绸以示"节节高"，并燃放鞭炮，新灶开火煮汤圆，正午开始搭新床，然后举行"搬家酒"犒劳帮工者与亲朋好友，分享糕团与四邻同乐。

十、交通

船风 船家逢年过节都要焚香上供祭拜船神，祈求顺风顺水平安无事。乘客不能在船头大小便，有违者罚放鞭炮驱邪请罪。凡遇船只搁浅，须就近到堂子、村庙里去烧香祭拜。船民在聚餐吃鱼时不许翻身，也不能说"翻身"等不吉利的话。

合龙门、圆桥 旧时乡村建桥有许多习俗。先要请风水师勘基择吉，然后动土开工；"合龙门"是建桥的最后一道工序，即桥身合龙后在桥心留正方形或长方形的孔洞，然后置入尺寸相近的龙门石，正面通常刻旋涡纹饰，下面有双龙戏珠、鲤鱼跳龙门等吉祥纹饰。

圆桥，又称行桥。合龙门前夜，村民要举办"拜龙门忏"佛事，鼓乐齐鸣闹上一整夜。次日行桥，工匠置入龙门石后，须请村里德高望重或财大气粗者最先走桥踏过龙门石。下午，建桥的村里还要集资演出"龙门戏"。

十一、家庭

儿女观 旧时，特别是农村由于劳动力与延续香火之需，儿女观以"重男轻女"为主，儿子特别是长房，在家庭地位继承上有优先权，而女儿则通常被认为是"赔钱货"。因此，农村曾经长期存在"溺女婴"陋习，即女婴出生后便浸入马桶或浴盆中溺亡。新中国成立后，主张男女各顶"半边天"，妇女的地位今非昔比，但旧的"儿女观"依然有所残留。

收嗣 大家庭如长房无子，以二房长子过继长房；如二房无子，以长房次子过继二房；少数也有从出嫁姐妹的儿子中选择过继，称为内收子嗣，地位等同于嫡子。从无血缘关系的男子中选择继子，称为外收子嗣。

　　过房亲　又称认干亲。通常因孩子出生后体弱，特地寻人丁兴旺的家族认干亲，祈求孩子能顺利成长；还有孩子与父母八字相冲，便找一户八字相合的人家认干亲，俗称寄爷、寄娘或过房爷、过房娘。更多的是两个家庭关系密切，为增进友谊而互认干亲。

　　过房亲通常无抚养和赡养关系，也没有财产与责任的继承关系，但个别无子女者的孤老除外。按旧俗，过房儿女家年终须带上礼品拜望寄爷与寄娘，而寄爷与寄娘则答以压岁钱，并留过房子女吃年夜饭。

　　童养媳　又称待年媳。由婆家收养的女婴或幼女，待到成年正式与东家的儿子结婚。旧时农村生活非常贫苦，收养的童养媳可解决儿子成年后的婚姻难题。新中国成立后，国家颁布了婚姻法，童养媳陋习被禁止。

　　寡妇再嫁　寡妇，雅称遗孀或未亡人，通常指丈夫亡故的妇人。旧时，通行男尊女卑、三从四德，寡妇受社会严厉歧视。要求寡妇为亡夫守寡一辈子，以求立贞节牌坊，否则就是淫妇荡女伤风败俗。寡妇再嫁被称为再醮妇，带过门的子女称"拖油瓶"，民间还有肥水不外流之说，就是寡妇配与叔叔结亲。新中国成立后，国家颁布了婚姻法，彻底改变陋习，寡妇再嫁不再受歧视。

　　招女婿　雅称入赘。即有女无子者家庭，招上门女婿，俗称倒插门。男子入赘后须随女家改姓。旧时，上门女婿在乡村备受歧视，不得入族谱。新中国成立后，国家颁布了婚姻法，招女婿可改姓也可不改姓。

　　揾烂泥　又称接脚膀。旧时，妇女如中年丧夫，且子女尚幼，欲招夫养子，称"坐堂招女婿"，招来的男人称接脚膀，多数为老光棍，被讥为揾烂泥、野乌龟之类的贬称，受到村人与族人的歧视。

　　轮家饭　家族男子结婚成家后，兄弟间需平分父母的家产，通常由娘舅或姑父做中间人，立分家协议书。分家后父母就得吃轮家饭，大多半月一轮，或将父母分居各家生活。吃轮家饭的父母亡故后，丧葬费用由各家分别承担。

　　同年结拜　同辈朋友结为异姓兄弟或姐妹，俗称结拜小兄弟或结拜小姐妹。结拜小兄弟通常选在农历三月初三举行，十来岁同龄小兄弟人数取七个或九个，不能成双数。仪式举行是要设香案供猪头三牲，小兄弟跪在铺红布的门栓或扁担上共念结拜誓词，有福同享有难同当，礼毕，焚纸燃放鞭炮。结拜小姐妹，通常是六或八人成双作对，但一般不举办仪式。小兄弟或小姐妹结拜后，主要是兄弟姐妹间各家有事要出面互相帮助，特别是婚丧之事以及家庭大事。

第四节　社会习俗

一、村庄议事、公约

阿爹　民国初期在镇乡一级承清朝旧制实行自治原则，通常乡村中德高望重的耆老或带有帮派背景的耆老，被里人公推为管理乡间日常生活或调解纠纷的仲裁者，这类权贵被称为公爹或中人，耆老调解民事纠纷一般选在村中茶馆，又称吃讲茶，纠纷双方各退一步，过错方需赔礼道歉，请戏班演戏来答谢乡亲，以示谢罪。

庄头　民国十七年（1928），浙江省开展全省村里制的编制工作，吴兴全县划分为十个区、五十七里、三百二十六村。乡镇以下以五户为邻，五邻为间，十户为甲，十甲为保，设保甲长制，实行连坐制度。村称第某某庄，故保甲长又称庄头。

禁碑（牌）　自明清至民国时期，各乡村都立过一些禁碑，将官府的手谕或地方公示刻于太湖石碑上，告示村民须严格遵守，违者要追责查办。禁碑的内容主要有禁赌博、禁损路、禁偷盗、禁纠纷等等，通常立在村头、路口或村庙等村民集结处，以便广为传播并起到令行禁止的作用。禁牌通常将乡规民约或安民告示用毛笔写在木牌上，威慑力较禁碑略低。

二、民间信仰

天老爷　指玉皇大帝，系三清所化身的太极界第一位尊神。民间信仰中认为其上掌三十六天、三千世界，管理各部道、神、佛、仙，下辖七十二地、四大部州，掌管天上诸神仙，以及凡间亿万生灵，因此尊称为玉皇大天尊玄穹高上帝。玉皇大帝在中国民间的影响极大，祭祀玉皇的仪式往往超越了三清的规格。

龙王爷　龙王是古代神话传说中在水里统领水族的王，既是海神也是河神，掌管兴云降雨。传说龙能行云布雨、消灾降福，象征祥瑞。乡村通常有以舞龙的方式来祈求风调雨顺、五谷丰登的习俗。

火神　通常指祝融，传为颛顼氏后代，另外，炎帝或燧人氏也被拜为火神。镇域农村在夏季民间要操办火神祭祀，又称火羊会。火神还是民间铁匠等行业的祖师爷。

土地神　即社神，是民间信仰最为普遍的保护神。从上古开始，社神就成为南方祭祀系统中的祀典之神。古代把村庄土地神祭祀范围统称为"社"，按照民间习俗，每到播种或收获的季节，农民都要立社祭祀，春秋大祭须抬神巡游、邀班演戏及全村聚餐，祈求或酬报土地神。

王二相公　系太湖流域的水神。相传，王二相公是太湖渔民的保护神，祖庙设在长兴新塘港。渔民若在太湖中遇险，只需高呼："王二相公救我！"，脚穿麻鞋的王二相公便会现身湖面，令太湖风平浪静。太湖渔民若遇突发疾病，也会求王二相公救命。

财神　五路财神分东西南北中：东路财神比干、南路财神柴王爷、西路财神关公、北路财神赵公明、中路财神王亥，是民间主要供奉的五大财神。每年正月初五要迎财神送穷神，寄托百姓辟邪除灾、迎祥纳福的美好愿望。谢溇大人会，即关帝庙会，每年农历二月二十日为正日，前后排场三天出会、聚餐。

佛祖　即释迦牟尼，佛教创始人，又称如来佛。中国尊称释迦牟尼为佛祖，即佛教祖师，被世人尊为神明。每年的农历四月初八，是释迦牟尼佛的诞辰，又称佛诞节，寺院及民间都要举行相关活动。

观音　为梵文意译，又称观世音菩萨、观自在菩萨、观音娘娘等。佛教"西方三圣"之一，大慈大悲普度众生，众生若遇难受苦只要诵念其名号，"菩萨即时观其音声"，前往拯救解脱。相传其生日是农历二月十九，成道日是农历六月十九，涅槃日是农历九月十九，民间都要举行敬拜诵经活动。

地藏　为梵文意译，又称地藏王菩萨。其道场在安徽九华山，佛教四大菩萨之一。相传，农历七月三十为地藏王生日，当天晚上村人须在自家门前的地上插香敬拜。

吕祖　即民间传说八仙之吕洞宾，道号纯阳子，自称回道人，全真派道教祖师。相传农历四月十四为吕祖诞辰，镇域乡间村庙大多供奉吕祖神像，民间有"吕洞宾弁山掼药箱"等传说故事。

张天师　即张道陵，字辅汉，原名张陵，天师道教创始人。民间有"张天师湖州镇白鱼精"等传说故事，端午时节家家户户必备切成小方块的油煎豆腐干，称作"张天师印"，具有祛邪防病功能。

钟馗　又称钟进士，道教民俗神，专司打鬼驱邪，获唐玄宗"赐福镇宅圣君"之封号。春节、端午节民间都会张挂钟馗赐福镇宅图，以祛邪魅佑平安。

猛将 传为南宋抗金将领刘锜，被尊为虫王。刘锜阵亡后被敕封为执掌除蝗的扬威侯、天曹猛将之神，而加以祭祀。每年农历七月初七，镇域村民抬猛将出会，在田间插五色彩旗，举行聚餐并邀戏班娱神，俗称青苗会。

总管 金姓，北宋汴梁人，随驾南渡客居吴中。传为金姓解粮官在筹措军粮时，遇到太湖流域饥荒便私自放粮赈灾，因而触犯王法被朝廷正法。金总管之死引发民愤，朝廷随即将其封为随粮王安抚民心，并下令在江南太湖及运河流域设庙祭祀，以护佑粮食丰收、漕运兴旺。

堂子五圣 民间邪神，即穿五种颜色官服的厉鬼。在村口、河湾、桥堍等交通要道上，均建有小庙，俗称堂子，供奉五圣，以保佑村民人口太平，田蚕茂盛。同时，还被引申为行业神，如养鱼业有塘头五圣；养蚕业有蚕花五圣；水运业有船头五圣；饲养业有棚头五圣，商贸业有利市五圣等等。

三、预知、禁忌

看风水 看风水即从事预知职业的从业者，又称风水师或风水先生。多数从业者为家族世袭，也有半路出家或无师自通者，主要帮人堪舆阴宅阳宅、测算八字、预择吉日等，乡间行事动土如建桥、砌灶、迁坟，以及婚丧嫁娶等都须先行问过风水先生。

算命、看相、测字 算命即从事预知职业的从业者，又称算命先生。从业者多为盲人或半盲，透过推理命运来解答人生疑惑，可算婚姻、算财运、算吉凶、算田蚕等等。看相，即从事预知职业的从业者，通常由风水先生兼任。主要包括印相、名相、人相、家相、墓相等等，人相又分面相与手相，以推测命运或疾病。测字，即从事预知职业的从业者，又称测字先生。测字，又称相字，是占卦方式的一种，有装头、接脚、穿心、包笔、破解、添笔、简笔、对关、摘字、观梅这十种测字方法，通过拆卸字型，以预测吉凶。

吃食 有关吃饭的禁忌，如吃饭时嘴巴不要发出咀嚼的声响，不要口中含着食物说话，吃饭时须坐姿端正不能抖腿。吃饭时不能托碗底、敲碗边以及将筷子竖插在饭内，因这些都是与乞讨或祭祀有关的不吉利行为。宴客时主人切忌先行离席或提早收拾餐具。过年做客，整菜不能轻易动筷，可吃一些小炒，吃饭时不能在碗中剩饭菜须吃干净。

生肖 生肖就是属相，民间在婚配时有一定的禁忌。术士还将生肖属相与五行相生相克之道联系起来，演变成生肖属相之间相生相克的现象，在婚丧嫁娶等活动中，与主人或死者生肖相克的需回避。

野外小便　在野外内急，不能在十字路口小便，也不可正对庙门、坟墓、桥头小便。白天女人不能对着太阳小便，晚上男人不能对着月亮小便。最好的选择是尽量不要在野外小便。

夜行　夜行，要选择宽敞明亮的大路，不要走阴暗狭窄的小路；路遇任何声音都不能回头，继续前行即可；抱小孩行夜路最好用秽布遮挡头部。走夜路时宜走路中间，两边靠近墙根阴影处属鬼道，不要随意捡拾路边的东西，不要接近河边或桥下等地方。清明节、中元节前后最好避免夜间出行。

动物忌　旧时，农村在家里房梁、床边看到无毒蛇类，可燃香送行，切勿打死；狗生性忠厚能看家护院，养狗人家要忌食狗肉；鸡司晨驱鬼神，但公鸡夜间一更打鸣，必定会有火灾；二更鸡鸣，须得防范窃贼。堂前燕子筑巢系吉兆，不能驱赶或捣掉燕窝；草地尚绿时节不能吃羊肉，因天气还暖吃了羊肉容易上火。

倒药渣　旧时，病家将煮过的中药残渣倒在十字路口，让行人无意间踩踏，经此千踩万踏将霉运带走，便能达到祛病毒的功效。但药渣切忌倒在自家门口，这样无法驱走病毒，而将其倒在别人家门口，会引发不必要的纠纷。

四、家庭旧习

缠足　又称三寸金莲或绕小脚，系古代的一种陋习。女性从四五岁起便开始缠足，用布将双脚紧紧缠裹，使之停止生长变成畸形，直到成年骨骼定型后，小脚令女性走路极其不便。直至民国中后期，缠足恶习才被彻底废止。

治病　治小孩夜闹不睡觉，家里人用红纸写上祛病符："天皇皇，地皇皇，我家有个夜啼郎，过路君子念一遍，一觉睏到大天亮。"然后贴到交通要道处的电线杆或墙壁上，让过往路人读到。小孩受到意外惊吓神态异样，可抓一癞蛤蟆用布包裹，在小孩身上擦拭便可起到"收惊"的功效。治小孩发高烧抽筋，把老姜捣碎浸入烧酒，取银器一件，与蛋包裹于纱布，在小孩全身擦拭，口念："猫痉狗痉，囡囡不痉。"直至病孩大声哭叫后，可缓解病情。治咳嗽可食冰糖炖梨子汤服用；治风寒可食红糖炖老姜汤服用；治解毒可食用车前草炖汤服用；治风湿可取赤练蛇泡烧酒，药酒制成后在太阳底下涂于患处即可。治牙疼可用黑胡椒浸酒二日，牙痛时口含数分钟即可止痛。家中有人身体不适，需送客人，需备一碗饭、一个蛋，再烧草秸、焚纸锭，意即善待一下鬼魂，将引来病灾客人送掉。

溺女、冥婚、劫婚　溺女即淹死女婴。农耕年代因对劳动力的需求以及经济困难而重男轻女，许多女婴出生后便摁在马桶或浴盆中溺死，而溺女的后果是导致人口性别比例严重失调。

冥婚又称阴婚，即为年轻死者寻找异姓尸体婚配，冥婚迎娶仪式须在夜间举行。

劫婚又称抢亲，通常由男方组织人员到女方村中或家里劫来新娘成婚。旧时，两家自幼定下"娃娃亲"，成人后男方因贫穷而无力娶亲，通常用抢亲的办法来解决。很多情况下女方也默认这种娶亲方式，双方都可缓解迎娶的经济压力。

第五节　非物质文化遗产

参见本志第七卷第五章第四节"群众文化"部分。

一、织里刺绣

织里刺绣的风格和绣法上都与苏州刺绣同根同源，通常用于妇女自制日用所需的家庭纺织品的装点。在较常见的被面、枕套、衣服、鞋子、围裙、帐幔、桌帷、靠垫，以及虎头帽、香包、荷包等时令用品上，都绣有丰富多彩的吉祥图案。刺绣图案有些来自粉本，有些是绣女自行创意，图案又分植物、动物、器物、人物等，如四时花卉、龙凤鱼蝶、八宝如意、八仙婴戏等。

刺绣的主要工序，先将绣布平铺案板描上花纹，再将绣布绑上绣架或夹上绣绷，然后开始选配相应颜色的绣线，按图案精心绣制，其过程一般较为漫长。

20世纪70年代末，织里农妇将一些手工绣制的被面、枕套，通过走村串户、走南闯北进行大规模贩售，为适应市场需求又经历了从缝纫机绣到电脑绣的升级换代，进一步扩大了织里刺绣的影响并获得一定的经济收益。织里成为全国专营棉布、花线与绣品的集散中心。

2008年，织里刺绣被收录湖州市第一批非物质文化遗产名录；同年，被收录进浙江省第三批省非物质文化遗产名录。吴宝珠，1938年生，织里镇人，湖州市非物质文化遗产代表性传承人，代表性项目为织里刺绣。

漾西民间刺绣作品

二、金溇马灯

金溇马灯相传在清朝光绪年间由江苏吴江传入。因全村的居住特点呈放射状，共分 12 只角，故马灯的表演队伍由 12 人组成，由每只角出一匹马灯，以齐心合力参加活动。

马灯的主要道具为竹马，即用竹篾扎制马之骨架，然后糊上各种颜色鲜艳的花布，在配以缰绳、铃铛、绣球等。竹马高约 140 厘米，宽约 250 厘米，表演时男女村民穿上戏装，戴上面具，站在竹马中间舞动，扮演各种群众喜闻乐见的戏曲人物。表演队伍出行前，先要到村头的总管庙前绕行一圈。

马灯队前面还有配套的仪仗队，包括由 36 人组成彩旗队、鼓乐队、花灯队，先由火舞流星表演开道，然后依次为花灯队、马灯队、彩旗队与鼓乐队，整个队伍百余人。出会队伍行至变演场地后，由彩旗队、花灯队围出表演区域，"头牌高灯"竖立四角。鼓乐声起，马灯队在"正马"的率领下，表现前行、后退、横移、摇摆等各种队形，并展示打圈、穿四角、穿领条、穿蝴蝶等花式表演。金溇马灯一般在每年的春节至元宵节期间表演，表达村民对新的一年期盼风调雨顺与田蚕茂盛的期盼。

2009 年，织里金溇马灯被收录湖州市第三批非物质文化遗产名录。朱兆荣，1944 年生，织里镇人，湖州市非物质文化遗产代表性传承人，代表性项目为金溇马灯。

三、火羊会

火羊会，又称退火羊，按字面意思推断应该是火焰，即民间举行的防患于未然的消防活动。火羊会每年举办两次，上半年择日为农历三月初三，下半年择日为九月初九，通常由村里的德高望重的带头人发起并操办，村民每家派 1 人参与。以猪头、白鲢、公鸡作为三牲作为供品，焚香燃烛祭祀火神，村人轮番叩拜期盼火神免降灾退火恙。仪式完毕后，发动村民到各家各户门上贴上"天河水""地河水""长江水""太湖水""苕溪水""龙溪水""溇港水"等墨书符咒以辟邪压火，并在门前撒些石灰。火羊会的最后一个活动是村民聚餐吃火羊酒，所需费用由村户均摊。

2008 年，织里火羊会被收录湖州市第二批非物质文化遗产名录。

四、山歌

织里山歌总体属湖州山歌的范畴，系用太湖流域方言传播的民间乡土原创歌曲。旧时，织里农村的山歌演唱是村民重要的日常娱乐方式，在田间地头劳动间歇，或节庆聚餐茶余饭后，均可随意即兴演唱，或男女独唱、或男女对唱，演唱形式为无伴奏清唱，曲调平和、旋律婉转。曲式结构为四句式单乐段体，每个乐段由两个相似的上下句构成。

山歌的传承并不讲究师承，而是自然传唱，前提是演唱者需头脑灵活嗓音清亮，山歌内容也可与时俱进不断演化。山歌曲目的题材通常以表现农村生活为主，比如阿哥阿妹爱情歌、劳动生活歌、风土习俗歌，还有教化劝诫歌等等。山歌唱词的句式，通常七字句为主，也有长短句穿插，不仅有中短篇山歌，还有长篇山歌，著名的长篇叙事山歌《刘二姐》就长达 3000 句之多。

2010 年，织里山歌被扩展为湖州市第三批非物质文化遗产名录。织里山歌的主要传承人有姚金珍、沈玲娥、沈阿培等，代表性曲目有《十二杯酒》《望郎山歌》《卖菱山歌》《刘氏大娘》《十二只绵兜》等。

五、剪纸

织里剪纸主要用于民间婚丧嫁娶的环境布置，具有较强实用性。比如婚仪场合的场景布置，需要双喜字、龙凤、蝴蝶、鸳鸯、如意、石榴等剪纸，寓意双喜临门、龙凤呈祥、吉祥如意、多子多福；寿庆场合的场景布置，需要团寿、蟠桃、盘长、方胜、元宝、八仙等剪纸，寓意福寿绵长、寿比南山、群仙庆寿；婚仪场合的场景布置，需百寿、仙鹤、松柏、万年青等剪纸，寓意驾鹤归山、子孙兴旺、万古长青。婚庆寿诞所需的剪纸要用红纸，丧仪所需的剪纸要用白纸或绿纸。剪纸的制作方式，较为常见的多为对称图案，只需将红纸对折后剪一面的图案，完成后摊开就是一份完整的对称剪纸；需剪不对称图案，要事先在纸上描画出图案，有一定的制作难度。还有一种特别的制作方式，就是用针线将一叠纸缝合起来，开剪完成后最多能获得 8 幅相同的图案。

2012 年，织里剪纸被收录湖州市第五批非物质文化遗产名录。

蒋志瑛　1950 年生，织里镇人，湖州市非物质文化遗产代表性传承人，代表性项目为织里剪纸。

蒋志瑛和她的剪纸作品

六、织麻布

织麻布长期以来是织里溇港区域农家的一项副业收入。太湖流域有种植黄麻的习俗，收割后的黄麻，须经过大小十二道工序，才能成为织麻布的原材料。这套工序分别为剥麻皮，须将麻秆反复浸晒，方能剥下麻皮挂上竹竿晾晒；接线，将麻皮分成细线，再手工将线捻接起来绕成线团；摇纱，用专用摇车将线捻成紧密的纱再盘成成缩，放入缸内用石灰炝，并将炝过的纱放到锅内"焖蒸"，再拿到河港里出水，并在石头上甩打"掼纱"，再用木质榔头"敲纱"，只有经过这数道繁复的工序，才能使麻纱的表皮脱落干净，变得越来越柔软，然后绕成线团备用。织麻布的织机称作"腰机"，操作时需腰部用力。机户称"腰机师傅"，除用黄麻线织麻布外，还用苎麻线织夏布，用络麻线织麻袋片等。麻布可制成衣衫、帐子等，凉爽透气。

2012 年，织里织麻布列入湖州市第五批非物质文化遗产名录。

第七章　宗教与寺观、教堂

　　湖州佛教始于三国，兴于南朝。镇域所属利济寺始建于南朝宋元嘉年间（425—453），初名慧明寺，为域内最古老的寺院；旧馆喜宥院，原号圣嘉院，始建于南朝萧梁年间（502—557），唐光启年间（885—887）重建。唐末同期，还有法忍院、寂照院、护国罗汉院、本觉院等。五代吴越国年间（907—978），域内有圆明院、布金院、法忍院、永宁院、兴善院等，多为吴越王钱氏敕建。宋元时期，晟舍在南朝原址重建慧明寺，在敕五圩建崇圣庵，传为赵孟頫题额；织里老街还有始建于元代的宝相寺，高僧觉岸曾住持，著有《释氏稽古略》。明清时期，晟舍有利济寺、古性庵、观音堂、净土庵、地藏殿等佛寺庵院。

　　南宋东迁，陆修静弃家修道，为湖州金盖山梅花观开山祖师。清代晟舍闵苕舆，拜高东篱为师，成为全真教龙门派第十一弟子。明清时期，织里域内有谨一圩张星君阁、塘口关帝庙、谨二三圩三官殿、土地庙、太均堂、谨三圩文昌阁、总管堂等道教庙宇，清末民初，金盖山龙门派总坛在域内设分坛 3 所，即织里万云坛、金溇慈云坛、轧村雷云坛。

晟舍文昌阁

清光绪十三年（1887），美国基督教浸礼会教士梅思恩在湖州东街建总教堂，并在织里等地设分堂传教。清光绪二十六年（1900），美国基督教监理会教士衡特立主理湖州"循环连环"，在轧村堂等地设分堂，域内在册教徒有96人。中华人民共和国成立后，1954年湖属各地浸礼会、监理会派代表，成立湖州市基督教"三自"爱国运动委员会，1959年开始两会联合做礼拜。"文化大革命"期间，信徒转入家庭活动。1989年成立湖州市基督教协会，织里堂、轧村堂，为协会下属的开放教堂。

第一节 佛 教

一、寺院

利济禅寺 位于织里镇利济文化公园西侧，汉传佛教寺院。清同治《晟舍镇志》载，利济寺始建于南朝宋元嘉（425—453）年间，初名慧明寺，开山祖是高僧法瑶。唐宋时期均有重修，元末毁于兵燹。明宣德六年（1431）僧南轩重建，易名利济寺。明末清初高僧蕅益大师，曾经住持利济寺多年，释经著述，广结檀越。清代名宦闵鹗元曾出资增修利济寺，并撰《重修利济寺碑记》。清咸同年间，利济寺毁于战火。至光绪十六年（1890）寺院重建竣工，由雨花殿、大雄宝殿藏

利济禅寺牌楼

经阁、塔院、禅房、客堂、僧舍等组成，慈禧太后赐"藏经阁"额。寺院砖木用料极为讲究，金砖由常州、苏州府知府谭钧培、贾回晖督造。1962年利济寺部分拆建，后将大殿等改作粮仓。

自1999年到2009年，利济寺易址重建全部完工，寺院三面环水，陈立夫题额，建筑由牌坊、石桥、山门、天王殿、大雄宝殿、钟鼓亭等组成，占地面积45 288平方米，建筑面积12 510平方米。主要宗教活动有农历二月八日至十五日水陆法会、农历二月十九日观音法会、农历四月初四日文殊法会、农历十一月冬至法会。1995年经湖州市民族宗教事务局批准为宗教活动场所。浙江宗教活动场所登记证编号F050040001。住持释常进。

寺院中还有清代《重建晟舍利济寺》《吴兴晟舍镇利济寺斋田碑记》等碑刻文物。2016年，以水景观为主的利济文化公园落成，环绕着利济寺与布金寺两座名刹。

布金寺　位于织里镇漾西乔溇村施家坝，汉传佛教寺院。据地方志记载，布金寺始建于五代广顺十年（960），吴越王钱氏敕建，初名观音院，宋治平二年（1065）赐额布金寺。清咸丰十年（1860）寺毁，同治（1862—1874）中僧朗润重建，光绪二年（1876）僧云亭续建。清代在寺中设有太湖救生局。抗战时期，寺内数尊铁佛被盗运。中华人民共和国成立后，布金寺于20世纪60年代逐步拆

乔溇布金寺

除。1995 年原址重建，宋代莲花纹石柱础置山门两侧，重铸铁卧佛一尊，后铁佛迁址，寺院改称布金寺下院。

2001 年，布金寺迁址织里镇织里南路 282 号，与利济寺隔河相望，又称布金寺上院，由赵朴初题额。寺院建筑由山门、天王殿、放生池、大雄宝殿、钟鼓亭等组成。占地面积 50 000 平方米，建筑面积 11 750 平方米。主要宗教活动有农历四月初八日法华法会。

寺院放生池中立玉石观音塑像，高约 5 米；大雄宝殿面阔七间，供奉释迦牟尼鎏金铁铸卧佛，长 18.45 米，高 3.9 米，重 22.5 吨；大殿壁塑罗汉 500 尊。1995 年经湖州市民族宗教事务局批准为宗教活动场所。浙江宗教活动场所登记证编号 F050040002。负责人周柏泉、明德。

东明禅寺　位于织里镇轧村吴家潭，汉传佛教寺院。据地方志记载，创建于五代吴越国（907—978）时期，吴越王钱氏敕建，僧悟道开山，初名善庆院，又作看经院。北宋治平二年（1065）赐额法忍院。明洪武年间（1368—1398）重建，据传，建文帝曾居住东明寺避难。明嘉靖三十四年（1555）迁址重建，至清朝末年毁。寺前墙上嵌有明碑，字迹大半漫漶。

1993 年殿宇重建，天王殿奉弥勒、韦驮、三世佛、十八罗汉。主殿高三层，重檐歇山式，奉千手观音塑像。占地面积 2000 平方米，建筑面积 1125 平方米。主要宗教活动有清明法会、农历二月十九日、六月十九日、九月十九日观音法

东明禅寺

会、冬至法会。1995 年经湖州市民族宗教事务局批准为宗教活动场所。浙江宗教活动场所登记证编号 F050040003。住持释德权。

大悲禅寺　位于织里镇轧村孟婆兜村，汉传佛教场所。据传创建于清康熙年间，原名大悲庵，主奉观音。1953 年殿宇尚存 18 间，庵产 10 余亩，尼师 5 人。中华人民共和国成立后，尼师遂散，庵堂渐废。2003 年由里人潘阿祥捐建，改名大悲禅寺，大殿面阔三间、伽蓝殿两间，以及东西厢房各三间。占地面积 3330 平方米，建筑面积 2500 平方米。主要宗教活动有农历七月十五日盂兰盆会。2000 年经湖州市民族宗教事务局批准为宗教活动场所。浙江民间宗教活动场所登记证编号乙 040140。负责人张阿玲。

法华教寺（竹园寺）　位于织里镇联漾竹园村，汉传佛教场所。始建年代不详，原名法华庵，又称竹园寺。据传庵堂后毛竹林内曾经长出根部硕大的巨竹，后被艺人雕琢成观音像供奉。抗战时毁于战火，虽经重建，规模缩减。中华人民共和国成立后，一度改作民房使用。20 世纪 90 年代，当地信众自发集资重建，恢复主殿三间、护法殿一间，以及配套用房 10 余间。主要宗教活动为农历二月十九日、六月十九日、九月十九日观音法会。

宝林禅寺　位于织里镇大港村。据传五代后周广顺二年（952）吴越王钱氏敕建，号永宁院。北宋治平二年（1065）赐额宝林寺。久废。20 世纪 90 年代，当地信众自发集资重建，恢复主殿三间，主奉送子观音塑像。主要宗教活动有农历二月十九日、六月十九日、九月十九日观音法会。

齐家湾观音庙　位于织里镇轧村村齐家湾村，汉传佛教场所。坐北朝南，面阔三间，系仿抬梁式水泥建筑，2007 年重建。观音庙殿前设广场，殿内主龛悬匾"慧觉圆光"，主奉弥勒佛、韦陀、如来、观音、地藏塑像。寺前东南有观音桥，系东西向单孔石梁架构，重建于光绪二十五年（1899）；庙内有太湖石佛坛遗存，壸门内阴刻双钩"宝藏"楷书，具明代风格。浙江民间宗教活动场所登记证编号乙 040023。负责人徐玉宝。

曹家簖观音禅寺　位于织里镇曹家簖村南桃寺塔村，汉传佛教场所。坐北朝南，面阔三间，系穿斗式木构建筑，殿南合院墙设水泥仿砖雕门楼，均设观音兜式山墙，2005 年重建。殿内主龛悬匾"广大圆满"，主奉送子观音、善财、龙女塑像；殿柱对联："神目严明洞察凡间善恶事；观音慈悲拯救迷途归正道"。寺前西南有观音桥，系南北向单孔石拱桥，由"南林刘门沈氏重建"，刻清光绪十三年（1887）纪年。负责人闵文根。

二、僧尼

南朝高僧法瑶、慧集；唐代高僧道祥、维宽；宋代慈觉等法师；明清高僧南轩、殊胜、古泉、体源、满益、智果、坚蜜、通琇、德月、浩清、朗如、永明、圆觉、显谛等法师，以及民国时期的高僧圆达、谛观、浩春等法师都曾经在域内弘法或建寺。

三、佛事

从农历元月开始至十二月，正式佛教法会依次为：元月一日弥勒佛圣诞法会，元月九日供佛斋天法会，二月十九日观音菩萨圣诞法会，四月八日佛陀圣诞法会，六月十九日观音菩萨成道纪念法会，七月十五日盂兰盆会、供僧会，七月二十九日地藏菩萨圣诞法会，九月十九日观音菩萨出家纪念法会，九月二十九日药师佛圣诞法会，十一月十七日阿弥陀佛圣诞法会（举办弥陀佛七），十二月八日佛陀成道纪念法会。

第二节 道教（附祠祀）

一、宫观

宝镜观 位于织里镇镇西老街西市，素有"织溪屏藩"之称。初为佛寺，宋代名宝华院，又名宝相寺。元代循宋代遗址重建，至晚清渐废。里人遂改建为总管堂，奉安乐王神像。民国初年，选址总管堂文昌阁创立吴兴县第二区中心学校。中华人民共和国成立后，改建织里区中心小学，后为镇中心幼儿园。1999年总管堂由里人集资在原址北重建，改名宝镜观，道教真一派宫观，由湖州书法家李英题额，设总管、观音、三官诸殿。2014年，村民集资在原址重建宝镜观，占地面积15 372平方米，建筑面积6388平方米，设天王殿、总管堂，奉弥勒、总管、观音塑像。主要宗教活动有农历七月初七日总管会。观内尚存树龄400余年的雄性银杏树，曾为织里老街的历史坐标。2002年经湖州市民族宗教事务局正式批准为道教活动场所。浙江宗教活动场所登记证编号D050040025。从业人员5人，负责人俞水妹。

宝山观　位于织里镇大潘兜村磨坊兜自然村，据旧志记载始建于宋代。中华人民共和国成立后拆除。2001 年由里人集资在原址重建，前后两进，面阔三间，砖木抬梁式架构，前进供十殿阎罗，后进大罗宝殿奉吕祖、三官神像。2002 年经湖州市民族宗教事务局正式批准为宗教活动场所。

白龙观　位于织里镇秧宅村白龙桥西堍。存新殿、老殿两进，建筑面积 1000 多平方米。新殿建成于 2003 年，面宽五间，高约 20 米，第二进老殿木质梁架结构。白龙观供奉徐千岁、杨大人等传统神像。徐千岁即明朝的开国元勋徐达，元末驻军织里纪律严明，获百姓拥戴奉为保护神。杨大人即清同治年间湖州知府杨荣绪，任内实行宽仁政策严禁扰民，并在陈溇创办五湖书院发展教育。清光绪年间，金盖山古梅花观塑杨像祭祈，白龙观也随之塑像供奉。2002 年经民族宗教事务局正式批准为宗教活动场所。

禧寺观　位于织里镇旧馆村李家兜，道教真一派场所。占地面积 2383 平方米，建筑面积 878 平方米，主要宗教活动有农历八月十二日的总管会。2007 年经湖州市民族宗教事务局正式批准为宗教活动场所。浙江宗教活动场所登记证编号D050040048。从业人员 7 人，负责人周顺奎。

普安宫　地址在织里小河村，道教真一派场所。占地面积 3600 平方米，建筑面积 900 平方米，主要宗教活动有农历八月二十日总管会。2003 年经湖州市民族宗教事务局正式批准为宗教活动场所。浙江宗教活动场所登记证编号D050040049。从业人员 5 人，负责人王阿顺。

圆觉宫　地址在织里镇李家坝村小邾自然村，道教真一派场所。2009 年 6 月重建，占地面积 1657 平方米，建筑面积 510 平方米，主要宗教活动有农历九月十九日观音会。2003 年经湖州市民族宗教事务局正式批准为宗教活动场所。浙江宗教活动场所登记证编号 D050040046。从业人员 5 人，负责人钱阿团、朱学林。

杨溇庙　地址在织里镇许溇村，道教真一派场所。民国年间总管堂尚存十八间屋宇。中华人民共和国成立后，改作杨溇小学与大队部礼堂使用。2006 年由村民集资在原址重建，总面积约 1500 平米。大庙北滨太湖，南有古道通湖城。大庙前后二进，前殿三间为京都元帅府，供奉总管神。后殿东三间为纯阳祖师殿，中为财神济公殿，西为观音殿。2007 年经湖州市民族宗教事务局正式批准为宗教活动场所。

杨溇庙

万云观虹桥庙　位于织里镇织里南街自然村，老街东虹桥堍，又名虹桥庙，系晚清民初万云坛旧址。中华人民共和国成立后，曾一度改为织里粮管所仓库。2004年万云观恢复重建，道教真一派宫观。占地面积7560平方米，建筑面积2580平方米，将关帝、观音、地藏同奉于殿，铁塔香炉祈福乡里。主要宗教活动有农历四月十四日吕祖会。2007年经湖州市民族宗教事务局正式批准为宗教活动场所。浙江宗教活动场所登记证编号D050040038。负责人潘林根。

二、道士、道徒

晟舍闵氏与梅花观　晟舍闵氏望族与金盖山关系密切，由元末明初隐士闵牧斋所发轫，其购静室于栖凤坞，修复斋假龛隐居多年。自此闵氏常有名士居留山中，明代闵孺山致仕后常往来于金盖山；明末遗民闵毅甫对金盖山龙门派的影响较深。

清嘉庆元年（1796），闵苕旉入金盖山扩建梅花观，更名为纯阳宫，上承龙门之宗风，开启以三教同修的嗣龙门法门，挟闵氏家族之力量，援引各方信道之士绅，以十字排辈，设坛传宗。纯阳宫为总坛，下有10余分坛，奠定金盖山延续百于年的宗坛地位。

在金盖山全真教龙门派第十一代至第十三代道士中，有闵苕旉、闵阳楷、闵阳文、闵阳述、闵来怡、闵来安、闵来铺，共7位闵氏道士，第十五代以后又有5名闵氏道士，对于吴兴道教的兴盛起到推动作用。

晟舍闵铁山、闵端甫等同族，也为金盖山道教的发展提供助力。闵铁山为维护龙门道团倾力20多年；闵端甫入山讲学，闵裕仲、闵捷三、闵萼洙、闵香岑、闵苣丰、闵大壮等闵氏英才，半数皆学成于此。闵苕荚子闵传臣及侄闵易三、闵阳林等，曾协助刊印道书。

清《金盖山宗坛祖堂纪名录》中，元代闵牧斋；明代闵孺山、闵声；清代闵鹗元、闵苕荚、闵易三、闵赣甫、闵肖岩、闵余三、闵小圃、闵菊泉，共 11 位律师、嗣师或先生入选。

晟舍凌氏与梅花观　晟舍凌氏与闵氏同为地方大族。凌氏家族原本传承正一道脉，凌壶隐于清代同光年间，皈依全真龙门派，参与修复因受太平天国战火波及之梅花观建筑，为金盖山道教恢复助力。凌氏道徒有范希陶弟子凌飞云、沈秉成弟子凌山贤、程抱云弟子凌冷月，李庸庵弟子凌颂武、凌定孚也与凌壶隐关系匪浅。在金盖山龙门道团大规模编校重刊道教经典方面，凌赤霆、凌鹤秋、凌初平等族人均贡献卓著。

清《金盖山宗坛祖堂纪名录》中，清代凌晓五、凌嘉六、凌墨亭、凌定孚、凌颖士，共 5 位先生入选。

龙门派织里分坛道士　清末民初，张云谷，海宁人，名复诚，字少梅，号悟辙，道号谷云，开启织里万云坛支派。吴义山，名复立，号义山、孙壬斋，名复信，号壬斋、张悟珊、名複功，号悟珊，在太湖金溇慈云坛皈依。蒋本和、吴本义、周谷裕，在轧村雷云坛皈依。

三、法事（庙会）

道场　又称"斋醮"，是指道教宫观中道士设坛作法、上章奏表的一种宗教法事活动仪式，也是道教教义文化活动最主要的组成部分。斋醮分三种类型，即周天大醮、普天大醮、罗天大醮。其中，祈福迎祥道场，亦称之为阳事道场，须设坛诵经 3 天，举行各种法事科仪。度亡道场，亦称之为阴事道场，须设坛诵咒 3 天，举行各种法事科仪。阴阳两利道场，一般是逢祖师圣诞、道士冠巾、开坛传戒等开光法事。

庙会　土地会，每年农历正月初一、七月半、冬至等节日必须祭祀。传说，农历二月二日是土地神生日，有的村落要专门举办土地会，除诵经祭祀外，还要抬土地神绕村巡游，信众聚餐品尝素菜。

观音会　域内民间对观音虔诚信奉，无论寺院与道观，都供奉观音塑像。每年农历二月十九观音诞辰日、六月十九是观音成道日，域内寺庙需举办观音会，拜观音忏。

三官会　祭祀天官、地官、水官"三官"。每年农历二月底三月初，由几个小自然村联合主办，前后历时3天，设"亮天灯"仪式，即在庙前竖10米高杆子，上悬三盏灯笼。庙中设祭坛，道士诵经，乐队奏乐，接着有"取佛米""行香""发素袋"等活动，祀求消除灾难，保佑地方平安。

青苗会　祭祀刘猛将军，相传南宋年间大旱，蝗虫成灾，青苗被食。刘猛将军亲赴农田灭蝗，因劳累过度而亡。老百姓遂塑像祭祀。每年农历七月初七，稻苗长势旺盛之时，村民要举办青苗会，抬神出游巡视，每到一村皆有人等候，燃香点烛，鸣炮迎接。

青苗会抬神（总管、猛将）巡游

关帝会　又称大人会。谢溇关帝庙辖东至濮溇西至许溇之间的大片区域，包括40余个自然村。每年农历二月二十日为正日，前后共需排场3天。庙会主要仪式为太关公神像巡游，队列中4个"长神"随从，俗称大人，震慑四方鬼怪。农历十二月二十日要摆"封印酒"；农历正月十二日摆"开印酒"，送迎"天平上帝"。

第三节　基督教

一、教堂

织里基督教堂　地址在织里镇织东路92号。清光绪十三年（1887）始建，旧址在织里老街西市。中华人民共和国成立之初，改作织里镇信用社办公用房。

1970年代改为公社干部宿舍，1980年代后期拆除。2000年移建现址，占地面积2223平方米，建筑面积5600平方米。属湖州市基督教三自爱国运动委员会。主要宗教活动有每年2月至3月、11月至12月的培灵会。浙江宗教活动场所登记证编号J050040050。教堂实行民主管理，从业者7人，负责人李奋荣。

轧村基督教堂 地址在轧村港西村西庙兜，清光绪二十六年（1900）始建，今占地面积8000平方米，建筑面积2830平方米，2006年扩建，属湖州市基督教三自爱国运动委员会。主要宗教活动有每年4月、10月的培灵会。浙江宗教活动场所登记证编号J050040051。教堂实行民主管理，从业者9人，负责人潘志明。

漾西基督教堂 地址在织里镇常乐村，占地面积1000平方米，建筑面积700平方米，2000年扩建，属湖州市基督教三自爱国运动委员会。主要宗教活动有每年2月、6月的培灵会。浙江宗教活动场所登记证编号J050040052。教堂实行民主管理，从业者11人，负责人李惠江、周淦荣。

旧馆基督教堂 地址在织里旧馆西栅，占地面积86平方米，建筑面积86平方米，1989年重建，属湖州市基督教三自爱国运动委员会。浙江宗教活动场所登记证编号J050040053。教堂实行民主管理，从业者7人，负责人张坤荣。

葡萄树聚会点 位于织里镇晟东社区。浙江宗教活动场所登记证编号J050040010。负责人芮贤强。

二、牧师、信徒

牧师 清光绪十三年（1887）美国浸礼会梅思恩辟织里分堂，委任牧师李新（心）水传道；1948年周斯杨接任织里堂牧师。

清光绪二十六年（1900）美国监理会辟轧村分堂，委任韩静山牧师传道；1948由赵景圣接任轧村堂牧师。

信徒 1948年信徒叶宗凯夫妇慨助西式洋房作织里教堂。

三、教事

培灵会，活动持续时间一般为3至5天，一年举办一次或者一个季度一次，系基督教信徒的聚会方式，以讲道、聚餐为主。织里、轧村的教堂还组织西洋吹奏乐队巡游，平日也以应邀助阵开业或信徒的婚丧礼仪活动。

表 8-7-1　2019 年经浙江省民族宗教事务委员会登记批准的民间宗教活动场所

名称	地址	负责人	浙江省民宗局登记证编号
兴善寺	义皋村	慧光	宗场证字〔浙〕F050040033
永丰庵	香圩墩村	杨金芳	浙民场证字〔湖〕乙 040011
集福庵	李家坝村	沈新财	浙民场证字〔湖〕乙 040090
古性庵	云村佛仙兜	闵央毛	浙民场证字〔湖〕乙 040012
广善寺	大河村	罗丽娟	浙民场证字〔湖〕乙 040016
永福庵	大河村	施金法	浙民场证字〔湖〕乙 040083
青云禅寺	秦家港村	高根泉	浙民场证字〔湖〕乙 040013
鉴慈庵	秦家港村	施淦泉	浙民场证字〔湖〕乙 040123
太平禅寺	晟舍村	高根泉	浙民场证字〔湖〕乙 040015
潮音庵	朱湾村	吴新根	浙民场证字〔湖〕乙 040088
期堂庵	朱湾村	杨阿庆	浙民场证字〔湖〕乙 040087
俊秀寺	孟乡港村	茹光明	浙民场证字〔湖〕乙 040020
观音庙	骥村曹家庄	钱阿苟　张生华	浙民场证字〔湖〕乙 040022
保宁庵	轧村增圩村	沈阿明	浙民场证字〔湖〕乙 040024
宝所寺	轧村上林村	李淑芳	浙民场证字〔湖〕乙 040137
永平庵	轧村石头港	潘之根	浙民场证字〔湖〕乙 040091
古音庵	轧村石头港	叶水根　向根妹	浙民场证字〔湖〕乙 040092
净土庵	费家汇村	陈金妹	浙民场证字〔湖〕乙 040027
本觉禅寺	伍浦村	汤建平	浙民场证字〔湖〕乙 040028
护国庵	濮溇村	吴小毛	浙民场证字〔湖〕乙 040086
圣贤庵	庙兜村	吴梅林	浙民场证字〔湖〕乙 040029
永胜庵	常乐村	周阿毛	浙民场证字〔湖〕乙 040131
观音庙	常乐村	周建国	浙民场证字〔湖〕乙 040138
平安庙	东湾兜村	李毛宝	浙民场证字〔湖〕乙 040017
后降庙	东湾兜村	沈阿细	浙民场证字〔湖〕乙 040018
珍珠桥庙	大邾村	沈海江	浙民场证字〔湖〕乙 040019
云兴庙	东兜村	闵金根	浙民场证字〔湖〕乙 040089
土谷禅院	大河村	蒋新田	浙民场证字〔湖〕乙 040124
总管堂	晟舍村	费水根	浙民场证字〔湖〕乙 040014
西庆庙	港西村	潘胜江	浙民场证字〔湖〕乙 040021
圣堂庙	骥村圣堂桥	周根荣	浙民场证字〔湖〕乙 040084
南庙	骥村南板桥	严旭东	浙民场证字〔湖〕乙 040125
三元殿	轧村上林村	张阿海	浙民场证字〔湖〕乙 040030

（续）

名称	地址	负责人	浙江省民宗局登记证编号
太均庙	乔溇村	韦新美	浙民场证字〔湖〕乙040025
总管庙	乔溇村	吴如琴	浙民场证字〔湖〕乙040085
幸福庙	汤溇村	徐巧英	浙民场证字〔湖〕乙040026
太君堂	陆家湾村	董小萍	浙民场证字〔湖〕乙040025
田心庙	陆家湾村	吴水英	浙民场证字〔湖〕乙040095
陈溇庙	义皋村	俞阿宝	浙民场证字〔湖〕乙040122
安乐王府	常乐村	朱金荣	浙民场证字〔湖〕乙040132

第八章　方　言

吴语是汉藏语系的汉语族，是中国七大方言之一，织里方言属吴语太湖片的苕溪小片。吴语的苕溪小片包括湖州、长兴、安吉、德清、余杭等5个市县，使用人口约300万人。织里就包含在湖州市辖区的吴兴区内。织里通行苕溪小片的湖州话，其语音、词汇系统与湖州话基本一致。

随着社会的发展、普通话的推广、人员的流动，织里方言正面临着弱化的危机。说织里方言的人员和场合越来越少。即使是说织里方言，老年人与青年人的语音和词汇也存在着明显的差异。

第一节　织里方言语音系统

一、织里方言声母的特点

（一）织里方言中的声母

织里方言中的声母见下表：

发音方法 \ 发音部位			上唇下唇	上齿下唇	舌尖齿龈	舌面前腭	舌面中腭	舌根软腭	喉门
塞音	清音	不送气	p		t			k	
		送气	p'		t'			k'	
	浊音		b		d			g	
塞擦音	清音	不送气			ts	tþ			
		送气			ts'	tç'			
	浊音				dz	dʑ			
擦音	清音			f	s	ç			h
	浊音			v	z	ʑ	j		ɦ
鼻音	浊音		m		n	ȵ	ŋ		
边音	浊音				l				

（二）织里方言声母表说明

织里方言声母数量　共有声母 30 个（含零声母ø），声母有清浊之分。织里方言声母共有 [b] [d] [g] [dz] [dʑ] [v] [z] [ʑ] [j] [ɦ] [m] [n] [n̥] [ŋ] [l] 等 15 个浊声母。

织里方言的平舌音　织里方言具有吴方言的特色，没有普通话的翘舌音 [tʂ] [tʂʻ] [ʂ]，只有 [ts] [tsʻ] [s] 和 [tɕ] [tɕʻ] [ɕ] 两套。

鼻音与边音　[m] [n] [n̥] [l] 等四个具有清浊两套，其中加着重号的为清音，如：

[m] 毛梅民----[m̥] 敏妹闷

[n] 男纳诺-----[n̥] 闹奶脑

[?] 绕年泥-----[n̥] 尿黏纽

[l] 龙嫩牢-----[l̥] 老拉浪

（三）织里方言声母例字

见下表：

织里方言声母	例字	织里方言声母	例字
p	摆包兵比	pʻ	拼喷配扑
b	办部笨盘	m	毛麦门木
f	方发夫风	v	文服罚饭
t	到等低带	tʻ	天吐偷讨
d	同大豆逃	ts	早中作张
tsʻ	寸抽插冲	dz	陈茶虫朝
s	烧松审杀	z	石字术社
n	奶奴暖捺	l	拉老刘冷
tɕ	机尖交精	tɕʻ	汽浅枪青
dʑ	局强近旗	ɕ	先兄吸收
ʑ	席习邪寿	n̥	泥肉热银
j	阳爷云姚	ŋ	红眼硬咬
k	加瓜果钢	kʻ	卡可苦可
g	共环捆茄	h	灰吓很黑
ɦ	学恨淮合	ø	有衣妖爱

二、织里方言韵母的特点

（一）织里方言中的韵母

织里方言中的韵母见下表：

	单元音	复元音	鼻元音	入声韵
开口呼	ɿ e a ε ɔ o ə ɤ	əu ɐu me	iə uε ei	ã ɔ̃ ə̃ õ	aʔ oʔ ʃa
齐齿呼	i	ia iɔ i cʔ ai	uei ʏei ʃi ci ai	iã iɔ̃ in iõ	iaʔ ioʔ iʔ iʔ iəʔ
合口呼	u	ua au	iu ɐu uɔ	uã un cũ	uaʔ uiʔ
自成音节	n m ŋ				

（二）织里方言韵母表说明

织里方言的韵母数量　共有 39 个，加上自成音节的 [n] [m] [ŋ]，共 42 个。

织里方言的前鼻音　织里方言没有普通话的后鼻韵 [ŋ]，只有前鼻音 [n]，造成了织里方言"兵宾"不分、"身生"相混的情况，具有明显的吴方言特点。

织里方言的鼻化韵　共有鼻化韵 8 个：[ã] [ɔ̃] [õ] [iã] [iɔ̃] [iõ] [uã] [uɔ̃]，它们与普通话的后鼻韵相应。

织里方言的三呼　织里方言没有撮口呼，故只有三呼而无四呼。撮口呼在织里方言中演变为齐齿呼。普通话的韵母 ü 在织里方言中读成齐齿呼 [i]，如"举趣吕俱"等。普通话的韵母 ün 在织里方言中读成 [in]，如"运军群训"。普通话的韵母 üan 在织里方言中读成 [iɛ]，如"娟权选圈"。

[u] 韵的失落　老织里方言没有韵母 [uɔ̃]，普通话中的 uang 韵，在老织里方言中失落 [u]，直接鼻化为 [ɔ̃]，"光"读成 [kɔ̃⁴⁴]、"框"读成 [kʻɔ̃⁴⁴]、"汪"读成 [øɔ̃⁴⁴]。青年人受普通话的影响，韵母中新产生了 [uɔ̃]，主要用于拼写读书音，"光框汪"三字分别读成 [kuɔ̃⁴⁴] [kʻuɔ̃⁴⁴] [øuɔ̃⁴⁴]。

织里方言的入声　织里方言有入声，但入声 [əʔ] 相配的不仅是 [iəʔ] [uəʔ]，而是 [iʔ] [əʔ] [uiʔ] 三个，如："喫（吃）贴笔劈别灭铁敌"等字有两种读音，一种韵母是 [iʔ]，还有一种韵母是 [iəʔ]，而在周边地区韵母大多是 [iəʔ]；"活或骨国"等字的韵母都是 [uiʔ]，周边地区韵母大多都是 [uəʔ]。

自成音节声母　织里方言中的 [əl] [n] [m] [ŋ] 能自成音节，如 [əl] 而、[n] 五、[m] 姆、[ŋ] 鱼。

（三）织里方言韵母例字

见下表：

织里方言韵母	例字	织里方言韵母	例字
ɿ	资书次事	a	太卡界柴
ε	办反攀半	ɔ	高考套贸
o	骂华晒挂	əl	而

（续）

织里方言韵母	例字	织里方言韵母	例字
i	比语去飞	u	午务夫补
əu	投口丢楼	ɔe	多阻苦缩
ia	亚野借写	ei	水岁背堆
iɛ	边天仙肩	ɔi	交表桥摇
uɛi	肉曲局	ɤei	酒秋求周
uɛ	完观欢宽	ua	乖拐快哇
ã	朋打省硬	ui	胃亏规伟
əŋ	肯声灯文	ɔ̃	园床良当
õ	东龙共梦	iã	量姜枪洋
ɔ̃i	旺	iõ	穷通绒烔
in	兵平听情	un	稳魂昏坤
uã	横	uɔ̃	汪光广框
aʔ	达石发客	oʔ	学落托壳
əʔ	特脱墨泼	ioʔ	蓄浴
iaʔ	削药虐脚	iəʔ	贴灭敌热
iɪʔ	贴灭敌热	uaʔ	滑挖划括
uiʔ	活或骨国	n̩	五
m̩	姆	ŋ̍	鱼

三、织里方言声调的特点

织里方言声调具有吴语苕溪小片的明显特点，共有平、上、去、入四种声调，各分阴阳，共 8 个调类，见下表：

调类	调值	例字	调类	调值	例字
阴平	44	司花洒街包开	阳平	22	迟排凡台毛朝
阴上	53	曲扑缩哭北	阳上	42	绿局木肉
阴去	324	志世豹盖吐痛 主史摆保改土	阳去	213	字败饭刨代鼗 是犯抱待蚌赵
阴入	5	拍发扎夹压喫（吃）	阳入	2	白踏落局别日

织里方言的声调 织里方言的声调虽然有阴阳八类，但与周边地区有明显的不同，其实是 6+2 模式。这里的 6 类指阴平、阳平、阴去、阳去、阴入、阳入；2 类指的是阴上和阳上。

织里方言中，普通的阴上和阳上字分别与阴去与阳去合并。织里周边地区如湖州、桐乡声调为阴上 53 的字，在织里方言中大多读成阴去 324，如"水" [sei^{324}]、"板" [pɛ^{324}]。周边地区声调为阳上 42 的字，在织里方言中大多读成阳去 213，如"老" [lɔ^{213}]、道 [dɔ^{13}]。

其他的如"主史摆保改土"等字，周边地区声调为阴上 53，在织里方言中读成阴去 324。"是犯抱待蚌赵"等字，周边地区声调为阳上 42，在织里方言中读成阳支去 213。

声调的特点　织里方言中的阴上和阳上字大多与阴去与阳去合并，但织里方言的阴上和阳上两个声调还是存在。这两个声调的字大多来自入声，阴入字"曲扑缩哭北"等在织里方言中读为阴上，如：曲 [tɕ'iəu^{53}]、扑 [p'əu^{53}]、缩 [səu^{53}]、哭 [k'əu^{53}]、北 [pəu^{53}]。阳入字"绿局木肉"等在织里方言中读为阳上，如：绿 [ləu^{42}]、局 [dʑəu^{42}]、木 [məu^{42}]、肉 [ȵiəu^{42}]。在织里方言中，读阴上和阳上的字不多，如：子 [tsʅ^{53}]、俫 [nəu^{42}] 等少数几个字。

四、织里方言音节的特点

织里方言的声母 [p] [p'] [b] [m] [f] [v] [t] [t'] [d] [n] [l] 能与开口呼相拼，但只能与齐齿呼的一部分及合口呼的 [u] 相拼。如：（开口呼）摆派白木放房党汤等能拉；（齐齿呼）表片非肥吊点调灵；（合口呼 [u]）布破步母夫武多吐大路露。

声母 [ts] [ts'] [s] [dz] [z] 等，它们只能和开口呼相拼。如：债操烧潮造。

声母 [tɕ] [tɕ'] [ɕ] [dʑ] [ʑ] [ȵ] [j] 不能与开口呼、合口呼的韵母相拼，只能与齐齿呼的韵母相拼。如：机秋晓强前牛余。

声母 [k] [k'] [g] [ŋ] [h] [ɦ] 不能和齐齿呼的韵母相拼，只能与开口呼的韵母相拼。如：街卡共硬好恨。

五、织里方言语音的变化

随着社会的变化和普通话的影响，织里方言的语音正在发生变化，基本趋势是向普通话靠近。主要变化趋势如下。

浊音清化　受到普通话影响，织里方言的浊声母呈现出由浊音向清音过渡的趋势。这在青年人中比较明显。如，有的青年人把浊声母 [dʑ] 的字，声母读成 [tɕ]，如俭竞；有的把浊声母 [z] 的字，声母读成 [s]，如：殊慎；有的把浊声母[b]的字，声母读成[p]，如：暴并；有的把浊声母[v]的字，声母读成[f]，如：愤符。

新产生鼻化韵[uõ]　织里方言原没有鼻化韵[uõ]，受普通话的影响，新产生了[uõ]，主要用于读书音的拼读。

声母[ŋ]的弱化　织里方言中，[ŋ]可以作声母，如"红岳眼咬"等字声母都是[ŋ]，但青年一代中，声母[ŋ]正在弱化。

六．织里、轧村、漾西、太湖的语音差异

织里、轧村、漾西、太湖四个村同属织里镇，这四个村的语音系统基本相同，但略有差异。

（一）声母

织里、轧村、漾西、太湖四个村的声母（含零声母）相同，共有30个：
[p] [pʻ] [b] [m] [f] [v] [t] [tʻ] [d] [ts] [tsʻ] [s] [dz] [z] [n] [l] [ɕ] [tɕ] [tɕʻ] [dʑ] [ʑ] [ɲ] [k] [kʻ] [g] [ŋ] [j] [h] [ɦ] [ø]。

四地的声母具有明显的吴语特点，一是没有翘舌音[tʂ] [tʂʻ] [ʂ]，二是有15个浊声母。

（二）韵母

织里、轧村、漾西、太湖四个村的韵母列表如下：

序号	织里	轧村	漾西	太湖
1	ɿ 资事	ɿ 资事	ɿ 资事	ɿ 资事
2	a 败卡	a 败卡	a 败卡	a 败卡
3	ɛ 班半	ɛ 班半	ɛ 班半	ɛ 班半特
4	ɔ 高套贸	ɔ 高套贸	ɔ 高套贸	ɔ 高套贸
5	o 华骂	o 华骂	o 华骂	o 华骂
6	əl 而	əl 而	əl 而	əl 而
7	i 米语	i 米语	i 米语	i 米语
8	u 布务	u 布务	u 布务	u 布务
9	əɯ 口投	əɯ 口投	əɯ 口投	
10	əu 多苦缩哭	əu 多苦	əu 多苦	əu 多苦缩哭
11	ei 背悲	ei 背悲	ei 背悲	ei 背悲口投
12	ia 借夜	ia 借夜	ia 借夜	ia 借夜
13	iɔ 表桥	iɔ 表桥	iɔ 表桥	iɔ 表桥

（续）

序号	织里	轧村	漾西	太湖
14	iɛ 边天	iɛ 边天	iɛ 边天	iɛ 边天
15	iɤi 酒秋	iɤi 酒秋	iɤi 酒秋	iɤi 酒秋
16	iəu 肉曲			iəu 肉曲
17	ua 快怪	ua 快怪	ua 快怪	ua 快怪
18	uɛ 官完	uɛ 官完	uɛ 官完	uɛ 官完
19	ui 规灰	ui 规灰	ui 规灰	ui 规灰
20	ã 朋打	ã 朋打	ã 朋打	ã 朋打
21	ɔ̃ 胖方光广	ɔ̃ 胖方光广	ɔ̃ 胖方光广	ɔ̃ 胖方光广
22	ən 本门	ən 本门	ən 本门	ən 本门梦
23	ð 风东梦	ð 风东梦	ð 风东梦	ð 风东
24	iã 枪想	iã 枪想	iã 枪想	iã 枪想
25	iɔ̃ 旺	iɔ̃ 旺	iɔ̃ 旺	iɔ̃ 旺
26	in 平听	in 平听	in 平听	in 平听
27	iõ 穷荣	iõ 穷荣	iõ 穷荣	iõ 穷荣
28	uã 横	uã 横	uã 横	uã 横
29	un 棍魂	un 棍魂	un 棍魂	un 棍魂
30	uɔ̃ 光广	uɔ̃ 光广	uɔ̃ 光广	uɔ̃ 光广
31	aʔ 百发	aʔ 百发	aʔ 百发	aʔ 百发
32	oʔ 落托	oʔ 哭北落托	oʔ 哭北落托	oʔ 哭北落托
33	əʔ 墨脱	əʔ 墨脱	əʔ 墨脱	
34	iaʔ 脚药	iaʔ 脚药	iaʔ 脚药	iaʔ 脚药
35	ioʔ 浴蓄	ioʔ 肉曲浴蓄	ioʔ 肉曲浴蓄	ioʔ 浴蓄
36	iiʔ 笔喫（吃）贴	iəʔ 笔贴喫（吃）	iəʔ 笔贴喫（吃）	iiʔ 笔喫（吃）贴佛墨脱
37	iəʔ 笔喫（吃）贴			iəʔ 笔喫（吃）贴
38	uaʔ 刮划	uaʔ 刮划	uaʔ 刮划	uaʔ 刮划
39	uiʔ 骨活	uəʔ 骨活	uəʔ 骨活	uiʔ 骨活
40	n 嗯	n 嗯	n 嗯	n 嗯
41	m 姆	m 姆	m 姆	m 姆
42	ŋ 鱼	ŋ 鱼	ŋ 鱼	ŋ 鱼

织里村的韵母有 39 个，连同自成音节的 [n] [m] [ŋ]，共 42 个。

轧村和漾西的韵母为 37 个，加上自成音节的 [n] [m] [ŋ] 等 3 个，共 40 个。轧村和漾西没有织里的韵母 [iiʔ] 和 [iəu]。"笔别"等字的韵母织里村有 [iiʔ]、[iəʔ]两种读音，而轧村和漾西只读成 [iəʔ]。此外，轧西和漾西也没有织里的 [iəu]。织里有韵母[uiʔ]，轧村和漾西没有[uiʔ]，而有[uəʔ]。

太湖的韵母也有40个，没有[əɯ]和[əʔ]两个韵，[əɯ]并入[ei]，"背悲堆岁水口投"等字的韵母在太湖都读成[ei]。太湖也没有入声韵母[əʔ]，"泼墨佛脱粒"等字的韵母读为[iɪʔ]。太湖的韵母与织里村一样，有韵母[iɪʔ]和[iəɯ]之分。太湖也没有韵母[uəʔ]，而与织里一样演变为[uiʔ]，"活或骨国"等字的韵母在织里与太湖都是[uiʔ]，而非[uəʔ]。

此外，虽然四地的韵母基本相同，但若干字的音节组成有所不同，如"哭北缩"等字，轧村、漾西的韵母为入声[oʔ]，织里、太湖的韵母为[əɯ]。"肉曲局"等字，轧村、漾西的韵母为入声[ioʔ]，织里、太湖的韵母为[iəɯ]。"笔铁喫（吃）"等字韵母在织里与太湖有两读，分别为[iəʔ]和[iɪʔ]。

声调

织里、轧村、漾西、太湖四个片区的声调调型和调值可分为两种不同类型。织里与太湖相同，即阴、阳各有平上去入四个调类，共八种声调。然而，织里与太湖的声调具有明显的特点，即阴上53和阳上42的字大多并入阴去324和阳去213。阴入5和阳入2的部分字分别读成阴上53和阳上42。

轧村、漾西的声调基本接近，与织里、太湖明显不同。共有七种声调，分别为：阴平44、阳平22、阳上42、阴去324、阳去213、阴入5、阳入2等。阴上53并入阴去324，然而，阳上42却没有并入阳去213，依然读成42。因此，共7种声调。四地声调比较如下：

调值	例字	织里	轧村	漾西	太湖
阴平 44	包开	44	44	44	44
阴上 53	改保	324	324	324	324
阴去 324	志盖				
阴入 5	发托	5	5	5	5
	缩哭	53			53
阳平 22	台排	22	22	22	22
阳上 42	赵抱	213	42	42	213
阳去 213	字代		213	213	
阳入 2	白服	2	2	2	2
	局肉	42			42

"苦"字，湖州等地读为阴上[kʻəu⁵³]，织里、轧村、漾西、太湖都读为阴去

[k'əu³²⁴]；"奶"字，湖州等地读为阳上[na⁴²]，织里、太湖读成阳去[na²¹³]，轧村、漾西却读为阳上[na⁴²]；"缩"字，湖州等地读为阴入声[soʔ⁵]，织里与太湖读成阴上 [səu⁵³]，轧村与漾西还是读成[soʔ⁵]；"局"字，湖州地等读成[dʑioʔ²]，织里与太湖读成阳上[dʑiəu⁴²]，轧村与漾西还是读成[dʑioʔ²]。

第二节 织里方言词汇系统

一、织里方言分类词汇

（一）亲属称呼

一些称谓词汇的发音见下表：

织里方言	读音	意义
嗯	[ŋ⁴²]	我
倷	[nəu⁴²]	你
渠	[dʑi²¹³]	他
伢	[ŋa⁴²]	我们
㑏	[na⁴²]	你们
茄	[dʑia²¹³]	他们
丈人	[za²¹³] [n̥in²¹³]	妻子的父亲
丈姆	[za²¹³] [m²¹³]	妻子的母亲
大老	[dəu²¹³] [lɔ²¹³]	哥哥
大姨	[dəu²¹³][ji²¹³]	母亲的姐姐
末代	[milʔ²] [dɛ²¹³]	没用的人
老倌	[lɔ²¹³] [kuɛ³²⁴]	丈夫
百搭	[paʔ⁵] [taʔ⁵]	样样都会点儿
囡嗯	[nɔ²¹³] [ŋ²¹³]	女儿
连襟	[liɛ²²] [tɕin⁴⁴]	姐妹的老公
邻舍	[lən²²] [so⁴⁴]	邻居
荡头	[dã²¹³] [dəu²¹³]	傻子
亲眷	[tɕ'in⁴⁴] [tɕiɛ⁴⁴]	亲戚
娘姆	[n̥iã²²] [m²²]	奶奶
娘舅	[n̥iã²²] [dʑiəʁ²²]	舅父
晚娘	[mɛ²¹³] [ã²¹³]	后妈
喫（吃）客	[tsilʔ⁵] [kaʔ⁵]	精于吃喝的人

（续）

织里方言	读音	意义
舅佬	[dʑiəɤ²¹³] [lɔ²¹³]	妻子的兄弟
舅姆	[dʑiəɤ²¹³] [m²¹³]	舅母
媳妇	[ɕi⁴⁴] [vu²²]	儿媳
戆徒	[gɔ²¹³] [du²¹³]	呆子，傻瓜
二婚头	[n̠i³²⁴] [hun³²⁴] [dəɯ²¹³]	贬称第二次结婚的人
三只手	[sɛ⁴⁴] [tsaʔ⁵] [ɕiəɤ⁴⁴]	小偷
大舌头	[dəɯ²¹³] [zəʔ²] [dəɯ⁴²]	发音含糊的人
大好老	[dəɯ²¹³] [h³²⁴] [lɔ²¹³]	有本事的人
大块头	[du⁴²] [kʻui⁵³] [dəɯ⁴²]	胖子
公阿爹	[kõ⁴⁴] [øaʔ⁵] [tia⁴⁴]	公公
书毒头	[si⁴⁴] [doʔ²] [dəɯ²²]	书呆子
白虎星	[baʔ⁵] [həu⁵³] [ɕin⁵³]	形容给人带来灾祸的女人
老油条	[lɔ²¹³] [jiəɤ²¹³] [diɔ²¹³]	油滑，脸厚
老实头	[lɔ²¹³] [zəʔ²] [dəɯ²¹³]	老实人
收生婆	[ɕiəɤ⁴⁴] [sã⁴⁴] [bu²²]	接生婆
男人家	[nɛ²²] [n̠in²²] [ka⁴⁴]	男子
舍姆娘	[so³²⁴] [m²¹³] [n̠iã²¹³]	产妇
亲家婆	[tɕʻin⁴⁴] [ka⁴⁴] [bu²²]	情妇，亲家
烦舌头	[vɛ⁴⁴] [zəʔ²] [dəɯ²²]	喜欢说话的人
掼忒货	[guɛ²¹³] [tʻilʔ⁵] [həu⁴⁴]	无赖
偎灶猫	[øuɛ⁴⁴] [tsɔ⁴⁴] [mɔ²²]	比喻精神萎靡的人
婆阿太	[bu²²] [øaʔ⁵] [tʻa⁴⁴]	婆婆
新倌人	[ɕin⁴⁴] [kuɛ⁴⁴] [n̠in²²]	新郎
新娘子	[ɕin⁴⁴] [n̠iã²²] [tsʅ⁴⁴]	新娘
犟叫花子	[dʑiã²¹³] [kɔ³²⁴] [ho³²⁴]	蛮横的乞丐
小八辣子	[ɕiɔ³²⁴] [pa³²⁴] [laʔ⁵] [tsʅ³²⁴]	没有职务的普通群众
毛脚女婿	[mɔ²¹³] [tɕiaʔ⁵] [n̠i²²] [ɕi⁴⁴]	未成婚的女婿
连档麻子	[liɛ²²] [tɔ̃⁴⁴] [mo²²] [tsʅ⁴⁴]	串通一气的人
白花头郎中	[baʔ²] [ho⁵³] [dəɯ⁴²] [lɔ̃⁴²] [tsõ⁵³]	没本事的医生

（二）时间天文地理

有关时间词汇的发音见下表：

织里方言	读音	意义
云障	[jin²²] [tsɔ̃⁴⁴]	云

（续）

织里方言	读音	意义
今朝	[tɕin⁴⁴] [tsɔ⁴⁴]	今天
月半	[n̠iə ʔ²] [pɛ⁵³]	阴历十五
乌单	[øu³²⁴] [tɛ³²⁴]	哪里
边廊	[piɛ⁴⁴] [lɔ̃²²]	旁边
场户	[zã²²] [ɦiu²²]	地方
还潮	[ɦiuɛ²¹³] [zɔ²¹³]	黄梅天东西变潮湿了
阶歇	[ka⁵³] [ɕɔ⁵³]	现在
钟头	[tsõ⁴⁴] [dɯ²²]	小时
就介	[dʑiəɤ²¹³] [ka³²⁴]	这样
豁显	[hua⁵³] [ɕiɛ⁵³]	闪电
下半日	[øo³²⁴] [pɛ⁵³] [n̠iɪ ʔ²]	下午
上半日	[zɔ̃²¹³] [pɛ⁵³] [n̠iɪ ʔ²]	上午
上年界	[zɔ̃²¹³] [n̠iɛ⁵³] [ka⁵³]	去年
小哈里	[ɕiɔ³²⁴] [ha ʔ⁵] [li²¹³]	小时候
幺两日	[øiɔ⁴⁴] [lã²²] [n̠iɪ ʔ²]	过几天
月头牢	[øiə ʔ⁵] [dɯ⁴²] [lɔ⁴²]	月初
半夜把	[pɛ³²⁴] [øia³²⁴] [po⁵³]	半夜
老底子	[lɔ²¹³] [ti³²⁴] [tsɿ³²⁴]	过去
有介歇	[øiəɤ³²⁴] [ka ʔ⁵] [ɕiə ʔ⁵]	有一会儿了
先起头	[ɕtɕˈiɛ⁴⁴] [tɕˈi⁴⁴] [dɯ²²]	开始时
身跟头	[sən⁴⁴] [kən⁴⁴] [dɯ²²]	身边
近日廊	[dʑin²¹³] [n̠iə ʔ²] [lɔ²¹³]	近几天
格辰光	[kə ʔ⁵][zən²²] [kɔ̃⁴⁴]	那时
常常叫	[zã²²] [zã²²] [tɕiɔ⁴⁴]	经常
眼目前	[ŋɛ²¹³] [mo ʔ²] [ziɛ⁵³]	眼下
港滩头	[kɔ̃³²⁴] [tɛ³²⁴] [dɯ²²]	河边
歇格日	[ɕiɪ ʔ⁵] [ka ʔ⁵] [n̠iɪ ʔ²]	过几天
日中心里	[n̠iɪ ʔ²] [tsõ⁵³] [ɕin⁵³] [li⁴²]	中午
着末出戏	[za ʔ²] [miɪ ʔ²] [tsˈə ʔ⁵][ɕi³²⁴]	表示事情最坏的结果

（三）行为动作

有关言谈举止词汇的发音见下表：

织里方言	读音	意义
汆	[tˈən³²⁴]	漂浮，油炸

（续）

织里方言	读音	意义
乱	[toγ^5]	扔掉
囥	[kɔ̃^{324}]	藏东西
畀	[pei^{324}]	给予
净	[ʑin^{213}]	洗
搨	[t'aγ^5]	涂抹
滗	[piəγ^5]	挡住渣滓把液体倒出
擤	[hən^{324}]	用力让鼻涕出来
鐾	[bi^{324}]	把刀在布、皮、石头上摩擦
打棚	[tã^{324}] [bã^{213}]	搭讪
轧淘	[gaγ^2] [dɔ^{213}]	做伴
叫魂	[tɕiɔ^{324}] [ɦun^{213}]	大声喊叫
出水	[ts'əγ^5] [sei^{324}]	过水
出泅	[ts'əγ^5] [øin^{324}]	湿透
收作	[ɕiəɤ^{44}] [tsoγ^5]	收拾
收疤	[siəɤ^{44}] [po^{44}]	结束，完成
好日	[hɔ^{324}] [n̠iəγ^2]	结婚
弄松	[lõ^{42}] [sõ^{53}]	作弄，欺侮
把家	[po^{44}] [ka^{44}]	勤俭治家
困觉	[k'un^{324}] [kɔ^{324}]	睡觉
抵庄	[ti^{324}] [tsõ^{324}]	准备，打算
空繾	[k'õ^{324}] [zɛ^{42}]	胡闹
柄牢	[pin^{324}] [lɔ^{42}]	忍住
相骂	[ɕiã^{44}] [mo^{22}]	吵架
罚愿	[vaγ^2] [n̠iɛ^{213}]	发誓
穿帮	[ts'ɛ^{44}] [pã^{44}]	露馅，瞒不住
值钿	[zəγ^2] [diɛ^{22}]	喜欢，宠爱
调排	[diɔ^{22}] [ba^{22}]	戏弄
盘盲	[bɛ^{213}] [mã^{213}]	捉迷藏
淘先	[dɔ^{22}] [ɕiɛ^{44}]	开玩笑
端整	[tɛ^{44}] [tsən^{44}]	准备
豁边	[huaγ^5] [piɛ^{44}]	不符合常规
勿入调	[fəγ^5] [zəγ^2] [diɔ^{22}]	不得体，不正经
勿搭白	[fəγ^5] [taγ^5] [baγ^2]	不理睬
巴勿得	[po^{44}] [vəγ^2] [təγ^5]	迫切希望

（续）

织里方言	读音	意义
打中觉	[tã²¹³] [tso⁵³] [kɔ⁵³]	睡午觉
发梦颠	[faʔ⁵] [mõ²¹³] [tiɛ³²⁴]	梦魇或夜游
有数麦	[øiəʏ³²⁴] [səu³²⁴] [maʔ²]	心里有数
闯怪事	[tsɔ³²⁴] [kua³²⁴] [zʅ²¹³]	闯祸
寻吼势	[zin²²] [həɯ⁴⁴] [sʅ⁴⁴]	挑衅
坍招势	[tʻɛ⁴⁴] [tsɔ⁴⁴] [sʅ⁴⁴]	失面子
呒介事	[m²²] [ka⁴⁴] [zʅ²²]	没有那回事
呒亲头	[m²²] [tɕʻin⁴⁴] [dəu²²]	不懂事
拎勿清	[lin²²] [vəʔ²] [tɕʻin⁴⁴]	遇事糊涂
做舍姆	[tsəu³²⁴] [so³²⁴] [m²¹³]	生小孩

（四）性质状态

有关事物状态词汇的发音见下表：

织里方言	读音	意义
壮	[tsɔ̃³²⁴]	胖
拗	[ŋɔ³²⁴]	不通畅的地方
旺	[jiɔ̃²¹³]	火烧得大
蚝	[hɔ⁴⁴]	油脂变质散发的味道
潦	[øin³²⁴]	冷
戆	[gɔ²¹³]	鲁莽，冒失
文气	[vən²²] [tɕʻi⁴⁴]	文静
心焦	[ɕin⁴⁴] [tɕiɔ⁴⁴]	内心焦急
节棍	[tɕiəʔ⁵] [kun³²⁴]	厉害
叽糟	[tɕi⁴⁴] [tsɔ⁴⁴]	厌烦的心情或繁杂的事情
把细	[po³²⁴] [ɕi³²⁴]	仔细
拨什	[bəʔ²] [zəʔ²]	争执
到把	[tɔ³²⁴] [po³²⁴]	周到，厉害
狗屁	[kəɯ³²⁴] [pi³²⁴]	小气
便当	[bi²¹³] [tɔ̃³²⁴]	方便
促掐	[tɕʻoʔ⁵] [kʻaʔ⁵]	刁钻，居心不善
推板	[tʻɛ⁴⁴] [pɛ⁴⁴]	不好，差
搭浆	[taʔ⁵] [tsiã⁴⁴]	事情变糟
登样	[tən⁴⁴] [øiã⁴⁴]	长相漂亮
皱燥	[tsʻən⁴⁴] [tsʻ⁴⁴]	皮肤干燥

（续）

织里方言	读音	意义
勤谨	[dʑin²²] [tɕin⁴⁴]	勤劳，努力认真地做
嗷食	[ŋɔ²¹³] [zə?²]	嘴馋
触气	[tsʻo?⁵] [tɕʻi³²⁴]	看了生气，讨厌
煞渴	[sa?⁵] [kʻə?⁵]	过瘾
豪烧	[ɦɔ²²] [sɔ⁴⁴]	快一点
勿入调	[fə?⁵] [zə?²] [diɔ²¹³]	不正经
勿作肉	[fə?⁵] [tsɔ?⁵] [nʲiəu⁴²]	浪费，不爱惜

（五）生活用品

有关日常用品词汇的发音见下表：

织里方言	读音	意义
衲	[nə?²]	尿布
广勺	[kɔ̃³²⁴] [zo?²]	舀水工具
扎钩	[tsa?⁵] [kɯ⁵³]	钩子
厅杠	[tʻin⁴⁴] [kɔ̃⁴⁴]	水平放置的承重长木
水烟管	[sei³³⁴] [θiɛ³³⁴] [kuɛ³³⁴]	吸水烟工具
毛坑	[mɔ⁴⁴] [kã²²]	厕所
火钳	[hɯ³³⁴] [dʑiɛ²¹³]	剪型长柄烧火铁器
布衫	[pu⁵³] [sɛ⁵³]	布制单衣
头绳	[dɯ²²] [zən²²]	毛线
竹榻	[tso?⁵] [tʻa?⁵]	竹制的寝具
行灶	[ɦã²²] [tsɔ⁴⁴]	可移动的单锅小灶
肚兜	[dɯ²¹³] [təɯ³²⁴]	抹胸
顶箍	[tin³²⁴] [kɯ³²⁴]	缝纫时套在手指上的金属环
图司	[du²²] [sɿ⁴⁴]。	图章
季勺	[tɕi³²⁴] [zo?²]	盛饭的勺子
戗刀	[tsʻiã̃³³⁴] [tɔ³³⁴]	锅铲
信壳	[ɕin³²⁴] [kʻo⁵]	信封
洋袜	[jiã²²] [ma?²]	袜子
绗针	[ɦɔ̃²²] [tsən⁴⁴]	缝被子的大针
钵头	[pə?⁵] [dəɯ⁴²]	宽口陶瓷容器
铅丝	[kʻɛ⁴⁴] [sɿ⁴⁴]	铁丝
料作	[liɔ²¹³] [tsɔ?⁵]	衣料等材料
烧箕	[sɔ⁴⁴] [tɕi⁴⁴]	盛饭的竹制容器

（续）

织里方言	读音	意义
家生	[ka⁴⁴] [sa⁴⁴]	家具，器具
捻线	[n̠i²¹³] [siɛ³²⁴]	缝衣针
领挂	[lin²¹³] [ko³²⁴]	背心
笕帚	[ɕiɛ³²⁴] [tsiəɤ³²⁴]	刷锅用的竹帚
窗爿	[tsʻɔ⁴⁴] [bɛ²²]	窗户
蓑衣	[səu⁴⁴] [øi⁴⁴]	用草或棕毛做成的雨衣
碗橱	[øuɛ³²⁴] [sɿ³²⁴]	放碗的橱
暖锅	[nɛ²¹³] [kəu³²⁴]	可加热的锅
罩衫	[tsɔ⁵³] [sɛ⁵³]	包在棉袄外的上衣
墨盘	[məʔ²] [bɛ⁴²]	砚台
篾席	[miɪʔ²] [ʑiɪʔ²]	用细竹片编的凉席
藤榻	[dən²²] [tʻaʔ⁵]	可坐可躺的藤器
镬子	[øu⁵³] [tsɿ⁵³]	锅子
八仙桌	[poʔ⁵] [ɕiɛ⁴⁴] [tsoʔ⁵]	可坐八个人的方桌
节节高	[tsiɪʔ⁵] [tsiɪʔ⁵] [kɔ⁴⁴]	有分叉的竹竿
老虎灶	[lɔ²¹³] [həu³²⁴] [tsɔ³²⁴]	旧时烧开水的灶头
羊卵泡	[jiã²²] [lɛ²²] [pʻɔ⁴⁴]	气球
壳落子	[kʻoʔ⁵] [loʔ²] [tsɿ⁵³]	外壳
刨壳柴	[bɔ²¹³] [ko⁵³] [za⁴²]	木工刨出来的卷柴
蚌壳油	[bã²¹³] [kʻoʔ⁵] [jiəɤ²¹³]	用蛤蛎壳装的润肤油
臭卤甏	[tsʻiəɤ³²⁴] [ləu²¹³] [ba²¹³]	腌制臭豆腐干等的容器
移身裙	[ji²²] [sən⁴⁴] [dʑin²²]	围裙
麻骨柴	[mo²²] [koʔ⁵] [za²²]	剥了麻皮后的麻条
墩头板	[tən⁴⁴] [dɯu²²] [pɛ⁴⁴]	切菜板
潮烟管	[zɔ²²] [øi⁴⁴] [kuɛ⁴⁴]	旧时老年人用的烟具
竹丝笤帚	[tsoʔ⁵] [sɿ⁴⁴] [diɔ²²] [tsiəɤ⁴⁴]	用细竹枝编的笤帚

（六）动植物类

一些动植物词汇的发音见下表：

织里方言	读音	意义
老虫	[lɔ²¹³] [zõ²¹³]	老鼠
百脚	[paʔ⁵] [tsiaʔ⁵]	蜈蚣
灶蚍	[tsɔ³²⁴] [tɕi³²⁴]	形似蟋蟀的昆虫
刺毛	[tsʻɿ³²⁴] [mɔ²¹³]	带刺的毛虫

（续）

织里方言	读音	意义
香瓜	[ɕiã⁴⁴] [ko⁴⁴]	甜瓜的一种
弯转	[øuɛ⁴⁴] [tsɛ⁴⁴]	虾
家蛇	[ka⁴⁴] [zo²²]	也称为时蛮蛇、菜花蛇
麸皮	[fu⁴⁴] [bi²²]	为小麦最外层的表皮
黄春	[ɦɔ̃²²] [tɕʻən⁴⁴]	黄鹂
旋龙	[ziɛ²²] [lõ²²]	壁虎
葛蛨	[kəʔ⁵] [mã²¹³]	蚱蜢
蕃瓜	[fɛ⁴⁴] [ko⁴⁴]	南瓜
瘪虱	[piəʔ⁵] [səʔ⁵]	臭虫
癞蛋	[la²¹³] [dɛ²¹³]	癞蛤蟆
长生果	[zã²²] [sən⁴⁴] [kəu⁴⁴]	花生
田鸡乌	[diɛ²¹³] [tɕi³²⁴] [øu³²⁴]	蝌蚪
白蒲枣	[baʔ²] [bu⁴²] [tsɔ⁵³]	生枣
地滑塌	[di²¹³] [ɦuaʔ²] [tʻaʔ⁵]	地衣
地鳖虫	[di²²] [piəʔ⁵] [zõ²²]	土鳖
苋菜梗	[hɛ³²⁴] [dəɯ²¹³] [ka⁵³]	苋菜的茎
汪顶头	[øɔ̃⁴⁴] [tin⁴⁴] [dəɯ²²]	汪刺鱼
青双蛇	[tsʻin⁴⁴] [sɔ̃⁴⁴] [zo²²]	青色的无毒蛇
刺利婆	[tsʻɿ³²⁴] [li²¹³] [bu²¹³]	刺猬
洋山薯	[jiã⁴⁴] [sɛ⁴⁴] [zɿ²²]	马铃薯
洋斯搭	[jiã²²] [sɿ⁴⁴] [tʻa⁴⁴]	蝉
屎梢头	[sei⁴⁴] [sɔ⁴⁴] [dəɯ²²]	甘蔗最上面的一段，不甜
薹心菜	[dɛ²²] [sin⁴⁴] [tɕʻɛ⁴⁴]	春天时青菜长出的花茎
结蛛拉毛	[tɕiəʔ⁵] [tsɿ⁴⁴][la²²] [mɔ²²]	蜘蛛

（七）农业蚕桑

有关农桑的一些词汇发音见下表：

织里方言	读音	意义
土笪	[tʻəu³²⁴] [da²¹³]	竹制簸箕形农具
风车	[fõ⁴⁴] [tɕʻo⁴⁴]	扬谷用的风扇，木制
打稻	[tã³²⁴] [dɔ²¹³]	在脱粒机上脱粒稻谷
唖秧谷	[tsaʔ][koʔ⁵]	播种谷物
钎箙	[tɕʻiɛ⁴⁴] [bu²²]	长方形的农具
看蚕	[kʻɛ³²⁴] [zɛ²¹³]	养蚕

（续）

织里方言	读音	意义
蚕尼	[zɛ²²] [n̠i²²]	蚕蛹
斫稻	[tsoʔ⁵] [dɔ⁴²]	割稻
秧凳	[øiã⁴⁴][tən⁴⁴]	拔秧时的专用小凳
桑剪	[sã⁴⁴] [tsiɛ⁴⁴]	能剪得断桑条的厚重型剪刀
绵兜	[miɛ²²]təɯ⁴⁴]	把茧子拉成鞋状的丝绵
喫（吃）烟	[tɕ'iɪʔ⁵] [øiɛ⁴⁴]	抽烟，也指歇工休息
隔塍	[kaʔ][zən²²]	田埂
蒲鞋	[bu²²] [ɦia²²]	用稻草编成的鞋子
打药水	[tã³²⁴] [jia⁴²] [sei⁵³]	喷农药
白肚蚕	[baʔ²] [dəu⁴²] [zɛ⁴²]	不能结茧的病蚕
羊垃圾	[jiã²²] [lə ʔ²] [səʔ⁵]	羊的排泄物
羊草箅	[jiã²²][ts'ɔ⁴⁴] [bu²²]	用于割草的箅
拉绵兜	[la²²] [miɛ²²] [təɯ⁴⁴]	把绵兜拉成需要大小的动作
蚕宝宝	[zɛ²²] [pɔ⁴⁴] [pɔ⁴⁴]	蚕

（八）饮食

一些食物名称词汇的发音见下表：

织里方言	读音	意义
山薯	[sɛ⁴⁴] [zʮ²²]	地瓜
千张	[tɕ'iɛ⁴⁴] [tsã⁴⁴]	豆制品的一种
风枵	[fõ⁴⁴] [ɕiəʔ⁴]	糯米锅巴
火肉	[həu³²⁴] [n̠io²]	腌制或熏制后的猪腿
龙肠	[n̠ioʔ²] [bi²²]	油炸的猪肉皮
汤团	[t'ɔ̃⁴⁴] [dɛ²²]	汤圆
板油	[pɛ³²⁴] [jiəɤ²¹³]	猪体内呈板状的脂肪
勤糖	[dʑin²²] [dɔ̃²²]	饴糖，麦芽糖
油饺	[jiəɤ²²] [tɕiɔ⁴⁴]	一种油炸面食
泡饭	[p'ɔ³²⁴] [vɛ²¹³]	用开水冲泡的饭
桃凝	[dɔ²²] [n̠in²²]	桃树流出的汁凝成的食物
桑果	[sɔ̃⁴⁴] [kəu⁴⁴]	桑葚
麸皮	[fu⁴⁴] [bi²²]	小麦最外层的表皮
镬食	[ɦoʔ²] [zəʔ²]	锅巴
元宝锭	[n̠iɛ²²] [pɔ⁴⁴] [din²²]	米粉制成的元宝状食品
扎腻粉	[tsaʔ⁵] [n̠i²¹³]	勾芡用的淀粉
水炖蛋	[sei³²⁴] [tən³²⁴] [dɛ²¹³]	打和后加水蒸制而成的蛋

（续）

织里方言	读音	意义
六谷粉	[loʔ²] [koʔ⁵] [fən³²⁴]	玉米粉
白斩鸡	[baʔ²] [zɛ²²] [tɕi⁴⁴]	白切鸡
白焐蛋	[baʔ²][øu⁴⁴][dɛ²²]	水煮蛋
灰鸭蛋	[hu⁴⁴] [øaʔ⁵]] [dɛ²²]	咸蛋
饭掺粥	[vɛ²¹³] [tsʻɛ³²⁴] [tsoʔ⁵]	米饭加水煮成的稀饭
油头绳	[jiəɤ²²] [dəɯ²²] [zən²²]	麻花
油炸桧	[jiəɤ²²] [zaʔ²] [kui⁴⁴]	油条
面疙瘩	[miɛ²¹³] [kəʔ⁵] [taʔ⁵]	面块
浇头面	[tɕiɔ⁴⁴] [dəɯ²²] [miɛ²²]	浇上炒菜的面条
野胡桃	[øia³²⁴] [bu²¹³] [dɔ²¹³]	山核桃
猪头膏	[tsʅ⁴⁴] [dəɯ²²] [kɔ⁴⁴]	猪头肉冷凝而成
酱煨蛋	[tsiã³²⁴][øui³²⁴][dɛ²¹³]	红烧蛋
孵退蛋	[bu²¹³] [tʻei³²⁴] [dɛ²¹³]	开始孵化而未出壳的蛋

（九）人体疾病

一些日常疾患词汇的发音见下表：

织里方言	读音	意义
过	[kəu³²⁴]	传染
呛	[tɕʻã³²⁴]	咳嗽
闪腰	[sɛ³²⁴] [øiɔ⁴⁴]	扭伤腰
出药	[zəʔ²] [jiaʔ²]	抓药
发斑	[faʔ⁵] [pɛ⁴⁴]	皮肤上长出红色小块
作脓	[tsoʔ⁵] [lõ²¹³]	化脓
肩胛	[tɕiɛ⁴⁴] [ka⁴⁴]	肩膀
挑痧	[tʻiɔ⁴⁴] [so⁴⁴]	用针刺法治中暑或霍乱
乓	[miiã³²⁴]	感冒
顺手	[zən²¹³] [siəɤ⁴²]	右手
结屑	[tɕiəʔ⁵] [øiɛ³²⁴]	结痂
哮病	[hɔ⁴⁴] [bin²²]	哮喘或气管炎
痓夏	[tsʅ²¹³] [ɦo³²⁴]	因夏天闷热而不适，中暑
脚蛀	[tɕiaʔ⁵] [ts³²⁴]	脚癣
惹肥	[za²¹³] [vi²¹³]	由钩虫病引起的足上小水泡，脚部感染肿痛的病证
寒毛	[ɦɛ²²] [mɔ²²]	体毛
大脚膀	[dəu²¹³] [tɕiaʔ⁵] [põ⁴⁴]	丝虫病

（续）

织里方言	读音	意义
出痧子	[ts'ə?^{5}] [so^{44}] [ts$_1^{44}$]	出麻疹
发寒热	[fa?^{5}] [ɦɛ^{22}] [n̠i˞?^{2}]	疟疾
后枕骨	[ɦəɯ^{324}] [tsən^{324}] [ko?^{5}]	后脑勺
克勒足	[k'ə?^{5}] [lə?^{2}] [tso^5]	腋窝
眼泡皮	[ŋɛ^{213}] [p'ɔ^{324}] [bi^{213}]	眼皮
脚节头	[tɕia?^{5}] [tsiə?^{5}] [dəɯ^{22}]	脚趾头
腰火疸	[øiɔ^{44}] [hɔu^{44}] [tɛ^{44}]	带状疱疹，又称蛇缠

二、织里方言俗谚语

一天世界：一塌糊涂。

一塔括子：总共。

大推板：形容两者差别很大。

天花落乱：乱哄哄。

半勿两僵：半途而废。

鸡毛六足：匆忙。

七撬八裂：闹矛盾。

鸡脚马跳：做事手忙脚乱，不稳重。

出手搭脚：动手动脚。

冰阴彻骨：形容很冷。

头五头六：做事不专心。

连档码子：串通一气的人。

卵手呒脚：手足无措。

亨彭郎当：全部。

鸡毛六足：形容匆促。

狗比倒灶：形容小气。

厚脂纳得：形容脸皮厚。

面熟陌生：似曾相识。

恶形恶状：行为丑恶。

哭出胡拉：可怜相。

皱皮疙瘩：不挺括。

捧大卵泡：比喻依傍有权势的人。

脱底棺材：吃光用光，不留后路的人。

滑卵精光：意思全部用光。

勿去卵渠：不要理睬他。

精干八净：很干净的样子。

绷硬铁骨：形容硬。

卵泡气胀：形容不愉快。

一只裤脚管：比喻串通一气。

七人八作主：比喻没有统一的意见。

三人六样话：形容众说不一。

五筋夯六筋　形容情绪激动。

夹蚌炒螺蛳：比喻忙中添乱。

卵毛伊八百：不要去睬他。

穷人大肚皮：形容穷人气量大。

板板六十四：比喻办事刻板。

活狲勿赅宝：形容藏不住东西。

眼睛包绵兜：形容眼睛看不清。

惹得了勿得：形容某人很难缠。

跳脚来勿及：后悔。

踢开脚趾头：形容忙中出错。

嘴硬骨头酥：形容嘴上说的强硬而内心却很怯弱。

横竖横，拆牛棚：比喻蛮干。

面皮老，肚皮饱：形容厚着脸皮去求人。

犟到底，苦到死：脾气太犟一辈子吃苦。

染坊里勿出白：比喻环境对人的影响很大。

卵咬勿着咬泡：形容把火出在别人身上。

买夜壶看釉水：买东西要看质量。

狗对茅坑罚愿：比喻没有作用。

喫（吃）素碰着月大：比喻不凑巧。

南瓜生牢甏里：比喻东西拿不出来。

猪头肉三勿精：猪头肉精肉少，比喻本事不大。

馒头喫（吃）到豆沙边：比喻事情快要成功了。

困晏觉喫（吃）厚粥：比喻懒人运气好。

拖牢黄牛就是马：滥竽充数，表示将就着使用。

勿会种田看上埭：比喻要善于向别人学习。

心慌喫（吃）勿得热粥：比喻情急之下办不成事。

白壳弯转吭不钳：比喻没有权力。

死要面子活受罪：为了面子而受损失。

三代勿出舅家门：外甥像舅舅。

刀切豆腐两面光：比喻为人圆滑，两面讨好。

满饭好喫（吃）满话难讲：指人说话要谦虚谨慎，留有余地。

孔夫子勿讲隔夜话：不讲明天的事。

叫花子勿留隔夜食：比喻留不住东西。

砻糠里榨勿出油来：形容没油水可榨。

饭喫（吃）一碗，闲事勿管：比喻少管闲事。

贼偷一半，火烧全完：说明火灾危害大。

癞痢头儿子自家好：自己家儿子虽有缺点，家长还是夸自己的好。

好看红唠绿，好喫（吃）鱼唠肉：形容鱼和肉最好吃。

上勿到升山，下勿到旧馆：形容不上不下的情况。

一个牙齿痛，满口勿安耽：是说身上有点小毛病，会觉得全身不舒服。

羊肉勿喫（吃）着，惹旦一身臊：形容事情上没有达到目的。反而落下了很多负面的影响。

乡下第一，跑到街牢排第七：旧时形容城里人比农村人能干。

救人救只狗，反过来咬一口：形容人忘恩负义。

红漆箱子白铜锁，外面好看里面空：形容徒有虚表。

三、织里方言歇后语

强盗发善心——难得一回。

三个指头捏田螺——拿得稳。

肉骨头敲鼓——荤（昏）咚咚。

马桶呒不厂（音"罕"）——难得（端）。

瞎子吃馄饨——心里有数。

盲子吃死蟹——只只好。

癫痢头撑伞——无法（发）无天。

顶石臼做戏——吃力勿讨好。

小葱拌豆腐——一清二白。

城头上出棺材——远盘转。

八仙桌上第九个——没份。

癫痢头牢绕辫子——空缠。

哑子搬戏文——讲勿清。

蟑螂配灶鸡——门当户对。

象牙筷上扳雀丝——故意寻事体。

宜兴夜壶——独出一张嘴。

豆腐里挑骨头——寻吼势（找岔子）。

出头椽子——先烂。

石头牢掼乌龟——硬碰硬。

牛身上拔根毛——勿在乎。

活狲屁股——坐勿定。

船头牢跑马——走投无路。

六十岁学吹打——气勿长。

弄堂里掮木头——直碰直。

红头曲鳝——到处乱钻。

木排牢带信——靠勿住。

四、织里方言词汇的变化

织里方言词汇的变化主要有三种情况：一是部分词汇慢慢被弃置不用；二是部分词汇改变了表达方法；三是新词汇大量产生。

随着社会的变化，许多旧有的器物已经淘汰不用，表示这些器物的方言词汇也就不再使用了，如：皮刀布（理发师磨刀片的布）、节节高（架竹竿的竹叉）、洋油（煤油）、假领头（只有领子的衬衣）。

织里方言的部分词汇，慢慢改变了旧有的说法，而采用新的说法，或者新旧两个说法并存，如：轮盘—轮子　邮差—邮递员　百响—鞭炮　翼怪—翅膀等。

社会的进步，给织里方言带来了大量新词汇，如：伪娘、草根、剩女、快递、房奴、高铁、猫腻、给力、网银、淘宝等。

五、织里方言的文白异读

织里方言中存在着文白异读的现象。文读，是读书时使用的语音，比较接近普通话；白读，又叫作说话音，是平时说话时所使用的语音。如：

巴：文读[pa⁴⁴]如：巴西　　　　　白读[po⁴⁴]如：巴结

鸟：文读[n̠io⁴²]如：鸟兽　　　　白读[tio³²⁴]如：麻鸟

间：文读[tɕiɛ⁴⁴]如：时间　　　　白读[kɛ⁴⁴]如：房间

讲：文读[tɕiã³²⁴]如：演讲　　　白读[gɔ̃²¹³]如：讲闲话

家：文读[jia⁴⁴]如：家长　　　　白读[ka²²]如：人家

学：文读[ioʔ⁵]如：文学　　　　白读[ɦoʔ²]如：学堂

人：文读[zən²¹³]如：人民　　　白读[n̠in²¹³]陌生人

解：文读[tɕia³²⁴]如：解放　　　白读[ga²¹³]如：解不开

花：文读[hua⁴⁴]如：花朵　　　　白读[ho⁴⁴]如：出白花

孝：文读[ɕio³²⁴]如：孝顺　　　白读[hɔ³²⁴]如：吊孝

望：文读[vɔ̃²¹³]如：望远镜　　　白读[mɔ̃²¹³]如：有望头

日：文读[zəʔ²]如：日本　　　　白读[n̠iɪʔ²]如：日脚

大：文读[da²¹³]如：大学　　　　白读[dəu²¹³]如：大膀

认：文读[zən²¹³]如：承认　　　白读[n̠in²¹³]如：认账

六、织里、轧村、漾西、太湖词汇差异

（一）人称代词

片区	第一人称代词		第二人称代词		第三人称代词	
	我	我们	你	你们	他	他们
织里	嗯 [ŋ⁴²]	伢 [ŋa⁴²]	㑚 [nei⁴²]	俹 [na⁴²]	渠 [dʑi²¹³]	茄 [dʑia²¹³]

（续）

片区	第一人称代词		第二人称代词		第三人称代词	
	我	我们	你	你们	他	他们
轧村	嗯 [ŋ⁴²] 要嗯 [øiɔ³²⁴] [ŋ⁴²]	伢 [ŋa⁴²] 要伢 [øiɔ³²⁴] [ŋa⁴²]	俫 [nei⁴²] 要俫 [øiɔ³²⁴] [nei⁴²]	倻 [na⁴²] 要倻 [øiɔ³²⁴] [na⁴²]	渠 [dʑi²¹³] 要渠 [øiɔ³²⁴] [dʑi²¹³]	茄 [dʑia²¹³] 要茄 [øiɔ³²⁴] [dʑia²¹³]
漾西	嗯 [ŋ⁴²]	伢 [ŋa⁴²]	俫 [nəu⁴²]	倻 [na⁴²]	渠 [dʑi²¹³]	茄 [dʑia²¹³]
太湖	嗯 [ŋ⁴²] 要嗯 [øiɔ³²⁴] [ŋ⁴²]	伢 [ŋa⁴²]	俫 [nei⁴²]	倻 [na⁴²]	汰 [da²¹³]	茄 [dʑia²¹³]

（二）疑问代词

片区	谁	什么	哪里	多少	怎么样
织里	掼人 [guɛ⁴²] [n̩in⁴²]	索 [so⁵³]	乌单 [øu³²⁴] [tɛ³²⁴]	几乌 [tɕi⁵³] [øu⁵³]	哪哈 [na⁴²] [ha⁵³]
轧村	掼人 [guɛ⁴²] [n̩in⁴²]	索 [so⁵³]	乌单 [øu⁵³] [tɛ⁵³]	几乌 [tɕi⁵³] [øu⁵³]	哪哈 [na⁴²] [ha⁵³]
漾西	掼人 [guɛ⁴²] [n̩in⁴²]	索 [səu⁵³]	乌单 [gəu⁴²] [tɛ⁵³]	几化 [tɕi⁵³] [ho⁵³]	哪哈 [na⁴²] [ha⁵³]
太湖	掼人 [guɛ⁴²] [n̩in⁴²]	索 [so⁵³]	乌单 [øu³²⁴] [tɛ³²⁴]	几化 [tɕi⁵³] [ho⁵³]	哪哈 [na⁴²] [ha⁵³]

（三）指示代词

片区	这个	那个	这里	那里	这样	那样	这些
织里	格个 [kəʔ⁵] [kɛ⁵³]	格点个 [kəʔ⁵] [ti⁴⁴] [kɛ⁵³] 还有个 [øuɛ³³⁴] [jiəɤ⁴²] [kɛ⁵³]	哈浪 [haʔ⁵] [lã⁴²] 该单 [kɛ⁴⁴] [tɛ⁴⁴]	格单 [kəʔ⁵] [tɛ⁵³]	介 [ka³²⁴]	介 [ka³²⁴]	格泛 [kəʔ⁵] [vaʔ]
轧村	格个 [kəʔ⁵] [kɛ⁵³]	格点个 [kəʔ⁵] [ti⁴⁴] [kɛ⁵³] 还有个 [øuɛ³³⁴] [jiəɤ⁴²] [kɛ⁵³]	哈答 [haʔ⁵] [taʔ⁵]	格头 [kəʔ⁵] [də⁴²]	介 [ka³²⁴]	介 [ka³²⁴]	格括 [kəʔ⁵] [kuaʔ⁵]

（续）

片区	这个	那个	这里	那里	这样	那样	这些
漾西	格个 [kəʔ⁵] [kɛ⁵³]	格头个 [kəʔ⁵] [də⁴²] [kɛ⁵³]	该答 [kɛ⁴⁴] [taʔ⁵]	格头 [kəʔ⁵] [də⁴²]	介 [ka³²⁴]	介 [ka³²⁴]	介括 [ka³²⁴] [kuaʔ⁵]
太湖	吉个 [tɕiʔ⁵] [kɛ⁵³]	格头个 [kəʔ⁵] [də⁴²] [kɛ⁵³]	该答 [kɛ⁴⁴] [taʔ⁵]	格头 [kəʔ⁵] [də⁴²]	介 [ka³²⁴]	还有介 [ɸiuɛ²¹³] [øiəʏ⁵³] [ka³²⁴]	括 [kuaʔ⁵]

七、词汇读音内部差异举例

见下表：

	织里	轧村	漾西	太湖
水	[sei³²⁴]	[sʅ³²⁴]	[sʅ³²⁴]	[sei³²⁴]
手	[ɕiəʏ³²⁴]	[ɕiəʏ³²⁴]	[ɕiəʏ³²⁴]	[ɕiəʏ³²⁴]
土	[tʻəu³²⁴]	[tʻəu³²⁴]	[tʻəu³²⁴]	[tʻəu³²⁴]
苦	[kʻəu³²⁴]	[kʻəu³²⁴]	[kʻəu³²⁴]	[kʻəu³²⁴]
两	[liã²¹³]	[liã⁴²]	[liã⁴²]	[liã²¹³]
奶	[na²¹³]	[na⁴²]	[na⁴²]	[na²¹³]
馋	[tɕʻiã³²⁴]	[tɕʻiã³²⁴]	[tɕʻiã³²⁴]	[tɕʻiã³²⁴]
今	[tɕin⁴⁴]	[tɕin⁴⁴]	[tɕin⁴⁴]	[tɕin⁴⁴]
酒	[tɕiəʏ³²⁴]	[tɕiəʏ³²⁴]	[tɕiəʏ³²⁴]	[tɕiəʏ³²⁴]
油	[jiəʏ²¹³]	[jiəʏ²¹³]	[jiəʏ²¹³]	[jiəʏ²¹³]
喫（吃）	[tɕʻiɿʔ⁵] [tɕʻiəʔ⁵]	[tɕʻiəʔ⁵]	[tɕʻiəʔ⁵]	[tɕʻiɿʔ⁵] [tɕʻiəʔ⁵]
热	[n̠iɿʔ²] [n̠iəʔ⁵]	[n̠iəʔ²]	[n̠iəʔ²]	[n̠iɿʔ²] [n̠iəʔ⁵]
别	[biɿʔ²] [biəʔ⁵]	[biəʔ⁵]	[biəʔ⁵]	[biɿʔ²] [biəʔ⁵]
火	[həu³²⁴]	[həu³²⁴]	[həu³²⁴]	[həu³²⁴]
吐	[tʻəu³²⁴]	[tʻəu³²⁴]	[tʻəu³²⁴]	[tʻəu³²⁴]
口	[kʻəu³²⁴]	[kʻəu³²⁴]	[kʻəu³²⁴]	[kʻei³²⁴]
茶	[dzo²¹³]	[dzo²¹³]	[dzo²¹³]	[dzo²¹³]
蛇	[zo²¹³]	[zo²¹³]	[zo²¹³]	[zo²¹³]
咬	[ŋɔ²¹³]	[ŋɔ⁴²]	[ŋɔ⁴²]	[ŋɔ²¹³]
外	[ɸiua²¹³]	[ɸiua²¹³]	[ɸiua²¹³]	[ɸiua²¹³]
勇	[øiõ³²⁴]	[jiõ⁴²]	[jiõ⁴²]	[jiõ³²⁴]
落	[loʔ²]	[loʔ²]	[loʔ²]	[loʔ²]
肉	[n̠iəu⁴²]	[n̠iɔʔ²]	[n̠iɔʔ²]	[n̠iəu⁴²]

	织里	轧村	漾西	太湖
鬼	[tɕi³²⁴]	[tɕi⁵³]	[tɕi⁵³]	[tɕi³²⁴]
眼	[ŋɛ²¹³]	[ŋɛ⁴²]	[ŋɛ⁴²]	[ŋɛ²¹³]
汪	[øɔ̃⁴⁴]	[øɔ̃⁴⁴]	[øɔ̃⁴⁴]	[øɔ̃⁴⁴]
马	[mo²¹³]	[mo⁴²]	[mo⁴²]	[mo²¹³]
杯	[pei⁴⁴]	[pei⁴⁴]	[pei⁴⁴]	[pei⁴⁴]
红	[ŋ²²]	[ŋ²²]	[ŋ²²]	[ŋ²²]
舅姆	[dʑiəɤ²¹³] [m²¹³]	[dʑiəɤ⁴²] [m⁴²]	[dʑiəɤ⁴²] [m⁴²]	[dʑiəɤ²¹³] [m²¹³]
丈姆	[za²¹³] [m²¹³]	[za⁴²] [m⁴²]	[za⁴²] [m⁴²]	[za²¹³] [m²¹³]
丈人	[za²¹³] [ȵin²¹³]	[za⁴²] [ȵin⁴²]	[za⁴²] [ȵin⁴²]	[za²¹³] [ȵin²¹³]
舅佬	[dʑiəɤ²¹³] [lɔ²¹³]	[dʑiəɤ⁴²] [lɔ⁴²]	[dʑiəɤ⁴²] [lɔ⁴²]	[dʑiəɤ²¹³] [lɔ²¹³]
老倌	[lɔ²¹³] [kuɛ³²⁴]	[lɔ⁴²] [kuɛ⁵³]	[lɔ⁴²] [kuɛ⁵³]	[lɔ²¹³] [kuɛ³²⁴]
晚娘	[mɛ²¹³] [ȵiã²¹³]	[mɛ⁴²] [ȵiã⁴²]	[mɛ⁴²] [ȵiã⁴²]	[mɛ²¹³] [ȵiã²¹³]
三只手	[sɛ⁴⁴] [tsaʔ⁵] [ɕiəɤ⁴⁴]	[sɛ⁴⁴] [tsaʔ⁵] [ɕiəɤ⁴⁴]	[sɛ⁴⁴] [tsaʔ⁵] [ɕiəɤ⁴⁴]	[sɛ⁴⁴] [tsaʔ⁵] [ɕiəɤ⁴⁴]
老油条	[lɔ²¹³] [jiəɤ²¹³] [diɔ²¹³]	[lɔ⁴²] [jiəɤ⁴²] [diɔ⁴²]	[lɔ⁴²] [jiəɤ⁴²] [diɔ⁴²]	[sɛ⁴⁴] [tsaʔ⁵] [ɕiəɤ⁴⁴]
白虎星	[baʔ⁵] [həu⁵³] [ɕin⁵³]	[baʔ⁵] [həu⁵³] [ɕin⁵³]	[baʔ⁵] [həu⁵³] [ɕin⁵³]	[baʔ⁵] [həu⁵³] [ɕin⁵³]
犟教化	[dʑiã²¹³] [kɔ³²⁴] [ho³²⁴]	[dʑiã⁴²] [kɔ⁴²] [ho⁴²]	[dʑiã⁴²] [kɔ⁴²] [ho⁴²]	[dʑiã²¹³] [kɔ³²⁴] [ho³²⁴]
老底子	[lɔ²¹³] [ti³²⁴] [tsɿ³²⁴]	[lɔ⁴²] [ti⁵³] [tsɿ⁵³]	[lɔ⁴²] [ti⁵³] [tsɿ⁵³]	[lɔ²¹³] [ti³²⁴] [tsɿ³²⁴]
月半	[ȵiəʔʔ²] [pɛ³²⁴]	[ȵiəʔʔ²] [pɛ³²⁴]	[ȵiəʔʔ²] [pɛ³²⁴]	[ȵiiʔ²] [pɛ³²⁴]
乌单	[øu³²⁴] [tɛ³²⁴]	[øu⁵³] [tɛ⁵³]	[øu⁵³] [tɛ⁵³]	[øu³²⁴] [tɛ³²⁴]
近日牢	[dʑin²¹³] [ȵiəʔ²] [lɔ²¹³]	[dʑin⁴²] [ȵiəʔ²] [lɔ⁴²]	[dʑin⁴²] [ȵiəʔ²] [lɔ⁴²]	[dʑin²¹³] [ȵiəʔ²] [lɔ²¹³]
眼目前	[ŋɛ²¹³] [moʔ²] [ʑiɛ²¹³]	[ŋɛ⁴²] [moʔ²] [ʑiɛ⁴²]	[ŋɛ⁴²] [moʔ²] [ʑiɛ⁴²]	[ŋɛ²¹³] [moʔ²] [ʑiɛ²¹³]
畀	[pei³²⁴]	[pei³²⁴]	[pei³²⁴]	[pei³²⁴]
好日	[hɔ³²⁴] [ȵiəʔ²]	[hɔ³²⁴] [ȵiəʔ²]	[hɔ³²⁴] [ȵiəʔ²]	[hɔ³²⁴] [ȵiəʔ²]
空缠	[k‘õ³²⁴] [zɛ⁴²]	[k‘õ³²⁴] [zɛ⁴²]	[k‘õ³²⁴] [zɛ⁴²]	[k‘õ³²⁴] [zɛ⁴²]
馋刀	[ts‘iã³³⁴] [tɔ³³⁴]	[ts‘iã³³⁴] [tɔ³³⁴]	[ts‘iã³³⁴] [tɔ³³⁴]	[ts‘iã³³⁴] [tɔ³³⁴]
水草	[sei³²⁴] [ts‘ɔ³³⁴]	[sɿ³²⁴] [ts‘ɔ³³⁴]	[sɿ³²⁴] [ts‘³³⁴]	[sɿ³²⁴] [ts‘ɔ³³⁴]
砟稻	[tsoʔ⁵] [dɔ²¹³]	[tsoʔ⁵] [dɔ⁴²]	[tsoʔ⁵] [dɔ⁴²]	[tsoʔ⁵] [dɔ²¹³]
寸金糖	[ts‘ən⁵³] [tɕin⁵³] [dõ⁴²]	[ts‘ən⁵³] [tɕin⁵³] [dõ⁴²]	[ts‘ən⁵³] [tɕin⁵³] [dõ⁴²]	[ts‘ən⁵³] [tɕin⁵³] [dõ⁴²]

（续）

	织里	轧村	漾西	太湖
味之素	[vi⁴²] [ts⁵³] [sou⁵³]	[vi⁴²] [tsʅ⁵³] [sou⁵³]	[vi⁴²] [tsʅ⁵³] [sou⁵³]	[vi⁴²] [ts⁵³] [sou⁵³]
顺手	[zən²¹³] [siəɤ⁴²]	[zən²¹³] [siəɤ⁴²]	[zən²¹³] [siəɤ⁴²]	[zən²¹³] [siəɤ⁴²]
肚兜	[dəu²¹³] [təu³²⁴]	[dəu⁴²] [təɯ⁵³]	[dəu⁴²] [təɯ⁵³]	[dəu²¹³] [təɯ³²⁴]
搭扣	[taʔ⁵] [kəɯ²¹³]	[taʔ⁵] [kəɯ²¹³]	[taʔ⁵] [kəɯ²¹³]	[lin²¹³] [ko³²⁴]
领挂	[lin²¹³] [ko³²⁴]	[lin⁴²] [ko⁵³]	[lin⁴²] [ko⁵³]	[lin²¹³] [ko³²⁴]
顶箍	[tin³²⁴] [kəu³²⁴]	[tin³²⁴] [kəu³²⁴]	[tin³²⁴] [kəu³²⁴]	[tin³²⁴] [kəu³²⁴]
老虎灶	[lɔ²¹³] [həu³²⁴] [tsɔ³²⁴]	[l⁴²] [həu⁵³] [tsɔ⁵³]	[lɔ⁴²] [həu⁵³] [tsɔ⁵³]	[lɔ²¹³] [həu³²⁴] [tsɔ³²⁴]
有数麦	[θiəɤ³²⁴] [sou³²⁴] [maʔ²]	[θiəɤ⁵³] [sou⁵³] [maʔ²]	[θiəɤ⁵³] [sou⁵³] [maʔ²]	[θiəɤ³²⁴] [sou³²⁴] [maʔ²]
把细	[po³²⁴] [çi³²⁴]	[po³²⁴] [çi³²⁴]	[po³²⁴] [çi³²⁴]	[po³²⁴] [çi³²⁴]
拨什	[bəʔ²] [zəʔ²]	[bəʔ²] [zəʔ²]	[bəʔ²] [zəʔ²]	[bəʔ²] [zəʔ²]
到把	[tɔ³²⁴] [po³²⁴]	[tɔ³²⁴] [po³²⁴]	[tɔ³²⁴] [po³²⁴]	[tɔ³²⁴] [po³²⁴]
笼帚	[çiɛ³²⁴] [tsəɤ³²⁴]	[çiɛ³²⁴] [tsəɤ³²⁴]	[çiɛ³²⁴] [tsəɤ³²⁴]	[çiɛ³²⁴] [tsəɤ³²⁴]
油头绳	[jiəɤ²²] [dəɯ²²] [zən²²]	[jiəɤ²²] [dəɯ²²] [zən²²]	[jiəɤ²²] [dəɯ²²] [zən²²]	[jiəɤ²²] [dəɯ²²] [zən²²]
闪腰	[sɛ³²⁴] [θiɔ⁴⁴]	[sɛ⁵³] [θiɔ⁴⁴]	[sɛ⁵³] [θiɔ⁴⁴]	[sɛ³²⁴] [θiɔ⁴⁴]
定胜糕	[din²¹³] [sən³²⁴] [kɔ⁴⁴]	[din⁴²] [sən⁵³] [kɔ⁵³]	[din⁴²] [sən⁵³] [kɔ⁵³]	[din²¹³] [sən³²⁴] [kɔ⁴⁴]

第三节　织里方言语法系统

一、织里方言的词法特点

织里方言词类共有 13 类：名词、动词、形容词、数词、量词、代词、副词、连词、介词、助词、语气词、叹词、象声词等。在各类词中，存在着若干具有特色的词汇。现举例说明。

（一）名词

织里方言名词有特殊的前缀与后缀，前缀有：阿、细、老、小、第、头、初等，后缀有：头、子、佬、法、道、相、坯、货、家、爿等，其中大部分与普通话的相同，部分具有吴语的特色。

前缀"阿"主要用在人名和称呼前，带有亲切的感情，表示昵称，如："阿强、阿仙、阿标、阿嫂、阿姐"。"阿"也可以表示排行，如："阿大、阿二、阿三"等。

前缀"细"相当于"小"，如：细姑娘（小姑娘）、细眼睛（小眼睛）、细雨（小雨）。

后缀"头"的使用比较广泛，可以用在名词、形容词和动词后，表示名称、方位等，如：

表示名称："被头、灶头、钵头、鼻头、劲头、苦头、毒头、来头、找头、零头、蒂头、手节头、膝钵头、额角头、脚脚头、泥卜头"等；如表示方位："外头、门口头、脚跟头、田横头、河滩头、角落头、胸脯头"等。

后缀"头"还可以用在中间，构成"量+头+名"和"量+头+装"两种形式，如：阵头雨、条头糕；瓶头装、盒头装、罐头装。

后缀"子"，主要用在名词后，如：镬子、胖子、面子、骗子、桌子、帐子、刷子、蚊子、妹子、盲子、瘫子、粽子、壳子、车子等。

织里方言"头、子"的使用比普通话更为广泛，有的词在普通话中是不用"头、子"的，在织里方言中却要用，如：普通话说"锅""蚊帐""汽车"，织里话说"镬子""帐子""车子"；普通话说"外面""门前"，织里方言说"外头""门口头"。

普通话的名词重叠后表示"每一"，织里方言的名词重叠后，有两个意义，一是表示"每一"，与普通话相同，如：日日（每一天）、个个（每一个）、爿爿（每一爿）只只（每一只）。二是重叠后的意义基本还是原来的意义，如"泡泡（泡沫）、渣渣（残渣）、乏乏（水沫）、袋袋（口袋）、脚脚（剩余物）、洞洞（洞）"等；但可用于重叠的名词不多。

（二）动词

织里方言的不少动词为普通话所无，具有明显的吴语特点。如：掆[gəʔ²]（夹在腋下或用手臂围住）、鸟[tiɔ³²⁴]（用针缝）、处[tsʻŋ⁵³]（随）、赅[ki⁴⁴]（拥有）、抚[bu²¹³]（用手抚摸）、枵[ɕi⁴⁴]（掀开）、囥[kʻɔ³²⁴]（藏）。掰[pʻaʔ⁵]（分开）、挼[n̩iɔʔ²]（两手搓揉）。

织里方言中有一个动词的"喫（吃）"，是一个适应性比较强的动词。在普通话中人们常说"吃饭""喝酒""抽烟"，在织里方言中，说成"喫（吃）饭""喫（吃）酒""喫（吃）烟"。甚至还可以说"喫（吃）生活""喫（吃）巴掌"等。

织里方言的单音动词可以重叠，构成"AA"式，表示尝试义，与普通话相同，如：试试、看看、用用、坐坐。

织里方言中，在"AA"后加上"看"字，构成"AA看"式，也表示尝试义，如：试试看、用用看、着着看、喫喫（吃吃）看。如：

格只手机嗯试试看。（这只手机我试一试。）

衣裳叫伊着着看，勿晓得大小哪哈？（衣服让她穿一穿，不知道大小如何？）

单音动词的"AA"式可以连用，构成四个字连用的"AAAA"式，表示动作进行过程中发生的事，如：

小把戏走走走走，就走勿动旦。（小孩子走着走着，就走不动了。）

勿想着伊生活做做做做就昏倒旦。（没想到他干活，干着干着就昏倒了。）

织里方言双音动词重叠的形式主要是"ABAB"式，表示尝试，这与普通话相同，但在ABAB后也可以加上"看"，强调尝试，表示不确定性，具有"再说"义，如：

格椿事体要商量商量看。（这种事要商量商量再说）

其他的如：研究研究看，讨论讨论看，申请申请看等。

（三）形容词

织里方言形容词的重叠方式主要有："AA交"式、"AAB"式和"ABB"式三种。

普通话形容词有AA式重叠，可以修饰名词，如：红红的灯笼、白白的皮肤、蓝蓝的天空；也可以修饰动词，如：慢慢看、轻轻走、好好读书等。织里方言中，形容词的"AA"式重叠一般不修饰名词，如不说"高高房子"，而说"高房子"，不说"黑黑皮肤"，而说"黑皮肤"。织里方言里，人们常使用"AA交"重叠式修饰动词，比普通话多了一个"交"字，如："慢慢交看""轻轻交走""好好交读书"。

织里方言有许多与普通话不同的形容词"ABB""AAB"重叠形式，如：

"ABB"式重叠有：红通通、粘夹夹、胖笃笃、冷势势、黑出出、泛道道、湿招招、紫多多、辣蓬蓬、大脉脉、千煞煞、矮顿顿、油滋滋。

"AAB"式重叠有：笔笔直、冰冰溇、喷喷香、腊腊黄、雪雪白、墨墨白、血血红、绷绷硬。

织里方言存在着许多特殊的双音形容词和四音形容语，具有独特的表现力，这些特殊的形容词，普通话一般是不用的，如：

双音形容词：明工、滚壮、精干、稀湿、百热、冰樱、节棍、派赖、来塞、豪骚、百坦、狗屎、奢遮、推扳、架形。

四音形容词：鸡脚马跳、百热沸烫、冰樱出骨、花里八腊、硬百里拉、精干四净、挫头凉姜、狗屎倒灶、亨彭郎当、绷铁势硬、恶结八腊等。

（四）数词

织里方言的数词与普通话基本一致，但有少数地方与普通话有区别。

织里方言数词存在着一些特殊的读音。

数字"一"有两个读音：$[øiə\mathfrak{r}5]$ 和 $[øiɔ^{44}]$。数数时，$[øiə\mathfrak{r}5]$ 和 $[øiɔ^{44}]$ 都可以读，但在读电话号、手机号时常读为 $[øiɔ^{44}]$。110 也读为 $[øiɔ^{44}]$ $[øiɔ^{44}]$ 零。911 中的"1"也读成 $[øi^{44}]$。

数字"二"有两个读音：$[liã^{213}]$ 和 $[ȵi^{213}]$。个位数 1234 中，$[liã^{213}]$ 和 $[ȵi^{213}]$ 都可以读。个位数一般读 $[liã^{213}]$。如"二斤油、二里路"中的"二"都读 $[liã^{213}]$。

"两"表示几个，有实指和不实指两种用法，区别在于读音。如：操场上来旦两个人。读 $[liã^{213}]$ 时，表示实数，意思是：操场上来了两个人。读 $[liã^{44}]$ 时，表示虚数，意思是：操场上来了一些人。

"十"在织里方言中的有两个读音，一个是 $[zə\mathfrak{r}2]$，如：12、13、14 中的"十"。另一个读成 $[so^{53}]$，只有 15 中的"十"读这个音。

"二十"在织里方言中有一个特殊读音 $[ȵiɛ^{213}]$，写成"廿"，在序数和和概数中大多用 $[ȵiɛ^{213}]$，如：廿五六岁、十二月廿三、一百廿、廿五排三座、廿一号上午等。

织里方言表示不定数，主要有如下几种：头 $[dəɯ^{22}]$、洒 $[sa^{44}]$、毛 $[mɔ^{22}]$、靠 $[k‘ɔ^{324}]$、大 $[dəɯ^{213}]$、把 $[po^{324}]$、来 $[lɛ^{22}]$、毛毛交 $[mɔ^{44}]$ $[m^{44}]$ $[tɕiɔ^{44}]$。

头："头"与"两"连用，说成"头两"，表示约数。如"头两斤""头两百块"。也可以表示"开头的两个"，如：今年头两个月生意勿好。

洒：表示大约，如：洒五十斤米。"洒"只能用在"四""五"前面，人们常说"洒四个月""洒五六个人"。"洒"不能与"四""五"外的数字连用，"洒二本""洒三年""洒六个""洒七斤""洒八日""洒九两"等都是不能说的。

毛、靠：有大约之义，但两者用法有差异，"毛"一般适用于 20 到 90 的所有整数，"靠"往往用于数字 10 和 20 比较多。如：毛三十岁、毛四十斤、毛六十分、毛九十岁；靠十斤、靠廿岁，而不能说：毛十岁、靠三十斤、靠五十岁等。

大：表示数量多，常见的说法有：大几十、大几百。

把、来：表示约数。如：百把斤、十来个。

毛毛交：表示大约，用在数量前面，如：毛毛交二百斤。

（五）量词

织里方言中有不少特殊的量词，具有明显的吴语特色。这些量词主要有：

埭 [da^{22}]：排。一埭印子、两埭房子。

瓤 [lã^{22}]：片。一瓤西瓜、两瓤南瓜。

管 [kuɛ^{324}]：把。一管锁、一管尺。

部 [bu^{213}]：辆。一部车子、一部脚踏车。

势 [si^{324}]：顿。一势饭、两势粥。

毕 [bi^{22}]：层。一毕砖头。

圤 [boʔ^{2}]：块。一圤石头、三圤泥。

爿 [bɛ^{22}]：座、家。一爿桥、一爿田。

沓 [daʔ^{2}]：叠。一沓报纸、一沓钞票。

枵 [ɕiɔ^{44}]：层。一枵丝绵、两枵絮。

节 [tɕiəʔ^{5}]：分段的。一节长生果、两节甘蔗。

洀 [toʔ^{5}]：滴。一洀眼泪、一洀糨糊。

窠 [k'əu^{44}]：窝。一窠小鸡、一窠蛋。

泡 [p'ɔ^{44}]：指大小便。一泡尿、一泡烂污。

在织里方言中，也使用普通话的量词，但在用法上有所不同。

部：织里方言与普通话都可以说"一部著作"，但织里方言中可以说"一部汽车""一部机器"，普通话只能说"一辆汽车""一台机器"。

只：织里方言与普通话都可以说"一只鸡""一只手""一只苹果"等，但织里方言中"只"的使用范围要大得多。可以说"一只钥匙""一只帽子""一只炸弹"，普通话只说"一把钥匙""一顶帽子""一颗炸弹"等。

织里方言的动量词也比较特殊，如：

记 [tɕi^{44}]：下。敲伊二记。

通 [t'õ^{44}]：次。出一通差。

埭[da²²]：次。来过一埭。

歇[ɕiɪʔ⁵]：会。坐一歇再走。

窹[hoʔ⁵]：觉。困一窹。

织里方言的数量词有一些特殊的用法。在织里方言中有"量词+名词"的结构，量词前面分别省略了数字和代词：

表示"一+量词+名词"：喫碗面（吃一碗面）、买只手机（买一部手机）。

表示"代词+量词+名词"：部车子是进口车（这辆汽车是进口车）、个人脾气勿好（这个人脾气不好）。

织里方言还有"量词+半"的格式，即在量词后加"半"，表示数量的二分之一，如："斤半"是一斤半。"尺半"是一尺半。

（六）代词

织里方言的代词与普通话存在着较大的差异，现加以说明。

1.人称代词

织里方言的第一人称代词，主要有：嗯[ŋ⁴²]，相当于普通话的"我"。伢[ŋa⁴²]，相当于普通话的"我们"。

第二人称代词，主要有：傢[nei⁴²]，相当于普通话的"你"。倻[na⁴²]，相当于普通话的"你们"。

第三人称代词，主要有：渠[dʑi²¹³]，相当于普通话的"他"；茄[dʑia²¹³]，相当于普通话的"他们"。

从上面的情况看出，织里方言人称代词的复数形式其实是单数形式的声母加上"a""ia"而成，如：[ŋ⁴²]加[a]成了伢[ŋa⁴²]，[nei⁴²]的声母[n]加[a]成了倻[na⁴²]，[dʑi²¹³]的声母[dʑ]加[ia]成了[dʑia²¹³]。

织里方言第一人称代词没有包括式与排除式的区别，也就是说没有普通话的"咱们"与"我们"的区别。

2.指示代词

织里方言中的近指代词主要有：

格个[gəʔ²] [kei⁵³]：这个。

该单[kɛ⁴⁴] [tɛ⁴⁴]：这里。

格泛[kəʔ⁵] [vaʔ]：这些。

介息 [ka^{324}] [ɕiɛ^{324}]：这会儿，现在。

乃 [na^{213}]：这会儿，现在。

介 [ka^{324}]：这样。

织里方言的远指示代词主要有：

格点个 [kəʔ^5] [ti^{44}] [kɛ^{53}]：那个。

格单 [kəʔ^5] [tɛ^{53}]：那里。

格头括 [gəʔ^2] [dei^{42}] [kuaʔ^5]：那些。

格辰光 [kəʔ^5] [zən^{22}] [kõ^{44}]：那个时候。

3.疑问代词

织里方言的疑问代词主要有：

掼人 [guɛ^{42}] [n̩in^{42}]（谁）

索 [so^{53}]（什么）

乌单 [øu^{324}] [tɛ^{324}]（哪里）

几乌 [tɕi^{53}] [øu^{53}]（多少）

哪哈 [naʔ^2] [ha^{53}]（如何）

索辰光 [so^{53}] [zən^{22}] [kõ^{44}]（什么时候）

（七）副词

织里方言副词分类与普通话相同，共分为六种，即：程度副词、范围副词、时间副词、语气副词、否定副词、情态副词；但织里方言中有许多副词是普通话所没有的。

1.程度副词

织里方言特有的程度副词表示高级与表示低级两种。表示程度高级的副词主要有：顶 [tin^{324}]、蛮 [me^{213}]、太 [təʔ^5]、正刚 [tsən^{324}] [kõ^{324}]、着实 [zaʔ^2] [zəʔ^2] 等。表示低级的主要有：稍微 [sɔ^{44}] [øui^{44}]、介点 [kaʔ^5] [tɛ^{44}] 等。

2.范围副词

织里方言中常用的范围副词主要有：侪 [zɛ^{22}]、总共 [tsõ^{324}] [gõ^{213}]、一塌刮子 [øiəʔ^5] [t'aʔ^5] [kuaʔ^5] [tsɿ^{53}]；只 [tsəʔ^5]、单单 [tɛ^{44}] [tɛ^{44}] 等，分别表示总括和限制。

3.时间副词

织里方言有一些特殊的时间副词，如：暴 [bɔ^{213}]、就介 [tɕiəɤ^{324}] [ka^{324}]、等

息 [tən³²⁴] [ɕiəʔ⁵]、乃 [nɛ²¹³]、介息 [ka³²⁴] [ɕiəʔ⁵]、一向 [øiəʔ⁵] [ɕiã³²⁴] 等。

4.语气副词

织里方言中的语气副词与普通话不同，主要有：叵老 [pʻoʔ⁵] [lɔ⁴²]、到底 [tɔ³²⁴] [ti³²⁴]、偏偏 [pʻiɛ⁴⁴] [pʻiɛ⁴⁴] 等。

5.然否副词

然否副词是表示肯定、否定、可能的副词。织里方言里表示肯定的副词主要有：呆板 [ŋɛ²²] [pɛ⁴⁴]、横 [ɦuã²¹³]、稳 [øun³²⁴]；表示否定的有：勿 [fəʔ⁵]、勿要 [fəʔ⁵] [øiɔ³²⁴]、勿曾 [fəʔ⁵] [zən²²]、呒不 [m⁴⁴] [pəʔ⁵]；表示可能的副词主要有：作兴 [tsoʔ⁵] [ɕin⁴⁴]、讲勿出 [kɔ³²⁴] [vəʔ²] [tsʻəʔ⁵] 等。

6.情态副词

织里方言的情态副词主要有：特为 [dəʔ²] [ɦui²¹³]、倒反 [tɔ³²⁴] [fɛ⁵³]、到底 [t⁵³] [ti⁵³]、总归 [tsõ³²⁴] [kui³²⁴] 等。

（八）连词

织里方言中连接词和短语的连词主要是：同 [dõ²¹³]、搭 [taʔ⁵]，如："老王同小李""倷搭嗯"。

普通话中连接分句与句子的连词主要有：不但、即使、尽管、只要、无论、由于、然而、因此、所以等；织里方言中没有普通话的这套连词，连接分句与句子常用的连词主要有：叫得 [tɕiɔ³²⁴] [təʔʔ⁵]（只要）、勿然 [fəʔ⁵] [zɛ²²]（否则）、勿过 [fəʔ⁵] [kəu⁴⁴]（只是）、随便 [zei²²] [biɛ²²]（无论）、就算 [dziəɤ²¹³] [sɛ³²⁴]（即使）、要么 [øiɔ³²⁴] [məʔ²]（或者）等。

（九）介词

织里方言的介词有一部分与普通话不同，常用的主要有：拿 [nɛ²²]、拨 [pəʔ⁵]、同 [dõ²¹³]、搭 [taʔ⁵]、为旦 [ɦei²¹³] [dɛ²¹³]、除旦 [zɿ²¹³] [dɛ²¹³] 等。

"拿"织里方言中作为介词，相当于"把"，如：

拿格只椅子搬开。（把这张椅子搬开）

"拨"织里方言中表示被动，相当于"被"，如：

渠出去辰光，正好拨嗯看见。（他出去的时候，正好被我看见。）

"同""搭"织里方言中相当于普通话的"对""跟""替"，如：

嗯勿会得同（搭）渠讲呃。（我不会对他说的。）

老金同（搭）老王关系勿好。（老金跟老王关系不好。）

小李同（搭）嗯去买包烟。（小李替我去买包香烟。）

"为旦"相当于普通话的"为了"，如：

小李为旦寻铜钿，好几年勿回屋里旦。（小李为了赚钱，好几年没回家了。）

"除旦"相当于普通话的"除了"，如：

格两日除旦上网，渠随便索事体勿做。（这两天除了上网，他随便什么事情也不做。）

（十）助词

汉语的助词有结构助词，时态助词，语气助词三种，织里方言的三类助词与普通话明显不同，织里方言的结构助词主要有：呃[øəʔ⁵]、交[tɕiɔ⁴⁴]。时态助词主要有：乌[øu⁵⁵]、旦[dɛ²¹³]、过[kəu³²⁴]。语气助语主要有：呃[øəʔ⁵]、旦[dɛ²¹³]。

"呃"相当于普通话的结构助词"的"，如：台子牢呃东西（桌子上的东西）、食堂里呃菜势（食堂里的菜）。

"呃"在织里方言里也可作为语气助词，表示肯定，如：

实嗯是勿会得做格种事体呃。（我是不会干这种事情的。）

"交"相当于普通话的结构助词"地"，如：

慢慢交走（慢慢地走）、好好交读书（好好地读书）。

普通话里有结构助词"得"，如：

好得很、快得很。

在织里方言中，人们不采用普通话的说法，"好得很"说成"蛮好"或"好煞"，"快得很"说成"蛮快"或"快煞"。

"乌"是织里方言的时态助词，表示进行状态和持续状态，常附在动词后面，如：

老太太眝起乌。（老太太在睡觉。）

老王有乌看电视。（老王正在看电视。）

"旦"表示动作的完成时态，如：

嗯喫（吃）好旦就介回转。（我吃好了就回去。）

过旦年，嗯来看倷。（过了年，我来看你。）

"旦"在织里方言里也可表示肯定语气，如：

小把戏眝着旦。（小孩子睡觉了。）

夜饭喫（吃）好旦。（晚饭吃好了。）

"过"表示动用行为的曾经发生，如：

格本书嗯看过好几遍旦。（这本书我看过好几遍了。）

上海去过好几埭旦。（上海去过好几次了。）

（十一）叹词

表示说话时喜悦、惊讶等情感的词就是感叹词。织里方言里的叹词主要有：暖[øɛ⁵³]、喏[nɔ⁴²][nɔ²¹³]、闲[ɦiɛ²¹³]、啧[tɕiəʔ⁵]、哇[øua⁴⁴]、延[jiɛ³²⁴]、喔唷[øoʔ⁵][jioʔ²]等。

（十二）象声词

织里方言常用的象声词主要有：拍塌[pʻaʔ⁵][tʻaʔ⁵]、刺拉[tɕʻɿ⁴⁴][la²²]、壳托[kʻo⁵][tʻoʔ⁵]、吉力括辣[tɕiəʔ⁵][liəʔ²][kuaʔ⁵][laʔ²]、劲令共龙[dʑin²²][lin²²][gõ²²][lõ²²]、霍落落[hoʔ²][loʔ²][loʔ²]、息列索落[ɕiəʔ⁵][liəʔ²][soʔ⁵][loʔ²]等。

二、织里方言的句法特点

（一）织里方言存现句的特点

存现句是表示人或事物的存在、出现、消失的句子。

织里方言与普通话的区别主要在表示存在的句型上。普通话表示存在的动词"有"或"在"，但织里方言表示存在时一般不用"有""在"等动词，而使用"勒""有勒""勒乌"等方言词汇，表示否定则用"勿勒""勿勒乌"等。如：

小明格两日勒屋里。（小明这几天在家里。）

手机有勒台子牢。（手机在桌子上。）

明朝嗯勿勒单位。（明天我不在单位。）

领导勿勒乌。（领导不在。）

（二）织里方言处置句的特点

普通话中用"把"字表示外置，但织里方言中表示处置不用"把"。主要有两种方式，一是用"拿"[nɛ⁴⁴]字表示外置，相当于普通话的"把"字。二是用"巴+形容词"表示处置式的强调。如：

侪家拿格点水果喫喫（吃吃）光。（大家把这点水果吃光。）

等介息拿格两件衣裳汰汰好。（等会把这两件衣服洗洗干净。）

事体先做巴好再讲。（把事情先做好了再说。）

菜势先烧巴好再去看电视。（把菜烧好再去看电视。）

有时，织里方言里可以把"拿"与"巴+形容词"合用，如：

拿衣裳汏巴好再走。（把衣服洗好了再走。）

（三）织里方言被动句的特点

普通话里表示被动关系常用"被"字，但织里方言里一般不用"被"，而用"拨"[pəʔ^5]字表示被动，如：

老李上个礼拜拨汽车撞旦一撞。（老李上个星期被汽车撞了。）

菜势拨阿毛喫（吃）光旦。（菜被阿毛吃光了。）

在表示被动时，"拨"后面一定要跟宾语，不能直接置于动词前。如不能说"拨偷""拨看"。

在表示否定被动时，在"拨"前用"勿""勿要""吥不"表示，如：

事体勿拨人家晓得是勿可能呃。（事情不被人家知道是不可能的。）

讲轻点，勿要拨渠听得。（讲轻一点，不要被他听见。）

还好，房子吥不拨嗯卖掉，今朝值铜钿旦。（还好，房子没有被我卖掉，总算值钱了。）

（四）织里方言疑问句的特点

普通话的疑问代词常见的有：谁、什么，哪里，几时、几、多少、怎么、怎么样、为什么等。织里方言的疑问代词不像普通话那样多，主要有如下几个：

掼人："掼人"在织里方言中表示"谁"，如：

格只手机是掼人呃？（这只手机是谁的？）

索："索"相当于普通话的"什么"，如：

作索（做什么）、索场乌（哪里）、索辰光（几时）。

几乌：相当于普通话的"多少"，如：

操场闹勿晓得来特几乌人？（操场上不知道来了多少人？）

乌单：相当于普通话的"哪里"，如：

勿晓得渠住勒乌单？（不知道他住在哪里？）

哪哈：相当于普通话的"如何"，如：

事体勿晓得哪哈旦？（事情不知如何了？）

（五）织里方言话题句的特点

织里方言具有吴语话题优先的特点。织里方言作为吴语的次方言，常常把受事话题置于谓语动词前，形成了受事充当句子的话题或充当句子次话题的两种句型。

受事充当句子的话题时，常置于句首，并成为句子的主语，如：

房子嗯买好旦。（我买好了房子。）

过期食品侪家勿要喫（吃）。（大家不要吃过期食品。）

"房子"是"买"的受事宾语，"过期食品"是"喫（吃）"的受事宾语，它们作为话题，置于句首，起到一种提示和强调的作用。

织里方言受事充当句子的次话题，即充当句子的小主语。如：

格家人家汽车是买勿起呃。（这家人家是买不起汽车的。）

退休后，渠几十个国家去过旦。（退休后，他去过几十个国家了。）

这两句话中，受事话题"汽车""几十个国家"充当了句子的次话题，在句子中充当小主语。

（六）织里方言的意合法

与普通话相比，吴语更加注重意合手段。所谓的意合法是指不用关联词语，就可以表示句子之间的各种关系。作为吴语的次方言，织里方言中没有普通话的成套连词，更注重意合法的使用。表示假设复句时，可以不用关联词语，如：明朝来，东西还拨五；明朝勿来，东西就勿还旦。（如果明天来，东西就还给你；如果明天不来，东西就不还了。）句子中，省略了假设关联词语"如果——就"。

在织里方言中，有时可使用一些特殊的词语来代替成套的关联词语。人们常说：外势有勒落雨，各咯介小王呒不来。（因为外面在下雨，所以小王没有来。）织里方言里用了"各咯介"来表示原因。这句话也可以说成：小王呒不来，落雨咯介。（小王没来，是因为下雨。）这里的"各咯介""咯介"都表示了原因。

表示条件复句，普通话要用关联词语"只要……就"，织里方言里只用一个"叫得"，如：叫得好好交读书，大学稳考上。（只要好好读书，大学一定考得上。）织里方言中表示条件关系的还常用一个"处"字，如：处伊要勿要，嗯送过去再讲。（不管她要还是不要，我送去再说。）

（七）织里方言的时态表示法

汉语没有西洋语言动词的时态变化，织里方言的时态不是通过动词词尾的变化来表示，而是通过相关词汇来表示，如：

织里方言表示动作的进行时态，常用"有乌+动词"表示，如：

小把戏有乌睏觉，侪家声音小介点。（小孩子在睡觉，大家声音小一点。）

天有乌落雪，嗯勿过来特。（天正在下雪，我不过来了。）

织里方言表示动作的刚开始，常用"暴+动词"表示，如：

只手机嗯暴买，用起来倒底舒齐。（这只手机我刚买，用起来倒底舒服。）

英语小王暴学，讲起来还屹里屹搭。（英语小王刚学，讲起来还不流利。）

织里方言表示表示动作的延续，用"动+过去看"，意思是"行为一直进行下去再说"，如：

格桩事体到底那哈，只有弄过去看旦。（这件事究竟如何，只有一直弄下去再说了。）

格只电脑质量蛮好，嗯用过去看再讲。（这只电脑质量很好，我一直用下去再说。）

织里方言表示动作完成或将要完成，用"动词+巴脱""动词+巴好"表示，如：

讲好一道出去，勿想着伊走巴脱。（讲好一起出去，没想到他竟走掉了。）

倷生活做巴好牢再来。（你活干完了再来。）

织里方言表示行为动作的结束完成，用"动+旦"表示，如：

等旦大半日，渠还呒不来。（等了老半天，他还没有来。）

倷明早要出国，东西理好旦伐？（你明天要出国，东西整理好了吗？）

织里方言表示动作的将来时态，用"动词+快旦"或表示用"就介（那要）+动词"，如：

汽车要开快旦，侪家快点上车。（汽车快要开了，大家快点上车。）

就介要过年旦，年货呒不准备好。（快要过年了，年货没有准备好。）

那要搬新房子旦，心里开心煞。（快要搬新房子了，心里开心死了。）

（八）织里方言的语序特点

织里方言的语序与普通话存在着部分不一致的地方。

1.双宾语的位置

织里方言的双宾语的位置有三种情况，后二种是织里方言特有的。

第一种：谓语+间接宾语+直接宾语。这是普通话的基本句式，织里方言也用这个句式，如：

昨日，外婆送嗯一只玉镯。（昨天外婆给我一只玉镯。）

嗯有事体会得打伊电话呃。（我有事会打他电话的。）

第二种：谓语+直接宾语+拨+间接宾语。

在这个句式中，直接宾语在前，间接宾语在后，表人的间接宾语前有"拨"，如：

男朋友送旦只手机拨嗯。（男朋友送了只手机给我。）

倷借二百只洋拨嗯，好伐？（你借二百元钱给我，好不好？）

第三种：谓语+拨+间接宾语+直接宾语，如：

嗯要送拨小李一双皮鞋。（我要送给小李一双皮鞋。）

公司要奖拨嗯一部车子。（公司要奖我一辆汽车。）

2.补语的位置

普通话的补语位置一般是在动词后，宾语前，如"搞不定他""说服不了我""打败了美国队"。这里的"不定""不了""败"是补语，分别在宾语"他""我""美国队"。织里方言中的补语的位置有与普通话不同的地方。

可能补语的位置

可能补语表示动词可能或者不可能有某种结果或趋向。织里方言的可能补语有三种基本类型：

第一种：补语为"得"或"勿得"，置于动词后，直接表示行为的能与不能，如：

格条鱼喫（吃）得。（这条鱼能吃。）

格只西瓜喫（吃）勿得。（这只西瓜不能吃。）

第二种：补语为"得+动词"或"勿+动词"，置于动词后，表示行为能产生的结果，如：

小字嗯看得见。（小字我看得见。）

格块石头嗯搬勿动。（这块石头我搬不动。）

第三种：动词后有补语和宾语，表示动作的可能或不可能实现，肯定句式为：动词+得+宾语+补语；否定式有两种：动词+勿+宾语+补语；动词+宾语+勿+补语，如：

动词+得+宾语+补语：

老王蛮难弄，侪家吃得伊消？（老王很难对付的，大家吃得消他？）

小杜饭量大，格点东西肯定喫（吃）得伊光呃。（小杜饭量大，这点东西肯定吃得光的。）

动词+勿+宾语+补语：

渠力气大，嗯打勿伊过。（他力气大，我打不过他。）

格只桌子蛮重，小姑娘搬勿伊动。（这只桌子很重，小姑娘搬不动它。）

动词+宾语+勿+补语：

阿毛嘴巴节棍煞，嗯讲伊勿过。（阿毛嘴巴很厉害的，我讲不过他。）

菜势蛮多，侪家喫（吃）伊勿光。（菜很多，大家吃不光它。）

结果补语的位置

结果补语说明谓语的结果，普通话常说"修好""吃好""造好"等，织里方言结果补语的肯定句式是：动词+结果补语+宾语。与普通话相比，织里方言可以在补语后加上宾语，在一般情况下，这里的补语往往是单音形容词，如：

夜饭侬烧好伊再走。（晚饭你烧好它再走。）

衣裳汰好伊再讲。（衣服洗好了再说。）

如果，补语是双音形容词，宾语要放在补语之前，构成：动词+宾语+结果补语的句式，如：

格桩事体顶好要弄伊清爽再讲。（这件事最好要把它弄清楚再说。）

地板还勿干净，侬要拖伊干净来。（地板不干净，你要把字拖干净。）

结果补语的否定式可以有三种变化：

动词+宾语+勿+补语：东西喫（吃）伊勿光。（东西吃它不光。）

动词+勿+补语+宾语：东西喫（吃）勿光伊。（东西吃勿光它。）

动词+勿+宾语+补语：东西喫（吃）勿伊光。（东西喫（吃）勿它光。）

趋向补语的位置

普通话的趋向补语住往紧跟动词，如"走上去""闯进去""扯下来"等。除了沿用普通话的句式处，织里方言往往补主前插进宾语，一般的语序是：动词+宾语+趋向补语，如：

格点油顶好倒伊进去。（这点油最好把它倒进去。）

图钉要揿伊进去。（图钉要把它按进去。）

副词"快""煞"作补语的位置

普通话中"快"常作副词，修饰动词表示程度，如"人快来了""车快开了"等。在织里方言中，"快"更多用在动词后，作补语。上述两句在织里方言中说成"人来快旦""车车快旦"，其他的如"好快旦""死快旦""到快旦"相当于普通话的"快好了""快死了""快到了"。

"煞"在织里方言中也放在动词后作补语，表示程度；在普通话中常用"很"修饰动词，作状语。如普通话里的"很快""很多"在织里方言中说成"快煞""多煞"。其他如"开心煞旦""叽糟煞旦"相当于普通话"很开心""很麻烦"。

附：织里民谣

隔壁小宁 [ka?⁵] [piɪ?⁵] [çiɔ³²⁴] [n̠in²¹³]

隔壁小宁真野经，[ka?⁵] [piɪ?⁵] [çiɔ³²⁴] [n̠in²¹³] [tsən⁴⁴] [øia³²⁴] [tçin³²⁴]

生旦交关起架形，[sã⁴⁴] [dɛ²²] [tçiɔ⁴⁴] [kuɛ⁴⁴] [tçʻi³²⁴] [ka³²⁴] [jin²¹³]

头发彻黑鼻头挺，[dɯ²¹³] [fa?⁵] [tsʻə?⁵] [hə?⁵] [biɪ?²] [dɯ²¹³] [tʻin³²⁴]

皮肤雪白大眼睛。[bi²²] [fu⁴⁴] [çiɪ?⁵] [ba?²] [dɯ²²] [ŋɛ²²] [tçin⁴⁴]

三十六溇 [sɛ⁴⁴] [zə?²] [lo?²] [lɯ²¹³]

大白褚沈安，[dɯ²¹³] [ba?²] [tsʅ⁴⁴] [sən³²⁴] [øɛ⁴⁴]

罗大新泾潘。[lɯ²¹³] [dɯ²¹³] [çin⁴⁴] [tçin⁴⁴] [pɛ⁴⁴]

潘幻金金许杨谢，[pɛ⁴⁴] [øo³²⁴] [tçin⁴⁴] [tçin⁴⁴] [çi³²⁴] [jiã²¹³] [ʑia²¹³]

义陈濮伍蒋钱新。[n̠i²¹³] [dzən²²] [bo?²] [øu³²⁴] [tçiã³²⁴] [ʑiɛ²¹³] [çin³²⁴]

石汤晟宋乔吴薛，[za?²] [tʻɔ⁴⁴] [zən²²] [sõ³²⁴] [dʑiɔ²¹³] [ɦu²¹³] [çiə?⁵]

薛埠丁丁一点红。[çiə?⁵] [bu²²] [tin⁴⁴] [tin⁴⁴] [øiə?⁵] [tiə?⁵] [ŋ²²]

猫阿来 [mɔ²²] [øa⁴⁴] [lɛ²²]

猫阿来，狗阿来，[mɔ²²] [øa⁴⁴] [lɛ²²] [kɯ²¹³] [øa³²⁴] [lɛ²¹³]

蚕花娘子到伢来。[zɛ²²] [ho⁴⁴] [n̠ia²²] [tsʅ⁴⁴] [tɔ³²⁴] [ŋ⁴²] [lɛ²¹³]

天牢落脱蚕花来，[tʻiɛ⁴⁴] [lɔ²²] [lo?²] [tʻə?⁵] [zɛ²²] [ho⁴⁴] [lɛ²²]

地牢翻起银子来。[di²¹³] [lɔ²¹³] [fɛ⁴⁴] [çi⁴⁴] [n̠in²²] [tsʅ⁴⁴] [lɛ²²]

大元宝，滚进来。[dɯ²¹³] [n̠iɛ³²⁴] [pɔ³²⁴] [kun³²⁴] [tçin³²⁴] [lɛ²¹³]

小元宝，门角落里轧进来。

[çiɔ³²⁴] [n̠iɛ³²⁴] [pɔ³²⁴] [mən²²] [ko⁴⁴] [lo²²] [li²²] [ga?²] [tçin³²⁴] [lɛ²¹³]

轻船去，重船来，[tçʻin⁴⁴] [zɛ²²] [tçʻi³²⁴] [dzõ⁴²] [zɛ⁴²] [lɛ²¹³]

廿四个朝奉讨债来。[n̠iɛ²¹³] [sʅ³²⁴] [kə?⁵] [zɔ²²] [võ²²] [tʻɔ³²⁴] [tsa³²⁴] [lɛ²¹³]

摇摇船外婆去 [jiɔ²¹³] [jiɔ²¹³] [zɛ²¹³] [ɦa²¹³] [bu²¹³] [tɕ'i³²⁴]

摇摇船，[jiɔ²¹³] [jiɔ²¹³] [zɛ²¹³]

外婆去。[ɦa²¹³] [bu²¹³] [tɕ'i³²⁴]

外婆勒乌单？　[ɦa²¹³] [bu²¹³] [lə ʔ²] [Øu³²⁴] [tɛ³²⁴]

外婆勒天浪。[ɦa²¹³] [bu²¹³] [lə ʔ2] [t'iɛ⁴⁴] [lɔ̃²²]

哪哈爬上去，[na⁴²] [ha⁵³] [bo²²] [zɔ̃²²] [tɕ'i⁴⁴]

花花轿抬上去。[ho⁴⁴] [ho⁴⁴] [dʑi²²] [dɛ²²] [zɔ̃²²] [tɕ'i⁴⁴]

哪哈爬脱来，[na⁴²] [ha⁵³] [bo²²] [t'ə ʔ⁵] [lɛ²²]

红绿丝线挂脱来。[ɦɔ̃²²] [lo ʔ²] [sʅ⁴⁴] [ɕiɛ⁴⁴] [ko⁴⁴] [t'ə ʔ⁵] [lɛ²²]

乱说歌 [lɛ²¹³] [sə ʔ⁵] [kəu⁴⁴]

长远勿唱乱说歌，[zã²²] [øiɛ⁴⁴] [fə ʔ⁵] [ts'ɔ̃³²⁴] [lɛ²¹³] [sə ʔ⁵] [kəu⁴⁴]

蚌壳摇船过太湖。[bã²¹³] [k'o ʔ⁵] [jiɔ²¹³] [zɛ²¹³] [kəu³²⁴] [t'a³²⁴] [ɦəu²¹³]

太湖当中一根芦，[t'a³²⁴] [ɦəu²¹³] [tɔ̃⁴⁴] [tsõ⁴⁴] [øiə ʔ⁵] [kən⁴⁴] [ləu²¹³]

飞过只麻吊作个窠。[fi⁴⁴] [kəu³²⁴] [tsa ʔ⁵] [mɔ²²] [tiɔ⁴⁴] [tso ʔ⁵] [kə ʔ⁵] [k'əu⁴⁴]

做个窠来生个蛋，[tsəu³²⁴] [kə ʔ⁵] [k'əu⁴⁴] [lɛ²²] [sã⁴⁴] [kə ʔ⁵] [dɛ²¹³]

生个蛋来比鹅蛋大。[sã⁴⁴] [kə ʔ⁵] [dɛ²¹³] [lɛ²²] [pi³²⁴] [ŋəu⁴⁴] [dɛ²²] [dəu²¹³]

端去拨外婆望望看，[tɛ⁴⁴] [tɕ'i⁴⁴] [pə ʔ⁵] [ɦa²¹³] [bu²¹³] [mɔ̃²²] [mɔ̃²²] [k'ɛ³²⁴]

外婆勒摇篮里哇啦哇啦哭。

[ɦa²¹³] [bu²¹³] [lə ʔ²] [jiɔ²²] [lɛ²²] [li²²] [ɦua²¹³] [la²¹³] [ɦua²¹³] [la²¹³] [k'o ʔ⁵]

外甥拍手抱外婆，[ɦa²¹³] [sã³²⁴] [p'a ʔ⁵] [ɕiəɤ³²⁴] [bo²¹³] [ɦa²¹³] [bu²¹³]

娘舅勒洋开潭里钓螃蟹。

[ȵiã²²] [dʑiəɤ²²] [lə ʔ²] [øia324] [k'ɛ³²⁴] [dɛ³²⁴] [li⁴²] [tiɔ³²⁴] [p'ã⁴⁴] [ha⁴⁴]

第九卷

DIJIUJUAN CONG LU

丛 录

第一章　文献录

　　自古以来经济富庶，文化繁荣，尤其是明清以降，以凌、闵两大家族为代表的雕版印刷业和书船业的发展，以五湖书院为中心的教育的发展，进一步丰富了这片土地上的文化积淀。虽然历经太平天国战争、抗日战争、"文革"等浩劫，以及20世纪80年代以来城镇化和新农村建设对历史文化资源的损伤，仍有不少历史文化资源得以保存下来。本章收入织里镇域内存留的寺庙、书院、桥梁、荻塘等碑刻和凌濛初、吴云等名人墓志铭、闵氏宗祠碑记的文字内容，以及新中国成立后织里镇党委、政府、人大的重要文献资料。

第一节　碑刻　石刻

一、碑刻铭文

崇顺庵戒文碑

元·闵德渊

　　崇顺庵既成，友山老人嘱其子、婿、亲族，而谓之曰："成住坏空，世间法也。出世间法，有所谓常住者，予信，向欣慕之。故予之建是庵，以为杭之永宁崇福寺子院，疏请寺之长老椿南山住持，焚修庵门事务，委其徒盛监院掌之，盖将为常住计也。庵之田顷亩几何，屋区落若干，斋供之具，盖藏之器，以至于坐卧耕种之什物，已籍而付之矣。既又虑后人之弗克承于初，于是思立规约，以为永图。不可以不告。"有当告于族者曰："庵之田量，供祭祀也，赡僧众也，备缮修也。公用则可，毋以入私帑。僧之披剃，崇顺自作一派。甲乙分授，毋得搀越。常住之田，定额之外，复舍一十七亩，以其所收，专为崇福斋粮之助，其余金谷，庵寺毫无干涉。庵之住持为众领袖，晨夕焚修，香灯必整齐，经课必严谨。今既得其人矣，后之继其事者，当务遵成规，毋废前辙。或有不守戒律之徒，不念施主劳心创业之艰难，侵渔金谷，废弛常住，为施主者当公平同本寺相与会议，停革，更选，补充。"有当告于子孙者曰："祖宗坟茔，贵乎安妥？毋纵容役使之人搅扰而蹂践之，亦听庵门约束，毋得徇情占获庵之物业。既曰常住，专为祖宗冥福之地，后代子孙当勿替守之，毋得指称有分，以借贷、移易为名，苟安妄取。倘或有之，是不肖也。是不肖也，毋犯不韪，以获罪，以公论。凡为子孙者，当以祖父之心为心，不可兴觊觎之妄想。为住持者，当以施主之心为心，不可废常住之定业。立约竖珉，永以为戒。"

元至顺元年庚午九月初三日立

四明任存中刻石

（转自《晟舍镇志》）

重建双甲桥记

清·闵文山

三十二溇之水，发源天目，混混不息，趋于具区而蓄焉。每岁桃花夏黄水发，澎湃尳驶，贯桥而下如注也。蒋之为溇，界东西诸溇之中，室庐田腴壤沃，莫釐、缥缈群峰，隐现于玉镜中，境居最胜。溇之上有桥，一洞跨之，取《周易》先甲后甲义，名曰"双甲"。建自康熙四十八年，历经六十二，石既顷圮，梁亦颓坏，舟楫者触石之虞，负戴有褰裳之虑。里人金聚山，慨然为桑梓捐资首唱，诸好义者，亦各捐金，协助踊跃。从事不数月，告竣。昔蔡忠惠治桥，于晋江之滨，费金钱于四百万，而毅然为之，桥卒以成。坡公在龙川，引江为池，架石为梁，至捐所赐金钱并解佩，群缮之称便。利涉之事，诚不可视为缓图哉。且是桥当利津而锁逸流，为吾里聚气丰财之本，不独往来于上者，交臂接踵，如过忱席已也。桥之下，浚而铺以石板，桥之西，构一亭，为行人憩息之所，取少陵"溪堑为我迥"之句，额曰"迥春"，皆旧所无而增之者，共费白金四百两有奇。是举也，固擎而绍隆，上人化缘之勤不可泯爱，镌石为之记。

乾隆三十六年辛卯春二月清明后三日晟舍闵文山

本里宋志学书

（转自《人文织里》）

湖滨崇善堂记

清·林则徐

太湖为东南巨浸。虞翻曰："水通五道，谓之五湖。"界毗两省，跨越苏、常、湖三郡，商民往来，视官塘河较近，而风涛鼓荡，恒有倾覆之患。近湖居人迩有救生之举，甚盛心也。其法略仿京口，而以属湖中罟船。凡救一生者，钱三缗；得一尸，一缗；将覆而援，人船无恙者，六缗。择地乌程之乔溇吕祖庙侧建崇善堂，旁及掩埋棺椁。而江、震、程、安四邑之好善者，迭为劝募，事赖以集。曩余官浙江，分巡嘉湖者一年，洎莅吴，先后且十年，太湖并在所辖。每闻波浪之险，怵然于怀，夫恻隐之心尽人同之。往时罟船非不知溺之当救也，而责不专属，或以多事为引嫌；有专责矣，而无以奖励之，则不久而倦。是举也，其有以充恻隐之心而持之以久者乎。吕祖庙者，素著灵应，诸君发信愿于此，而四邑之人于以踊跃输助，以底于事之成。抑余闻之，匪始之难，终之实难。太湖周行八百余里，舟楫之患无地无之，他邑之人必有闻风兴起者，而诸君敦善不怠，可质神明，在《易》之中孚"信及豚鱼"，大川利涉，所宜勉勉焉，慎恃其后也。倡其议者，杨体涵、王恩溥，吴杰捐资尤巨，而诸善士继之，王征仕之佐其一也。道光丙申九月请余为记，书其缘起如此。

（转自《人文织里》）

创建五湖书院碑记

清·吴云

吾郡自安定胡先生立经义、治事两斋，以教授生徒，有司至读于湖学，取其法以课太学诸生，可谓盛矣。厥后精庐横舍，踵事而兴，然皆在郡县治所及东南诸大聚落，而濒湖三十六溇，去郡城不一舍，其地渚往汀还，东萦西带，不徒富芰莲而饶荷□，秀艾之民往往而在鱼庄蟹舍间，怀铅握素，讽诵相摩。然而讲舍未兴，师道不立，余甚惜焉。岁在庚午，徐孝廉有珂寓书于余，言与张君尧淦、陈君根培有创建书院之议，余矍然曰："此素愿也。"首捐白金如干，而濒湖好义者，亦相率出资成其事，就陈溇吴江峰太守故宅建五湖书院，前为大门，少进为仪门，内为厅事，由堂涂进为讲堂，颜曰"崇礼敦本"也，堂之后有楼，为退息之所，其杙桷之挠庼者，瓦甓之□缺者，黝垩之哆剥不鲜者，缮完葺之，又从而新之。旁有平屋若而楹，未遑经营也。计用钱逾千缗，而修膳、膏火之资则犹未具。时上元宗公源瀚，方摄太守事，复捐养廉为之倡，并议分拨丝捐善后款，为郡邑各书院用，而五湖书院得六之一，期于三易岁止其数。别渻诸石，由主者予母质库而入其子，以供师长修膳，生童膏火。已而真守番禺杨公荣绪复来领郡，实踵成之。其明季辛未，同人延徐孝廉有珂主讲席，每月朔望进诸弟子员以时艺、经学分课之，奖其尤者，既禀有差，旬省月试，立法详备，佥曰善哉，不可无述，乃嘱余记之。余闻昔人论学校之衰，惟建书院，立山长，足以补学官之所未及，今书院既立，诸君相与切劘其间，务为有用之学，庶几安定之教，复行于今日，岂仅猎掇科名，博宗族交游光宠已哉，诸君勉之矣。余虽耄老，犹将皮弁执豆，从诸生雅吹击磬也。

同治十有二季癸酉秋七月丁未朔里人吴云撰并书
徐凤衍篆额
（转自《人文织里》）

重修利济寺碑记

清·闵鹗元

镇东北有寺，岿然存者，曰"利济"，谓即古慧明寺。创建于北宋建中靖国元年。元季，伪周雄据三吴，晟里为要镇，奄作战场，兵燹余烬，名蓝鞠为茂草。明宣德六载，沙门善懋慨以兴复为念，重建旧规，俾荆榛瓦砾之地，复为宝刹。逮英宗正统辛酉岁，僧殊能结檀信法缘，创世尊殿三楹，后峙杰阁，右翼耳殿，次第作山门、僧寮及斋厨、客堂、寝室。东西两房居应副僧，分主里中诸世族宗支部籍，（而殿阁则）延高僧住持，嗣衍禅灯，广接道众。顾自明宣德重建已来，事又三百余年矣，梵宫蓝宇岁久，不乏鸟鼠蜂穿之剥蚀。佛子龙山，钱唐高僧也，静默能诗，瓣香齐已，惠崇间向曾来里挂锡者，再能修苦行阇黎来受戒者，岁无间。乾隆十六七年中，既新久圮之阁，兹复以招提颓损，誓愿葺修，里中诸君子为之提倡，主持一时善信，均同心合力，输粟委锱，而工钜费繁，赀用不无稍绌，乃披水田衣、挂越盂，数由旬来吴门，以予为里人请，了善举，自维宿滞尘缘，既无房、裴慧力，亦歉陶、谢高风，欲结胜因，让未遑也。顾龙山愿力专精，颇能倾动诸公，咸以为迦叶礼足之忱，即共成王舍结集之果。橐金以归，谋材鸠工，朽蠹者桢干之，黝黯者丹艧之，雷鼓云幢，顿成灵境，庄严完好，壮丽有加于昔。得法栋之支持，保精蓝于永盛，山公可谓有功于吾里，而其道行之化，或溢于邻境矣。工事既葳，寄蒭来丐予记其本末。恭惟圣人在上，皇图巩固，欢洽人天，茂院灵严之岫，武林明圣之涯，凡巍峨宝刹，罔不金碧璀璨，朝夕梵诵，以上祝万寿无疆之遐福。吾里虽僻居荒寂，祝厘丹悃，率土无殊。且法施为上，法守次之，当更复以自了，智力利益厚生，则功德益宏，又可大书以记于无量也。

时清乾隆四十有九年岁次甲辰九月谷旦

翰林院编修里人闵焞大篆额

（转自《晟舍镇志》）

重建晟舍利济寺碑

清·归安杨岘撰

吴县姚孟起书

安吉吴俊卿篆额

利济寺在晟舍东北隅，自六朝讫赵宋曰慧明寺，明宣德间易今名，历年久或衰或盛。本朝道光间，僧浩清重修，规模益扩，其徒朗如，谨守弗失。咸丰辛酉之乱毁于火，存者仅矣。光绪初年，僧永明自天目来，慨然有兴复之志，丐于众，众信舍，次第成讲堂及廊庑，十三年冬建大殿，十五年夏落成，像设壮丽，棂槛璀璨，四方来观者咸顶礼赞叹，曰佛之灵欤，仅兴之勃焉。大唐韩愈氏辟佛儒者，至今斥为异端，然而佛之徒，能以艰重为己任，虽饥饿欲踣，百折不回，卒完其愿而后已，吾人遇小不顺，相顾色动，不敢一试乎，岂真气力不伦耶。母亦未尝用其气力耶，夫坚其心忍其性如彼，畏葸退避如此，吾是以嘉永明之功，千万于士大夫而无数也，且夫天下之财，必有所寄，不则盈而溢，不则荡检逾闲而不可自禁，至于不可自禁，而佛氏信舍之说，出而疏通之，即不为福，实销隐祸于无限，故曰明治以礼乐，幽治以鬼神，嗟乎！安得如永明者，尽起沧废而大昌之哉。是为记。

光绪十六年岁次庚寅冬十一月建

晟舍众姓捐募立石

句吴唐仁斋镌字

（转自《晟舍利济禅寺志》，2015年方志出版社）

重兴港涌莲庵禁碑

里人公立

重建前殿为供奉圣像，理宜清洁。本里公议，惟寿材、风车二物可停，余者杂物永禁不准停伫，如违将物毁弃，再议公罚。光绪二十九年菊月吉立，里人公具，勒石永禁。

（转自《大港村史》，2009年方志出版社）

吴兴晟舍镇利济寺斋田碑记

民国·陈钟祺撰

佛说：普度众僧。普，广也；众僧，一切之僧也。引伸其义，实有慈悲之意。佛在当日亦一僧耳，普度众僧，此佛之所以为佛也。今兹之僧，苟能服膺其说，仿行其事，去佛当不远矣。吴兴凌君庸臧，即福镜，与予同事浙议会已一十余年矣，一日来告曰，吾子讲求哲学多年，佛学亦哲学之一，想在讲求之中，然吾子讲求佛学仅窃取其义，究不如僧人讲求佛学必仿行其事，深切而普明。予居晟舍镇，镇有利济寺，住持僧圆达，号印月者，皈依佛氏，静坐禅门，已数十年矣，深悟普度众僧之义，乃以经忏余资购得陈兴安田九十余亩，荡五十四亩，坐落本县苕字一百二十八庄，刁家兜地方，每岁收入，以为行僧挂单斋粮之资，深恐后之寺僧借端变卖，或地方士绅借端侵占，欲乞吾子一言，勒之贞珉，以垂久远。按乘志，吴兴丛林古刹不下数十，夕照也、法忍也、谢村之福田也、织里之宝相也，均败屋颓垣，杂于蓁莽，过其地者，不胜今昔之感，惟道场之万寿寺，白雀之法华寺，以及晟舍之利济寺，依然无恙也。然万寿、法华有田数百亩，山林、竹林一年生息，足以供养众僧，而利济则无之，而印月则有宏愿在，印月之言僧，当一心顶礼乎佛，佛说之真谛，不独窃取其义，尤当仿行其事，众僧之苦厄，视为一身之苦厄，此佛说之真谛也。本此真谛，发于宏愿，今有其基，后当共守。予尝谓，孔子学说尚同胞，墨子学说尚兼爱，佛子学说尚慈悲，实本孔子所抱仁之旨趣，各窃绪余，遂有门户之别。印月之言，仅囿于佛氏学说；凌君之言，斤斤以不能久远为虑。不知今世界尚人道主义，实窃仁之绪余，亦异派而同流也。况国家保护寺产有专条在，自无变卖、侵占之虞。后之寺僧，当以印月之心为心，后之地方士绅，尤当以已之心曲谅印月之心，印月差堪慰矣，未知凌君以为何如。

天台一阳陈锺祺谨撰

吴兴剑飞吴锐敬书

此田于中华民国四年契买，计产价洋一千八百五十元正，自立此碑后，原契户摺图销，由本镇自治会存具备案，以垂永久，合并附志，庸臧凌福镜谨志。

中华民国十二年

（转自《晟舍利济禅寺志》，2015 年方志出版社）

重建吴兴城东頔塘记

民国·许文浚

頔塘在吴兴城东，故亦称东塘，即府县志所谓荻塘也。其始沿岸皆荻，晋太守殷康所开，遂名"荻塘"。其后唐刺史于頔重筑，又曰"頔塘"。因其关系田庐，历朝牧令叠修之，惟屡修屡塌，迄无宁日，最后，官司无暇过问，乡民自顾藩篱，各于潘杨桥、卫浪桥等处，合筑里塘为第二重门户，今夹塘也。至明万历间，郡守陈幼学改砌以石，而塘始矗立于风冲浪激之中，朱文肃东塘记所称"屹如亘如"是也。然撼动日久，罅隙渐多，如犹石缺石补，继而石缺而土筑之，久之，完固之石塘少，而坍损之土塘多。逡巡至前清光绪甲申、乙酉之间，并坍损之土塘而亦仅有存者。郡守林祖述筹募兼营，照会沿塘士绅，分段督修，择其冲要，间以石塘，奈四五十年来，砌筑相寻，成难败易，曾几何时，又复坍损原状。其最为塘患者，则轮船之害烈也；水，岁一发而已，或间岁一发；轮船则经年累月，昼夜不分，过往来续，顺逆交冲，虽铁柱铜墙，无能抵抗，区区狂烂之湏洞，更不足数矣。沿塘居民危之，咸谓田庐万千，何时得有安定之一日，邑耆李山岜倡议："改用石塘，以图持久。"民国十一年壬戌冬，特开会于湖城，计塘路约七十里，估须工料银币六十万元，佥疑经费难筹，山岜谓此紧要水利也，吴兴水利附税，岁输巨万，水利会储积有年，岂容推诿；即吾侪稍具能力者，亦各有应尽之义务。庞元济提议："全用石，不如兼用水泥之粘具固，所谓水泥，即今通用之粤厂水门汀也，泥石交融，固粘不解，既无私移之弊，亦无松动之虞。石，不必远求，近可取之升山，但须筑一轻便铁道，以利运输。"众议赞同，遂成立塘工董事会，初推李山岜为会长，予副之；山岜殁，继推杨兆鋆为会长，予仍副之，并延请李昌祚为工程师。而于上海、湖城、南浔各设一事务所，以便接洽。时适沈金鉴长浙政，吴鬻皋知吴兴县事，二公皆竭力提倡，即由会募集捐款三十万二千余元。塘工限六年告竣，捐款亦分六年匀付，一面开具工料表，呈请令饬浙西水利议事会照章筹拨半数三十万元，据经遵会议复且请，亦分六年拨领。已奉批施行矣，该会忽取原表复核，减为四十九万七千六百元，只认补助半数，而其应拨补助半数，又须分十二年拨付。同人相对惘然，既念筹备就绪，工匠已齐（摊），不得不努力进行。于是先后呈明，另募塘工公债十一万元，即以六年后水利会续发之补助银元作保证，一面会议工作程序，其最要者塘宽英尺丈二，河道窄狭处北退数丈，以资容纳，塘北毗连田地收买五丈，以殿其后而厚塘身。工程自旧馆之东塘桥起点，一由桥东迤逦至南浔之西栅口，一由桥西迤逦至城东之二里店，限戊辰冬月全塘工竣。二里店至锁苕桥，塘北本无田亩，而庐舍又占高壤，况本有土塘，自可不施工作，以节靡费。其善后之法，工竣后应留浔所以管塘务，并请县派警察，沿塘照料，防禁损害；遇有坍坏，随时报所修治。议定后，即于十二年癸亥九月开工。乃工乍兴，而兆鳌又故，因公推沈镛为会长，予又副之，予以耄辞，不可，因援李培锷以相助，培锷虽承诺，而常以冗什自解。实则枢纽有三所，而浔所为最剧，主其事者：沪所，杨兆鳌、沈镛；湖所：王士源、陆成熙、任家驹；浔所：庞元浩、屠维屏、张维熊、金熙、庄赓云诸人。沪所集合捐款，湖所收购田地兼司收捐，浔所购地而外，兼督工作并收支事宜也。主任一席沈省长初委王树藩，既而水利会议称主任应兼司工程，于是呈请改委李昌祚兼主任，声明工作良窳，归主任负责；职工、材料、银钱归董事会负责。甲子秋，齐卢交讧，以役夫之麇集，而又当军队往来之孔道，相与敦促藏事，期于及时结束，避免纠纷。即于十七年戊辰春三月全工告成。而水利会补助之款，亦经呈准提前领讫。所募公债应付之本息，因亦拨早付清。计全塘长度六十七里而强，里各费银一万元而弱，合之民田代价、工程材料两处，暨沪、湖、浔三所开支、公债及借款、息金等项，共支银币八十二万三千七百余元。惟各业各户认定捐款，按年如数缴清者固居多数，然亦间有以营业失败为言者，有借口于今昔境地不同者，或付一二年而止，或付三四年而止，共欠款银二万三千三百元，除实收银七十四万五千三百余元，而不敷银七万八千三百余元，业由吴兴积谷借垫一万元，即拟以各业各户欠缴之款抵偿，已觉有盈无绌外，其余悉由庞元济捐助。目前，继续收入者，仅有轮局搭客并附拖船捐，每年约三千余元，此项捐款呈明江、浙官厅核准施行，护塘警察工食以及随时修理之工料费，胥于是乎取之。吾因之有感焉，塘路绵长七十里，塘北田庐之保障也。轮捐岁入三千元，塘工之资以善后也。轮船之捐不废，此塘其庶几工！

民国十八年岁次己巳□月□日吴兴许文浚撰

江宁邓邦述书并篆额

吴县周梅谷刻

（转自《人文织里》，2004 年方志出版社）

民国安农桥碑

民国·蔡志清

塘北山水夙著，清芬流风余韵，蔚为人英，而凌云浩气与磅礴正气，更因地灵而产人杰。前者姚公勇忱，奔走革命，反抗帝制，被害权奸。今者赵公安农，坚强抗战，不屈和平，见杀倭番。先后媲美，相得益彰，其人可敬，其事可传，更足以惊天地泣鬼神。诚以至大至刚之养素与忠贞不贰之节操，在抗战洪流中，激发忠士仁人壮烈牺牲，与日月争光矣。志清先后拜城区、织区之命，赵公随任民政指导员三载，以是擘划周详，深资臂助。本年四月十四日拂晓，窃据湖敌三百余名袭击本署，时本署适驻砖桥。志清闻响，于晨光熹微中，率区特务队士，奋力抵抗，突围而出。赵公以事起仓猝未及脱险，胸罹数刃，以身殉区，呜呼痛哉！回忆赵公，以杰出英才壮志未酬，饮恨长逝，砖桥血洒。霜露未干，来织行路，痛定之余，抚今追昔，未释□□，兹番追吊先烈，长留纪念起见，商得邑人公意，将砖桥改为安农桥，爰撰文勒石立碑桥左，以昭忠烈而志景仰，

中华民国三十二年八月□日蔡志清敬识立

（碑存义皋崇义馆）

二、墓志、祠记

别驾初成公墓志铭

明·郑龙采

公讳濛初，字元房，别号初成。粤稽姓始，上古朱襄氏之苗裔，为周凌人，

因以官为氏。自三国至元季，代有闻人：仕吴者曰操，曰统，为车骑将军；仕唐者曰准，为度支尚书；仕宋者曰景夏，为平章，曰哲，为华文阁待制；仕元者曰时中，为秘书监少监。时中生懋翁，为翰林直学士，世居吴兴安吉。懋翁之孙均德，始自安吉迁归安。均德生贤，洪武戊辰中式，仕至应天府治中，以直言忤旨，谪居均州。宣庙时，以隆平侯张信荐，御制《招隐歌》，遣行人轩轾召还，命为大司马、都掌院，皆不受。上高其志，书"赐老堂"三字褒之，命如子晏如官，驰驿还乡。晏如起家中书，为吏科给事，随驾北征，累官至都察院右佥都御史，掌院事，历事三朝，所建明甚多。晏如生敷，出赘晟舍闵氏，遂为乌程人。敷生震，有文名，以贡为黔博士，有《练溪集》行于世。震生约言，嘉靖庚子中式，仕至南京刑部员外郎，有《凤笙阁简抄》《椒沔集》行于世。约言生迪知，嘉靖丙辰进士，授工部营缮司员外，与时相不合，即归里，年三十八耳，所著有《名公翰藻》《名世类苑》《万姓统谱》等书行于世。迪知生五子，其四即公，生而颖异，十二游泮宫，十八补廪饩，二十而膳部捐馆。服阕，上书于刘大司成，刘甚奇之，以其书示少司马定力耿公。耿曰："此予年家子也，先孟恭简公尝目为天下士，君未之识耶？"一时公卿无不知有凌十九者。公试于浙，再中付车；改试南雍，又中付车；改试北雍，复中付车，乃作《绝交举子书》。为归隐计，将于杼山、戴山间营一精舍，以终老焉，作《杼山赋》《戴山记》《戴山诗》以见志。时沮溪潘昭度公为赣府抚军，聘公为幕，适天下方荒乱，寇贼蜂起，潘公帅师勤王，公慨然有击楫澄清之志，尝抚膺而叹曰："使吾辈得展一官，效一职，不出其生平筹划，以匡济时艰，亦何贵乎经笥之腹、武库之胸耶！"遂入都就选。时朱文肃公方大拜，招诣同舟，访以经济之术。后选得上海丞，司李公为闽人李宝弓，欣然相接曰："子我师也，而屈于是耶！"盖公尝游闽，李尚未达，阅其文，许以必售。李心感慕之，故款洽至此。未几，署令事，凡八月，催科抚字，两无失焉，迄今海滨故老犹能称述之。既而有北输之役，先是任役者辄罹于法，邑之绅衿耆庶皆欲请于漕院，以他官代。公曰："是吾职也。彼皆不得其肯綮耳，我能办之。"遂输粟入都，果竣事。归作《北输》前后两赋，呈上官，佥曰："是可为松郡良法矣。"又署海防事，其盐场积弊甚多，灶户奸商，交相蒙蔽，而吏胥弄法，莫可究悉，公为井字法，每盐作九堆为一井，其大小高下如一，每一井一场官守之，较其一而知其八，一日可毕数十井，锱铢无爽也。沿海设防，皆以为法，直指使者屡嘉奖之。在上海八年，擢为徐州判。去任之日，卧辙攀辕，涕泣阻道者踵相接也。公就道，由淮抵徐，河水涸竭，能通车马。公太息久之，以为天下不能无事矣，乃分署房村，料理河事。房村对岸为吕梁洪，河之要害处也。桃花水发，民胥栗栗焉。公与防河主事方允立公昼夜图维防，防筑有法，淮抚振飞路公表奖者再。时有流寇陈小一，自号"萧王"，拥众数万，据有丰城，多储粮糗。其党扫地王等，出入山东傍郡及归德、萧砀等地，沿河数百里，受其绎骚。其渠魁三十六，分屯徐境。会何公腾蛟奉命兵备淮徐，既莅任，即秣马厉兵，誓师于吕梁洪上汉协帝、唐鄂公庙中，将灭此朝食。适大风扬，战复不利，乃聚众会议于城西左卫，或言请兵剿者，或言招之降者，或言檄远近卫所募骁勇会讨者，或言咨南司马约诸道各处掩截遮其饷道者，议论纷纷，至夕而散。公独无一言，揖而退寓卧佛寺，夜将半，方燃炬搦管，何公忽遣人来召公。公语家人曰："我固知何公之见召也，故籌灯属草以待耳。"及见，何公降阶迎之，俾长揖勿拜，目延之坐，曰："子非浙西凌十九耶？慕子才名素矣，何无一言开予也？"公对曰："某人微而位卑，向不敢阻挠众议，然知明公必有以询及者，谨已具稿呈览，惟明公留意焉。"于是献《剿寇十策》：一曰宽抚宥；二曰行疑间；三曰据形胜；四曰练乡勇；五曰信赏罚；六曰出奇兵；七曰置弩车；八曰任地雷；九曰广应援；十曰出滞狱。何公阅竟，把臂呼曰："诚如君策，虽陇蜀积寇，不难荡平，奚有徐方之小丑哉！"遂与公盟于私室，呼为十九兄。公曰："明公不以拙谋见摈，脱略尊卑，待以诚赤，此身已许公死，敢不执鞭弭以从！"何公大喜。次日，将行事，祷于黄石公祠，卜筮皆吉。时天雨十日，何公曰："天赞我也。"欲署公为监纪。公曰："侍左右可也，何必专衔。"乃先行抚宥、疑间、应援、奇兵、赏罚五策，贼果败，望风而降者不计数。公曰："贼已破胆矣。某请单骑诣陈小一营，谕以祸福，使早降。"何公惊曰："何轻身乃尔耶！子诚义勇莫及，如不测何？"公曰："某之忠信，著徐久矣，贼必听我，倘不济，当以死报知己，明公图其后可也。"翌日，天甫明，单骑至丰，诣贼营。彼萧王者，踞高坐，左右执戟列待，叱公曰："尔来畏死乎？"答曰："畏死不来矣！"贼呼左右缚公，公叱之曰："杀则杀耳，缚何为！"延颈就刃无惧色，左右皆辟易。贼曰："尔果不畏死，来说吾降耶？"公厉声曰："有言直言，奚用说也。"言辞侃切，晓以祸福，贼俯首感悟，稽首惟命。公与之盟而还，何公大悦。次日，陈小一、扫地王等率众来降。公乃会僚佐郡邑文武各官于燕子楼，何公命酒觞公曰："二十逋逃薮，一旦廓清，凌别驾之力也。"公避席而辞。众皆起觞何公，复觞公曰："别驾凤瞻倚马才，今日之事，不可无吟咏以志之。"何公曰："善。"公谦让未遑，乃即席赋《砀山凯歌》三十章、《燕子楼公言燕》诗五十韵。防河方公亦即席赋长歌一篇赠公，有"小范胸中兵百万，大苏笔阵学三千"之句。酒酣，命军士能歌者各授《凯歌》一章，歌一阕，行酒一巡，尽醉极欢，达旦而罢。荐绅之士，咸歌咏其事，其征诗启有曰："分臬壮猷，勤纶綍于常卣之上；别骖奇计，镌歌颂于梨枣之中。"至于彭城之民，讴吟公德者，遍道路也，既而上其功于朝。何公随陕楚抚，甫之官，即疏平寇颠末，且以军中乏才，题请军前效用。随有部札，授公为监军佥事，星夜赴楚。上官以萧寇甫平，河上方起，吕梁洪、百步洪一带，尤为要地，非凌某不能料理，仍居房村料理河事。明年为甲申，正月，李自成僭称"大顺"，势甚汹涌，忽初七夜，流寇来薄徐城，流一队掠房村。先是，公与各村分署练习乡兵，相约贼攻一处，放令鸟鸽为号，则近处来援；有大寇至，举烽燧，则各处来援。斯时寇攻州城，各处乡丁皆畏贼猛锐，无来援者。初九日黎明，贼大呼曰："我辈欲见凌公。"公在楼上叱之曰："汝等欲说我降耶！诚目我为何如人！我岂鼠辈偷生者比耶！"发鸟铳毙数人。贼大怒，攻之益急。公谓百姓曰："岂可为我一人害合村百姓！我将坠楼而死，以保全汝众。"百姓俱号哭，愿同死守。公曰："我在此三载，无德于汝，讵可遗尔荼毒？我死，汝辈得全。"遂勺饮不入口。其仆皆劝公食。公曰："今干戈满地，他日觅一死所亦不可得，今没于此，得死所矣！"仆以职小为解，公曰："我自全我节耳，岂以爵之崇卑计耶？"即呕血数升，谓众曰："观贼呼我为凌公，彼有人心者，可扶我与贼面语。"乃呼贼，语之曰："我力已竭，明日死矣，万勿伤我百姓。"贼唯唯而退。十二早，呕血不止，公呼百姓谓曰："生不能保障，死当为厉鬼殄贼！"言与血俱，大呼"无伤吾百姓"者三而卒。众皆恸哭，自死以殉者十余人。次日，贼入楼，见公面色如生，咸叹异之，遂示众曰："我与凌公约，勿伤百姓。"乃斩一人，贯三人耳，余皆秋毫无犯。适淮抚援兵至，贼皆宵遁。何公闻之，大恸，遣官致祭，其文有曰："文辞播宇宙，比眉山而多武略；忠义贯日月，媲睢阳更著荩声。"斯时，村落俱被焚烬，惟房村焚而遇雨者数次，民皆谓公神之所呵护，谋建祠而奉之。公为人豪爽俊逸，倜傥风流，学富五车，才雄八斗，乃至竺乾之学，无不精通，声技之微，无不究悉，稗官之说，可以为经史，笑谈之柄，可以为箴规，一时名公硕士，千里投契，文章满天下，交与遍寰区。莅事而忠信明决，临义而慷慨殉身，洵三吴之杰彦，百世之英烈也哉。所著书有《国门》一二集、《诗逆》《诗经人物考》《言诗翼》《传诗嫡冢言》《左传合鲭》《选赋》《后汉纂评》《国策纂评》《十六国春秋删正》《宋史补遗》《苏黄尺牍》《禅喜集评》等行于世。至若《嬴滕三剞》《燕筑讴》《已篇蠹涎》《荡栉后录》等稿,《南音三籁》《红拂妓》诸北曲,《拍案惊奇》一二集,皆其余绪耳。公生于万历庚辰五月初七日,卒于崇祯甲申正月十二日。元配孺人沈氏,生于万历庚辰五月初一日,卒于顺治丁酉十月初十日。子五:琛、葆、楚、櫜、棻,俱配名族。卜兆于□月□日,葬于戴山之阳。归安郑龙采,为婺川令,道过楚时,何公为楚抚军,以同举辛酉相友善,因就谒焉。谈及凌十九同破丰寇事,津津不置。既而伤其节烈,悼惋再三,继之以泣,因欲留采为监纪。采辞曰:"朝廷命令婺川,不命参公军事也。"遂慨然惜别。及采解组归,何公已殉难死矣。采遂剃发入弁山,不复与闻世事。忽凌公令嗣入山见访,袖中出一编,乃彭城殉节地略,属余为之志。余思焚笔砚已久,且菲材不足以述公之万一,然非余又无以为公述者,因不揣固陋而为之志,且作铭曰:"维公之神,游于彭城;戴山之穴,实维公宅。生而倜傥,叱石成羊;没而英烈,埋红化碧。风清月白,鸾骖仿佛;万岁千秋,安于斯丘。"

(《人文织里·墓志铭》,2004 年方志出版社)

江苏候补道吴君墓志铭

清·俞樾

君讳云,字少甫,姓吴氏,自号平斋,晚年曰退楼,又曰愉庭。浙江归安人也,所居在太湖之钱溇。曾祖鲁招,祖世杰,父鳌,以君贵封赠如例。君生六岁,母康太夫人卒,十岁父荣禄公卒。君虽孤露,能自奋于学,而屡困场屋,凡六试始籍于学官,应省试又不雠,乃讲求经世之学,旁及金石书画,咸究壶奥。道光二十四年,君年三十有四矣,始授例通判,分发江苏,既至,佐郡守,折狱判决如流。时常熟民以征漕事哄于县,有陶四者年甫成童,有司诬为魁,君鞫之非也,出之狱,粮道某公颇不谦,君勿顾也。俄权知宝山县,县多逋赋,君立法惩劝,赋毕而民不扰,方信李公惠下其法于三十二州县,咸以君为则。又权知金匮,治亦如之。及受代归,适江北高家堰溃,灾民南来,江南设局留养,以君尸其事,无一夫失所者。二十九年吴中大水,君再权宝山,甫下车,为粥以食饥民,有粥厂,有粥担,厂以人就粥,担以粥就人,天迟,明设大镬煮于庭,君夫人陈氏亲督婢媪为之,曰:"淡食弗便也,加盐焉。"曰:"冷食弗宜也,置姜焉。"君履行四境，劝富各振其乡，乡无富民，使邻村助之。是岁，朝廷发帑金百万振江南饥，独宝山县民自为振，无一粟之浮，无一户之漏，于是大吏咸以君为才。总督陆公方改淮盐章程，使君摄泰坝监掣同知，受事三月，粤贼沿长江东下，泰州为里下河门户，为贼所窥，而土霸上扛盐之夫又以失业将为变，君察其老弱者安集之，其强有力则以搏力之法训练之，穴鸟然成一军，扬州东乡特以无患。侍郎雷公以诚驻师扬州万福桥，以君总理营务，叙功升知府。大帅以军饷不继，使君履田劝捐，不数月而饷足，议以君功上闻，君曰："此不得已之策，可居为功乎？"力辞之。已而总督怡良公上君保全里下河功，加道衔，咸丰八年权知镇江府。时郡城初复，官吏所需咸取给于各乡镇之团练局，而主局事者则苛敛于民，君至，悉裁撤之，曰："子遗之民可重困乎。"镇江故有关，常、镇、通海道实主之，巡抚徐庄愍公以关政之弛废也，欲以君摄道事，固辞，公曰："然则专以关政属君耳。"君曰："兹事体大，果尔必人告。"公无易言也，乃以会办之檄往。既治关，整纷剔蠹，商民不困，岁入益饶。是年以筹饷功，诏以道员用，明年权知苏州府。其时金陵大营溃，常州继陷，苏松太道吴公煦请以洋兵助战，守庄愍公遂命君驰赴上海，与西洋诸国领事官会议，议而定，而省垣陷，巡抚薛公焕命君率石包船会合洋兵，收复松江府城，而部议以君失守苏州奏夺君官。薛公上言，苏州失守，君实不在城中，庄愍所给咨文委劄令箭，历历有据，事乃白，复君官。薛公旋檄君兼摄松江府事，而君于是役也，奔驰烈日中，匝月心力交瘁，乃力请交代苏郡事，并缴还松郡檄。薛公鉴其诚，许焉，然犹命君董厘捐事，且管营务，君与薛公约，勿任吏职，勿列荐牍，勿主银钱出纳，署所居曰："三勿斋"。已而薛公疏保诸有功者，君名居首，坚辞至曰："息壤在彼矣，谓所署斋名也。"当是时，贼势甚盛，浦东诸防营皆溃，烽火及沪上，民大震，君虽不居职，而有大议必预焉，其尤大者，一在立会防局以联合中外合而沪上，一隅乃得安堵以待援；一在筹巨资赁轮船以迎今相国肃毅伯李公安庆之师，师至而江浙以次肃清，东南底定。是二者，皆君之成也。君口不言功，俄获咎以去。先是苏城有贼魁李兆熙者请反正，以母子为质，薛公使君图之，贼中颇有受密约为内应者，君白薛公机可乘矣，顾薛公所部，将皆恇怯无应变才，其兵则骄惰不可用事，垂成卒败。忌君者以此谮于李公，君亦不辩也，曰："一官得失，何足道。"惟念吴民久困重赋，曩以减赋事言于故总督何公，累数千言，格不行，至今以为恨耳。会粮道郭公嵩焘以事咨于君，君即录旧稿与之议，俟克复苏城然后发。君曰："如此则需矣。"及今言之，时不可失，李公题其言，会同曾文正公言于朝，减江浙两省赋额数十万石，此又君成之也。君官江苏，三宰□邑，两与名郡，年甫强仕，罢官遂不复出，人咸惜君之未竟所用，然而君之造福于三吴者，已甚巨矣。诸大吏屡欲起君，皆以疾辞，而民间利病，往往为当事者言之。丁公日昌为苏藩，君语之曰："兵燹后，民无蓄藏，盖谋积谷乎？"丁公从之，民食裕焉。浙水利久不修，太湖溇港均淤塞，君致书太仆锺公佩贤，及之锺公以闻，诏下其所定章程于江浙督抚，遂有大修溇港之举。嗣后，虽岁恒雨石为灾。同治十年，直隶大水，君施木棉衣如千袭，伯相李公疏请还君道衔，且曰："吾督师十年，阅人多矣，独于吴君有失之子羽之叹，今以补过也。"君笃嗜金石，幼时读汉书至梁孝王罍尊事，曰："此必三代上法物，惜史氏言之不详耳。"塾师大异之。所著有《二百兰亭斋金石记》，二百兰亭者，君所藏褉帖二百余种，故以名斋，其书以兵乱毁焉。后得齐侯罍二，遂名所居曰："两罍轩"，著《两罍轩彝器图释》十二卷，凡一器一铭，钩摹而精刻之，意所有疑，则博稽经史以证之。此外有《古官私印考》，凡二十七卷，《虢季子白盘考》《汉建安弩机考》《温虞恭公碑考》《华山碑考》各一卷，《焦山志》十六卷，而诗文尺牍题跋之未写定者尤夥。君于同治三年迁居吴下，所居有泉石之胜，客入其室，左图右史，钟鼎前列。君角巾杖履，挥尘而与谈，望之如神仙，几忘其前此之为召父杜母也。余亦寓吴，与君相望也。君长于余十岁而嗜学好古，简略世事，则与君同之。犹忆往岁，嘉平既望，过君□谈，君谓余曰："海内皆知君文章经□耳，君所学讵止此耶。"余深愧其言，孰意此一见后，君未及一月而遽谢宾客也。君卒于光绪九年正月癸巳，年七十有三。初娶于李先君，五十四年卒，继娶于陈后君，九月卒。子五：清湘幼殇；承璐，同治四年进士，江苏候补道；承泽，两淮候补盐大使；承源，江苏候补同知；承溥，县学生，江苏候补同知。泽、源、溥皆先君卒。女五：长女未嫁殇，余四女并适名族，相乡周善有、归安王锡玟、吴县潘祖颐、归安朱镜清，其婿也。孙五：家棠、家栋、家楣、家枢、家桢。曾孙二：惟峻、惟崑。孙女四，曾孙女一。光绪十年四月壬子，承璐奉君与陈夫人葬吴县某山之源，李夫人始浅葬于胡溇，至是亦奉移而祔焉，礼也。以状乞铭，余衰病之余，凡以碑传请者，概弗应，然君吾老友也，义固不得而辞，乃为铭曰："士之大端，惟学惟仕。苟不兼有，何以言士。惟君之仕，政绩咸在。未竟所施，以诒厥子。惟君之学，与古为友。罗列尊彝，排比图史。我观时流，无出君右。上寿八秩，盛名千载。郁郁佳城，蒸为兰□。刻石幽宫，用示永久。”

（《人文织里·墓志铭》，2004年方志出版社）

闵氏宗祠记

清·山东曲阜颜光敩

礼曰："尊祖故敬宗，敬宗故收族，收族故宗庙严。"是则宗庙之设，皆仁人孝子洽比其族人以共致其"事死如生，事亡如存"之意。自天子至于庶人，虽制有差等，情无二也。顾古者宗法行，有大宗之庙，有小宗之庙。宗子主祭，则支子咸在，是以合族之人常相聚而不涣，相敬而不乖。后世宗法废，则人各私其祖。人私其祖，则各祭于其寝，至有伯叔兄弟老死而不相识者，所谓收族之意荡然矣。虽言宗法于今日势有所不能行，而欲听其隔阂而莫为之所，则又不可。是惟于今制之中，存往古之遗，合一族而创为一祠，庶几仁孝之思常存而不泯。此闵氏宗祠所由建也。闵之系出自先贤，迨宋宝庆朝有将仕公者扈跸而南，始家湖郡之晟舍。八传而大司寇谥庄懿，为明孝宗名臣，事载信史。再传而大宗伯词章华国，屡拔名元。又数传而大司马、大冢宰，伯宗同朝，勋业烂然。其他牧伯、部寺、刺史、守令踵相接也。亦越清朝，子姓益繁，其出而服官者，固皆文章政绩勿替象贤；而退守于家者，亦循循雅饬，无忝于士君子之行。盖自将仕公至是，阅十有八世矣。於是，其族之人相与谋曰："吾侪食旧德，服先畴，以克至于今，有室庐以蔽风雨，有书诗畎亩以资教养，而先世妥灵之所越在草莽，不亦慎乎！"爰相地于里居之阳，筑堂若干楹，缭以垣墉；列以龛棪，与夫祭飨百须之器，既备且虔；又择愿良，司其洒扫启闭，祭产若干，俾族人轮掌，所入以供烝尝。始事于某年之某月，而迄功于某年之某月，当岁时伏腊。宗人数千咸斋戒，沐浴，盛衣冠，质明而进，成礼而退，济济跄跄，罔敢失序。同里欢为盛事，而四方往来者，每瞻顾榱桷，景仰而不忍去。岁丙子，余奉命视学至湖，闵氏诸生能文者多得与于选。课试既毕，相与登堂而请，为道立祠本末，且言颜闵同游圣门，欲余一言为之记。余惟至圣去今千百载矣，当时弟子以孝称，自宗圣而外，独推闵子。今宗圣世胄绵远，列于四氏之学，而闵氏散处四方，所在繁衍，即湖郡可慨观焉。大孝之食报，彰彰如是，乃子若孙，复不能忘所自出，而同心协力以大展其敬宗尊祖之诚。吾知孝子之家声正未可量也已！呜呼，人非空桑而生，孰不本之于祖者，方其封殖自厚，长虑却顾，无所不用其极；问其所从来，则曰

"吾不知也"，问其春秋盥献之礼，又曰"吾未之能行也"。所谓报本追远之道，顾如是耶？观闵氏，亦可少愧矣。夫因事属词以阐扬美善者，史官之掌也；采风观礼以上宣德化、下道乡国者，使臣之责也。于是乎书。

时清康熙丙子仲冬，官翰林院检讨浙江学政

（转自清同治《晟舍镇志·艺文》）

乌程闵君墓志铭

清·刘大魁

闵君讳永钦，字瑛开，湖州乌程人也。九世祖珪，明刑部尚书；曾祖宗圣，湖广岳州衞经历；祖哲生，父云迈，皆县学生。

君生而沈厚，不烦教督而亲近诗书。年二十三，应童子试。吾乡戴褐夫在督学姜公幕中，得君卷，喜曰："是我辈人也。"家贫以授徒为生，劝饬孜孜，无殊子息。又善于诱掖，其言披豁畅朗，支分族解，驽童钝夫闻之，咸如梦寐惊觉。其悉开悟，则喜；其有未开悟，则忧戚形于颜色。故凡承其指诲者，多举于乡，亦或去为学官名弟子。性质直，于人未尝面谀。族戚友党或以文章就正，其白黑瑜颣，一雠皆其本眞，不稍宽贷，知非其人之意不顾也，而人亦多谅其诚，鲜有憎怨之者。又善以时文觇决他人科第得失、迟早、利不利，能预一订其年月，十不失一。

君严于义利，非其义，一毫不取。其在学官，值有非分之财，众争求之，至于鬭閧，君独退处亜，馈之不受。居常教戒子弟，未尝言利。至其职所当为，勇力赴之，如嗜欲、饥渴之不可已。君虽穷居，顾尝有大志，以泽及斯人为任。醉则谓其侪辈曰："是皆杨朱为我者也。"

昆弟五人，其仲弟、叔弟皆先君而没。二室之寡妻、遗孤，时其冻馁，贬衣黜食，分馆饩给养之，无难色。闵氏之从南渡也，其始祖为将仕郎，其后数世名字磨灭不可考知。自归安教谕以下，乃始可谱，而坟墓又多迷失。君立遥祭之礼，每春秋飨奠，必致其诚愨。夫人吴氏早卒。君年方刚，而独居三十余年，与一子相依为卧起，终其身不畜婢妾。

当君之少时，日与其群六七人相切磨为文章，意气豪放。其后诸君或成进士、官翰林，次亦乡举为学官博士，君独老于诸生四十年。虽屡试高等、食廪饩，顾垂及岁荐，而先期以卒。享年七十有一。呜呼！以君之志舆其行，其视彼富贵而赫奕者，果有所不及邪？

一子文山，乾隆辛酉举人。以辛未年腊月某日葬君于晟舍里谨字三圩，而以母夫人祔之。余既识文山，而得闻君之贤。文山乃请余为铭。铭曰：

孰启态脂韦，安坐而福持？孰握瑾怀奇，没齿而不以设施？谁为为之？非余所能知，君又何悲！

（《刘大魁集》卷七，1990 年上海古籍出版社）

第二节 文 献

一、建镇文献

吴兴县织里区土改工作综合报告

（1951 年 6 月）

一、织里区的乡和村

织里区有 10 个乡 69 个行政村，共有 14 934 户，57 506 农业人口，田地132 785.4811 亩。

全区统一混合编制组成工作队 93 人，其中工作队员 44 人，区干部 13 人，乡干部 20 人，积极分子 20 人，于 11 月 16 日召开小型训练班 160 余人，20 日到达乡村进行土改。一开始就由法庭逮捕反革命分子和恶霸地主 9 人，一面积极展开广泛的政策宣传和诉苦教育，深入雇贫农发动群众，调整乡农协委员会和村的各种组织，调查研究 9～11 天，然后划分农村阶级成分 5～7 天，没收、征收共 9 天，征粮 2～7 天（重点乡 2.5 天），总结 4 天，六个阶段。织里乡的土改、征粮两大任务共 30 天时间完成，一般乡在 40 天。全区从划分阶级成分开始，即贯彻华东局新精神，狠狠地打击了反革命分子和恶霸地主的统治势力，共诉苦说理斗争了 59 个地主和恶霸分子，其中地主 51 人，恶霸惯匪 7 人，狗腿子 1 人。参加群众 10 706 人，人民法庭开庭审判 4 次，批准枪毙 9 人，判徒刑 2 人，扣押不法地主和一贯道头子共 24 人，占全区地主总数 29.2%。宣布了道门的非法，大部分一贯道表明退道态度。群众已开始树立优势，在较好的织里、常乐、漾西、云村、东桥等乡，群众已成为农村的统治者。全区群众组织总数为 21 272 人（全区姊妹团、儿童团除外，还有的乡村统计不完全），占全区人口的 37%，其中农会

13 694 人，妇女会 5088 人，整理和发展民兵 2276 人，发展新青年团员 214 人，并建立了支部，部分地区群众、民兵已经执行对地主的管制。

全区共没收地主土地 16 928.782 亩，征收土地 3202.186 亩，共计 20 230.978 亩，农具 5478 件，另蚕具 2309 件，耕牛 1 头，多余房屋 1209.5 间，随屋家具 4597 件。建立了村组织，土改前村干部 882 人，中农占 24%，土改后村干部 1020 人，中农占 17%，其中新提拔村委员以上乡村干部 558 人，撤掉 96 人，包括村委员以上的乡区干部 27 人。

得地户 7733 户，占全户数 53% 强，得地人口 28 883 人，占总人口 52% 强。有 3063 户分得房屋和农具，各地方的农民均获得了利益，最多者每人可分 2 亩。少老每人可分田分地，军工烈属、鳏寡孤独，均有照顾。单身农民得了双份，原耕农民一般比贫雇农多分 2—4 分田。土改前地主占总土地 13.53%，每人平均 10.43 亩，土改后地主占总土地 1.4%，每人平均 1.64 亩。土改前贫雇农约占总土地 32.22%，每人平均 0.6 亩，土改后贫雇农占总土地 40.24%，每人平均 1.9 亩。以上根据 5 个乡的材料计算。全区分配最高的常乐乡人均 2.2 亩，最低的织东乡人均 1.8 亩。农民在分得地后，生产情绪特别高涨，纷纷抢种春花、油菜、蚕豆等，准备来年好好生产。地主也开始挑粪种油菜。今后该区工作是进一步巩固群众优势，扩大与整理组织，训练提高乡村干部，加强团的领导，加强民兵骨干的整训，管制地主，开展生产，加强冬学和"抗美援朝、保家卫国"的宣传教育以及土改的结束工作，使土改征粮运动转入新的群众运动中去。

二、土改中几个问题的检查

（一）对乡村干部在土改中虽然做了很大的调整，但由于不少干部立场模糊，依赖旧乡村组织，以致撤换调整不坚决，少数政治上不纯的乡村干部，如义皋乡农会主任陈某某，过去干伪军曾逼死人，织东五村民兵队长、织里二村农会主任受地主收买，直至土改结束才撤换，这样大大阻碍了群众的发动。在大河乡土改后，团区委副书记徐某同志发展 6 个团员，其中 5 个中农 1 个贫农，还叫中农当团支书，区发觉后未批准。

（二）划阶级成分均未经区批准，因此将不少小土地出租者划为地主。其中有一家 6 口人，即叶栽经，出租土地 24 亩，也划为地主。义皋有 2 户、东桥有 2 户、轧骥有 4 户。这是划阶级成分的主要偏向。另一方面是降低成分，轧村乡一户地主降低为半地主式富农，大河乡一、三村多数中农降为贫农，经检查后业已纠正。但少数划错而未查出的情况估计还有。

（三）没收征收基本上是正确的。但也有两种偏向，一种是超出没收政策的范围，大河乡将30余户外籍业主的土地未申报就征收了，个别村还将地主一些菜盆、茶杯等零星物件没收了；另一种是没有达到区没收的标准，在织里的村农会主任受地主一块白绸收买，对地主留的房屋较多，农具未没收，发觉后已做了纠正。

（四）在分配政策中，发现织里三村等个别乡村少数农民代表分好田，农民分坏田，织东乡农会主任多分2亩土地，东桥八村民兵、妇女主任多分家具。对地主分配，个别地主分得较多，个别地主有其他职业收入，没有分给土地，多数地主分坏田、分欠田、分破屋。

（五）在斗争地主中极不策略。由于重点乡群众打了地主，因而全区各乡在斗争地主中，都开始打人。据统计，全区斗争59个地主中，有21人被打，占35.6%，其中有1个被打死（此人有4条人命，又像惯匪）。全区232名地主，被斗的占25%，有的乡不加请示，随便批捕。这种乱象，一般乡都在两天后就停止了。另一方面，义皋恶霸地主房某某、常乐村严某某、东桥的刘某，在斗争前逃跑，未能给予应有的打击。法庭配合尚不够及时，有的从土改开始被扣，拖延至今尚未处理。以上偏向的主要原因，在于领导上对干部大胆放手发动群众的教育不系统、不完整，因而有一部分干部只接受了放手，而不很好接受政策，因此贯彻到群众中去，就变成没有政策的敌手，有的将政策与敌手矛盾起来。其次是领导上对大胆放手的计划不详密，逮捕斗争缺乏统一计划和预见性，因而长期处于被动状态。再次是某些干部政策思想不牢固，自己打人，工作队的吴翔群同志打了4个人，区干部闵少君打了村干部，有的对群众乱打乱捕不加教育，态度不明，起着暗示群众乱打乱捕的作用。在客观上，由于敌伪长期统治，阶级血案、革命血案和反革命血案较多，因此群众一旦行动起来，领导掌握不好，就会产生过火行动。

三、土改征粮有机结合，关键在土改的每一个阶段做好征粮准备工作

土改的发动群众阶段，区粮库干部必须进行对助征人员的思想教育、政治教育，防止其单纯的技术任务观点，同时需要物质上整顿好仓库，准备好磅秤等。

划分阶级成分阶段，粮库助征人员下乡耐心地与工作队配合，进行校对田亩的工作，校对好的乡村即可造串。在造串中必须要细心，并需复称一遍，防止错误，如单纯地要求快，粗枝大叶弄错了，相反会走弯路，发至乡村再更正。

没收阶段的重点是造串、复审，造好全区全乡负担数，在群众中进行征粮宣传。分配阶段，农代会上，一面分配土地房屋农具，一面动员群众交粮。乡成立征粮指挥部，村成立征粮小组、搬运小组、过秤小组、检查小组。在群众方面，普遍动员晒干粮、称足粮、交快粮，登记组织好船只，准备麻袋。

在分配结束后，即召开村干部会议研究征粮，然后召开第五次农代会，初步总结土改，全力动员征粮。各村召开群众大会，宣传抗美援朝，动员交粮。在重点村先突破，动员小组长以上干部带头交粮，即完成了任务的一半。再召开各种小型会议，反复动员，即可顺利完成交粮任务。在织里乡分配完毕后，两天半即完成了一个乡的交粮任务。

四、大胆放手发动群众，贯彻土改的几点经验

（一）树立每一个干部全心全意为人民服务的信念。在这个基础上及时地、系统地、完整地教育与解决干部对大胆放手发动群众的思想问题。首先在土改开始前，先办短期训练班，调集工作队干部和区乡村干部、积极分子，给三四天的训练。除一般总结工作、介绍经验、政策学习、形势和阶级教育外，先解决干部对全区展开的信心，必须充分认识完成任务的有利条件，再分析某些困难，克服一般干部认为干部少又弱、地理人事不熟、乡村组织不纯、群众觉悟不高、信心不足等右倾情绪。

其次，就是大胆放手发动群众，向地主开展面对面的斗争。必须教育干部认识清楚，大胆放手发动群众是因为形势变化、工作需要、群众要求，然后弄清放手与乱的根本不同，大胆放手是"依靠群众大胆，根据政策放手，斗争地主放手，镇压首恶大胆，标准以内大胆，界限分清大胆，有领导的放手，有经验的大胆。"弄清大胆放手的具体标准和范围，怎样大胆放手以及树立基本群众绝对优势的三大标准，同时澄清新老干部的混乱思想，解决老干部怕放手后犯错误，再整风，认为走老路的，怕放了手收不住，应纠正其狭隘经验主义的思想。新干部怀疑世界大战是否已开始了，我党的政策是否变了，是否消灭地主阶级的肉体，这样做是否破坏了生产。个别地主出身的干部则认为革命革到自己头上来了，必须加强对新干部的形势教育，使其在土改中明确立场观点，一面对自己的地主富农思想作斗争，一面积极地发动和参加群众对地主面对面的斗争，求得在土改运动中锻炼改造提高干部。

再次，在部分先进的群众起来后，领导上即需防止干部产生的自满麻痹思想，认为土改有把握，没有问题了，不加以掌握和使运动提高，以致使运动限制在少数先进分子的活动面停滞不前，或使运动出轨收不回来。这时必须教育干部，首先树立信心，同时又要对自己领导下的工作，有正确的估计和检查，不断地提高。提高运动，只有干部水平提高了，才能领导群众运动正常地向前推进和广泛深入地开展下去。这是大胆放手发动群众、贯彻土改的第一个关键。

（二）必须掌握广大群众对土改最基本最迫切的要求来发动群众。分配土地是占50％人口的雇贫农的要求，在政治上彻底打垮地主阶级的封建统治，则是90％以上人口的共同要求。因此，必须教育组织群众向地主进行面对面诉苦讲理的斗争。同时紧密结合政府法庭对恶霸地主进行审判处决。法庭要召开法律严肃性、形式农民化的斗争会。在常乐乡枪毙吴某某时，群众自动用脚踢他，将他鞋子拿去说"早就该杀了，给你多活一年，多造谣破坏一年"。只有在政治上彻底打垮了地主阶级的威势，群众的土改才能彻底完成，并有决心保卫分得的土地和财产。

其次，必须发动群众来反对在思想上枷锁群众的道会门组织，进行针对各种道场特别是一贯道的斗争和批判。道友自动退道的行动，在织里乡的各村特别是第八村已经收到了良好效果，群众集体进行退道仪式，有典型检讨示范。一方面发动群众控诉道头对他们的敲诈勒索，强奸妇女，破坏生产等罪恶事实，然后由干部宣布取缔道会门组织的法令，群众大为称快。

再次，就需要镇压长期为地主阶级服务，死心与人民为敌，造谣破坏，残害人民的匪特分子。根据运动的发展，剿匪反特是群众的迫切要求之一。在大河乡，惯匪麦某某今年曾杀害我村干部夫妇2人，在群众刚发动起来时，他们就要求政府扣押严办。惯匪周某某杀害4人，还有其他敲诈、奸淫妇女的罪行，在群众斗争时，由于领导掌握被动，被愤怒的群众打死。所以在运动开始后，对一些惯匪和而有罪恶事迹者，亦需要争取主动先行逮捕，由政府法办，以免造成社会上乱捕、乱打，甚至打死的紊乱现象。因此，在土改中证明基本群众不懂要求，在经济上翻身，更主要的还是在政治上的翻身，不受封建毒素贻害，不受匪特分子威胁，真正成为农村统治者。只有在政治上的彻底翻身，其经济翻身才能靠得住。

（三）坚决执行土改总路线，明确阶级立场，深入雇贫中农，发现培养大批贫苦积极分子，推动土改工作开展。

依靠雇贫农，团结中农，中立富农，这个方针路线是丝毫不能动摇的。因为土改的主力军就是占人口90%的雇贫中农，他们受的苦越多，觉悟越高，革命的决心越大。在工作队工作开始时，第一步座谈要诉苦、找苦，找第一个积极分子相当重要，织里乡第一个积极分子费六顺经土改锻炼被选为乡协主任，因此真正的贫苦农民就是土改的骨干，也是整理组织的核心，配备干部的对象。织里区在土改前半月中即培养运用将近一千名积极分子，其中提拔了312个人为乡村干部，撤换91个村干部，以此推动了土改。

根据新区的情况，乡村组织是在剿匪反霸生产中发展起来的，未经过阶级斗争的考验，立场模糊和成分不纯几乎是普遍现象，其数量占二分之一至三分之二之多，因此，调整组织是相当重要的一环，也是群众的迫切要求。织里乡第五村原农会主任沈某某被地主掌握，威胁贫雇农说"谁开农代会将来国民党来杀头"，贫农周阿大即起来反对说"不怕国民党来，一定要开，稻子等会再割"。要求撤换主任，因此全区在第一次农代会上即作出了调整组织的第一步计划，然后在农会讨论研究执行，调整组织是贯彻在每一个阶段每一环节中的。

整理组织既要坚决，又要慎重，不能潦草马虎，或一脚踢开，应该采取"应保留的保留，应洗刷的洗刷，应降级的降级，应提升的提升，分别处理。也不是要在一个阶段里全部整顿完的，而是贯穿在土改全过程的，是与土改不能机械分割，而是紧紧衔接交叉进行的"。组织整理好，土改就有了保证，土改彻底，组织就经过了考验。因此要分清轻重缓急，先整农会民兵，结合妇女会、青年团和政权，民兵在开始时就要发动贫苦农民建立组织，在斗争中加以考验，斗争后教育巩固并加以扩大。

相反，如果在土改中走村干部路线，或村组织中农占多数，则运动一定会显得没有火气，土改不能彻底完成，或者是一时的假象积极，以后消沉。因此整理与健全组织是巩固宣传成果和分配土地的组织保证。

（四）群众的土改运动，必须建筑在群众高度的阶级觉悟基础上。只有先重视和掌握对群众的思想教育，才有真正热火朝天的群众实际斗争行动。其思想教育运动应该是诉苦教育、形势教育、政策教育和群众武装自卫、"抗美援朝，保家卫国"的教育相结合，其教育最好的武器即是选好贫苦农民代表，切实筹备与开好农代会。土改法的政策教育，一般要求面宽范围广，对乡村干部积极分子来说，应该是不断提高和掌握的。诉苦教育要结合惩治不法地主条例与镇压反革命分子的指示，既要宽到 90% 的群众参加，又要深到激发起雇贫中农的斗争决心和勇气。通过诉苦，来控诉地主阶级的罪恶及封建道会门的欺骗毒素，解决宿命论的观点，如织里乡老者周金富诉苦后说："过去六十年烧香叩头，头磕破了，还是替地主管田。现在毛主席万岁，领导农民土改，不烧香叩头就能分得土地。""抗美援朝，保家卫国"的教育要由浅到深，与反谣言结合进行，在群众斗争行动起来后，在土改结束以后，抗美援朝的进一步宣传即可成为群众自己的要求。在织里区土改结束后的乡，群众锣鼓喧天缴爱国公粮，在"抗美援朝，保家卫国"的口号下，三天即完成了征粮任务。群众思想觉悟的提高，也不能等机械地将干部教育好再行动，应该利用斗争再教育，斗争后再提高，先进的带起中间的、落后的，有重点有核心地前进。离开了对群众艰苦深入的思想发动，那只有形成干部运动，群众恩赐分配土地，为土改而土改，为运动而运动了。

（五）将大胆放手发动群众贯穿到每一阶段中。特别是土改的第一阶段，要很好的组织发动群众，掀起斗争热潮，狠狠打击地主当权派，贯彻足够的镇压精神，能够达到打一鞭子，地主普遍低头，使地主产生恐怖、不敢反抗破坏，使农民普遍产生欢天喜地这样两种显然不同的情绪。在斗争中应采取再接再厉，战胜困难，趁热打铁，将地主封建统治一扫而光，给地主无喘息的机会。第二阶段要划清敌我，向地主阶级全面进攻。划地主成分，需经过书记批准，防止错划。因此，斗争会的组织主要在一、二阶段，法庭审判是有机的配合。在全部土改过程中，要有计划有重点有目标有要求地开庭审判不法地主，以帮助运动的推进。没收分配阶段要强调"斗争中贯彻没收，没收中贯彻斗争"的原则，不仅在政治上打垮地主的封建统治，还要在经济上剥夺其统治农民的物质基础，进一步在思想上、政治上、经济上严重打击地主的阶级。总结阶段，应该是基本群众树立优势的阶段，也是运动深入阶段和转入另一运动的新阶段。

（六）大胆放手发动群众应将"推、跳、带"贯彻在整个土改的领导方法上，达到"快、熟"。需注意以下几点：

1. 一个区土改工作的开展，需要四五十个土改工作队干部和二三十个乡村翻身的积极分子，加上全区十余区干部和各乡乡干部组成土改工作队，每乡约五六个工作队员，区干一二人，积极分子二三人，结合乡干，统一计划，混合编制，全面放下，重点配备（每乡 12 人左右），照顾外围（9 人），同时开动，齐头并进。

统一计划，混合编制：土改计划以区为单位制定，将全区干部根据不同条件，照顾南方北方、有无土改经验、文化水平、枪支调剂、团结特点，统一进行混编，以原来分区委为主，扩大吸收工作队长中区委级干部为分区委员。区工作队长为第一书记，原书记为第二书记，统一在分区委领导下进行土改，做到全面照顾、重点领导。

全面放开，使全区不要有一个空白乡，但必须加强重点乡干部配备。重点乡带外围乡，需要考虑"新老乡的自然条件、地形，电话、航船等交通通讯条件，和重点乡干部力量强弱条件，村干群众觉悟条件等"。可采取一个重点带四个外围乡的"梅花形"、一个重点带一个外围乡的"一字形"、一个重点带两个外围乡的"人字形"的方式。在重点乡中，还应加强全区重点乡中的重点乡。在各乡亦应掌握重点村、重点组和典型人物。重点乡与外围乡工作需要相差五天左右，在开始时不形成差距，工作同日开始，至第三、四阶段则形成差一阶段的格局，重点带着外围，相差一阶段，先后完成土改。

2.点面结合，重点突破，四面开花，全区轰轰烈烈开展。做到基点工作要深，面的发展要宽，点的样子必须划好，面的行动照样推行。

点面结合。第一次农代会可以在重点单位召开，以后农代会，只有外围乡下决心保证人数定、时间足，每次每村派四五个积极分子轮流换班参加，才既不加重积极分子负担，又可多培养些干部。要指定一位要职干部牵头留学实习，回去后很好利用他开展工作。基点乡干部要对外围乡积极分子教育关心，切实照顾，同时应将外围乡的积极分子留学实习作为开展力量，在重点乡保留机动干部，建立几天一次的巡视检查制度，点与点之间建立联系，交流情况。学习分两种方法：一种是以乡或重点乡为单位，在每一个阶段，开始集中积极分子来学习，边学边做；另一种方法是围绕几个主要环节或专门政策问题组织全区性的学习。在工作开始时以总结土改经验的方法进行训练，用三四天时间进行工作检查。在贯彻新精神时，集中学习二三天。在全区分配土地前，每村平均抽调 1 人训练计算土地分配方案，并参加重点乡实习，使区的领导和乡的工作进度相结合。

分头帮助有两种，一种是重点乡村积极分子分头帮助外围乡村开展土改；另一种是重点乡抽出干部帮助检查工作，使点面始终保持密切联系。

重点突破，必须有计划，有领导，在每一阶段组织一个斗争，均需在一个典型乡村中做出样子，吸取经验，总结成绩，指出偏向，然后对外波浪式地推广，四面开花，造成全区性轰轰烈烈的群众运动。必须在点的基础上轰，不要一次轰，而是不断选定重点向外轰，交叉着轰，从轰的当中，巩固提高先进的，带起一般和落后的群众。

（来源：湖州市档案馆）

二、镇域变动文献

关于调整练市、八里店、织里、双林等乡镇行政区划的决定

湖政发〔1993〕99号

市区各乡镇人民政府、街道办事处，市府各部门，市直各单位：

为加强基层政权建设，使市区的行政区划更有利于经济发展和行政管理，经市人民政府研究，并报省民政厅同意，决定撤销苕南乡建制，其行政区域并入双林镇；撤销荃仁乡建制，其行政区域并入练市镇；撤销常路乡建制，其行政区域并入八里店镇；撤销晟舍乡建制，其行政区域（除旧馆、晒甲兜、庙岐山三个行政村外）并入织里镇；原晟舍乡的旧馆、晒甲兜、庙岐山村划归塘南乡管辖。

湖州市人民政府

一九九三年九月二十八日

关于市区部分乡镇行政区划调整的通知

各区管委会、市区各乡镇人民政府，市直属各部门：

根据浙江省民政厅（浙民行字〔1999〕5号)文件批复，现将我市市区部分乡镇行政区划调整情况公布如下：

一、撤销太湖镇、轧村镇、漾西镇建制，将其并入织里镇，调整后的织里镇辖3个居民区、86个行政村，镇政府驻织里镇中华路77号。

二、撤销云巢乡建制，将其并入道场乡，调整后的道场乡辖30个行政村，乡

政府驻道场乡城南行政村。

三、撤销东迁镇、马腰镇、横街镇、三长乡建制，并入南浔镇，调整后的南浔镇辖27个居民区、87个行政村，镇政府驻南浔镇人瑞路8号。

四、撤销莫蓉乡、镇西镇建制，将其并入双林镇，调整后的双林镇辖14个居民区、50个行政村，镇政府驻双林镇和睦路122号。

五、撤销花林乡、洪塘乡建制，将其并入练市镇，调整后的练市镇辖11个居民区、69个行政村，镇政府驻练市镇湖盐东路95号。

六、撤销含山镇建制，将其并入善琏镇，调整后的善琏镇辖3个居民区、20个行政村，镇政府驻善琏镇北兴路。

七、撤销新溪乡、下昂镇建制，将其并入菱湖镇，调整后的菱湖镇辖11个居民区、60个行政村，镇政府驻菱湖镇振兴路68号。

八、撤销锦山镇建制，将其并入东林镇，调整后的东林镇辖2个居民区、25个行政村，镇政府驻东林镇长灵路79号。

主题词：行政区划 调整 通知

抄送：市委、市人大常委会、市政协，市纪委、湖州军分区、市法院、市检察院

湖州市人民政府办公室
一九九九年十月十五日印发

湖州市人民政府（批复）

湖政发〔2000〕13号

关于旧馆镇庙岐山等三个行政村划归织里镇管辖的批复

旧馆、织里镇人民政府：

你们《关于要求将庙岐山村、晒介兜村、旧馆村划归织里镇管理的报告》（旧政字〔1999〕37号）、《关于愿意接受旧馆镇庙岐山村、晒介兜村、旧馆村划入我镇行政区划的报告》（织镇〔1999〕27号）悉。经报省人民政府批准（浙政发〔2000〕21号），同意将旧馆镇的庙峡山、晒介兜村、旧馆村等三个行政村划归织里镇管辖。

请你们切实加强对这项工作的领导，认真周密地组织实施，确保三个行政

村划归工作顺利完成和社会稳定。

特此批复

二〇〇〇年二月十六日

主题词：民政 行政区划 批复

抄送：市委各部门，市人大常委会、市政协办公室、市纪委、湖州军分区、市法院、市检察院、市区各区管委会、市府各部门、各群众团体

湖州市人民政府办公室

二〇〇〇年二月十七日印发

湖州市人民政府文件

湖政函〔2012〕102 号

湖州市人民政府关于设立湖州南太湖高新技术产业园区的批复

吴兴区人民政府：

你区《关于要求设立浙江南太湖高新技术产业区的请示》（吴委发〔2012〕69 号）收悉。经研究，现批复如下：

一、为拓展新的发展空间，争创竞争优势，提升发展水平，同意设立湖州南太湖高新技术产业园区。

二、湖州南太湖高新技术产业园区规划区域为：东至申苏浙皖高速公路织里连接线，南至纬五路（含东部光电产业园），西至申苏浙皖高速公路环渚连接线（含延伸），北至滨湖大道，区域总面积约 75 平方公里。

三、湖州南太湖高新技术产业园区选址区位优势明显，交通便捷，具有良好的环境条件和产业基础。吴兴区要立足现有基础，着眼长远发展，按照转型升级、跨越式发展的总体要求和"布局集中、产业集聚、土地集约"的发展导向，进一步明确湖州南太湖高新技术产业园区功能定位、区域布局、产业重点和开发建设时序，高起点编制园区总体规划、控制性详规和各类专业规划，并按规定程序报批。

四、吴兴区要切实加强组织领导，大力创新体制机制，建立并实行科学、精干的管理体制和灵活、高效的运营机制，发挥后发优势，大招商，招大商，集中

引进一批领先的高新技术产业项目，努力把湖州南太湖高新技术产业园区建设成为高新技术产业集聚区、改革创新转型升级示范地、市本级跨越式发展新增长极。

特此批复

湖州市人民政府
2012 年 9 月 8 日

第三节 重要文件

政府工作报告

（2021 年 12 月 22 日第十九届人民代表大会第一次会议）

织里镇人民政府镇长 陈勇杰

各位代表、同志们：

现在，我代表织里镇人民政府向大会作工作报告，请予审议，并请各位列席人员提出意见。

一、五年工作回顾

镇十八届人民代表大会以来，织里镇在市委市政府、区委区政府以及镇党委的正确领导下，在人大代表的监督支持下，锚定航向不变，咬紧目标不松，走出了一条厚植优势释放动能的裂变之路、全域协同联动发展的聚变之路、产城人文深度融合的蝶变之路，全面迈入高质量发展的新征程。我们连续 9 年入围"全国百强镇"，连续 9 年获全省小城市培育试点考核优秀，并成为中宣部"壮阔东方潮 奋进新时代—庆祝改革开放 40 年"集中宣传报道的全国唯一镇级典型。2021 年预计实现地区生产总值 366 亿元，年均增长 15.2%；财政总收入 19.3 亿元，年均增长 16.8%；全社会固定资产投资 77.8 亿元，年均增长 18.8%；城乡收入比缩小到 1.58:1。

（一）过去的五年，我们聚力强培育、促转型，综合实力迈上更高台阶

坚持产业强镇，大力实施产业提升培大育强行动，发展动能有效释放，打造镇域经济发展新高地。

1.支柱产业提质提效。集群区域竞争力显著增强，童装规模企业增加到 42

家，2021 年销售收入预计突破 700 亿元，年均增幅超 13%。大力实施品牌计划，累计培育"中国十大童装品牌"10 个，数量位居全国第一；珍贝、米皇、帕罗等本土羊绒品牌成功跻身行业第一梯队，年销售额实现翻番。有力推进数字化改造，建设"产业大脑+"核心应用场景 50 个，整合上下游经济主体近 3000 家，整体产能利用率提升超 20%。加速开启国际市场，国家级"市场采购+跨境电商"双试点落户织里，预计年底出口额将破百亿。

2.新兴产业集聚壮大。持续加大项目招引，五年来引进立讯、旗创等亿元以上签约项目 82 个，总投资 551.8 亿元，百亿级项目实现突破。持续加快项目投产，累计开工亿元以上重点建设项目 93 个，竣工 86 个，位居全区第一。积极构建现代产业体系，电子信息、新材料、新能源等新兴产业实现从有到优的跨越，东尼、万邦德、久鼎等企业加速争先领跑。加快拓展产业发展新路径，新增上市及新三板挂牌企业 3 家，其中"金牛"企业 1 家；新增规上新兴企业 19 家，其中年营业性收入超亿元企业 13 家。

3.科技创新蓬勃发展。坚持创新驱动，五年来新认定国家高新技术企业、省级高新技术企业研发中心及省级科技型中小企业 88 家，成功申报省重大产业项目 19 个，高新技术产业产值达到 92.8 亿元，年均增长 19.2%。深化"人才强镇"战略，引进培育"国家级引才计划""省级引才计划"等四类人才 51 名，市级以上创新创业团队 20 个。产业发展后劲持续增强，中国童装学院正式落地建设，车创科技园建成并投入运营。

(二)过去的五年，我们聚力抓统筹、增能级，城乡面貌发生美丽蝶变

坚持以城市提能为发展支撑，全力推进有机更新行动，城市魅力、活力和张力显著提升。

1.空间平台日益优化。强化规划引领，高标准编制小城市发展三年规划，完成镇区 9 个控规单元编制和报批。不断优化城乡空间布局，盘活存量建设用地 3400 亩，完成城乡低效用地再开发 1300 亩，城市框架拉开至 25 平方公里。积极提升平台承载力，累计完成土地征租 1.4 万亩，织东万亩千亿大平台基本成型。推动对外通道建设，全力保障湖杭高速、如通苏湖城际铁路等项目推进。持续完善城乡路网，累计投资 15 亿元完成鹏飞路等 28 条道路建设，"八纵八横"交通路网体系基本建成。

2.城市建设系统推进。深化高品质生活城市建设，建成区城市化率 85%以

上，获评省级美丽城镇样板镇。不断完善公共服务设施建设，吴兴实验小学、文体中心等项目建成并投入使用，累计投入超 100 亿元。纵深推进"污水零直排"工作，完成 16.8 公里市政管网雨污分流工程。不断提升城市形象，吾悦广场、浙北城市广场等地标性商业中心逐步崛起。加速实施城市开"天窗"建绿地行动，利济公园等 4 座公园建成并投入使用。持续壮大国企规模，新投集团总资产增至 400 亿元，公开市场主体评级升至 AA+。

3.乡村发展统筹共进。强化全域谋划，编制并启动实施《织里镇农旅融合产业振兴规划》。大力打造美丽产业，累计引进农旅项目 10 个，总投资 2.2 亿元，培育农业"大好高"项目 7 个。持续推进"四好农村路"建设，累计投入 20 亿元完成 100 公里农村公路新改建。加快实施"千万工程"，投入 1 亿元完成新时代美丽乡村样板片区建设，实现美丽乡村精品村全覆盖。全力开展"非粮化"整治行动，完成土地退养 1.9 万亩，位列全区第一。不断壮大村级经济，全镇 34 个行政村集体经济经营性收入均超 70 万元，其中 19 个村超百万。

（三）过去的五年，我们聚力稳服务、优保障，社会民生得到明显改善

以满足人民群众日益增长的美好生活需求为目标，全力保障和改善民生，人民群众幸福指数不断攀升。

1.公共服务更加优质均衡。加快推动优质医疗资源提量扩容和均衡布局，吴兴区人民医院建成并正式投入使用，年接诊量达 41 万人次。卫生服务网络不断健全，形成"1 家综合性医院+1 家卫生院+56 家诊所"的卫生服务体系，基本实现"家门口就医"。深化"医联体"改革，异地就医实现 7 省联报，累计报销金额 320 万元。积极维护妇老幼群体权益，建成儿童之家 6 个，全省首个母婴室试点项目建设完成并投入使用。加快推进优质教育资源共享，累计新建、扩建学校 10 所，公办学校新居民子女占比超六成。建设幸福邻里中心 3 个，智能健康养老服务系统上线并运行，成功入选第三批全国智慧健康养老应用试点乡镇。积极推进"身后一件事"集成改革，殡葬服务开启生态文明新阶段。

2.精准保障更加有力有效。不断完善社会保障体系，五年来累计发放各类救助金 3250 万元，最低生活保障对象人数减少 32%。积极发挥"第三次分配"作用，推进慈善事业发展，五年来累计捐款捐物价值 5200 万元。坚持标本兼治推进东西部扶贫协作，积极参与青川、柯坪等地脱贫致富帮扶。强化"造血"功能，投资 200 万元打造青川扶贫车间，五年来吸纳就业 200 余人，推动年人均增

收 8000 元以上；投资 450 万元援建柯坪县骆驼养殖项目，预计每年为当地增加收入 36 万元。

3. 环境管理更加精细到位。统筹推进全域环境综合整治，累计拆除违章建筑 95 万平方米，规范流动摊贩 4000 余个，电动车牌证式管理突破 13 万辆。人居环境不断提升，高质量通过市区两级验收，工作经验在全市推广。积极推进垃圾分类，市级垃圾分类标杆村建设全面完成，伍浦村获评省级垃圾分类示范村。持续擦亮生态底色，高标准完成中央环保督查整改工作。蓝天、碧水、净土、清废"四大战役"取得决定性胜利，PM2.5 指标累计下降 42%，227 个挂号水体剿劣任务圆满完成，成功创建"浙江省森林城镇"。

（四）过去的五年，我们聚力提水平、添动能，治理效能实现迭代升级

坚持文化引领、数字赋能，全力打造共建共治共享的社会治理新格局，社会发展局面日益稳固。

1. 治理体系不断完善。优化协同治理防护网络，平安稳定情况日趋向好，五年来警情、发案、事故数量逐年下降，命积案实现清零。强化源头预防，推进"两个排查见底"行动，信访总量同比下降 20%。推动"最多跑一次"改革落地见效，率先完成社会矛盾纠纷调处化解中心建设，年调处矛盾纠纷 2000 余起，调解成功率 99.8%。率先实践"城警一体化"工作模式，成功承办全市"城警一体化"协同联动工作现场会。2019 年，"中国治理的世界意义"国际论坛在织里召开。2020 年，织里镇作为"长三角地区主要领导座谈会"的主要考察点，迎接了三省一市主要领导的考察调研。

2. 智慧安防转型升级。坚持"防为主、防为上"，全面消除安全隐患，实现 5500 余户农村片区童装生产加工点整治清零，连续五年未发生较大安全生产事故。解决影响群众安全的"关键小事"，累计拆除防盗窗 23 万余扇，开启群众应急绿色通道，经验做法在全省推广。率先在全省开展"宿舍革命"，完成标准宿舍改造 5350 间。深入推动社会治安防控体系由立体化向智慧化提升，全镇累计安装智能消防预警设备 26 万余个，成功监测预警信息 11.2 万条，消防灭火救援效能提升近 40%。紧抓数字化发展机遇，完成智慧联勤平台搭建，打通"智慧安防""智慧安监"等平台，实现联防联动。

3. 社会氛围日益和谐。不断丰富人民群众文化生活，累计新增文化车间 6 个、全民健身广场 13 个。建强基层文化传播阵地，"王金法广播""车间好声

音""爱在织里"等传播品牌持续打响。文化礼堂建设实现全覆盖，获评省级农村文化礼堂建设示范乡镇。展现织里华丽蝶变的电视剧《爱在平凡》入选中宣部建党一百周年重点作品名录。持续擦亮"织里·知礼"文化品牌，涌现出"最美知礼人"等各类先进1000余人。新织里人的归属感和融入感不断增强，五年来新居民在织里购房8532套，落户9187人。

（五）过去的五年，我们聚力夯基础、转作风，政府建设愈发有力有效

坚持依法行政，以人民至上、务实高效为工作标准，政府自身建设得到全面加强。

1.行政效能显著提升。深化行政体制改革，推动安全监管、行政执法等管理力量下沉至168个全科网格，有效破解"小马拉大车"难题。深化"最多跑一次"改革，镇行政服务中心承接市区下放事权531项，其中228项"跑零次"。扎实开展"千名干部联村企、争当金牌店小二"活动，累计入围省、市、区"三服务"典型案例7个。率先在全市推进村社干部"窗口式"办公，111个服务事项实现一站办结。构建智能化内控系统，提升内部审批规范性和时效性，入围全省乡镇内部控制指引建设试点单位。

2.依法行政切实推进。严格执行政务公开制度，自觉接受人民群众监督。坚持民主集中制，促进决策的科学化、民主化，人大代表建议、政协提案办结率和满意率均达100%。不断健全程序制度，严格规范全镇项目工程招投标程序，先后制定工业项目改扩建报批等管理办法，规范、透明行使职权。创新村级权力运行模式，制定《织里镇村级小微权力清单》，全面推行"村级限额以下6e管理"机制。扎实推进政府法治建设，入选全省法治化综合改革试点乡镇。

3.作风建设持续深化。大力推进清廉政府建设，全面履行党风廉政建设主体责任。严格落实中央八项规定，"三公"经费逐年减少。厘定政商交往正负面清单，推动构建"亲清"和谐关系。巩固深化"不忘初心 牢记使命"主题教育成果，突出实绩导向，不断完善干部考评任用机制，转作风、比担当的工作氛围日渐浓厚。强化权力监督机制，聘请社会力量担任"党风政风观察员"，对全镇公职人员开展常态化监督，涉及农村工程领域的信访举报同比下降30%。强化执纪问责，查处酒驾等违纪违法案件132件，起到良好警示作用。

各位代表！五年的成绩来之不易，这是区委、区政府和镇党委正确领导的结果，是镇人大有效参与、大力支持的结果，更是全镇所有居民群众团结奋斗、努

力拼搏的结果。在此，我谨代表织里镇人民政府，向所有关心、支持织里发展，为织里发展作出积极贡献的同志们、朋友们表示衷心的感谢，并致以最崇高的敬意！

当然，我们也应清醒地看到前进道路上还面临诸多困难和挑战。一是支撑高质量发展的动能还不够多，童装龙头企业相对较少，示范引领作用发挥不足；智能制造的水平还不够高，离高端化、精品化仍有一定差距。二是城市建设的精度和温度还有待提高，对标现代化城市建设要求，对标人民群众日益增长的美好生活需要，城市个性还不够凸显，软件和硬件都需要进一步更新升级。三是社会治理的内涵和外延还有待拓展，安全生产、精细化管理仍然存在薄弱环节，平安建设任重道远。四是政府转职能、提效能的任务依然艰巨，工程项目等运转流程仍需进一步规范；部分干部的纪律意识、责任意识还有待提高。对于这些问题，我们一定要高度重视，并在今后的工作中采取有效措施，切实加以解决。

二、今后五年的奋斗目标

各位代表，本次会议将选举产生新一届镇人民政府。新一届政府履职的五年，是织里产业升级、城市提质、民生改善的关键期，更是织里镇高质量发展推进共同富裕的机遇期。从国际形势看，新冠疫情加剧了全球政治经济的变革，给国际环境带来了更多的不确定因素。从国内形势看，我国经济稳中向好，国内大循环、国内国际"双循环"的新发展格局逐步形成。从政策机遇看，长三角一体化发展等国家战略深入实施，高质量发展建设共同富裕示范区成为全省使命；从地理区位看，沪苏湖高铁、如通苏湖城际铁路、湖杭高速等项目加快推进，我们的区位优势更加明显。从织里自身来看，经过40多年的快速发展，织里镇优势叠加、人兴业旺，正处于蓄势待发再跨越的重要关口。镇第十六次党代会已经为织里镇未来五年发展描绘了蓝图、指明了方向，新一届政府将坚决把思想和行动统一到党委决策部署上来，抢抓机遇，担当实干，努力把织里发展的美好蓝图变成生动现实，以优异成绩向全镇人民交上一份满意的答卷。

今后五年政府工作的总体思路是：坚持以习近平新时代中国特色社会主义思想为指导，认真贯彻党的十九大和十九届二中、三中、四中、五中、六中全会精神，全面落实省、市、区委的决策部署，按照镇第十六次党代会确定的发展思路，立足新发展阶段，贯彻新发展理念，全面融入新发展格局，全力推动经济社会高质量发展，以改革创新为根本动力，以实现共同富裕为根本目标，促进产城人文深度融合，为加快建设"中国国际童装之都、太湖南岸创业新城"展现政府作为。

今后五年，织里镇将重点围绕实现党代会提出的"五个五"目标，推动经济社会高质量发展，奋力打造织里镇高质量建设共同富裕示范区绿色样本。

——地区生产总值突破 500 亿元，产业结构更加优化，发展活力不断迸发，持续保持高质量发展；

——进出口贸易总额突破 500 亿元，国际市场话语权不断提升，成为全区、全市进出口贸易的重要窗口；

——财政收入突破 50 亿元，对全区财政的贡献度不断提高，财政杠杆作用发挥更加明显；

——常住人口突破 50 万人，城市基础设施不断完善，现代化城市品质不断彰显，买房落户居民数量逐年增加；

——重点推动 5 大板块规划建设，打造以电子信息与高端智造为核心的织东绿色智造科创板块；打造以城际轨道织里站为核心的织南城际互动板块；打造以童装城为核心的织西跨境贸易板块；打造以织里老街为核心的织北历史文化商业板块；打造以太湖溇港片区为核心的乡村振兴板块。

在目标定位和空间布局上，围绕镇第十六次党代会目标要求，今后五年要奋力打造"四个织里"：

——打造活力织里。全面加快动能转换步伐，紧盯数字经济发展趋势，奋力打造政策高地、人才高地、服务高地、开放高地，吸引高新技术、新材料、智能制造等一批优质项目安家落户，进一步夯实现代产业集群基础，稳步构建产业活力迸发、经济实力雄厚的"中国国际童装之都"。

——打造共富织里。着眼全域、着力打造五大特色板块、十大地标建筑，有机融入普惠性、基础性、兜底性民生建设，巩固提升太湖南岸"人口磁场"优势，用细心、耐心、巧心，绣出城市的品质品牌，推动更多标志性成果全民共享，绘出宜居宜业和美共富新图景。

——打造平安织里。精准把握城市发展规律，搭建更多数字型"瞭望平台"，积极探索基层社会治理新路径。不断充实社会矛盾调解中心、新时代文明实践基地、融媒体等阵地力量，深化"织里·知礼"品牌建设，画出社会治理"最大同心圆"，开创风险联防、问题联治、平安联创的良好局面，努力建设更高水平的平安织里。

——打造革新织里。持续深化行政体制改革，融合"大综合一体化"行政执法改革建设，全面重塑社会治理的最小作战单元。探索构建"权责清晰、力量集成、扁平一体、执行有力"的全科网格运行机制，全面推动机关干部下沉入格，切实推动"小网格"向"大管家"转变。

围绕上述目标，未来五年我们将在镇党委的带领下，同心携手，砥砺实干，开拓进取，锐意创新，奋力在经济发展、城乡融合、全民共富、依法善治等领域上实现新突破，开启宏伟新篇章。

三、2022 年政府工作重点

2022 年，是实施"十四五"规划的重要一年，是落实镇第十六次党代会决策部署的第一年，也是本届政府任期的开局之年，全镇经济社会发展的主要预期目标是：

——地区生产总值增长 7.5%（400 亿元）；

——财政收入增长 22.3%（23.6 亿元）；

——规上工业增加值增长 13.5%（36 亿元）；

——固定资产投资增长 15.7%（90 亿元），其中工业性投入增长 15.8%（33 亿），服务业投入增长 15.6%（57 亿元）；

——实到外资完成 6500 万美元，自营出口 120 亿美元；

——城镇居民人均可支配收入 89 753 元，农村居民人均可支配收入 57 344 元，城乡收入比 1.57∶1。

围绕实现上述目标，重点抓好以下四方面工作：

（一）坚持有为政府和有效市场共振，聚力点燃高质量发展新引擎

继续锁定打造两个千亿级产业集群目标，推动优势产业与新兴产业双轮驱动，激发全社会的创富热情和创新活力。

1.充分释放童装产业势能。坚定不移推进童装产业高质量发展，扶持重点龙头童装企业做大做强做优，力争 2022 年新增规模企业 20 家。推动童装产业数字化发展，进一步延伸"产业大脑"应用端，新增应用场景 20 个。加速"跨境电商＋市场采购"双试点融合发展，力争全年实现出口额 120 亿元以上，童装出口额占比提升到 15% 以上。大力推进童装"品质革命"，不断规范市场经营秩序，推动童装加快走向"精品制造"。

2.全面优化现代产业体系。不断完备产业体系,力争2022年新兴产业集群产值占全镇工业总产值的70%以上。精准聚焦智能装备、新材料、新能源等领域招商,全年力争引进亿元以上项目20个,其中3亿元以上10个,10亿元以上3个,力争50亿元以上项目有突破;市大好高项目12个,其中市工业大好高项目10个。打造以数字经济为引领的产业形态,完成培育"金象"企业1家,"金牛"企业1家,营收超10亿元企业达5家。全力做好金洁水务、永昌电气的服务和辅导,推动北交所转板上市进程。

3.有效激发科技创新活力。深入实施创新驱动发展战略,以调整优化产业结构为目标,增强自主研发能力,创新体制机制,集聚优势创新资源,新增省级科技型中小企业28家,国家重点扶持高新技术企业3家,省级企业研发中心2家,省级企业研究院1家。强化科创等创新平台效能,入驻创业团队15家,其中省级以上人才领衔项目5个。加快企业数字化改造步伐,计划建设未来工厂1个、智能工厂5个。

(二)坚持全域协调和全面发展共进,着力打造城乡一体新格局

围绕打造现代化活力新城目标,加快城乡互促融合步伐,全面提升城市能级。

1.着力优化城市空间布局。坚持以规划统筹为引领,加快打造"一脊一廊一漾链,三坊十街五客厅"。聚焦电子信息和高端制造产业,启动东部平台一期开发,力争全年完成土地征租3200亩,为传统产业转型提供空间载体和技术支持。瞄准城市发展新蓝图,启动织南城际互动板块、织西跨境贸易板块、织北历史文化商业板块和乡村振兴板块规划建设方案编制。加大新型城市投资平台建设力度,力争到2022年底总资产规模达460亿元。

2.着力完善城市服务功能。全力补齐城市公建配套短板,持之以恒推进交通路网建设,计划投资5.8亿元,新开工三新线道路、滨湖大道亮化工程等项目34个,完成新改建公路项目7个。全力推进湖杭高速公路及连接线项目建设,力争2023年底完成建设并通车,加速形成上海、杭州半小时交通圈。大力推进市政项目建设,计划新增收费停车场7个、路面计时收费泊位1100个。

3.着力打造乡村振兴样板。持续做好"颜值""产值"转化文章,依托太湖溇港特色,启动滨湖样板区二期创建,打造"未来乡村"新模块。加快形成现代农业产业体系,立足太湖蟹养殖、稻渔综合种养、万亩稻田三大片区打造目标,

计划引进农业大好高项目 4 个，培育市级龙头企业 1 家。创建市级美丽乡村精品村 2 个，打造"水韵溇港"样板区 1 个。积极探索新投集团与经济合作社抱团发展的造血机制，促进村级集体经济发展壮大，力争实现 34 个村集体经济经营性收入全部达到 100 万元以上。

（三）坚持群众所盼与政府所能同频，全力满足人民群众新期盼

对标人民日益增长的美好生活需要，着力构建覆盖城乡、优质均衡、与经济发展水平相适应的公共服务体系。

1. 积极提升民生保障服务水平。加快完善医疗卫生服务网络，持续推进吴兴区人民医院二级甲等医院创建，启动新织里卫生院建设。完善"公益＋普惠"服务体系，推进互联网技术与幸福邻里中心、村级儿童之家等平台的应用。进一步完善社会力量参与民生帮扶机制，力争全镇基本养老保险覆盖率 98% 以上。以漾西片区为试点，逐步铺开"生态＋文明"的绿色殡葬服务，计划 2022 年实现骨灰入葬公墓率达 100%。

2. 积极打造共建共享品质生活。扎实推进基础教育均衡发展，加快织东中学新建、晟舍小学扩建、轧村小学迁建、织里实验小学西校区改造提升工程。结合"全国智慧健康养老应用试点乡镇"创建，完善养老服务体系。健全镇、村社两级便民服务中心建设，深化"一窗受理、集成服务"改革，实现高频政务服务事项 100%"一站式"办结，推动政务服务大厅向智慧化"政务服务综合体"转型。

3. 积极培育健康和谐良好风尚。加快镇图书馆、文昌阁等文化场馆建设，深化家园志愿广场、新时代文明实践基地和农村文化礼堂等阵地建设，丰富人民群众的文化生活。大力推进报告文学《此心安处》等优质文艺作品参评国家和省、市工程"五个一"奖评选。全面推动智能广播建设，推进"王金法广播"和"车间好声音"深度融合，打响广播品牌。深入开展"织里·知礼"品牌建设，营造全民文明知礼的浓厚氛围。

（四）坚持用心服务和用情干事同步，持续提升社会治理新效能

坚持"防为主、防为上"，全面守牢平安稳定的底线红线，全力打造数字化社会治理防控体系。

1. 大力构筑稳定屏障。持续深化"两个排查见底"行动，为党的二十大及冬奥会、亚运会等重要活动保驾护航。全面加强基层预防体系建设，不断完善镇级基层治理系统架构，将"平安细胞"植入社会发展的各大领域和场景。推进矛盾

纠纷调处化解中心升级版建设，进一步强化资源整合、职能融合、力量聚合，打造"最多跑一次"改革示范样本。全面探索落实未成年人"六位一体"帮扶教育机制，有效减少未成年人违法犯罪，积极补齐工作短板。

2.全面提升治理效能。坚持以数字赋能场景应用，实现治理效能大提升。持续优化升级4个智慧消防站，形成"中控室—智慧消防站—社会单位"三级联动监管机制，织密火灾防控网，进一步提升"救早灭小"快速处置能力。持续探索数字化管理新模式，协同各职能部门完善集约高效、自主可控、开放兼容的"1+2+N"一体式智能化综合平台，推动"枫桥经验"落地生根，实现矛盾纠纷"一站式受理更全面、一条龙服务更彻底、一揽子解决更到位"。

3.加快推进联动治理。全面巩固织里作为市级"城警一体化"协同联动发源地品牌效应，充分借鉴"九堡经验"，在利济办事处试点的基础上，持续推动"微网格"建设，联动提升"城市管理运行中心"执行力。进一步配强与新形势要求匹配的专业力量，培养一支拿得出手、打得赢仗的新型专业队伍，构建良好工作基础。推动社会治理模式从"管控型"向"参与型""善治型"转变，组建更多"老兵驿站""平安大姐"式的治理先锋队，最大限度提升自治水平。

各位代表，今年我们将继续实施人民群众普遍关心的民生实事项目。前期，我们以座谈会、个别访谈、问卷调查等形式，根据"项目连续、突出重点、群众意愿"的原则，在广泛征询意见建议的基础上，梳理形成10件民生实事候选项目，今天大会将票决选出8件。我们将以高度负责的态度认真组织实施，确保高标准、高质量完成。

1.轧村小学迁建工程项目。计划总投资约4亿元，新建48个班，项目位于镇北大桥东北侧，用地面积约65亩，总建筑面积约50 000平方米。

2.织东中学新建工程项目。计划总投资4.5亿元，项目位于东安路以北，东尼路以东，新建48个班，总用地面积约114亩，总建筑面积约63 000平方米。

3.织里镇卫生院项目。计划总投资1亿元，项目位于佛仙路以西，彩纷路以北，总用地面积约10亩，总建筑面积约15 000平方米。

4.老旧小区改造及"两美"创建项目。计划总投资8000万元，完成中心花园等老旧小区外立面及相应管网、绿化景观配套改造工程。

5.城市公园绿地建设及提升工程项目。计划总投资1000万元，在织南、永义北侧、大河村、秧宅村四个区块建设口袋公园，总占地面积约75亩。同时，对原市民公园老旧设施进行更换和提升，增加座椅、休闲区等内容。

6.义皋溇港文化博物馆及五湖书院项目。计划总投资5000万元，项目位于义皋村，打造展示溇港水域文化及历史传承馆，重现昔日五湖书院荣光，建筑面积约4000平方米。

7.农村公路亮化工程项目。计划总投资2300万元，完成三汤线至上林村等10条公路共计27.5公里亮化，并在路口安装照明宣传警示一体化设备。

8.殡仪服务中心项目。计划总投资4500万元，项目位于曹家簖村，总用地面积约18亩，其中殡仪综合服务中心10亩、纪念堂8亩，设置守灵间8个，餐饮服务3层，住宿服务1层。

9.织里互通高速连接线提升改造工程项目。计划总投资4000万元，高速收费口由原两进两出改造成三进四出、相应收费大棚及广场绿化景观节点提升改造。

10.农村生活污水提升改造项目。计划总投资4800万元，对各村进行生活污水处理终端及管网的扩容提升改造和接户。

四、不断加强政府自身建设

当前，织里正处在转型发展、赶超跨越的关键期，我们使命光荣、重担在肩，必须要以更强烈的担当、更主动的姿态、更有为的实践、更深厚的情怀，全面加强政府自身建设，坚持执政为民理念，不断提高政府的战斗力、公信力和执行力，以优质高效的政府工作推动织里发展迈上新台阶。

1.聚力民主法治，厚植人民情怀。始终坚持依法行政，自觉运用法治思维、法治方式推动工作，让按政策法规办事成为政府权力运行的常态。坚持依法科学决策，健全行政规范性文件制定程序。全面开展重大决策社会稳定风险评估，提高行政决策民主化、科学化、法治化水平。自觉主动接受人大监督和法律监督，积极执行人大决议决定，认真办理人大代表建议案。深入推进政务公开，不断提升政府工作制度化、标准化、信息化水平。

2.聚力数字赋能，加速高效转型。始终坚持将数字政府建设作为提升织里镇治理效能的先手棋和突破口。紧紧围绕省市区委数字化改革目标要求，进一步推动数据共享共用、业务系统互联互通，优化"全程网办""随时办"，推进"就近办""集成办"，让群众和企业办事更高效、更便捷。积极融合衔接上级数字化改革平台及"浙里办""浙政钉"终端，深化数字执法、"掌上矛调"等系统的运用，以数字赋能促进政府高效治理。

3.聚力实干争先，激扬沸腾状态。始终坚持问情于民、问需于民、问计于民，推动"三服务"常态化机制化。突出"实绩论英雄"导向，持续落实考核评价、正向激励、容错纠错机制，加大干部职工关心关爱力度，努力建设一支高素质、专业化，能担重任、善打硬仗的干部队伍。大力推行"大综合一体化"行政执法改革和全科网格建设，全面理顺部门职能清单，合理下沉人员力量，推动各项决策部署落实见效。

4.聚力廉洁守正，锻造过硬作风。始终坚持把纪律和规矩挺在前面，严格落实全面从严治党要求，纵深推进政府系统党风廉政建设。强化审计监督和结果运用，增强预算执行刚性。严格落实中央"八项规定"，厉行勤俭节约，反对铺张浪费，继续压缩"三公"经费支出，用政府的"紧日子"换来群众的"好日子"。严肃查处各类违纪违法行为，坚决纠正侵害群众利益的不正之风，营造风清气正的良好政治生态，以政府的"清廉指数"提升人民的"满意指数"。

各位代表、同志们，征程万里云鹏举，砥砺奋进开新篇。让我们更加紧密地团结在以习近平同志为核心的党中央周围，在区委、区政府和镇党委的坚强领导下，紧紧依靠全镇人民，在广大代表的监督支持下，凝心聚力，砥砺前行，奋力书写织里镇高质量发展崭新篇章，绘就共同富裕美好蓝图，为加快建设"中国国际童装之都、太湖南岸创业新城"而努力奋斗！

（本文来源：织里镇党政办公室）

第二章 专记 杂记

本章内容分专记和掌故、杂记两节。

专记部分，凡与卷八艺文章节重复的古代文章只记标题，正文省略。本章收入了明代以来织里人的经典记叙文章，其中《湖滨寇灾记略》详细记录了太平军在织里地区的活动；《"湖商"源流考》（节录）介绍并考证了织里历史上著名的书船和书商，《古代湖州城东第一镇——晟舍镇》为这座毁于抗日战火的古镇留下了最后的记载；《辛亥革命先驱姚勇忱传略》，较全面记述这位织里先贤的生平事迹。"存史资政"，本章收录了郑志高等四位老同志的回忆文章。

本章还收入了外地著名文人吴梦旸、王世贞等人写织里的记叙文章。掌故和杂记部分收入了介绍明清织里才女、陈溇五湖书院、太湖撩浅军和太湖强盗郑九父女、赤脚张三等，以及宋高宗驻跸上林、林则徐与织里的文章。还有介绍钱溇、杨溇、吴溇等市镇经济贸易，以及镇域自然村名小考的文章。

第一节 专 记

一、古代

游杼山赋

见本志第八卷第二章《艺文》。

竹深园图记

见本志第八卷第二章《艺文》。

聚芳亭记

见本志第八卷第二章《艺文》。

聚芳亭跋

见本志第八卷第二章《艺文》。

二、近现代

湖滨寇灾记略

陈根培

咸丰十年二月初四日，粤贼陷广德，径窥湖郡。时承平久，湖滨各溇距郡城皆数十里，未知警。伍浦社方循岁例演剧赛神，突来帕首带刀者四人，似逃弁，强夺童子食物，众哗然，群集缚而投诸湖，后亦无究问者。十二日，沈家湾舆神巡各村，仪从羽葆竞美争华，绵延二三里，观者蚁集，悉如旧举。是日，讹言四起，晡时，见西南乡有避贼来者，人始惧。后数日，来者愈众，肩挑褛负，炊宿佛刹及居民檐下者累累棋布，始知长兴已陷，贼骑已薄城下。十八日，贼进掠城北门，营于毗山前哨数百人直至大钱，阻龙溪不得渡乃止。西人避难东来，踵相接，我溇亦间有徙东南乡者。江苏兵连败贼于毗山，贼复由间道陷省城，张军门玉良克复之，追败贼于德清界，贼窜回宁国，湖属复安。

三月，江宁大营溃，邻郡相继失守。四月十四日，苏城陷，吴江随之，东路日告警。西北，贼复回宜兴，陷长兴，进犯郡西北二门，溇西烽烟愈迫，民旦夕不安。归安令廖宗元谋而勇，城赖以全，至是出击，贼却之，未几，迁任去。王壮愍抚军令赵绅景贤专司筹防局事。

震泽近溇诸港，庙港为大，五月，吴江贼入踞之，始设馆，屯数十人。六月十一日，平望贼掠震泽镇。十二日，进掠南浔，不终日遽退。枪匪、土匪踵贼去，后肆行焚掠，火至三日夜，各溇皆警，有徙者。赵绅乃谕劝各溇团防，谢楼议叙八品衔高汝镕始募长兴勇，多不法，后易用本地勇，设局于溇之西庙，继迁于其宗祠，名中防局，辖谢、义、陈、濮、伍、蒋、钱七溇，乔楼郡廪生吴德培设东防局于崇善堂，辖胡、乔、宋、晟、汤、石、新七溇。继之者候补县丞吴之杰。谢溇西有西防局，设安港，监生刘鲁南董其事，汤、诸、沈、安、罗、大、新、潘、夏、金、许、杨等溇属焉。于是，小梅、大钱及大、杨、钱、胡各溇始设丰抽釐并筹户捐，以资局费。九月，东贼至，破车港，将西入寇胡溇，民团至吴溇，遂溃贼，旋退。十一月初六日，大庙港贼引吴江贼掠至吴溇，三防局鸣金，起十八溇民团往，贼闻之夜。

洞庭东、西山分峙湖中，为湖滨北面之障。十二月，溧阳贼船十余艘掠西山，山民已纳款于东，贼树贼旗，立伪乡官。溧阳贼又欲其西降山民复降西。东山民尤殷富，军需足支数年，故团防较湖滨得力，自苏城陷后，守及十月，无贼警。

十一年二月朔，苏贼船百余艘突至，先是山人往上海雇一火轮船，为固守计，至是洋人尽将军器入船，闻贼炮声，急欲遁去。王副将之敬适在船中，叱令开炮，皆不应，副将知有变，急渡登山，而轮船径回上海，兵勇尽溃，贼已由席家河上，副将力杀数人而自刭，山民尽降贼，于是娄北皆贼窟，防守更难。

苏贼西行入寇必由秾五漾，自三月二十六日始，出其不意潜至入因渎村，因村民已降，佯示无犯，令村民前导，驾小舟数十，纤道入湖，径泊胡娄口，突至乔楼，焚局掠军器而回。枪匪纪二率其党数十人，潜舟秾五漾芦苇中，截其归路，毙十数贼，夺其舟四、伪侯印一。伪侯钟良相泅而逃。

四月二十六日，贼复掠因渎村，村人狃于乔娄之役，不设备，大受荼毒。时绿葭湾吴捷锋袭云骑尉，先于三月请设防卫局于其里，于是合东、中两防卫局援因渎村，毙十余贼，夺其舟二，擒贼五，贼因之退。五月，乔娄吴之杰复设局于崇善堂东之慈云庵。二十六日，东山贼掠吴娄西，焚丁家港，东防防卫守助三局援却之。先是，震泽县之六都已纳款于贼，贼至焚掠如故，绅士邱晋等复请赵绅札设江震局于双塔桥，值其邑武生吴鸣皋由上海率水师二百、步卒七十来助，即屯双塔桥，各局赖之，旋移屯张港，败溃，乃屯大钱，贼之焚丁家港而不及于西者，鸣皋之力居多。

自贼入湖，居民见湖船帆白者，辄相警，贼至，则皆走。四月间，西北贼由小梅东入寇北乡，局失利。五月二十八日，寇伍浦，掠数渔舟径去。二十九日，寇杨娄，焚十余家，各局援却之。时各娄在湖口张灯守夜，东山贼乘六月初九夜昏黑，船数百潜渡西南，迫钱娄口始开炮张灯，湖中火光望若长蛇，里人仓皇南避，衣履几不及，老弱妇女颠仆田塍间累累。贼掠渔舟，登岸焚卡舍，即驶行。寇大钱，大钱属西南湾，北乡局局主、候补中书沈平章，与晟舍保卫局主、举人闵希濂，骥村守助局主、举人严昌福，皆受王抚军札北乡。局勇之屯大钱者，先一日调赴西乡，击败西北贼，凯旋聚饮，醉卧不能起，比起贼船已迫湖口，皆披靡。贼遂进港，赖郡城分屯水师发炮击毙贼目一，贼若干，乃退。

先是，东山陷，沈平章趋谒王抚军，请枪炮火药等物，约克复东山即将炮船屯守屏蔽各溇，抚军即予大小炮四十尊、火药四十桶。平章分置炮船二十艘屯大钱口，至是悉委诸贼，并刀枪、旗帜、号衣各百余尽失，各局丧气。十四日，贼船百余迫吴溇，江震局守东路，东防、防卫二局守西路，守助局亦分勇来援，相持一昼夜，贼凡五上，皆却之。十五日寅刻，贼衣北乡局号衣，由芦苇中潜上，方警疑间，贼登岸已数百人，吴鸣皋之步卒连放数十枪，贼前者仆后更蜂拥而来，火药至尽，且众寡不敌，于是江震勇溃而东，东防勇溃而西，守助、防卫二局勇溃而南，贼尽登岸，焚吴溇，次及亭子港、五界亭、染翰浜等村。十六日黎明，移舟胡、乔、宋三溇口分股，一由胡溇南掠因渎村；一由宋溇而南，遇防卫、东防二局数十人守项王桥，各放十数枪，二局勇力不支而溃，贼遂掠钱家兜，退踞天到桥，晟舍保卫局来援，合各局进击，守助局管带殷天锦获贼二，贼乃退；一掠至晟溇，日暮退踞东防局，月将上即扬帆回东山。是役也，贼掠各村共千余家，戕十余人，贼死伤亦有数十人。半山民、山民向在湖滨贩卖者为之向导焉。东防局既溃，七月，赵绅令吴捷锋兼辖之，乃设东防公所于钱溇，釐局附焉。二十四日，吴江贼船百余由平望间道突入双塔桥，江震局船溃至绿葭湾，会同防卫局击之于北，南浔局溃在南乡，因击之于南，俱失利，贼掠至胡溇，复回双塔桥。是日，钱、新、石、汤、晟、宋、乔、胡八溇民团鸣金群集胡溇，以壮声势，至日晡始还。二十五日，贼出秸五漾，将北犯东迁。北乡保卫三局皆来援，邀击于秸五漾，毙贼十余人，北乡勇伤三人，毙一人，相持不退。北乡局驰告急于城局，赵绅许发兵五百。二十六日，八溇民团同集胡溇，待郡兵来会剿，至日暮不来，乃各还。贼复驾小舟掠胡溇东各村时，塔桥庙外四围筑垒，内设炮台二，巡逻更棚十，图久踞。二十七日，民团仍集胡溇，为局勇声援。午刻，各局奋击，毁其垒至夜。宣传南路四十村民团齐起，郡兵已至东迁。明日寅刻，贼尽退。震泽贼侦知郡兵之终不能分援各乡也，乃于八月二十日大举入寇，由南浔而东迁，而骥村，而晟舍，而旧馆，直至郡东门外二十五里桥。赵绅亲率兵出击，斩首三十余级，获贼渠二，贼二十余人，军器称是。贼退踞骥村，时已九月初六日。先是，贼掠轧村，防卫局勇乘贼将退，击获贼舟四、贼六人而归。贼分股由骥村北掠各村，势汹涌，各局皆溃。初二日，由曹家簖北掠东郭兜、黄泥坝，遂进掠伍、蒋、钱三溇，焚数宅，贼还南。初九日，复寇钱溇，而陈、濮、新、石、汤、晟、宋、乔、胡九溇也先后被掠。贼焚曹家簖时，烟焰在咫尺间，湖中贼船四五艘出三山门，南行港口避难，船各东西行入内港，步行者几穷于路，贼旋掠二商船北去。十三日，东贼始退，所掠男女财物大小船千余，载之东归。东迁、骥村贼大股踞凡二十日，刺死者数人，被虏者十余人，祸最酷，余村次之，湖滨又次之。十月，贼掠五、六、七都，已降各村各局进击之，相持十日，贼尽取其禾而还，因各溇严防，不敢犯。

十一月，西北贼入大钱港，进掠南村，西防、北乡二局击毙十数贼。适北风大作，贼船不能入湖。有八桨船一、杂船二十余，尽获之，复击毙数贼，擒贼若干，余贼由陆路窜去。

省城日告急，赵绅率兵赴援，至平政高桥不能进而还。二十八日，省城陷，于是湖郡四面数百里悉皆贼踞，贼麕至。十二月望后，城西南各乡镇悉陷，西南门被围，江震局溃，湖滨之隶震泽县者渐为贼守。二十三日，北乡局主潜移眷东走，次日局得信，遂溃，米数百石悉委诸贼，于是各局皆溃。

大钱本扼湖要道，城中分屯炮船十六、水师三百，与为犄角。值二十七日大雪三昼夜，湖冰履如平地，山人走至溇，行湖面十八里，故炮船胶不能动。同治元年正月朔，贼履冰而上踞之，兵勇皆溃，东北门亦被围。伪主将谭绍光率贼二十余万，沿城数十里围之数重，城内外声气始绝。贼踪遍湖滨，大钱守备孙元泰、伍浦营千总傅为仁、外委金殿傅皆避去。巡司乐芬寄食于友家数月，乃辗转往宁波投大营，卒不知下落。西贼来自宜兴、溧阳，属伪侍王李世贤，踞大钱。长兴人乘势劫抢，所过如洗。谢溇某急引大钱贼分踞杨溇，藉制长兴匪，贼遂招各溇进贡。初五日，蒋溇博徒金三、宋三率村人送猪羊鸡鸭等物，次日引小贼目□至钱溇，踞我宗祠。初十日，东贼又至。东贼来自苏州，属伪忠王李秀成，分遣伪庆王秦日宝，踞南浔。枪匪引秦属伪侯蒋鹏飞至绿葭湾，湾监生董某引蒋属伪检点陈、伪指挥汤至钱溇，东贼乃与西贼分境，以蒋溇、伍浦为东西界。陈、汤两贼股复踞蒋溇吴宅，旋踞我宅。东设卡，各溇卡一如团防局。贼馆共数十人，日用皆取给于居民，蒋、钱、新、石、汤五溇分给。贼饭每日需钱十余贯，后稍减。胡溇贼股取诸晟、宋、乔、胡四溇。于是，贼胁民为贼，民又自化为贼，蓄发毁衣冠。

四月，城中粟尽，至煮革草食。五月初三日，武弁熊德胜开东门迎贼，城陷，官绅以下殉难者二万余人，妇女尤众，积尸满河。贼拥赵绅至苏，系逾年不屈而死。李秀成暨伪堵王黄两贼股分踞城中。城东尽归李秀成、秦日宝所踞。各路亦改归谭绍光。南浔博徒谭二引其属贼艾踞吴溇，分小贼目金至钱溇，始立定伪乡官。艾贼即令谭二为军帅，设伪局于吴溇。谭二逢艾贼之恶虐六、七都绅士，绅士诉之李秀成，艾贼惧，重赂秀成党，而秀成亦旋他往，诸绅士知事不济，或远避，或转赂艾贼求免。吴溇诸生张晴舫不肯行赂，见杀于旧馆。其族弟、武生邦千，本枪匪，密令其徒杀谭二，艾贼即令邦千为军帅。其属师帅三，其二皆震泽六、七都人，分辖六、七都，其一系从九品衔沈某，辖蒋、钱、新、石、汤、晟、宋、乔、胡九溇及溇南十余村，设伪局于钱溇。其属旅帅四，居溇南者四，分辖溇南地。蒋溇引西贼之金三、胡溇议叙八品衔吴晋三分辖九溇地。谢溇某初引西贼来，贼即命为军帅。某家富，恐受制于人，遂受伪命，后受贼荼毒，潜携眷走上海。其侄继之，改师帅，属于织里军帅。六品衔林某，辖夏、金、金、许、杨、谢、义、陈、濮、伍十溇及溇南数村，设伪局于其祠，后因侵用贼钱被系，旋走匿东乡，其兄代之。其属旅帅三，居溇南者一，辖溇南地。夏溇某、陈溇吴某，分辖十溇地。

　　旅帅下又有百长、司马，军帅上又有监军。贼初至，令各乡官造户册，按户给门牌，每一门牌令出米数斗至一二石；每船给一旗，视船大小，出钱千百不等。又令造田地册，照额征粮。司马、百长查取各圩亩数，报军、师、旅帅，各帅减其递报于贼。又令造文童册，应伪试者七八十人，监军督其事，贼渠蔡天安为伪宗师，取十六名入伪学，名"绣士"，因避洪秀全、杨秀清、李秀成等名，故改"秀"为"绣"，凡获取者用红帕裹首，持刺遍谒诸贼目及乡官，皆有赠遗。又令取各工匠往城修造战舰、馆舍，令斩墓木毁佛刹以供其材。贼奉天主教，谓佛为死妖，故佛刹皆不能容。时有罗贼者，伪职居艾贼上，败归于艾，艾初令其踞胡溇设卡，旋踞长村，设硝厂，亦令乡官毁佛刹供其煮硝用，僧多蓄发还俗。

　　方罗贼之踞胡溇也，招纳土匪，流毒甚于诸贼。旅帅吴晋三借威逼乔、胡溇绅士。师帅沈某恐为己累，以晋三之职改授胡溇监生金觉溥，觉溥曰："我宁为鬼，不愿为贼。"竟不受。而晋三持有罗贼，亦不肯息肩，沈某因仍任晋三。晋三率监生金诚斋、附生顾成甫勒令觉溥出米二十五石。觉溥不得已，强应之。越数日，成甫率罗贼党数人至其家，又令出米若干，时米价大昂，每斗钱千余，故无以应，哭而投于湖。逾年而成甫暴死，未一月，晋三与诚斋相继死。同时有汪春泉者，向充伍浦营书办，自投罗贼，诛求酷于贼，乡官亦多受其累，密诉之罗贼，贼即杀春泉以徇。蒋鹏飞至蒋溇时，有安徽朱某，谋夺同里已故某妻，某之兄邀里人同诉于蒋，蒋得其情，亦杀之。前巡司刘兴杬，本东粤人，以丁忧无资起复，寓蒋溇，贼至，即为之谋设馆卡，旋随贼至苏城，其妻已死，乃与其子婢冒归安籍，求其友引至上海，困而死。

自苏城失守，东北商船南来多由杨、钱、吴等溇交易，钱溇尤盛，庐舍增平时三之一，阛阓赠四之三，一如镇市，西贼因之觊觎。二年春，李中丞鸿章由上海进，复昆山、太仓、吴江三城。七月十八日，官兵由吴江西巡湖至吴、钱二溇，皆登岸焚贼馆，贼遁。官兵船更西行，返自东、西山之阴，乡人不知，疑兵船西泊。十九日，遁贼复来，仍设卡。二十日午刻，溧阳贼船数百艘从湖西北来归，乡人疑官兵巡湖始返，雨甚，湖口望之莫能辨，守卡贼南遁，西贼船径泊钱溇口，分道南北掠。贼中多长兴人，熟由径行避难者，欲南行，恐遭守卡贼之害，又疑是官兵，当无害，踌躇间悉惧其网，有索财不遂而戕之者，有逼辱不从而刺死者，有因贼迫而赴水死者，有与贼斗而死者，有猝遇贼而刺死者，有焚死于家者，有受贼伤而旋毙者，有掠死于外者，各溇皆有之，钱溇独多。是夜，火光烛天，而钱溇焦土矣，其次蒋、吴二溇，其次杨、伍、新、石等溇，余溇再次之。自是人始知贼不可恃，乃相率迁徙，或东向，或南向，或为浮家泛宅。二十五日，黄贼股来掠。九月初八日，贼又来。二十日，贼又来。时溇南稍安静，张邦千因移贼馆伪局于绿葭湾。十月二十五日，李中丞复苏州，官军时巡湖而西。郡城贼渠疑邦千通官兵，密札湾贼目杀之。贼目不识字，使邦千释其词，邦千诡以告急走脱，其属多散贼，因供给无所恃，扰愈甚。邻村徐某乃自为军帅，汤溇百长某为师帅，皆往绿葭湾。时稍有资者皆迁徙，乃专令贫民资贼粟。旅帅金三复作师帅，于六都苛求无状居民，俟贼去，乃拘而沉诸湖。

初，郡城陷，谭贼令乡官遍搜枪船及其军器，枪匪窃沉其船于水，藏其军器，而以恶劣者归伪局，后见贼势衰，复求通于官军。方丈港有朱文初者，招集枪船三十，防守陆家港，十一月二十五日夜，率其党潜舟劫绿葭湾伪局，得米二十石，复击钱溇贼，败回。越三日，贼率大队经各溇寇五都，大掠而还。时东山贼于十月二十三日尽回苏，山地肃清，溇人都徙居焉。

三年二月二十六日，钱溇贼大掠而西。二十七日，东山官兵来，焚贼馆。四月初十日，南路伪军帅汤某反正，邀邻近绅士设官军局于绿葭湾。十二日，织里贼群至，汤某等遁去。十五日，东山兵巡各溇，苏兵先分驻大庙港，是日进驻吴溇。五月初七日，郡城贼众至钱溇，将墙壁瓦石并三十余厝拆筑土垒，遂进掠吴溇，是时官军已东去。二十二日，官军大队来，贼乃退，官军始驻吴溇，西溇贼犹时出相拒，居民旦夕奔避，雨行露宿，多由此毙。其迁东山及东南乡者始蚕，伺夜深人静还家取桑以饲，逾三眠，往来恐误蚕食，相率而还，多遭四月十二日织里贼之祸。西南乡受祸尤烈。

五六月，省城、长兴相继复。七月十一日，吴溇官军遂进驻杨溇，各溇始肃清。贼大队踞晟舍，亟战克之，遂于二十八日复郡城。我军之剿晟舍也，官员绅董皆驻南浔，大索乡官余资，伪监军、晟舍费大熊，初，副局主闵希濂办团防有功，议叙六品翎顶，后受伪命，积三万余金，乡人亦不加怨，乃陆续归诸公，诸绅犹争讼不已。张邦千匿东乡，人渐觉，遂奔避汉口，乡人仕于楚者屡得其资，乃还六、七都讼之官，至今犹在囹圄中。师帅沈某匿于苏，求役于臬署，乡人时往来求率，一月迁其宅溇南。二旅帅皆富，其受伪职乃为师帅沈某所逼，故不敛怨于民，然亦罚其出家资数百贯，始免议。织里军帅林某，陈溇旅帅吴某后为师帅，城复时皆死，卒累其家，其中犯极恶者杀无赦。

城既复，蒋方伯益沣累举善后事宜，先治枪匪，匪首诛戮无遗，其从者亦多死焉。次振穷民，两阅月而竭。次录殉节绅民。诸善政悉次举行。乡间二、三两年奔避不耕种，故悬罄久，粟尤贵。无聊者窃人墙壁瓦石卖以为食。四年春迄夏，里人犹杂食充饥，或日一餐粥，至秋收始有生机焉。

（转自光绪《乌程县志》卷三十六）

三、当代

严可均二次发愤

邵钰

清光绪年间刻印的《全上古三代秦汉三国六朝文》七百四十六卷，为乌程人严可均独立纂辑而成，是我国文学史上纂辑总集巨帙之一。这部书共收作者三千四百九十五人。凡唐以前的总集、别集、史书、类书、小说乃至金石拓片、片言单辞，都属收录范围之内，广搜博采，钩隐抉微，为近、现代国内外学者所重视。

严可均（1762—1843）字景文，号铁桥。著述、纂、编校书籍数千卷，远远不止"等身"，洪焕椿《浙江文献丛考》有专门介绍。南浔小莲庄长廊有他的墨迹刻石多种。他少年家境并不好，生性落拓。他只喜读书，不理家业，欠粮课不少，抗拒官差追讨，又喜吃肉，常向屠户赊欠。乾隆末年，屠户追讨肉钱，发生争执，严可均一时性起，夺刀砍伤屠户，遂出逃，去北京投靠新任内阁中书的湖州人姚文田。姚府富藏书，又怕严可均惹事，把他关在府内读书。于是，他发愤读书，与姚一同研究《说文》，合撰《说文类考》（又名《说文长编》）四十五册。在读书中，发现宋代与明清的经文不同，唐石经拓本与宋本经书又不同，追本溯源，还曾假榻同乡京官叶绍楏家，借其所藏唐石经旧拓本与今本经书对照研究，撰《唐石经校文》十卷。

嘉庆四年（1799），已入直军机的姚文田殿试成状元。他催促严可均也去应试。次年，可均以宛平籍中举。又次年参加会试。主持会试的贵人中意严的文卷，欲取为第一，但他的诗韵律失谐。有人透露机关，并劝严可均面谒贵人谢过，以便转圜。严可均去了，贵人很高兴，问严可均说："你的文章渊博通畅，为何诗律失谐？"严可均瞪眼答道："唐代开始以律诗取士，十之八九失谐。"贵人怫然失色，严可均竟未被取。但他并不在意，不再应试，致力于读书著述。

嘉庆十三年（1808），诏开全唐文馆，集中一批文人纂辑《全唐文》，严可均很想参加。但论其功名、官职都不够格（严自称"身在草茅"），未能如愿。于是第二次发愤，独立纂辑隋以前的文总集，以同唐文衔接。此举难度更数倍于纂唐文。严可均乃广搜唐前各种总集、别集、藏书家秘籍、金石文字，远而九泽，旁及释道，鸿裁巨篇，片语单词，无不综录，力求不漏。费时九年，草创初定。又肆力十八年，拾遗考异，抽换整理，一字一句稍有异同，无不订正，力求无因袭，无重出。其间得到同时学者孙星衍、孙星衡、李兆洛等人的帮助。但前后二十七年，始终如一为此书殚思竭虑的，则为严可均一人。道光二年（1822），严可均授建德教谕，不久引疾归。由于此书卷帙浩繁，书成后无力立即刊行。严可均去世三十六年后的 1879 年，才有南浔藏书家蒋堪父子刻其《编目》一百三十卷。清光绪十八年（1892），广雅书局全刻本面世。然后，近人丁福保有校订影印本；1958 年有中华书局断句影印本，精装四巨册；台湾也有全书影印本。还有作者、篇名索引和校订文章多种。此书获得近代学者重视。鲁迅将其列为青年学子学习中国文学十二种必读书之一；钱钟书的五册本《管锥编》，有一册专为研读此书而作。

（转自《人文织里》）

"湖商"源流考（节录）

嵇发根

书　商

湖州书商分雕版印书业和书船贩书业两类，后者因前者之兴应运而生，二者又相辅相成，相互促进。湖州书商兴起并发展于明中叶时的"湖州城东第一镇"——晟舍镇，及其以北织里集镇与周围村庄。湖州书商的产生和发展，既是文人珍书、藏书的延续，又是儒士们经商意识的觉醒。正如清康熙时郑元庆在《湖录》中所记载："吾湖明中叶如花林茅氏、晟舍凌氏、闵氏、汇沮潘氏、雉城臧氏，皆广储签帙。旧家子弟好事者，往往以秘册镂刻流传。于是织里诸村民，以此网利。"

雕版印书商

明代湖州雕版印书商，尤以晟舍凌氏、闵氏雕版套色印书闻名全国。这使晟舍成为全国三大（南京、湖州、徽州）刻书业中心。凌、闵二氏所刊都是善本秘籍，又雕刻精良，他们的多色套版印刷成为国之精粹，代表中国十七世纪印刷技术新水平。据陶湘《明吴兴闵版书目》统计，明亡前20多年中，晟舍闵、凌二氏套印本有117部145种。台湾李清志《古书版本鉴定研究》认为不下300种。凌氏雕版印书商以凌濛初为代表，有同族兄弟凌瀛初、凌澄初及子侄辈凌汝亨、凌毓枏、凌琛、凌启康、凌宏宪等20余人；闵氏雕版印书商以闵齐伋为代表，其兄闵齐华及族中闵元衢、闵振声、闵振业等套版印书业都很有名，闵齐伋不仅限于本地，还在南京开有分所，著名的闵版《会真六幻》12卷和《绘孟》7卷即在南京刻刊。

为刻印书籍，都设有作坊，雇佣许多刻工，如凌濛初在明万历三年（1575）所刻《国朝名世类苑》下书口记载刻工有15人之多。雕版印书业为书商们获取丰厚利润，晟舍凌氏、闵氏、花林茅氏、雉城臧氏、汇沮潘氏等都是富甲一方的大户。

书船贩书商

随雕版印书业应运而兴的书船贩书业，是湖州古代文化产业的一大亮点。其发源地，是晟舍之北织里及郑港、谈港诸村，地理上北通太湖，南下运河，河港四通八达，而且"织里业造船"，船成为贩书载体，所谓书船即应运而生。

书船贩书商被尊为"书客"。"书船出乌程织里及郑港、谈港诸村落，吾湖明中叶如花林茅氏、晟舍凌氏、闵氏、汇沮潘氏、雉城臧氏，皆广储签帙。旧家子弟好事者，往往以秘册镂刻流传。于是织里诸村民，以此网利。购书于船，南至钱塘，东南抵松江，北达京口，走士大夫之门，出书目袖中，低昂其价，所至每以礼接之，客之末座，号为书客。"在一些明清小说中还被呼为"湖州贩书客人"。钱塘，今杭州；京口，今江苏镇江。织里书船经营范围，大抵相当于今之"长三角"地区。书船置船棚，棚下两侧置书架，陈设各种书籍，中间设书桌和木椅，供选书者翻阅时用。别人卖书是"姜太公钓鱼，愿者上钩"，而织里书船犹如水上流动书店，专门送书上门。织里书船业至清代仍久盛不衰。直到二十世纪五十年代，织里郑港、谈港一带上年岁的老人还依稀记得当年书船业的旺景。

……

（转自《人文织里》）

古代湖州城东第一镇——晟舍镇

朱仰高

古晟舍，坐落于湖州城东30里，属乌程县常乐乡，第二十九都，横跨荻塘，相传唐代名将李晟曾驻兵于此，故名。唐以前，晟舍人烟稀少，长满芦荻。唐后，始有人住，有钦、叶、黄、顾、李诸家。宋室南渡时，闵氏从北方迁来定居，人气渐旺。明朝中叶后，马、凌家族从练市迁来。至明成化（1465—1487）年间已成市镇，为城东第一镇。闵、凌两族也成为当地的名门。晟舍以它的科第联绵，簪缨绳继和明、清时期著名的套版印刷，成为全国刻书业的中心，一直以来为世人所瞩目，而成为声震海内外的一座江南名镇。

古镇区划

据清同治《晟舍镇志》记载，晟舍镇东西广十一里，南北袤十二里，周围三十三里。晟舍界域，东至旧馆乡三里，以月影桥（钉铁湾附近）为界；西至小浒圩（河西）七里，以小音三圩为界；北至骥村乡（朱湾村）五里，以兴村桥为界；南至旧馆乡四里，以浑泥水港（杨家门）为界；东南至旧馆乡四里，以潘家庄为界；西南至升山乡四里，以打子兜（大漾村）为界；东北至小河（晓河）乡六里，以鸾章桥为界；西北至大河乡（陶家湾）五里，以官田桁为界。

域内，南北分为八庄，排列为一百二十三庄起至一百三十庄。一百二十三庄中有三家村、白蒲湾、鱼船坝、闵家湾、北严家兜、朱家兜、石桥头、潘家庄；一百二十四庄中有渡船角、丁家潭、南严家兜、范家兜、成文兜、打子兜、板桥兜、石桥头、杨家兜、施庄、秀才兜、荷荡圩、大园、叶家荡、漾口、音四圩、观音桥头、范家兜、栅樟头；一百二十五庄中有南塍、浜头、王家湾、新开河、南墙门、祠堂基、铁店湾、史家坝、闵家湾；一百二十六庄中有白鹤兜、水东、方家境、汇上、慎家桥头、蒋兜、猫儿兜、杨家兜、祠堂前；一百二十七庄中有芸村、佛仙兜、方田兜、姚家兜、生姜坝、长兜、东兜、蚬壳滩、鹜鸭桥、北庄；一百二十八庄中有黄甲港、朱湾、栖梧、刁家兜、北圣堂、曹家兜、庙桥头；一百二十九庄中有河西、严家兜、鸭栏兜、西兜、板桥头、下水湾、许家坝、东舍头、南埭上、漾口埭、谦四圩、吴家坝、栲栳坝、南音圩、北音圩；一百三十庄中有澄鉴滩、西舍头、陈店坝、杨木桥、秦家港、白水桥、芦课桥、官田桁、杨家荡。

河漾桥梁

晟舍地处水乡平原，域内河港如脉连延，漾荡如棋散落，湾兜似眼送波，水清波澈，"家家临水，处处瞰波"。镇南紧偎荻塘河，镇中有市河——晟溪由南而北穿镇而过，将镇分为东西两大块，镇东有新开河、南小港、北小港等；镇西有蓬花兜、曹家兜、平桥河、猫儿兜、划船兜、头巾漾等；镇南有丁家兜、打子兜、小兜、范家兜、成文兜等；镇北有秀才兜、荷荡、官河兜、王家荡、官田港、黄甲港、总管堂河等；东北隅有叶家荡、老坟漾、九曲港等；西北隅有蒋兜、盘珠漾、万千漾、头巾漾，澄鉴滩漾等，计大小河港湾兜漾荡七十余条（口）。

镇域内溪港交流，舟楫迎往，架桥过水。自宋以来，晟舍百姓聚资修建桥梁，以使镇圩、圩圩之间通行方便。至清同治年间，沿荻塘河边，有龙门塘桥、黄冈桥、月影桥、潘杨桥、汇上桥等；镇中市河上有南渡桥、卖鱼桥、花凤桥、油车桥等；南小港上有红桥，北岸有连科桥，镇北有笋店桥，总管堂河上有财神桥，堂后有东牵龙桥，土地庙后有西牵龙桥，盘珠漾西北有万年桥，秀才兜上有土地桥等等。据不完全统计，大小不一、形状各异的石拱桥、石梁桥以及木桥有六十余座。其中著名的有龙门塘桥、花凤桥、汇上桥等。

古镇街巷

晟舍镇虽如"弹丸"之地，然有历代众多的官员、富贾宅第，有连片的酒肆、茶楼、商铺，更有不少亭台楼阁等名胜古迹点缀其间，形成条条衢巷供人行走的格局。

从龙门桥到蓬花兜，有鹅卵石铺成的"石路"；市河西岸，有相传闵氏孝子居住过的"晓珠巷"，因闵氏府第思履堂得名的"思履巷"；南小港北岸，有因五名道员居住过而得名的"五道前"；花凤桥西南，有出入凌氏宗祠的"祠堂巷"；市河西，有楼房傍河排列八间而得名的"八间楼"；北市河西，有出入适园的"花园巷"；北市河东后的迁河西，有因开油车坊得名的"油车前"；北小港北岸，有因两株大槐树得名的"槐树下"；在新开河东，明朝时曾有大片住宅，中有大路，得名"资政坊"，有明朝时府第毗连至此而得名的"南墙门"；南小港东，有因闵庄懿（尚书闵珪）归田后畜牛百头而得名的"牛棚头"；南小港西口，有因小港东来之水与龙门桥南来之水汇此而得名的"汇角头"；市河东，因有闵庄懿内台总宪牌坊得名的"旧牌楼前"，有因凌氏节孝坊而得名的"新牌楼前"；旧牌楼内，因巷口有石狮子而得名"狮子巷"；北小港北骠骑将军闵用光（即闵洪得）府"都阃第"东侧之巷，得名"将军巷"；北小港东巷内，有因闵氏支祠而得名的"小祠堂巷"。

古迹名胜

数百年来，晟舍因人才辈出，官宦府第连云，文人宅居相望，寺庵宫观众多，牌坊栉比，名人墓葬散落四周……镇内随处都有古迹名胜，成为闻名于时的游览胜地。

（一）古迹

在敕一圩（北小港南），曾有元时隐士闵天福的别墅"聚芳亭"，往游者争相作诗为文，以志胜概，明末毁。有明代刑部尚书闵珪的赐第"达尊堂"（清同治三年毁）、闵珪故居"昭德堂"与"承恩堂"（清乾隆时毁）及其"橘园"、礼部尚书闵如霖宅第"大宗伯第"（乾隆时毁）、兵部尚书闵梦得宅第"式宏堂"（清咸丰时毁）、陕西西乡知县闵亥生宅第"东皋草堂"、闵元衢所建"一草堂"（明末毁）及其西侧的"咫园"（与闵珪桔园相邻）。有清代景宁教谕闵嗣同藏书处

"贯一精舍"（同治三年毁）、与之毗邻闵嗣会的"乐琴书斋"（同治三年毁）、明经闵江读书处"桐荫轩"（同治三年毁）。还有铁店桥旁的"社坛"，以及波光粼粼、桃李成行、荷花相映、颇有西湖风景的"南塍"等。

在敕二圩（北小港北），有明代闵节建的"竹深园"、佥都御史凌贤的赐第"赐老堂"（内有瑞杏楼、听月楼，乾隆初圮）、凌敷始迁晟舍所居的"栖霞楼"（同治中圮）、广西布政使司参政使凌嗣音宅第"致远堂"和明骠骑将军闵洪得故居"都阃第"（同治三年毁）等。

在谨四圩（南小港南），有明代闵绶的别墅"逸老堂"（明末毁）、吏部尚书闵洪学宅第"画锦堂"（同治三年毁）、闵洪学别墅"浣香斋"（顺治三年毁）、云南通判闵世魁宅第"振藻堂"（明末毁）、进士陶树所居"南村草堂"（同治三年毁）、闵珪的"菊花圃"（明末毁）、礼部尚书闵如霖为防倭寇创筑的"平倭台"（明末毁）等。

在谨一圩（盘珠漾南），有明代凌迪知建的"适园"（内有闵我备所居"晚香居"，同治三年毁）、凌约言所建"薜荔园"和"吹箫楼"（明末圮）、光禄寺丞凌述知所建"盟鸥馆"（旁有翠雨奥、玉芝堂、露华台、白云窝）和"水云居"、光禄寺丞闵光德别墅"三层楼"、闵如霖建的"息影庐"、苏州卫指挥使同知闵闻的"水霞楼"（康熙末圮），有清代举人闵大夏所居"安雅轩"（同治三年毁）和乾隆时诗人闵珏晚年所居"白耕楼"等。

在谨二三圩（河塘圩一带），有明时凌约言为藏书而建的"书林楼"（明末毁）、湖广荆州通判闵宜邵宅第"抱宏堂"和"大花园"、乡贤凌樵的宅第"双桂轩"（故址为芷珠仙馆）、嘉善教谕闵元赏故居"五有居"、陕西知县凌树屏宅第"瓠息斋"等（以上同治三年毁）。

在聆四圩（河西村附近），有明闵广隐居的"万绿堂"，潘杨桥北、云村南有明吏部尚书闵洪学筑墓地所开四面皆水的"砚田"，盘珠漾火鱼埂上有凌约言的别墅"凤笙阁"等。在察一圩（锣鼓桥附近），有明代闵象泰所居的"北庄"，池围、港岸遍植桃李桑柳，有桃源风景，时有"北庄八景"。

在谨三圩（栅桩头附近），有闵兰旧居"冷香榭"，毗邻有闵爨读书处"白石轩"等。在理一圩（秦家港附近），有清代闵声隐居的"可巢"，卫浪桥边有"萧娘坟"，塘南贻一圩（摆渡处）有供人避风雨的"雪风亭"。闵氏宗祠前有"月池"等。

(二)牌坊与古墓

明至清嘉庆年间,晟舍镇上先后建有八座牌坊:南小港西口北岸的"勋阶极品"坊,闵珪建;市河东建的"内台总宪"坊和南小港北岸的"宗伯学士"坊,闵如霖建;市河花凤桥东塊的"赐尚方剑"坊,闵梦得建;市河东岸的"苕雪流芳"坊,乾隆三十六年为庠生闵勋妻凌氏建;栖梧村附近的"百岁"坊,明代天启时庠生黄鎏建;南仁村附近小邾巷口的"节孝"坊,雍正十二年为郡庠生闵云初继妻庞氏建;音四圩村古性庵前的"节孝"坊,嘉庆二十三年为陆鸿翔妻沈氏建。至清同治年间,仅存"内台总宪"坊和"节孝"坊,其余均毁圮。

据清同治《晟舍镇志》记载,域内共有名人墓葬五十五座,这些墓茔随着时间的流逝也成为古遗迹。其中,在南仁村附近有明代兵部尚书闵梦得墓,由其门生黄道周撰墓志铭;云村南、潘杨桥北有明代太子太保、吏部尚书闵洪学墓;芳莲兜村附近有元代归安教谕闵德渊墓,元代隐士、聚芳亭主闵天福墓,明代闵性(闵珪曾祖)、闵绶(闵珪祖)、闵节(闵珪父)墓,三人都因闵珪故赠太子太保、刑部尚书;刁家兜村附近有明代闵蕙墓,闵蕙因子闵如霖赠礼部左侍郎兼翰林院学士;杨家荡一带有明代工部员外郎、福建邵武知府闵世翔墓,常州知府闵自寅墓;栖梧村附近有明代名士、湖广黔阳训导、主宝山书院、人称"练溪先生"、赠刑部员外郎凌震墓,名士刘麟撰墓志;叶家荡村附近有明代广西上思州知州闵宜励墓、秀水(嘉兴)教谕闵德庆墓,闵宜励、闵德庆都因闵梦得故赠太子太保、兵部尚书;王家港村附近有明代湖广荆州通判闵宜邵墓、广西布政司照磨闵舆庆墓、清代河南泌阳知州闵若思墓等;河荡圩村附近有明代江西布政司经历闵允庆墓,清代名士、正黄旗觉罗教习闵文山墓等;塘南有明代江西抚州通判闵宏庆墓,清代名士、陕西咸阳知县凌树屏墓;东舍头村附近有明代刑部江西清吏司郎中、赠湖广右布政闵世誉墓;南仁村附近有清代兵部武选司员外凌鸣喈墓;史家坝附近有明代礼部员外闵及申墓、中军都督府同知闵宾孟墓;音四圩村附近有明代杭州府学训导闵宗焕墓;栅桩头村附近有明代刑部清吏司主事闵豫生墓等;北圣堂村附近有清代名士、钦赐翰林院检讨闵之瑗墓等。

(三)寺庙

据镇志,古晟舍镇计有寺、庵、堂、庙、阁等二十九所及凌、闵二氏的宗祠。芳莲兜村、栅桩头、河荡漾一带，有利济禅寺、江西抚州通判闵宏庆所建观音堂，还有三官殿、文昌阁、总管堂、云开阁、土地庙、太君堂、大苏山房、云护山房、西隐山房和张仙殿等。

云村西有元代归安教谕闵德渊所建崇顺庵；音四圩村附近有明代湖广布政闵宗德妻、吏部尚书闵洪学妻为求子捐资合建的古性庵；北小港村附近有明吏部尚书闵洪学所建张星君阁；塘口龙门桥西有关帝庙、地藏殿；南仁村附近有桂花庵，后为凌氏宗祠；河荡圩村附近有乡人读书的广化庵、净土庵，还有金隐山房，清时为祖师堂；芸村有云兴庵，俗称土地庙；朱家湾村附近有清莲庵、观音庵；北圣堂村有北圣堂；水湾村有太平庙；栖梧村千音桥北有潮音庵；塘南靠近长河申运河附近有晏公庙、范家兜庙；塘南水产村附近有西坡庙等。

闵氏宗祠，明代在史家坝附近，后迁塘南。康熙三十六年（1697）移建在谨一圩（南仁村附近）的小郏巷内，同治三年（1864）为兵所焚。同治五年，闵氏子孙先在祠东建四楹，十年重建。闵氏宗祠内有旌节祠，嘉庆二十三年（1818）翰林闵受昌建，以祀族中无子之妾、青年守节、白首完贞之女子。

凌氏宗祠，在盘珠漾附近（即桂花庵故址），康熙三十七年（1698）建，同治三年遭兵焚，七年重建。

古镇俗尚

立春，吃绿豆衣包裹的韭菜、肉丝和冬笋做成的"春卷"。

年初一，又名"元旦""岁朝"，五更时，开门放爆竹、霸王鞭，称"开门炮"。摆设糕果香烛于庭堂，礼拜，称"接天"；煮豆沙糖馅汤团、酒果接灶神，拜祖先遗像；出门迎喜神；然后率眷属按尊卑依次"拜年"，或称"拜吉"，再出门拜族中近支及至亲尊长遗像。当日不吃荤，不烧饭，取除夕余饭蒸食或吃面。禁扫地、汲水，女人不动针剪。午后男女游各庙，谓之"游十庙"。

初二日，出门拜年，家家设门簿，客到自写姓名于簿。清同治时，用小红笺写上家长及弟侄子孙姓名"同拜祝贺新喜"等字粘于门。

初三日，为小年朝，晨起煮年糕汤、酒果安灶神；当日，服丧期的人出门拜年；晚上摆设饭食祭祀祖先，半夜收遗像，称为"收真"。

初五日，市场商店都开门迎业，五更时摆设祭品迎财神，称"接路头"；晚上则各店畅饮尽欢，称"吃路头酒"。

十五日，元宵节，谓"上元节"，天官生辰，乡人做三官会，实为借名同盟结拜，酣饮终日，称"三官会弟兄"。

二十日，为天穿日，各家幼女皆穿耳。

二月初二日，中和节、土地菩萨生辰，士民备祭品祀于庙，家家蒸年糕拜土地，当日吃年糕，称"撑腰糕"。

初三日，文昌星官生辰，士人聚集于阁上摆祭品祭祀，然后到负责祭祀的人家吃喝。

十二日，花朝，有花木的人家以红绸、红纸折成尖角旗扦在花树上，曰"花幡"。

十九日，观音菩萨生辰，妇女都到观音堂、土地庙烧香（六月十九日、九月十九日同）。

三月初三日，为上巳节，男女都戴荠菜花。

清明，前一日为黄明，后一日为白明，家家裹粽子祀土地，门檐上插杨柳，妇女头上戴杨柳。

立夏，饮火酒，吃樱桃、青梅、白切肉等。

四月初八日，释迦牟尼佛生辰，吃用乌柏叶汁煮成的饭团。

十四日，道教吕祖（吕洞宾）生辰，士人集于苕东真境，问卜吉凶。

五月初五日，端午节，僧尼用花纸符巫画天师像，剪彩纸为虎蟾，分送各家粘于梁间、门壁辟邪；当日早晨吃粽子，中午饮雄黄火酒，菜有黄鱼、大蒜、干豆腐、灰鸭蛋；庭上挂钟馗像，系蒲艾桃叶子在床边，用雄黄火酒洒四壁；妇女剪茧作虎状，贴于艾蒿叶，戴于头上，称"健人老虎"；小儿、女挂放有雄黄的小袋；娶新妇家送粽子、羽毛扇、折扇、手巾、艾虎等物，分赠邻友亲属。

夏至，家家备酒肴祀祖先，僧人送纸钱焚化。

十三日，武帝（关羽）生辰，士人集于塘门庙祭祀，然后到负责祭祀的人家吃喝。

六月初六日，天贶节，吃馄饨，给猫狗洗澡，妇女洗发。

二十四日，雷祖灶君生辰，家家祀灶，到雷祖阁烧香。

立秋，吃西瓜、饮火酒，吞小赤豆七粒。

七月初七日，乞巧节、总管生辰，市民集于庙祭祀，揉面做成花果、鸟兽形，用油炸，称"吃巧果"；妇女捣凤仙花汁染指甲；午时投针在水碗里，以影子的尖圆观人的巧拙；傍晚，摆设瓜果盘在月下以乞巧。

十二日，有丧之家子孙妇女在半夜穿孝服出门，叫死者三声来家，妇女哭到灵座前"接魔"。

十三日，观音堂、土地庙尼姑先期化缘，当夜乘船礼佛超度水鬼，以红纸折四角，中粘油纸拈引火放河中，称"放水灯"，自市河出塘门桥，东至潘杨桥，西至汇上桥，绕利济寺而回。

十五日，中元节、地官生辰，乡人做三官会，各家备肴酒祭祀祖先，僧人送纸钱焚化。

三十日，地藏菩萨生辰，士女往塘门庙烧香；夜里，各家庭前焚香烛，有以木屑和桐油作堆沿途焚烧，称"地藏灯"；当夜，利济寺僧人乘船放焰口（向河中投放食物），超度水鬼，各家焚纸钱。

八月十五日，中秋节，亲友互赠月饼；糊纸斗装入檀香屑，称"香斗"，晚上在庭中桌上焚烧；尼姑送忏纸；第二日，尼姑分糕果给各施主家，各家取芋芳、茭白、菱肉、丝瓜、毛豆、南瓜、羊眼豆（扁豆）和小白菜等炒食，称"八宝菜"；娶新妇家送月饼、柿子、鲜藕等物，分给邻友亲属。

重阳日，吃栗糕，又叫"鹿糕"。

立冬，煮新糯米饭祀灶拜土地。

十月初一日，各家祀祖先扫墓。

十五日，下元节和水官生辰，乡人做三官会。

冬至，各家祀祖先，僧人送纸钱焚化，有丧之家子孙妇女均穿孝服三日，每日祭祀。

十二月初八日，僧尼以桂圆、枣子、白果、莲肉、瓜子、松子肉和糖米做"腊八粥"，乡人以腌肉、白菜和米做"穿汤饭"。

十二日，蚕花生日，乡人妇女到利济寺拜蚕王，在忏门前竖长竹竿，顶上缚樟树叶，中间系淘箩，如旗杆样，名叫"田蚕"，以高为上。

二十三日，送灶，当晚各家祀灶，蒸白米粢饭和以南瓜，其色黄形如茧，用器皿盛之，作为聚宝盆；又用糖、酒、果送灶神上天，用纸扎轿子加松毛茅豆荚引火。

二十四日，扫檐梁壁间的灰尘，称"断檐尘"。

二十五日，诸神下降，观人善恶，人都吃素，有的吃豆腐渣。

除夕，俗名大年夜。上一日为小年夜。年前，亲友互相馈赠食物，称"致年节礼"。娶新妇家要给邻居、亲友和亲族送年糕、线板糖等物。前几日，各家磨米粉做糖年糕，摆牲品和甜酒祀众神，称"拜年夜"。集市上爆竹连夜不绝声。大年夜晚上悬挂祖先遗像，设供品祭祀，然后"吃年夜饭"。当夜，当铺不闭，以便人来赎取。各店齐开，收账天明而止。

每年秋天，或重修殿宇、神佛开光以及谢土酬愿，都要演戏，名为"太平戏"。

物产与商业

晟舍镇上，明清时尤以刻书业最为兴盛。"凌版"和"闵版"套印书，是享誉全国的名牌产品。以此而兴起的贩书业，由晟舍延向周边，以织里及郑港、谈港等处的书船业最为著名。

清道光以前，饼市闻名方圆数百里，行业极盛，顾客不分远近纷纷前来购买。道光四年（1824）起，饼市逐渐衰落，南聚于乌镇，东聚于南浔。镇上有南北鱼行五六家，山货行三四家，买卖草紫、萝卜、青菜等。每年蚕时，各店都设叶行，出售从太湖洞庭山运来的桑叶，运河上、市河内帆樯似棱穿行，人流如潮，填街塞路，终日喧哗，热闹非凡。清咸丰年间，太平军占领江苏平望后，有附近城镇的商店迁来晟舍。至同治时，茶坊酒店开设较多。

潘杨桥周围，出产莼菜，名"紫丝莼"，春末秋初可采，作羹鲜美无比。

黄闵桥西边的运河深水底，出产蛏子，冬春之交时，渔人捞起，用刀剖开其壳，取出其肉，再用工具拍软，用水洗净，蛏肉洁白如玉，配以茱萸、姜酒作羹，甘、脆、鲜、软，或用酒浸渍数日生食，其味更佳，不亚于螃蟹等物，被称为"美人蛏"。

浪桥对河的阔港头出产白爪菱，四角尖尖，肉白而微青，比附近的南浔沙角菱稍小，味甘脆嫩。

杜园笋，夏初出产，乡人挖出后扎成把，在镇上出售，配以青蚕豆、芥菜味道更佳。

域内还出产闻名湖州的冬舂米，湖州各地虽都有出产，但都不及晟舍。冬时，将晚稻加工三四遍舂白，然后放在草囤中，春后出售，远近来购。

乡间还生产粗绵绸，每年养蚕结束后，农户家家终日打线，到八九月间织成阔二尺以外，长四五丈至十余丈的绸卖于湖城、南浔、双林等处。还生产圆纱带

（又名带子），取棉花弹松加工成长条形状，以纱合成线，再用 12 至 16 股的线绞成长百尺的圆状带子，颜色有纯白、纯蓝和蓝白相间诸种，卖于湖城京货铺，在西路山乡盛行，此业在道光年间成为一种主业。

饮食中最著名的是鸟腊。据《湖录》记载：南浔、菱湖皆有鸟腊，南浔尤佳。但南浔、菱湖之物不及晟舍，其他乡镇的人纷纷前来购买。镇上店中所售鸟腊不及镇郊芸村、生姜坝所产，其乡人早晨携篮背箛，结队来镇上贩卖，制鸟腊著名的有四五家，有家传秘方。鸟腊用麻雀、斑鸠、鹌鹑等鸟雀腌制而成，味道鲜美，以麻雀、白头翁等腌制的味道最佳，野凫、山鸡稍次，斑鸠、鹌鹑、野鸽、百舌等又次之，猫头鹰、鹭鸶等则腥而无味。晟舍的鸟腊方圆数百里闻名，人们在新年里，都以此为礼物赠送亲朋好友。

随历史的演变，晟舍代有兴衰。元末，晟舍是张士诚抵抗朱明军队的前沿，屡遭兵侵；明代，又屡遭倭寇侵扰，巨盗郑九屡次率众寇犯、焚掠，房屋渐少。清康熙年间，人烟又日益繁多；同时迁徙他方的也较多，如闵氏迁往附近的东庙环桥、大塘兜、南浔、双林等处，远迁嘉善、长兴、苏杭等处。凌氏迁旧馆、渚村，又因官幕流寓他省。同治初，太平军与清军争战多年，晟舍古镇被害最惨，房屋所存者不过百分之一，百姓四散，不能聚族而居，那时，钦氏已无人，顾、叶、李氏也已人丁寥寥，黄氏还有人居住。1937 年 11 月 22 日，日本侵略军自南浔水、陆两路入侵湖州，一路烧掠。其中陆路沿嘉湖公路西进，旧馆、晟舍被焚烧殆尽。

（转自《人文织里》）

凌介禧与《东南水利略》

沈方

自南朝梁萧统《昭明太子水灾疏》始，至清代为止，太湖流域水利著述大约有五十多种。其中著名的有，北宋范仲淹《上吕中丞书》《答手诏条陈十事》、郏亶《吴门水利书》、郏侨《论三吴水利》、单锷《吴中水利书》，元代任仁发《浙西水利议答录》，明代伍余福著《三吴水利论》、蔡羽《太湖志》、王鏊《震泽编》、归有光《三吴水利录》，清代翁澍《具区志》、金友理《太湖备考》、凌介禧《东南水利略》、王凤生《浙西水利备考》等。

但是，集中阐述吴兴域内溇港水利的著述并不多，至于由本地学者编撰的水利著作，现存仅有凌介禧的《东南水利略》，又名《东南七郡水利略》。清同治《晟舍镇志》中还记载有闵道的《湖郡水利议》和凌琴元的《江浙治水要览》，但已经散佚，或从未刊刻。清代王凤生编撰的《浙西水利备考》，与凌介禧的《东南水利略》大致相同，皆编撰于清道光四年（1824），而且，王凤生与凌介禧有信函往来，还曾共同考察吴兴溇港。明代蔡羽的《太湖志》、王鏊的《震泽编》及清代翁澍《具区志》，重在记述名胜古迹，涉及水利不多。清代金友理的《太湖备考》，集中记述太湖周边地区，内容包括沿湖水口、滨湖山峦、水利、兵防、职官、田赋、坊表、祠庙、寺观、古迹、风俗、物产、选举、乡饮、人物、烈女、诗文等，偏重于方志体例，以记述苏州、常州为主，并非水利著作。而凌介禧的《东南水利略》则是一部太湖流域的水利专著，既有太湖之水源流总说，又有太湖周边溇渎考察，并且有专文阐述湖州碧浪湖、东塘（即荻塘）之要害，对吴兴溇港逐条记叙，详细周全。书中所附往来信函，反映了当时的治水概况。所附二十五幅地图及文字说明，更是保存了清代太湖周边的地理面貌。

凌介禧（1782—1862），湖州乌程县晟舍人，原名杏洙，字香南，号少茗。他是明末大理寺卿、刑部尚书凌义渠后裔，少年时聪明好学，二十岁"补博士弟子员"，为乌程诸生，惜屡次参加科举考试不中。因家庭贫困，以私塾教书为生。深谙读万卷书、行万里路之理，勤奋著述，有志于经世之学，不为纸上空言，曾远游河北、山西、广东、山东、湖北、湖南等地考察。《晟舍镇志》说他："笃学好古，寒暑不暇，长则北走燕晋，南走羊城，入齐鲁，浮江汉，遨游数万里，跋涉数十年，客巨公幕下，或书记，或教读，或衡文，船唇驴背，一有闻见，即笔之于书，盈箱满箧，晚归里门时，值流离，而晨昏风雨犹手不释卷，平生著述有二十余种，其已梓者，《东南七郡水利略》、《程安德三邑赋考》。"晚清湖州藏书家陆心源撰《凌少茗先生别传》，也说他"耄而好学，年七十余，露纂风钞，终日不倦"。

七十岁之后，凌介禧倦于远游，返回故乡晟舍，不久，应聘在湖州陆家私塾教书，陆心源和弟弟陆性源是他的学生。这个时期，江南一带是太平军的活动范围，咸丰十一年（1861），太平军占领晟舍，作为围困湖州城的重要据点。当地士族纷纷逃往外地避难，虽然晟舍距湖州仅有三十里，但年老体衰的凌介禧再也无法回家，只能困居在湖州城里。据《清实录》记载，湖州城在咸丰十年就陷入太平军的重重包围之中，成为一座孤城。同治元年（1862），太平军攻陷湖州城，凌介禧去世。直到同治三年（1864），清朝的军队才收复晟舍，那已经是凌介禧去世两年之后的事了。陆心源说凌介禧于"同治元年，湖城不守，郁郁而卒"，而《晟舍镇志》说他在家中去世，但可能性不大。既然于同治元年去世，即可推断凌介禧生于乾隆四十七年（1782）。凌介禧所处的时代，清朝由盛转衰，时运不济，平生所学未能尽其用，只能郁郁而终。

《晟舍镇志》列出的凌介禧著述书目，计有24种212卷：《东南水利略》6卷、《程安德三邑赋考》2卷、《古今兵略》10卷、《敦行续录》33卷、《金管扶纲录》12卷、《偶见诗钞》6卷、《凌氏诗存》12卷、《蕊珠仙馆杂志》16卷、《司空图诗品试律偶存》、《少茗文稿漫存》17卷、《尘余时文稿》10卷、《少茗诗稿漫存》41卷、《漫续》2卷、《苏批孟子注节要》7卷、《诗经撼说》16卷、《墨宝诗综》3卷、《先世祠墓谱补》3卷，《淮南子音义》1卷、《三十六鳞集选》2卷、《坦然奋诗文渊粹》2卷、《试律偶存》6卷、《律赋漫存》1卷、《骈体文》2卷、《晟溪渔唱一百首》。除曾经刊刻的《东南水利略》《程安德三邑赋考》两种之外，如今大多散佚，仅有《少茗文稿漫存》《少茗诗稿漫存》的稿本，收藏于国内某图书馆，另有十多首描述晟舍乡土风情的诗，散见于《晟舍镇志》。

清道光三年（1823），凌介禧四十岁出头，正值壮年。当年夏秋时节，江南雨水甚多，由于江苏境内的吴淞江、浏河多年未疏浚，太湖水入海口淤塞，浙江杭嘉湖及江苏的苏州、松江、太仓水患严重，大量田地遭水淹，湖州与嘉兴尤其惨重，朝野为之震动。道光四年，朝廷连下四道圣旨，要求浙江、江苏地方政府，选派得力官员，迅速勘查，尽快疏浚河道，修缮水利设施。先是道光帝命令两江总督孙玉庭会同浙江省保举官员总揽太湖水利勘查，并责成苏松太兵备道龚丽正、杭嘉湖兵备道陈钟麟及留江降补道员沈惇彝（湖州归安人），组织熟悉太湖流域水利情况的人员查明情况，并要求统筹规划，"不分畛域，实心经理"，措辞十分严厉，强调如发现"有草率从事、贻误要工及虚糜帑项、办理不善者"，由两江总督孙玉庭"严参示惩，毋稍宽贷"。

不久，时任礼科给事中的浙江平湖人朱为弼上疏，说江苏境内太湖水入海口壅塞，浙江上游均受其害，奏请疏浚太湖下游浏河、吴淞江、太湖一带水道，以解决长江口壅塞和浙江上游淤害，为一劳永逸之计。道光帝又下旨，命令两江总督孙玉庭及江苏巡抚韩文绮迅速选派办事干练的官员查明河道壅塞情况，分清轻重缓急，妥善办理。并对孙玉庭筹措经费进展缓慢给予委婉批评。紧接着，御史郎葆辰（浙江安吉人）奏请疏浚湖州七十二溇港。郎葆辰说，乌程县境内共有溇港 38 条，长兴县境内有溇港 34 条，近年来流通者仅有十分之三，大多淤塞，唯有全部疏通才是一劳永逸之计。道光帝下旨责成浙江巡抚帅承瀛选派办事干练的官员勘查溇港情况，并及时报告朝廷。

事情尚在办理中，又有御史程邦宪（江苏吴江人）奏请疏浚太湖出水河道。道光帝下旨责成孙玉庭及韩文绮迅速委派官员会同浙江省"确实查勘，择要疏浚"。此次的圣旨比前面三次更具体、全面："太湖汇吴之水，全赖入水之口与出水之口一律疏畅，若致力于海口下游，而不去太湖淤垫，雨水过多，横决四出，苏松嘉湖诸郡俱受其害，若专治湖州溇港，又挟天目山之奔注东来，吴江一带要口仍在淤垫，入海不能迅速，则苏松之患滋甚，是专治上游，专治下游，均未见有利益，惟择太湖洩水最要处所，如吴江堤之垂虹桥、爱遗亭、庞山湖及堤西等处，疏剔沙淤，铲除荡田，令太湖东注之水源流无滞，苏松嘉湖诸郡可免泛滥，吴淞、浏河诸下游亦得藉资，刷沙不致旋浚旋淤。"措辞也更为强烈，还要求孙玉庭等"严立科条，禁止栽种茭芦及绝除插箳壅积泥淤等弊，如查有土棍勾串吏胥及生监把持包庇，将应行铲除荡田，刁揹留难串通朦混，即行严拿惩办"。

道光帝的四道圣旨严词饬令，江苏与浙江两省地方政府不敢怠慢，分别着手水利勘查。江苏方面由龚丽正会同浙江方面的陈钟麟、沈惇彝，在苏州一带勘查太湖下游。浙江巡抚帅承瀛则选派乍浦同知王凤生勘查太湖上游，大致路线从天目山麓始，经安吉、长兴、武康、德清至归安、乌程。凌介禧得知消息后，认为"水利者，裕财赋，卫民生也"，事关国计民生，立即以地方绅士身份，在道光三年和四年，先后两次分别写信给浙江巡抚帅承瀛、湖州知府方士淦以及会同江苏方面勘查太湖下游水利情况的陈钟麟、沈惇彝，陈述湖州水利源流、历史及治水的迫切性，并附上《水利事宜十四条》《水利三大要利弊书》两份意见书，其中对湖州溇港水利的阐述尤其详尽。上述官员对凌介禧的意见颇为重视，纷纷回信，肯定他的热情和意见。湖州知府方士淦在回信中说："弟有德清之行，日期约在廿日左右，事毕言，旋即挐舟亲赴程（乌程）长（长兴）查勘溇港，由长兴、安吉，取道孝丰，穷天目之源，再由武康、德清、碧浪湖回府，足下一二日得暇，先来署一谈，弟有面询水利之事，再定行程路径，或尊处绘图详确，携来同勘，面悉机宜，更为尽善也。"

道光四年春天，王凤生来湖州勘查溇港，方士淦指派凌介禧陪同，一路上，两人相互探讨湖州水利的要害及治水事宜。由于此次勘查是官方行为，参加人员多，勘查较为细致，太湖周边的溇港包括水闸、桥梁，逐一丈量，记录在案，最终形成了勘查报告，即王凤生的《浙西水利备考》，甚至还绘制了乌程、长兴两县溇港详图。其间，凌介禧与王凤生就溇港出口的朝向问题，有过一次辩论。太湖南岸的溇港出口，为防止西北风带来泥沙淤塞，历来取东北朝向，但王凤生作为外地人，不熟悉当地情况，不理解为何取东北朝向。凌介禧特地写了一篇《乌程溇港出水口宜向东北说》，说明溇港出口东北朝向的原因。王凤生事后写信给凌介禧说："承惠溇港指示一节，具纫卓识，曩者匆匆一览，或以方向倒置也未可定，俟他日到湖奉邀同往查勘。"

但是，勘查结束之后，大规模的河道疏浚和水利设施修缮迟迟未能实施，江苏、浙江两省皆因经费筹集困难而暂缓。凌介禧非常着急，道光四年末，程含章接替帅承瀛任浙江巡抚，凌介禧三次写信给他，详细陈述疏浚湖州溇港的迫切性。同时，凌介禧也写信给乌程县令德豫，请求他以地方官身份向上级报告。程含章回信说："昨过苏州时，询之张中丞，以经费无出，业经奏停，是下游不治，而上游亦难举行，俟会商苏省后方能办理。"程含章认为，太湖流域的水利，如果江苏方面的下游不治理，仅仅治理湖州的上游，见效甚微，由于江苏巡抚张师诚因经费困难而暂停实施，浙江方面只能等待。乌程县令德豫则回信客气地安慰凌介禧："阁下洞悉情形，了如指掌，为中丞、方伯最所器重，逖听之余，曷胜雀跃，兹奉本府宪谕，请文驾锦旋得以畅领教言，将来兴办水利，俾有把握疏导得宜，皆出自指示之所赐也。"

凌介禧并未就此罢休，他写信给道光五年任礼部尚书的湖州归安人姚文田，希望他以家乡民生为重，动用上层关系，催促有关方面尽快兴修水利，还请求姚文田代为转发信函。但姚文田的回信与浙江巡抚程含章的回信如出一辙，"如欲兴大工，必先筹款歁，江苏本年文武廉俸竟至不能支放，不得已奏请于邻省协拨，奈邻省亦与相等，先时吴江估工九十万，及各处搜索只得十五万金，现据情陈请停止。"信中还将朝廷的年度财政预算告诉凌介禧，以说明暂停兴修水利的原因，当然，也没有忘记表扬凌介禧："足下勤求民瘼，河道利害论之反复详尽，实为天下有心人。"道光五年，陶澍任江苏巡抚，凌介禧两次直接写信给他说："水利吴淞为最要之区，是不特苏松之利，亦杭湖数郡之利。"并呈上《东南七郡水利略》中的论文，陈述要害。陶澍回复了凌介禧，但兴修水利是一项大工程，陶澍也不可能在短时间里筹集到足够经费。

道光五年五月，程含章委托路经湖州的原福建布政司郑祖琛（湖州归安人），约见凌介禧，索取已经编辑成书的《东南水利略》，凌介禧以不便邮寄为由，仅将其中一册交郑祖琛转达。凌介禧写信给程含章说："浚河筑塘固刻不可缓，即江苏不治，湖州自有可治之法。"既然江苏方面未能及时兴修太湖下游水利，凌介禧就提出了湖州方面单独兴修水利的计划。程含章回信说："江苏不治，湖州有可治之法，理应速办。"但又表示，"俟下年查看光景，再行奏办。"到了道光五年八月，程含章致信凌介禧："今苏省拟开浚吴淞江，浙省亦应赶办，祈请枉驾来省，藉以面领指教为荷。"九月四日，凌介禧抵达杭州，面谈之后，程含章要求他立即返回湖州，参与兴修水利，但凌介禧突然得病，耽搁在杭州调养，直到十月初病愈后，才回到湖州。在此期间，凌介禧提出了具体的兴修水利方案《谨拟开河修塘事宜二十条以备采择》。

之后几年，湖州溇港以及荻塘逐步疏浚，凌介禧的各项建议，大多得到实施。道光十二年，荻塘重修工程竣工后，凌介禧撰写《重修湖州东塘记》，详细记述了重修经过，他盛赞此项工程将"光之史册"。凌介禧的水利文论，本来在道光四年就已编辑为《东南水利略》一书，并由两广总督卢坤和浙江巡抚帅承瀛作序，但从未刊刻。道光十三年（1832），经胞兄凌斐然再三催促，增补道光四年之后的各项建议书以及往来信函，由凌斐然作序，并出资刊刻。2004 年，《东南水利略》收入《中华山水志丛刊》，由线装书局出版。一般读者可以看到的凌介禧著作，仅此一种。

清道光年间，魏源编辑的《皇朝经世文编》曾收录《东南水利略》中的两篇文论，一为《湖州碧浪湖各溇渎要害说》，二为《杭湖苏松源流异派同归说》，作者署名却是凌廷堪。再查《皇朝经世文编》的作者姓名录，也只有凌廷堪，未见凌介禧，似乎不是校对刻印之错讹。凌廷堪，字仲子，一字次仲，安徽歙县人，生于公元 1755 年，卒于公元 1809 年。乾隆五十四年（1790）应江南乡试中举，次年中进士，例授知县，自请改为教职。而《皇朝经世文编》收录的《杭湖苏松源流异派同归说》一文，开头就说"道光三年癸未夏，苏、湖数郡患大水，而尤甚者莫如湖，以地洼如釜底也。"公元 1809 年（清嘉庆十四年）就去世的凌廷堪，如何会在文章中提及道光三年（1823）夏天湖州的水患？无疑是魏源张冠李戴。这两篇文论的题目，与凌介禧《东南水利略》中的文论题目完全相同，内容也基本一致，但文字出入较大，可能是凌介禧的手稿，刊刻时已做修改。

另外，魏源的文集《古微堂外集》卷六中，竟然出现一篇《东南七郡水利略叙》，文中说"乌程凌君涑为七郡水利书，则独详于湖州桑梓之利害。"可见，魏源知道凌介禧其人及其书，如何会在《皇朝经世文编》张冠李戴，令人百思不得其解。不过，魏源在文后注明，此文"代陶文毅序凌君书也，略改存之，以当水利论。"但凌介禧书中并未提到陶澍作序，或许陶澍最终并未将魏源代写的序交给凌介禧，陶澍的《陶文毅公集》中也没有这篇序，否则，魏源也不至于修改后编入自己的文集，其中详情如今无法考查。

（转自《吴兴娄港文化史》）

辛亥革命先驱姚勇忱传略

徐世尧

姚勇忱，名志强，别字永贞、永成，号戈仲。浙江湖州吴兴县织里乡（现吴兴区织里镇）人。早年加入光复会，与秋瑾、王金发共谋起义，推翻满清。后追随孙中山，加入同盟会，浙沪起义为陈英士得力助手。1913 年袁世凯复辟，姚勇忱率先发出反袁通电，积极参加"二次革命"。1915 年与王金发同时被捕，就义于杭州。1917 年，民国政府追赐姚勇忱为辛亥革命烈士，蔡元培先生亲笔题写墓碑，柳亚子先生挥泪写悼诗……

织溪秀水　少年壮志

古城湖州府延伸东北三十里，有一个小集镇名叫织里，是周边十里八乡的商贸中心。沿街面从西到东一条长约二华里的小市河，被称为织溪。溪水清澈明净，古桥横架，舟楫往来穿梭。织溪北岸，廊棚水阁，两面店铺栉比，商贸繁荣。清光绪六年（1880），姚勇忱出生在这个当时被府志记为织里村的乡村集镇上。

清末民国初期，织里街有顾、郑、姚等著姓大族。勇忱祖父姚寿康在清末曾是苏州府候补道台，织里街上开有绸缎庄、酱酒店，老宅三开间四进深，三楼三底房屋，还在江苏同里镇花溪桥畔经营榨油坊，家境殷富。姚寿康于光绪三十年（1904）故世，生有四子四女。勇忱父亲姚慎言排行老七，为乌程县秀才，母亲严氏，出身邻乡骥村大户人家。慎言夫妇生有二子二女，勇忱居长，定忱为幼。

勇忱自幼身体虚弱，患有肺病，常常咳喘不止，因而又成了"口吃"。八岁上乡村私塾，私塾设在对岸秦家，出门走过一条横跨织溪的小木桥便可到达。受祖辈的影响，勇忱读书很用功，经史子集涉猎较广，从小打下了深厚的国文功底。时常倾听父辈朋友谈论时事，耳濡目染了清廷的黑暗统治。

天有不测风云。1898 年，胞弟定忱出生不久，父母先后亡故。此时祖父姚寿康已年迈体病，抚养弟弟的重任，一下落到了少年姚勇忱肩上。凭着父母留下的家底，勇忱一边读书，一边带着幼弟，尝尽了生活的艰辛。1902 年，勇忱娶妻林氏，夫妻十分恩爱。次年生下一个男孩，取名长龄。

1904 年，姚勇忱惜别娇妻小弟和幼子，到杭州蚕学馆学习理化。蚕学馆是一所中等蚕桑专业学校，以"改进技术，推广蚕桑"为宗旨，1898 年由杭州知府林启创办。1904 年 10 月，美国传教士韩明德在湖州海岛霸地 130 亩建造教堂，并在海岛四周挂上"此美国教会地界，闲人不准入内"的木牌，引起了湖州人民的强烈愤慨，湖州中学堂学生与各界人士纷纷抗议，官府却帮着洋人而压迫民众。消息传到杭城，姚勇忱看透了清政府的黑暗、腐败、凶残与无能，常常在学校里长吁短叹，愤愤不平。此时，他不满足于一般科学知识的学习，而是利用较多的时间关注时事。当时的中国在西方列强压迫之下，政府腐朽，国力虚弱，经济落后，民不聊生，内忧外患，社会矛盾尖锐。受反清革命思潮的影响，青年姚勇忱用大量时间阅读《扬州十日记》《嘉定屠城记》等反满书刊，得知有 80 万无辜百姓死于清军的屠刀之下。读到激动之处，"常常痛哭流涕，闻者无不为之感动"。姚勇忱由此萌生了救国救民于水火的历史责任和使命感。他经常与同学们探讨拯救中国的出路，常常去西湖白云庵、城隍山四景园等处听革命党人演讲，阅读进步书刊，参加革命党人开展的活动，结识了褚慧僧、顾乃斌、吕公望、韩肇其等人，与他们"暗相接纳，阴通消息"，并参加了光复会组织，开始了革命生涯。

结识女侠　投身革命

1905 年，姚勇忱离开了杭州蚕学馆，去日本弘文书院进修，在那里结识了同盟会诸公。同年，资产阶级革命家徐锡麟在绍兴创办大通师范学堂，培养革命人才。学堂以开展军事体育教学为名，购买了大批枪支弹药，秘密开展军事训练，图谋起义。姚勇忱以光复会成员身份，回国参与了筹办大通师范学堂事宜。12月15日，姚勇忱在上海参加"哄闹公堂案"，在法租界潮州会馆数千人的集会上，他发表了抗议演讲。

1906年春，湖州南浔绅士张弁群为提倡妇女教育，开创文明之风，在南浔镇创办了"浔溪女校"，聘才女徐自华为女校校长。这时，鉴湖女侠秋瑾从日本回国，经蔡元培、褚辅成介绍，秋瑾到浔溪女校任教，担任日语、理科、卫生等课程的教学。两位女性，才华横溢，同校共事，志趣相投，吟诗填词，成为至交。秋瑾毕竟是革命家，徐自华受其影响，秘密参加了光复会和同盟会。秋瑾在徐自华的支持下，大力宣传男女平等，反对妇女缠足，不受封建礼教束缚等民主革命思想，于是引起轩然大波，当地的封建卫道士，编造种种理由驱逐秋瑾。秋瑾被迫辞职，徐自华也愤然辞去了浔溪女校校长的职务。

秋瑾离开南浔后，当年秋天来到上海虹口祥庆里建立革命机关，办《中国女报》，提倡男女平等，宣传妇女解放，民主革命。这时，刚在杭州蚕学馆毕业的姚勇忱经革命派同仁介绍，在祥庆里与秋瑾相识，担任了《中国女报》编辑，积极参与"联络各省同志"的革命活动。因姚勇忱熟谙化学知识，会制造炸弹，深得秋瑾等人器重。据徐双韵《记秋瑾》文："秋瑾离开浔溪女校后，转到上海，与同志陈伯平、张剑崖、姚勇忱去了虹口祥庆里，以'锐进学社'为名，联络敖嘉熊、吕熊祥等运动长江一带会党，又与蒋乐山、沈鹿山、张恭、周华昌等运动浙江会党，以利起义"。同时，姚勇忱又与陈伯平等人在虹口厚德里，创办了"蠡城学社"，宣传民主思想，开展革命活动。

虹口祥庆里是一幢旧式石库门房子，二进深，内有一口小天井。姚勇忱白天与革命党人外出开展活动，晚上潜心研制炸弹，常常通宵达旦，彻夜不眠。一次，试验不慎引起爆炸，一声巨响，震破了静谧的寒夜，姚勇忱自己未受伤，秋瑾手上受了点轻伤，陈伯平伤了眼睛。巨大的爆炸声惊醒了街坊邻居，第二天人们议论纷纷，很快引起了清政府上海鹰犬们的警觉，不时派人调查。为安全计，秋瑾决定迅速转移。

1906年9月6日，在吴淞口外的一艘轮船上，姚勇忱与秋瑾、陈其美、宁调元、陈伯平等几位同志一起造谒孙中山先生，共商革命大计。此后数月，秋瑾、姚勇忱、陈其美的革命意志更加坚定了，与褚辅成等人"应惟策应，往来频繁，并以嘉兴南湖中一小渚为据点，剪烛中宵，深筹密策，首义始事"。

大通脱险　悲壮悼秋

面对严酷的现实，秋瑾认为，要推翻满清政府，必须要有一支属于革命党自己的武装，她决定回绍兴，秘密建立武装力量。

1907年初，光复会成员徐锡麟为谋"皖浙同时发动"举义，拟赴安庆巡警学堂任职，由秋瑾接管大通师范学堂。秋瑾邀请姚勇忱至大通学堂任国文教员，勇忱欣然答应，很快来到绍兴，成为秋瑾的得力助手。当时王金发在大通学堂担任体育教师，两人认识后志趣相投，成为知己。姚勇忱在大通学堂"思想前进，积极反清"，还代替秋瑾主持全校进步学生的组织发展工作，先后发展了朱赞卿、张佐、俞奋等学员加入了同盟会。姚勇忱与同盟会新会员进行谈话，他在介绍孙中山时说："广东人孙文是救中国的一个伟人，他的主张是驱除鞑虏，恢复中华，建立民国，平均地权。"

1907年7月，徐锡麟在安徽的革命活动被清政府觉察，原与秋瑾约定皖浙两省同时举义的计划被迫提前。7月6日，徐锡麟趁巡警学堂举行毕业典礼之际，枪杀了安徽巡抚恩铭，随即被清兵包围，因寡不敌众而被捕。徐锡麟入狱后面对清廷审讯官，大义凛然，坚贞不屈，惨遭剖腹挖心凌迟处死的酷刑，英勇就义。孙中山亲自写挽联：丹心一点祭余肉，白骨三年死后香。

7月上旬，秋瑾联络金华、兰溪等地会党，组织光复军，准备举事。清政府因秋瑾与徐锡麟有联系，7月15日发兵包围了绍兴大通学堂。秋瑾率领全校师生，进行激烈的武装抵抗，失败被捕。此时，王金发与姚勇忱恰在校外办事，姚勇忱被秋瑾派往钱庄提取200元公款。大通学堂有位工人迅速赶到钱庄，劝他立即逃离绍兴，此时学堂方向人声鼎沸，枪声大作。姚勇忱稍稍思索了一下，觉得现在回大通学堂也无力回天，就跑到河边，渔船上的一位老大伯帮助他脱离险地，回到了故乡湖州暂避。

"一腔热血勤珍重，洒去犹能化碧涛"。秋瑾被捕后，虽然遭到严刑逼供，但无片言供词，从容就义于绍兴轩亭口。这时徐自华寓居杭州，闻讯后悲伤欲绝，当即撰写了《祭秋女士文》，抒发悼念之情。1908年2月，徐自华冒死与秋瑾胞兄秋誉章秘密把秋瑾的灵柩运到杭州，并与秋瑾好友、桐城女书法家吴芝瑛、姚勇忱等商量，按照秋瑾遗愿，在西湖西泠桥畔购置墓地（即今风雨亭北侧），建造了秋墓，一代女侠，给后人留下了"秋风秋雨愁煞人"的千古绝唱。秋瑾牺牲后，姚勇忱与褚辅成、杨廉等数十人在西湖凤林寺秘密追悼，并组织"秋社"，隐集志士，以图再起。

朝廷要犯 反清战士

丁未事件之后，王金发、姚勇忱被列为要犯，遭清政府通缉。1908 年春，姚勇忱重返上海，根据尹锐志回忆："嗣余与维俊抵沪，同志王金发、姚勇忱等数十人，亦从各方先后来集。"此时，陈英士为了推进国内革命斗争，已从日本返回上海。姚勇忱即跟随陈英士参加了各种形式的革命活动，帮助创办《民声丛报》，呼吁民众反清。陈英士为开创河南的革命风气，筹款在洛阳创办理化讲习所，暗中宣传革命。受陈英士之委托，姚勇忱、俞寰臣等人欣然前往洛阳。在洛阳理化讲习所，姚勇忱亲自担任理化教员，利用各种方式向学员灌输革命思想。一年后返回上海，生了一场大病，病况严重，几乎丧生。病愈后，姚勇忱帮助竺绍康编辑《中国公报》，宣传革命思想，反对满清政府。在积极辅助《民立报》的同时，姚勇忱还加入了进步文人创办的团体"南社"，以"劫灰"（秋瑾有"忍看图画移颜色，肯使江山付劫灰"诗句）的笔名发表作品，和陈去病、柳亚子等文人结成反清文学阵营。

姚勇忱怀着科技救国的初心和抱负就读杭州蚕学馆，在繁忙的工作中挤出时间编写蚕桑著作。1908 年，上海新学会社刊印了姚志强（姚勇忱）《实验养蚕法》《蚕病防治法》两本专著（附图片），现藏于浙江图书馆。

反清斗争风起云涌，反清志士前仆后继。1908 年 8 月，在安庆的同盟会员、新军炮兵管带熊成基继徐锡麟之后，又发动了推翻满清的起义。陈英士、王金发、姚勇忱等前往参加，因为长江轮船航期延误，他们到达安庆时，熊成基起义已失败，只得无功而返。1909 年，姚勇忱回到上海，参与创办《中国公报》《民声丛报》等报刊，被称为民初著名报人之一。同年夏，陈英士为推进浙江的斗争，在上海天宝客栈召开了浙江十一个府属党代表会议，姚勇忱作为湖州府的代表，参加了这次会议。1910 年，姚勇忱、胡士俊、盛钟彦等人在陈英士的同盟会驻沪机关部—马霍路德福里一号跟俄国人学制"刹拉景"无烟炸弹，为发动起义做了大量准备工作。

1911 年 3 月，随着革命高潮的到来，同盟会成员黄兴、赵声在广东发动起义，史称黄花岗之役（亦称"辛亥革命广州起义"）。应黄兴、赵声的邀请，陈士英率领姚勇忱、徐珍、盛清等三十余人赴粤助战。孙中山与黄兴、赵声等人曾于

1910 年槟榔山议定广州起义的计划，会后由黄兴、赵声在香港组成统筹部，派人至新军、巡防营和会党中活动，并向海外华侨募集经费。各地同盟会纷纷派员赶来参加广州起义，黄兴他们选拔八百人组成先锋队（敢死队），在广州陆续设立秘密机关三十余处，计划占领广州后，即分兵大举北伐。因事前走漏消息，清两广总督张鸣岐加强了防范，不得不改变起义计划。1911 年 4 月 27 日，在兵力尚未集中而不得不发的情况下，黄兴率敢死队攻入两港总督衙门，分路与大队清军展开激烈巷战。起义军奋战一昼夜，终因伤亡过重，被迫退却，七十二位烈士悲壮殉国。后来广州人民将烈士遗体葬于黄花岗，史称"黄花岗七十二烈士"。广州起义总指挥赵声未获提前起义的消息，于 4 月 28 日晨率众赶到广州时，起义已经失败。姚勇忱等人从粤返沪。

黄花岗战役之后，全国革命浪潮一浪高过一浪，各地的革命者纷纷要求抓紧发动起义。这时，同盟会总部仍设在东京，远离国内斗争，指挥非常不便，于是有了建立中部同盟会之举。辛亥革命前，同盟会发动的多次起义在华南边远地区进行，都失败了。1910 年孙中山先生在北美，黄兴在南洋，东京本部无人主持。谭人凤、宋教仁、赵声等在日本商议，认为起义应该在长江流域发动，准备组建中部同盟会，1911 年这个设想付诸行动。7 月 31 日，在上海闸北路湖州会馆举行中部同盟会成立大会。参加会议的湖州人有陈英士、杨谱笙、姚勇忱三人。会议选出总务干事五人：庶务陈英士、财务潘祖彝、文事宋教仁、交通谭人凤、会计杨谱笙。姚勇忱不仅是中部同盟会的发起者，而且还是实际工作的重要领导者之一，8 月 25 日，由九人参加的干事会就有姚勇忱在内。这次会议不仅讨论筹款、办报、承认江宁分会等事宜，还决议"同人各出赴所事，走驻守、权司经济、文书、采输枪械种种之职务"。姚勇忱分工联系浙江的新军和负责制造炸弹，在中部同盟会中起了重要作用，而这一作用也奠定了他在革命派中的重要地位。中部总会成立后，宋教仁、谭人凤、范鸿仙等人分赴湖南、湖北、安徽、江西等地活动，陈英士负责上海，姚勇忱负责联系浙江。武昌起义前后，中部同盟会为长江流域各省起义做了大量组织领导工作。

沪浙起义　英士助手

1911 年 10 月 10 日，武昌起义爆发，各省纷纷响应。短短两个月中，有鄂、湘、陕、赣、晋、滇、黔、苏、浙、桂、皖、粤、闽、川等省先后宣布独立，清政府迅速解体。在这期间，陈英士为了进一步发展革命形势，决计采取"苏、杭先动，沪上应之"的行动计划。受陈英士委派，姚勇忱风尘仆仆，两次赴杭州联络。第一次是在武昌起义后不久，当时杭州的军界和非军界的革命派都有了起义的思想准备，但"又惧设备未周，未敢昧然发难"。姚勇忱来到杭州后，对行动计划作了细致安排，并对与上海方面的行动进行了初步的协调。第二次到杭州是十月下旬，由褚辅成、黄凤之约集了吕公望、傅其永、童保暄、徐乐尧、王萼等在西湖白云庵、刘公祠等处开会，第二天又聚在吴山挹芳园继续商量。会议拟定了大体计划，并议决杭州发动必须要有浙东的同志参加，"宁台两属由姚勇忱返沪后通知"。11月2日，在上海《神州日报》社召开关于杭州光复的军事会议，姚勇忱作为沪军方代表参加这次会议，确定了支援杭州光复武器弹药的数量、种类，还对何人押运、起程时间等也作了周密安排。11月4日，杭州发动起义，次日光复，可见姚勇忱对杭州光复作出了很大的贡献。

姚勇忱在辛亥革命高潮时期的另一重大贡献是协助陈英士组织领导了上海起义。据周南陔在《上海光复时的巡防营和吴淞炮台》一文中记载："有一天中午，忽然接到组织上的电话，要我立刻就去总部，有要事相商。我匆匆赶到马霍路（今黄陂路），有英士、姚勇忱和其他两人在座。陈英士郑重其事地对我说，姜统领已与光复会秘密接头，准备首先反正，……姚勇忱从中插话说，运动新军是从下而上，巡防营是老军队，服从性很大，因此要从上而下。第二天晚上，我将接洽经过回报进益里，陈英士不在那里。姚勇忱对我说，上海要首先发动，不能等候南京，城防营固然重要，可是海军的情形很不好，要用吴淞炮台的力量来对付海军。"这些资料足以证明，姚勇忱不仅参与而且还领导了上海起义。第一，姚勇忱坐镇进益里机关部，是作为陈英士的副手，直接指挥领导上海起义的重要人物；第二，在运动清军巡防营反正上有重大贡献，其策略方针也大体正确。而清军巡防营反正是上海起义的重要条件。1911年11月3日，上海起义爆发，因消息走漏，起义于上午九时提前进行。义军兵分两路，一路由陈英士率领，顺利光复了位于南市的上海县城。一路由李燮和率军顺利光复了位于北部的闸北与吴淞。两路起义军胜利会师后，于下午四时在九亩地召开了数千人的誓师大会，以攻打决定上海起义成败的硬骨头——清廷全国最大的军火工厂江南制造局。誓师会上，陈英士登上主席台，朗读了上海军政府的《独立宣言》，宣告上海独立。会后，陈英士亲自率领二百余名敢死队员，向江南制造局挺进。因清军奋力阻击，战事呈胶着状态。为避免汉族同胞互相残杀，陈英士挺身而出，单枪匹马进入制造局与总办张士珩谈判，岂料张士珩顽固至极，非但拒绝和平反正，还把陈英士用铁索捆绑囚禁。主帅被囚，全军激愤，起义军团团包围了江南制造局。上海京剧艺人潘月樵施展飞墙走壁的绝技，翻上高墙，放火焚烧墙内木料，一时间制造局火光冲天，起义军从北、西、南三面攻入，张士珩登上小艇仓皇逃往租界。陈英士获救，中国东南重镇上海全部光复。王金发、姚勇忱、戴季陶等人力排异议，推陈英士为沪军都督。11月6日下午，在上海小东门海防厅召开的沪军都督推选大会上，陈英士被公推为上海有史以来首任民选的沪军都督。

教仁惨案 讨袁先锋

1912年元旦，中华民国成立。孙中山先生在南京宣誓就任临时大总统，改元为中华民国。2月12日，隆裕太后宣布清帝溥仪逊位，统治中国二千多年的封建王朝土崩瓦解。民国临时政府成立后，设陆军、海军、司法、财政、外交、内务、教育、实业、交通等九个部门。同时根据孙中山的建议，成立了临时参议院。姚勇忱被选为临时参议院议员，参与国事。但是，孙中山的革命主张得不到有力支持，一方面全国好多省响应革命起来反正，投向革命的一边。而求胜心切的革命军寄希望于袁世凯，认为这是一条推翻满清统治的捷径，因此许多人期望袁世凯在京城反叛清廷，一举推翻满清王朝，实行南北方统一；另一方面，在革命的上层领导人中间，黄兴、宋教仁、汪精卫等人的和议主张占了上风，迫使孙中山放弃了坚持北伐的主张。同时，还迫于帝国主义的压力，南京临时政府成立后，帝国主义拒绝承认其为合法政府，拒绝贷款。列强一再申明，只有袁世凯当总统，他们才承认，才肯贷款。袁世凯也向南京临时政府虚伪地宣布：他承认共和制度，保证"永不使君王政体再行于中国"。为了革命的长远利益，中山先生向参议院递交了辞呈。2月18日，孙中山派蔡元培、宋教仁为迎袁代表，赴京去请袁大总统。可是袁世凯根本无心南下，以种种理由拖延，甚至导演北京兵变，以北方秩序未复，他必须留京为托辞，不肯来南京就职。孙中山被迫再次迁就退让，3月11日公布了《中华民国临时约法》。为了防备袁世凯撕毁协议，破坏共和，孙中山在提出辞职的同时，附加了三项条件：1.中央政府仍设在南京；2.等袁世凯到南京就任后，自己才辞职；3.袁世凯必须遵守《临时约法》的各项条文。孙中山在1912年4月1日辞去中华民国临时大总统职务。袁世凯在北京就职后，立即推翻《中华民国临时约法》，解散以唐绍仪为国务总理的第一届内阁，专横独断，一心圆他的皇帝梦。

南京临时政府北迁以后，革命形势发生了骤然变化，但姚勇忱仍然坚持实行政党政治的理想。1912 年 5 月，为了加强同盟会的势力，姚勇忱与戴季陶等人发起成立中国同盟会驻沪机关部（兼理同盟会上海支部），姚勇忱出任机关部部长，吕天民为副部长，褚民谊任总务长。6 月，当唐绍仪内阁下台，袁世凯试图通过"混合内阁"或"超然内阁"实施专制统治时，姚勇忱仍然坚持实行政党政治主张，他在给国务院、参议院的电报中说："今同人公决，主张组织完全政党内阁。无论何党，惟须得国民多数之信用。"1912 年 8 月，姚勇忱随孙中山、黄兴的"北京之行"后，同盟会内部的妥协气氛进一步上升。"北京之行"大约在 1912 年冬季或 1913 年初，姚勇忱仅是陪同，附和而已。

1913 年宋教仁惨案发生，举国震惊。宋教仁是同盟会的主要领导人之一，他在袁世凯所谓"新旧协力合作""朝野合作"的虚假气氛下，幻想通过改组同盟会，建立第一大党，组建责任内阁，分取袁世凯的权力。在宋教仁的主持下，同盟会修改了纲领，改组为国民党。在 1912 年底到 1913 年初的国会选举中，国民党占全部议席的百分之四十五，成为议会的第一大党。此时的宋教仁，即以未来内阁总理的身份，奔走于湖北、湖南、安徽、南京、上海等地，到处发表演说，抨击时政，苦心编织资产阶级共和国的花环。但宋教仁忽视了北洋军阀手中握有的重兵，在民主空气日益高涨之际，袁世凯岂能容忍其发展，决心用铁血手段消灭革命势力，以维护他的专制统治。1913 年 3 月 20 日，宋教仁由上海启程到北京，刚进上海火车站，就遭到袁世凯派出的凶手开枪射击，伤势严重，于 22 日死亡，年仅 32 岁。为混淆黑白，袁世凯倒打一耙，其党羽散布流言，说宋教仁系死于党派内讧，全国舆论大哗。陈英士在上海全力开展侦破，他凭着对上海警界、帮会、新闻界、电报局的透彻了解与平时的密切联系，只用了三天时间就破了此案，逮捕了凶手武士英及指使人应桂馨。于是顺藤摸瓜，根据京沪间的密电往来，查明指使应桂馨的是北洋政府内务部秘书洪述祖，而洪述祖的指使者正是国务总理赵秉钧和他背后的袁世凯。因此，袁世凯密谋暗杀辛亥革命元勋宋教仁的罪行大白于天下。这时，姚勇忱认清了袁世凯的真实面目，已无法容忍了。他以国会议员的身份，首先发电讨伐袁世凯，"文辞激烈，大义凛然"。3 月 25 日，孙中山先生从日本回国，与黄兴、陈英士、戴季陶等人商讨宋教仁被刺后的对策。中山先生认为袁世凯谋杀辛亥元勋，破坏民国，已罪不可赦，并承认自己错认了袁世凯，指出应趁人心激奋之时，立即武力讨袁，以除后患，史称"二次革命"。由于未能达成共识，耽误了时机，让袁世凯有了充分准备，"二次革命"失败。

误中奸计　血洒杭城

"二次革命"失败后，革命党人悲观失望，意气消沉。姚勇忱亦逃亡日本。1914 年 5 月，孙中山先生启动将国民党改组为中华革命党的工作。7 月 8 日，中华革命党在东京筑地精养轩正式成立。姚勇忱参加了中华革命党，不久返回上海从事反袁活动。姚勇忱的举动已引起袁世凯的愤恨，必欲置之死地而后快。在后来发现的保存于北京陆军部处决王金发的"批令"中，就有"迭次饬之暗杀犯姚勇忱亦与朝夕聚处，陈其美亦常通信计议乱事"的文字。

　　1915 年 5 月，中日"二十一条"事起。袁世凯阴谋称帝，亟想得到日本侵略者的支持。5 月 25 日，外交总长陆徵祥与日本公使在北京签署《关于南满洲及东部内蒙古之条约》《关于山东之条约》，从而激起全国人民大规模的反日爱国活动。此时，王金发欲往杭州，以购地建房，"奉母终养"为名，暗中招集旧部，继续开展反袁斗争。姚勇忱以赴杭治疗肺病为由与他同行。他们原先的好友、同志、光复会会员朱瑞，此时已任浙江军政府都督，成为袁世凯在浙江的鹰犬。朱瑞派人到上海诱骗王金发、姚勇忱两人去杭州，说可以为他们申诉免予通缉。王金发和朱瑞是嵊县同乡，王抱有希望说服朱瑞共同反袁的幻想。对于朱瑞的邀请，王金发、姚勇忱不知是计，欣然赴杭，随即被朱瑞拘捕，关押于百岁坊巷陆军监狱。姚勇忱侄子姚瑞云 1985 年回忆说：王金发、姚勇忱被捕后，其胞弟姚定忱（19 岁）带了姚勇忱之子长龄（12 岁）前去探监时，姚勇忱告诉了全部事实经过。当时，王、姚两人来杭是为第二次武装暴动做准备，朱瑞为讨好袁世凯，向袁告发，袁世凯复电处决。朱瑞于是设"假戏"，摆下了鸿门宴，发出请帖邀王、姚赴百岁坊巷朱瑞公馆宴会。当时，姚勇忱曾劝王说："朱瑞不怀好意，必须小心提防，不去为妙。"烈性刚强的王金发不听劝告："我对朱瑞过去有情，他决不至于忘恩负义，毋须担忧。"宴席至半酣，朱瑞拿出了袁世凯发来的逮捕电令，两人恍然大悟，但已中计，悔之晚矣。两人进了百岁坊巷陆军监狱后，即被分开关押。1915 年 6 月 2 日下午 4 时，王金发、姚勇忱被押赴刑场，两人神态自若，高喊"袁世凯祸国殃民，卖国求荣，打倒袁世凯"等口号，一声枪响，王金发英勇就义。原来姚勇忱这次是去法场陪绑，随后又被押回监狱。朱瑞对其进行威胁利诱，要姚承认他们确是在策划第二次暴动。姚勇忱宁死不屈，宁愿与王金发一起赴死，死要死得光明磊落。姚勇忱牺牲前曾对人说："朱瑞如此对待同志，所谓利欲熏心，不虞身后为人唾弃耶！"

青山垂泪，杭城悲咽。1915年7月2日下午，辛亥革命先驱、杰出的反袁勇士——姚勇忱被害于杭州百岁坊巷陆军监狱，英年35岁。其弟姚定忱护送遗体回吴兴县织里镇老家，临时安葬在织里街背后的高家坟堂。

辛亥烈士　功垂千秋

1916年3月22日，做了83天"洪宪皇帝"的袁世凯，在全国人民的讨伐声中一命呜呼。黎元洪继任民国临时政府大总统，追认王金发、姚勇忱为辛亥革命烈士。胞弟姚定忱著书记述："迨袁死，黎元洪任大总统，追赐勇忱为辛亥革命烈士并给恤金八千元，骸葬于龙井山麓。"1917年，"两人灵柩先后从家乡嵊县及吴兴织里迁至杭州"。陵墓建在杭州卧龙桥茅家埠头口，王、姚两人合穴，（后迁至龙井山麓）。蔡元培先生亲笔题写墓碑，褚辅成先生亲撰墓志铭，南社创始人陈去病撰写《王逸、姚勇忱合传》文章。柳亚子先生与姚勇忱曾经情投意合，友谊深重，挥泪写下了五言律诗《哭勇忱》二首：

（一）

十年知名姓，重逢及此长。

笑谈方款洽，罗网已弥纶。

口吃怜同病，名高竟杀身。

昭苏如有日，庙祀在湖滨。

（二）

桃梗去不复，笭箵怨渡河。

十年剩皮骨，一夕死风波。

亦有南冠士，重悲北道罗。

茫茫仇与吕，微命又如何？

战乱年代，英烈家属漂泊游离。姚勇忱牺牲后，其子姚长龄由王金发母亲徐珍梅收养，读书至医专毕业，抗日战争时失散，下落不明。姚勇忱胞弟姚定忱，1932年曾任浙江金华县县长。据姚勇忱堂侄姚觉先生回忆，1931年姚定忱找到南京总统府，通过卫队长关系报告了蒋介石，蒋介石听说是姚勇忱家人，亲自接见并作了安排。姚定忱于 1981 年 12 月 13 日故世，其子姚瑞云也已亡故，尚有两个女儿，一人在金华，一人在杭州，早已退休。

1953 年，因建造解放军杭州疗养院，姚勇忱、王金发英烈遗骨被迁至小龙井山坞普通公墓（墓穴与供桌今尚存）。

王金发遗骸于 20 世纪 80 年代移至家乡嵊县，建造了烈士墓。

"一代佳人姚弋仲，可怜生死殉田横。"2006 年之前，姚勇忱墓尚在西湖龙井山的荒草丛中，其侄孙姚亮等每年去祭奠。

2006 年，侄孙姚亮等烈士亲属向杭州市政府递交了《请求妥善安置辛亥革命烈士姚勇忱墓》的报告，介绍姚勇忱烈士生平事迹、其墓现状等情况。之后奔波在各个相关部门间，运作、协商此事。7 月中旬由浙江省文物局批准，西湖风景名胜区管委会具体经办，在浙江辛亥革命烈士陵园建造姚勇忱烈士墓。

青山有幸埋忠骨。2006 年冬至节，姚勇忱烈士的遗骨迁入浙江辛亥革命烈士陵园西北角的小坡之上，与徐锡麟、陶成章等昔日战友为邻。整个墓台略呈正方形，全部由崭平的长条青石板铺就，面积约六十平方米，墓体居中圈砌，径逾三米，墓碑也是一方大青石，高约两米。墓周围翠竹掩映、静谧庄严，烈士长眠于此。近年，笔者与织里朋友曾两次去杭州拜谒姚墓。

姚勇忱英烈在故乡塑立雕像的事，从提出到落成前后经历了十余年。2004 年，《人文织里》专集出版，其中笔者撰写记述《辛亥英杰姚勇忱》的长文，向桑梓父老介绍辛亥英烈的事迹。湖州文史研究者方一戈撰写的《青磷碧血蔚国光——写在辛亥革命一百周年、辛亥英杰姚勇忱就义九十六周年之际》，发表在《团结报》《联谊报》等媒体上。多位有识之士不约而同地提出建议，希望能在故乡为姚勇忱烈士树立雕像，缅怀先烈功勋，教育后人。

2011 年 6 月，英烈亲属向湖州市委、市政府正式提出《恳请政府为湖州籍辛亥英烈姚勇忱树立雕像的建议》，得到时任湖州市委书记孙文友同志批复，各相关部门协商、专家论证后，由市方志办、织里镇政府，正式告知英烈亲属：家乡人民不会忘记烈士的功绩，织里镇即将兴建一座利济文化公园，拟在那里建造雕像。

2014 年，利济文化公园建造已具规模，织里镇的相关部门，在公园西北面，选定立像位置。分管领导邀请中国美院雕塑系诸宏君老师团队，进行设计。并进行制作单位的招投标工作。

"生死付常，河山无恙。"2019 年初冬，雕像在织里利济文化公园安置矗立，姚勇忱依然是风尘仆仆，手执礼帽，坚毅的目光永远注视前方。

姚勇忱烈士雕像

英烈雕像身后，是一堵巨大花岗岩浮雕纪念墙。由四幅画卷组成，展示了姚勇忱壮烈而短暂的一生。纪念墙背面，有"姚君行述"和多幅姚勇忱陪同孙中山等视察浙江的珍贵照片。

故乡人民崇敬先贤，姚勇忱英烈魂兮归来。

（转自《湖州史志》2021 年第四期）

守护利济禅寺的三位高僧

正觉

地方志记载，自南朝法瑶禅师开山至今，驻锡晟舍利济禅寺的高僧住持有二十多位。南朝慧集，唐代道祥、维宽，宋代慈觉，明代南轩、殊胜、古泉，清代体源、满益、智果、玉林通琇、德月、浩清、朗如、永明、圆觉、显谛等。其中法瑶、南轩、满益、玉林通琇禅师等更是佛学高深，在中国佛教史上占有重要地位，留下重大影响，让千年古刹光耀太湖之滨。

民国以来，军阀混战，日寇犯境，兵匪祸连，古刹净土深受其害。但利济禅寺的历届住持不忘佛门宗义，坚守清规戒律，秉持佛法智慧，为守护古刹毕生践行。尤其是以下三位住持的护寺事迹感人至深。

圆达法师——置产立碑存后世

走进梵音缭绕的利济禅寺，天王殿和大雄宝殿之间的大院内树荫浓盖、花草葱郁，给人一种"禅房幽雅松篁茂，天气晴和花柳妍"的意境。然而，人们很少留意东侧走廊的墙上，嵌有《吴兴晟舍利济寺斋田碑记》，以及立碑人圆达法师守护寺院的感人故事。

由清末进入民国，江南灾荒战乱，利济禅寺的香火再无大清光绪年间旺盛，寺内僧人的生活也日趋艰难。僧圆达（生卒年不详），法号印月，民国初期住持利济禅寺，静坐禅门数十年。面对寺院的荒芜景象，法师忧心忡忡，冥思苦想以度时艰的良策。法师深悟普度众僧之义，看到同为湖州四大名刹的"万寿、法华有田数百亩，山林、竹林，一年生息足以供养众僧，而利济则无"，法师毅然决定将数十年积蓄的"经忏余资购得陈姓田九十余亩，荡五十四亩，坐落茗字一百二十八庄刁家兜（现织里珍贝路以西）。每岁收入，以为行僧挂单斋粮之资。"同时，圆达法师"深恐后之寺僧借端变卖，或地方士绅借端侵占"，就郑重委托时任浙江省参议员的晟舍乡贤凌福镜（字庸臧，凌氏后人），与同为省参议员的天台人陈钟祺撰文并勒石铭碑。碑石为横形，长102厘米，高35厘米，碑文由吴兴吴锐书写。全文40行（其中正文33行），每行19字。民国12年立于利济寺，2001年迁现址。

碑记正文后又锓附言："此田于中华民国四年契买，计产价洋壹仟捌佰伍拾圆正。自立此碑后，原契户摺图销，由本镇自治会存具备案，以垂永久，合并附志。庸臧凌福镜谨志。"据晟舍长者回忆，1936年圆达法师圆寂后，利济寺在刁家兜的田产，一直由寺院管理，部分寺僧自己耕种，部分出租给当地佃农收取租粮。因此，尽管灾荒频发，寺僧却能维持基本生活和开展佛事活动。寺里还购置小木船一只，春夏运肥料到圩田，秋收时用于装载稻谷和柴草。利济寺的百余亩田产一直耕种到解放初期的土改运动，才被收为国家所有。

时光流逝了一百年，圆达法师的护寺功德已被载入《晟舍利济禅寺志》，永久纪念。

浩春法师——智求文书护古木

浩春法师守护利济禅寺古树木的故事，乃其弟子释智德（俗名闵团毛）亲口讲述。浩春，俗名包大，塘南朱家兜人，1945年至1952年住持晟舍利济禅寺。

1945年8月，裕仁天王宣告日本无条件投降，抗日战争结束。是年，浩春升任利济禅寺住持。为了庆祝中国人民抗日战争的伟大胜利，当地乡绅发起，在利济寺举行水陆道场，由浩春法师主持。法会历时七天，超度抗日战争中殉难将士和遇害同胞亡灵。规模浩大，百余僧人参与诵经念佛，数千信众到水陆道场祭拜。

浩春法师主持利济禅寺期间可谓是历尽磨难。抗战结束后，很快又进入了国共内战。此时的湖州境内，土匪强盗多如牛毛，国民党军杂牌部队横行城乡。利济禅寺内经常有部队驻扎，浩春法师总是小心应付，曲意逢迎，寺内僧人苦不堪言。

作为湖州四大丛林，清光绪十六年（1890）重建的利济禅寺，规模恢宏，而在乾隆年间种植的树木已超百年树龄，浓荫华盖，都是珍贵名木。民国36年（1947），又有一支国军杂牌部队入驻利济寺。几天后，部队长官突然看上了寺院的古老树木，说修筑工事可派用场，随即命令士兵砍伐古树。浩春法师竭力拦阻，并找到部队长官理论。但是秀才遇到兵，那长官根本不听劝告。浩春急中生智，连夜雇车赶到杭州，通过在省政府供职的熟人关系，求得了盖有省府大印禁止砍伐寺院树木公文一份。他犹如请到了尚方宝剑，回寺即让僧人在硬纸板上抄写多张，每棵古树上悬挂一张。国军士兵见有省府公文，也就停止砍伐了。利济寺内的百年古树就这样被保护了下来，寺僧与里人纷纷称赞浩春法师的智慧和功德。其中有几株古树至今尚在利济禅寺旧址。

新中国成立后，浩春法师依然主持寺务。当地乡村建立了农会和民兵组织，开展剿匪和土改运动，工作人员就在利济寺内办公，大多数僧人被教育后还俗务农。1952年，农会主任和民兵队长带一帮人入寺砸毁佛像，烧毁佛经和文物。浩春法师进行拦阻，当即被民兵队长打了三个巴掌，浩春师父满脸泪水，双手合十，仰天大笑："阿弥陀佛！善有善报，恶有恶报，不是不报，时候不到。"说罢，就收拾行李，离开了居住二十多年的利济寺，到苏州西园寺修行，20世纪60年代圆寂。

利济禅寺此后逐渐败落，不久便被改为晟舍粮仓。

常进法师——菩提宏愿修寺志

2015年5月9日上午，晟舍利济禅寺天王殿广场清风吹拂，梵音翔迴。高僧大德、各界人士聚集于此。九时整，《晟舍利济禅寺志》的首发仪式隆重举行。参加这一庄严仪式的除了有关领导和本土贤达外，中国当代高僧明学长老莅临作慈悲开示。方志出版社的编辑梅老师专程从北京赶来，对寺志的发行表示祝贺，高度赞扬这部寺志的历史意义和文化价值。随之各路媒体陆续做了报道。

主持编修《晟舍利济禅寺志》的常进法师，俗名廖美锋，1973年出生在福建三明市，1994年毕业于福建医科大学临床医学系。1995年2月随浙江普陀山礼果园长老剃度出家。1996—2004年在宁波接待讲寺常住。2004年10月，受吴兴区宗教局和织里镇人民政府聘请，任利济禅寺监院。现为湖州市佛教协会副会长、吴兴区政协委员、吴兴区佛教协会会长。

常进法师驻锡利济禅寺后,随即整顿寺务,建立共住制度和人事、财务管理制度,禅寺面貌和风气焕然一新。十余年来,常进法师广交善信,广积善缘,多次举办影响一方的佛事法会,用筹集的善款先后建造了三座佛殿。2014年,成功举办了湖州市第四届禅茶大会和湖州市汉传佛教讲经交流会。

常进法师是民国以来年纪最轻、文化程度最高的利济禅寺住持。除了精通佛学外,善于和当地乡贤及文化人交往。法师查阅地方文史,常常感叹织里文化底蕴深厚,利济禅寺历史悠久,高僧辈出。2010年春暖花开时节,常进法师发慈悲心,立菩提愿,决定编写一本记述利济寺历史文化的书籍。法师走访了本地文化界人士征求意见,召开专家学者座谈会求取论证。最后确定编纂一部《晟舍利济禅寺志》,以填补有寺无志的千年空白。

利济禅寺始创于南朝宋元嘉年间,迄今已逾一千五百余年。寺志编写范围包含晟舍古镇,除了从同治版《晟舍镇志》上获取资料外,还要搜集大量现当代资料,编修过程困难重重。从上海图书馆查阅资料,召开当地长者座谈会,民间走访,募集出版费用,高僧和名人题词,到出版发行,常进法师都事必躬亲。尤其是聘请慈满大和尚担任了《晟舍利济禅寺志》总顾问,请时任中国佛教协会会长传印大法师题写书名,时任中国佛教协会副会长明学大和尚撰写序言,使这部寺志增添了光彩,厚重了历史文化价值。

千余年来,利济禅寺的著名住持,大多载入了中国古代高僧名录和方志,诸如法瑶、南轩、蕅益、玉林通琇等。玉林通琇还因清顺治帝两次延请入宫,被编写成文学影视作品广泛流传。百余年来,上述三位住持僧秉承佛教宗义,在极其艰难的环境里初心未改,孜孜以求,为守护古刹佛土而殚精竭虑,功绩不朽。笔者感动之余,撰文记之。

(《南太湖号》2021年11月)

见证织里八十年

郑志高

人生是一次短暂的旅行。当我今天以鲐背高龄回首往事,尤其是织里古镇的沧桑变化时,觉得很有必要梳理一下自己记忆最深刻的东西,并且用文字的形式记录下来,让后人去品味这段苦辣与甘甜的历史。

民国 14 年（1925），我出生在织里老街，今年已九十三岁。那时正是北洋军阀混战年代，战火连绵，人民饱受兵祸之苦。在我朦朦胧胧的记忆中，孙传芳、卢永祥的部队都在织里老街三官庙里驻扎过。

织里老街历史上就是塘北的政治、军事、经济和文化中心，抗日战争爆发前是国民政府吴兴县第二区区政府所在地。民国 19 年（1930）织里建镇，老街同时又是镇政府所在地。设有公安局、区中队、保卫团等机构。当时还有一个水巡队大约有七八条船，姬阿如任队长，他们的主要任务是负责查私盐。因为国民党政府的税赋都加在盐的产量上，他们认为食盐人人要吃，按盐数量收税是最公平的，因而设专门机构，管理上很严。当时的织里街商贸很繁荣，有同泰老当和新当，几家南货店、茶食店颇具规模，棉布百货店的生意也很兴旺。特别是南浔富户张氏开设的裕泰酱园，资金足品种全，附近其他乡镇的经营户都到织里来批货。此时织里的水路交通比较方便，南浔至湖州的小火轮在织里码头停靠，至太湖、塘南的集镇有小航船，早上载客摇来下午回去。教育文化事业也颇发达，镇上有织东和镇中心两所小学，还有许多私塾学校。各家茶馆店常年开说书场，春秋季节搭草台请班子表演京剧，做文明戏（越剧），观众从四乡八里赶来，连夜市也非常热闹。我在旧社会生活了二十五年，记忆中这段日子是最美好的，也是织里老街最兴旺的时候。

然而，美好的光景只是儿时记忆中的一刹那。自从发生"九·一八"事变，日寇铁蹄踏进东北三省，整个中国就开始不太平了。织里老街经常有东北流浪过来的难民求乞讨饭，商贸低落萧条。不久，上海等大城市发生工人罢工、学生罢课、商人罢市运动，因此本地许多在上海工作的人陆续返回乡里，并且带回了很多有关抗日的讯息。尤其是 1934 年 4 月 20 日，由中国共产党提出，经宋庆龄、何香凝、李杜等 1779 人签名的《中国人民对日作战的基本纲领》在《申报》上公开发表后，全国人民群情激愤，抗日呼声高昂。我们织里中心小学的学生天天上街宣传抗日，当时我是宣传队里的一员，在大街墙上刷写抗日标语，高呼"打倒日本帝国主义！不做亡国奴！"的情景至今历历在目……

这时我在小学读书，虽然也宣传抗日，但真正的苦头还没有吃过。直到 1937 年卢沟桥事变，抗日战争全面爆发，才感受到战火带来的灾难是多么的残酷。

"八·一三"淞沪战争打响，东洋兵的飞机大炮滥轰狂炸，杀死我同胞千千万万。农历十月十四，日军在黄村与国军作战，伤亡很大。由于国民党军坚守上海阵地，各界民众踊跃支前，日本兵久攻不下转而从金山卫登陆，猛烈攻打嘉兴。大炮声机枪声遥遥传来，吓得我们成群结队去远处避难。我的堂伯父郑长生在郑港村白云桥被鬼子兵抓住，连同其他四人排成一字队形，一鬼子兵举枪就杀死了他们五个人，手段多么残忍啊！我的堂兄郑茂顺也被日本兵打死在安全兜村口，我姐夫的父亲同日被东洋鬼子杀害，其妻的脚骨被打断，日寇的罪行真是罄竹难书。以后姐姐跟着我们逃难，一提起日本兵就心惊肉跳。有一次天空下着鹅毛大雪，天色尚未亮，忽然一阵狗吠，有人喊鬼子来了。我从被窝爬起赤着脚，打开后门就跑，在雪地里一口气逃出了三四里。还有一次，我在逃跑途中跌进水沟里，浑身湿透，躺在柴堆旁边不敢动弹，待到日本兵走后才回家，衣上结了冰块。那几年，我目睹了侵略军杀人、放火、强奸，尽是罪恶。

1938年春天，驻扎在晟舍、升山的日本兵驻到湖州去了，城北乡村呈无政府管理状态，织里地区一片空白。而此时却出现了匪患，先是小股土匪，没有枪也做强盗。后来弄到几杆枪就变身为部队，比如杨湾村的陈金夫，当年才18岁，在荻塘上捡到了一把枪，就拉了几个同伴成了部队，自称大队长。之后土匪及杂牌部队多如牛毛，诸如别动队、保三队、保四队、邓队部、抗卫队、区中队、忠义救国军、红枪会、八卦会等，嘴里讲抗日，实际上都是欺压老百姓的。当时织里的政权一天一个样，混乱不堪，老百姓叫苦连天。那时设置的乡政权及村里的保甲制，他们的主要任务是向老百姓收粮收钱，为杂牌部队提供服务。

1945年8月15日，日本天皇宣布无条件投降，抗日战争胜利。织里的老百姓民主选举杨公逵当了镇长。抗战胜利的那段时间，人们欢天喜地，老街上的商店张灯结彩，老当基上搭台做京戏，大家盼望从此过上太平的日子。

孰料好景不长，美梦难圆。不久，蒋介石违背"双十协定"，调遣大批部队反共剿共，第三次国内战争战火点燃。因为内战不得民心，国民党部队在津浦战役中大吃败仗，据说伤亡士兵9万多人。因此，他们要在农村大量征兵补充，就是抽壮丁。但是农村谁也不愿意让孩子上前线充当炮灰，当时有好多青年向外地逃亡。也有的人家出钱出米买壮丁，当时一般30石米一个壮丁，我也属于壮丁之例，是家人出米买了壮丁才使我免去前线的。不仅如此，国民政府还向老百姓征收戡乱米、枪购米，数量很大，加上农民还要向地主交租粮，百姓不堪重负，生活饥寒交迫。当时有一支民谣："糠菜半年粮，做牛做马饿肚肠……"

1949年元旦，报纸上发表了毛泽东的新年贺词《将革命进行到底》，蒋介石亦发表元旦声明求和，企图实行划江而治。

4月1日，中共代表团与南京政府代表团举行和平谈判，15日作最后修正案，20日被南京政府拒绝。4月21日百万雄师横渡长江，23日人民解放军占领南京，宣告蒋家王朝统治崩溃。解放大军一路南下，4月27日湖州和平解放，随之织里也于5月1日和平解放。

4月30日，闵达（中共地下党员，老街狮子桥人）、郑友益等人去晟舍塘门口迎接解放军进镇。不久，成立了织里镇首届人民政府，部队干部任国桢为首任镇长。

根据我的回忆，织里镇在解放初期，影响比较深刻的有下列十件事：

一、闵达和原来的保甲长搞了征借工作。就是向富裕大农户借米，为解放上海的部队征集军粮，出具借据或大米票，到下半年征粮时扣还。

二、宣传党的政策，废除保甲制，建立农民协会。我们织里第二村的农民协会是1949年10月1日在老街西市茶店正式成立。我当时是农会的生产委员。

三、稳定物价。当时国内由于受国民党官僚资本的控制和多年战争的破坏，长期处于通货膨胀状况。钞票不值钱，苦死老百姓，有时候早上可买一斗米，到了晚上只能买一升。解放后，经过人民政府的努力，物价供求平衡，现金出纳平衡，金融物价稳定，人民安居乐业。

四、贯彻《新婚姻法》，废除包办强迫的买卖婚姻，实行一夫一妻制的自由婚姻。提倡男女平等，妇女解放。男尊女卑、漠视子女利益的封建思想逐步得到纠正。

五、抗美援朝，保家卫国。我是1950年春出席县农代会、5月4日参加青年团的。6月25日朝鲜半岛战争爆发，28日周恩来代表中国政府发表声明，严厉谴责美国政府发动侵朝战争，干涉亚洲事务的罪行。中央果断决策出兵援朝，我镇广大青年踊跃报名参加中国人民志愿军，还发动群众捐款购买飞机大炮。

六、实行农村土地改革。1950年8月我参加了吴兴县第一期土改训练班。第一课学习时事，第二课学习《中华人民共和国土改法》。土改法规定：废除地主阶级封建剥削的土地所有制，实行农民土地所有制。解放农村生产力，发展农业生产，为新中国工业化开辟道路。我通过学习土改政策回来后，就同土改工作队的同志一起发动群众，划成分，斗地主，分土地。土改后，农民有了自己的土地，解放了生产力。1951年开展春荒自救，学习小枝密植法，当年农业大丰收。

七、开展"镇反"运动。1951年2月21日中央公布《中华人民共和国惩治反革命条例》，实行镇压与宽大相结合政策，织里镇逮捕和镇压了一批罪行严重的反革命分子，社会治安得以稳定。

八、开展"三反五反"斗争。1952年元旦团拜会上，毛主席号召全国人民"大张旗鼓地、雷厉风行地开展反对贪污、反对浪费，反对官僚主义的斗争。"将旧社会遗留下来的污秽冲洗干净。接着又开展"反对行贿受贿、反对偷税漏税、反对盗窃国家财产、反对偷工减料、反对盗窃国家经济情报"的"五反"斗争。这次运动主要针对工商户，织里老街的工商户、小商贩每天晚上参加会议，学习文件。不久即形成高潮。

九、实施第一个五年计划。1953年元旦，人民日报发表社论《迎接一九五三年的伟大任务》。社论提出："1953年是我国进入大规模建设的第一年，将开始执行国家建设的第一个五年计划。"本镇干部到湖州参加会议，学习党的过渡时期总路线和总任务，关于对农业、手工业、资本主义工商业改造的有关政策。

不久，织里村办起了郑六平互助组（织里区第一个互助组）与睦嘉桥互助组。秋天收割后，互助组的水稻单产比单干农户要高。下半年贯彻粮食计划收购和计划供应，即"统购统销"政策。后来国家将棉花收购和棉布供应也列入计划经济。到年底，学习宣传过渡时期总路线形成高潮，老街上的横幅标语写着：动员一切力量，为把我国建设成为一个伟大的社会主义国家而奋斗！

十、从初级合作社到人民公社的"五风"。1953年冬季办起互助组后，接着又转为半社会主义性质的初级社，集体劳动的优越性大大超过了单家独户的力量，特别是1954年的洪灾更显示了集体抗灾的力量。这次抗洪取消了封建剥削制度的"车部头"，废除了退水制。贫下中农深有体会地说："共产党的政策都是为穷人着想，听人民政府的话不会错。"不久，百分之九十的农户都参加了合作社。然而，由于历史的局限性，办社过程中也出现了不少问题。有的社因为管理不善，财务经济缺乏民主管理，群众有意见；有的社被少数富裕农民钻了空子，煽动闹社，打砸会计室等。上级党委看到问题后随即采取纠正的对策，在嘉兴召开的关于"坚决收缩"的会议上，地委书记李焕在报告中说："坚决收缩，并不是倒退，而是为了进一步发展和前进。"他用了一个形象的比喻：你这只手要握拳打出去，必须先收回来，才能更有力地出拳。所以要通过总结整顿，才能巩固提高。经过一段时间的整顿，织里镇的初级农业合作社转为了高级社。1956年取消土地入股分红，全部实行按劳分配。在这期间，国家对私营工商业改造也抓得很紧，推行公私合营制，这是资本主义所有制过渡到社会主义公有制的重大步骤。

1958年10月1日太湖人民公社成立。由太湖、织里、轧村三个大乡组成，社长刘长吉，党委书记李长平。下设10个管理区。与此同时，"五风"（共产风、浮夸风、干部特殊化风、强迫命令风、生产瞎指挥风）盛行。报纸渲染高指标，全民大办钢铁，提出赶超英美的口号。我们织里公社在晟舍筑砌了土高炉，用松板做风箱。农村大办公共食堂，放开肚皮吃饭，吃饭不用钱。生产队出工升红旗，吹军号，一度仿作军队编制，大队称"连"，生产队称"排"。共产风浮夸风泛滥，"一平二调"盛行。由于物资贫匮，公共大食堂不久即停办。1959年中央在郑州召开会议，纠正和解决了"共产风"和平均主义问题。1960年11月，中央下发《关于农村人民公社当前政策问题的紧急指示信》，明确人民公社实行"三级所有，队为基础"，允许社员有自留地和家庭副业。此后，农村工作逐渐趋于正常。

20世纪60年代至80年代初我一直担任农村基层领导工作，其间经历了"四清"运动，"文化大革命"和农业联产承包责任制等变革，亲眼见证了改革开放后的巨大变化。织里从一条扁担街发展到中国童装名镇，是几代人共同努力的结晶。今天，织里老街因发展需要而重建，作为老街八十年沧桑变迁的见证人，祈愿我们家乡的明天更加繁华，更加美好。

（转自吴兴区政协《涅磐重生》。作者为原织里大队党支部书记）

崛起的农民城镇

赵雪青

十一届三中全会前，湖州市郊区的45个公社中，织里是最为贫穷的公社之一。织里人说：穷则思变，我们渴望增加收入，改善生活，过上好日子，要靠自己奋斗。

那个时候，十年动乱虽然过去了，但极"左"思想的影响尚在。农民自产的几把韭菜、几斤鸡蛋，如到市场上出售，工商管理人员要进行驱赶和处理，叫作"割资本主义尾巴"。但在这样的形势下，织里人还敢冒风险，敢第一个吃"螃蟹"。

20世纪70年代后期，织里就有农民做绣花枕套和童装，并悄悄到外地销售。尽管当时管得很严，甚至把缝纫机锁起来，还是止不住这股所谓的"歪风"。不久，轧村增圩、织里李家坝的农民联合起来办服装厂，为普遍性的童装生产起了带头和推动作用。

改革开放后，家庭工业、童装、枕套、被套生产经营几乎普及到织里农村的家家户户。本地劳动力不够了，安徽等外地农民成批到织里打工，老织里汽车站成了雇工市场。每天上午几百外地人带着缝纫机待雇，下午都被当地业主雇去打工了。

童装产业的发展，一部分大户赚到了钱，成为织里农民的首批万元户。在当时，"万元户"这个词影响力很大，为以后织里的个体家庭工业（童装产业）和城镇建设奠定了基础，创造了条件。个体户有了钱，就想扩大再生产，进城投资办企业，经商做生意，把织里这座农民城镇做大做强。

1985年下半年，市政府分别在南浔、双林和织里召开城镇建设会议，并对三个镇提出了不同的要求。要南浔镇建设文明古镇，因为南浔镇有庞、邢、刘、顾、张等官僚巨贾，有百间楼等著名古建筑，有小莲庄、藏书楼等名胜古迹，有国民党元老、西湖博览会的创始人张静江，又是全国卫生城镇、无蝇镇，把南浔定位为文明古镇名副其实。双林镇定位为文化名镇，因为双林有庆同小学、有左笔书法家费新我，还有海内外名人资助办学、建镇，定位为文化名镇也是名副其实。织里镇原来是公社，百分之九十以上的农民吃自产粮，只是把公社名字改为城镇而已。要把织里建设为真正城镇，就得靠农民进镇居住，买房经商办企业。三十多年建设的实践证明，织里农民就是这样走上康庄大道的。

我于1984年4月调到织里公社任党委书记，第一眼看到的是一个繁荣而混乱的童装街路市场。商户把童装放在店门口街路上出售，使原本狭窄的街路人难行走，自行车难过，商店门难开，有时还堵塞街路。上街购物的、上学念书的、进镇上班的人，只能绕道而行。不仅如此，有人还把前几年整顿街路时拆掉的水阁廊棚用毛竹等材料，拿来搭建简易铺棚，向街道和水面扩展，比原先的水阁楼还大，秩序十分混乱，群众反映强烈。摆在我们面前的举措，只有清除街路，整顿和建设市场。

整顿市场非常艰难。在这之前，郊区工商局曾帮助织里建市场，征用十亩土地，第一期先建4000平方米的简易市场。动员街路上的商户迁入，个别"钉子户"，在有关部门协助下强行拆除，从此童装销售户安了家。镇政府规划建造的第一期童装和棉布市场竣工开业。规模扩大了，质量提高了，品种增多了，销路更广了，利润丰厚了，织里镇的童装经营户从此走上正轨。

一级党委和政府，肩负着重要职责。那时的农业已实行双层经营的生产责任制，极大地调动了广大农民的生产积极性，促进了农业生产的快速发展。摆在党委政府面前的迫切任务是发展乡镇集体企业，而织里镇工办的报表上全年产值仅仅是98万元，是郊区最落后的乡镇之一。

当时流行的一句时髦话：招商引资。我同副镇长沈志云和工办主任潘阿林等，借了差旅费也去上海赶时髦了。睡地下室，住居委会招待所，每天吃三顿面食，借用太湖毛巾厂在上海北站旅馆的包房，接待客人洽谈业务。在北站旅馆结识了早就在上海做生意的织里人吴金福、沈阿新，在他们的帮助下，我们接触了七八个项目。经过筛选，决定创办与织里童装、棉布市场配套的印染厂。动员先富起来的沈红卫、吴金海和沈阿新，在自己致富后为织里人多做贡献，请他们担任正副厂长。

当时党委政府和工办议定投资380万元人民币，上海第五印染厂作技术顾问，很快就投入了筹建工作。制定计划，选购设备，聚资招工，厂房基建等全面展开。不料那年信贷形势发生突变，银行原先同意的120万元，一分也不能贷了。这个消息似晴天霹雳，给了我们当头一棒。

面临上述困难，上级领导十分关心。郊区区长傅阿五亲自开会协调，投资从380万缩减到百万元以内，并要求郊区机关如工业局等部门各借10万元，以救燃眉之急。由于项目符合市场需求，投产当年就获利润40万元，第二年更多（印染厂后来并入大港集团）。在筹建印染厂的同时，工办还派人到山东青州、杭州华丰造纸厂、省烟草公司，计划办厂生产香烟包装纸（现在的织里金洁集团，即郑发明的企业前身)。

童装产业、棉布市场不断发展，又涌现出无数万元户，乡镇集体企业开局也不错，一时间织里镇使人刮目相看。

当年，我们虽然为织里经济建设做了一定的工作，但属于小打小闹。经过历届党委政府的努力，尤其是近几届的党委和政府，领导的工作理念更清晰了，投资平台升高了，建设规模扩大了，科技含量提高了，开发步伐加快了，都是大手笔的规划建设。由农民进镇居住经商办企业起家的城镇很快崛起，成为浙北大地南太湖之滨的一颗明星。为织里和织里地区富甲一方，为省内外贫困地区农民增加收入，改变贫困面貌做出了贡献，为省内外很多农民致富提供了经验。

前年春天的一个晚上，我有事去织里，听说织里的常住人口已超过了30万，镇区范围扩大了几十倍。我有意驱车到街区兜了一圈，到处高楼林立，道路宽畅，绿化成荫，车来人往，十分热闹。加上晚上灯火的点缀，以为居身于湖州闹市区，连连感叹。

温州苍南龙港镇的开发建设路径与织里镇相似，这个县级城镇，据说上级已经批准提升为县级市，但愿龙港的今天，就是织里的明天。

用辩证唯物主义和历史唯物主义的观点观察、总结和认识问题，由农民进镇起家建设起来的城镇，靠的是党让一部分人先富起来的开放政策，然后走共同富裕的道路。开放政策冲击了城乡分割的二元结构，促进了城乡一体化，从而使新时代的中国成为最繁荣的时期，是人民生活最幸福的时期，也是社会秩序最安宁的时期。

盛世修志，志载盛世。织里正在编纂镇志，把这个已经崛起的农民城写入镇志，载入史册，对于织里童装文化的传承和深入研究、城乡一体化改革的快速推进具有历史意义。"存史、资治、教化"，一部地方志，是总结先贤的智慧，留给后人的精神财富。我深感欣慰。

"社会治理先行地，美好生活示范区"。真诚祝愿我的家乡繁荣昌盛，人民富裕安康。

(原载 2021 年《湖州晚报》。作者系织里镇原党委书记)

轧村纪事

沈林江

远古时代，太湖南岸，水高地低，湖荡棋布，河港纵横，墩岛众多，荒无人烟，为典型的滩涂和湿地风貌。商周时期，一群敢闯无人区的太湖先民，迁徙到位于现轧村集镇东侧的分水墩定居，开始改造自然，繁衍生息，并逐渐形成一个小集镇。随之，水稻、渔业、蚕桑等种植养殖业渐渐兴起，再后来缫丝、织布手工业也跟着发达起来，"荆蛮之地"一下子变成了富庶之地。

轧村之名的来历，相传就是此地织造业发达，夜深之时，家家户户还传出织机"轧轧"之声。南渡夜泊此地的宋高宗，听到此声而将此地更名为"轧村"。

据明嘉靖十三年（1534）唐枢所纂《乌程县志》记载轧村一带"多商于外"。清康熙《乌程县志》记载，轧村先民早就"往楚、豫间贸易"，有外出经商传统。

清光绪六至十一年（1880—1885），轧村一带所产绉绸销于湖城诸绸庄，再转至上海或苏州销售。"至于单人或结伙外出经商者，骥村也多有人至南京、京口（镇江）、杭州、苏州等地经商"。

或许是基因的传承，或许是环境的影响，或许是千年的文化熏陶，轧村人始终敢于创新，勇于实践，尤其在过去的六十年中，创造出一个又一个奇迹，实现了一个又一个梦想。

童装（绣花）第一人

"人的第一个青春是上帝给的，第二个青春是靠自己努力的。"这句名言说明年轻人往往不满足于现状，善于尝试新鲜的东西。20世纪50年代，轧村的抗三圩、孟乡港、增圩等村，有一群不满足于现状，敢于冲破传统观念，勇于探索，认真学习手工技艺的青年，他们奔波各地拜师学艺，开始涉足绣花和童装，经过50多年的发展，竟打造出一个从业人数30多万的童装之都。

溯本追源，时间拨回到新中国成立初期。1949年9月，十三岁的小姑娘孙丽霞经轧村医院的医师朱师母介绍，去苏州观前街的一所缝纫学校学习用缝纫机绣花的技艺，在众多学生中出类拔萃。1950年9月，她完成了校方交给她的一项特殊任务，绣出的毛泽东肖像参加了苏州市的国庆游行。

　　孙丽霞有个小姐妹叫吴宝珠（1938 年 8 月出生），两人交往时，孙丽霞将绣花技艺传授给吴宝珠。1962 年，吴宝珠购置了一台缝纫机后，白天照常参加生产队的集体劳动，晚上用休息时间为村上的小孩子缝制衣服。手艺新且好，名气自然响，生意慢慢向邻村扩展，业余的收入超过集体劳动所得。1963年，已经嫁到本村茹家达自然村的孙丽霞建议吴宝珠将已经掌握的机绣技艺用到服装上。于是，吴宝珠在做小孩服装、长兜时，在缝纫机上装上一块小铁夹板（绣花板），用竹绷将布料绷紧，在上面绣一些花草、鱼鸟之类，深得大家的喜爱。

　　1964 年开始，她又制作结婚用的枕套、门帘、帐沿，并在上面绣上花。从此，前来加工的人不断增多，太湖金溇、杨溇的人也纷纷慕名前来。随后吴宝珠用购布证到商店购些布，开始做绣花枕套等。她婆婆用竹篮子到周边的村上去兜售，收入成倍增长。

　　无独有偶，孟乡港大队也有一位心灵手巧的绣花人，叫朱阿花，1936 年 11月出生。1961 年她购置了一台蝴蝶牌缝纫机，开始帮助周边的乡亲们缝制服装，后做蚊帐，并由她的婆婆到周边推销。1963 年的时候，因丈夫的工作地在南京，她曾过去小住，偶然的机会学到了机绣技艺，回来后就开始在长兜上绣花，并做绣花机套、门帘等绣花制品。

　　1964 年，朱阿花的妹妹朱水花在上海做保姆，有次在淮海路闲逛时，发现一家绣花厂用缝纫机绣花，她便向厂里下班的员工讨来一块旧绣花板，回乡后也开始绣花。

朱阿花和朱水花（2020 年）

一花引来百花开。看到吴宝珠、朱阿花、朱水花等小姑娘们能轻松赚钱，附近的人再也坐不住了。那时一个正劳力每天参加集体劳动，得到 10 分工分，到年终分配时最多得 8 角钱，而一个女劳力一天只能得 7 分工分。1965 年，抗三圩自然村有人前来向吴宝珠讨教绣花技术。接着，孟乡港、增圩村的人，包括朱阿花的小姐妹也纷纷搬来缝纫机向朱阿花学习机绣。一传十，十传百，前来讨教的人不断增多，并且向周边村扩展。到了 1972 年，梅林港大队、轧村大队的村民也开始绣花。

但当时还是人民公社的集体所有制经济，绣花业自然被当作"资本主义的尾巴"而明令禁止。于是，这些人白天参加集体劳动，收工后在家偷偷绣花。

十一届三中全会后，对家庭绣花业逐渐放开，绣花人数暴发式增长。1980 年轧村全公社绣花人数突破 2000 人，其中有不少男青年也参与绣花。

1980 年，绣花和童装业蔓延到织里，产品销售地点已经从周边发展至全国各地，需要乘坐火车、轮船等交通工具。为了方便挤车乘船，大家都将产品装入两个大包，用一根小扁担挑在肩上。扁担上面绑着长柄雨伞，脚上穿着解放牌球鞋，包里放着一星期左右的炒米粉，这些就是走南闯北轧村人的标配。

1983 年，总户数不到 5000 户的轧村乡，有缝纫机 3800 台，大部分劳力都投入到绣花行业，其中各种类型的专业户达 2000 多户。

1984 年，政府正式支持和鼓励绣花业发展，成立了轧村绣花服务部，形成轧村绣花联合体。绣花服务部主要为全乡各绣花户出具外出推销证明，提供国家统一发票，提供统一汇款账号，帮助结算汇入货款等。

增圩村的吴小章（1942—2019），原是轧村中学的教师，平时擅长写写画画，寥寥数笔就能将一条龙、一朵花绘得栩栩如生，在绣花业中有明显的优势。

1977 年上半年，走南闯北的吴小章来到上海缝纫厂，他发现那里的绣品样式新颖、质量上乘，于是萌发了帮助该厂生产加工的想法。回家后，吴小章就着手在村里创办绣花制品加工厂，还从江苏等地请来教绣花的师傅。这个村办企业一经筹建，就吸引了 50 多名工人。

2004 年织里镇举办第二届中国·织里童装博览会期间，在全镇范围内发起"织里童装第一人"评选活动。通过正式推举评选，最终吴小章被授予"织里童装（绣花）第一人"荣誉称号。

联产承包责任制度的先行者

毛主席说过，"穷则思变，要干，要革命"。1949年轧村解放后，通过互助组、初级社、高级社，最后建立了人民公社、生产大队、生产小队三级农村组织。由于农业生产比较复杂，生产管理非常不便，"大呼隆"劳动效率比较低。而分配机制又是"平均主义""大锅饭"。到1970年，出工不出力已经是普遍现象。那时，谁都不能怀疑人民公社"一大二公"的优越性，每家每户几个平方米的自留地，也是被视为资本主义的尾巴而被切割。人们一年忙到头，年终分配时每个成年劳动力每天收入却徘徊在人民币7角至8角之间。到了第二年青黄不接时，因为粮食不够吃，许多人外出借粮，一些人甚至外出讨饭。

1968年开始，轧村一些生产队对捻河泥、垦田等部分重活累活实行劳动定额，包给个人。完成当日工作量可提前收工，拿一天的工分。虽然所包的农活比平时要多出好多，但承包人还是早早地完成当日劳动定额，多的时间就在自家自留地上干活，可谓一举两得。但这与当时政策不协调，只能在特殊工种中实施。

1970年，有水田269亩、人口210多人的轧西大队第九生产队真是豁出去了，偷偷划分成三个小组。划分的方法是按照劳动力的强弱、性别、年龄等因素均衡划分，并确定一名小组长、一名副组长（一般是女性）；将收割、插秧等集中统一的农活分至3个小组，产量仍归生产队所有，再统一分配；集体统一的农活由各组派出劳力，称作非包工。这一做法使劳动效率大大提高，三个农忙季节比原来提前三至五天结束。1973年，公社党委同意了这种做法，并取名为操作小组，于是全公社纷纷效仿，均推行操作小组。

1974年，轧村又出现一件令上级领导非常头痛的事。那时的管理体制最基层是生产队，称为"三级所有，队为基础"，土地属生产队，农活由生产队长统一安排，产品由生产队统一分配。南湾大队第四生产队共有农户61户、水田273亩，队长潘大毛私下同意村民多次分成为三个小生产队，被公社一次次制止。后公社党委派出一个工作组至队里，帮助出工、收工吹哨子，帮助安排生产。但是，明并暗分，当工作组撤回后，村民又按照小小队生产和分配了。到1978年终于正式获得公社党委同意。

轧村的各大队、生产队均有好多桑树，入秋后不再产桑叶，因而有在桑园地种植蔬菜的传统。1976年，轧西大队第六生产队干脆将桑地分到各农户种植，产品归各户所有，第二年春天仍将桑地收归集体管理。那年冬天的桑地里种满了蔬菜，且长势特别好，各家各户将蔬菜运到长兴、江苏等地销售，增加了好多收入，而此举也属于"走资本主义道路"，村民们只能悄悄进行。

1977年，轧村公社囊二兜大队第二生产队、陈家千大队第六生产队联产到小组，产品直接分配给小组成员，这是分配制度的一大改革，完成国家的、留足集体的、剩下的都是自己的。随后，轧村公社全部实行"几定几奖"农业生产责任制，在农忙季节实行"工分到田，责任到人，质量验收，有奖有赔"生产责任制，提出"联产联组要联心"，统一放水，同圩统一种植同一农作物，统一治虫。一些生产队对牧场、拖拉机等建立单项责任制度。落实社员家庭自留地政策，鼓励社员发展家庭副业，但还是强调不搞包产到户。

1977年秋天，尽管政策明令禁止，但范村大队及轧西大队部分生产队还是偷偷将土地直接分到最基本的单位——农户，大家一致对外保密，公社派人例行检查时，便停止丈量土地等。分田到农户生产经营，真正建立了联产承包责任制度。

1981年，轧村公社联产承包责任制度在小范围实施。9月5日，轧村公社经营管理站撰写《轧村公社73个生产队实行联产承包责任制后的变化》的调查报告，总结出七个好："一是充分调动了农民参加社会主义劳动的积极性，劳动自觉性增强了，积极性高，参加劳动的人多，劳动自由；二是生产进度快，农活质量好；三是干部群众之间的关系密切，社员与社员之间的团结性增强；四是科学技术有了普及；五是各尽所能、按劳分配的政策得到进一步落实；六是集体经济能巩固壮大，集体的福利事业能得到发展；七是生产上有了发展，轧西一队早稻总产比去年增长55.6%。"红武大队位于318国道边，抗日战争时期这个地方受战火荼毒最重，始终较为贫困，几乎每年春季都要到塘南的新华大队借粮。1980年红武大队实行联产承包责任制后，当年从"吃饭靠借粮，种子靠国家，成本靠贷款"困境中走出来了，实现了"粮食满仓头，种子二套头，成本有积累"的成功转变，联产承包责任制的优点充分显现。

1982年，轧村的农村联产承包责任制度改革正式完成，轧村近两万多农民的生产积极性被全部调动起来，并推动了其他各项改革的进行。

集体企业经营机制改革的"轧村模式"

"沉舟侧畔千帆过，病树前头万木春。"老事物虽然造福一方，但不会永远正确，新事物一直成长，更需要敢闯之人。轧村公社在上个世纪 70 年代大力发展集体企业，并取得了较好的经济效益。至 1976 年止，全公社有农机电镀厂、胶木厂、染厂、农具社、竹器社、铁器社、丝绸工艺厂等 9 个社办企业，职工 314 人，年产值 53.8506 万元，利润 91 735 元，固定资产 133 969 元，当年上缴税金 19 556 元，职工收入 124 618 元。到了 1983 年，职工有 831 人，年产值 3336.875 万元。这些数据目前看来不大，但在当时算是天文数字。

随着联产承包责任制度的实施，集体企业开始暴露问题。到 1983 年，上缴利润越来越少，多数企业已无利润上交。社里须承担企业亏损的严重风险，集体企业已经从"摇钱树"变成一个烫手的山芋。那时，社办范村预制场已经连年亏本，仅 1983 年度就亏本 19 900 元。1984 年 7 月 3 日，乡党委政府果断让胡志庆承包一半，当年胡志庆就上缴利润 2000 元。乡里初步尝试了集体企业改革的甜头。

1984 年 12 月 17 日，因家庭绣花业的快速发展，首当其冲的轧村绣花厂被迫解体。但由于政策的限制，不敢进行实质性的改革，厂房转让给针织服装厂，绣花厂工作人员由工业公司安排。

1985 年，乡里对乡办企业打破大锅饭，健全责任制，实施"一包三改"。1987 年 12 月 29 日，对五金厂实行招聘制试点，对各乡办企业实行厂长负责的集体承包制，对有经济效益的企业大胆奖励。这一步的跨出，使企业经营管理者得到一定的利润分配奖励，一定程度上调动了企业经营者的积极性，但没有从根本上解决企业存在的问题。随着农村改革的不断深入，集体企业的弊端愈加显现，企业经营管理者很难全身心地投入到生产经营中去，亏损面不断扩大。

乡办农具厂、竹器社、铁器社是在解放初期由个体工商业者改造过来的集体企业，由于单位小，技术性强，与老百姓关系密切，职工回到家可制作些扁担、箩筐、篮子、铁耙等生产生活用品出售，这对企业冲击很大。1987 年底，乡政府对这些集体企业实行了大包干，即包利润、包留存、包上缴，并直接包干到每个职工，开始真正意义上的集体企业经营机制的改革。1993 年至 1994 年，轧村乡对助剂厂、五金厂、建筑公司、联营厂、电子元件厂、棉织厂、印染厂、羊毛衫厂等 8 家乡办企业实行经营机制改革，至此，集体企业经营机制改革全面完成集体企业这个巨大的经济包袱终被彻底扔掉，并可使集体的资产保值增值。轧村集体企业经经营机制的转换，得到市委、市政府的充分肯定，定为"轧村模式"在全市推广。

织里各专业市场的发祥地

"人不能创造时机，但是他能够抓住已经出现的时机。"这是雪莱的名言。伴随着绣花业的发展，轧村对布料、绣花线等需求量不断上升。起初，大家乘坐上海班轮船，到各百货商场购买的确良等面料，在城王庙购买绣花线等辅料。后来有人到各地百货公司购买比较便宜的的确良零头布。

1976年下半年开始，范村大队的范善根、陈占新发现江苏盛泽的社办企业生产的特丽伦化纤布质优价廉。那时化纤布还是时新货，做化纤布生意的好处是不需要布票，可大量购买。更重要的是，化纤布比棉布色彩丰富，是绣花的好面料，很适合做儿童连衣裙。就这样，以连衣裙为主的童装业就从绣制品行业中孕育萌芽了。

人们批量购买布料，除部分自用外，加价转让给周边绣花的农户。从此，范村大队、轧西大队出现了一批专门从事面料购销的人。但因当时公社和大队管得很紧，他们均悄悄进行交易。

1977年，政策有所松动，人们便在轧村港西侧的信用社门口摆地摊销售，生意较好。后来人们又发现加工面料更赚钱，赤家兜村民陈善根、陈占新、钱林江、陈建章、吴阿大，轧西大队闵玉林等到莫蓉公社的社办企业购买特丽伦坯布，挑到三济桥，然后用拖拉机装到安吉晓市印染厂染色，接着再运回三济桥，最后在轧村的地摊市场销售。之后因绣花产业越来越大，附近的社办企业的产品已经满足不了轧村对布料的需求，方友良等到轧村印染厂开具采购面料介绍信，到全国各地采购，采购产品增加了三等品及以下的纯棉布、涤棉布等。一些外地厂家甚至直接来轧村销售，轧村俨然成了布料的集散中心。不久地摊市场便转到稍为宽阔的电影院门口，一部分人又专门从事绣花线等辅料的经营，但很快人满为患，影响交通。

1978年十一届三中会后，轧村公社党委决定将电影院向经营者开放，并配备竹榻，出租给经营者。整个电影院也就成了面料和辅料交易市场，固定经营面料的人数达70多人。

通过销售面料，一部分人很快富裕起来了。范村赤家兜是经营面料人数最多的自然村，当时被称为"百万富村"。1987年有13户富裕起来的村民，在村口的轧村公路旁边，建造了26幢三层楼房，成为农民新村。

1979年，织里税务部门派人到轧村对从事面料交易的人员收取税金，每年300元至1000元，工商部门对从轧村外运的绣花制品等收取200元至400元的运费。1981年，在织里虹桥两岸码头，出现绣花制品自由交易市场，并免收税金和外运管理费用。于是，轧村的面料经营者陆续转到织里。到了1982年，轧村绣花制品交易市场人员全部集聚到织里茧站门口交易，这为织里早期交易市场的形成和特色产业的壮大起到了推波助澜的作用，从而促成了织里交易市场的不断壮大，使一个个专业市场不断形成。

湖州第一块国有土地使用权公开拍卖

轧村，是第一位童装（绣花）人的孕育地，是联产承包责任制度的先行地，是集体企业经营机制改革的"轧村模式"诞生地，是织里各专业市场的发祥地，同时也是湖州第一块国有土地使用权公开拍卖地。

清末维新派领袖唐才常说："尊新必威，守旧必亡。"轧村的集镇建设规模虽然不是很大，但其创新的力度可谓不小。通过"一根扁担两只包，全国各地到处跑"而积累了较多资金的轧村人，要求在集镇上新建房屋的人数不断增多。

1988年12月23日，轧村乡党委、政府讨论确定建设轧村新街（人民路），每间土地价格6000元，很快被认购完。此后建造的二期工程以及中心路、振兴路北段房屋，虽价格上涨仍供不应求。1993年开发的宋后皇路，每平方米地价突破400元。

由于需求量太大，1996年，轧村镇党委决定开发镇区的三角潭。规划一出来，求购者远超实际供应量。镇党委、政府与湖州市土管局商量，于1997年在轧村镇举行湖州市首次国有土地使用权公开拍卖会，推出拍卖地块共48块（幢），每幢宽度3.6米，长14米，占地面积50.4平方米，可以建造2层至3层房屋。起步价格参照织里镇区当时的市场价格，每平方米600元，每幢30 240元。拍卖那天，轧村镇上人山人海，一时间48块地块全部成交，每平方米均价为1620元，每幢81 600元，溢价170%；最高的拍到每平方米1900元，每幢95 760元，溢价217%；最低成交价格每平方米1200元，溢价100%。从此，湖州的国有土地慢慢实行公开拍卖。

或许是太湖水滋养了鲜美的螃蟹，决定了在太湖边会出现敢吃螃蟹的人。鲁迅说："第一个吃螃蟹的人是很令人佩服的，不是勇士谁敢去吃它呢？"在数十年的改革进程中，轧村人冲在了前面，敢闯敢试，敢为天下先，"做第一个吃螃蟹的人"，把一个个不可能变成了现实，引领出新的蜕变。

岁月流逝，沧海桑田。整理成这篇文字，是为了记忆历史，留住乡愁。

（转自《织里城事》"记忆乡愁"栏目）

在织里工作二十年的回忆

沈方

记忆是一件奇怪的事，虽然记忆是遗忘的反面，但历史并非一定由记忆构成，相反倒有可能是一个遗忘的过程。历史不过是现在对过去的认识，是意识投射的图像。作为土生土长的织里人，今日回顾织里的变迁史和发展史，除了人物和事件，更多的是现在的意识对过去的概括和总结，因而记忆的本质具有选择性，记忆的选择，同时也是遗忘的选择。无数细节，之所以不能成为记忆的构成，是由于细节超越了现在的意识，或者说，这些细节的意义尚未被认识。不同的思想，对过去必然有不同的认识。因此，记忆的目的，不仅是为了理解过去，以及概括和总结过去，重要的是唤醒过去的细节，并通过这些细节唤醒更多的细节，从而还原过去。

织里三十年来的历史，社会与经济，无论发展速度，还是发展规模，无不达到了惊人的程度。作为一个乡镇，三十年前的织里，只有一条不足一公里长的老街，人口数千人，如今常住人口十多万，镇区面积以平方公里计算。这在任何一个时代，任何一个国家，恐怕皆空前绝后，鲜有第二个例子，但是，织里的发展并非政府实施规划的结果，既无国家投资，又无外来资本涌入，完全依赖织里农民的智慧和勤劳，今日织里是农民创造力的表现，是中国农民创造的奇迹。过去的织里与今日织里相比，规模大小的差异尚在其次，其重要性在于量的变化带来质的飞跃。相对于过去的织里，今日的织里已经是另一个世界。织里的变迁史，其跨度不是时间意义上的，而是在两个世界之间的。处在史无前例的变迁中的织里人，也已经不是过去的织里人，而是新时代的织里人。

上个世纪七十年代，我高中毕业后，成为社会上的待业青年，1979年底进入织里"打办"工作，单位全称是"打击投机倒把办公室"。当时的"打办"还有一个名称是"市管会"，即"市场管理委员会"。其实，国家已于1978年恢复工商行政管理局这个行政机构，织里"打办"正式名称应该是"织里工商行政管理所"，是吴兴县工商行政管理局的派出机构，但社会上还是习惯称其为"打办"。进工商所工作前，先由人民公社革命委员会按待业青年政策，给予分配安排，由相应单位简单调查或考核后，再作取舍。当年 12 月份，我乘轮船往湖州，在吴兴县工商局参加考试。织里至湖州的客运轮船，航行时间两个小时，每天两班，早晨一班，中午一班，如要当天从湖州返回织里，必须在下午二点前赶到湖州北门轮船码头，或者乘汽车到晟舍，再从晟舍步行四公里回到织里，否则就得在湖州过夜。所谓考试，只是当场写了一篇作文而已。县工商局的领导与参加考试人员分别作了谈话，谈话中有一句话至今记忆犹新："工商行政管理工作就是经济领域的阶级斗争。"

织里工商所的办公地点位于织里西市，门外就是一条河，没有门牌号码。当时的织里镇地域狭小，在街上问任何一个人，都知道任何一个单位在哪里，所以也不需要门牌号码。工商所原有在职工作人员四人，我进去后，增至六人。旧办公桌六张，旧文件柜三只。唯一稀罕的是一台十三寸黑白电视机，锁在一个木柜里。交通工具是两辆公用自行车，已经十分了不起了。工作任务是管理集市贸易，调查处理投机倒把案件。集市贸易主要是菜市场，工业产品禁止自由交易，而农副产品也只允许自产自销，因此，工业品交易、农副产品交换和长途贩运皆属于投机倒把范畴。由于工作性质是"经济领域的阶级斗争"，我头脑中随时绷紧了阶级斗争的弦，以为自己与社会上的人身份悬殊，处于对立状态。由此可见，政府行政管理部门当时的职责，在于管理，不在于服务。

参加工作之初，经手的投机倒把案，印象深刻的是太湖公社一些农民去江苏以麻袋交换化肥和橘子，在农村里贩卖。另外还有织里清水兜村、晟舍东兜村部分农民去杭州临安县等地大批贩运旧棺材板来湖州贩卖。旧棺材板一案，两个村几乎家家户户都参与。处理时，挨家挨户谈话，做询问笔录。在其中一家问到所得旧棺材板去向时，当事人回答说自用。问用在哪里。回答说用于造房子做木楼板，做桌子。桌子就是坐在那里做笔录的吃饭桌子。这个案件宣布处理决定时，清水兜村的一些农民对没收查扣款项不服，曾在工商所办公室吵闹，想抢夺案件文字材料，当天办公室里只有二人，我也在场。打电话到公社办公室，公社派来数名干部，不服的农民迫于压力，立即不敢吭声，只好作罢。

湖州到上海，当年有一班客轮，下午从湖州开出，第二天早晨到上海十六浦码头，天黑时经过旧馆。每年春节，吴兴县革委会发布公告，对农民往上海探亲访友携带农副产品作具体数量规定，但农村里总有人想方设法，携带批量鸡鸭禽蛋往上海贩卖。工商所每年都派人在旧馆轮船码头检查，住在旧馆供销社招待所，轮船在旧馆靠岸时，全体出动，守住码头通道。一次，轮船刚靠岸，对岸芦苇丛中似乎有一条小船，手电筒照过去，果然有小船，立即喝令其靠过来停船，上了小船后，发现有两箩筐鸡蛋，当场查扣。

八十年代初，政治形势发生变化，农村政策调整，公社体制改为乡镇体制，管理上出现松动，农民利用农闲时间经商的越来越多，织里以及周边乡镇的农民悄悄兴起了加工绣花品，主要产品有绣花枕套、帐沿，外出走村串户贩卖。加工绣花品，需要购买布料和绣花线，开始是自行在外地城市商店购买，后来逐步在织里、轧村乡集镇自发形成了提篮背包贩卖布料和绣花线的集市。但工业产品交易尚不允许自由交易，大量购买工业品可定性为套购工业品，是投机倒把行为之一。因而，取缔织里、轧村的布料和绣花线自发交易成了工商所的管理工作。一次，工商所接到举报，说织里同心村有人往上海线带公司汇款数千元，批量购买绣花线，所里派我去上海九江路的线带公司查扣了这笔钱。

织里农民自发形成的布料、绣花交易不敢在镇中心进行，而是在相对偏僻的虹桥塊，工商所会同织里乡几次检查后，又移至镇东的南街村，而且交易时间改为清晨。检查时间也相应调整，清晨集中参与检查人员，快速赶往南街，交易人员闻讯立刻散去，有的奔向田畈里，有的躲进桑地，实在来不及就闯入附近人家。有一位慌忙闯入一户人家，躲在人家房里，这户人家还有女人未起床，检查人员到这户人家，刚好听到女人在喊，你出去，你出去。还有一位，闯入一户人家，检查人员跟进，他将卖绣花线的竹篮藏在草柴里，假装在灶里烧火，问他在做什么，他说相帮亲戚烧粥，揭开锅一看，锅是空的。结果，藏在草柴里的绣花线还是被发现了。

大约在1983年，国务院公布《城乡集市贸易管理办法》，对于农民经商，政策有所放宽，加工绣花品也可定性为自产自销的家庭副业，但各地执行政策的尺度并不统一。织里工商所按照吴兴县工商局的意见，允许农民从事绣花品加工业，并默许布料、绣花线交易。当时，城乡个体工商户登记管理条例尚未出台，不能发营业执照，织里工商所管辖的六个乡镇总共有七八个老手工业，只发临时营业执照。工商所以变通办法，为农民加工绣花品出具油印自产自销证明，方便农民外出贩卖。织里农民外出贩卖，被外地管理部门查扣的很多，纷纷回来要求出具证明。一次，收到山东某地工商局寄来调查函，函中附有一张照片，上面是织里李家坝村三个农民，胸前挂了一块纸板牌："长途贩运"。几天后，李家坝村农民来工商所要求出具证明，他们说在山东被查扣时，走了好几里路去照相馆，拍了这张照片。

织里农民从事绣花品加工，不仅是农村剩余劳动力的释放，而且是农村联产承包责任制实行之后，农民依靠自身力量发展生产，提高生活质量的创造性产业。到目前为止，织里经济在本质上仍旧未变，是民生型经济，关系到千家万户农民的就业和生存。因此，所有束缚和阻碍织里经济发展的观念，皆有违于以人为本的思想。好几年之后，织里棉布市场一位老板与我聊天，谈到八十年代初贩卖布料，当时他是乡村教师，第一次赚了四十多元，非常兴奋，认为总算找到了人生的出路，后来就离职经商了。

交易布料和绣花线的小商品市场，最初在织里茧站门前成形。根据国务院《城乡集市贸易管理办法》，织里工商所开始征收市场管理费。办法规定收取市场管理费主要用于市场秩序管理费用和市场设施建设，取之于市场，用之于市场。1983 年，织里工商所出资数万元，在织里镇西市沿街搭建玻璃钢棚，正式建立小商品市场。市场交易日益兴旺，不久之后，街上人山人海，既妨碍交通，又影响交易秩序，场面十分混乱。

1984 年，织里通公路后，经与织里镇政府研究，在织里姚裁缝村，紧靠公路，征地近十亩，由工商所筹集资金三十万元建设小商品市场，于 1985 年建成。后为了形成特色市场，改名为绣花制品市场。建市场之前，工商所与织里镇和织里村组织去绍兴、义乌参观，绍兴柯桥的市场刚刚形成，也是马路市场，而义乌小商品初具规模。今日的绍兴轻纺城和义乌小商品城，规模空前，成为全国性集散中心，除了交通、地域诸方面的客观因素之外，与当地政府是否能集中力量兴办市场，培育生产力，形成地方产业，不无关系。织里的市场建设之初，除了由工商行政管理部门筹集资金之外，并无其他强有力的措施和政策。1985 年建成的绣花制品市场以及随后的市场，完全由工商所贷款，以收取市场管理费还贷，发展速度和规模局限性极大，可以说错过了数次发展机遇。

直到 90 年代初，在湖州市范围内，还存在发展个体经济与发展集体经济之争，1990 年之后的蚕茧收购风波以及"杀"农村家庭绸机，就是明显的例证。每年蚕茧收购开始，市政府召开动员大会，领导讲话中"蚕茧收购只许成功不许失败"的话语，态度强硬。市政府曾经下达文件，规定七种人不准从事个体丝织业，在各方面限制生产经营。为确保国营和集体丝绸企业的正常生产，防止个体绸机与企业争原料、争技术、争市场，主观上可以理解，但客观上并非顺应民心，执行政策的难度巨大，数年之后，只好不了了之。至于个别领导声称"要让某些个体户倾家荡产"之说，不免叫人目瞪口呆。后来，丝绸企业改制转型，听说同一个领导到个体绸机发达的乡村调研，问有的农民为什么家里没有绸机，表示希望他们从事个体丝织业，那就不乏幽默了。除了"杀"个体绸机，还有部分乡镇"杀"个体羊毛衫横机，因为影响集体羊毛衫厂的生产经营。"杀机"措施，各乡镇执行方法不一，有的封存停产，有的拆机，将机器集中到乡政府统一保管。绸机体积庞大，市工商局某领导在某乡参加"杀机"时，灵机一动，提出"这个东西比较大，没有地方放。"某市领导随即应道："的确没有地方放。"拆机暂停，省去了不少不必要的麻烦。

1991 年之后，我开始担任织里工商所所长一职，也参与过"杀机"工作。一次在轧村乡"杀"羊毛衫横机，政府领导要求拆机并吊销已发营业执照。根据工商行政管理法规，无违法经营活动，一般不能吊销执照。我们只好私下做工作，将营业执照暂时存放在工商所，不作吊销处理，查扣若干半成品羊毛衫，让当事人保证停产了事。今日的全国性品牌企业，珍贝羊绒制品有限公司，当时只有十五台横机，挂靠在镇文化站作为站办集体企业，在"杀"机风中，当地政府出现两种意见，一种允许，一种不允许，因为镇工业公司下面有镇办羊毛衫厂。工商所既不能按法规办，又不能按政府政策办。最后乡政府规定只准八台横机生产。不知八台横机这个数字的依据是什么，如今想来可能是根据当时的有关规定，即八个雇工以上就不是个体工商户，算剥削工人劳动的剩余价值了。

然而，农民的创造性具有无穷力量，植根于民生的产业势不可挡，具有不断自我更新的生命力。织里的市场也由于其自发性而表现出天然的自我发展能力。1987 年，织里工商所在姚裁缝村绣制品市场对面征地十多亩扩建市场，开辟专业的棉布交易市场。至 1991 年，市场又明显不适应日益繁荣的市场交易，急需扩建。原有的绣品加工业，逐步转向童装生产，农村家庭作坊开始以乡镇企业名义前往全国各大城市商店设立产品销售专柜，仅北京就有数百家之多。本地市场围绕童装生产，形成了布料市场、童装辅料市场和童装市场，而且纯棉布交易也随之形成全国性的集散地，国内各大棉布生产企业的产品在织里市场皆有代理销售商。

1992年，邓小平"南巡谈话"之后，国内政治、经济形势发生急剧变化，以经济建设为中心的国策得以确立，"发展是硬道理"的观念深入人心。8月8日，织里以织里镇为基础，以原织里区六个乡镇为辐射区，建立湖州市织里经济开放区，市政府赋予开放区管理委员会相应的行政审批权力。区委书记吴子性兼任开放区管理委员会主任，提出以市场建设为龙头，围绕市场办工业，多种经济成分并存，全方位多层次发展经济的指导思想。以经过若干年努力，把织里建设成为经济最活跃，市场最开放，社会最安定，市容最美丽，人民最富裕的现代化小城镇为目标。织里工商所也升格为湖州市工商局织里分局，赋予县级工商行政管理机关职权。

当年，市场扩建纳入了织里城镇建设规划，紧靠原有市场，征地数十亩，由工商分局建设三个交易区，对市场实行划行归市。1992年底，其中一个交易区顺利建成，举行了隆重的开业典礼。这次市场建设涉及一个自然村动迁，由于部分农民一时不能理解市场建设对地方经济的意义，动迁工作难度较大，经过多次协商，动迁的农民全部安排在规划中的织里镇主要街道，即现在的富民路。数年后，凡动迁的农民受益于富民路的繁华，得到了意想不到的实惠，而且，市场周围的农民大多依靠市场经商，无不成为市场效应的受益者。

自1992年始，直到1995年，织里的市场建设始终未停，建设资金筹集成了市场建设中的主要困难。在此期间，织里工商分局建立市场发展中心，市工商局建立湖州市市场发展中心。为解决市场建设的燃眉之急，1994年，经上级批准，由织里市场发展中心作为发起股东，吸收织里房地产开发有限公司及有投资意向的民营企业，组建湖州织里商城发展有限公司。当时晟舍乡与织里镇已经合并，按市政府要求，织里市场确定了向318国道延伸发展的规划意见。织里商城发展公司成立后，股东投入资金到位，第一个项目就是在晟舍318国道沿线建设新市场。1994年，织里以童装为特色的产业已初具规模，织里镇及周边形成数千家大小不一的童装生产企业，新市场明确为专业童装市场，经营范围包括床上用品。待市场建成后，原织里老市场里的童装和床上用品交易统一迁入新市场经营。这次新市场建设的目的和意义是形成鲜明的市场特色和童装市场品牌，扩大织里童装的影响和产品辐射面。

童装市场于 1996 年建成，但是，由于新市场开业和老市场搬迁，涉及市场新老经营者以及周边农民的利益，童装市场开业遇到巨大阻力，群众对童装市场建设的意义理解不够，思想不统一，社会矛盾突出，新老市场经营者意见对立，出现了群体性意见纠纷，市场管理工作十分艰难。再加上老市场与新的童装市场相距 3 公里路程，交通不尽便利，当年，童装市场开业并未成功。1997 年 10 月，在织里镇党委政府领导下，全镇动员配合，上下齐心协力，老市场童装交易强制关闭，并采取必要的行政管理手段，童装市场才得以顺利开业，并举行隆重开业典礼。现在回想起来，童装市场的开业成功应该感谢有关企业和群众的顾全大局，因为有他们甘愿牺牲自己的短期利益，才保证了织里童装产业和市场的长远利益。

开业典礼举行时，我安排妥当所有事项，没有上主席台，只是站在主席台附近，心里总算松了一口气，突然接到织里村党支部书记潘春喜打来电话，他说市场开业成功了，现在好了吧。我说好了，谢谢。至今想起，仍旧十分感动。

童装市场开业前夕，为了提升织里童装的品质，由织里市场发展中心出资，与中国服装研究设计中心合作，在织里成立了中国服装设计中心童装分中心，就设在新的童装市场内。分中心挂牌仪式与童装市场开业典礼同时举行。后来，尽管市场建设和管理体制发生变化，市场建设和经营与工商行政管理部门脱离，交由政府相关机构接手，但以中国服装研究设计中心童装分中心为前身的童装科技文化机构，一直起到织里童装产业的引导作用，为产业发展作出了不可低估的贡献。

三十年来，织里的经济发展和社会变迁，凡是在织里工作生活过的人，以及曾经到过织里的人，有目共睹。除了织里人民的智慧和勤劳，当地党委、政府的与时俱进，因势利导，也起到了至关重要的作用。国家经济政策的贯彻落实，关键在于基层执行者。织里的各级党委、政府领导和干部身处基层，直接面对群众，体察民情，及时纠正政策执行中存在的具体问题，才使得织里经济有迅猛发展的可能，童装产业才得以在织里形成，并成为一个经济奇迹。回顾三十年发展和变迁，织里大致上经历了三个阶段。第一阶段是产业兴起和城镇建设起步，标志性建设是 1984 织里镇通公路、人民路建设，以及绣花制品市场建设。第二阶段是 1992 年，织里经济开放区成立，富民路为主要街道的城镇建设规划形成，以及市场扩建包括童装市场建设。第三阶段是新世纪开始的织里城镇建设，形成了数纵数横的镇区规划。今日的织里已经是一个初具规模的小城市，未来的织里，在发展经济的同时，社会、文化也必将得到充分发展。

当然，就一个地方的发展而言，前瞻和回顾，对于明确今后的发展方向，具有同等意义。过去的工作由于受过去的认识水平和物质条件限制，必然有历史局限性，不可避免地存在诸多问题，而这些问题也会在未来成为发展的阻碍，因此，历史地看待过去，从中吸取经验教训，也是未来发展的基础，其中的细节皆是不可估量的宝贵财富。随着时间的推移，过去的细节将越来越显示出重要性。细节的生动不仅在于细节的感性直观，而且在于理性直观，同时还可能隐藏着尚未发现的价值。这也是"前事不忘后事之师"，以及"举一反三"的道理所在。

（转自吴兴区政协《涅槃重生》。作者为湖州市工商局织里分局原局长）

第二节　掌故　杂记

一、掌故

从粮长到工部尚书的严震直

严震直（1344—1402），字子敏，号西塞山翁，乌程（今湖州）织里骥村人。出生于富裕殷实家庭，长大后成为一个英俊魁梧的大个子，当地村民都叫他"长子"。他还厚道诚信，而且机敏过人。因此，在明洪武年间（1368—1398），明朝军队打败张士诚、平定湖、嘉、苏一带后，他就被举荐担任粮长，负责每年按时向京城征缴和解送万石田粮食。

关于严震直当粮长，每年按例往金陵（今江苏南京）解缴粮食，深得明朝开国皇帝朱元璋的信任，从而委以要职，以至做官做到工部尚书的事迹，明、清《湖州府志》《乌程县志》及有关历史文献都有记载。而骥村至今还流传着有关他深得朱元璋信任，委以高官的另一版本的故事：

严震直很会做生意，每次解送粮食去南京，都随带大批湖笔去卖。湖笔是中国"文房四宝"的第一宝，就出在湖州东南善琏镇。南京是明朝的京城，是文士、举子们荟集的地方，湖笔自然畅销。一次，严震直把押送田粮的任务完成后，就在南京城里一边卖笔，一边闲逛。

当时，京城正在建造皇宫金銮殿。施工时，工匠们不小心将要做金銮殿大门木户槛的木头锯短了。那还了得，这可是犯了杀头的死罪。正当工匠们愁眉苦脸之际，被严震直看到了。他对大家笑了笑说："没有关系的，不要怕，我有办法。"工匠们一听说他有办法，都将信将疑地朝他看着。严震直于是从容地说："将木头一锯为两，中间镶上一个龙头，既可以将其变长，还可以作装饰，以示金銮殿的气派呢，这不是一举两得吗？"工匠们听了他的话觉得有道理，就照着样子做了。做出来后大家都觉得很满意，纷纷对严震直感恩戴德，道不尽的好话。

后来，这件事被皇帝朱元璋知道了。朱元璋看了这个户槛非常满意，就决定召见严震直，问他是哪里人？做什么营生的？姓什么？叫什么名字？严震直一一作了回答，最后还照直说："我姓严，个子高，大家都叫我长子的。"朱元璋无意中说："好一个严长子，你真有办法。"严震直忙接着说："皇上封我严尚书，谢恩！谢恩！"因尚书和长子是谐音，朱元璋觉得此人聪明极了，又因长年运粮有功，并许诺委他作尚书。

洪武二十三年（1390），严震直被特授通政司参议，后改任户部郎中，再迁工部侍郎，负责管理工匠建造金殿。洪武二十六年六月升为工部尚书。当时，朝廷正在大兴土木，集全国工匠二十余万户于京师。严震直认为此举不妥，请改为每户抽一人服役，编好姓名、行业，平日在家劳作，有役则按籍轮番召用。服役者都称其便。

洪武二十八年（1395），严震直奉命主持修复广西兴安县境内的灵渠（建于秦朝，沟通了珠江流域和长江流域）。严震直亲率民工，审度地势高低，导引湘、漓二江之水，疏浚渠道五千丈，筑溪潭及龙母祠土堤一百五十余丈，又增高中江石堤，建陡闸三十六个，凿平滩石以利舟楫往来，从此漕运也畅通。朱元璋称赞他做了一件大善事。严震直还了《修渠记》摩刻于崖上，以铭记此事。

洪武三十年（1397），严震直上疏朝廷："广东旧事运盐八十五万余引于广西，召商中买。今终年所运盐才十分之一。请分三十万八千引贮广东，召募商人运粮输往广西缺粮的各卫所，以支领广东食盐，贩到江西南安、赣州、吉安、临江四府为便。"后被朝廷采纳。广东食盐运往江西从此开始。

建文年间（1399—1402），严震直曾督饷山东，旋即致仕。1402 年明成祖朱棣即位，命以原官巡视山西，行至泽州（今山西省晋城、高平等县地），病卒。有《遭兴集》传世。《明史》·列传第三十九有传。

（转自《人文织里》）

陈溇五湖书院

清代五湖书院，坐落于织里镇太湖边的陈溇，原为陈溇吴江峰太守的故宅。同治九年（1870），由邑绅徐有珂、陈根培、吴宝征、张尧淦等集资，经湖州知府宗源瀚批准创建。

自北宋康定、庆历年间（1040—1048）胡瑗先生应邀教授湖州州学，首设经义、治事二斋，创办了富有特色的湖学后，各地纷纷到湖州取经，成为太学及各州立学的楷模。湖州教育随之进入了新的时期，郡治、县治及东南部的一些大镇相继建立了学校。然而，离郡治不到三十里临近太湖的三十六溇地区，一直没有建立过学校。同治九年（1870），邑绅徐有珂写信给曾任苏州知府的吴云，讲了与邑绅陈根培、张尧淦等人想在三十六溇地区建立书院的事。看完信后，吴云当即表态，"这是我一直以来的愿望"，并第一个捐白银一千两。接着，居住于太湖边的有义之士们也纷纷解囊捐资，五湖书院得以兴建。

五湖书院建于靠近陈溇的吴江峰太守故宅。前为大门，由大门进去即为仪门，仪门内为大厅。由堂道进去为讲堂，讲堂的门额为"崇礼敦本"。讲堂后面有楼，是休息的地方。修葺以上房屋已花钱 100 多万文，而教师的酬金，学生的津贴还没有着落。新上任的湖州知府宗源瀚捐上了自己的工资，并提议丝捐善后款项下每包丝拨 1 块钱给郡县各书院，五湖书院得其中的六分之一，连拨三年。这笔经费由书院主办者存于钱庄，其息作为教师的酬金和学生的津贴。不久，宗源瀚离任湖州，他的这个设想由继任知府杨荣绪付诸实施。

五湖书院修成后，聘徐有珂任主讲，夏历每月的初一、十五给学生授课。学生分时艺、经学两斋。书院还制定了对优秀学生的奖励措施、学生津贴的分发标准及旬查月试的检查办法。

清代同治年间创建的陈溇五湖书院，是织里镇历史上第一所学校。

（转自《人文织里》）

林则徐与织里的两件事

林则徐被誉为近代中国"开眼看世界的第一人",是中国近代史上抵御外侮的第一个民族英雄和近代中国影响最大的人物之一。他与织里也曾经有过交往,留下了一段不朽的史话。那是在他担任江苏巡抚时,为织里镇增添了光彩,从而也丰富了织里镇历史文化的内涵。

林则徐(1785—1850 年),字元抚,又字少穆,晚号俟村老人。福建侯官(今福州)人。出身贫寒,为官清廉正直,关心民隐,为民众所称颂。他是中国近代爱国政治家、思想家和诗人。鸦片战争时期主张严禁鸦片,抵抗西方资本主义侵略,坚持维护中国主权和民族利益,缴获和焚毁大批鸦片,并粉碎了英国侵略者的多次武装挑衅,表现了伟大的爱国主义精神。为克服银荒和利于货币流通,他反对一概禁用洋钱,提出自铸银币的主张。这也是中国近代币制改革的先声。

道光十二年(1832),林则徐担任江苏巡抚,曾奉命驱逐在吴淞口外刺探情报的英国胡夏米商船,又协助两江总督陶澍,采取许多利国便民的经济改革措施。江苏旱涝灾情严重,他不顾朝廷斥责,上奏历陈民间困苦,坚持请朝廷缓征受灾州县的漕赋。他致力兴修水利工程,疏浚白茆、刘河、徒阳运河等河道。

林则徐就是在江苏巡抚任上重视水利建设的时候,与织里发生了具有历史意义的关系。

一件事是,他曾为织里晟舍人凌介禧的《东南七郡水利略》作了序。凌介禧原名杏洙,字香南,号少茗。是乌程县诸生。他笃学嗜古,寒暑不辍。长大后,遨游大江南北,跋涉数十年。后客居巨公(无考)幕下,或书记、或教读,一有闻见即笔之于书,以至所记所录"盈箱满箧"。晚年回归故乡晟舍,手不释卷,写下了 20 余种著作。最具代表性的著作是《东南七郡水利略》和《程安德三邑赋考》二书。《东南七郡水利略》共 6 卷,于道光十三年(1833)刊行,后被辑入《经世文编》。该书第一次把杭、嘉、湖、苏、松、常、镇七郡合而为一,各举要害,分析原委,全盘考查,提出兴修水利的要害。两江总督卢坤、江苏巡抚林则徐、浙江巡抚帅承瀛都为该书作了序。可见该书的价值之高。

又一件事是,林则徐在江苏巡抚任上致力于兴修水利工程,治理太湖水患。

曾几度因治太湖而来到织里，与浙江、湖州的地方官们共同谋划治理太湖。并对有利于治理太湖水患的各种义举加以褒扬。道光十六年（1836），林则徐在湖州知府于鼎培的陪同下巡查太湖水利，在湖滨乔溇（在今织里镇东北）遇见吴之杰等人正在创建崇善堂，得知崇善堂的主要工作是"设太湖救生船旁及舍药、施棺、惜字（写了字的纸，不乱扔，加以保存）、放生诸务"（见清光绪《乌程县志》卷二·公署），在太湖边从事上述善事活动。林则徐对他们的行动给予大力赞扬，并于同年为崇善堂作了《湖滨崇善堂记》（《林则徐大事年表》对此事也有记载）。道光十七年（1837），吴之杰等人建成崇善堂，将林则徐所书《湖滨崇善堂记》，刻碑立于崇善堂前。后来碑、文均散失，无从查考，甚为可惜。

（转自《人文织里》）

二、杂记

"东迁"——从旧馆东迁二十里至严村

东迁县治故址在今织里镇旧馆村，原名东迁。唐开元二十一年（733），刺史张景遵在东迁县故址置太湖馆，大历中刺史颜真卿（773—777 年在任）以其在故东迁县治址，改名东迁馆。

唐贞元七年（794），刺史于頔因为在城东十八里另建升山馆，因与东迁馆距离太近，遂将东迁馆往东移二十里至严村。原东迁馆所在地即被称为"旧馆"，而严村则因东迁馆而称为"东迁"。清代方志学家汪曰桢等对此已详加考证。

（转自《人文织里》）

太湖撩浅军

五代时，吴越钱氏在太湖南岸设置撩浅军，治理太湖及诸溇港水利。据宋朱长文《吴郡图经续记》、清吴任臣《十国春秋》及府县志记载，吴越国天宝八年，即后梁乾化五年（915），"置官都水营田使，以主水事，募兵卒为部，号曰'撩浅军'，亦谓之'撩清'。命以太湖旁置撩清卒四部，凡七八千人，常为田事，治湖筑堤"。"撩浅军"或称"撩清军"，在太湖南岸从事水利工程和农事生产，使太湖水一路径下吴淞江,一路自急水港下淀山湖入海。对湖畔居民,则要求"遇旱则运水种田,涝则引水出田,立法甚备"。其时,吴越国"方欲富境御敌",所以"必以是为先务"。太湖撩浅军历吴越国始终,至北宋太平兴国三年(978)纳土归宋。至此,太湖南岸的塘浦圩田,即湖俗所称的"圩坉"体系,已经基本完善。

宋高宗上林(梅林)驻跸考察

上林在织里镇轧村东偏北二公里,有东、西二村。东上林归东迁(今属南浔镇),西上林原归轧村镇(今属织里镇)。村落盛于唐、五代,原名"梅林"。因村多梅树,有古梅,荫下可纳百余人,故称梅林。后唐同光年间(923—925),吴越王钱氏在村建寺,初名"看经院",后改"广济院",北宋治平二年(1065)改"圆明院"(圆明教寺)。政和年间(1111—1117),有董氏自海州(今江苏连云港市海州镇)迁来,为其所居。

"梅林"改为"上林",缘于宋高宗驻跸宴赋董氏古梅树下。明崇祯《乌程县志》引张羽《方氏园记》曰:"上林,由吴兴东塘五十里,经祐村塘复折而北,即其地。东与松陵接壤,北距太湖可十里。长老传言,昔村之大姓董氏(贞元)有梅树,柯叶蔽十数人,其下可坐百十。宋都临安时,天子尝幸其地,赐群臣宴花下,因名上林。由是,梅开时,贵游之士来观者相望于道,居人不胜其烦,乃阴伐其树以绝踪"。董贞元是明代尚书董份的祖先,明初由上林迁南浔,上林之董氏故居遂为方氏园。故崇祯县志记载曰:"上林,相传董氏有梅,枝叶可覆亩许,故名梅林村。高宗渡江驻跸,召诸臣数十人宴梅下,赋诗叹异之,群臣属和焉。时遂以人主所留宴,乃更为上林。"董氏故居即后之方氏园,位于村东隅,其"南滨溪,北通湖渠",有桥,形十字,名"青龙桥"。村又有"回鸾桥"(又名回澜桥)。

晟舍利济寺碑刻与书坛名人

晟舍利济寺于光绪十六年(1890)重建时所树的《重建晟舍利济寺》碑,尤为珍贵。此碑碑文由杨岘撰文,碑额由吴昌硕题篆,姚孟起书写碑文。这三位名震中国书坛的大师级人物共同书作,极为罕见,其身价当然也更为显赫。

吴昌硕(1844—1927)是孝丰县(今属安吉县)鄣吴村人,初名俊、俊卿，字苍石、仓石、昌石、昌硕。一身兼诗、书、画、印"四绝"，是近代篆刻书画艺术的开派宗师。印立"吴派篆刻"，在名家辈出的晚清印坛自立面目，并在变化极难的境地中独树一帜，名震南北；画称"后海派最杰出的大画家"；书法以势为尚，名震海内外。他是西泠印社第一任社长，名闻海内外，影响深远。

杨岘（1819—1896），字见山，号庸斋，晚号藐翁。咸丰举人，曾任常州、松江知府。他是一位饱学之士，吴昌硕从师于杨岘学习诗文，足见其才学。善金石鉴赏，熟识商代铜鼎铭文，尤其对于碑帖的审定，往往立辩无误。他同是书法大家，尤以汉隶名时。现利济寺大门石牌坊上"利济禅寺"四个隶书大字，就是他的墨迹。

姚孟起，苏州人。民国时期书店所售习字帖，经常可见姚孟起所书范本。他取法欧（阳修）、褚（遂良）两家，直追右军（王羲之）风韵，风流儒雅。不仅书法名满南北，更有《字学臆参》及《书论二则》两本理论著作，使他在中国书论发展史上占有不容轻视的地位，就是在今天仍富有生生不息的活力。

利济禅寺碑文，词语古雅，行文从容，读之如见当年建寺之规模及香火鼎盛之况，一派大家风范。碑文书写、法度谨严、意态自如，毫无板滞之感；且碑文刻工精致，分毫毕肖，字口清晰，一无损伤，若能精拓一册，足资楷书临本，那是最好不过了。

（转自《人文织里》）

晟舍凌氏名石——美人峰

徐世尧

晟舍凌氏名石"美人峰"，原为明代文学家凌濛初之父、雕版印书家凌迪知所有。明嘉靖年间，凌迪知任常州同知，因政绩好，受到百姓敬重，告老还乡后，常州乡民将其所爱奇石美人峰运至晟舍镇，赠予凌迪知留作纪念，凌迪知将此石置于私家园林且适园内。后来此园易主明兵部尚书闵梦得，改名"适园"。清同治《晟舍镇志》记载："大司马致仕后作归来堂，缭以周垣，佐以名花，为游息觞咏之所。登其石（美人峰），则西北诸山环拱于右，俯瞰盘珠漾碧波微动，荇草交横，亦殊清旷幽雅。同治三年（1865）毁于寇，其石尚存。"并录诗曰："适园旧踪本荒凉，剩有荷花送晚香。瘦石亭亭临水立，美人无语怨斜阳。"1966年春天，适园废址涌来一群人，将美人峰移至二舟合一船上运走，原来是地方长官接到上级电话，奉令调走了此石。为索回家传名石，多年来，凌氏后人凌廷铭四处奔波，终于寻到美人峰下落，在杭州花圃公园。此后，老人多次致书镇、市、省领导直至中央办公厅，请求协助追回美人峰。事未竟，老人于2003年盛夏在利济寺去世，留下一个未了心愿——追回祖传名石美人峰。

（转自 2012 年《湖州市志》丛录）

明代大盗之一：郑九父女

晟舍闵从隆《怀陈编》记："郑九，织里农人也，距吾乡不远，常以租债往来，明末为盗。其女着铁尖弓鞋，使双刀如飞，凶恶特甚。托言与吾闵某房有仇怨，聚众焚其宅，实则因而劫其财也。后请官兵至，枭之。女赴水欲逃，以钩镰枪钩其发，曳之至岸，亦枭之，斩一腿悬于桥，遂呼其桥为'花腿桥'，今名'花凤桥'，颇雅训。"又记："乙酉乱（清顺治二年），民千百成群，吾里焚劫殆尽，人皆仓皇失措，莫克宁居。贼首郑九之邻来言曰：'若得闵迈玉、毅甫、从甫三公出身力任，不致鱼池之殃，则某等愿缚创乱者以献。公等任之，果得乎，盖格顽化暴有自来矣。'《国华录》云："花凤桥，原在晟舍镇市河上，为市河第三桥。"据《晟舍镇志》载，郑九之女入盘殊漾，被官兵钩获，被斩一腿挂于桥上。

明代大盗之二：赤脚张三

《怀陈编》又记赤脚张三："宋溇（今属织里镇）人，太湖大盗也。张黄盖，竖五色旗，往来湖中湖滨一带，无不被其荼毒。未几，至于吾里。此盗贯以人家婴孩为质，如劫取富家之子，反加意待之，衣以彩服，饷以鲜果。乃通一线于其家，令赍银取赎，讲定数目若干，数足然后放还。若久不取赎，则杀贫者之子，或揭之枪竿，或置之门首，以惧富者。故富者往往百方挪措，至于力竭也。"清·雍正初南浔范颖通《研北居琐录》也记："鼎革之际，圭冠扰攘，远近乡镇悉被蹂躏。浔镇全赖董芝筠多方筹备，得以无恙。相传有剧盗名赤脚张三者，聚众太湖，啸拥数百艘，白昼东西焚掠。芝筠倾装出粟，与乡中绅士如募健儿，日夕警防，来者极力堵御，击败数次，盗不敢犯。嗣白抚军范忠贞公承谟发兵数百

-1957-

名，命芝筠参划，卒以计获，解辕诛之，湖滨始靖。"

丝以湖滨丝为上

清《国朝续文献通考》卷三七九《实业二》引工部郎中唐浩镇《请令各省自辟利源以赡国用》："中国产丝之区，以江浙为最，江浙以近太湖为最。盖湖水澄清性肥而暖。故以水灌桑则叶大，以桑饲蚕则丝韧。"时粤人邝振和在其光绪十九年（1892)版《太湖探幽记》中说："环湖居，勤于蚕务，岁计多籍蚕丝。其中以七里所产为海内冠，质既柔韧，色复晶莹，盖因湖桑腴美，得天独厚，有以致之。"

至于缫丝，则更以水质维系。清同治《湖州府志》卷三一引嘉庆《吴兴蚕书》："煮茧抽丝古谓之缫，今谓之做。"咸丰时，汪曰桢《湖蚕述·缫丝》："有他处携茧至湖滨缫之者，谓之南茧北做。"就因湖滨溇港之水性软而清，"宜蚕丝"。所以，清光绪《乌程县志》卷二九《物产》引《湖录》：谓"细丝今程（乌程）、安（归安）乡村处处有之，不独七里也"。汪曰桢《南浔镇志》卷二二《农桑》进一步说："旧以七里丝为最佳，今则处处皆佳，而以北乡为上矣。"此"北乡"即湖滨。

综上可谓：明中期后至清中期前，如朱国桢在其《涌幢小品》卷二中所言"湖丝惟七里尤佳"，至清后期，则"处处皆佳，而以北乡为上矣"。

钱溇杨溇吴溇等处交易一如市镇

咸丰十年至同治三年（1860—1864)，太平军占领湖境。其间，辑里湖丝产销犹盛。南浔驻军主将詹天燕是苏州慕王谭绍光部下，咸丰十年（1861)十二月下旬进驻后，"于马家港民居打馆，出示安民"，在南栅蒋家桥堍设丝捐局，"丝船往沪，用枪船护送至盛泽外"。沿途得到太平军保护，"当时业丝之家，藉得安然出境。……是年蚕禾两收尚稳"。丝织局在"四栅另设分卡收税，乱时设官丝行四家，西栅为庄恒庆、李恒鼎，北栅为吴晋昌，南栅为卜同昌"，其他各行，经官丝行保结后营业。同治元年（1862)三月三日，太平军堵王黄文金进驻湖州，鼓励外销湖丝，太湖南滨钱溇、杨溇、吴溇等处交易很盛，"一如市镇"。当时，陈根培《湖滨寇灾记略》这样记述："自苏城（苏州城）失守，东北商船南来都由杨、钱、吴（胡）等溇交易，钱溇尤盛，庐舍增平时三之一，阛阓增四之三，一如镇市，西贼因之觊觎。"

英国人吟唎作为国际友人，以第三者的身份曾于当时在湖州、苏州、无锡、常州一带周旋，他写的回忆录《太平天国革命亲历记》详细记述了当时这些地区的现状，其中提道："太平天国完全掌握了这种有价值的商业，直到他们从产丝地区被驱走以前，他们是从来没有对这种商业加以任何限制的。"又提到往返于上海与南浔之间的"中国号"轮船，"专备运丝之用"，"以产丝的中心地区南浔为航程的终点"，然后到乡间去收购"辑里湖丝"，"总计每年带到乡间去买丝的现款约达八百万至一千万英镑"。

（转自 2012 年《湖州市志·丛录》）

镇域自然村名小考

雨人

村落是我们祖先最主要的聚居形式，承载着漫长的农耕岁月。当今古村落在不断地消逝，人们能留住她的名字吗？能把尚存的村落名字，纳入湖州市地名遗产名录吗？

织里镇目前有 46 个行政村（含高新区）、427 个自然村，分布在荻塘以北太湖之阴。近日整理镇志资料，将其粗略分类，发觉这些古老的自然村，其所冠村名极有意思，不仅通俗易记，更有厚重的人文内涵，足见先民的智慧。细数这些自然村名，多数以所处地理环境命名，或圲浜，或河漾，或圩田；也有以桥梁、村庄、族姓、堂号命名。

太湖的形成和演化，目前学术界尚有多种说法。而太湖南岸应是冲积平原，形成年代久远。自人类社会第一次大分工后，分散的乡村聚落逐渐出现。轧村分水墩、织里谈港等遗址的出土陶片证明，商周时期就有先民在这块土地上生活、生产，繁衍生息。江南独有的水利工程塘浦圩田始于春秋时期，可见那时形形色色的村落，已分布于孤草弥望、泥泞沼泽之间的高土墩地上。

一方水土养一方人。织里的村落就是"土"和"水"做成的。

笔者粗略统计，以土字偏旁组合命名的，带有圲、塘、墩、坝、圩、埭等文字的自然村 172 个，占村庄总数 40.2%；由三点水偏旁组合命名的自然村 89 个，湾、港、汇、漾、荡、河、滩、溇、浦等文字是其特征，占村庄总数的 20.8%；第三类由桥、田、庄、村、里、巷、堂等族姓、堂名和乡里村等命名组合，约占村庄总数 39%。

古代村落选址的基本要素是：逐水而聚，择田而聚，缘路而聚，崇安而聚。

坃浜是江南地带最多最普遍的地理形态，是河港水流到底的地方，被称为"瞒坃浜"。织里先民沿坃浜筑室而居，便于生活和劳动，因此以"坃"（"坃"为湖州地方用字，音dōu，通"兜"）命名的村落有116个，占全部自然村分类之首，其中许多"坃"以族姓冠名，如织里的金家坃、傅家坃，晟舍的严家坃、姚家坃，轧村的阮家坃、范家坃，太湖的蒋家坃、宋家坃，漾西的钱家坃、董家坃等。大港村就有9个自然村以"坃"命名，分别是郑家坃、强家坃、大潘坃、南车坃、东陈家坃、磨坊坃、西陈家坃、蒋家坃、北耀坃等。其他自然村"坃"的冠名或以形状，或以历史故事、文化传承，也有冠以吉祥名字。

村落地名，尽显水乡特点。

水乡地带，村以水命名，最是常见。有"大河"，也有"小河"。江南河流又多称作"港"，于是村落有了秦家港、王家港、重兴港、大河港。

"湾"是指水流弯曲的地方，先民择湾而居，认为是风水之地，织里镇域内有30个村落以湾而名。水网密布，河流多湾。"湾"有形容曲折的廿五湾，表明方位的下水湾，还有聚族而居的郁家湾、陶家湾。其中大河行政村就有陶家湾、沈家湾、廿五湾、施家湾、东廿五湾、毛家湾等6个带"湾"字的自然村。

河滩地亦可以做地名，比如"陈家滩"，《晟舍镇志》说原本叫"澄鉴滩"，文绉绉的，笔画太多，人们喜欢以俗名称之。

"溇"字，汉语词典有三种解释。"溇，雨溇溇也"，"溇溇，犹溇溇不绝之貌"。第二种解释是水名，其三释为水沟。在湖州，"溇"字的解释应为后者，是太湖的溇港和紧傍溇港的村庄。"大白诸沈安，罗大新泾潘"的地名歌谣中，自大钱溇以东，有36个自然村以溇命名。诸如紧傍南太湖的大溇、潘溇、义皋溇、伍浦溇，一直到江苏的吴溇，织里境内有20个村庄冠以溇字。2016年冬，太湖溇港成功申报世界灌溉遗产后，这个"溇"字更是扬名天下了。太湖溇港，塘浦圩田是特色。圩做地名的就更多了。"圩"在织里读半边白字，发"于"的音。自古有之的谦四圩、音四圩，也有河荡圩、林圩、增圩、陈家圩、官田圩、西塍圩。

织里是水网地带，静静躺卧于宽窄河流上的桥梁，架通了四乡八里的村落。

水乡也是桥乡，石桥、木桥、竹桥、砖桥应有尽有，拱桥、石梁桥形态各异，水上多桥，桥名也可以拿来做村名，有"大石桥"这样简朴明了的，也有"药王桥"这样悠久传说的。

因"桥"而名的自然村有31个。凌家汇村有以木桥、砖桥命名的村庄，大溇、潘塘桥村各有3个自然村以"桥"命名。民国时期的"东桥乡"，也是以村内石桥冠以乡名的。好多古桥有民间故事流传，如元通塘桥有明太祖朱元璋部将的传说，白龙桥有古代高僧智惑朝廷钦差的故事，郑港打子桥有浪子回头的凄美传说，凌家汇的砖桥留有纪念抗战英烈的"安农桥碑记"。今天许多古桥消失了，但与之有关的自然村名字依然存在。

织里的许多村庄名字与历史人物相关联。"汉元始二年，吴人皋伯通筑塘以障太湖"，于是有了"义皋"这个地名。晟舍因"唐将李晟驻扎"而名，轧村的村名来历更是"了得"，民间传说是宋高宗金口所赐。还有上林村、晒甲圩、东阁圩、隐读村等，都有历史传奇。"谈降""后降"的自然村名，传说与元末张士诚部将关联，这里曾为金戈铁马、杀声震天的古代战场。

织里境域内无山。而自然村中有两个带"山"字的村子，旧馆村有"庙岐山"，常乐村有"港北山"。为何称"山"，有待智者考证解"谜"。

岁月流逝，朝代更替，织里的地名村名在时间的河流里不断沿变。

查阅地方志与古地图，对照今天的地名，多处地名有令人生奇的变化。今天的义皋村，在宋嘉泰《吴兴志》中记载为"义高溇"；联漾村的瑞祥圩，清光绪《乌程县志》里记为"石匠圩"。而让人不解的是南横塘北岸的秧宅村，同治《湖州府志》记为"淤泽村"，光绪《乌程县志》则改为"秧石村"，1984年大队改行政村后又变成今天的"秧宅村"。要弄清上述原因，年代蒙尘，绝非易事。而在20世纪60年代中期，晟舍的"晟"改为"仁"，漾西的"漾"改为"洋"，查其原因，一是为了书写简便，也有说法是"破四旧"的年代使然。同在这个年代，约有80%的生产大队，自发改为时代色彩浓烈的名称。如东方红、朝阳、红旗、东风、卫东、曙光、先锋等，织里地域出现了不少重名的大队，大邾与晟舍同为"先锋"大队，李家坝与旧馆同名"红旗"大队，太湖与织里公社都有"向阳"大队，弄得许多外地来办事的人不知所从。好在1982年开展的地名普查，把人们不喜欢的地名村名，恢复了原来的名称。

"青山留不住，毕竟东流去。"新世纪伊始，城市化进程加速，时代带给人们一叠惊或喜。

　　"清水（坆）""莲花（坆）"，推土机日夜轰鸣，一条条河港刹那间消失，一处处河漾默默地瘦身；"文昌阁""婚对桥"，挖掘机舒展巨臂，百年老宅古桥被拆散肢体，连同它们的名字，荡然无影。

　　留住古村落的名字和故事，是乡愁，更是历史赋予乡村干部的责任。

（转自《湖州晚报》2020 年 6 月）

第三章　著述书画存目

　　织里是一方文化积淀深厚的热土，宋元以降，织里代有才人，著述丰硕。古代学人著述均为独立著作，故以作者系著述。本章分朝代、按作者生卒年顺序、分撰辑分别著录宋、元、明、清和民国织里人的著述。对于当代著作，则分著作或作品集和单篇的论著，按出版或发表的时间顺序予以著录。

　　湖州是中国书画的重镇，织里在当代产生了四位较有影响的书画家，即李大震、吴寿谷、许羽和青年女画家潘无依。本章著录了他们的画展、作品集和代表作品。

第一节　著述存目

一、历代著述

宋

　　朱雪崖（1234—1304）　著《摸鱼儿》一词，收录在《宋词鉴赏辞典》。

元

　　闵天福　生卒年不详。辑《聚芳亭诗卷》2卷，《晟舍镇志》有介绍。

　　释觉岸　生卒年不详。《释氏稽古略》4卷，编年体佛教史书，收在《大正藏》第49册。

明

　　严震直（1344—1402）　《流芳录》11卷；《遣兴集》。

　　闵珪（1430—1511）　《闵庄懿集》8卷；有万历十年（1582）闵一范刻本，收入《四库全书存目丛书》集部第38册，《晟舍镇志》载为10卷；《笔畴三十二条》《庭训二十条》，子闵闻辑。主修《广西通志》60卷，《明史·艺文志》和府县志均有载。辑《尚书严公流芳录》3卷，南京图书馆藏有康熙二十六年（1687）刻本，国家图书馆有缩微制品；《荣遇录》2卷。

凌雯　生卒年不详。《春洲诗集》1 卷。

凌震（1471—1535）《练溪集》4 卷，有嘉庆二十年（1815）寿世堂刊本，国家图书馆有藏。

闵如霖（1502—1559）《午塘集》16 卷，万历二年（1574）闵道孚等刻本《午塘先生集》6 卷；《千顷堂书目》著录诗集 7 卷，《湖州词徵》录其词 4 首，收入《四库存目丛书》集部第 96 册；《两尚书诗集》，与闵庄懿合作，由闵一范刊刻。

凌约言（1504—1571）《凤笙阁简钞》4 卷附录 1 卷，有嘉靖四十年（1561）自刻本，南京图书馆有藏，又有嘉靖四十五年（1566）凌稚德刻本，藏上海图书馆；《椒沔稿》和《病稿偶录》已佚。辑《史记评钞》（又名《史记概见》）、《汉书评钞》《朱批选赋》。

凌述知　生卒年不详。《盟鸥馆集》；《野语贯虱录》；《金谷钞诗集》。辑《春秋左传评注测义》70 卷，府县志有记载，浙江吴玉墀家藏本采入《四库全书》；《史记评林》100 卷，《浙江通志》作 130 卷；《五车韵瑞》160 卷，《明史·艺文志》和《浙江通志》有记载；《汉书纂》8 卷，《湖州府志》有记载；《史记纂》，《湖州府志》有记载；《皇朝名臣言行录》10 卷；《春秋评林》，《晟舍镇志》有记载；《文轩评林》，《晟舍镇志》有记载；《三才统志》，《乌程县志》有记载。

凌蒙　生卒年不详。辑《皇明诗选》7 卷，天津图书馆藏有万历年间刻本，国家图书馆藏有缩微版；《皇明文则》22 卷，国家图书馆藏有万历年间刻本缩微版，厦门大学图书馆藏有原刊残本 4 册。

凌迪知（1529—1600）《左国腴词》8 卷，有万历四年（1576）凌氏桂芝馆刻《文林绮绣丛书》本，辑入《四库存目丛书》史部第 138 册；《太史华句》8 卷，有万历四年（1576）凌氏桂芝馆刻《文林绮绣丛书》本，辑入《四库存目丛书》史部第 138 册；《两汉隽言》16 卷，有万历四年（1576）凌氏桂芝馆刻《文林绮绣丛书》本，辑入《四库存目丛书》史部第 139 册；《史记短长说》2 卷，凌稚隆订正，国家图书馆和湖州师范学院图书馆均藏有道光间凌氏传经堂丛书刻本；《名世类苑》46 卷，《明史·艺文志》《浙江通志》《湖州府志》《乌程县志》等均有记载，有嘉兴朱彝尊藏本，采入《四库全书》；辑《文选锦字录》21 卷，有万历五年（1577）凌氏桂芝馆刻本，《四库存目丛书》辑入子部第 184 册；《万姓统谱》140 卷，国家图书馆藏有明万历刻本，《晟舍镇志》作 150 卷，《明史·艺文志》作 126 卷；《历代帝王姓系统谱》6 卷，附《万姓统谱》后；《氏族博考》14 卷，《明史·艺文志》有记载，也附《万姓统谱》后；《名公翰藻》52 卷附《氏名爵里》1 卷，隆庆年间刻本作《国朝名公翰藻》50 卷，《中国善本书提要》著录，万历十年（1582）刻本辑入《四库存目丛书》集部第 313 册；《史汉评林》130 卷，《湖州府志》有记载；《增定荆川史纂》14 卷，《明史·艺文志》有记载；《大学衍绎补英华》18 卷，《湖州府志》和《乌程县志》有记载；《学海清澜》1000 卷，"未竟而卒，子濛初成之"。

闵远庆　生卒年不详。《左传集要》12 卷，有明万历刻本，著录于《四库未收书辑刊》第 6 辑总目录第 2 册；《长芦盐法志》13 卷，与何继高、冯学易合著；《恩纶志》，《晟舍镇志》有记载。

闵世槐　生卒年不详。《录古格言》1 卷，《晟舍镇志》有记载。

闵世桢　生卒年不详。《光禄寺珍馐署查刷事迹》，《晟舍镇志》有记载。

闵一杕　生卒年不详。《藏修要略》1 卷；《分居条议》2 卷。《晟舍镇志》均有记载。

凌遂知　生卒年不详。《青玉馆集》1 卷，孙凌义渠校，曾孙凌景暾注，有《凌氏传经堂丛书》本。

凌嗣音（1547—1609）《牧民政要》1 卷；《敬事录》；《治罗德政录》1 卷；《弗遗诗稿》；《书启杂文抄存》1 卷；《勾余稿》。《晟舍镇志》均有记载。

闵一范（1548—1583）　辑《吴兴闵氏两尚书诗集》15 卷，录闵珪诗 8 卷、闵如霖诗 7 卷，有万历十年（1582）闵氏刊本，天津图书馆有藏，并辑入《天津图书馆孤本秘籍丛书》。

闵光德　生卒年不详。《时戒》1 卷，《晟舍镇志》有记载；纂《东林山志》14 卷，同治《湖州府志》著录；笺注《春秋左传杜林合注》，《晟舍镇志》有记载。

闵光瑜　生卒年不详。《伤寒明理论》，《晟舍镇志》有记载。

闵心镜（？—1638）《弹奏疏稿》，《晟舍镇志》有记载。

闵振业　生卒年不详。《五色绣批古诗归》，《晟舍镇志》有记载。

凌稚隆　生卒年不详。编《史记评林》130 卷，补史记 1 卷，《中国古籍善本书目》著录，辑入《四库未收书辑刊》第 1 辑第 11 册，国家图书馆藏有万历四年（1576）本；《汉书评林》100 卷，国家图书馆藏有万历九年（1581）凌稚隆自刻本；《史记纂》12 卷，国家图书馆和北京大学图书馆藏有万历七年（1579）凌稚隆自刻本，另有万历间闵齐伋刻本；《汉书纂》，不分卷，北京大学图书馆和浙江大学图书馆藏有万历十一年（1583）凌氏刻本；《增定史记纂》，不分卷，有明刊本；《史汉异同补评》32卷，有万历十七年（1589）刻本；《吕氏春秋》26卷，有明万历四十八年（1620）凌氏朱墨套印本；《春秋左传评注测义》70卷，湖北省图书馆藏有明万历十六年（1588）刻本，清华大学图书馆也有明刻本；《万姓类苑》46卷；《名公翰藻》52卷；《五车韵端》，附《洪武正韵》，《四库存目丛书》辑入子部第220册；《文林绮绣》；《三才统志》。

闵梦得（1566—1637）《解颐编》，一作《解颐三编》，宋慈抱《两浙著述考》著录，已佚；《宦滇奉功》12卷，《湖州府志》《乌程县志》有记载；《尺牍偶存》2卷，《诗文集》各1卷，《小草日记》《遂初日记》，《晟舍镇志》有记载。修《漳州府志》38卷，《湖州府志》《乌程县志》有记载。辑《恩荣九代录》《吴兴实录》，《晟舍镇志》有记载。

闵洪学（1567—1644）《抚滇奏草》10卷，《湖州府志》《乌程县志》《晟舍镇志》均作12卷，日本内阁文库藏有明天启六年（1626）刻本；《塘报》1卷，日本内阁文库藏有明天启六年（1626）刻本；《滇南功牍》1卷，日本内阁文库藏有明天启六年（1626）刻本。辑《滇南志》，《晟舍镇志》有记载。《言行记》，为闵子及申所述，成于清顺治十年（1653）十月，所叙滇南戡乱事居多。

闵齐华（？—1636）笺注《文选论注》30卷，《晟舍镇志》有记载，《湖州府志》《乌程县志》作《删注六臣文选》

闵元京　生卒年不详。《睡余杂笔》，《晟舍镇志》有记载。另有与外甥凌义渠合编《湘烟录》16卷，《晟舍镇志》有记载。

闵自寅（1590—1653）《片云轩文集》，《晟舍镇志》有记载。

陶铸　生卒年不详。《坐秋轩文集》，《晟舍镇志》有记载。

闵及申　生卒年不详。《秋来客遗稿》，《晟舍镇志》有记载。

闵正己　生卒年不详。《他山石》，《晟舍镇志》有记载。

闵宗鼎　生卒年不详。《闵氏天语录》《易经疑义》《春秋折衷》《闻见录》《自鸣集》。《湖州府志》《乌程县志》均有记载。《野记》4卷，《晟舍镇志》有记载。

闵日观　生卒年不详。《难经纂注》，《晟舍镇志》有记载。

闵元衢　生卒年不详。《欧余漫录》12卷附1卷；《一草堂庚咏》；《咫园吟》；《梅听录》；《大明会典士民便览》12卷；《罗江东外纪》3卷；《类次书肆说铃》2

卷；《增定玉壶冰》3 卷；《合疏董彦远除正字谢启注》1 卷等。《湖州府志》《乌程县志》《湖录》等均有记载。与董斯张等合作编著有《吴兴备志》32 卷；《吴兴艺文补》70 卷之第 67~70 卷，上海古籍出版社出版《续修四库全书》第 1678—1680 册据崇祯六年（1633）刻本影印辑入；《白法志》；《五宗会元佛祖禅宗本支世系图》等。《乌程县志》《晟舍镇志》有记载。

凌濛初（1580—1644）《剿寇十策》；短篇小说集《初刻拍案惊奇》《二刻拍案惊奇》；杂剧《虬髯翁》，收入《诵芬楼丛书》第二编《盛明杂剧二种》；另有杂剧《北红拂》《桃花庄》等 7 种；传奇《雪荷记》等 3 种；《诗经人物考》《北输前后赋》《分校"世说新语"鼓吹》，《晟舍镇志》有记载；史学著作《倪思史汉异同补评》32 卷、《左传合鲭》《嬴滕三剳》《荡栉后录》《删定宋文补遗》（一作《宋史补遗》）《后汉纂评》《国策纂评》《战国策概》4 卷、《十六国春秋删正》等；曲学著作《谭曲杂札》和《南音三籁》4 卷；《西厢记五本解证》《红袖曲谱》《燕筑讴》等，《鸡讲斋诗文》（一作《鸡讲斋时文集》）《已编蠹涎》等。编《圣门传诗嫡冢》16 卷附录 1 卷，中国科学院图书馆藏有明崇祯刻本，清华大学图书馆藏有明万历凌氏刻本；《言诗翼》6 卷，上海图书馆藏有明崇祯刻本；《诗逆》4 卷，复旦大学图书馆藏有明天启二年（1622）刻本。评点笺注《合评选诗》7 卷、《陶韦合集》18 卷、《选赋砵批》《郭正域选诗注》7 卷和苏东坡《禅喜集》2 卷、王山谷《禅喜集》6 卷等。另《国门集》1 卷、《国门乙集》1 卷，采入《四库全书》。《东坡禅喜集》14 卷，今未见传本。

凌渐初　生卒年不详。《渔矶杂咏》，《晟舍镇志》有记载。

凌湛初　生卒年不详。《敝帚集》4 卷、《赫蹄书》，《晟舍镇志》有记载。

凌润初　生卒年不详。《叹逝录》，《湖州府志》《乌程县志》有记载；《病言》4 卷，《晟舍镇志》有记载。

凌义渠（1593—1644）《凌忠介公奏疏》8 卷，存 6 卷，国家图书馆藏有侯官王有龄咸丰四年（1854）刻本；《凌忠介公诗集》4 卷，有咸丰八年（1858）刻本；《凌忠介公文集》2 卷，有同治五年（1886）重印道光二十八年（1848）刻本，国家图书馆有藏，文渊阁《四库全书》辑入《凌忠介公集》，合诗文为 6 卷；《凌茗柯稿》（一作《茗柯先生时文》）1 卷，有乾隆三年（1738）步月楼令德堂刻本，国家图书馆有藏；《凌桐窗遗诗》，与凌义业合作；《忠介遗集》4 卷，《明史·艺文志》等有记载，编入《四库全书》；《使岷诗》2 卷和《八闽采风观略》

《莆阳课读》《山左退食编》《江左友声集》《海内友声集》《同声前后录》《解颐新语》,《晟舍镇志》有记载。与其舅闵元京合编《湘烟录》16卷。

凌沐初 生卒年不详。《尺一国华选》《竹素编》《交游志》,《晟舍镇志》有记载。

凌后嘉 生卒年不详。《维扬诗集》,《晟舍镇志》有记载。

清

凌克安 生卒年不详。《凌渝安集》1卷,藏日本静嘉堂文库。

闵景贤 生卒年不详,辑《快书》50卷,与仁和(今杭州)何伟然合作,为明代最流行小品选本,国家图书馆藏有康熙年间刻本;续闵珏所辑《尚书严公流芳录》1卷,南京图书馆藏有康熙二十六年(1687)刻本,国家图书馆有缩微制品;《法楹》1卷。

闵齐伋(1575—1657)《六书通》10卷,《四库存目丛书》著录,中国人民大学图书馆藏有清康熙五十九年(1720)刻本,清华大学图书馆藏有乾隆六十年(1795)刻本;《藏机轩》4卷;《睡余杂笔》等10余种。辑《云天佩》,《晟舍镇志》有记载。批注《丹批檀弓》《绣批孟子》《丹批国语》《丹批国策》和《老庄列子》4册,《晟舍镇志》有记载。

凌性德(1592—1623)《虞初志》7卷。批点《红梨记》。《晟舍镇志》均有记载。

凌毓柟 生卒年不详。批点《硃批楚辞》《硃批文选》,《晟舍镇志》有记载。

凌□ 生卒年不详。《浮天阁兰馨诗集》,《晟舍镇志》有记载。

凌森美(1596—1638)《皇明识余录》,《晟舍镇志》有记载。

闵声(1597—1680)《云衰诗稿》1卷、《泌庵集》《金盖云笺》《兵垣四篇》,《晟舍镇志》有记载。

闵斐然 生卒年不详。《四书指》4卷,《晟舍镇志》有记载。

凌义康 生卒年不详。《圣庙崇祀事赞传信编》《欧舫斋闽游集》《粤游集》《燕市唱和诗》,《晟舍镇志》均有记载。

闵豫生 生卒年不详。《闽游记》2卷,《晟舍镇志》有记载。

闵义业 生卒年不详。《桐窗遗诗》,《晟舍镇志》有记载。

闵义远 生卒年不详。《明文探微》《国朝元墨探微》,《晟舍镇志》有记载。

凌汝梁 生卒年不详。《沧溟集》。笺注《管子注疏》。《晟舍镇志》均有记载。

闵广 生卒年不详。《国华录》8 卷，《晟舍镇志》有记载。

凌元燮 生卒年不详。《诗经名物备考》《类书记要》。辑《历代名臣奏议》100 卷。《晟舍镇志》均有记载。

凌容默 生卒年不详。《感隽集》16 卷，笺注《注花轩诗集》。《晟舍镇志》均有记载。

凌景熙 生卒年不详。《淡庵小草》，《晟舍镇志》有记载。

凌樵 生卒年不详。《大中阐微》《参评明文探微》，《晟舍镇志》有记载。

闵宏宪 生卒年不详。辑《唐诗广选》，《晟舍镇志》有记载。

凌惇德 生卒年不详。《救荒要策》。批注《硃批华严经》。《晟舍镇志》均有记载。

凌熺 生卒年不详。《酌沚集》《听月楼诗稿》《参评元墨探微》，《晟舍镇志》均有记载。

凌景曜 生卒年不详。《人物博搜考据录》《同梦趣记》，《晟舍镇志》有记载。

闵嗣同 生卒年不详。《四书贯一解》12 卷，《四库》有存目。

闵亥生（1623—1701）《躬耕堂文集》12 卷、《躬耕堂诗集》13 卷、《古古乐府》1 卷、《餐霞草诗余》《蒿庵漫录》《西乡杂志》《读史闲评》《山庄琐录》《天放斋厄》《太乙元珠集》《蒿庵医钞》《悟真测微论》，《晟舍镇志》均有记载。

凌秉钧 生卒年不详。《寄傲小草》《月依迈诗余》和《校刊曼衍斋杂著》4 本，《晟舍镇志》均有记载。

闵三复 生卒年不详。《四书讲》，《晟舍镇志》有记载。

凌东垣 生卒年不详。《敦行录》四卷，《晟舍镇志》有记载。

闵开祖 生卒年不详。《思约小草》，《晟舍镇志》有记载。

凌时 生卒年不详。《十三经注疏考》1 册，《晟舍镇志》有记载。

闵维申 生卒年不详。《鸣春草》，《晟舍镇志》有记载。

凌玺 生卒年不详。《琴学阐微》，《晟舍镇志》有记载。

闵垠申（1625—1698）《企惠亭集》，《晟舍镇志》有记载。

凌钦明 生卒年不详。《书学辨惑》，《晟舍镇志》有记载。

闵先甲 生卒年不详。《万花谷》和《小窗随笔》10 卷，《晟舍镇志》均有记载。

闵燹　生卒年不详。《白石轩诗集》,《晟舍镇志》有记载。

闵南仲（?—1693）《碎金集》2卷,《乌程县志》作《南仲诗稿》,《四库全书》集部存目;《寒玉居集》2卷、《鸾坡存草》1卷、《石渔续集》1卷、《梅花百咏》《螺川漫录》《枳鸾山房稿》《漱玉集》,《晟舍镇志》均有记载。

闵醇　生卒年不详。《髯仙诗集》,《晟舍镇志》有记载。

闵承　生卒年不详。《见闻杂记》,《晟舍镇志》有记载。

凌树屏（1712—?）《瓠息斋前集》24卷,分赋1卷、诗23卷,有乾隆二十四年（1759）刻本,藏中国社会科学院图书馆、首都图书馆和浙江图书馆;《五经文字异同考》《痂壁集》,《晟舍镇志》有记载。其《瓠息斋后集》4卷、《文集》3卷、《别集》1卷,光绪《乌程县志》著录,均佚。

闵鹗元（1720—1797）《星轺学吟》2卷、《南巡恭纪录》1卷、《雪鸥漫存》4卷、《蠡言偶存时文》1卷,《晟舍镇志》均有记载。

闵度　生卒年不详。《听松堂语镜》,有顺治七年（1650）序刊本。

闵从隆　生卒年不详。《怀陈编》2卷,《晟舍镇志》有记载。

闵协兰　生卒年不详。《同言诗草》,《晟舍镇志》有记载。

闵端桓　生卒年不详。《持身随意录》,《晟舍镇志》有记载。

闵锡圭　生卒年不详。《高树山房诗删》6卷、《东海漫稿》2卷,《晟舍镇志》有记载。

闵光国　生卒年不详。《迟云诗草》,《晟舍镇志》有记载。

闵惇大（1740—1785）《养怡轩诗文》4卷,《三上读书斋学吟汇》,均佚。

闵志潜　生卒年不详。《数奇诗存》,《晟舍镇志》有记载。

凌西河　生卒年不详。《筠坡小草》,《晟舍镇志》有记载。

闵文杏　生卒年不详。《云槎小草》《古文录存》,《晟舍镇志》有记载。

闵志涌　生卒年不详。《我思诗存》,《晟舍镇志》有记载。

凌一擎　生卒年不详。《赋汇题解》10卷、《律赋鸾音》《标记试律鸾音》《眼镜考》《律赋凤喈》,《晟舍镇志》均有记载。

闵玉鸣　生卒年不详。《蜀归集》,《晟舍镇志》有记载。

闵思诚　生卒年不详。《读山楼小草》8卷、《羲亭遗稿》1卷,《晟舍镇志》均有记载。

凌进阶　生卒年不详。《留韵轩诗草》《思田时文》《瑞杏楼诗文集》,《晟舍镇志》均有记载。

闵翊盛　生卒年不详。《稽古便览》20卷,《晟舍镇志》有记载。

闵苕旉(1748—1836)《金盖志略》4册,有光绪二十二年(1896)古书隐楼刊本,上海图书馆有藏;《金盖心灯》8卷、《还源篇阐微》,《晟舍镇志》有记载。辑《古书隐楼藏书》28种;《道藏续编》。

凌玉堂　生卒年不详。《伤寒医案》,《晟舍镇志》有记载。

凌筠　生卒年不详。《礼记撮要》《睡警录》《艺苑存考》4卷、《渭阳赠别》1卷、《忠烈留丹》4卷。批注《砾批三江名文》。《晟舍镇志》均有记载。

凌申锡　生卒年不详。《惕存遗稿》,《湖州诗录》著录。

闵绅　生卒年不详。《验方类钞》,《晟舍镇志》有记载。

闵景沂　生卒年不详。《自怡集》,《晟舍镇志》有记载。

闵道　生卒年不详。《台山诗稿》《湖郡水利议》,《晟舍镇志》有记载。

夏凤来　生卒年不详。《绣余漫稿》,《晟舍镇志》有记载。

闵铉　生卒年不详。《偶闲集》《高春偶窥》64卷,《晟舍镇志》有记载。

朱赛华　生卒年不详。《赛华诗集》,《晟舍镇志》有记载。

闵曾辉　生卒年不详。《蕉月轩诗集》《赫蹄存稿》,《晟舍镇志》有记载。

吴春华　生卒年不详。《小楼闲唱》4卷,《晟舍镇志》有记载。

闵忠　生卒年不详。《人道谱》8卷、《花县晨钟》1卷、《天人感召录》,《晟舍镇志》均有记载。

戴佩蘅　生卒年不详。《蕴芳诗草》,《晟舍镇志》有记载。

闵振藻　生卒年不详。《得月轩近稿》,《晟舍镇志》有记载。

闵肃英　生卒年不详。《瑶华轩诗草》4卷、《浣香阁遗稿》2卷,《晟舍镇志》有记载。

严可均(1762—1843)《尔雅一切注音》10卷,辑入《续修四库全书》第188册,国家图书馆藏有木犀轩丛书本;《郭璞尔雅图赞》1卷,《续修四库全书》著录,国家图书馆藏有台北新文丰出版公司《丛书集成续编》本;《说文订订》1卷,《续修四库全书》著录,国家图书馆藏有清光绪十三年(1887)海宁许氏古均阁《许学丛刻》本;《说文声类》2卷,《续修四库全书》著录,国家图书馆藏有光绪十五年(1889)上海蜚英馆《皇清经解续编》石印本;《说文声类出入表》

1卷，国家图书馆藏有光绪十四年（1888）上海南菁书院《皇清经解续编》本；《唐石经校文》10卷，《续修四库全书》著录，国家图书馆藏有嘉庆九年（1804）香山书院《四录堂类集》本；《说文解字翼》15卷，《清史稿·艺文志》著录，国家图书馆藏有未刊本；《平津馆金石萃编》20卷，未刊稿，藏上海图书馆；《铁桥诗晦》1卷；《铁桥漫稿》13卷，存诗220首、文249篇；《铁桥手稿》12册；《金石跋》1卷。与人合纂《建德县志》21卷，有道光八年（1828）刻本和台北成文出版社《中国方志丛书》1983年影印本；《商子校正》5卷，为《商君书》校正本，《湖州府志》和《皕宋楼藏书志》著录，有光绪二年（1876）浙江书局刻本。编《全上古三代秦汉三国六朝文》，有中华书局1958年版和商务印书馆1999年版；《月河草堂丛书》；《孝经郑注》1卷，《续修四库全书》著录，有《丛书集成初编》本；《韩诗》21卷，未刊，见《湖州府志·艺文》和《书目问答》；《仪礼今古文异同说》1卷，已佚；《三礼图》3卷，系与孙星衍合辑，未刊，见《书目问答》。校补《京氏易》8卷，未刊，见《湖州府志·本传》和《书目问答》。最后汇辑成《四录堂类集》73种1251卷。

　　闵掌珠　生卒年不详。《闺中吟草》，《晟舍镇志》有记载。

　　黄中美　生卒年不详。《易经解》4卷，《晟舍镇志》有记载。

　　安瑞珠　生卒年不详。《德与子首卷集注》，《晟舍镇志》有记载。

　　闵永钦　生卒年不详。《四书析疑》12卷、《观书随笔》20卷，《晟舍镇志》有记载。

　　释智旭　生卒年不详。《净土十要》，《晟舍镇志》有记载。

　　闵振武　生卒年不详。《龙川偶成集》。辑《周礼辑成》2卷。《晟舍镇志》均有记载。

　　闵邦骏　生卒年不详。《易经解》4卷，《晟舍镇志》有记载。

　　凌鸣喈（？—1861）《启蒙笔讲》；《蕊珠仙馆杂志》16卷；《淮南子音义》1卷；《论语解义》20卷，《续修四库全书》著录；《东林粹语》3卷，有道光年间《凌氏传经堂丛书》本，辑入《四库全书未收书辑刊》第4辑；《尚书考疑》1卷，《续修四库全书》著录；《尚书述》，《晟舍镇志》有记载；《读书蠡言》32卷，《晟舍镇志》有记载；《清理马政疏》1卷，《晟舍镇志》有记载。辑《疏河心镜》1卷，有道光《凌氏传经堂丛书》本，辑入《四库全书未收书辑刊》第4辑第21册，国家图书馆有藏。

闵玉章　生卒年不详。《余年日记》,《晟舍镇志》有记载。

释坚蜜　生卒年不详。笺注《周易注疏》《楞严经咒注》。辑《传灯录》。《晟舍镇志》均有记载。

陈文济　生卒年不详。《若愚时文》《莲浦遗诗》,《晟舍镇志》有记载。

闵珏　生卒年不详。《朴园诗稿》,《晟舍镇志》有记载。

凌一鹗　生卒年不详。《南浦文稿》《闲窗杂咏》,《晟舍镇志》有记载。

凌仲梅　生卒年不详。《六梅诗钞》,《湖州诗录》著录。

凌江　生卒年不详。《孟子补义》14卷,凌奎增注,有《凌氏传经堂丛书》本。

凌琴元　生卒年不详。《四书异同辨》4卷、《江浙治水要览》2卷,《晟舍镇志》有记载。

闵镶　生卒年不详。《补崖诗稿》,《晟舍镇志》有记载。

凌觉斯　生卒年不详。《学余诗草》2卷,《晟舍镇志》有记载。

凌湘　生卒年不详。《鍜园诗草》,《晟舍镇志》有记载。

凌振飞　生卒年不详。《苕渔诗删》,《晟舍镇志》有记载。

凌作楫　生卒年不详。《梧荫书屋诗稿》,《晟舍镇志》有记载。

凌凤翥　生卒年不详。《东园诗草》,《晟舍镇志》有记载。

陈锡辂　生卒年不详。《黄奶余话》8卷,《晟舍镇志》有记载。

凌又生　生卒年不详。《长翁诗集》4卷,《晟舍镇志》有记载。

凌云　生卒年不详。《鹏息斋诗集》4卷,《两浙輶轩录》《湖州诗录》著录;《吴中杂事诗》,《晟舍镇志》有记载。

凌麟照　生卒年不详。《日耕诗稿》2卷,《晟舍镇志》有记载。

闵大壮（1765—1799）《云锄草》,《晟舍镇志》有记载。

凌虎文　生卒年不详。《种菊卮言》。批注《雨函真义补注》。《晟舍镇志》均有记载。

凌梦曾　生卒年不详。《吟余杂集》《闹灯语要》《西湖游览叙略》,《晟舍镇志》均有记载。

凌应铨　生卒年不详。《仁寿堂诗草》,《晟舍镇志》有记载。

凌稻孙　生卒年不详。《梦隐庵色谱》《武林金石目考》《陀罗尼集品》《梦隐庵文集》和词集10卷、诗集4卷,《晟舍镇志》均有记载。

闵廷枢（1688—1752）《中外鸠工录》2 卷、《北轩杂咏》，《晟舍镇志》有记载。

凌青兮 生卒年不详。《脉症源流辨》，《晟舍镇志》有记载。

凌堃杰 生卒年不详。《朴堂诗稿》4 卷，《湖州诗录》著录。

闵轴 生卒年不详。《定例新编》《江西省例》《五湖渔唱》《赠补锦守笺》，《晟舍镇志》均有记载。

凌作梅 生卒年不详。《吟香诗草》2 卷，《晟舍镇志》有记载。

闵文山（1703—1777）《在陬诗钞》二卷、《诵芬录》，《晟舍镇志》有记载。

闵苣丰 生卒年不详。《千姓谱》，《晟舍镇志》有记载。

闵受昌 生卒年不详。《皇华吟草》2 卷，《晟舍镇志》有记载。

孙牧 生卒年不详。《芳谷诗草》4 卷，《晟舍镇志》有记载。

闵辰 生卒年不详。《北枢诗呴》，《晟舍镇志》有记载。

闵受禄（1781—？）《青君诗钞》《天马集》《雍翠集》《图南集》，《晟舍镇志》均有记载。

闵受康 生卒年不详。《萱梦吟舫诗集》6 卷、《彭门集》《江南游草》《平西寓草》《居游合草》《鳏寡集》，《晟舍镇志》均有记载。

凌大受 生卒年不详。《鞠有黄华斋诗集》8 卷，《湖州诗录》著录；《可亭诗》4 卷、《鹤阴集》，《晟舍镇志》有记载。

闵我备 生卒年不详。《雪鸿诗余》《游闽述德记》《晚香居诗钞》《闵氏金石文钞》2 卷、《西江唱和诗》2 卷、《详刑余论》4 卷、《在官金鑑》2 卷、《读律或问》4 卷。辑《成案新编初二集》6 卷、《定例汇编》4 卷、《西江政要》2 卷。《晟舍镇志》均有记载。

闵昌祚 生卒年不详。《自儆自勉录》2 卷。辑《易经辑略集编》2 卷。批注《四书标注》10 卷。《晟舍镇志》均有记载。

闵金生 生卒年不详。《经义汉学札记》，《晟舍镇志》有记载。

凌汉 生卒年不详。《怀耒编》《观史随笔》10 卷，《晟舍镇志》有记载。

闵鸾 生卒年不详。《医学枕秘》4 卷、《歇浦闲吟》4 卷，《晟舍镇志》有记载。

闵惇 生卒年不详。《鸿雪集诗》2 卷、《婴鸣录》2 卷，《晟舍镇志》有记载。

闵思勉　生卒年不详。《碧桃轩诗钞》,《晟舍镇志》有记载。

凌介禧（1782—1862）《东南水利略》（又名《东南七郡水利略》）6 卷,道光十三年（1833）凌氏蕊珠仙馆刻印,国家图书馆有抄本,2004 年辑入线装书局《中华山水志丛刊》水志卷第 12 册;《程安德三邑赋考》2 卷,有同治三年（1864）刻本;《金管扶纲录》12 卷,未刊,《湖州府志》著录;《蕊珠仙馆杂志》16 卷,未刊;《淮南子音义》1 卷,未刊;《少茗诗稿》41 卷,稿本,今藏河南许昌市图书馆,同治《湖州府志》载有《少茗诗稿漫存》41 卷、《诗续稿》2 卷;《晟溪渔唱》1 卷,清朝本藏浙江图书馆;《少茗文稿漫存》17 卷,同治《湖州府志》有记载;《敦行续录》33 卷,未刊;《苏批孟子注节要》7 卷,未刊;《古今兵略》10 卷,《湖州府志》著录,已佚;《诗经摭说》16 卷、《偶见诗钞》6 卷、《司空图诗品试律偶存》、《凌氏诗存》12 卷、《墨宝诗综》3 卷、《坦然图诗文渊粹》2 卷、《试律偶存》6 卷、《骈体文》2 卷、《律赋漫存》1 卷、《尘余时文稿》10 卷、《三十六鳞集选》2 卷等,《晟舍镇志》著录,但均未刊或不见。辑《先世祠墓谱补》3 卷,《晟舍镇志》著录,未刊。

闵□　生卒年不详。辑《闵氏别乘》,《晟舍镇志》有记载。

闵廷楷　生卒年不详。《周易集注便读》15 卷,《湖州府志》有记载,已佚;《海天秋色谱》《海天秋色谱》《金峰小隐集诗》2 卷、《读书考解日记》8 卷,《晟舍镇志》均有记载。

闵更生　生卒年不详。《怀萱阁诗集》4 卷,《晟舍镇志》有记载。

凌庚点　生卒年不详。《耦山诗草》《红杏山房试帖》,《晟舍镇志》有记载。

闵光玉　生卒年不详。《蘧庐子》2 卷、《韫甫古文》1 卷,《晟舍镇志》有记载。

闵煐　生卒年不详。《坦山遗诗》,《晟舍镇志》有记载。

陶树　生卒年不详。《南村草堂诗文集》4 卷,《晟舍镇志》有记载。

闵若愚　生卒年不详。《俨斋时文》4 卷,《晟舍镇志》有记载。

凌堃（1795—1861）《医宗宝笈》1 卷,有《凌氏传经堂丛书》刻本,《晟舍镇志》作 2 卷;《尚书述》1 卷,《续修四库全书》著录,国家图书馆藏有《凌氏传经堂丛书》本;《周易翼》10 卷,《续修四库全书》著录,国家图书馆藏有《凌氏传经堂丛书》本;《凌氏易林》4 卷,《续修四库全书》著录,国家图书馆藏有《凌氏传经堂丛书》本;《学春秋理辩》1 卷,《续修四库全书》著录,有《凌氏传经堂丛书》本；《告蒙编》1卷，《清史稿·艺文志拾遗》著录，国家图书馆藏有《凌氏传经堂丛书》本；《德舆子》1卷，国家图书馆藏有《凌氏传经堂丛书》本，复旦大学图书馆藏本名《德舆集》，《晟舍镇志》记载为《德与子文集》、中编、外编；《致用杂记》，《两浙著述考》著录，已佚。校注《司马法》3卷，此书系春秋时期司马穰苴所校注，辑入《凌氏传经堂丛书》，有道光年间刻本；《吴子》2卷，此书系战国时期吴起所，校注本辑入《凌氏传经堂丛书》，有道光年间刻本；《魏武帝注孙子》3卷，此书系春秋时期孙武所校注，辑入《凌氏传经堂丛书》，有道光年间刻本。《晟舍镇志》另记载有《易林》4卷、《易卦候》1卷、《学春秋岁星理辨》1卷。

闵宝梁 生卒年不详。纂同治《晟舍镇志》8卷首1卷，稿本藏浙江大学图书馆，辑入1992年7月上海书店出版的《中国地方志集成·乡镇志专辑》第24册影印本。

闵深 生卒年不详。《苹香杂缀》2卷、《续缀》1卷，《湖州府志》著录；《谈柄》《宋史蒙求》，《晟舍镇志》有记载。辑《二十一史事略》，《晟舍镇志》也有记载。

闵芬 生卒年不详。《葩经考义》4卷，《晟舍镇志》有记载。

吴云（1811—1883）《两罍轩彝器图释》12卷，有同治十一年（1872）刻本，一函6册，浙江人民美术出版社2019年5月出版精装本上、下两册；《两罍轩尺牍》8卷，有宣统二年（1910）上海时中书局石印本；《二百兰亭尺牍》1卷，存稿本，未刊，凤凰出版社2019年8月出版了由白云娇辑释的《吴云函札辑释》；《二百兰亭斋未定稿》2册，未刊，稿本存苏州图书馆；《两罍轩题跋》1册，未刊，稿本存国家图书馆；《两罍轩诗集》1卷附词1卷，未刊，稿本存南京图书馆；《二百兰亭斋收藏金石记》4卷，有咸丰六年（1856）刻本；《二百兰亭斋钟鼎款识》8卷，未刊，稿本存国家图书馆；《二百兰亭斋金文》，辑入社会科学文献出版社2019年11月出版的《金石学文献丛刊》第二辑第8册；《两罍轩收藏经籍碑帖书画目》，未刊，稿本藏复旦大学图书馆；《两罍轩校汉碑录》6卷，未刊，上海图书馆藏有抄本；《两罍轩藏器目》1卷，《清史稿·艺文志》著录，有民国年间灵鹣阁丛书本；《虢季子白盘铭考》1卷，有咸丰九年（1859）和同治五年（1866）自刻本；《汉建安弩机》1卷，有光绪六年（1880）刻本；《温虞恭公碑考》1卷，有同治五年（1866）自刻本，安徽师范大学图书馆有藏。辑《二百兰亭斋古铜印存》12卷，有光绪二年（1910）刻本和西泠印社1983年版本；《焦山志》16 卷，有同治四年（1865）刻本；《两罍轩印考漫存》9 卷，上海书店出版社 2000 年 6 月出版。另《二百兰亭杂抄》《两罍轩秦汉官私印谱》《二百兰亭斋古铜印考藏》6 卷、《华山碑考》1 卷、《古官私印考》27 卷等无考。

凌帙女　生卒年不详。《清湘楼诗选》，有光绪十七年（1891）刻本，辑入《范白舫所刊书》。

民　　国

姚勇忱（1880—1915）　编《实验养蚕法》；与赖昌合辑《蚕病预防法》，1980 年上海新学会社刊印，现藏浙江图书馆。

江杏溪（1881—1949）　编《江氏聚珍版丛书》（又名《文学山房丛书》）4 集 29 种，1924 年苏州文学山房木活字印本。

王治心（1881—1968）　著《墨子哲学》，南京宜春阁 1925 年出版，北京图书馆出版社 2003 年影印出版，国家图书馆有藏；《中国历史上的上帝观》，中华基督教文社 1926 年出版，国家图书馆有缩微品；《三民主义在中国文化上的根据》，与范弼海合著，系第一作者，国先社 1927 年 10 月出版，上海图书馆有藏；《庄子研究及浅释》，上海群学社 1929 年出版；《中国学术体系》，1934 年 6 月出版，出版社不详，上海图书馆有藏；《中国基督教史纲》，上海青年协会书局 1940 年出版，国家图书馆有藏，上海古籍出版社 2004 年 4 月再版；《中国宗教思想史大纲》，上海三联书店 1988 年 2 月出版；《耶稣基督》，与朱维之合著，上海中华书局 1948 年 2 月出版，上海图书馆有藏。编著《中国文化史类编》（全 3 册），上海作者书店 1943 年 7 月出版，国家图书馆有缩微品。编译《古文今释中国故事》（第 1～4 集），上海广学会 1935—1947 年出版，重庆图书馆有藏。注《庄子：新式考证注解》，沈继先校订，上海群学社 1931 年再版，上海图书馆和重庆图书馆有藏。编《基督徒之佛教研究》，〔挪威〕艾香德校勘，上海广学会 1924 年出版，国家图书馆有缩微品；《中国学术源流》，系梁启超原著，严以政、沈嗣庄校正，上海义利印刷公司 1925 年 3 月出版，上海图书馆、重庆图书馆藏有 1925 年再版本；《三民主义研究大纲》，中华书局 1931 年出版，藏重庆图书馆，国家图书馆有缩微品；《中华基督教史课本》，中华全国基督教宗教教育促进会审定，上海广学会 1940 年出版；《中国历代名人传略》第 5 集，与李次九合编，上海青年协会书局 1941 年 3 月、1948 年 1 月出版，上海图书馆有藏，国家图书馆有缩微品。《如何读〈圣经〉》，（〔英〕阿特尼著），与谢颂羔合译，上海广学会 1933 年再版本，

藏重庆图书馆；《寻求上帝》，〔英〕桂厚伯著，与谢颂羔合译，上海广学会 1939
年出版，国家图书馆有缩微品。其《孔子研究》《孟子研究》未见。

　　戴季陶（1891—1949）　著《天仇文集》，署名戴天仇，上海民权报发行部
1912 年 11 月初版，上海图书馆有藏；《孙文主义之哲学基础》，附录《民生哲学
系统表说明》，上海民智书局 1925 年 7 月初版，国家图书馆有藏，1945 年再版时
易名为《三民主义之哲学基础》；《中国独立运动的基点》，中国国民党中央委员
会上海执行部 1925 年出版，重庆图书馆有藏，国家图书馆有缩微品；《中国革命
与中国国民党》，附录邵元冲的《读〈中国革命与中国国民党〉书后》和戴氏的
《告国民党的同志并告全国国民》，上海大东书局 1928 年 6 月初版，国家图书馆
和重庆图书馆藏有黄埔军校政治部宣传科 1927 年发行的上编；《戴季陶先生最近
讲演集》（第一编），广州国立中山大学事务管理处出版部 1927 年 1 月初版；《三
民主义的国家观》，戴季陶演讲，林霖笔记，中山大学政治训育部编辑科 1927 年
4 月印行，上海三民书店同年出版，重庆图书馆有藏；《三民主义的一般意义与时
代背景》，戴季陶演讲，林霖笔记，中山大学政治训育部宣传部编，上海商务印
书馆 1927 年初版，国家图书馆有 1929 年版缩微品，此书与《三民主义的国家
观》一起于 1927 年 8 月被黄埔军校政治部宣传科以《戴季陶先生两个重要的演
讲》为题编入“黄埔丛书”第三集出版，又于 1928 年 1 月被上海三民书店编入
中山大学政治训育丛书第一集，与甘乃光演讲合集再版，国家图书馆有缩微品；
《产业合作社之组织》，中山大学政治训育部宣传部 1927 年 8 月修正第 3 版，重
庆图书馆有藏，国家图书馆有缩微品；《商会与商会法》，中山大学 1927 年 9 月出
版，国家图书馆有缩微品；《日本论》，民智书局 1928 年 4 月初版，国家图书馆、
上海图书馆有藏；《东方问题与世界问题》（演讲稿），上海爱智学社 1928 年 9 月
再版，重庆图书馆有藏；《戴季陶先生政治工作论文》，政治训练部印刷所 1928 年
10 月出版，国家图书馆有缩微品；《党国要人戴季陶最近言论集》（上、中、下
编），上海大东书局 1928 年 11 月初版；《戴季陶讲演集》，新生书局 1928 年出版，
国家图书馆、重庆图书馆有藏；《戴季陶言行录》，时希圣编，上海广益书局 1929
年 6 月出版，重庆图书馆有藏；《戴季陶集》（上、下卷），上海三民公司 1929
年 11 月初版，重庆图书馆有藏，国家图书馆有缩微品；《本年应做的建设工作》，
1931 年出版，出版社不详，曾藏国家图书馆；《关于西北农林教育之我见》，新亚
细亚学会 1934 年 7 月初版；《三民主义讲演集》，王贻非编选，江西省三民主义文

化运动委员会 1941 年 12 月初版，重庆图书馆有藏；《青年之路》，国民党中央组织部 1942 年印行；《学礼录》，正中书局 1944 年初版，国家图书馆有藏；《戴季陶集：1909—1920》，华中师范大学出版社 1990 年 7 月出版。译有德国卡尔·考茨基著的《资本论导读》，与胡汉民合译，新世界出版社 2015 年 5 月再版。编《佛教信徒报恩弘法要从寻常的十善道做起》，上海佛学书局 1934 年 8 月初版，国家图书馆藏有汉口佛教正信会宣化团 1933 年版缩微品。

二、当代著述

著　作

《飞蝗及其预测预报》，邱式邦著，财政经济出版社 1957 年出版。

《国外建筑装修图例》，陈保胜编译，傅信祁校审，同济大学出版社 1989 年 10 月出版。

《建筑防灾设计》，陈保胜编著，同济大学出版社 1990 年 12 月出版。

《翠绿的乡情》（诗集），茹菇著，香港文光出版社 1991 年 11 月出版。

《中国建筑四十年——建筑设计精选》，陈保胜主编，同济大学出版社 1992 年 1 月出版。

《建筑防火装饰材料与构造手册》，陈保胜、王瑞官编，同济大学出版社 1993 年 11 月出版。

《建筑安全学》，陈保胜编著，中国建筑工业出版社 1993 年 12 月出版。

《建筑构造资料集》（上下册），陈保胜主编，中国建筑工业出版社 1994 年 2 月出版。

《国际民事诉讼与国际商事仲裁》，李玉泉主编，武汉大学出版社 1994 年 4 月出版。

《多味的城市》（诗集），茹菇著，成都科技大学出版社 1994 年 4 月出版。

《中国商事法》，李玉泉、何绍军主编，武汉大学出版社 1995 年 1 月出版。

《中国中小城市优秀建筑设计精选》，黄国新、陈保胜主编，同济大学出版社 1995 年 5 月出版。

《建筑装饰工程施工》，陈保胜、张剑敏、马怡红编，中国建筑工业出版社 1995 年 6 月出版。

《建筑装饰工程预算》，陈保胜、郑丽敏编，中国建筑工业出版社 1995 年出版。

《建筑装饰材料》，陈保胜编，中国建筑工业出版社 1995 年 6 月出版。

《金色的童梦》（诗集），茹菇著，中国文联出版公司 1996 年 6 月出版。

《邱式邦文选》，邱式邦著，中国农业出版社 1996 年 8 月出版。

《放飞的情愫》（诗集），茹菇著，贵州人民出版社 1998 年 12 月出版。

《保险法》，李玉泉著，法律出版社 1997 年 6 月出版，2003 年 8 月再版。

《诗醉浔溪》（诗集），茹菇著，沈阳出版社 2005 年 7 月出版。

《保险欺诈及其法律对策》，李玉泉主编，人民法院出版社 1999 年 1 月出版。

《绿色工业催化剂的研制与开发——我的实践与探索》，闵恩泽著，中国石化出版社 1997 年出版，2014 年 1 月再版。

《化学与化工》，闵恩泽等著，化学工业出版社 2000 年 11 月出版。

《群居的甲虫》（长篇小说），潘无依著，中国工人出版社 2002 年 1 月出版。

《绿色石化技术的科学与工程基础》，闵恩泽、李成岳著，中国石化出版社 2002 年 5 月出版。

《药用植物学自学指导》，陈锡林著，浙江大学出版社 2002 年出版。

《工业催化之路的求索》，闵恩泽著，河北教育出版社 2003 年 4 月出版。

《城市化战略与小康社会》，谈月明著，学林出版社 2003 年 7 月出版。

《去年出走的猫》（长篇小说），潘无依著，作家出版社 2003 年 9 月出版。

《高层建筑安全疏散设计》，陈保胜、周健编著，同济大学出版社 2004 年 2 月出版。

《深海科考探险日记》，陈鹰著，浙江大学出版社 2004 年 3 月出版。

《人文织里》，叶银梅主编，嵇发根执行主编，徐世尧、郑钦泉副主编，方志出版社 2004 年 4 月出版。

《现代金属装饰材料构造技术》，陈保胜、周健主编，同济大学出版社 2004 年 6 月出版。

《建筑结构选型》，陈保胜编著，同济大学出版社 2004 年 10 月出版，2006 年 2 月再版，2008 年 8 月出版增订版。

《设计力学》，陈保胜编，同济大学出版社 2004 年出版。

《生物柴油产业链的开拓——生物柴油炼油化工厂》，闵恩泽、张利雄主编，中国石化出版社 2006 年 12 月出版。

《人机智能系统理论与方法》，陈鹰著，浙江大学出版社 2006 年出版。

《常规浆膜积液细胞图谱》，吴茅主编，潘超、周永列副主编，浙江科技出版社 2008 年 5 月出版。

《记忆滨湖古镇》（散文集），徐世尧著，作家出版社 2008 年 6 月出版。

《石油化工——从案例探寻自主创新之路》，闵恩泽著，化学工业出版社 2009 年 1 月出版。

《城市与建筑防灾》，陈保胜编著，同济大学出版社 2010 年 1 月出版。

《保险法学——理论与实务》，李玉泉、邹志洪主编，高等教育出版社 2007 年 1 月出版，2010 年 9 月再版。

《大港村史》，大港村史编纂委员会编，徐世尧主编，李立群、沈海根副主编，方志出版社 2009 年 11 月出版。

《织里民间文化》，织里民间文化编辑委员会编，叶银梅主编，程建中、徐世尧执行主编，中国文化艺术出版社 2010 年 9 月出版。

《无一诗集》，潘无依著，炎黄出版社 2011 年出版。

《浙江大盘山药材志》（上下册），陈锡林著，浙江科学技术出版社 2011 年出版。

《中国健康保险市场发展研究报告（2010)》，李玉泉著，中国经济出版社 2012 年 7 月出版，2019 年 8 月出版第三版。

《海洋技术教程》，陈鹰、瞿逢重、宋宏、黄豪彩著，浙江大学出版社 2012 年 12 月出版。

《生物质炼油化工产业分析报告》，闵恩泽、张利雄编著，科学出版社 2013 年 3 月出版。

《博览·实践·创新》，闵恩泽著，化学工业出版社 2013 年 3 月出版。

《常规细胞学检验实用手册》，吴茅、邱莲女编著，浙江大学出版社 2013 年 11 月出版。

《心路历程》，陈保胜著，吉林大学出版社 2014 年 1 月出版。

《美丽人生》，陈保胜著，吉林大学出版社 2014 年 1 月出版。

《晟舍利济禅寺志》，释常进、徐世尧、沈方编，方志出版社 2014 年 10 月出版。

《闲吟清丽地》（诗集），茹菇著，中国文化艺术出版社 2014 年 12 月出版。

《药用植物分类纲要》，陈锡林著，浙江工商大学出版社 2014 年出版。

《浆膜积液细胞图谱新解及病例分析》，吴茅主编，黄斌伦、周永列、吴怡春副主编，人民卫生出版社 2018 年 1 月出版。

《海洋技术基础》，陈鹰著，海洋出版社 2018 年 3 月出版。

《浙北名医毛先生——徐振华传》，徐世尧编著，浙江科学技术出版社 2019 年 5 月出版。

《丝绸文化研究书目与优秀论文选编》，吴晓骏、张赞梅、陈健编著，中国社会科学出版社 2018 年 7 月出版。

《乡的愁》（散文集），徐世尧著，中山大学出版社 2019 年 9 月出版。

《织里之治——全面小康后社会治理密码》，南太湖社会治理研究院编著，中国农业出版社 2020 年 5 月出版。

重要文章

《玉米播种时期与玉米螟灾害轻重之关系》，邱式邦作，载《广西农业》1940 年第 6 期。

《广西玉米螟之越冬及其冬季防治方法之研究》，邱式邦作，载《中国农报》1940 第 28～30 期。

《广西松毛虫之越冬及其冬季防治问题》，邱式邦作，载《广西农业》1941 年第 1 期。

《虫害——沙塘大豆歉收之主因》，邱式邦作，载《广西农业》1943 年第 3 期。

《植物油皂防治甘蔗绵蚜之研究》，邱式邦作，载《广西农业》1945 年第 1～6 期。

《非洲飞蝗的脂肪与蛋白质的变化》（英文版），邱式邦作，载《昆虫学汇刊》1952 年第 1 期。

《为害绿肥豆荚的紫兰小灰蝶》，邱式邦作，载《昆虫学报》1953 年第 2 期。

《飞蝗》，邱式邦作，载《农科通讯》1956 年第 3 期。

《对草地螟预测预报工作的建议》，邱式邦作，载《农科通讯》1957 年第 6 期。

《颗粒剂防治玉米螟的研究》，邱式邦作，载《植物保护学报》1963 年第 2 期。

《国外植物保护工作概况》，邱式邦作，载《中国农科院：国外农业科技资料》1974 年第 2 期。

《对植保工作的一些体会》，邱式邦作，载《全国植保工作会议典型材料选编》，农业部农业局 1975 年编印。

《让生物防治在综合防治中发挥更大的作用》，邱式邦作，载《中国植保学会第三届年会论文汇编》，1982 年。

《繁殖和利用中华草蛉防治害虫》（英文版），邱式邦作，载《中美生防学术讨论会文集》，1982 年。

《利用本国天敌进行害虫生物防治》（英文版），邱式邦作，载《第十届国际植保会议会刊》，1983 年。

《中国利用天敌防治害虫概况》（法文版），邱式邦作，载《Agornomie》1986 年第九期。

《当代中国公共图书馆服务体系建设中的社会参与研究——基于公共治理和服务三角模型的分析》，张赞梅作（与代玉芬合作），载《图书馆论坛》2013 年第 2 期，人大复印资料 2013 年第 5 期全文转载。

第二节　书画篆刻存目

一、历代传世作品

"吴寿谷画展" 1946 年在香港举办。

二、当代作品

主要作品

《清供图》，吴寿谷作于 1961 年，设色绢本，镜片，37 厘米 ×168 厘米。款识：绮语陈思早忏摩，那容解佩赋凌波。冰弦弹醒水天碧，疑有仙人踏踏歌。辛丑长夏吴寿谷写。钤印：浔溪吴寿谷印（白）、花王阁（朱）。

《猫戏图》，吴寿谷与丹枫合作于 1961 年，设色绢本，对屏，每屏 77 厘米 ×20 厘米。款识：放翁极意推标格，沂国吟来可不同。我自空山嚼冰雪，着君领袖向春风。丹枫写猫，寿谷补成。钤印：吴寿谷（朱）。

《四寅虎》，吴寿谷作于 1998 年 2 月 12 日凌晨 3 – 5 时，即寅年寅月寅日寅时"四寅"相逢之时。

展览与作品集

"许羽风景画习作展"，1982年10月在南浔举办，展出油画、水彩画40幅。

"李大震书画展"，1992年在北京中国画研究院展览馆（中国国家画院美术馆前身）举办。《人民画报》《中华儿女》《国际航空报》《中国国际航空》《香港航空》《美术报》等报刊以及多家电视台给予报道。

《中国艺术家系列丛书·许羽》，海南出版社1996年7月出版。

《吴寿谷虎画集》，学林出版社1996年11月出版。

《中国当代书画篆刻家掇英——李大震》，西泠印社出版社1999年出版。

《李大震花鸟》，福建美术出版社2001年出版。

《江南国画名家·吴寿谷》，西泠印社出版社2006年9月出版。

"李大震艺术馆"2008年在湖州南浔落成。

《李大震画集》，西泠印社出版社2009年8月出版。

"李大震艺术院"2009年在湖州中学落成，收藏李大震捐赠给家乡的70余件作品。

《谈月明书法作品集》，湖州轩骏图文和浙江中恒印刷有限公司2013年1月出品。

《如意如象——李大震书画作品集》，中国美术学院出版社2017年出版。

《丽象开天——李大震书画作品集》，西泠印社出版社2019年4月出版。

"丽象开天——李大震书画作品展暨李大震书画作品展研讨会"，2019年6月8日在中国国家画院美术馆开幕。展览于6月13日结束，展出花鸟、山水作品百余幅。

《日出东方——李大震书画集》，西泠印社出版社2019年7月出版。

"日出东方——李大震中国画作品展"，2019年10月25日至11月7日在浙江美术馆举办。2021年10月17日至11月16日在湖州"文艺之家"再次展览。

"'我相信孤独'——潘无依油画作品展"，2019年11月10日起在美国纽约布鲁克林区公园图书馆开幕，展出23幅画作，展期1个月，后又在纽约各大图书馆巡展。

修志始末

地方志为官修，是记载一方地理环境、自然气候、物产、史迹、政治、经济与人文现象的资料性著述。编修《织里镇志》的设想由来已久，启动于己亥仲春，举全镇之力，历时三载有余，终于梦想成真。

2004年，由镇政府组织编纂的《人文织里》文史集出版首发后，在社会各界引发很大反响，当时就有社会贤达提出建议，趁经历民国时期的老人、新中国初期的老干部尚健在，抓紧收集资料，一旦时机成熟，即可编纂一部镇志，填补织里有镇无志的缺憾，以存史资政，造福桑梓。2011年春，时任织里镇党委书记与地方文史专家徐先生面商修志事宜，并委托徐草拟修志方案和篇目。方志出版社资深编辑梅老师审读修志方案及篇目后，提出了指导性意见，镇领导认可并着手筹备。后因相关人事变动诸原因，此番修志胎死腹中。

2018年夏，宁云同志任中共吴兴区委常委、织里镇党委书记。当年秋冬，编修《织里镇志》的地方文化工程摆上镇党委政府议事日程，确定由宣传委员周郑洁、宣传文化办主任沈哲婷具体负责筹备修志事宜。经与本镇相关文化人士多次商议，着手进行修志筹备。2019年3月23日，由沈哲婷负责召集，在湖州外滩一号茶楼召开镇志编修工作座谈会。与会者有市方志办领导、修志专家、学者及织里镇文化人士，大家认为织里镇修志虽然时间上晚了点，但现在开始仍是件大好事。会上分析了利弊诸方面因素，认为存有三重困难：一是历史上无旧志，文献资料短缺；二是现镇域由五个乡镇合并，档案资料整合有困难；三是老干部与知情老人大多故世，搜寻口碑资料难度较大。会上，有专家提出，修志首先要确定主编，然后开展工作。并进行了提名推荐，然无人应允，亦无人毛遂自荐。大家认为织里修志难度大，主编人选一度搁浅。

2019年4月，镇领导几经权衡商议，决定聘请本土徐世尧先生担任镇志执行主编，由徐挑选人员组成修志专家团队，并聘请副主编和顾问人选，草拟工作方案和篇目大纲，筹备工作紧张有序进行。借用晓河村委会底层作办公场地，沈哲婷为办公室前期主任，王凌云、李云丹为工作人员，徐世尧、沈林江统筹修志日常事务。后期由陈晓晓、胡钢兼任办公室主任，潘鹏飞为工作人员。镇党委杨治书记、宣传委员陆铖伟给后期修志工作予以支持与指导，并主编镇志副产品《淡去的炊烟—太湖溇港古村落纪实散文集》，中国农业出版社出版发行。

镇志编修工作大致分为五个阶段：一为宣传发动，组成专家团队；二是编纂审定镇志篇目，修志人员分工；三是查阅资料，走访调查，取得第一手资料；四是修志老师按分工编撰；五是按流程审稿，提出修稿意见，由各编撰人员补充修改完善，然后定稿出版。

2019年5月8日上午，《织里镇志》编纂工作动员大会在镇政府底楼大厅隆重召开，各行政村党支部书记、村民委员会主任，镇属单位部门负责人，各中小学校长，全体机关干部参加。镇长陈勇杰主持会议，宁云书记作动员讲话，提出举全镇之力，拟用三年时间完成镇志编纂，一句"功成不必在我"，让人感慨无限。镇领导给全体编纂人员、顾问颁发聘书，授予镇志编纂委员会铜牌，分管领导作表态发言。与有关单位、行政村签订修志责任状。

2019年5月至8月，制订镇志篇目，此为修志大纲，须严谨细致。在2011年拟订篇目的基础上，由嵇发根老师修正，发回后有关专家讨论，徐世尧作修改补充，发嵇后再作修改，并细化至条目，初定为12卷，征求意见后，徐又作条目补充。8月，沈林江、谢占强老师根据织里镇情将篇目调整为9卷，条目基本依旧。后来在具体编撰时，根据资料的实际情况将条目作了必要修正。本志的主编及各位编撰人员基本按设定篇目分工编写。

2019年5月至6月，编纂人员分工。分别到市方志办、档案馆、图书馆、方志馆，区镇档案馆室，相关部门查阅历史文献资料。与此同时，媒体宣传发动，镇政府公众号"织里城事"刊发征集修志文献资料、老照片、实物资料的启事。随后即有耄耋老人程炳龙先生送来清同治版《晟舍镇志》复制本，郑伯林先生送来合作化时期织里乡第一村互助组记事簿，镇志顾问陶先生、吴先生数次专程送来有关织里镇的历史资料，业余摄影师沈琪先生、老街居民陈功范等人送来珍贵老照片，乡民的举动感人至深。

6月至年底，分别培训村级资料员和单位部门相关人员。发放给各行政村资料调查表1196份，各条块分别建立资料员联络交流微信群。工业、农业、文化、教育、广电、公安、电信、工商财税、金融、童装业、老干部夕阳红支部等组织均落实有关人员参加培训会，发给资料数据统计表，委托他们负责收集和提供资料。镇志编纂人员根据需要多次下村及各单位召开座谈会，调查走访知情老人。对已破产停业的供销社、二轻单位、食品站专门走访相关老人，力求做到不缺不漏，并得到热情支持，相关资料源源汇集。老街集镇、传统古村落方面的内容，分别召开座谈会和走访老人，深入收集资料。为收集织里民国年间至土改、农业合作化时期资料，多次走访郑志高、顾树军、邵定良、徐振华、张培春、张坤林、费荣普、叶再明等耄耋老人，以及国鸿祺、赵雪青、沈淦亭、叶银梅等退休老干部，收获颇丰。至2021年11月底统计，修志人员市区档案馆方志馆查阅资料143人次，各类书籍（资料）945册，市区图书馆查阅资料605人次，各类书籍（资料）4396册。召开或参加各类座谈会209次，参加1372人次。下村走访调查412人次，受访人数1327人。自制相关资料调查表2300余份。

根据修志计划，2020年上半年完成初稿，但并非事遂人愿，而是变化多多，屡遇难题。一是全国突发新冠病毒，出行调查走访受阻；二是发现村级调查表的数据，因某些行政村资料员年轻草率，资料汇总后存有较多谬误，需要逐村重新调查核对，花费了较大精力和时间；三是编纂人员中有老师因遇特殊情况，不能继续参与修志，需要重新更换人员，这是个很大的难题。乃至2020年底，仍有个别编撰者因精力有限，或身体原因，或家庭突发事，提出无法完成原定编撰任务，放弃有关章节的编写。主编只得委请其他编撰人员挤出时间，协助完成编写。

2020年10月31日，召开选读初稿会议，提前由各编撰人选送已完成章节给嵇发根老师，由其负责逐节点评。审评稿打印后人手一册，会上先由本人选读，嵇老师逐篇进行点评，指出不足，提出修改意见。读稿会上安排时间互动提问，效果甚佳。

修志工作不断遭遇曲折。2021年春节前，根据编委会要求，编撰人员陆续交来了镇志初稿，但有个别编撰人因分工时编写内容未弄明白，提出无法完成原先分担的任务，请求另委他人。主编甚为焦急，经与分工副主编商量，及时作出调整，将"科学技术""新闻传媒""雕版印刷""艺文"等章节，安排给他人收集资料抓紧编撰，三位老师终于不负所托，及时完稿。

2021年4月，镇志出版项目交由专门机构运作，经过两轮招投标（第一轮流拍），第二轮由中国农业出版社中标。编委会迅即与出版社领导联系，请求责任编辑提前介入，并赴织里与修志人员见面给予指导，得到了出版社胡乐鸣总编辑的大力支持。同时发出通知，要求各位编辑 5 月份完成初稿修改。

2021 年 4 月 26 日，中国农业出版社资深编辑马春辉老师专程来到织里。翌日上午，在镇政府三楼会议室召开全体修志编辑（共有 17 人参加）会议，马老师与大家见面并作了相关知识辅导，提出镇志编纂要求和有关出版事项。会上开展互动提问，建立微信联络群，之后保持联络畅通。

6 月份起进入主编审稿程序，编委会委托中学资深语文教师施国琴为镇志总统稿。施老师在不影响学校教课的情况下，放弃节假日等全部休息时间，极其负责地担起了统稿重任。审稿办法根据地方志体例和编委会最后设定的篇目（条目），对照修志的七条要求，尤其是"存真求实""述而不论"原则，在出版社责任编辑马老师指导下，制定《初稿审定流程表》。审稿顺序第一步是由各撰稿人自审自查，第二步是分工副主编审读提出修改补充意见，发回相关编辑修正。第三步由统稿老师、镇志主编、责任编辑层层审读，在《审稿流程表》上提出具体的修改意见，传给各位撰稿人修正完善。

2021 年 11 月起编委会进入镇志终审定稿阶段。各副主编将最终改定书稿按卷汇总后，由沈林江、徐世尧、施国琴审读，对存疑的内容再次核实，并在电子稿上直接修正。其中"人物"等章节内容传发给有关行政村、单位部门核对。然后由施老师汇总后交出版社责任编辑。

2022 年秋季，书稿清样分卷出来后，分别交相关撰稿人数次核校，尔后委请区市方志专家审读。再返回给出版社正式排版付印。

《织里镇志》编修过程中，有几点收获，同时也存有缺憾，感受颇深。记述于下，以供参阅。

一、资料共享。地方修志的资料从多方面获得，而文献资料、口碑资料、实物资料则是最主要的来源。织里镇志编委会提出要求，编撰人员从档案馆、图书馆、方志馆、政协文史办等获得的基本资料与主编相互通气，有需要的编撰人员相互沟通，资料共享。同时，镇志办公室将资料调查表数据汇总后，及时传送给有关编撰人员，收到了事半功倍的效果。分别有老街集镇资料的共享，农产品资料的共享，溇港资料的共享，社会部分资料的共享，人物资料的共享等。

二、交叉重复条目的协调处理。先后数次修订的镇志篇目中，均出现交叉重复的条目，人物与著述的交叉，农作物与市场商品的重复等，但又不能简单地在某章节中删除了事。编纂会议上几次提及此类矛盾，最终商定"小服从大，次要服从主要，彼此顾及，或详或略记述"的办法。比如老街集镇内容与三处章节有关，协调确定基本镇情章则记述老街历史，工商体制章节记述旧时老街的商贸活动，商业服务业章节着重介绍计划经济和改革开放年代的集镇商业。农产品的重复条目在种植章节中记述特性，在商业章节中记述销地和市场供需状况，产品数量。人物章节的重复条目用详见或互见某章的方法处理。艺文章节与丛录中重复的条目参照以上调整处理。上述方法有效地解决了条目交叉重复的困惑。

三、出版社责任编辑的提前介入，给修志编纂工作提供了指导，事半功倍。修志专家团队共有 18 人，虽然大多数人受过高等教育并有著述出版，但参与或直接修志者并不多。特聘专家授课和出版社老师的当面指导，以及提出具体的地方志编修体例与要求，使编纂工作少走弯路，受益匪浅。

四、领导解决难题。修志过程中多次遇到编撰人员（身体、家庭原因）临时变动，还有费用、单位部门人员借调协调等镇志办公室无法解决的问题，提请镇主要领导出面解决。比如学校借调老师、某编撰人要求提前支付稿酬、办公室人员调动及重新安排人员等难题，修志工作凡遇困难，书记镇长均亲自出面协调解决。修志初期，宁云书记书面批示勉励全体编纂人员，并提出严谨修志要求。陈勇杰镇长多次听取执行主编汇报，两次对老徐说：修志业务上的事我帮不上忙，你们要严谨把好关。其他方面有困难尽可提出。并且言行一致，身体力行，及时解决相关问题。

五、编委会的重要会议，执行副主编沈林江均形成会议纪要，转发给有关领导及各位镇志编撰人员，以便相互了解情况，及时督促工作。

六、由于历史资料的缺失和许多知情人已作古，民国年间的乡镇长名录、抗战期间的民间资料、土地改革农业合作化时期的有关数据等无法完整收录，留下缺憾。

历时四度春秋，市区档案馆、图书馆、市方志馆，市委党史办、市方志办领导给予倾心帮助和鼎力支持，有关专家的热情扶助，特别是中国农业出版社领导的支持和精心指导，《织里镇志》终于出版面世。完成织里镇的第一部资料性著述，修志人员百感交集，感恩这方历史内涵厚重的土地，感恩勤劳智慧的先民。感谢支持修志的地方官员和各界人士。

织里镇志

太湖波涌，荻水长流。我们这代人终于完成了这块古老土地上的首部通志。幸甚至哉！

织里镇志编纂委员会

二○二二年十月

附录：

《织里镇志》凡九卷五十一章二百零五节，具体编撰分工及参与修志人员名单如下。

名称（卷）	章标题	本章节数	编撰人
凡例			
概述			施国琴
大事记	古代—1980 年		徐世尧
	1981—2020 年		沈林江
第一卷 基本镇情	第一章　境域、建置沿革	3	谢占强、徐世尧
	第二章　集镇、村坊	2	谢占强、徐世尧
	第三章　行政村、社区	2	徐世尧、沈林江
	第四章　美丽织里建设	3	沈林江
	第五章　织里城区	8	沈林江
	第六章　小城市培育	3	沈林江
	第七章　邮政、通信	4	沈林江
	第八章　公共服务	3	沈林江
第二卷 环境与交通	第一章　自然生态	4	谢占强
	第二章　溇港、水利	6	谢占强
	第三章　交通运输	5	沈林江
第三卷 童装之都	第一章　织里童装行业	2	潘小平
	第二章　童装品牌与企业	3	潘小平
	第三章　织里童装市场	3	潘小平
第四卷 经济	第一章　农经体制	5	徐世尧、施国琴
	第二章　农田	5	施国琴
	第三章　种植	5	施国琴
	第四章　养殖	3	施国琴
	第五章　工商体制	3	徐世尧

名称（卷）	章标题		本章节数	编撰人
第四卷 经济	第六章	商业与服务业	7	陆耘、徐根梅
	第七章	工业	6	邱永方
	第八章	市场监督管理	6	孙湘山
	第九章	财政、税务	5	朱剑平
	第十章	金融保险	3	夏华
第五卷 政治	第一章	中国共产党	4	沈林江
	第二章	民主党派和人民政协	2	沈林江
	第三章	政权	4	沈林江
	第四章	社会团体	6	沈林江
	第五章	军事	4	谢占强
第六卷 社会	第一章	人口	6	沈美华、吴小琴
	第二章	基层管理机构与自治组织	4	谢占强
	第三章	治安、司法、调解、环卫	6	沈林江
	第四章	社会治理改革	4	沈美华、谢占强
	第五章	劳动保障、居民生活、民生事务	4	沈美华、谢占强
第七卷 科教文卫	第一章	教育体育	7	夏华
	第二章	科学技术	4	徐世尧
	第三章	医疗卫生	5	夏华
	第四章	文化机构、设施	2	夏华、蔡忍冬
	第五章	文学艺术	4	夏华
	第六章	新闻传播	3	邱永方、夏华
第八卷 人文历史	第一章	雕版套色印书	4	赵红娟
	第二章	艺文	3	施国琴
	第三章	人物	4	徐勇
	第四章	凌濛初简志	5	赵红娟
	第五章	文物、古迹	5	谢占强
	第六章	民俗与非遗	5	蔡忍冬
	第七章	宗教与寺观	3	蔡忍冬
	第八章	方言	3	俞允海
第九卷 丛录	第一章	文献录	3	沈文泉
	第二章	专记、杂记	2	沈文泉
	第三章	著述、书画存目	2	沈文泉
修志始末				徐世尧

参与修志人员名单

社区及行政村资料员

闵金建	周青青	俞明铭	沈俊峰	汤　勇	陈勤建	闵海燕	薛超君	邱火江
范国良	杨学琴	闵利杰	徐　云	樊　洁	郑丽华	王晓燕	徐春芳	汪美丽
方　萍	金学琴	朱建军	周丽丽	王　芳	周金胡	朱　琴	陈新华	施云云
沈菊飞	吴燕飞	费小英	王薇薇	邱　丽	金森梅	李云峰	李冰倩	潘俊飞
徐云锋	张伟芳	蔡莹莹	潘怡辉	钟晓峰	潘海飞	沈水娣	陈建栋	吴丹丹
韦培琴	陈美华	陈建琴	方启超	顾惠芳	朱　彬	李云丹	斯晓彤	潘启航
李　霞	朱丽婕	陈海虹	沈煜淼	顾铣丽	甄新初	倪佳丽	诸磊杰	潘梦佳
罗志方	蒋夏萍	叶建华	徐　珏	周水根	沈子超	葛凤女		

单位部门资料员

沈晓龙	马姚靖	姜建强	周丹萍	费为民	陆　旻	费　斌	杨冬雪	陈伟强
张　伟	姚明海	刘玉峰	计宗杨	王云兵	邱亚辉	蒋军辉	黄新伟	蒋兰芬
钟小丰	汪泽辉	沈　丹	朱　健	孔剑辉	沈文斌	戴　琛	吴雪芳	周勤慧
徐颖妍	吴　斌	陈新根	王远德	杜群宇	陈　留	张海峰	闵淦民	徐程伟
李小玉	周汉文	王利萍	沈逸中	李开艳	柯能干	周　超	王永明	邵龙斌
张　峰	蒋云兵	高　赟	裴小林	沈旭林	丁思伊	施国琴	陶菊庄	宋　堃
吴海燕	陶冰冰	王鸿铭	卞国新	李　媛	陈小明			

附 录
FULU LISHI CUNZHAO
历史存照

富民路大转盘

城市雪景

迪迈国际大酒店

联谊大厦

银湖大楼

梦豪大厦

太湖电信营业厅

无线通信基站

沈家湾公交站

晟舍新能源公交站

漾西新能源公交站

吴兴大道公交站

漾西变电所

自来水供水管

自动气象站

地下水监测站

幻溇地表水自动监测站

中国石化织里加油站

中国石油加油站

织里申通快递

织里韵达快递

织里中通快递

爱家皇家花园住宅小区

金鼎国际住宅小区

凯旋住宅小区

民丰住宅小区

清华苑住宅小区

清水苑住宅小区

上品湾住宅小区

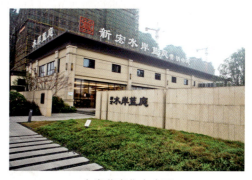

水岸蓝庭住宅小区

中央府邸住宅小区

幻溇佳和家园住宅小区

镇人大代表检查垃圾分类情况

2019 年爱家皇家花园垃圾分类启动仪式

骥村村垃圾收集房

垃圾分类

垃圾精准分类示范街道

义皋环保屋

白鹭1

白鹭2

鸟窝

田　野

乡村公园

乡村客厅

水　车

张家兜港钓鱼

河道放养鱼苗

渔大哥养殖场尾水处理池

砂洗城

义皋生活污水处理终端

高速入口

利济公园

姚勇忱雕塑

2016 年 6 月 14 日，织里被授予省级低碳试点镇

2018 年召开改革开放 40 周年庆祝大会

2018 年织里论坛

2019 年 3 月 15 日，"千名干部联村企，争当金牌店小二"织里镇党员集中服务日启动仪式

2019 年 11 月 18 日，浙江省委书记车俊在"中国治理的世界意义"国际论坛上介绍织里镇社会治理经验

2019 年 11 月 29 日，对口青川县扶贫培训车间开班

2019 年义皋旅游节

2020 年 5 月 29 日，《织里之治》新书发布会在织里举行

2020 年第八届湖羊文化节

2021 年 12 月，吴兴区领导来织里调研

庆祝国庆 70 周年文艺活动

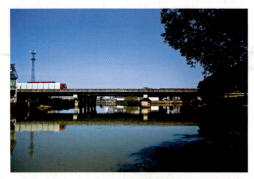

G50 高速上林村桥

滨湖大道幻溇桥

北横塘太平新桥

三济桥

濮溇港曹家簖桥

汤溇港陆家湾北大桥

上林村回銮桥

轧村港文化路大桥

轧漾公路白石马桥

东泾溇

幻溇港

陆家漾

南湾港

濮溇港

汤溇港陆家湾段

万谦漾

伍浦北横塘河

轧村港

增圩强塘港

常乐村榆树

东桥村银杏树

河西村朴树

庙兜村朴树

乔溇村银杏树

上林村褚家荡银杏树

义皋村寺前港边朴树

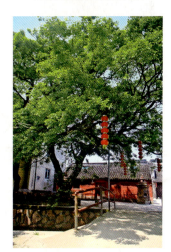

义皋村朱家庙朴树

幻溇村大溇榆树

通益童装产业园

南太湖产业集聚织东新区

2015 年第三届童装设计大赛颁奖

省童装质量检测中心

2019 年 10 月 26 日，国际流行色彩趋势
发布会暨国际时尚色彩论坛在织里举行

2019 年 7 月 25 日，织里童装参加在上海
举办的第 19 届 CBME 中国孕婴童展

2020 年 10 月，第二届织里童装时尚周

万顺集团 2019 年海南产品展销会

汇大机械制造有限公司

熙熙布衣童装有限公司

汇联跨境电商产业园

益华制衣有限公司

夏士制衣有限公司

七秒易购生产车间

大家园职业技能培训

童装模特

童装模特表演

织里摄影大赛作品《新品上市》

织里摄影大赛作品《流水线上的女工》

织里摄影大赛作品《童装生产线》

考拉么么童装展厅

德程建筑公司　　　　德加利印染有限公司　　　　和盛染整有限公司

普洛斯物流　　　　　　　　　中新毛纺有限公司

龙鹰光电科技有限公司　　　　　森寅木业有限公司

阳晟（晶翔）金属制品（科技）有限公司　　　　宏鑫铝业有限公司

宏叶铝塑材料有公司

晟舍东舍头闸站

幻溇闸水位站

濮溇港水文站

护 岸

利济圩区防浪墙

松木护坡

预制块生态护坡

挖水渠渠道

伟祥精品农业园

太嘉湖水利工程织里段开工典礼

许溇螃蟹养殖场

凤强家庭农场

粮食功能区

割　稻

庙兜水稻田

生猪屠宰场

轧村农贸市场

秦家港农贸市场

洪鑫购物超市

百润兴超市

徐氏汇海购物广场

幻溇宝月楼

丽阳宾馆

畔江酒店

瑞德酒店

漾西海鑫大酒店

富民路工商银行

南浔银行

织里烟草专卖管理所

2021 年中共织里镇第十六次代表大会

党员志愿者

党日活动

党员义务劳动

干部教育

红门馆社区党群服务中心

李家坝村党员义务劳动

2019 年 7 月 23 日，第四届织里童装商会
会员大会

新兵欢送会

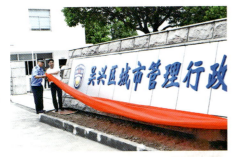

2016 年 8 月 8 日，城市管理行政执法分局搬迁

城市精细化管理

大扫除

菰城驿站

签订门前三包责任书

织里运输管理所

城镇公共厕所

伍浦公厕

2018 年 9 月 8 日，"织里·知礼"十佳名师颁奖

2019 年 5 月 5 日，新时代文明实践颁奖典礼

2019 年 8 月 29 日，织里心连心公益中心启动

代表委员之家

平安服务中心

东北商会

古村旗袍秀

慰问老人

慰问困难群众

书法培训

刺绣培训

写　生

"卫士之家"开馆仪式暨冬季大巡防启动仪式

公安分局

轧村警务站

织北派出所

织南派出所

织里公安指挥平台

交通事故处理中心

公路路政

溇港小镇警务室

电子警察

消防大队

微型消防站消防器材

消防演练

织里镇司法所

织南矛盾纠纷调处中心

区劳动仲裁庭织里派出庭成立

利济公园戏台

庙兜村幸福舞台

幻溇文化广场

上林村文化礼堂

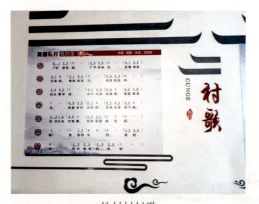

轧村村村歌

湖州培文实验学校

2017 年 4 月，首届群众文化节开幕式暨出彩文化员才艺大赛颁奖典礼

2018 年义皋文艺表演

2018 年陆家湾村"我们的村晚"

2019 年群众文化活动

儿童设施

公园设施

国画　陆耘作

国画　沈根法作

书法　罗建新作

书法　徐建中作

环境卫生管理所

2020 年 2 月，镇党委慰问抗疫的环卫工人

2020 年，吴兴区人民医院医生邹永强、护士长
沈芸芸参加援助武汉医疗队

2020 年春，镇机关新冠毒阻击战请战书

2020 年春，新冠病毒感染者康复出院

1997年4月3日，时任全国人大常委会
副委员长费孝通视察织里商城

1995年，时任浙江省委书记李泽民视察
范村农业园区

1996年，时任浙江省省长万学远视察
范村农业园区

1997年，时任浙江省省长王金山视察
范村农业园区

1980年城市规模

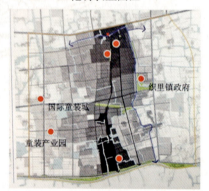

2013年城市规模

织里老街1

织里老街2

织里老街民居

织里老街庙桥东侧

织里老街街巷

1990 年 4 月 24 日启用的织里邮电支局营业用房

织里老街五溪漾

轧村老街十字街西侧

加盖义皋邮戳的民国邮票

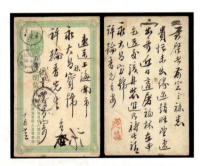

1907 年织里寄往上海的明信片

轧村集镇 20 世纪 30 年代房屋遗址

溇区原始风貌

2009 年废弃油加工场环境

2010 年城郊村环境

2010 年小印花企业旁边的河道污染

2011 年河边垃圾

2011 年垃圾焚烧

2012 年废品收购点环境

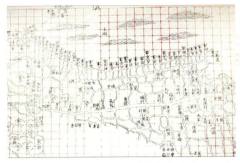

1673 年吴兴溇港图（选自康熙癸丑
《乌程县志》）

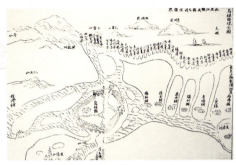

1872 年吴兴溇港图（选自同治壬申年
爱山书院《湖州府志》）

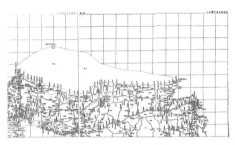

清代五里方图

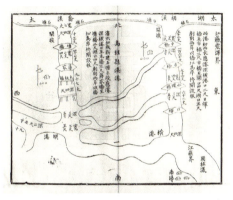

清光绪年间《乌程长兴二邑溇港说》之乔溇胡溇

1999 年洪水（漾西镇政府）

1999 年抗洪

1999 年抗洪表彰大会

吴宝珠 1970 年代使用的绣花工具

20 世纪 80 年代推销的绣花品

20 世纪 80 年代绣花使用的脚踏缝纫机

1987 年轧村服装绣品公司销售合同

1980 年推销绣花品使用的
小扁担和布包

1984 年织里地摊绣品市场

织里绣花制品服务合作社

1980 年轧村电影院门口绣品市场

织里小商品市场

20 世纪 70 年代乡办企业的烟囱

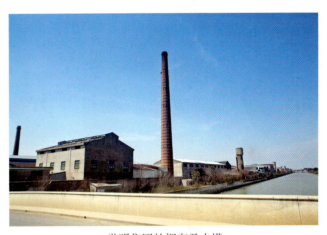

世明集团的烟囱及水塔

1990 年漾西集镇建造的水塔

2003 年 5 月，织里举办吴兴工业园新闻发布会

义皋 20 世纪 80 年代建造的机埠

20 世纪 70 年代建造的乔溇村宋溇机埠

20 世纪 60 年代的机埠

20 世纪 50 年代义皋建造的水闸

诸溇塘板闸

安溇塘板闸

安溇塘板闸石刻

陈溇塘板闸

香圩墩村田溪角 1910 年建造的
河埠

草鞋编织工具

斗

风　车

风　箱

花糕板

麻线麻布

缫丝车

水　车

水 桶

摇 车

织布机

绞草龙

剥绵兜（茧子）

1988 年织里供销社旅行社发票

20 世纪 60 年代轧村的杂货部

轧村供销社奖牌

漾西粮站

义皋茧站

织东茧站

织里老街茧站

织里老街物资商店

嘉达饭店

捻河泥

捕 鱼

晒鱼干

张丝网

濮溇渔港

太湖渔船

1937 年日寇在骥村附近

织里区署徽章

骥村乡乡公所徽章

织里区骥村乡农民协会会员证

1951 年 4 月 1 日演出活报剧《1938 年日寇在义皋之暴行》

20 世纪 70 年代团日活动

1975 年民兵干部参加培训

连环画《优秀民兵沈阿章》

1995 年轧村乡残疾人协会第一次代表大会

晟舍乡第九次妇女代表大会

"文化大革命"期间的红卫兵服装

1973 年织里公社参加吴兴县"上山下乡知识青年"积极分子代表大会代表

附　录

1974 年织里大队知识青年学插秧

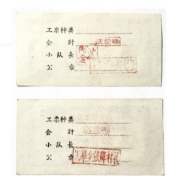
张降村工票

1987 年建造的范村赤家兜农民新村

新安江移民安置房屋旧址

1990 年漾西街头

1993 年轧村派出所成立

1997 年市场经济辩论赛

1997 年市土管局首次拍卖轧村国有土地使用权

2018 年拆除违章建筑

2011 年维稳

汤溇大礼堂旧址

骥村大礼堂旧址

伍浦大礼堂旧址

织里广播站使用的喇叭

1985 年科普活动

1997 年迎接香港回归

1989 年合唱演出

1990 年路线教育宣传

1990 年漾西越剧团演出

1991 年元旦联欢会

1992 年二胡表演

1992 年国庆节联欢

1993 年纪念毛泽东诞辰 100 周年文艺演出

1995 年"爱我中华"演讲比赛

1997 年联欢

1997 年宣传栏（漾西）

2003 年龙宝斋艺术公司成立

1998 年 1 月春节文化下乡

1999 年"迎澳门回归"知识竞赛

1988 年摄影培训班学员合影

1990 年乒乓球比赛

1995 年演讲会

1996 年交谊舞会

1998 年交谊舞会

2005 年运动会

庙兜村秦家锐武术获奖证书

氽油条

翻丝绵

斩白糖

芦苇叶

爆米花

晒胡萝卜

晒苔心菜

晒咸肉

摊锅糍

骥村乡中心小学 20 世纪 50 年代校徽

骥村小学徽章

1976 年织里中学学军活动

1990 年轧村中学搬迁仪式

曹家篰观音桥

大港沈家坝锁澜塘桥

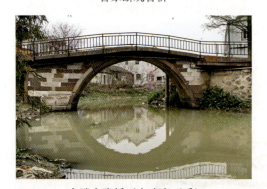

大娄永隆桥（全武康石质）

联漾竹圆塘桥

陆家湾迎晖桥

轧村方桥头广济桥

轧村齐家湾观音桥

秧宅太平桥

郑港约束桥

织里晓河东庆桥

联漾红旗桥

年稔桥

东桥村路牌

明太学生闵石增公墓志铭

20 世纪 50 年代民居

2020 世纪 70 年代集体仓库

香圩墩村 1977 年建造的群力桥

20 世纪 80 年代建造的狮子桥

20 世纪 80 年代建筑的民宅

港西罗家弄 20 世纪 30 年代建造的民房

骥村老街

陆家湾董家甸 1940 年建造的房屋

陆家湾董家甸 1980 年代建造的房屋

南河里 20 世纪 80 年代生产队公房

濮娄民居

石桥浦老民宅

曙光村南河里 20 世纪 40 年代建造的民房

20 世纪 70 年代的曙光村南河里

吴寿谷故居振宜堂

雕花床

20 世纪 80 年代烧制土黄砖

安放在晟舍的美人照镜石

崇善堂大门

谭降遗址

分水墩遗址

利济寺前保存的石牌

陆连奎故居遗址上的石墩

亭子桥亭

织里老街斜桥边轮船码头河埠

竹园寺

义皋兴善寺

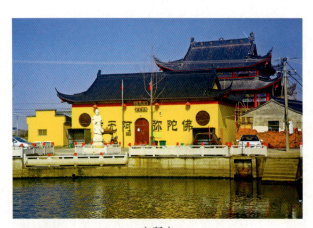

宝所寺

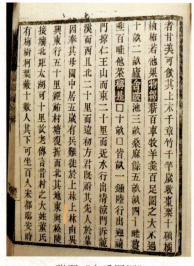

张羽《方氏园记》

图书在版编目（CIP）数据

织里镇志 / 织里镇志编纂委员会编；陈勇杰主编；徐世尧，沈林江执行主编 . — 北京：中国农业出版社，2023.2
ISBN 978-7-109-29867-5

Ⅰ.①织… Ⅱ.①织… ②陈… ③徐… ④沈… Ⅲ.①乡镇 – 地方志 – 湖州 Ⅳ.①K295.55

中国版本图书馆CIP数据核字(2022)第 152810 号

织里镇志
ZHI LI ZHEN ZHI

中国农业出版社出版
地址：北京市朝阳区麦子店街 18 号楼
邮编：100125
责任编辑：马春辉　李海锋
版式设计：王　晨　责任校对：吴丽婷
印刷：湖州日报印务有限责任公司
版次：2023 年 2 月第 1 版
印次：2023 年 2 月浙江第 1 次印刷
发行：新华书店北京发行所
开本：787mm × 1092mm　1/16
总印张：131　插页：58
总字数：2100 千字
总定价：960.00 元（全三册）